헌법
사례형 연습

02

본안 판단연습

김배원

박영사

머리말

『헌법 사례형 연습』 제2권은 여름의 뜨거운 열기 속에서 쓰여 새봄을 기다리는 겨울에 빛을 보게 되었다. 『헌법 사례형 연습』 제1권에서 필자는, '적법요건 판단'이나 '본안 판단'만을 다루는 책을 따로 만들어 적법요건이나 본안 판단에 익숙해지도록 하고, 이를 바탕으로 '종합 판단'－적법요건과 본안 판단－을 검토하는 책에서 사례형 연습문제에 본격적으로 대비하도록 기획하겠다고 하였다.

이 책은 이러한 의도에서 마련된 『헌법 사례형 연습』의 시리즈 중 제2권으로서 본안 판단을 내용으로 하고 있다.

헌법 사례형의 본안에 관한 문제에 제대로 대비하기 위하여는 헌법총론, 기본권, 통치구조 각 영역의 실체적 내용에 대한 이해와 그 상호간의 연계성에 대한 파악도 함께 이루어져야 한다. 그러면서도 본안 내용의 합헌 여부, 인용 여부에 대한 판단을 요구하는 구체적 사례의 해결에서는 그러한 판단의 전제가 되는 '헌법원칙과 심사기준'에 대한 습득 또한 필수적이다.

이 책에서 헌법교과서의 일반적 순서와 달리 '헌법원칙과 심사기준'의 장을 앞머리에 배치하고 그 다음에 '헌법총론', '기본권', '통치구조'로 배열한 것은, 개별 사례형 문제를 해결하기 위한 판단기준인 '헌법원칙과 심사기준'을 먼저 숙지하고 습득케 하려는 배려에서이다.

이 책은 그동안의 강의안을 바탕으로 선정된 판례들을 참고하여 문제를 추가·보완하고, 헌법 내용별로 초급－중급－상급의 난이도를 감안하며 문제들을 배치하였다. 이러한 기획에 따라 최종적으로 '종합 판단'을 다루는 『헌법 사례형 연습』 제3권도 근간할 계획이다.

이 책을 발간하는 데에는 여러분의 도움을 받았다. 사례형 문제들을 꼼꼼하게 읽고 문제점들을 지적하여 보완해 주고 교정까지 도와준 부산대학교 강사 황동혁 박사와 조영승 박사에게 감사드린다. 무궁한 학운과 함께 뜻하는 바가 빨리 이루어지기 바란다.

그리고 이 책의 기획의도를 흔쾌히 받아들여 출판을 허락해 주신 박영사 안종만 회장님과 안상준 대표님, 참신하고 유려한 편집에 정성을 다하여 주신 김선민 부장님, 세부적인 편집과 엄밀한 교정 그리고 색인 작업에 최선을 다해주신 이승현 과장님에게도 진심으로 감사의 말씀을 드린다.

제1권에 이어 출판하는 이 책이 헌법을 공부하고 변호사시험을 준비하는 모든 분들에게 많은 도움이 되었으면 한다.

2018년 12월

부산대학교 제2법학관 연구실에서

저자 김 배 원

Constitutional Law

차 례

제1장 헌법원칙과 심사기준

제3장 기본권

일러두기

1. 이 책은 「헌법 사례형 연습」 시리즈 중 제2권 「헌법 사례형 연습 02」로서 '본안 판단' 연습을 내용으로 하며 전체 4개의 장, 제1장(헌법원칙과 심사기준), 제2장(헌법총론), 제3장(기본권), 제4장(통치구조)으로 구성되어 있다.

2. 이 책은 제1권과 마찬가지로 4개의 각 장별로 '초급 사례', '중급 사례', '상급 사례'로 나누고 총 60개의 사례형 문제들을 번호를 붙여 순서대로 배열하고 있다. 각 문제에는 3단위 체계의 번호(○[1단위]- ○[2단위]-○[3단위] 예: 1-1-1)를 붙이고 있는데, 제1단위는 본안 판단의 내용, 제2단위는 문제의 난이도(초급, 중급, 상급), 제3단위는 사례형 문제의 일련번호를 뜻한다.

   (1) [1단위]의 '1'은 제1장 헌법원칙과 심사기준, '2'는 제2장 헌법총론, '3'은 제3장 기본권, '4'는 제4장 통치구조를 뜻한다.
   (2) [2단위]의 '1'은 초급 사례, '2'는 중급 사례, '3'은 상급 사례를 뜻한다.
   (3) [3단위]의 '1'~'60'은 본안판단의 내용이나 문제의 난이도에 관계없이 전체 문제의 일련번호를 뜻한다.
   (4) 예를 들어 "1-2-4"는 제1장 '헌법원칙과 심사기준'의 '중급 문제'로서 전체 문제 중 '4번 문제'이고, "3-3-50"은 제3장 '기본권'의 '상급 문제'로서 전체 문제 중 '50번 문제'이다.

3. 각 사례형 문제에는 문제번호와 함께 기본적인 주제나 쟁점을 표제로 하고, 해설에서도 견해가 대립되는 경우는 '제1안'과 '제2안'으로 제시하여 대비해 볼 수 있도록 하였다.
   예를 들어 '1-1-2 명확성 원칙', '2-1-21 지방자치제도, 선거제도', '3-2-35 신체의 자유, 평등권', '4-3-60 대통령의 국민투표부의권 · 헌법개정안제안권과 통제제도' 등이다. 따라서 책을 순서대로 읽지 아니하고, 필요한 부분을 발췌하여 읽을 때 도움이 될 것이다. 그리고 각 문제에서 쟁점들이 중복되기도 하는데, 문제의 해설에서는 그때마다 기본적인 개념이나 원칙들을 반복하여 서술함으로써 문제를 풀어가는 과정에서 저절로 익숙해지도록 배려하였다.

그리고 해설에 있어서도 예를 들면, '1-1-3 평등원칙(자의금지원칙과 비례성원칙)'에서와 같이 자의금지원칙을 적용할 것인지 비례성원칙을 적용할 것인지 견해가 대립되는 경우에는 제1안과 제2안으로 해설을 마련하였다.

4. 이 책의 제1장을 '헌법원칙과 심사기준'으로 하여 앞머리에 둔 것은, 이미 언급한 바와 같이, 헌법 사례의 본안 판단에 있어서는 무엇보다도 헌법의 기본원칙과 심사기준을 습득하고 익숙하게 해 둘 필요가 있다고 느꼈기 때문이다.

이에 따라 제1장에서는 법률유보원칙(포괄위임금지원칙), 과잉금지원칙, 과소보장금지원칙, 과소보호금지원칙을 비롯하여 평등원칙, 명확성원칙, 신뢰보호원칙, 자기책임원칙, 이중처벌금지원칙 등 헌법원칙과 심사기준에 관한 사례를 '1-1-1'~'1-3-20'까지 20문제를 배당하였다.

그리고 제2장 헌법총론 '2-1-21~2-3-26'의 6문제, 제3장 기본권 '3-1-27~3-3-50'의 24문제, 제4장 통치구조 '4-1-51~4-3-60'의 10문제로 총 60문제를 구성하였다.

제1장

헌법원칙과 심사기준

Constitutional Law

I 초급 사례

1-1-1 | 법률유보원칙[의회유보원칙과 포괄위임금지원칙]

설 문

甲은 유료직업소개사업을 영위하는 회사로서, 구직자들로부터 등록비 22만 원 내지 33만 원을 교육비 명목으로 근로계약 체결 전에 징수함으로써 직업안정법 제19조 제6항, 같은 법 시행령 제25조 제6호를 위반하였다는 이유로 2010. 8. 23. S지방고용노동청 K지청장으로부터 1월의 사업정지처분(이하 '이 사건 처분'이라 한다)을 받았다.

이에 甲은 근로계약 체결 전에 구직자로부터 받은 등록비가 교육서비스의 대가이지 직업소개의 대가가 아니라는 등의 주장을 하며 S행정법원에 이 사건 처분의 취소를 구하는 소를 제기하였으나 2011. 7. 22. 기각 판결을 받자, S고등법원에 항소를 제기하고 위 항소심 계속 중 직업안정법 제19조 제6항(이하 '이 사건 법률조항'이라 한다)이 법률유보원칙과 포괄위임금지원칙 등에 반한다고 주장하며 위헌법률심판제청신청을 하였다.

그러나 항소심 법원이 2012. 2. 8. 위 항소를 기각함과 동시에 위 신청을 기각하자, 2012. 2. 9. 이 사건 헌법소원심판을 청구하였다.

〈설문〉 사건에서 '이 사건 법률조항'은 법률유보원칙과 포괄위임금지원칙에 위배되는가?

심판대상조항

직업안정법(2009. 10. 9. 법률 제9795호로 개정된 것)

제19조(유료직업소개사업) ⑥ 제1항에 따른 등록을 하고 유료직업소개사업을 하는 자 및 그 종사자는 대통령령으로 정하는 사항을 준수하여야 한다.

관련조항

직업안정법(2010. 6. 4. 법률 제10339호로 개정된 것)

제1조(목적) 이 법은 모든 근로자가 각자의 능력을 계발·발휘할 수 있는 직업에 취업할 기회를 제공하고, 정부와 민간부문이 협력하여 각 산업에서 필요한 노동력이 원활하게 수급되도록 지원함으로써 근로자의 직업안정을 도모하고 국민경제의 균형있는 발전에 이바지함을 목적으로 한다.

제9조(구직의 신청) ① 직업안정기관의 장은 구직신청의 수리를 거부하여서는 아니 된다. 다만, 그 신청 내용이 법령을 위반한 경우에는 그러하지 아니하다.
② 직업안정기관의 장은 구직자의 요청이 있거나 필요하다고 인정하여 구직자의 동의를 받은 경우에는 직업상담 또는 직업적성검사를 할 수 있다.

제10조(근로조건의 명시 등) 구인자가 직업안정기관의 장에게 구인신청을 할 때에는 구직자가 취업할 업무의 내용과 근로조건을 구체적으로 밝혀야 하며, 직업안정기관의 장은 이를 구직자에게 알려 주어야 한다.

제11조(직업소개의 원칙) ① 직업안정기관의 장은 구직자에게는 그 능력에 알맞은 직업을 소개하고, 구인자에게는 구인조건에 적합한 구직자를 소개하도록 노력하여야 한다.
② 직업안정기관의 장은 가능하면 구직자가 통근할 수 있는 지역에서 직업을 소개하도록 노력하여야 한다.

제19조(유료직업소개사업) ① 유료직업소개사업은 소개대상이 되는 근로자가 취업하려는 장소를 기준으로 하여 국내 유료직업소개사업과 국외 유료직업소개사업으로 구분하되, 국내 유료직업소개사업을 하려는 자는 주된 사업소의 소재지를 관할하는 특별자치도지사·시장·군수 및 구청장에게 등록하여야 하고, 국외 유료직업소개사업을 하려는 자는 고용노동부장관에게 등록하여야 한다. 등록한 사항을 변경하려는 경우에도 또한 같다.
③ 제1항에 따른 등록을 하고 유료직업소개사업을 하는 자는 고용노동부장관이 결정·고시한 요금 외의 금품을 받아서는 아니 된다. 다만, 고용노동부령으로 정하는 고급·전문인력을 소개하는 경우에는 당사자 사이에 정한 요금을 구인자로부터 받을 수 있다.
⑤ 제1항에 따른 유료직업소개사업의 등록기준이 되는 인적·물적 요건과 그 밖에 유료직업소개사업에 관한 사항은 대통령령으로 정한다.

제21조의2(선급금의 수령 금지) 제19조 제1항에 따라 등록을 하고 유료직업소개사업을 하는 자 및 그 종사자는 구직자에게 제공하기 위하여 구인자로부터 선급금을 받아서는 아니 된다.

제34조(거짓 구인광고 등 금지) ① 제18조·제19조·제28조·제30조 또는 제33조에 따른 직업소개사업, 근로자 모집 또는 근로자공급사업을 하는 자나 이에 종사하는 사람은 거짓 구인광고를 하거나 거짓 구인조건을 제시하여서는 아니 된다.
② 제1항에 따른 거짓 구인광고의 범위에 관한 사항은 대통령령으로 정한다.

제36조(등록 · 허가 등의 취소 등) ① 고용노동부장관 또는 특별자치도지사 · 시장 · 군수 · 구청장은 제18조 · 제19조 · 제23조 또는 제33조에 따라 신고 또는 등록을 하거나 허가를 받고 사업을 하는 자가 공익을 해칠 우려가 있는 경우로서 다음 각 호의 어느 하나에 해당하는 경우에는 6개월 이내의 기간을 정하여 그 사업을 정지하게 하거나 등록 또는 허가를 취소할 수 있다. 다만, 제2호에 해당할 때에는 등록 또는 허가를 취소하여야 한다.

3. 이 법 또는 이 법에 따른 명령을 위반한 경우

제47조(벌칙) 다음 각 호의 어느 하나에 해당하는 자는 5년 이하의 징역 또는 2천만원 이하의 벌금에 처한다.

1. 제19조 제1항에 따른 등록을 하지 아니하거나 제33조 제1항에 따른 허가를 받지 아니하고 유료직업소개사업 또는 근로자공급사업을 한 자
2. 거짓이나 그 밖의 부정한 방법으로 제19조 제1항에 따른 등록을 하거나 제33조 제1항에 따른 허가를 받은 자

제50조(과태료) ① 다음 각 호의 어느 하나에 해당하는 자에게는 1천만원 이하의 과태료를 부과한다. <개정 2010.6.4.>

1. 제19조 제3항을 위반하여 고용노동부장관이 고시한 요금 외의 금품을 받은 자
2. 제21조의2를 위반하여 선급금을 받은 자

직업안정법 시행령(2010. 7. 12. **대통령령 제22269호로 개정된 것**)

제25조(유료직업소개사업자의 준수사항) 법 제19조 제6항에 따라 유료직업소개사업자 및 그 종사자는 다음 각 호의 사항을 준수하여야 한다.

6. 법 제19조 제3항에 따른 요금은 구직자의 근로계약이 체결된 후에 받을 것. 다만, 회비형식으로 요금을 받고 일용근로자를 소개하는 경우 또는 법 제19조 제3항 단서에 따라 고용노동부령으로 정하는 고급 · 전문인력을 소개하는 경우에는 그러하지 아니하다.

해 설

1. 이 사건 법률조항의 의의와 쟁점

〈설문〉의 '이 사건 법률조항'은 "제1항에 따른 등록을 하고 유료직업소개사업을 하는 자 및 그 종사자는 대통령령으로 정하는 사항을 준수하여야 한다"고 하여 유료직업소개사업자와 그 종사자로 하여금 일정한 사항을 준수하도록 규정하면서 그 준수사항의 내용을 대통령령에 위임하고 있다.

기본권을 제한하는 입법에 있어서 형식적 의미의 법률에 근거를 두고 하위법령에서 규정하도록 위임하는 경우에, 우선, 위임의 대상이 기본권 제한의 기본적이고 본질적 사항인지 여부, 다음으로, 기본적이고 본질적인 사항은 아니라고 하더라도 위임의 한계를 준수하고 있는지 여부가 쟁점이 된다.

여기에서 전자의 경우는 헌법 제37조 제2항에서 규정하는 법률유보원칙(의회유보원칙) 위배 여부의 문제이고, 후자의 경우는 헌법 제75조에서 규정하는 포괄위임금지원칙 위배 여부의 문제이다.

2. 법률유보원칙과 포괄위임금지원칙의 의의

(1) 법률유보원칙의 의의

법률유보원칙은 단순히 행정작용이 법률에 근거를 두기만 하면 충분한 것이 아니라, 국가공동체와 그 구성원에게 기본적이고도 중요한 의미를 갖는 영역, 특히 국민의 기본권 실현에 관련된 영역에 있어서는 행정에 맡길 것이 아니라 국민의 대표자인 입법자 스스로 그 본질적 사항에 대하여 결정하여야 한다는 요구, 즉 의회유보 원칙까지 내포하는 것으로 이해되고 있다.

이 때 입법자가 형식적의미의 법률로 스스로 규율하여야 하는 사항이 어떤 것인가는 일률적으로 획정할 수 없고 구체적인 사례에서 관련된 이익 내지 가치의 중요성, 규제 내지 침해의 정도와 방법 등을 고려하여 개별적으로 결정할 수 있을 뿐이나, 적어도 헌법상 보장된 국민의 자유나 권리를 제한하는 때에는 그 제한의 본질적인 사항에 관한 한 입법자가 법률로써 스스로 규율하여야 할 것이다(헌재 2008. 2. 28. 2006헌바70).

(2) 포괄위임금지원칙의 의의와 판단기준

1) 포괄위임금지원칙의 의의

헌법은 제75조에서 “대통령은 법률에서 구체적으로 범위를 정하여 위임받은 사항과 법률을 집행하기 위하여 필요한 사항에 관하여 대통령령을 발할 수 있다”고 규정하여 위임입법의 근거를 마련하는 한편, 대통령령으로 입법할 수 있는 사항을 법률에서 구체적으로 범위를 정하여 위임받은 사항으로 한정함으로써 위임입법의 범위와 한계를 제시하고 있다.

헌법에 의하여 위임입법이 용인되는 한계인 ‘법률에서 구체적으로 범위를 정하여 위임받은 사항’이라 함은 법률에 이미 대통령령으로 규정될 내용 및 범위의 기본사항이 구체적이고 명확하게 규정되어 있어서 누구라도 당해 법률 그 자체로부터 대통령령에 규정될 내용의 대강을 예측할 수 있어야 한다는 것을 의미한다.

아울러 법률이 일정한 사항에 대하여 직접 규정하지 아니하고 하위법령에 위임하기 위하여는 예측가능성과 함께 위임의 필요성도 인정되어야 한다. 전문적이고 기술적인 사항들을 규율하는 경우나 변화하는 상황에 즉각적인 대응이나 탄력적인 규율이 필요한 경우에는 위임의 필요성이 커진다고 할 것이다(헌재 2013. 7. 25. 2012헌바54; 헌재 2016. 7. 28. 2014헌바158 · 174(병합)).

2) 포괄위임금지원칙의 판단기준과 심사강도

포괄위임금지원칙의 적용에 있어서 예측가능성의 유무는 당해 특정조항 하나만을 가지고 판단할 것은 아니고 관련 법 조항 전체를 유기적 · 체계적으로 종합 판단하여야 하며, 각 대상법률의 성질에 따라 구체적 · 개별적으로 검토하여야 한다.

그리고 위임입법에 있어서 구체성, 명확성의 요구 정도는 각종 법률이 규제하고자 하는 대상의 종류와 성질에 따라 달라질 것이다. 따라서 처벌법규나 조세법규와 같이 국민의 기본권을 직접적으로 제한하거나 침해할 소지가 있는 법규에서는 구체성, 명확성의 요구가 강화되어 그 위임의 요건과 범위가 일반적인 급부행정법규의 경우보다 더 엄격하게 제한적으로 규정되어야 할 것이다.

이에 대하여, 일반적인 급부행정법규의 경우 또는 위임규정의 불이행시에 그 효과가 행정적 제재에 그치는 경우, 그리고 규율대상이 지극히 다양하거나 수시로 변화하는 성질의 것일 때에는 위임의 구체성, 명확성의 요건이 완화된다고 할 것이다(헌재 1999. 1. 28. 97헌가8; 헌재 2012. 2. 23. 2011헌가13).

3. 이 사건 법률조항의 위배 여부

(1) 법률유보원칙의 위배 여부

〈설문〉의 관련조항에서 알 수 있는 바와 같이 직업안정법에서는 유료직업소개사업자가 준수해야 할 기본적이고 본질적인 사항에 대하여 유료직업소개사업자의 등록(제19조 제1항), 선급금 수령 금지(제21조의2), 고용노동부장관이 결정·고시한 요금 외의 금품을 받아서는 아니 되는 의무(제19조 제3항) 등에서 규정하고 있으며, 그 위반 시에는 과태료나 형사처벌이 부과된다(제47조, 제50조).

이 사건 법률조항에서 위임하고 있는 유료직업소개사업자가 준수하여야 할 사항은, 법률에서 정한 중요한 제한 이외에 유료직업소개사업자가 근로자에 대한 취업기회의 제공을 위하여 준수하여야 할 일반적인 사항이 될 것이므로, 헌법상 보장된 국민의 기본권 제한의 기본적이고 본질적인 사항을 규율하는 것이라고 보기는 어렵다.

따라서 직업안정법에 따라 민간유료소개사업을 하는 사업자가 준수하여야 할 사항을 대통령령으로 정하도록 하고 있는 이 사건 법률조항은 법률유보원칙—의회유보원칙—에 위배된다고 할 수 없다.

(2) 포괄위임금지원칙의 위배 여부

1) 이 사건 법률조항에 대한 심사강도

이 사건 법률조항의 경우 '준수사항' 위반 효과가 과태료나 형사처벌이 아니라 사업정지 또는 등록·허가의 취소와 같은 행정적 제재라는 점(직업안정법 제36조 제1항)에서 처벌조항의 위임한계가 문제되는 형벌법규에 요구되는 정도로 엄격하게 위임의 요건과 범위를 규정하여야 하는 것은 아니다(헌재 2012. 2. 23. 2011헌가13).

2) 위임의 필요성

경제상황 및 노동환경은 끊임없이 변화하고 있는 상황에서 직업안정법은 다른 법률에 비해 전문적이고 기술적일 뿐 아니라, 새로운 고용서비스의 등장이나 근로자파견사업과 직업소개사업의 겸업 등과 같은 기존 고용서비스의 변화된 형태 등 현실의 변화에 따른 신속하고 탄력적인 입법적 대응이 필요한 분야의 법률이다.

따라서 유료직업소개 서비스를 제공하는 사업자가 준수하여야 할 사항이라는 세부적이고 기술적인 규율을 국회에 맡기기보다는 전체적인 기준 및 개요를 법률에 대강만 정한 뒤 구체적이고 세부적인 사항은 변동 상황에 따른 탄력적 혹은 기술적 대응을 위하여 전문적·기술적 능력을 갖춘 행정부에서 상황의 변동에 따라 시의적절하게 탄력적으로 대응할 수 있도록 하위 법령에 위임할 필요성이 인정된다.

3) 위임 내용의 예측가능성

예측가능성의 유무는 관련 법 조항 전체를 유기적·체계적으로 종합판단하여야 한다. 직업안정법의 일차적인 목적은 근로자 개인에 대한 취업기회의 제공과 직업의 안정이다(제1조 참조). 위 목적달성을 위한 기본적인 전제조건은, 직업소개 시 적어도 직업을 얻고자 하는 자의 자유로운 의사에 의한 직업선택을 보장하여야 하며 이를 강요하여서는 아니 되고, 소개받은 직업의 담당업무는 그 자체가 적법하고 사회적으로 용인되는 내용으로 이루어져야만 한다(헌재 2005. 3. 31. 2004헌바29).

이러한 직업안정법의 목적 및 민간고용서비스 사업자에게 요구되는 규율내용, 즉 정당한 이유 없는 수리거부금지(제9조), 근로조건의 명시(제10조), 적합한 직업소개(제11조), 거짓 구인광고 금지(제34조) 등을 유기적·체계적으로 살펴보면, 이 사건 법률조항에 따라 대통령령으로 정하여질 내용은 근로자에 대한 취업기회의 제공과 직업의 안정을 위하여 유료직업소개사업자 및 그 종사자가 준수하여야 할 구체적 사항이나 그 범주에서 벗어나지 아니한 사항에 관한 일반적 기준이 될 것이라고 충분히 예측할 수 있다.

4) 소 결

따라서 이 사건 법률조항은 위임의 필요성과 위임 내용의 예측가능성이 모두 인정되므로 포괄위임금지원칙에 위배되지 아니한다.

4. 결 어

따라서 이 사건 법률조항은 법률유보원칙과 포괄위임금지원칙에 위배되지 아니한다.

참고판례 직업안정법 제19조 제6항 위헌소원(헌재 2013. 7. 25. 2012헌바54)

1-1-2 | 명확성원칙

설 문

甲은 A국 국적의 외국인으로 1997. 9. 30. 단기상용 사증으로 대한민국에 입국하였다가 그 체류기간 만료 이후 출국하지 않고 불법으로 체류하던 중, 대한민국 국민과 결혼하여 2007. 1. 30. 혼인거주 사증으로 체류자격을 변경하여 체류하고 있다.

甲은 2013. 1. 24. 법무부장관에게 국적법 제6조에 따른 간이귀화 신청을 하였으나, 법무부장관은 甲이 과거 불법체류를 하였고, 업무방해 및 공무집행방해, 집회 및 시위에 관한 법률위반죄로 벌금 500만 원을 선고받아 2014. 2. 27. 그 판결이 확정된 범죄경력이 있어 국적법 제5조 제3호의 '품행이 단정할 것'이라는 요건을 갖추지 못하였다는 이유로, 2014. 3. 11. 청구인의 귀화를 불허하는 처분을 하였다.

이에 甲은 S행정법원에 위 처분의 취소를 구하는 소를 제기하고, 그 소송계속 중 국적법 제5조 제3호(이하 '이 사건 법률조항'이라 한다)에 대하여 동 조항의 문언만으로는 '품행단정'이 무엇을 의미하는지 알 수 없으므로 명확성원칙에 위반된다고 주장하며 위헌법률심판 제청신청을 하였으나 기각되자, 2014. 10. 10. 이 사건 헌법소원심판을 청구하였다.

〈설문〉 사건에서 이 사건 법률조항은 명확성원칙에 위배되는가?

심판대상조항

국적법(2008. 3. 14. 법률 제8892호로 개정된 것)

제5조(일반귀화 요건) 외국인이 귀화허가를 받기 위하여서는 제6조나 제7조에 해당하는 경우 외에는 다음 각 호의 요건을 갖추어야 한다.

3. 품행이 단정할 것

해 설

1. 이 사건 법률 조항의 의의와 쟁점

〈설문〉의 '이 사건 법률조항'은 외국인에게 대한민국 국적을 부여하는 귀화허가의 요건을 규정한 것으로서 '품행이 단정할 것'이라는 추상적이고 포괄적인 개념을 사용하고 있는데, 이러한 규정이 명확성원칙에 위배되는지 여부가 쟁점이 된다.

2. 명확성원칙의 의의와 판단기준

(1) 명확성원칙의 개념과 의의

명확성원칙은 법치국가원리의 한 표현으로서 기본권을 제한하는 법규범의 내용은 명확하여야 한다는 헌법상의 원칙이다. 법규범의 의미내용이 애매모호하거나 추상적이어서 불명확하면 법적 안정성과 예측가능성을 확보할 수 없고, 법집행 당국의 자의적인 법해석과 집행을 가능하게 하여 국민의 자유와 권리를 보장하려는 법치주의의 이념은 실현될 수 없기 때문이다.

(2) 명확성의 정도와 판단기준

법규범의 명확성의 정도는 모든 법률에 있어서 동일한 정도로 요구되는 것은 아니며, 개개의 법률이나 법조항의 성격에 따라, 그리고 각 법률의 제정 배경이나 상황에 따라 차이가 있을 수 있다.

일반적으로 어떠한 규정이 부담적 성격을 가지는 경우에는 수익적 성격을 가지는 경우에 비하여 명확성원칙이 더욱 엄격하게 요구되고, 특히 죄형법정주의가 지배하는 형벌법규에서는 명확성의 정도가 강화되어 더 엄격한 기준이 적용된다고 할 수 있다.

그리고 통상적으로 법률규정은 일반성, 추상성을 가지는 것으로서 입법기술상 어느 정도의 보편적 내지 일반적 개념의 용어사용은 부득이하므로, 당해 법률조항의 입법취지와 전체적 체계 및 내용 등에 비추어 법관의 법 보충작용으로서의 해석을 통하여 그 의미가 분명해질 수 있다면 명확성을 결여하였다고 할 수 없다(헌재 2001. 10. 25. 2001헌바9; 헌재 2014. 8. 28. 2013헌바172 등; 헌재 2015. 3. 26. 2014헌바156).

3. 이 사건 법률조항의 명확성원칙 위배 여부

(1) 이 사건 법률조항의 의미

'귀화'는 대한민국 국적을 취득한 사실이 없는 외국인에게 대한민국 국적을 부여하는 제도이다. 이 사건 법률조항은 이러한 귀화 요건 중 하나로 외국인을 국가공동체의 새로운 구성원으로 받아들이는 데 있어 그가 건전한 인격과 품성을 갖추고 있는지 여부를 판단하기 위한 것으로, 귀화허가 결정에 있어 국가에게 인정되는 폭넓은 재량권까지 고려하면, 이 사건 법률조항에서 '품행이 단정할 것'과 같이 어느 정도 보편적이고 가치평가적인 개념을 사용하는 것은 불가피한 측면이 있다.

이 사건 법률조항에서 사용되는 '품행(品行)'이란 사전적으로 품성과 행실을 아울러 이르는 말이고, '단정(端正)'이란 몸가짐 등이 얌전하고 바른 것을 의미하는 말로서, '품행이 단정하다'는 품성과 행실이 얌전하고 바르다는 의미로 일반적으로 통용된다.

그리고 일반적으로 법원은 "품행이 단정하다는 것은 당해 외국인의 성별, 연령, 직업, 가족, 경력, 전과관계 등 여러 사정을 종합하여 볼 때 그를 우리 국가공동체의 구성원으로 인정하여 주권자의 한 사람으로 받아들이는 데 지장이 없는 품성을 갖추고 행동하는 것을 의미한다"고 판시하고 있다(서울고법 2005. 1. 13. 선고 2004누5357 판결 참조).

(2) 이 사건 법률조항의 명확성 검토

이러한 이 사건 법률조항의 입법취지와 용어의 사전적 의미 및 법원의 해석 등을 종합해 보면, 이 사건 법률조항에서의 '품행이 단정할 것'은 '귀화신청자를 대한민국의 새로운 구성원으로서 받아들이는 데 지장이 없을 만한 품성과 행실을 갖춘 것'을 의미한다고 해석할 수 있고, 구체적으로 어떠한 경우가 이에 해당하는지는 귀화신청자의 성별, 연령, 직업, 가족, 경력, 전과관계 등 여러 사정을 종합적으로 고려하여 판단될 것이며, 특히 전과관계도 단순히 범죄를 저지른 사실의 유무뿐만이 아니라 범죄의 내용, 처벌의 정도, 범죄 당시 및 범죄 후의 사정, 범죄일로부터 귀화 처분시까지의 기간 등 여러 사정들이 종합적으로 고려될 것이라는 점을 예측할 수 있다.

4. 결 어

이 사건 법률조항은 수범자의 예측가능성을 저해하거나 법 집행기관의 자의적인 집행을 초래할 정도로 불명확하다고 할 수 없으므로, 명확성원칙에 위배된다고 볼 수 없다.

참고판례 국적법 제5조 제3호 위헌소원(헌재 2016. 7. 28. 2014헌바421)

1-1-3 | 평등원칙[자의금지원칙과 비례성원칙]

설 문

甲은 어머니 乙이 자신을 고소한 존속상해 등 사건에서 무죄판결이 확정되자, 어머니를 무고 및 모해위증 혐의로 고소하였다. 이에 검사는 청구인 甲의 고소가 자기의 직계존속에 대한 것으로서 형사소송법 제224조에 위반된다는 이유로 2007. 12. 26. 각하의 불기소처분을 하였다.
甲은 위 불기소처분에 대하여 검찰청법에 따른 항고를 거쳐 S고등법원에 재정신청을 한 다음, 직계존속에 대한 고소·고발을 제한하는 형사소송법 제224조(이하 '이 사건 법률조항'이라 한다)에 대한 위헌제청 신청을 하였다.
그러나 위 신청이 기각되자, 이 사건 법률조항이 甲의 평등권을 침해하여 헌법에 위반된다며 2008. 6. 12. 이 사건 헌법소원심판을 청구하였다.

〈설문〉 사건에서 '이 사건 법률조항'은 평등원칙에 위배되는가?

심판대상조항

형사소송법(1954. 9. 23. 법률 제341호로 제정된 것)
제224조(고소의 제한) 자기 또는 배우자의 직계존속을 고소하지 못한다.

관련조항

형사소송법(1954. 9. 23. 법률 제341호로 제정된 것)
제223조(고소권자) 범죄로 인한 피해자는 고소할 수 있다.

제226조(동전) 피해자의 법정대리인이 피의자이거나 법정대리인의 친족이 피의자인 때에는 피해자의 친족은 독립하여 고소할 수 있다.

제235조(고발의 제한) 제224조의 규정은 고발에 준용한다.

구 성폭력범죄의 처벌 및 피해자보호 등에 관한 법률(1994. 1. 5. 법률 제4702호로 제정된 것)
제18조(고소제한에 대한 예외) 성폭력범죄에 대하여는 형사소송법 제224조(고소의 제한)의 규정에 불구하고 자기 또는 배우자의 직계존속을 고소할 수 있다.

가정폭력범죄의 처벌 등에 관한 특례법(1997. 12. 13. 법률 제5436호로 제정된 것)
제6조(고소에 관한 특례) ② 피해자는 형사소송법 제224조 규정에 불구하고 행위자가 자기 또는 배우자의 직계존속인 경우에도 고소할 수 있다. 법정대리인이 고소하는 경우에도 또한 같다.

해 설 [제1안]

1. 이 사건 법률조항의 의의와 쟁점

〈설문〉의 '이 사건 법률조항'은 '비속'이라는 특수한 신분관계인에 대하여 그 직계존속 및 배우자의 직계존속에 대한 고소권을 부정하고 있는데, 이러한 지위의 차이를 이유로 고소권을 제한하는 이 사건 법률조항이 평등원칙에 위배되는지 여부가 쟁점이 된다.

아울러 형사소송법 제246조는 검사만이 공소를 제기할 수 있도록 규정하여 국가소추주의 및 기소독점주의를 채택하고 있으며, 예외적으로 준기소절차를 인정하고 있다. 그리고 헌법 제27조 제5항에서 형사피해자의 재판절차진술권을 보장하고 있는 것 또한 국가소추주의를 전제로 한 것이라고 볼 수 있다.

이와 같이 국가기관이 공소권을 독점하고 있는 법제도 아래에서는, 범죄로 인한 피해자의 고소권 행사를 보장하고, 고소인의 권리를 두텁게 인정하여 이들에 대한 보호가 충분히 이루어지도록 할 필요가 있다(헌재 1999. 1. 28. 98헌마85).

따라서 고소권은 헌법상 명문으로 규정된 기본권이 아니라 하더라도 재판절차진술권의 직접적 전제가 되는 권리라 할 수 있으므로, 고소권의 침해 논의는 재판절차진술권이라는 기본권의 침해에 대한 논의로 이어져야 한다.

2. 평등원칙의 의의와 심사기준

(1) 평등원칙의 의의

평등원칙이란 법적용의 대상이 되는 모든 인간을 원칙적으로 공평하게 다루어야 한다는 법원칙으로서 그 중심내용은 기회균등과 자의(恣意)의 금지이다. 평등원칙은 헌법 제11조 제1항에서 보장하는 헌법원칙으로서 일체의 차별적 대우를 부정하는 절대적 평등이 아니라 법의 적용이나 입법에 있어서 불합리한 조건에 의한 차별을 하여서는 안 된다는 상대적·실질적 평등을 뜻하는 것이다(헌재 1999. 7. 22. 98헌바14).

(2) 평등위반 여부의 심사기준

평등위반 여부를 심사함에 있어서 적용되는 기준인 평등원칙은 엄격한 심사기준(비례성원칙)과 완화된 심사기준(자의금지원칙)이 있다. 이 중 어느 심사기준에 의할 것인지는 입법자에게 인정되는 입법형성권의 정도에 따라 다르게 된다.

1) 심사기준의 적용 요건

엄격한 심사기준이 적용되는 경우는 i) 헌법에서 특별히 평등을 요구하고 있는 경우 또는 ii) 관련 기본권에 대한 중대한 제한을 초래하는 경우이고, 그 외에는 완화된 심사기준이 적용된다(헌재 2001. 6. 28. 2001헌마132).

2) 심사기준에 따른 심사 내용

평등위반 여부를 심사함에 있어서 엄격한 심사를 한다는 것은, 자의금지원칙에 따른 심사—합리성 유무의 심사에 그치는 심사—와는 달리, 비례성원칙에 따른 심사, 즉 차별취급의 목적과 수단 간에 엄격한 비례관계가 성립하는지를 기준으로 한 심사를 행함을 의미한다(헌재 1999. 12. 23. 98헌마363).

① 완화된 심사기준(자의금지원칙)에 의한 심사

자의금지원칙에 따른 심사는 i) 본질적으로 동일한 것을 다르게 취급하고 있는지에 관련된 차별취급의 존재여부와, ii) 이러한 차별취급이 존재한다면 이를 자의적으로 볼 수 있는지 여부이다. 그런데 i)의 요건과 관련하여 두 개의 비교집단이 본질적으로 동일한가의 판단은 일반적으로 관련 헌법규정과 당해 법규정의 의미와 목적에 달려 있고, ii)의 요건과 관련하여서는 차별취급의 자의성은 합리적인 이유가 결여된 것을 의미하므로, 차별대우를 정당화하는 객관적이고 합리적인 이유가 존재한다면 차별대우는 자의적인 것이 아니게 된다(헌재 2003. 1. 30. 2001헌바64).

② 엄격한 심사기준(비례성원칙)에 의한 심사

자의심사의 경우에는 차별을 정당화하는 합리적인 이유가 있는지 여부만 심사하기 때문에 그에 해당하는 비교대상 간의 사실상의 차이나 입법목적(차별목적)을 발견·확인하는 데 그치는 반면, 비례심사의 경우에는 단순히 합리적인 이유의 존부 문제가 아니라 차별을 정당화하는 이유와 차별 간의 상관관계에 대한 심사, 즉 비교대상 간의 사실상의 차이의 성질과 비중 또는 입법목적(차별목적)의 비중과 차별의 정도에 적정한 균형관계가 이루어져 있는가를 심사하게 된다(헌재 2001. 2. 22. 2000헌마25).

3. 이 사건 법률조항의 평등원칙 위배 여부

(1) 비교집단의 기본적 동일성과 차별취급의 존재

1) 비교집단의 설정과 기본적 동일성

기술한 바와 같이, 고소권은 헌법상의 기본권은 아니고 형사절차상의 법적인 권리에 불과하지만, 국민의 재판절차진술권 행사의 전제가 되기도 하므로 이 사건 법률조항과 관련하여 비교집단의 설정과 차별취급 여부를 검토한다.

형사소송법 제223조(고소권자)과 이 사건 법률조항(고소의 제한)에 의하면, 범죄 피해자는 고소권을 행사할 수 있으나 피고소인이 '자기 또는 배우자의 직계존속'인 경우에는 고소를 하지 못하도록 하고 있다.

이러한 점에서 〈설문〉 사건에서 비교집단은 고소의 상대방이 '자기 또는 배우자의 직계존속'인 고소인과 '자기 또는 배우자의 직계존속이 아닌 자'인 고소인의 두 집단으로 설정할 수 있으며, 두 집단은 모두 고소인의 지위에 있다는 점에서 기본적으로 동일하다고 할 것이다.

2) 차별취급의 존재

이 사건 법률조항은 두 집단 모두 고소인의 지위에 있음에도 불구하고 '자기 또는 배우자의 직계존속'을 상대방으로 하는 고소인에 대하여서만 고소를 하지 못하도록 하고 있다.

따라서 두 집단 사이에 차별취급이 존재한다.

(2) 〈설문〉 사건의 심사기준

〈설문〉 사건에서 '자기 또는 배우자의 직계존속'을 상대방으로 하는 범죄 피해자의 고소권 또는 재판절차진술권과 관련하여 헌법에서 특별히 평등을 요구하는 규정을 두고 있지는 아니하므로, 이 사건 법률조항이 그러한 범죄 피해자의 재판절차진술권 행사에 중대한 제한을 초래하는 것인지 여부에 대하여 검토할 필요가 있다.

범죄 피해자의 헌법상 보장된 재판절차진술권의 행사 여부는 기소의 여부에 따라 결정되는데(헌재 2009. 2. 26. 2005헌마764), 친고죄와 비친고죄의 경우로 나누어 살펴본다.

1) 친고죄의 경우

먼저, 친고죄에 있어서는 이 사건 법률조항으로 인하여 직계비속인 범죄 피해자는, 예외적인 경우를 제외하고는, 재판절차진술권의 행사를 보장받지 못하게 되므로 재판절차진술권의 행사에 중대한 제한을 받게 될 것이다.

그러나 일부 범죄에 대하여는 특별법으로 직계존속의 경우에도 고소를 할 수 있도록 규정하고 있고{'성폭력범죄의 처벌 및 피해자보호 등에 관한 법률'(법률 제4702호) 제18조, '성폭력범죄의 처벌 등에 관한 특례법'(법률 제10258호) 제17조 및 '가정폭력범죄의 처벌 등에 관한 특례법'(법률 제5436호) 제6조 제2항}, 형법상 친고죄로 규정된 범죄 중 실제로 이 사건 법률조항의 규율 대상이 되는 범죄는 비밀침해죄(제316조), 업무상비밀누설죄(제317조) 등 몇몇에 불과하다.

또한 가해자인 직계존속이 법정대리인인 경우에는 피해자인 비속이 직접 고소할 수는 없지만, 비속의 친족이 고소하여 형사절차를 진행시킬 수 있으며(형사소송법 제226조 참조), 존속의 비속에 대한 대부분의 재산범죄에는 친족상도례가 적용되므로 고소의 실익도 좁혀진다.

2) 비친고죄의 경우

이에 대하여 비친고죄에 있어서는 고소의 존부와 무관하게 기소될 가능성이 있으므로, 이 사건 법률조항은 재판절차진술권의 행사에 간접적·사실적인 제약을 초래할 뿐이라고 할 것이다.

3) 소 결

위에서 살펴본 바와 같이, 친고죄나 비친고죄 어느 경우든 이 사건 법률조항이 재판절차진술권에 중대한 제한을 초래한다고 하기는 어렵다.

이러한 점들을 고려할 때, 〈설문〉 사건의 경우는 엄격한 심사기준의 적용요건을 갖추고 있지 아니하다.

따라서 이 사건 법률조항의 평등원칙 위배 여부에 대하여는 완화된 심사기준인 자의금지원칙에 따라 차별에 합리적인 이유가 있는지를 검토하면 될 것이다.

(3) 차별의 합리성 여부에 대한 검토

범죄 피해자의 고소권은 형사절차상의 법적인 권리에 불과하므로 원칙적으로 입법자가 그 나라의 고유한 사법문화와 윤리관, 문화전통을 고려하여 합목적적으로 결정할 수 있는 넓은 입법형성권을 갖는다.

가정의 영역에서는 법률의 역할보다 전통적 윤리의 역할이 더 강조되고, 그 윤리에는 인류 공통의 보편적인 윤리와 더불어 그 나라와 사회가 선택하고 축적해 온 고유한 문화전통과 윤리의식이 강하게 작용할 수밖에 없다. 우리는 오랜 세월동안 유교적 전통을 받아들이고 체화시켜 이는 현재에 이르기까지 일정한 부분 엄연히 우리의 고유한 의식으로 남아 있다.

이 사건 법률조항이 대상으로 삼는 직계존속은, 혈연과 혼인으로 이루어지는 1차적인 관계로서, 합리성으로 대변되는 이해관계나 수지타산의 논리보다는 이해와 사랑 및 헌신이라는 질적으로 다른 가치로 유지되고 형성되는 집단이다.

이러한 측면에서 '효'라는 우리 고유의 전통규범을 수호하기 위하여 비속이 존속을 고소하는 행위의 반윤리성을 억제하고자 이를 제한하는 것은 합리적인 근거가 있는 차별이라고 할 수 있다.

4. 결 어

자기 또는 배우자의 직계존속에 대한 고소를 금지하는 이 사건 법률조항은, 그 차별에 있어서 합리적인 이유가 있으므로, 평등원칙에 위배된다고 할 수 없다.

해 설 **[제2안]** ([제1안]과 동일한 내용은 생략함)

1. 이 사건 법률조항의 의의와 쟁점

2. 평등원칙의 의의와 심사기준

(1) 평등원칙의 의의

(2) 평등위반 여부의 심사기준

1) 심사기준의 적용 요건

2) 심사기준에 따른 심사 내용

3. 이 사건 법률조항의 평등원칙 위배 여부

(1) 비교집단의 기본적 동일성과 차별취급의 존재

1) 비교집단의 설정과 기본적 동일성

2) 차별취급의 존재

(2) 〈설문〉 사건의 심사기준

〈설문〉 사건에서 '자기 또는 배우자의 직계존속'을 상대방으로 하는 범죄 피해자의 고소권 또는 재판절차진술권과 관련하여 헌법에서 특별히 평등을 요구하는 규정을 두고 있지는 아니하다.

그런데 범죄 피해자의 고소권은 형사절차상의 법적인 권리에 지나지 않으나, 이 사건 법률조항은 범죄 피해자인 비속에 대하여 단순히 고소권의 배제·박탈에 그치는 것이 아니라 헌법상 기본권인 재판절차진술권의 행사에 중대한 제한을 초래할 수 있다. 이를 친고죄와 비친고죄의 경우로 나누어 살펴본다.

1) 친고죄의 경우

재판절차진술권의 행사에 대한 중대한 제한은 친고죄의 영역에서 뚜렷하게 드러난다. 구 성폭력범죄의 처벌 및 피해자보호 등에 관한 법률 제18조 및 가정폭력범죄의 처벌 등에 관한 특례법 제6조 제2항의 신설로 이 사건 법률조항이 적용되는 친고죄의 대상범죄가 대폭 축소되기는 하였다.

그러나 고소권의 제한규범으로 인한 재판절차진술권 제한의 중대성 여부는 그 규범이 적용되는 범죄의 범위의 광협이나 법정형의 고저에 따라 달리 판단될 수는 없다.

고소권의 완전한 박탈은 적용되는 범죄의 범위와 죄질을 불문하고 그 자체로 재판절차진술권의 중대한 제한으로 이어진다고 보아야 할 것이다.

2) 비친고죄의 경우

비친고죄의 경우에도 재판절차진술권의 중대한 제한이 초래될 수 있다. 자신의 법익 침해에 대하여 항거할 수단을 친족이라는 타인의 의중에 맡기는 방식은 개인이 권리의 주체로 올라선 근대 이후의 법률이념에 부합하지 않으며, 재판절차진술권의 중대한 제한을 가져온다고 할 수밖에 없다.

3) 소 결

위에서 살펴본 바와 같이, 친고죄나 비친고죄 어느 경우든 이 사건 법률조항은 재판절차진술권에 중대한 제한을 초래할 수 있다.

따라서 비속의 존속에 대한 고소를 금지하는 이 사건 법률조항으로 인하여 비속의 재판절차청구권은 중대한 제한을 받게 된다 할 것이므로 평등권 침해 여부의 심사기준은 엄격한 심사기준에 의하여야 할 것이다.

(3) 엄격한 심사기준(비례성원칙)의 위배 여부에 대한 검토

이 사건 법률조항은 유교적 전통을 기반으로 한 가족제도의 기본질서 유지라는 입법목적에 정당성은 있지만, 고소권을 박탈하여 기본권을 제한하는 방식은 차별의 목적과 정도의 비례성과 관련하여 문제점이 있다.

존비속이라는 신분관계는 범죄의 죄질과 책임의 측면에서 경중을 고려할 수 있는 요소는 될 수 있지만, 국가형벌권의 행사 자체를 부정할 이유는 되지 못한다.

법이 보호할 가치가 없는 존속에 대해서까지 국가의 형벌권 행사를 포기하고 범죄피해자인 비속에 대한 보호의무를 저버리는 것은 차별의 목적과 수단 간에 합리적인 균형관계가 있다고 볼 수 없고, 고소권을 박탈하는 것만이 가족제도의 기본질서를 유지하기 위한 유일하고 불가결한 수단이라고 할 수도 없다.

4. 결 어

따라서 이 사건 법률조항은 차별 목적의 비중과 차별의 정도 간에 비례성을 갖춘 것이라고 할 수 없으므로, 평등원칙에 위배된다.

참고판례 **형사소송법 제224조 등 위헌소원**(헌재 2011. 2. 24. 2008헌바56)

1-1-4 | 연좌제금지, 자기책임원칙

설 문

甲은 2014. 6. 4. 실시된 제6회 전국동시지방선거에서 B광역시 Y구의회 의원으로 당선된 사람이다. 甲의 배우자가 공직선거법 제113조 제1항 등을 위반하여 당해 선거구 안에 있는 사람에게 기부행위를 하였다는 공소사실로 기소되어 B지방법원에서 벌금 300만 원을 선고받았고, 이에 항소 및 상고하였으나 각 기각되어 2015. 4. 23. 위 판결이 확정되었다.
이에 따라 공직선거법 제265조 본문에 의하여 甲의 당선은 무효로 되었다.
甲은 공직선거법 제265조 본문 중 '후보자의 배우자가 제257조 제1항 중 기부행위를 한 죄로 징역형 또는 300만 원 이상의 벌금형의 선고를 받은 경우'에 관한 부분(이하 '당선무효조항'이라 한다)이 자기책임원칙 또는 연좌제금지에 위배되어 위헌이라고 주장하면서, 2015. 5. 27. 헌법소원심판을 청구하였다.

〈설문〉 사건에서 '당선무효조항'은 자기책임원칙 또는 연좌제금지에 위배되는가?

심판대상조항

공공자금관리기금법(1993. 12. 31. 법률 제4677호)
공직선거법(2010. 1. 25. 법률 제9974호로 개정된 것)
제265조(선거사무장등의 선거범죄로 인한 당선무효) 선거사무장·선거사무소의 회계책임자(선거사무소의 회계책임자로 선임·신고되지 아니한 자로서 후보자와 통모하여 당해 후보자의 선거비용으로 지출한 금액이 선거비용제한액의 3분의 1 이상에 해당되는 자를 포함한다) 또는 후보자(후보자가 되려는 사람을 포함한다)의 직계존비속 및 배우자가 해당 선거에 있어서 제230조부터 제234조까지, 제257조 제1항 중 기부행위를 한 죄 또는 정치자금법 제45조 제1항의 정치자금 부정수수죄를 범함으로 인하여 징역형 또는 300만 원 이상의 벌금형의 선고를 받은 때(선거사무장, 선거사무소의 회계책임자에 대하여는 선임·신고되기 전의 행위로 인한 경우를 포함한다)에는 그 선거구 후보자(대통령후보자, 비례대표국회의원후보자 및 비례대표지방의회의원후보자를 제외한다)의 당선은 무효로 한다. 다만, 다른 사람의 유도 또는 도발에 의하여 당해 후보자의 당선을 무효로 되게 하기 위하여 죄를 범한 때에는 그러하지

아니하다.

관련조항

공직선거법(2010. 1. 25. 법률 제9974호로 개정된 것)
제113조(후보자 등의 기부행위제한) ① 국회의원·지방의회의원·지방자치단체의 장·정당의 대표자·후보자(후보자가 되고자 하는 자를 포함한다)와 그 배우자는 당해 선거구안에 있는 자나 기관·단체·시설 또는 당해 선거구의 밖에 있더라도 그 선거구민과 연고가 있는 자나 기관·단체·시설에 기부행위(결혼식에서의 주례행위를 포함한다)를 할 수 없다.
② 누구든지 제1항의 행위를 약속·지시·권유·알선 또는 요구할 수 없다.

제257조(기부행위의 금지제한 등 위반죄) ① 다음 각 호의 1에 해당하는 자는 5년 이하의 징역 또는 1천만원 이하의 벌금에 처한다.
1. 제113조(후보자 등의 기부행위제한)·제114조(정당 및 후보자의 가족 등의 기부행위제한) 제1항 또는 제115조(제삼자의 기부행위제한)의 규정에 위반한 자

해 설 [제1안]

1. 당선무효조항의 의의와 쟁점
2. 자기책임원칙 및 연좌제금지의 의의
   (1) 자기책임원칙의 의의
   (2) 연좌제금지의 의의
      1) 헌법 제13조 제3항의 의의와 기능
      2) 헌법 제13조 제3항의 적용한계
3. 당선무효조항의 양 원칙 위배 여부
   (1) 당선무효조항과 양 원칙과의 관계
   (2) 당선무효조항의 연좌제금지의 위배 여부 검토
      1) 선거의 공정성 확보와 후보자의 책임강화
      2) 선거과정에서 후보자와 배우자의 역할과 연대책임
   (3) 소결
4. 결어

1. 당선무효조항의 의의와 쟁점

〈설문〉의 '당선무효조항'은 공직선거 후보자(이하 '후보자'라 한다)의 배우자가 공직선거법을 위반하여 기부행위를 한 죄로 300만 원 이상의 벌금형을 선고받은 경우 그 후보자의 당선을 무효로 하는 조항이다.

선거에서는 후보자를 중심으로 선거사무장, 후보자의 배우자 등이 일체가 되

어 후보자의 당선이라는 공동목표를 위하여 조직적·체계적으로 선거운동을 하게 되므로, 그 과정에서 이들이 중대한 선거범죄를 범한 경우에는 그 후보자를 위한 선거운동 전체가 부정한 방법으로 이루어진 것이라고 보아 당선이라는 선거결과를 부정하는 것에 바로 당선무효조항의 본질이 있다.

그런데 당선무효조항은 일률적으로 후보자의 당선을 무효로 하면서, 배우자를 관리·감독할 후보자의 주의의무, 배우자의 위법행위에 대한 후보자의 인지 여부나 관여 정도, 당해 범죄에 대한 후보자의 고의·과실 등을 요건으로 하지 않고 또 면책가능성도 전혀 규정하지 않고 있으므로, 이러한 점에서 자기책임원칙이나 연좌제금지에 위배되지 않는지 하는 점이 쟁점이 된다.

2. 자기책임원칙 및 연좌제금지의 의의

(1) 자기책임원칙의 의의

헌법 제10조가 정하고 있는 행복추구권에서 파생되는 자기결정권 내지 일반적 행동자유권은 이성적이고 책임감 있는 사람의 자기 운명에 대한 결정·선택을 존중하되 그에 대한 책임은 스스로 부담함을 전제로 한다.

자기책임의 원칙은 이와 같이 자기결정권의 한계논리로서 책임부담의 근거로 기능하는 동시에 자기가 결정하지 않은 것이나 결정할 수 없는 것에 대하여는 책임을 지지 않고 책임부담의 범위도 스스로 결정한 결과 내지 그와 상관관계가 있는 부분에 국한됨을 의미하는 책임의 한정원리로 기능한다.

이러한 자기책임의 원칙은 인간의 자유와 유책성, 그리고 인간의 존엄성을 진지하게 반영한 원칙으로서 그것이 비단 민사법이나 형사법에 국한된 원칙이라기보다는 근대법의 기본이념으로서 법치주의에 당연히 내재하는 원칙으로 볼 것이고, 헌법 제13조 제3항은 그 한 표현에 해당하는 것으로서 자기책임의 원칙에 반하는 제재는 그 자체로서 헌법위반을 구성한다(헌재 2003. 7. 24. 2001헌가25; 헌재 2004. 6. 24. 2002헌가27).

(2) 연좌제금지의 의의

1) 헌법 제13조 제3항의 의의와 기능

헌법 제13조 제3항은 "모든 국민은 자기의 행위가 아닌 친족의 행위로 인하여 불이익한 처우를 받지 아니한다"고 규정하고 있다. 개인의 존엄과 자율성을 인정하는 바탕 위에 서 있는 우리 헌법질서 하에서는 자기의 행위가 아닌 타인의 행위에 대하여 책임을 지지 않는 것이 원칙이고, 연좌제금지는 이러한 원칙을 선언한 것이다.

연좌제(緣坐制)라는 것은 본인과 아무런 관련이 없는 사태에 대하여 오로지 가족 또는 친족이라는 이유만으로 처벌하거나 불이익을 주는 제도를 말하는데, 연좌제금지는 바로 이러한 제도를 폐기하는 것이다.

다만, 친족관계의 속성상 필요한 때 또는 어떤 입법목적을 추구하기 위하여 필요한 때에 법은 친족 간의 신분이나 재산 그 밖의 법률관계에 관하여 일정한 사유를 세약하거나 책임을 부담시킬 수 있는데, 이러한 범저 규율들이 모두 헌법 제13조 제3항에 의하여 금지되는 것이 아니다.

2) 헌법 제13조 제3항의 적용한계

헌법 제13조 제3항의 적용범위는 '친족의 행위와 본인 간에 실질적으로 의미 있는 아무런 관련성을 인정할 수 없음에도 불구하고 오로지 친족이라는 사유 그 자체만으로' 불이익한 처우를 가하는 경우에 한정된다.

그 밖의 경우에는 문제된 불이익을 보호하는 다른 헌법규범이나 기본권규범을 찾아 그 친족과의 관계에서 본인에게 그러한 불이익을 주는 것이 합리적인지, 또는 입법목적 달성을 위한 필요한 수단인지를 살펴봄으로써 그러한 법적 규율의 정당성 여부를 판단할 수 있기 때문이다.

3. 당선무효조항의 양 원칙 위배 여부

(1) 당선무효조항과 양 원칙과의 관계

자기책임원칙은 자기결정권의 한계논리로서 책임부담의 근거로 기능하는 동시에 책임부담의 범위도 스스로 결정한 결과 내지 그와 상관관계가 있는 부분에 국한됨을 의미하는 책임의 한정원리로 기능하는 것이다.

이에 대하여 연좌제금지는, 기술한 바와 같이, 친족의 행위와 본인 간에 실질적으로 의미 있는 아무런 관련성을 인정할 수 없음에도 불구하고 오로지 친족이라는 사유 그 자체만으로 불이익한 처우를 가하는 경우에만 적용되는 것이다.

따라서 당선무효조항에서 배우자의 범죄 및 형의 선고를 요건으로 후보자의 당선을 무효로 하는 것이 자기책임원리에 반하는 것인가의 문제는, 자기책임원리의 특수한 형태인 연좌제금지 — 헌법 제13조 제3항의 친족의 행위로 인한 불이익 처우의 금지 원칙 — 에 위배되는지 여부로 귀결된다.

(2) 당선무효조항의 연좌제금지의 위배 여부 검토

1) 선거의 공정성 확보와 후보자의 책임강화

선거과정에서 선거범죄가 심각하게 개재된 경우 선거의 결과를 그대로 유지시키는 것은 대의제이념에 반하고 나아가 선거제도 자체에 대한 신뢰를 훼손할 수 있다. 후보자의 가족 등이 음성적 또는 조직적으로 역할을 분담하여 불법·부정을 자행하는 경우가 많은 우리 선거의 현실에 비추어 공명하고 깨끗한 선거풍토를 확립하기 위해서는 후보자의 선거에 관여하는 가족 등과의 연대책임을 강화하는 것이 절실하다.

2) 선거과정에서 후보자와 배우자의 역할과 연대책임

특히, 배우자는 후보자와 일상을 공유하는 자로서 선거에서는 후보자의 최측근에서 수시로 후보자와 협의할 수 있고, 후보자와 유기적으로 역할을 분담하여 당선에 유리한 여러 활동을 할 수 있으며, 선거사무장, 선거사무소의 회계책임자 등에 대하여 실질적인 지시를 할 수 있는 등 후보자의 분신과도 같은 역할을 한다.

후보자의 배우자가 저지른 일정한 중대선거범죄는 선거에 있어서 전적으로 후보자의 당선을 위하여 또한 후보자와의 의사연락 하에 이루어진 행위로서 총체적으로 후보자 자신의 행위와 다를 바 없다고 보면서, 후보자를 공범으로 인정하여 형사처벌은 하지 않더라도, 그러한 불법행위에 따른 이익을 박탈하는 것은 정당하다고 할 것이다.

이러한 견지에서 당선무효조항은 합리적인 근거가 있으므로, 이를 고려한 입법자의 판단은 존중되어야 할 것이다.

(3) 소 결

따라서 당선무효조항이 후보자와 배우자 간에 실질적인 관련성을 인정하여 후보자에게 책임을 지우는 것은 연좌제금지에 위배되지 아니한다.

4. 결 어

당선무효조항은, 후보자와 불가분의 선거운명공동체를 형성하여 활동하게 마련인 배우자의 실질적 지위와 역할을 근거로 후보자에게 연대책임을 부여한 것이므로, 헌법 제13조 제3항에서 금지하고 있는 연좌제에 해당하지 아니하고 아울러 자기책임원칙에도 위배되지 아니한다.

해 설 **[제2안]**([제1안]과 동일한 내용은 생략함)

1. 당선무효조항의 의의와 쟁점
2. 자기책임원칙 및 연좌제금지의 의의
   (1) 자기책임원칙의 의의
   (2) 연좌제금지의 의의
3. 당선무효조항의 양 원칙 위배 여부
   (1) 당선무효조항과 양 원칙과의 관계
   (2) 당선무효조항의 연좌제금지의 위배 여부 검토
      1) 당선무효조항과 연좌제의 적용범위
      2) 선거과정에서 후보자와 배우자의 역할과 무과실책임
   (3) 소결
4. 결어

1. 당선무효조항의 의의와 쟁점

2. 자기책임원칙 및 연좌제금지의 의의

(1) 자기책임원칙의 의의

(2) 연좌제금지의 의의

3. 당선무효조항의 양 원칙 위배 여부

(1) 당선무효조항과 양 원칙과의 관계

(2) 당선무효조항의 연좌제금지의 위배 여부 검토

1) 당선무효조항과 연좌제의 적용범위

배우자가 후보자의 선거에 관여하는 경우 후보자와 일상을 공유하면서 상호 협의하고 후보자의 분신과도 같은 역할을 수행하는 것이 통상적이기는 하나, 언제나 그런 관계가 성립한다고 단정할 수는 없다.

그럼에도 불구하고 일률적으로 배우자의 선거관련 범죄행위에 대하여 후보자에게 법적 제재를 가하는 것은, “자기의 행위가 아닌 친족의 행위로 인하여 불이익한 처우”를 받는 경우에 해당하여, 헌법 제13조 제3항이 금지하고자 하는 연좌제의 범위에 포함된다.

2) 선거과정에서 후보자와 배우자의 역할과 무과실책임

배우자의 선거관련 범죄행위는 배우자의 행위일 뿐 그 행위 자체를 후보자의 행위로 볼 수는 없음에도 배우자의 행위가 선거과정에서 후보자의 승리를 위하여 이루어졌다는 추상적 개연성만으로 배우자의 행위를 후보자의 행위와 전적으로 동일시하여 배우자의 위반행위에 대한 후보자의 잘못이 전혀 없는 경우까지 후보자에게 법정 무과실책임을 묻는 것은 헌법상 자기책임원칙 및 연좌제금지원칙과 결코 조화될 수 없다.

배우자의 선거범죄와 관련하여 후보자에게 고의 또는 관리·감독책임이 있어야 하고, 후보자에게 그러한 책임조차 없는 경우에는 면책 가능성이 주어져야 한다. 면책될 가능성조차 부여하지 아니한 채 배우자의 불법행위를 근거로 후보자의 당선을 무효로 하는 것은 자기책임원칙 및 연좌제금지에 위배되는 것이다.

(3) 소 결

따라서 당선무효조항은 연좌제금지의 적용범위에 포함되고 배우자의 불법행위에 대하여 후보자에게 무과실책임을 지우는 것으로서 연좌제금지에 위배되는 것이다.

4. 결 어

당선무효조항은, 배우자의 선거관련 범죄행위에 대하여 후보자 본인의 고의 또는 관리·감독상의 책임이 인정되는지 여부를 불문하고 일체의 면책 가능성조차 부여하지 아니한 채, 배우자의 범죄행위를 근거로 하여 후보자의 당선을 무효로 하는 것이므로 연좌제금지 및 자기책임원칙에 위배되는 것이다.

참고판례 **공직선거법 제57조 등 위헌확인**(헌재 2016. 9. 29. 2015헌마548); **공직선거법 제265조 위헌확인**(헌재 2011. 9. 29. 2010헌마68)

1-1-5 | 신뢰보호원칙

설 문

甲, 乙 등은 사법시험에 합격한 후 사법연수원에 입소하여 2013. 1. 1. 이후에 사법연수원을 수료할 예정인 사람들인데, 甲, 乙 등(이하 '청구인들'이라 한다)이 사법연수원에 입소할 당시의 법원조직법에 의하면 사법연수원의 소정 과정을 마치면 바로 판사임용자격을 취득할 수 있었다.

그러나 2011. 7. 18. 법원조직법이 개정되어 2013. 1. 1.부터는 사법연수원의 소정 과정을 마치더라도 바로 판사임용자격을 취득할 수 없고 일정 기간 이상의 법조경력을 갖추어야 판사로 임용될 수 있게 되었다(이하 '이 사건 법원조직법 개정'이라 한다).

이에 청구인들은 법원조직법(2011. 7. 18. 법률 제10861호) 부칙 제1조 단서 중 '제42조 제2항의 개정규정은 2013년 1월 1일부터 시행한다.' 부분 및 제2조(이하 '이 사건 법률조항'이라 한다)가 신뢰보호원칙에 반하여 청구인들의 공무담임권을 침해한다고 주장하면서 2011. 12. 6. 위 조항들의 위헌확인을 구하는 이 사건 헌법소원심판을 청구하였다.

〈설문〉의 '이 사건 법률 조항'은 신뢰보호원칙에 위배되는가?

심판대상조항

법원조직법(2011. 7. 18. 법률 제10861호) 부칙

제1조(시행일) 이 법은 2012년 1월 1일부터 시행한다. 다만 제41조의2의 개정규정은 2011년 9월 1일부터 시행하고, 제42조 제1항 · 제2항, 제44조 제2항 및 제45조 제4항의 개정규정은 2013년 1월 1일부터 시행한다.

제2조(판사 임용을 위한 재직연수에 관한 경과조치) 제42조 제2항의 개정규정에도 불구하고 2013년 1월 1일부터 2017년 12월 31일까지 판사를 임용하는 경우에는 3년 이상 제42조 제1항 각 호의 직에 있던 사람 중에서, 2018년 1월 1일부터 2019년 12월 31일까지 판사를 임용하는 경우에는 5년 이상 제42조 제1항 각 호의 직에 있던 사람 중에서, 2020년 1월 1일부터 2021년 12월 31일까지 판사를 임용하는 경우에는 7년 이상 제42조 제1항 각 호의 직에 있던

사람 중에서 임용할 수 있다.

관련조항

법원조직법(2011. 7. 18. 법률 제10861호로 개정된 것)
제42조(임용자격) ① 대법원장과 대법관은 20년 이상 다음 각 호의 직에 있던 45세 이상의 사람 중에서 임용한다.
1. 판사 · 검사 · 변호사
2. 변호사의 자격이 있는 자로서 국가기관, 지방자치단체, '공공기관의 운영에 관한 법률' 제4조에 따른 공공기관, 그 밖의 법인에서 법률에 관한 사무에 종사한 자
3. 변호사의 자격이 있는 자로서 공인된 대학의 법률학 조교수 이상의 직에 있던 자
② 판사는 10년 이상 제1항 각 호의 직에 있던 사람 중에서 임용한다.
③ 제1항 각 호에 규정한 2 이상의 직에 재직한 자에 대하여는 그 연수를 통산한다.

제72조(사법연수생) ① 사법연수생은 사법시험에 합격한 자 중에서 대법원장이 임명하며, 별정직공무원으로 한다.
② 사법연수생의 수습기간은 2년으로 한다. 다만, 필요한 때에는 대법원규칙이 정하는 바에 따라 수습기간을 변경할 수 있다.

제72조의2(사법연수생 수습의 목적) 사법연수생의 수습은 법률전문가로서의 이론과 실무를 연구 · 습득하고 높은 윤리의식과 국민에 대한 봉사정신을 함양함으로써 법치주의의 확립과 민주주의의 발전에 이바지할 수 있는 법조인을 양성함을 목적으로 한다.

구 법원조직법(1994. 7. 27. 법률 제4765호로 개정되고 2011. 7. 18. 법률 제10861호로 개정되기 전의 것)
제42조(임용자격) ① 대법원장과 대법관은 15년 이상 다음 각 호의 직에 있던 40세 이상의 자 중에서 임용한다.
1. 판사 · 검사 · 변호사
2. 변호사의 자격이 있는 자로서 국가기관, 지방자치단체, 국 · 공영기업체, 정부투자기관 기타 법인에서 법률에 관한 사무에 종사한 자
3. 변호사의 자격이 있는 자로서 공인된 대학의 법률학 조교수 이상의 직에 있던 자
② 판사는 다음 각 호의 1에 해당하는 자 중에서 임용한다.
1. 사법시험에 합격하여 사법연수원의 소정 과정을 마친 자
2. 변호사의 자격이 있는 자
③ 제1항 각 호에 규정한 2 이상의 직에 재직한 자에 대하여는 그 연수를 통산한다.

법학전문대학원 설치 · 운영에 관한 법률(2008. 2. 29. 법률 제8852호로 개정된 것)
제1조(목적) 이 법은 법학전문대학원의 설치 · 운영 및 교육 등에 관한 사항을 정함으로써 우

수한 법조인을 양성함을 목적으로 한다.

제2조(교육이념) 법학전문대학원의 교육이념은 국민의 다양한 기대와 요청에 부응하는 양질의 법률서비스를 제공하기 위하여 풍부한 교양, 인간 및 사회에 대한 깊은 이해와 자유·평등·정의를 지향하는 가치관을 바탕으로 건전한 직업윤리관과 복잡다기한 법적 분쟁을 전문적·효율적으로 해결할 수 있는 지식 및 능력을 갖춘 법조인의 양성에 있다.

해 설 [제1안]

1. 이 사건 법률조항의 의의와 쟁점

〈설문〉 사건에서 청구인들은 이 사건 법률조항으로 인하여 공무담임권 — 판사라는 공직의 취임 — 에 제한을 받게 된다.

그런데 사법연수원 수료만으로 판사임용자격을 부여하였던 종전 규정과는 달리, 판사임용에 단계적으로 3년, 5년, 7년, 10년 이상의 법조경력을 요하는 것으로 법원조직법을 개정하면서, 이 사건 법률조항에 경과조치 — 청구인들과 같이 법 개정 당시 이미 사법연수원에 입소한 사람들에 대한 경과조치 — 를 두지 아니한 것이 종전 규정에 대한 청구인들의 신뢰를 침해하는지가 문제된다.

따라서 〈설문〉 사건에서는 이 사건 법률조항이 신뢰보호원칙에 위배되어 청구인들의 공무담임권을 침해하는지 여부가 쟁점이다.

2. 신뢰보호원칙의 의의와 판단기준

(1) 신뢰보호원칙의 의의

신뢰보호원칙은 법치국가원리에 근거를 두고 있는 헌법상 원칙으로서, 특정한 법률에 의하여 발생한 법률관계는 그 법에 따라 파악되고 판단되어야 하고 과거의 사실관계가 그 뒤에 생긴 새로운 법률의 기준에 따라 판단되지 않는다는 국민의 신뢰를 보호하기 위한 것이다.

법률의 개정 시 구법 질서에 대한 당사자의 신뢰가 합리적이고도 정당하며, 법률의 개정으로 야기되는 당사자의 손해가 극심하여 새로운 입법으로 달성하고자 하는 공익적 목적이 그러한 당사자의 신뢰의 파괴를 정당화할 수 없다면, 그러한 새 입법은 신뢰보호의 원칙상 허용될 수 없다(헌재 2002. 11. 28. 2002헌바45; 헌재 2002. 2. 28. 99헌바4; 헌재 2001. 6. 28. 2001헌마132).

(2) 신뢰보호원칙의 판단기준

사회 환경이나 경제여건의 변화에 따른 필요성에 의하여 법률은 신축적으로 변할 수밖에 없고, 변경된 새로운 법질서와 기존의 법질서 사이에는 이해관계의 상충이 불가피하다. 따라서 국민이 가지는 모든 기대 내지 신뢰가 헌법상 권리로서 보호될 것은 아니고, 개인의 신뢰가 합리적이어서 권리로서 보호될 필요성이 있다고 인정되어야 한다.

따라서 신뢰보호원칙의 위반 여부를 판단함에 있어서는, 한편으로는 침해받은 신뢰이익의 보호가치, 침해의 중한 정도, 신뢰가 손상된 정도, 신뢰침해의 방법 등과 다른 한편으로는 새로운 입법을 통해 실현하고자 하는 공익적 목적을 종합적으로 비교·형량하여야 한다(헌재 2002. 11. 28. 2002헌바45; 헌재 2002. 2. 28. 99헌바4; 헌재 2001. 6. 28. 2001헌마132).

3. 이 사건 법률조항의 신뢰보호원칙 위배 여부

(1) 신뢰이익의 존재와 보호가치

법률의 개정으로 인한 신뢰보호가 문제되려면 국가가 입법행위를 통하여 개인에게 신뢰의 근거를 제공하였을 것이 전제되어야 한다.

판사임용자격에 관한 법원조직법 규정이 지난 40여 년 동안 유지되어 오면서, 국가는 입법행위를 통하여 사법시험에 합격한 후 사법연수원을 수료한 즉시 판사임용자격을 취득할 수 있다는 신뢰의 근거를 제공하였다고 보아야 하며, 수년간 상당한 노력과 시간을 들인 끝에 사법시험에 합격한 후 사법연수원에 입소하여 사법연수생의 지위까지 획득한 청구인들의 경우 사법연수원 수료로써 판사임용자격을 취득할 수 있으리라는 신뢰이익은 보호가치가 있다고 할 것이다.

(2) 청구인들의 신뢰이익과 상응하는 공익

〈설문〉 사건에서 청구인들의 신뢰이익 — 사법연수원을 수료하기만 하면 판사로 임용될 수 있다는 신뢰이익 — 에 상응하는 공익은, 법원조직법의 개정을 통하여 달성하려는 것으로서, 판사의 임용에 일정 기간 법조경력을 요구함으로써 판사의 임용자격을 강화하여 충분한 사회적 경험과 연륜을 갖춘 판사가 재판할 수 있도록 하려는 것이다.

(3) 신뢰이익과 위 공익 간의 비교 · 형량

사법시험 합격과 사법연수원 수료만으로 판사임용자격을 부여하는 제도가 40여 년간 유지되어 왔고, 판사 임용을 목표로 지금까지 상당한 노력과 시간이 소요되는 사법시험 합격 및 사법연수원 과정을 거쳐 온 청구인들에게는 개정 전 법원조직법 조항에 대한 청구인들의 신뢰이익은 결코 작다고 보기 어렵다.

반면, 위의 공익이 중대하고 또 이러한 공익의 실현이 장기적 관점에서 필요하고 타당한 것이라 하더라도, 이 사건 법률조항을 청구인들과 같이 이 사건 법원조직법 개정 당시 이미 사법연수원에 입소한 사람들에게도 반드시 시급히 적용해야 할 정도로 긴요하다고는 보기 어렵다.

나아가 종전 규정의 적용을 받게 된 사법연수원 2년차들과 개정 규정의 적용을 받게 된 사법연수원 1년차들인 청구인들 사이에 위 공익의 실현 관점에서 이들을 달리 볼 만한 합리적인 이유를 찾기도 어렵다.

(4) 신뢰보호의 범위와 정도

다만, 청구인들의 종전 규정에 대한 신뢰보호를 어느 범위, 어느 정도까지 할 것인지에 대하여는 다시 검토할 필요가 있다. 판사임용자격과 같은 자격제도에 관해서는 입법부가 정책적 판단에 따라 광범위한 형성의 자유를 가진다고 볼 것이므로, 이 사건 법원조직법 개정 전에 사법연수원에 입소했다는 사실만으로 청구인들에게 영구히 개정법을 적용할 수 없다고 볼 수는 없다.

(5) 소 결

이 사건 법원조직법 개정 당시 사법연수생의 신분을 가지고 있었던 사람들에게 통상 그들에게 예정된 사법연수원 수료연도에 적어도 한 번은 사법연수원 입소 당시의 신뢰대로 종전 규정과 같은 판사즉시임용의 기회를 부여해야 마땅하다고 할 것이고, 이 사건 법률조항은 이에 어긋나는 한도 내에서 신뢰보호원칙에 위배된다고 할 것이다.

4. 결 어

이 사건 법률조항은 이 사건 법원조직법 개정 시점인 2011. 7. 18. 당시에 이미 사법연수원에 입소하여 사법연수생의 신분을 가지고 있었던 자가 사법연수원을 수료하는 해의 판사 임용에 지원하는 경우에 적용되는 한 신뢰보호원칙에 위배된다고 할 것이다.

해 설 **[제2안]** ([제1안]과 동일한 내용은 생략함)

1. 이 사건 법률조항의 의의와 쟁점

2. 신뢰보호원칙의 의의와 판단기준

(1) 신뢰보호원칙의 의의

(2) 신뢰보호원칙의 판단기준

3. 이 사건 법률조항의 신뢰보호원칙 위배 여부

(1) 신뢰이익의 존재와 보호가치

법률의 개정으로 인한 신뢰보호가 문제되려면 국가가 입법행위를 통하여 개인에게 신뢰의 근거를 제공하였을 것이 전제되어야 한다. 이 사건 법원조직법 개정 전까지는 판사 임용자격으로 별도의 법조경력을 요구하지는 않았고 청구인들은 이에 대한 신뢰를 가지고 있었다. 그러나 이는 판사 인력이 부족한 현실에서 법조인력 자원이 충분하지 않은 상황을 고려한 입법자의 선택이었을 뿐이고, 사법연수원을 수료하기만 하면 판사 임용자격을 취득할 수 있다는 신뢰를 제공하려고 한 것은 아니다.

한편, 법적 상태의 존속에 대한 개인의 신뢰는 그가 어느 정도로 법적 상태의 변화를 예측할 수 있었는지, 또는 예측하였어야 하는지 여부에 따라 상이한 강도를 가진다(헌재 2002. 11. 28. 2002헌바45).

이 사건 법원조직법이 개정된 경위를 보면, 판사의 임용자격에 관한 규정의 개정은 최소한 10년 이상의 공론화 과정을 거쳐 이루어진 것이고, 법조인이 되고자 하는 청구인들로서는 판사의 임용 요건이 강화될 것임을 충분히 예측하였거나 예측할 수 있었다고 보인다.

그렇다면 청구인들이 가지고 있던 신뢰, 즉 사법연수원을 수료하기만 하면 판사로 임용될 수 있다는 신뢰가 보호가치 있는 강한 신뢰라고 보기는 어렵다.

(2) 청구인들의 신뢰이익과 상응하는 공익

〈설문〉 사건에서 청구인들의 신뢰이익 — 사법연수원을 수료하기만 하면 판사로 임용될 수 있다는 신뢰이익 — 에 상응하는 공익은, 법원조직법의 개정을 통하여 달성하려는 것으로서, 판사의 임용에 일정 기간 법조경력을 요구함으로써 판사의 임용자격을 강화하여 충분한 사회적 경험과 연륜을 갖춘 판사가 재판할 수 있도록 하려는 것이다.

(3) 신뢰이익과 위 공익 간의 비교 · 형량

청구인들은 사법연수원을 수료한 뒤 3년 동안 판사로 임용될 수 없을 뿐 변호사 자격을 갖고 다른 공직이나 직업을 자유롭게 선택할 수 있다. 뿐만 아니라 판사 임용자격을 장기간 갖지 못하게 하거나 영구히 박탈하는 것이 아니므로, 이 사건 법률조항으로 말미암아 청구인들이 입는 불이익은 그다지 크지 않다.

반면, 어느 정도의 사회 경험과 연륜 및 법조 경력을 갖춘 판사들이 재판업무를 담당하여 국민의 기본권 보호를 강화하고 사법에 대한 국민의 신뢰를 높인다는 것은 매우 중대한 공익에 해당한다.

(4) 소　결

청구인들의 신뢰이익의 보호가치와 침해의 정도, 공익의 중대성 등을 종합적으로 고려할 때, 청구인들의 신뢰이익 침해 정도가 이 사건 법률조항이 달성하려는 공익에 비하여 크다고는 볼 수 없다.

따라서 이 사건 법률조항은 신뢰보호원칙을 위배되지 아니한다.

4. 결 어

이 사건 법률조항에 의한 청구인들의 신뢰이익 침해 정도가 달성하려는 공익에 비하여 크다고 볼 수 없으므로, 이 사건 법률조항이 신뢰보호원칙을 위배된다고 할 수 없다.

참고판례 법원조직법 부칙 제1조 등 위헌확인(헌재 2012. 11. 29. 2011헌마786, 2012헌마188(병합))

1-1-6 | 이중처벌금지원칙

설 문

甲은 상시근로자 120여 명을 고용하여 여객운송업을 영위하는 회사로, 2012. 4. 14. 소속 근로자인 乙, 丙, 丁(이하 '해고 근로자들'이라 한다)을 징계해고하였다. 해고 근로자들이 부당해고 및 부당노동행위 구제신청을 함에 따라, 甲은 2012. 6. 21. Y지방노동위원회로부터 판정서 송달일로부터 30일 이내에 해고 근로자들을 원직복직시키고 해고기간 동안의 임금상당액을 지급하도록 하는 내용의 부당해고 구제명령(이하 '이 사건 구제명령'이라 한다)을 받았다.

甲은 이 사건 구제명령에서 정한 이행기일 이내에 이를 이행하지 아니하여, 근로기준법 제33조에 따라 Y지방노동위원회로부터 2012. 10. 4. 이행강제금 1,500만 원, 2013. 3. 22. 이행강제금 1,800만 원의 부과처분(이하 '이 사건 부과처분'이라 한다)을 받았다.

甲은 Y지방노동위원회를 상대로 Y지방법원에 이 사건 부과처분의 취소를 구하는 소를 제기하고, 그 소송 계속 중 근로기준법 제33조 제1항 및 제5항(이하 '이 사건 법률조항'이라 한다)에 대하여 위헌법률심판제청을 신청하였으나 기각되자, 이 사건 헌법소원심판을 청구하였다.

〈설문〉 사건에서 '이 사건 법률조항'은 이중처벌금지원칙에 위배되는가?

심판대상조항

근로기준법(2007. 4. 11. 법률 제8372호로 전부개정된 것)

제33조(이행강제금) ① 노동위원회는 구제명령(구제명령을 내용으로 하는 재심판정을 포함한다. 이하 이 조에서 같다)을 받은 후 이행기한까지 구제명령을 이행하지 아니한 사용자에게 2천만 원 이하의 이행강제금을 부과한다.

⑤ 노동위원회는 최초의 구제명령을 한 날을 기준으로 매년 2회의 범위에서 구제명령이 이행될 때까지 반복하여 제1항에 따른 이행강제금을 부과·징수할 수 있다. 이 경우 이행강제금은 2년을 초과하여 부과·징수하지 못한다.

관련조항

근로기준법(2007. 4. 11. 법률 제8372호로 전부개정된 것)
제23조(해고 등의 제한) ① 사용자는 근로자에게 정당한 이유 없이 해고, 휴직, 정직, 전직, 감봉, 그 밖의 징벌(懲罰)(이하 "부당해고등"이라 한다)을 하지 못한다.
제28조(부당해고등의 구제신청) ① 사용자가 근로자에게 부당해고등을 하면 근로자는 노동위원회에 구제를 신청할 수 있다.

제30조(구제명령 등) ① 노동위원회는 제29조에 따른 심문을 끝내고 부당해고등이 성립한다고 판정하면 사용자에게 구제명령을 하여야 하며, 부당해고등이 성립하지 아니한다고 판정하면 구제신청을 기각하는 결정을 하여야 한다.

제111조(벌칙) 제31조 제3항에 따라 확정되거나 행정소송을 제기하여 확정된 구제명령 또는 구제명령을 내용으로 하는 재심판정을 이행하지 아니한 자는 1년 이하의 징역 또는 1천만 원 이하의 벌금에 처한다.

해 설

1. 이 사건 법률조항의 의의와 쟁점

〈설문〉의 '이 사건 법률조항'은 구제명령을 이행하지 아니한 사용자에 대하여 이행강제금을 부과할 수 있도록 한 조항으로서, 노동위원회는 구제명령을 이행기한까지 이행하지 아니한 사용자에게 2천만 원 이하의 이행강제금을 매년 2회의 범위에서 최대 2년까지 부과할 수 있다(근로기준법 제33조 제1항, 제5항).

우선, 이 사건 법률조항은 사용자에게 금전적 부담을 지우는 것이므로 재산권을 제한하고 있으므로 재산권의 침해 여부가 쟁점이다.

다음으로, 이 사건 법률조항은 이행기간 내에 구제명령을 이행하지 아니한 사용자에게 이행강제금을 부과할 수 있도록 할 뿐만 아니라 근로기준법 제111조는 확정된 구제명령에 따르지 않은 사용자를 1년 이하의 징역 또는 1천만 원 이하의 벌금에 처하도록 하고 있으므로, 이중처벌금지원칙의 위배 여부도 쟁점이 된다.

〈설문〉 사건에서는 이중처벌금지원칙의 위배 여부를 살펴본다.

2. 이중처벌금지원칙의 의의

헌법 제13조 제1항은 "모든 국민은 … 동일한 범죄에 대하여 거듭 처벌받지 아니한다"고 하여 '이중처벌금지원칙'을 규정하고 있다.

이는 한 번 판결이 확정되면 동일한 사건에 대해서는 다시 심판할 수 없다는 '일사부재리원칙'이 국가형벌권의 기속원리로 헌법상 선언된 것으로서, 동일한 범죄행위에 대하여 국가가 형벌권을 거듭 행사할 수 없도록 함으로써 국민의 기본권 특히 신체의 자유를 보장하기 위한 것이다.

이러한 점에서 헌법 제13조 제1항에서 말하는 '처벌'은 원칙적으로 범죄에 대한 국가의 형벌권 실행으로서의 과벌을 의미하는 것이고, 국가가 행하는 일체의 제재나 불이익처분을 모두 그 '처벌'에 포함시킬 수는 없다(헌재 2011. 6. 30. 2009헌바55; 헌재 1994. 6. 30. 92헌바38 등).

3. 이 사건 법률조항의 이중처벌금지원칙 위배 여부

〈설문〉 사건에서 甲에게 부과된 이행강제금의 법적 성격은 일정한 기한까지 의무를 이행하지 않을 때에는 일정한 금전적 부담을 과할 뜻을 미리 계고함으로써 의무자에게 심리적 압박을 주어 장래에 그 의무를 이행하게 하려는 행정상 간접적인 강제집행 수단의 하나이다.

이러한 행정상의 간접 강제수단은, 과거의 일정한 법률위반 행위에 대한 제재로서의 형벌이 아니라, 장래의 의무이행 확보를 위한 강제수단일 뿐이다. 따라서 甲에게 부과된 이행강제금은 범죄에 대하여 국가가 형벌권을 실행한다고 하는 과벌에 해당하지 아니하므로, 이 사건 부과처분의 근거가 된 이 사건 법률조항에는 헌법 제13조 제1항이 금지하는 이중처벌금지원칙이 적용될 여지가 없다(헌재

2011. 10. 25. 2009헌바140).

4. 결 어

따라서 이 사건 법률조항이, 확정된 구제명령을 따르지 않은 사용자에게 형벌을 부과할 수 있도록 한 근로기준법 제111조와 별도로, 구제명령을 이행하지 아니한 사용자에게 이행강제금을 부과할 수 있도록 규정한 것은 이중처벌금지원칙에 위배되지 아니한다.

참고판례 근로기준법 제33조 위헌소원(헌재 2014. 5. 29. 2013헌바171)

1-1-7 | 과잉금지원칙[재산권(상속권)]

설 문

甲의 아버지 乙은 1937. 9. 4. 丙과 혼인신고를 하고 그 슬하에 甲을 두었는데, 丙은 1957. 4. 22. 사망하였다. 乙은 1959. 3. 5. 丁과 혼인신고를 하고 그 슬하에 戊, 己를 두었고, 乙은 1991. 12. 19. 사망하였다.
甲은 민법 제1000조 제1항 제1호(이하 '이 사건 법률조항'이라 한다)에서 제1순위 상속인을 '피상속인의 직계비속'이라고만 규정하고 있어 계모인 丁이 사망할 경우 甲을 제외한 丁의 직계비속인 이복형제들만이 상속받게 되는데, 이는 甲의 재산권 등을 침해한다고 주장하면서 2007. 12. 18. 이 사건 헌법소원심판을 청구하였다.

〈설문〉 사건에서 '이 사건 법률조항'은 과잉금지원칙에 위배하여 甲의 재산권을 침해하는가?

심판대상조항

민법(1958. 2. 22. 법률 제471호로 제정된 것)
제1000조(상속의 순위) ① 상속에 있어서는 다음 순위로 상속인이 된다.
1. 피상속인의 직계비속

관련조항

민법
제767조(친족의 정의) 배우자, 혈족 및 인척을 친족으로 한다.

제769조(인척의 계원) 혈족의 배우자, 배우자의 혈족, 배우자의 혈족의 배우자를 인척으로 한다. <개정 1990. 1. 13.>

제1000조(상속의 순위) ① 상속에 있어서는 다음 순위로 상속인이 된다.
2. 피상속인의 직계존속
3. 피상속인의 형제자매

4. 피상속인의 4촌 이내의 방계혈족
② 전항의 경우에 동순위의 상속인이 수인인 때에는 최근친을 선순위로 하고 동친등의 상속인이 수인인 때에는 공동상속인이 된다.
③ 태아는 상속순위에 관하여는 이미 출생한 것으로 본다. <개정 1990. 1. 13.>

민법(1958. 2. 22. 법률 제471호로 제정되고, 1990. 1. 13. 법률 제4199호로 개정되기 전의 것)
제773조(계모자관계로 인한 친계와 촌수) 전처의 출생자와 계모 및 그 혈족, 인척 사이의 친계와 촌수는 출생자와 동일한 것으로 본다.

제774조(혼인 외의 출생자와 그 친계, 촌수) 혼인 외의 출생자와 부의 배우자 및 그 혈족, 인척 사이의 친계와 촌수는 그 배우자의 출생자와 동일한 것으로 본다.

제775조(인척관계 등의 소멸) ① 인척관계와 전2조의 친족관계는 혼인의 취소 또는 이혼으로 인하여 종료한다.
② 부가 사망한 경우에 처가 친가에 복적하거나 재혼한 때에도 전항과 같다.

민법(1990. 1. 13. 법률 제4199호로 개정된 것)
제773조 및 제774조 삭제
부칙 제1조(시행일) 이 법은 1991년 1월 1일부터 시행한다.

제4조(모와 자기의 출생 아닌 자에 관한 경과조치) 이 법 시행일 전에 발생한 전처의 출생자와 계모 및 그 혈족·인척 사이의 친족관계와 혼인 외의 출생자와 부의 배우자 및 그 혈족·인척 사이의 친족관계는 이 법 시행일부터 소멸한다.

해 설

1. 이 사건 법률조항의 의의와 쟁점

구 민법은 계모자간을 법정혈족으로 규정하여(제773조) 계모가 사망한 경우에는 전처소생의 자녀들도 계모의 직계비속에 해당하여 제1순위의 상속인이 될 수 있었다. 그런데 1990. 1. 13. 민법 개정으로 동 규정을 삭제함으로써 법정혈족관계로 인정되던 계모자관계가 폐지되었고, 개정 민법의 시행일인 1991. 1. 1.부터 기존의 계모자관계도 바로 소멸하도록 되었다.

그럼에도 불구하고 이 사건 법률조항인 민법 제1000조 제1항 제1호에서 여전히 '피상속인의 직계비속'만을 제1순위 상속인으로 규정하고, 甲과 같은 전처소생자녀(계자)를 제1순위 상속인에 포함시키는 입법을 하지 아니한 결과, 계자인 甲이 계모자관계의 폐지로 인하여 상속권을 잃게 된 것이 과잉금지원칙에 위배하여 재산권을 침해하는지 여부가 쟁점이다.

2. 재산권(상속권)의 의의와 과잉금지원칙

(1) 재산권(상속권)의 의의

헌법이 보장하고 있는 재산권은 경제적 가치가 있는 모든 공법상·사법상의 권리를 뜻하며(헌재 1992. 6. 26. 90헌바26), 사적 유용성 및 그에 대한 원칙적인 처분권을 내포하는 재산가치 있는 구체적인 권리를 의미하는데(헌재 2002. 7. 18. 99헌마574), 상속권도 재산권의 일종으로서 헌법상 보장된다(헌재 2008. 2. 28. 2005헌바7).

그런데 헌법상의 재산권에 관한 규정은 다른 기본권 규정과는 달리 기본권형성적 법률유보의 형태를 띠고 있으므로, 재산권의 내용과 한계는 국회에서 제정되는 형식적 의미의 법률에 의하여 정해지게 된다(헌재 1993. 7. 29. 92헌바20; 2001. 6. 28. 99헌바106).

그러한 점에서 상속제도나 상속권의 내용도 입법자가 입법정책적으로 결정하여야 할 사항으로서 원칙적으로 입법자의 입법형성의 자유에 속한다고 할 것이다.

(2) 심사기준으로서 과잉금지원칙

위에서 언급한 바와 같이, 상속권은 재산권의 일종이고 상속제도나 상속권의 내용에 관한 규정은 원칙적으로 입법자의 입법형성의 자유에 속한다고 할 것이지만, 입법자가 그 내용을 정함에 있어서 입법형성권을 자의적으로 행사하여 헌법 제37조 제2항이 규정하는 기본권제한의 입법한계를 일탈하는 경우에는 그 법률조항은 헌법에 위반된다고 할 것이다.

헌법 제37조 제2항은 일반적 법률유보조항으로서 국가가 국민의 기본권을 제한하는 내용의 입법을 함에 있어서 준수하여야 할 기본원칙 — 과잉금지원칙 — 을 천명하고 있다.

즉, 과잉금지원칙이란 기본권을 제한하는 입법을 함에 있어서는 입법목적의 정당성과 그 목적달성을 위한 방법의 적정성, 피해의 최소성 그리고 입법에 의해 보호하려는 공공의 필요와 침해되는 기본권 사이의 균형성을 모두 갖추어야 한다는 원칙을 말하며, 이를 준수하지 않은 법률 내지 법률조항은 기본권제한의 입법한계를 벗어난 것으로서 헌법에 위반되는 것이다(헌재 1998. 8. 27. 96헌가22등; 헌재 2001. 7. 19. 99헌바9등).

3. 이 사건 법률조항의 과잉금지원칙 위배 여부

(1) 입법목적의 정당성과 수단의 적정성

이 사건 법률조항은 상속의 순위를 법률로써 규정함으로써 피상속인이 사망하여 상속이 이루어지는 경우 발생할 수 있는 상속 순위에 관한 법률적 분쟁을 사전에 예방하고자 하는 규정인 동시에, 우리 민법이 취하고 있는 혈족상속의 원칙을 입법한 것으로서 입법목적의 정당성이 인정되고, 수단의 적정성도 인정할 수 있다.

(2) 피해의 최소성

현행 민법상 계모자관계는 혈족관계가 아닌 인척관계에 불과하고, 대다수 외국의 법제도에서도 인척에게 상속권을 인정하는 경우는 찾아보기 어려우며, 당사자가 법적인 모자관계를 원한다면 입양신고를 함으로써 친생자관계와 똑같은 효과를 얻을 수 있다.

그리고 계모와 계자 상호간에 재산의 이전을 원한다면 증여나 유증 등에 의하여 상속에 준하는 효과를 얻을 수 있으며, 사망한 계모에게 상속인이 없는 경우에는 계자가 특별연고자에 대한 분여청구를 통하여 계모의 재산을 분여받을 수 있는 점 등을 종합하여 볼 때, 인척관계인 계모자 간에 상속권을 인정하지 않는 것이 피해의 최소성원칙에 반한다고 할 수 없다.

(3) 법익의 균형성

구 민법의 계모자관계는 아무런 혈연관계가 없음에도 당사자의 의사를 전혀 고려하지 않고 법률로써 모자관계로 의제하였는데, 계모자관계는 조선시대부터 내려오던 가부장적 가족제도의 산물이어서 오늘날의 가족생활관계에서는 그 타당성을 인정하기 어렵다.

그리고 계부자관계는 인정하지 않으면서 계모자관계만을 인정하는 것은 양성평등의 원칙에 반한다는 비판적 여론에 따라 입법자가 계모자관계를 폐지하고 계모가 사망하는 경우 계자를 상속권자로 규정하지 않은 것으로서, 이 사건 법률조항이 추구하는 이러한 공익이 계자인 청구인의 상속권이라는 사익보다 결코 작다고 할 수 없으므로 법익의 균형성도 유지하고 있다.

(4) 소 결

따라서 이 사건 법률조항은 과잉금지원칙에 위배되지 아니한다.

4. 결 어

이 사건 법률조항은 과잉금지원칙에 위배되어 甲의 재산권(상속권)을 침해한다고 할 수 없다.

참고판례 **민법 제1000조 제1항 제1호 위헌확인**(헌재 2009. 11. 26. 2007헌마1424)

1-1-8 | 과잉금지원칙[공무담임권]

설 문

甲은 2004. 2. 1. ○○장교로 임관되어 복무하던 중 전역과 동시에 국가정보원 직원으로 근무하기 위하여 피청구인이 주관하는 7급 제한경쟁시험에 미리 응시하려 하였다. 그런데 국가정보원장은 2005. 7. 13.부터 같은 해 8. 10.까지 국가정보원 홈페이지를 통해 행한 2005년도 7급 제한경쟁시험 채용공고에서 '남자는 병역을 필한 자'로 응시자격을 제한하였다.
이에 甲은 위 공고(이하 '이 사건 공고'라 한다) 내용이 자신의 공무담임권을 침해한다고 주장하면서 이 사건 헌법소원심판을 청구하였다.

〈설문〉 사건에서 '이 사건 공고'는 과잉금지원칙에 위배되어 甲의 공무담임권을 침해하는가?

관련조항

국가공무원법(2004. 3. 11. 법률 제7187호로 개정된 것)
제36조(응시자격) 각종시험에 있어서 담당할 직무수행에 필요한 최소한도의 학력·경력·연령 기타 필요한 자격요건은 국회규칙·대법원규칙·헌법재판소규칙·중앙선거관리위원회규칙 또는 대통령령으로 정한다.

공무원임용시험령(2004. 6. 11. 대통령령 제18424호로 개정된 것)
제19조(응시자격 등의 예외) ③ 시험실시기관의 장은 제한경쟁특별채용시험의 경우 임용예정 직위의 직무수행상 특히 필요하다고 인정되는 때에 한하여 연령·학력 및 거주요건 등 응시자격을 제한하여 시험을 실시할 수 있다.

제47조(시험의 공고) ① 시험실시기관의 장은 공개경쟁채용시험 또는 공개경쟁승진시험을 실시하고자 할 때에는 다음 각 호의 사항을 모든 응시자격자가 알 수 있도록 시험기일 20일 전(기능직공무원의 경우 채용예정인원이 10인 이하일 때에는 10일 전)에 일간신문 및 방송 그 밖의 효과적인 방법에 의하여 공고하여야 한다. 다만, 불가피한 사유로 공고내용을 변경할 경우에는 시험기일 7일 전에 다시 공고하여야 하며, 기능직공무원의 채용시험에 있어서는 게시판과 일간신문이나 방송 그 밖의 효과적인 방법에 의하여 이를 공고할 수 있다.
1. 법 제37조에 규정된 사항

2. 시험과목 및 배점비율
3. 합격자발표의 시기 및 방법
4. 응시원서의 교부장소 및 접수장소와 그 기한
5. 합격자에 대한 각종 특전 및 수혜에 관한 사항
6. 그 밖에 시험실시에 관하여 필요한 사항

② 시험실시기관의 장은 제한경쟁특별채용시험을 실시하고자 할 때에는 제1항의 규정에 불구하고 시험기일 10일 전까지 제1항 각 호의 사항을 모든 응시자격자가 알 수 있도록 시험실시기관의 인터넷 홈페이지 등에 공고하여야 한다.

국가정보원직원법(2005. 5. 26. **법률 제7522호로 개정된 것**)
제9조(직원의 신규채용) 직원의 신규채용은 경쟁시험에 의한다. 다만, 직무에 관하여 특별한 학식·경험이나 기술 또는 연구실적이 있는 자를 임용할 때에는 그러하지 아니하다.

제30조(국가공무원법의 준용) 직원에 대하여는 이 법에 특별한 규정이 있는 경우를 제외하고는 국가공무원법 중 일반공무원에 관한 규정을 준용한다.

국가정보원직원법 시행령(1999. 3. 31. **대통령령 제16211호로 개정된 것**)
제3조(경쟁시험에 의한 채용) 원장은 법 제9조 본문의 규정에 의한 신규채용 경쟁시험을 실시함에 있어서 법 제30조 및 국가공무원법 제36조의 규정에 의하여 직무수행에 필요한 최소한도의 경력 기타 필요한 자격요건을 정할 수 있다.

해 설

1. 이 사건 공고의 의의와 쟁점

일반적으로 '공무원임용시험 시행계획 공고'는 시험실시계획을 일반에게 알리는 내용의 사전안내로서 행정쟁송의 대상이 되는 공권력의 행사에 해당하지 않는 것이 원칙이다.

그런데 〈설문〉의 '이 사건 공고'는 국가공무원법 제36조, 공무원임용시험령 제19조 제3항, 그리고 국가정보원직원법 시행령 제3조 등 법령의 내용을 바탕으로 응시자격을 구체적으로 결정하여 알리는 것이므로 헌법소원의 대상이 되는 공권력의 행사에 해당한다.

이 사건 공고는 응시자격과 관련하여 '남자는 병역을 필한 자'로 제한하고 있으므로, 공무담임권의 침해 여부가 쟁점이 된다.

2. 공무담임권의 의의와 과잉금지원칙

(1) 공무담임권의 의의

헌법 제25조는 "모든 국민은 법률이 정하는 바에 의하여 공무담임권을 가진다"고 하여 공무담임권을 기본권으로 보장하고 있다. 공무담임권이란 입법부, 집행부, 사법부는 물론 지방자치단체 등 국가, 공공단체의 구성원으로서 그 직무를 담당할 수 있는 권리를 말하는 것으로서, 선거에 입후보하여 당선될 수 있는 피선거권과 공직에 임명될 수 있는 공직취임권을 포괄하는 것이다.

여기서 직무를 담당한다는 것은 모든 국민이 현실적으로 그 직무를 담당할 수 있다고 하는 의미가 아니라, 국민이 공무담임에 관한 자의적이지 않고 평등한 기회를 보장받음을 의미하는바, 공무담임권의 보호영역에는 공직취임 기회의 자의적인 배제뿐 아니라, 공무원 신분의 부당한 박탈이나 권한(직무)의 부당한 정지도 포함된다(헌재 2002. 8. 29. 2001헌마788등; 헌재 2005. 5. 26. 2002헌마699등).

헌법 제25조는 "모든 국민은 법률이 정하는 바에 의하여 공무담임권을 갖는다"라고 규정하여 공무담임권의 내용에 관하여 입법자에게 입법형성의 자유를 부여하고 있다.

(2) 심사기준으로서 과잉금지원칙

〈설문〉 사건의 이 사건 공고에 의하여 제한되는 것은 공무담임권의 보호영역 중 공직취임 기회의 자의적인 배제로부터의 보호를 내용으로 하는 것이다.

헌법 제37조 제2항은 국민의 기본권을 제한하는 내용의 입법을 함에 있어서 준수하여야 할 기본원칙 — 과잉금지원칙 — 을 천명하고 있다.

즉, 과잉금지원칙이란 기본권을 제한하는 입법은 입법목적의 정당성과 그 목적달성을 위한 방법의 적정성, 입법으로 인한 피해(침해)의 최소성, 그리고 그 입법에 의해 보호하려는 공익과 침해되는 사익의 균형성을 모두 갖추어야 한다는 것이며, 이를 준수하지 않은 법률 내지 법률조항은 기본권제한의 입법적 한계를 벗어난 것으로서 헌법에 위반된다(헌재 1997. 3. 27. 94헌마196등).

이러한 과잉금지원칙은 입법권의 행사에 있어서 뿐만 아니라 모든 공권력의 행사에 있어서도 준수되어야 할 기본원칙이다. 따라서 이 사건 공고에 의한 공무담임권의 제한이 이러한 헌법적 한계 내에 있는지 여부를 살펴본다.

3. 이 사건 공고의 과잉금지원칙 위배 여부

(1) 목적의 정당성, 수단의 적절성

이 사건 공고의 목적은 채용시험에 합격한 자에 대하여는 곧바로 임용절차를 밟은 후 현업에 종사케 하려는 점, 현역 복무기간 종료일까지 임용시기가 연기되지 않도록 하려는 점, 그리고 국가정보원의 인원 및 조직 보안을 도모한다는 점 등을 들 수 있다.

이러한 목적들은 국가기관이 처한 개별적인 특수성에 따라 효율적으로 인적 자원을 배분하고, 국가정보원의 조직과 인원에 대한 보안 유지를 통하여 공공복리 내지 국가안전보장을 달성하기 위한 것으로서 그 목적의 정당성이 인정되며, 그 수단으로서 '군미필자의 응시자격 제한'은 이러한 목적달성을 위하여 필요하며 적절하다고 할 것이다.

(2) 침해의 최소성

군복무를 한 사람에게는 응시기회를 추가로 주고 있어, 응시기회의 일시 유예에 불과한 점에서 이 사건 공고가 초래하는 공무담임권의 제한은 지나치게 과중한 것으로 보기 어렵다. 또한 甲은 시험에 합격하더라도 군복무 중에는 다른 직장에 근무할 수 없으므로, 이 사건 공고는 단지 시험을 볼 기회를 유예하는 것에 불과하고, 공직취임 자체를 제한하는 것이 아니다. 따라서 침해의 최소성에도 반하지 않는다.

(3) 법익의 균형성

한편, 군필자가 되었을 때 응시기회를 다른 사람보다 연장해 주는 장치도 있으므로, 그 불이익의 크기는 위에서 본 입법목적과 대비할 때 공익보다 더 크다고 볼 수 없다. 따라서 공익과 침해되는 사익 간에 법익의 균형성이 훼손되었다고 볼 수도 없다.

(4) 소 결

따라서 이 사건 공고는 과잉금지원칙에 위배되지 아니한다.

4. 결 어

위에서 살펴본 바와 같이, 이 사건 공고는 과잉금지원칙에 위배되어 甲의 공무담임권을 침해한다고 할 수 없다.

참고판례 군미필자 응시자격 제한 위헌확인(헌재 2007. 5. 31. 2006헌마627)

Ⅱ 중급 사례

1-2-9 | 법률유보원칙[법규사항의 위임과 위임의 입법형식]

설 문

甲과 乙은 모두 한약사로서 한약 및 한약제제에 관련된 약사(藥事)에 관한 업무를 담당하는 자들인데, 약사법 및 관계 법령에 의하면 한약업사는 기성한약서에 수재된 30,000여 가지 처방에 대하여 한약을 혼합판매할 수 있고, 한의사도 치료용으로 사용하는 경우에 한약 및 한약제제를 조제할 수 있는 반면, 한약사는 한의사의 처방전이 없으면 '한약처방의 종류 및 조제방법에 관한 규정'에 규정된 100가지 처방 외에는 한약을 조제 및 판매할 수 없으므로, 이로 인하여 甲과 乙의 헌법 제15조 직업선택의 자유와 헌법 제11조의 평등권 등을 침해당하였다고 주장하면서 헌법소원심판을 청구하였다.

※ 한약사가 한의사의 처방전 없이 조제할 수 있는 한약처방의 종류와 관련하여 '구 약사법' 제21조 제7항 단서(이하 '이 사건 법률조항'이라 한다)에 의하면, 그러한 한약처방의 종류를 보건복지부장관이 정하는 행정규칙(보건복지부 고시)에 의하도록 위임하고 있다.

〈설문〉에서 이 사건 법률조항이 '한약사가 한의사의 처방전 없이 조제할 수 있는 한약처방의 종류'를 헌법상 열거된 법규명령의 형식이 아닌 행정규칙(보건복지부 고시)에 위임하는 것은 헌법상의 위임규정에 위배되는가?

관련조항

구 약사법(2007. 4. 11. 법률 제8365호로 전부 개정되기 전의 것)
제21조(의약품의 조제) ⑦ 한약사가 한약을 조제할 때에는 한의사의 처방전에 의하여야 한

다. 다만, 보건복지부장관이 정하는 한약처방의 종류 및 조제방법에 따라 조제하는 경우에는 그러하지 아니하다.

한약처방의 종류 및 조제방법에 관한 규정(1995. 3. 15. **보건복지부 고시 제**1995-15**호로 개정된 것**)
제3조(정의) 이 고시에서 "한약조제지침서"라 함은 한의사의 처방에 의하지 아니하고 한약사 및 한약조제자격이 있는 약사가 직접 조제할 수 있는 한약처방의 종류 및 조제방법을 수록한 지침서를 말한다.

제4조(한약조제지침서의 구성) ① 한약조제지침서의 총칙은 [별표 1]과 같다.
② 한약조제지침서에 수재하는 한약처방의 종류는 [별표 2]와 같다.

해 설 [제1안]

1. 〈설문〉 사건의 쟁점
2. 국회입법의 원칙과 위임입법
   (1) 국회입법의 원칙과 위임입법의 헌법상 근거
   (2) 위임입법의 형식으로서의 법규명령과 행정규칙
3. 〈설문〉 사건에서 행정규칙에의 위임의 합헌 여부
4. 결어

1. 〈설문〉 사건의 쟁점

구 약사법 제21조 제7항에 의하면, "한약을 조제할 때에는 한의사의 처방전에 의하여야 한다. 다만, 보건복지부장관이 정하는 한약처방의 종류 및 조제방법에 따라 조제하는 경우에는 그러하지 아니한다"라고 규정하여, 한약사가 한의사의 처방전 없이 조제할 수 있는 한약처방의 종류를 대통령령 · 총리령 · 부령 등 법규명령의 형식에 의하지 아니하고 보건복지부장관이 정하는 행정규칙에 의하도록 위임하고 있다.

이는 국민의 권리 · 의무에 관한 사항 — 법규사항 — 을 헌법상 열거된 법규명령의 형식(대통령령 · 총리령 · 부령)이 아닌 행정규칙(고시 · 훈령 등)에 위임한 것으로서, 그러한 위임이 가능한지 또한 그러한 위임형식이 헌법적으로 정당화될 수 있는지가 쟁점이 된다.

2. 국회입법의 원칙과 위임입법

(1) 국회입법의 원칙과 위임입법의 헌법상 근거

국민의 권리와 의무에 관한 법규는 국회가 제정하는 형식적 의미의 법률로 정하는 것이 원칙이지만, 사회현상의 복잡다기화와 국회의 전문적·기술적 능력의 한계 등으로 인하여 법규사항을 예외 없이 형식적 의미의 법률로 규정한다는 것은 사실상 불가능할 뿐만 아니라 적합하지도 아니하다.

현행헌법도 헌법 제40조에서 "입법권은 국회에 속한다"라고 규정하면서도, 헌법 제75조는 "대통령은 법률에서 구체적으로 범위를 정하여 위임받은 사항과 법률을 집행하기 위하여 필요한 사항에 관하여 대통령령을 발할 수 있다"고 규정하고, 헌법 제95조는 "국무총리 또는 행정각부의 장은 소관사무에 관하여 법률이나 대통령령의 위임 또는 직권으로 총리령 또는 부령을 발할 수 있다"고 규정하여 행정기관으로의 위임입법을 인정하고 있다.

(2) 위임입법의 형식으로서의 법규명령과 행정규칙

위에서 살펴본 국회입법의 원칙과 위임입법의 근거 등을 감안하여 헌법 제40조와 헌법 제75조, 제95조의 의미를 살펴보면, 입법기관이 아닌 행정기관은 국회에서 법률 등으로 구체적인 범위를 정하여 위임한 사항에 관하여 법정립의 권한을 갖게 되고, 입법자가 규율의 형식에 관한 입법형성의 자유도 가지고 있다고 할 것이다.

따라서 헌법이 인정하고 있는 위임입법의 형식은 예시적인 것으로 보아야 할 것이고, 법률이 어떤 사항을 행정규칙에 위임하는 경우에 그 행정규칙은 위임된 사항만을 규율할 수 있는 것이므로, 국회입법의 원칙과 상치되지 않는다.

다만, 행정규칙은 법규명령과 같은 엄격한 제정 및 개정절차를 요하지 아니하므로, 재산권 등과 같은 기본권을 제한하는 작용을 하는 법률이 입법위임을 할 때에는 대통령령, 총리령, 부령 등 법규명령에 위임함이 바람직하다.

그러므로 고시와 같은 형식으로 입법위임을 할 때에는 적어도 행정규제기본법 제4조 제2항 단서에서 정한 바와 같이 법령이 전문적 · 기술적 사항이나 경미한 사항으로서 업무의 성질상 위임이 불가피한 사항에 한정된다 할 것이며, 그러한 사항이라 하더라도 포괄위임금지의 원칙상 법률의 위임은 반드시 구체적 · 개별적으로 한정된 사항에 대하여 행하여져야 할 것이다(헌재 2006. 12. 28. 2005헌바59; 헌재 2004. 10. 28. 99헌바91).

3. 〈설문〉 사건에서 행정규칙에의 위임의 합헌 여부

구체적으로 〈설문〉의 구 약사법 제21조 제7항 단서에 대하여 살펴보면, 한약처방의 종류 및 그 조제방법이라는 것은 그 대상이 매우 다양하고, 세부적, 기술적, 가변적 사항으로서 어떠한 처방에 대하여 한약사에게 임의조제를 허용할 것인가는 그 처방이 일반적으로 안정성과 유효성이 인정된 것인지 여부를 고려하여 판단하여야 하는 전문적 · 기술적 영역이며, 그 판단을 위해서는 고도의 전문지식이 필요하다.

또한 위 고시 제3조(정의)에서 "'한약조제지침서'라 함은 한의사의 처방에 의하지 아니하고 한약사 및 한약조제자격이 있는 약사가 직접 조제할 수 있는 한약처방의 종류 및 조제방법을 수록한 지침서를 말한다"에서도 규정하는 바와 같이 그 내용이 매우 기술적이고 세부적이라는 점을 알 수 있다.

따라서 이러한 내용을 법규명령에 위임하지 아니하고 보건복지부 고시에 위임하는 것은 허용된다 할 것이다.

4. 결 어

위에서 살펴본 바와 같이 구 약사법 제21조 제7항이 한약사가 임의로 조제할 수 있는 한약처방의 종류를 대통령령이나 총리령, 부령의 형식이 아닌 보건복지부장관이 정하는 행정규칙(고시)에 위임하고 있다고 하더라도 헌법상의 위임규정에 위배되지 않는다고 할 것이다.

해 설 **[제2안]** ([제1안]과 동일한 내용은 생략함)

1. 〈설문〉 사건의 쟁점

2. 국회입법의 원칙과 위임입법

(1) 국회입법의 원칙과 위임입법의 헌법상 근거

헌법은 제40조에서 국회입법의 원칙을 천명하면서, 다만 헌법 제75조, 제95조, 제108조, 제113조 제2항, 제114조 제6항에서 법률의 위임을 받아 발할 수 있는 법규명령으로 대통령령, 총리령과 부령, 대법원규칙, 헌법재판소규칙, 중앙선거관리위원회규칙 등을 한정적으로 열거하고 있다.

헌법에서 법규명령의 형식을 명시적으로 확정하면서 그 명령의 구체적 종류·발령주체·위임범위·요건 등에 관한 규정을 두고 있는 이상, 헌법문언에 정해두지 않은 다른 종류의 법규명령을 법률로써 창설할 수 없고, 더구나 그러한 법규사항을 행정규칙에 위임하여서는 아니 된다 할 것이다.

요컨대, 법률이 행정규칙에 위임할 수 있는 사항은 집행명령(헌법 제75조 후단)에 의하여 규정할 수 있는 사항 또는 법률의 의미를 구체화하는 사항에 한정되어야 하는 것이고, 새로운 입법사항이나 국민의 새로운 권리·의무에 관한 사항이 되어서는 아니 될 것이다.

(2) 위임입법의 형식으로서의 법규명령과 행정규칙

헌법상 위임입법과 관련한 헌법 제40조와 헌법 제75조 및 제95조의 의미에 대하여, 위임입법의 형식에 관한 헌법규정은 한정적 열거조항이 아니라 예시적 규정으로 보아야 할 것이라고 하면서, 법률이 어떤 사항을 행정규칙에 위임할 수도 있고 또 그러한 경우에 그 행정규칙은 위임된 사항만을 규율할 수 있는 것이므로 국회입법의 원칙과 상치되지 않는다는 견해가 있다.

그러나 법규명령과 행정규칙은 엄연히 다음과 같은 차이가 있다. 일반적 구속력을 갖는 법규명령과 중앙 또는 지방행정기관에 의하여 발령되는 고시나 훈령·통첩 등 행정규칙은 그 생성과정 및 효력에 있어 매우 다르다. 행정절차법에 의하면, 국민의 권리·의무 또는 일상생활과 밀접한 관련이 있는 법령 등을 제정·개정 또는 폐지하고자 할 때에는 당해 입법안을 마련한 행정청은 이를 예고하여야 하고(제41조), 누구든지 예고된 입법안에 대하여는 의견을 제출할 수 있으며(제44조), 행정청은 입법안에 관하여 공청회를 개최할 수 있는 데 반하여(제45조), 고시나 훈령 등 행정규칙을 제정·개정·폐지함에 관하여는 아무런 규정이 없다. 그리고 법규명령은 법제처의 심사를 거치고(대통령령은 국무회의에 상정되어 심의된다) 반드시 공포되어야 효력이 발생되는 데 반하여, 행정규칙은 법제처의 심사를 거칠 필요도 없고 공포 없이도 효력이 발생된다.

결국 위임입법에 대한 국회의 사전적 통제수단이 전혀 마련되어 있지 아니한 우리나라에서는, 행정규칙은 그 성립과정에 있어서 타기관의 심사·수정·통제·감시를 받지 않고 또 국민에 의한 토론·수정·견제·반대 등에 봉착함이 없이 은연중에 성립되는 것이 가능하다. 그러므로 행정기관으로서는 당연히 규율의 방식으로서 법규명령보다 행정규칙을 선호하게 되고, 이는 국민의 자유와 권리를 행정의 편의에 맡겨버리는 위험을 초래하게 될 것이다.

따라서 헌법에서 법규명령의 형식을 명시적으로 확정하면서 그 명령의 구체적 종류·발령주체·위임범위·요건 등에 관한 규정을 두고 있는 이상, 헌법문언에 정해두지 않은 다른 종류의 법규명령을 법률로써 창설할 수 없고, 더구나 그러한 법규사항을 행정규칙에 위임하여서는 아니 된다 할 것이다.

3. 〈설문〉 사건에서 행정규칙에의 위임의 합헌 여부

헌법이 예정하는 위임입법형식을 한정적이 아니라 예시적인 것으로 보고 전문적, 기술적 영역에 관해서는 탄력적으로 대응할 필요가 크기 때문에, 법규명령에 위임하지 아니하고 바로 행정규칙에 위임하는 것도 허용될 수 있다는 견해가 있음은 위에서 언급한 바와 같다.

그러나 이러한 탄력적 대응의 요청은, 헌법합치적인 단계적 위임에 의하여도 충분히 해결할 수 있을 것이다. 즉, 법률이 헌법에 정하여진 법규명령에 대하여 위임을 하고, 다시 법규명령이 구체적 범위를 정하여 행정규칙에 위임하는 형식을 갖춤으로써 헌법의 의미를 엄격하게 해석하면서도 국가의 적극적 기능을 확보할 수 있을 것이기 때문이다. 따라서 한약처방의 종류 및 그 조제방법이 전문적·기술적 내용이라고 하더라도, 그것을 법규명령에 위임하지 아니하고 보건복지부 고시에 위임하는 것은 허용되지 않는다고 할 것이다.

4. 결 어

위에서 살펴본 바와 같이 구 약사법 제21조 제7항은 법규적 사항을 헌법에서 한정적으로 열거한 위임입법의 형식을 따르지 아니하고 법률에서 임의로 위임입법의 형식을 창설한 것이므로, 대통령령이나 총리령, 부령의 형식이 아닌 보건복지부장관이 정하는 행정규칙(고시)에 위임하고 있는 것은 헌법상의 위임규정에 위반된다고 할 것이다.

참고판례 약사법 제21조 제7항 등 위헌확인(헌재 2008. 7. 31. 2005헌마667, 2006헌마674(병합))

1-2-10 | 사전검열금지원칙[언론 · 출판의 자유]

설 문

甲은 의원을 운영하는 의사이고, 乙은 광고업과 의료기기 판매업을 하는 사람이다. 甲과 乙(이하 '청구인들'이라 한다)은 의료법인 · 의료기관 · 의료인이 의료법에 규정된 매체를 이용하여 의료광고를 하려는 경우 미리 광고의 내용과 방법 등에 관하여 보건복지부장관의 심의를 받아야 함에도 불구하고 공모하여, 2013. 9. 24.경부터 같은 달 27.경까지 甲이 운영하는 의원 건물 앞 벽면에 "최신 요실금 수술법, IOT, 간편시술, 비용저렴, 부작용無" 등의 문구가 적힌 현수막을 설치하는 방법으로 보건복지부장관의 심의를 받지 아니하고 의료광고를 하였다는 범죄사실로 약식명령을 받았다.

청구인들은 D지방법원에 정식재판을 청구한 다음, 그 재판을 받던 중 의료법 제56조 제2항 제9호 중 '제57조에 따른 심의를 받지 아니한 광고' 부분 및 의료법 제89조 가운데 제56조 제2항 제9호 중 '제57조에 따른 심의를 받지 아니한 광고'에 관한 부분(이하 전자를 '이 사건 금지규정', 후자를 '이 사건 처벌규정'이라 하고, 이들을 합쳐 '이 사건 법률규정들'이라 한다)에 대하여 위헌법률심판제청신청을 하였으나, 위 법원은 2015. 2. 12. 청구인들에게 유죄판결을 선고하면서 이를 기각하였다.

이에 청구인들은 2015. 2. 24. 위 조항들에 대하여 이 사건 헌법소원심판을 청구하였다.

〈설문〉 사건에서 '이 사건 법률규정들'은 사전검열금지원칙에 위배되는가?

심판대상조항

의료법(2009. 1. 30. 법률 제9386호로 개정된 것)

제56조(의료광고의 금지 등) ② 의료법인 · 의료기관 또는 의료인은 다음 각 호의 어느 하나에 해당하는 의료광고를 하지 못한다.

9. 제57조에 따른 심의를 받지 아니하거나 심의받은 내용과 다른 내용의 광고

의료법(2010. 7. 23. 법률 제10387호로 개정된 것)
제89조(벌칙) 제15조 제1항, 제17조 제1항 · 제2항(제1항 단서 후단과 제2항 단서는 제외한다), 제56조 제1항부터 제4항까지, 제57조 제1항, 제58조의6 제2항을 위반한 자는 1년 이하의 징역이나 500만 원 이하의 벌금에 처한다.

관련조항

의료법(2011. 8. 4. 법률 제11005호로 개정된 것)
제57조(광고의 심의) ① 의료법인 · 의료기관 · 의료인이 다음 각 호의 어느 하나에 해당하는 매체를 이용하여 의료광고를 하려는 경우 미리 광고의 내용과 방법 등에 관하여 보건복지부장관의 심의를 받아야 한다.
1. 「신문 등의 진흥에 관한 법률」 제2조에 따른 신문 · 인터넷신문 또는 「잡지 등 정기간행물의 진흥에 관한 법률」 제2조에 따른 정기간행물
2. 「옥외광고물 등 관리법」 제2조 제1호에 따른 옥외광고물 중 현수막(懸垂幕), 벽보, 전단(傳單) 및 교통시설 · 교통수단에 표시되는 것
3. 전광판
4. 대통령령으로 정하는 인터넷 매체

④ 제1항에 따른 심의 기준 · 절차 및 제3항에 따른 심의 업무의 위탁 등 의료광고의 심의에 관하여 필요한 사항은 대통령령으로 정한다.

의료법(2010. 1. 18. 법률 제9932호로 개정된 것)
제57조(광고의 심의) ② 제1항에 따른 심의를 받으려는 자는 보건복지부령으로 정하는 수수료를 내야 한다.
③ 보건복지부장관은 제1항에 따른 심의에 관한 업무를 제28조에 따라 설립된 단체에 위탁할 수 있다.

구 의료법 시행령(2010. 3. 15. 대통령령 제22075호로 개정되고, 2015. 9. 15. 대통령령 제26526호로 개정되기 전의 것)
제24조(의료광고의 심의 대상 및 심의 업무의 위탁) ② 법 제57조 제3항에 따라 보건복지부장관은 의료광고 심의에 관한 업무를 다음 각 호에서 정하는 바에 따라 법 제28조 제1항에 따른 의사회, 치과의사회 및 한의사회에 각각 위탁한다.
1. 의사회: 의사, 의원, 병원, 요양병원, 종합병원(치과는 제외한다), 조산원이 하는 의료광고의 심의
2. 치과의사회: 치과의사, 치과의원, 치과병원, 종합병원(치과만 해당한다)이 하는 의료광고의 심의
3. 한의사회: 한의사, 한의원, 한방병원, 요양병원(한의사가 설립한 경우로 한정한다)이 행하는 의료광고의 심의

제25조(의료광고 심의 절차) ① 의료광고의 심의를 받으려는 의료법인 · 의료기관 · 의료인(이하 "신청인"이라 한다)은 보건복지부령으로 정하는 신청서에 해당 의료광고 내용을 첨부하여 제24조 제2항 또는 제3항에 따라 의료광고 심의업무를 위탁받은 기관(이하 "심의기관"이라 한다)에 제출하여야 한다.

구 의료법 시행령(2007. 9. 28. 대통령령 제20292호로 전부개정되고, 2015. 9. 15. 대통령령 제26526호로 개정되기 전의 것)
제25조(의료광고 심의 절차) ② 제1항에 따른 신청을 받은 심의기관은 30일 이내에 제28조에 따른 의료광고심의위원회(이하 "심의위원회"라 한다)의 심의를 거쳐 심의 결과를 신청인에게 문서로 통지하여야 한다. 다만, 부득이한 사유로 그 기간에 심의 결과를 통지할 수 없는 경우에는 신청인에게 지연 사유와 처리 예정 기간을 통지하여야 한다.
③ 신청인은 제2항에 따라 통지받은 심의 결과에 이의가 있으면 심의 결과를 통지받은 날부터 15일 이내에 재심의를 요청할 수 있다.
④ 제3항에 따라 재심의를 요청받은 심의기관은 심의위원회의 재심의를 거쳐 재심의를 요청받은 날부터 30일 이내에 재심의 결과를 신청인에게 문서로 통지하여야 한다.

의료법 시행령(2007. 9. 28. 대통령령 제20292호로 전부개정된 것)
제28조(심의위원회의 구성 및 운영 등) ① 심의기관은 의료광고를 심의하기 위하여 심의위원회를 설치 · 운영하여야 한다.
③ 위원장은 심의기관의 장이 위촉하고, 부위원장은 심의위원회에서 호선(互選)한다.
⑤ 심의위원회 위원의 임기는 1년으로 하되, 연임할 수 있다.
⑦ 제1항부터 제6항까지의 규정에서 정한 것 외에 심의위원회의 구성 · 운영 및 심의에 필요한 사항은 심의위원회의 의결을 거쳐 위원장이 정한다.

구 의료법 시행령(2007. 9. 28. 대통령령 제20292호로 전부개정되고, 2015. 9. 15. 대통령령 제26526호로 개정되기 전의 것)
제28조(심의위원회의 구성 및 운영 등) ② 심의위원회는 위원장 1명과 부위원장 1명을 포함한 10명 이상 20명 이하의 위원으로 구성한다.
④ 위원은 다음 각 호의 어느 하나에 해당하는 자 중에서 심의기관의 장이 위촉한다.
1. 해당 심의기관의 회원이 아닌 다른 직역(職域)의 의료인(조산사와 간호사는 제외한다)
2. 해당 심의기관의 회원
3. 「소비자기본법」 제2조 제3호에 따른 소비자단체의 장이 추천하는 자
4. 변호사 자격을 가진 자
5. 그 밖에 보건의료에 관한 학식과 경험이 풍부한 자

의료법 시행령(2010. 3. 15. 대통령령 제22075호로 개정된 것)
제28조(심의위원회의 구성 및 운영 등) ⑥ 심의기관의 장은 심의 및 재심의 결과를 분기별로 분기가 끝난 후 30일 이내에 보건복지부장관에게 보고하여야 한다.

해 설

1. 이 사건 법률규정들의 의의와 쟁점

〈설문〉의 '이 사건 법률규정들'은, 의료광고에 대한 사전심의제도와 관련하여, 심의를 받지 아니한 광고를 금지하는 '이 사건 금지규정'과 그러한 금지규정에 위반하는 경우 형벌을 부과하는 '이 사건 처벌규정'으로 이루어져 있다.

광고는 사상 · 지식 · 정보 등을 불특정 다수인에게 전파하는 것으로서 언론 · 출판의 자유에 의한 보호를 받는 대상이며(헌재 2002. 12. 18. 2000헌마764; 헌재 2014. 9. 25. 2013헌바28), 의료광고도 광고의 일종이다.

그런데 이 사건 법률규정들은 사전심의를 거치지 아니한 의료광고를 금지하고 그 위반에 대하여 형벌을 부과하고 있으므로, 청구인들의 표현의 자유를 제한하는 것이다.

의료광고도 언론 · 출판의 자유의 보호 대상이라고 할 경우, 헌법 제21조 제2항의 사전검열금지원칙의 적용대상이 되는지, 그리고 그 대상이 된다고 할 경우에는 〈설문〉 사건의 의료광고에 대한 사전심의가 사전검열에 해당하여 사전검열금지원칙에 위배되는지 여부가 쟁점이다.

2. 사전검열금지원칙의 의의와 요건

(1) 사전검열금지원칙의 의의

헌법 제21조 제2항은 언론·출판에 대한 허가나 검열은 인정되지 아니한다고 규정하고 있다.

여기에서 말하는 '검열'은 그 명칭이나 형식과 관계없이 실질적으로 행정권이 주체가 되어 사상이나 의견 등이 발표되기 이전에 예방적 조치로서 그 내용을 심사·선별하여 발표를 사전에 억제하는, 즉 허가받지 아니한 것의 발표를 금지하는 제도를 뜻하며, 이러한 사전검열은 법률에 의하더라도 불가능한 것으로서 절대적으로 금지된다.

사전검열을 금지하는 이유는, 언론·출판에 대하여 사전검열이 허용될 경우에는 국민의 예술활동의 독창성과 창의성을 침해하여 정신생활에 미치는 위험이 클 뿐만 아니라, 행정기관이 집권자에게 불리한 내용의 표현을 사전에 억제함으로써, 이른바 관제의견이나 지배자에게 무해한 여론만을 허용하는 결과를 초래할 것이기 때문이다.

그런데 사전검열금지원칙이 모든 형태의 사전적인 규제를 금지하는 것은 아니고, 의사표현의 발표 여부가 오로지 행정권의 허가에 달려있는 사전심사만 금지한다.

(2) 사전검열의 요건

판례는 헌법이 금지하는 사전검열의 요건으로 첫째, 일반적으로 허가를 받기 위한 표현물의 제출의무가 존재할 것, 둘째, 행정권이 주체가 된 사전심사절차가 존재할 것, 셋째, 허가를 받지 아니한 의사표현을 금지할 것, 넷째, 심사절차를 관철할 수 있는 강제수단이 존재할 것을 제시하고 있다(헌재 1996. 10. 31. 94헌가6; 헌재 2008. 6. 26. 2005헌마506).

3. 이 사건 법률규정들의 사전검열금지원칙 위배 여부

(1) 의료광고와 표현의 자유

헌법 제21조 제1항은 모든 국민은 언론·출판의 자유를 가진다고 규정하여 표현의 자유를 보장하고 있는데, 의사표현의 자유는 바로 언론·출판의 자유에 속한다.

그러므로 의사표현의 매개체가 의사표현을 위한 수단이라고 전제할 때, 이러한 의사표현의 매개체는 헌법 제21조 제1항이 보장하고 있는 언론·출판의 자유의 보호대상이 되며, 그 매개체는 어떠한 형태이건 가능하며 제한이 없다(헌재 1993. 5. 13. 91헌바17).

광고물도 사상·지식·정보 등을 불특정다수인에게 전파하는 것으로서 언론·출판의 자유에 의한 보호를 받는 대상이 됨은 물론이고(헌재 1998. 2. 27. 96헌바2), 상업적 광고표현 또한 보호 대상이 된다(헌재 2000. 3. 30. 99헌마143).

(2) 의료광고에 대한 사전검열금지원칙의 적용 여부

현행 헌법이 제21조 제2항에서 사전검열을 금지하는 규정을 두면서 1) 1962년 헌법과 같이 특정한 표현에 대해 예외적으로 검열을 허용하는 규정을 두고 있지 아니한 점, 2) 이러한 상황에서 언론·출판의 자유의 보호를 받는 표현 중에서 사전검열금지원칙의 적용이 배제되는 영역을 따로 설정할 경우 그 기준에 대한 객관성을 담보할 수 없게 될 것이고 종국적으로는 집권자에게 불리한 내용의 표현을 사전에 억제할 가능성을 배제할 수 없게 된다는 점 등을 고려하면, 현행 헌법상 사전검열은 예외 없이 금지되는 것으로 보아야 할 것이다.

판례도 사전검열은 절대적으로 금지된다고 하고 있는데(헌재 1996. 10. 31. 94헌가6; 헌재 2001. 8. 30. 2000헌가9; 헌재 2005. 2. 3. 2004헌가8; 헌재 2008. 6. 26. 2005헌마506 등), 여기에서 '절대적'이라 함은 언론·출판의 자유의 보호를 받는 표현에 대해서는 사전검열금지원칙이 예외 없이 적용된다는 의미라고 하고 있다(헌재 2001. 8. 30. 2000헌가9).

〈설문〉 사건의 의료광고는 의료행위나 의료서비스의 효능이나 우수성 등에 관한 정보를 널리 알려 의료소비를 촉진하려는 행위로서 상업광고의 성격을 가지고 있지만, 위와 같은 법리에 따르면 헌법 제21조 제1항의 표현의 자유의 보호대상이 됨은 물론이고 동조 제2항도 당연히 적용되어 사전검열도 금지된다.

(3) 〈설문〉 사건의 의료광고에 대한 사전심의가 사전검열에 해당하는지 여부

〈설문〉 사건의 의료광고에 대한 사전심의가 사전검열의 4가지 요건을 충족하는지 차례로 살펴본다.

1) 허가를 받기 위한 표현물의 제출의무가 있는지 여부

의료법 제57조 제1항은 의료법인·의료기관·의료인이 동 조항 각 호에 해당하는 매체를 이용하여 의료광고를 하려는 경우 미리 광고의 내용과 방법 등에 관하여 보건복지부장관의 심의를 받도록 하고 있다.

그리고 구 의료법 시행령 제25조 제1항은 의료광고의 심의를 받으려는 의료법인·의료기관·의료인은 신청서에 해당 의료광고 내용을 첨부하여 의료광고 심의업무를 위탁받은 기관에 제출하도록 하고 있다.

이것은 일반적으로 허가를 받기 위한 표현물의 제출의무를 부과한 것에 해당한다.

2) 허가를 받지 아니한 의사표현을 금지하는지 여부

'이 사건 금지규정'은 의료법인·의료기관 또는 의료인은 제57조에 따른 심의를 받지 아니한 의료광고를 하지 못한다고 규정하고 있다.

이것은 허가받지 않은 의사 표현을 금지하는 것에 해당한다.

3) 심사절차를 관철할 수 있는 강제수단이 존재하는지 여부

'이 사건 처벌규정'은 의료법인·의료기관 또는 의료인이 사전심의를 받지 않은 의료광고를 하는 경우 1년 이하의 징역이나 500만 원 이하의 벌금에 처하도록 하여 사전심의를 받을 수밖에 없도록 강제하고 있다.

이러한 형벌의 부과는 사전심의절차를 관철하기 위한 강제수단에 해당한다.

4) 행정권이 주체가 된 사전심사절차가 존재하는지 여부

헌법상 검열금지원칙은 검열이 행정권에 의하여 행하여지는 경우에 한정되므로, 〈설문〉 사건 의료광고의 심의기관인 각 의사협회가 행정기관에 해당하는지 여부에 대해 살펴본다.

의료광고의 심의기관이 행정기관인가 여부는 기관의 형식에 의하기보다는 그 실질에 따라 판단되어야 한다.

먼저, 검열을 행정기관이 아닌 독립적인 위원회에서 행한다고 하더라도, 행정권이 주체가 되어 검열절차를 형성하고 검열기관의 구성에 지속적인 영향을 미칠 수 있는 경우라면 실질적으로 그 검열기관은 행정기관이라고 보아야 한다.

그렇게 해석하지 아니한다면 검열기관의 구성은 입법기술상의 문제에 지나지 않음에도 불구하고 정부에게 행정관청이 아닌 독립된 위원회의 구성을 통하여 사실상 검열을 하면서도 헌법상 검열금지원칙을 위반하였다는 비난을 면할 수 있는 길을 열어주기 때문이다(헌재 1996. 10. 4. 93헌가13등; 헌재 2007. 10. 4. 2004헌바36; 헌재 2001. 8. 30. 2000헌가9; 헌재 2008. 10. 30. 2004헌가18).

다음으로, 민간심의기구가 심의를 담당하는 경우에도 행정권이 개입하여 그 사전심의에 자율성이 보장되지 않는다면 이 역시 행정기관의 사전검열에 해당하게 될 것이다(헌재 2008. 6. 26. 2005헌마506).

또한 민간심의기구가 사전심의를 담당하고 있고, 현재에는 행정기관이 그 업무에 실질적인 개입을 하고 있지 않더라도 행정기관의 자의에 의해 언제든지 개입할 가능성이 열려 있다면 이 경우 역시 헌법이 금지하는 사전검열이라는 의심을 면하기 어려울 것이다. 개입 가능성의 존재 자체로 민간심의기구는 심의 업무에 영향을 받을 수밖에 없을 것이기 때문이다.

의료광고 심의업무에 대한 관련 법령에 의하면, 〈설문〉 사건의 의료광고에 대한 사전심의는 그 심의주체인 보건복지부장관이 행하지 않고 보건복지부장관으로부터 위탁을 받은 각 의사협회가 행하고 있는데, 이러한 형태의 의료광고 사전심의가 행정기관이 주체가 된 사전검열에 해당하는지를 살펴본다.

① 의료법은 제57조 제1항에서 "의료법인 · 의료기관 · 의료인이 다음 각 호의 어느 하나에 해당하는 매체를 이용하여 의료광고를 하려는 경우 미리 광고의 내용과 방법 등에 관하여 보건복지부장관의 심의를 받아야 한다"라고 규정하여 그 심의주체를 보건복지부장관으로 정하고 있고, 그 제3항에서 "보건복지부장관은 제1항에 따른 심의에 관한 업무를 제28조에 따라 설립된 단체에 위탁할 수 있다"라고 규정하여 의료광고 심의업무의 위탁근거를 마련하고 있다.

의료광고에 대한 사전심의는 민간단체인 각 의사협회가 담당하고 있으나, 의료법상으로는 행정기관인 보건복지부장관이 심의의 주체이며, 법률은 보건복지부장관이 그 위탁을 철회하고 직접 의료광고 심의업무를 담당할 수 있는 가능성을 열어두고 있다.

② 의료법 시행령은 의료광고 심의위원회를 설치토록 하면서(제28조 제1항), 심의위원회 위원의 수와 구성 비율, 위원의 자격과 임기, 위원장과 부위원장의 위촉 방식 등 심의위원회의 구성에 관하여 직접 규율하고 있다(제28조 제2항 내지 제5항). 이것은 심의위원회 구성에 행정권이 개입할 수 있다는 것을 의미하는데, 의료법 시행령의 개정을 통해 행정권이 심의위원회의 구성에 영향을 미칠 가능성이 존재하는 이상 그 구성에 자율성이 보장된다고 보기 어렵다.

③ 보건복지부장관은 심의의 주체로서 공무수탁사인에 해당하는 심의기관인 각 의사협회에 대하여 위임사무 처리에 대한 지휘·감독권을 가지고 있을 뿐만 아니라, 의료법 시행령 제28조 제6항에 의하면 심의기관의 장은 심의 및 재심의 결과를 분기별로 분기가 끝난 후 30일 이내에 보건복지부장관에게 보고하도록 하고 있다.

그러므로 심의기관은 의료광고 사전심의 업무를 처리함에 있어서도 행정기관인 보건복지부장관의 영향력 아래 있다고 할 것이다. 설령 현재 보건복지부장관이 의료광고 심의에 구체적인 지시를 하지 않고 있다고 하더라도, 제도적으로 자율성이 보장되지 않는 이상에는 심의에 아무런 영향이 없다고 할 수 없다.

④ 보건복지부장관 또는 시·도지사는 국민보건 향상을 위하여 필요하다고 인정될 때에는 의료인·의료기관·중앙회 또는 의료 관련 단체에 대하여 시설, 운영 경비, 조사·연구 비용의 전부 또는 일부를 보조할 수 있으므로(의료법 제83조 제1항), 법률상 위와 같은 재정지원을 통하여 행정권이 언제든지 사전심의절차에 영향력을 행사할 가능성이 존재한다.

⑤ 의료법은 심의기준·절차 등 의료광고의 심의에 관하여 필요한 사항은 대통령령으로 정하도록 하고 있으므로(제57조 제4항), 행정권은 의료법 시행령의 개정을 통해 언제든지 심의기준을 설정하거나 변경할 수 있으며, 이에 따라 자신이 원하는 대로 심의 내용에 영향을 줄 수 있다.

⑥ 이상과 같은 사정들을 종합하여 보면, 대한의사협회, 대한치과의사협회, 대한한의사협회나 그 산하의 각 심의위원회가 의료광고의 사전심의업무를 수행함

에 있어서 보건복지부장관 등 행정권의 영향력에서 완전히 벗어나 독립적이고 자율적으로 사전심의를 하고 있다고 보기 어렵고, 결국 심의기관인 대한의사협회, 대한치과의사협회, 대한한의사협회의 행정기관성은 이를 부인할 수 없다.

5) 소 결

따라서 사전검열금지원칙의 적용대상이 되는 〈설문〉 사건의 의료광고에 대한 사전심의는 사전검열의 4가지 요건을 충족함으로써 헌법이 금지하는 사전검열에 해당한다.

4. 결 어

의료광고에 대한 사전심의제도와 관련하여 '이 사건 금지규정'과 '이 사건 처벌규정'은 사전검열의 요건에 해당하여 표현의 자유를 침해하는 것이므로, '이 사건 법률규정들'은 사전검열금지원칙에 위배된다.

참고판례 의료법 제56조 제1항 등 위헌소원(헌재 2015. 12. 23. 2015헌바75)

1-2-11 | 평등원칙[완화된 심사기준(자의금지원칙)]

설 문

성남시 중원구 ○○동 ○○ 일원 ○○㎡는 2007. 10. 29. '도시 및 주거환경정비법'(이하 '도시정비법'이라 한다)에 따라 성남시 ○○ 주거환경개선사업정비구역으로 지정·고시되어, 현지개량방식으로 사업이 진행되었다. 사업시행자인 성남시장과 A주택공사는 위 사업으로 인하여 주거용 건축물이 정비기반시설 등에 제공됨에 따라 생활의 근거를 상실하는 자들에게 이주정착금 또는 성남시 중원구 □□동 ○○택지개발지구 내에 전용면적 85㎡ 이하 아파트를 특별공급하기로 하는 내용의 이주대책을 수립하고, 2009. 8. 24. 이를 공고하였다.
甲과 乙은 위 택지개발지구 내 아파트를 특별공급받기로 하여 2010. 2. 11.경 A주택공사와 위 아파트에 관하여 분양계약을 체결하거나 분양계약을 체결한 자들로부터 그 권리·의무를 승계 받은 자들로서, 각 분양계약에 따른 분양대금을 납부하였다.
그런데 甲과 乙은 각각 성남시와 A주택공사를 상대로, 자신들이 이주대책대상자에 해당하므로 '공익사업을 위한 토지 등의 취득 및 보상에 관한 법률'(이하 '공익사업법'이라 한다) 제78조 제1항 및 제4항에 따라 생활기본시설 설치비용을 공제하여 분양대금을 산정하여야 함에도 불구하고, 생활기본시설 설치비용이 포함된 분양가로 공급하였다며 그 차액 상당의 부당이득반환을 구하는 소를 제기하였다.
한편, 甲과 乙은 부당이득금반환청구 소송 계속 중 도시정비법 제43조 제3항이 헌법 제11조 등을 침해한다며 위헌법률심판제청신청을 하였다. 제청법원은 2012. 1. 31. 직권으로 도시정비법 제43조 제3항 중 '제6조 제1항 제1호의 주거환경개선사업'에 관한 부분(이하 '이 사건 법률조항'이라 한다)이 위헌이라고 볼 만한 상당한 이유가 있다며 위 조항에 대한 위헌법률심판을 제청하였다.

※ 도시정비법은 현지개량방식에 의한 주거환경개선사업의 시행으로 인하여 주거용 건축물을 제공함에 따라 영구적으로 생활의 근거를 상실하게 되는

자를 위한 이주대책에 관하여는 아무런 규정을 두고 있지 않다.

〈설문〉 사건에서 '이 사건 법률조항'은 평등원칙에 위배되는가?

심판대상조항

도시 및 주거환경정비법(2009. 2. 6. 법률 제9444호로 개정된 것)
제43조(다른 법령의 적용 및 배제) ③ 주거환경개선사업의 경우에는 공익사업을 위한 토지 등의 취득 및 보상에 관한 법률 제78조 제4항을 적용하지 아니한다.

관련조항

구 공익사업을 위한 토지 등의 취득 및 보상에 관한 법률(2011. 8. 4. 법률 제11017호로 개정되기 전의 것)
제78조(이주대책의 수립 등) ① 사업시행자는 공익사업의 시행으로 인하여 주거용 건축물을 제공함에 따라 생활의 근거를 상실하게 되는 자(이하 "이주대책대상자"라 한다)를 위하여 대통령령이 정하는 바에 따라 이주대책을 수립 실시하거나 이주정착금을 지급하여야 한다.
④ 이주대책의 내용에는 이주정착지(이주대책의 실시로 건설하는 주택단지를 포함한다)에 대한 도로·급수시설·배수시설 그 밖의 공공시설 등 통상적인 수준의 생활기본시설이 포함되어야 하며, 이에 필요한 비용은 사업시행자의 부담으로 한다. 다만, 행정청이 아닌 사업시행자가 이주대책을 수립·실시하는 경우에 지방자치단체는 비용의 일부를 보조할 수 있다.

구 도시 및 주거환경정비법(2009. 2. 6. 법률 제9444호로 개정되고, 2012. 2. 1. 법률 제11293호로 개정되기 전의 것)
제1조(목적) 이 법은 도시기능의 회복이 필요하거나 주거환경이 불량한 지역을 계획적으로 정비하고 노후·불량건축물을 효율적으로 개량하기 위하여 필요한 사항을 규정함으로써 도시환경을 개선하고 주거생활의 질을 높이는 데 이바지함을 목적으로 한다.

제2조(용어의 정의) 이 법에서 사용하는 용어의 정의는 다음과 같다. <개정 2006. 5. 24., 2009. 2. 6.>

2. "정비사업"이라 함은 이 법에서 정한 절차에 따라 도시기능을 회복하기 위하여 정비구역 안에서 정비기반시설을 정비하고 주택 등 건축물을 개량하거나 건설하는 다음 각목의 사업을 말한다. 다만, 다목의 경우에는 정비구역이 아닌 구역에서 시행하는 주택재건축 사업을 포함한다.
   가. 주거환경개선사업: 도시저소득주민이 집단으로 거주하는 지역으로서 정비기반시설이 극히 열악하고 노후·불량건축물이 과도하게 밀집한 지역에서 주거환경을 개선하기 위하여 시행하는 사업

4. “정비기반시설”이라 함은 도로 · 상하수도 · 공원 · 공용주차장 · 공동구(국토의계획및이용에 관한법률 제2조 제9호의 규정에 의한 공동구를 말한다. 이하 같다) 그 밖에 주민의 생활에 필요한 가스 등의 공급시설로서 대통령령이 정하는 시설을 말한다.

제6조(정비사업의 시행방법) ① 주거환경개선사업은 다음 각 호의 1에 해당하는 방법 또는 이를 혼용하는 방법에 따른다.

1. 제7조의 규정에 의한 주거환경개선사업의 시행자가 정비구역 안에서 정비기반시설을 새로이 설치하거나 확대하고 토지등소유자가 스스로 주택을 개량하는 방법
2. 제7조의 규정에 의한 주거환경개선사업의 시행자가 제38조의 규정에 의하여 정비구역의 전부 또는 일부를 수용하여 주택을 건설한 후 토지등소유자에게 우선 공급하는 방법
3. 제7조의 규정에 의한 주거환경개선사업의 시행자가 제43조 제2항의 규정에 의하여 환지로 공급하는 방법

제36조(임시수용시설의 설치 등) ① 사업시행자는 주거환경개선사업 및 주택재개발사업의 시행으로 철거되는 주택의 소유자 또는 세입자에 대하여 당해 정비구역 내 · 외에 소재한 임대주택 등의 시설에 임시로 거주하게 하거나 주택자금의 융자알선 등 임시수용에 상응하는 조치를 하여야 한다. 이 경우 사업시행자는 그 임시수용을 위하여 필요한 때에는 국가 · 지방자치단체 그 밖의 공공단체 또는 개인의 시설이나 토지를 일시 사용할 수 있다. <개정 2006. 12. 28.>

② 국가 또는 지방자치단체는 사업시행자로부터 제1항의 임시수용시설에 필요한 건축물이나 토지의 사용신청을 받은 때에는 대통령령이 정하는 사유가 없는 한 이를 거절하지 못한다. 이 경우 그 사용료 또는 대부료는 이를 면제한다.

③ 사업시행자는 정비사업의 공사를 완료한 때에는 그 완료한 날부터 30일 이내에 임시수용시설을 철거하고, 그 건축물이나 토지를 원상회복하여야 한다.

제40조(공익사업을위한토지등의취득및보상에관한법률의 준용) ① 정비구역안에서 정비사업의 시행을 위한 토지 또는 건축물의 소유권과 그 밖의 권리에 대한 수용 또는 사용에 관하여는 이 법에 특별한 규정이 있는 경우를 제외하고는 「공익사업을 위한 토지 등의 취득 및 보상에 관한 법률」을 준용한다. 다만, 정비사업의 시행에 따른 손실보상의 절차에 관하여는 대통령령으로 따로 정할 수 있다. <개정 2009. 2. 6.>

제43조 (다른 법령의 적용 및 배제) ① 주거환경개선구역은 당해 정비구역의 지정고시가 있은 날부터 국토의계획및이용에관한법률 제36조 제1항 제1호 가목 및 제2항에 따라 주거지역을 세분하여 정하는 지역중 대통령령이 정하는 지역으로 결정 · 고시된 것으로 본다. 다만, 다음 각 호의 어느 하나에 해당하는 경우에는 그러하지 아니하다. <개정 2009. 2. 6.>

1. 해당 정비구역이 「개발제한구역의 지정 및 관리에 관한 특별조치법」 제3조 제1항에 따라 결정된 개발제한구역인 경우
2. 시장 · 군수가 주거환경개선사업을 위하여 필요하다고 인정하여 해당 정비구역 일부분은 종전 용도지역을 그대로 유지하거나 동일면적 범위 안에서 위치를 변경하는 내용으로 정

비계획을 수립한 경우

② 「도시개발법」 제28조부터 제49조까지의 규정은 정비사업과 관련된 환지에 관하여 이를 준용한다. 이 경우 동법 제41조 제2항의 규정에 의한 "환지처분을 하는 때"는 이를 "사업시행인가를 하는 때"로 본다. <개정 2008. 3. 21.>

해 설

1. 이 사건 법률조항의 의의와 쟁점

〈설문〉의 '이 사건 법률조항'은 현지개량방식에 의한 주거환경개선사업의 경우에는 이주정착지에 대한 생활기본시설에 필요한 비용을 사업시행자가 부담하도록 한 공익사업법 제78조 제4항의 적용을 배제하고 있는 조항이다.

주거환경개선사업은 도시저소득주민이 집단으로 거주하는 지역으로서 정비기반시설이 극히 열악하고 노후·불량건축물이 과도하게 밀집한 지역에서 주거환경을 개선하기 위하여 시행하는 사업(도시정비법 제2조 제2호 가.)으로서, 저소득층의 주거복지를 증진하고 도시환경을 정비하고자 함에 그 목적이 있다. 이러한 주거환경개선사업의 구조상 사업시행자는 해당 사업으로 인한 이윤 창출이나 개발이익을 얻지 아니하므로, 사업시행자에게 지나친 재정적 부담을 지울 경우에는 사업의 추진이나 시행 자체가 불가능하게 될 수도 있다.

〈설문〉 사건에서 甲과 乙은, 도시정비법에 따른 현지개량방식의 주거환경개선사업으로 인하여 주거용 건축물이 정비기반시설에 제공됨에 따라 생활의 근거를 상실한 자들로부터 이주대책 — 다른 택지개발지구 내에 아파트를 특별공급하기로 하는 내용의 이주대책 — 과 관련하여 그 권리·의무를 승계 받은 자들이다.

도시정비법상 이주대책은 사업시행기간에 국한되는 한시적인 내용의 것이고, 이 사건과 같이 현지개량방식에 의한 주거환경개선사업의 시행으로 인하여 주거용 건축물을 제공함에 따라 영구적으로 생활의 근거를 상실하게 되는 자를 위한 이주대책에 관하여는 아무런 규정을 두고 있지 않다. 따라서 이러한 경우에는 도시정비법 제40조 제1항에 의해 공익사업법상 이주대책에 관한 규정이 준용된다.

그럼에도 불구하고 〈설문〉의 '이 사건 법률조항'은 현지개량방식에 의한 주거환경개선사업의 경우에는 공익사업법 제78조 제4항의 적용을 배제하고 있으므로, 이 사건 법률조항이 평등원칙에 위배되는지 여부가 쟁점이 된다.

2. 평등원칙의 의의와 심사기준

(1) 평등원칙의 의의

평등원칙이란 법적용의 대상이 되는 모든 인간을 원칙적으로 공평하게 다루어야 한다는 법원칙으로서 그 중심내용은 기회균등과 자의(恣意)의 금지이다. 평등원칙은 헌법 제11조 제1항에서 보장하는 헌법원칙으로서 일체의 차별적 대우를 부정하는 절대적 평등이 아니라 법의 적용이나 입법에 있어서 불합리한 조건에 의한 차별을 하여서는 안 된다는 상대적·실질적 평등을 뜻하는 것이다(헌재 1999. 7. 22. 98헌바14).

(2) 평등위반 여부의 심사기준

평등위반 여부를 심사함에 있어서 적용되는 기준은 엄격한 심사기준과 완화된 심사기준이 있다. 이 중 어느 심사기준에 의할 것인지는 입법자에게 인정되는 입법형성권의 정도에 따라 다르게 된다.

1) 심사기준의 적용 요건

판례는 엄격한 심사기준이 적용되는 경우로서 i) 헌법에서 특별히 평등을 요구하고 있는 경우와 ii) 관련 기본권에 대한 중대한 제한을 초래하는 경우의 두 가지를 들고 있으며, 그 외에는 완화된 심사기준이 적용된다고 하고 있다(헌재 2001. 6. 28. 2001헌마132).

2) 심사기준에 따른 심사 내용

평등위반여부를 심사함에 있어서 엄격한 심사를 한다는 것은 자의금지원칙에 따른 심사, 즉 합리적 유무의 심사에 그치지 아니하고 비례성원칙에 따른 심사, 즉 차별취급의 목적과 수단 간에 엄격한 비례관계가 성립하는지를 기준으로 한 심사를 행함을 의미한다(헌재 1999. 12. 23. 98헌마363).

① 완화된 심사기준(자의금지원칙)에 의한 심사

자의금지원칙에 따른 심사는 ⅰ) 본질적으로 동일한 것을 다르게 취급하고 있는지에 관련된 차별취급의 존재여부와, ⅱ) 이러한 차별취급이 존재한다면 이를 자의적으로 볼 수 있는지 여부이다. 그런데 ⅰ)의 요건과 관련하여 두 개의 비교집단이 본질적으로 동일한가의 판단은 일반적으로 관련 헌법규정과 당해 법규정의 의미와 목적에 달려 있고, ⅱ)의 요건과 관련하여서는 차별취급의 자의성은 합리적인 이유가 결여된 것을 의미하므로, 차별대우를 정당화하는 객관적이고 합리적인 이유가 존재한다면 차별대우는 자의적인 것이 아니게 된다(헌재 2003. 1. 30. 2001헌바64).

② 엄격한 심사기준(비례성원칙)에 의한 심사

자의심사의 경우에는 차별을 정당화하는 합리적인 이유가 있는지만을 심사하기 때문에 그에 해당하는 비교대상 간의 사실상의 차이나 입법목적(차별목적)을 발견·확인하는 데 그치는 반면, 비례심사의 경우에는 단순히 합리적인 이유의 존부 문제가 아니라 차별을 정당화하는 이유와 차별 간의 상관관계에 대한 심사, 즉 비교대상 간의 사실상의 차이의 성질과 비중 또는 입법목적(차별목적)의 비중과 차별의 정도에 적정한 균형관계가 이루어져 있는가를 심사하게 된다(헌재 2001. 2. 22. 2000헌마25).

3. 이 사건 법률조항의 평등원칙 위배 여부

(1) 비교집단의 기본적 동일성과 차별취급의 존재

1) 비교집단의 설정과 기본적 동일성

이 사건 법률조항은 현지개량방식에 의한 주거환경개선사업의 경우에 공익사업법 제78조 제4항의 적용을 배제하고 있으므로, i) 동일한 주거환경개선사업의 경우이면서도 '시행방법'의 차이에 따른 비교집단과 ii) 동일한 이주대책 대상자이면서도 '근거 법률'의 차이에 따른 비교집단으로 설정해 볼 수 있다.

① '현지개량방식에 의한 이주대책대상자'와 환지방식에 의해 택지를 공급받는 자, 공동주택건설방식에 의해 건설된 주택을 우선 공급받는 자, 현지개량방식에 의해 스스로 주택을 개량하는 토지등소유자

도시정비법 제6조 제1항의 주거환경개선사업의 시행방법과 관련한 위의 비교집단 중 먼저, '환지방식에 의해 택지를 공급받는 자'에 대하여 살펴본다. 환지방식의 주거환경개선사업의 경우에는, 도시개발법 제28조부터 제49조까지의 규정을 준용하고 있어(공익사업법 제43조 제2항) 수용에 관한 도시정비법 제38조가 적용되지 아니하는 결과 수용이 허용되지 아니하므로, 이주대책에 관한 공익사업법 규정이 준용될 여지가 없다. 따라서 주거환경개선사업 중 환지방식에 의해 택지를 공급받는 자는 이 사건 법률조항의 평등원칙 위배 여부를 논할 비교집단이 되지 아니한다.

다음으로, 나머지 두 집단(공동주택건설방식에 의해 건설된 주택을 우선 공급받는 자, 현지개량방식에 의해 스스로 주택을 개량하는 토지등소유자)은 생활의 근거를 상실하게 되는 경우가 아니라는 점에서 주거용 건축물의 제공에 따라 생활의 근거를 상실하게 되는 자('현지개량방식에 의한 이주대책대상자'라 한다)와는 본질적으로 동일한 비교집단으로 보기 어렵다.

② '현지개량방식에 의한 이주대책대상자'와 '여타 공익사업으로 인한 이주대책대상자'

위의 두 비교집단은 모두 이주대책대상자로서 생활의 근거를 상실하게 된다는 점에서 기본적으로 동일한 비교집단이라고 할 것이다.

2) 차별취급의 존재

이 사건 법률조항은 현지개량방식에 의한 주거환경개선사업에 대하여 공익사업법 제78조 제4항의 적용을 배제함으로써 '현지개량방식에 의한 이주대책대상자'가 사업시행자에게 이주대책으로 특별히 공급받은 주택 등의 생활기본시설 설치비용을 청구하지 못하도록 하므로, '현지개량방식에 의한 이주대책대상자'를 '여타 공익사업에 의한 이주대책대상자'에 비하여 차별취급하고 있다.

(2) 〈설문〉 사건의 심사기준

평등원칙 위반여부의 심사에 있어서 엄격한 심사기준이 적용되는 경우는 ⅰ) 헌법에서 특별히 평등을 요구하고 있는 경우와 ⅱ) 관련 기본권에 대한 중대한 제한을 초래하는 경우의 두 가지로서, 그 외에는 완화된 심사기준이 적용된다.

정비사업을 비롯한 각종 공익사업을 시행함에 있어 이주대책의 내용은 원칙적으로 넓은 입법재량이 인정되는 영역이고(헌재 2013. 7. 25. 2012헌바71등; 헌재 2014. 3. 27. 2011헌바396), 이 사건 법률조항에 의한 차별취급은 위의 ⅰ) 또는 ⅱ)에 해당하지 아니하므로(이주대책의 일환으로 특별히 주택을 공급받으면서, 다만 생활기본시설의 설치비용을 청구하지 못하도록 한 것), 〈설문〉 사건에서 평등위반 여부의 심사기준은 자의금지원칙에 의한다고 할 것이다.

(3) 평등원칙 위배 여부의 검토

토지를 전면적으로 대지화 하는 택지개발사업이나 대규모 시가지를 조성하는 도시개발사업과 같은 공익사업은 해당 사업으로 인한 개발이익이 발생하므로 사업시행자가 초기 사업시행비용이나 이주대책비용을 회수할 수 있을 뿐만 아니라 높은 수익도 기대할 수 있는 반면, 사업시행에 소요되는 비용 중 상당 부분을 국고나 지방비 등으로 무상 지원하는 주거환경개선사업에서는 사업시행자가 해당 사업으로 인한 개발이익이나 수익을 얻지 못한다는 점에서 커다란 차이가 있다.

이와 같이 공공의 도움이 없이는 실질적으로 사업의 효과를 기대하기 어려운 주거환경개선사업 구조의 특성상 사업시행자로 하여금 '현지개량방식에 의한 이주대책대상자'에게 이주대책으로 특별공급한 주택 등에 대한 생활기본시설 설치비용까지 부담하도록 한다면, 사업시행자에게 과도한 재정적 부담을 지우게 되어 주거환경개선사업의 원활한 수행에 지장을 초래할 우려가 있다.

따라서 이 사건 법률조항이 '현지개량방식에 의한 이주대책대상자'를 '여타 공익사업으로 인한 이주대책대상자'와 달리 취급하는 것에는 합리적인 이유가 있으므로 평등원칙에 위배되지 아니한다.

4. 결 어

이 사건 법률조항이 '현지개량방식에 의한 이주대책대상자'를 '여타 공익사업으로 인한 이주대책대상자'와 차별하는 것은 합리적인 이유가 있으므로 평등원칙에 위배되지 아니한다.

> **참고판례 도시 및 주거환경정비법 제43조 제3항 위헌제청**(헌재 2015. 5. 28. 2012헌가6·7·8·9(병합))

1-2-12 | 평등원칙[엄격한 심사기준(비례성원칙)]

설 문

甲, 乙은 2004년도 7급 혹은 9급 국가공무원시험 및 지방공무원시험을 준비하던 중, 국가유공자등예우및지원에관한법률 제31조 제1항 및 제2항(이하 '이 사건 법률조항'이라 한다)이 국가유공자의 가족이 공무원시험에 응시하는 경우에도 만점의 10퍼센트에 해당하는 가산점을 주는 것은 평등권, 공무담임권, 행복추구권 등을 침해하는 것이라며 헌법소원심판을 청구하였다.

※ 2002년도 이후의 가산점제도 실시와 관련한 변화 양상

(1) 가산점 수혜대상자의 확대

가산점 수혜대상이 되는 취업보호대상자가 1984년 이후 대폭 증가하여 온 것에 더하여, 종전 결정 이후인 2002년에는 광주민주유공자예우에관한법률이, 2004년에는 특수임무수행자지원에관한법률이, 해당자들과 그 유가족에게 가산점 혜택이 주어지고 있다. 또한 2000년부터 보훈대상자(가산점 수혜대상자)가 비약적으로 증가하고 있으며, 이는 보훈대상자가 되는 가족들이 늘어나기 때문이다.

(2) 국가유공자 가족의 합격률 증가추세

국가공무원직 7급의 경우, 국가유공자 가산점 수혜자의 합격률이 2002년도에는 전체 합격자의 30.3%(189명), 2003년도 25.1%(159명), 2004년도 34.2%(163명)에 이르고 있으며, 국가공무원직 9급의 경우, 2002년도에는 26.9%(784명), 2003년도 17.6%(331명), 2004년도 15.7% (282명)에 이르고 있다. 한편 2005. 6. 30. 현재 우선적 근로기회를 부여받은 취업보호대상자(가산점 수혜자)는 86,862명인데 이 중 7,013명(8%)만이 국가유공자(상이군경 등 포함) 본인이고, 79,849명(92%)이 그들의 유·가족이며, 그 중 국가유공자의 자녀가 차지하는 비율은 83.7%(72,777명)이다.

〈설문〉 사건에서 '이 사건 법률조항'은 甲, 乙의 평등권을 침해하는가?

심판대상조항

국가유공자등예우및지원에관한법률(2004. 1. 20. 법률 제7104호로 개정된 것)

제31조(채용시험의 가점 등) ① 취업보호실시기관이 그 직원을 채용하기 위하여 채용시험을 실시하는 경우에는 당해 채용시험에 응시한 취업보호대상자의 득점에 만점의 10퍼센트를 가점하여야 한다.

② 제1항의 채용시험이 필기 · 실기 · 면접시험 등으로 구분되어 실시되는 시험의 경우에는 각 시험마다 만점의 10퍼센트를 가점하여야 하며, 2 이상의 과목으로 실시되는 시험에 있어서는 각 과목별 득점에 각 과목별 만점의 10퍼센트를 가점하여야 한다. 다만, 점수로 환산이 불가능한 시험에는 그러하지 아니하다.

관련조항

국가유공자등예우및지원에관한법률

제29조(취업보호대상자) ① 취업보호를 받을 취업보호대상자는 다음과 같다.

1. 전상군경 · 공상군경 · 무공수훈자 · 보국수훈자 · 재일학도의용군인 · 4.19혁명부상자 · 4.19혁명공로자 · 공상공무원 · 특별공로상이자 및 특별공로자와 그 가족
2. 전몰군경 · 순직군경 · 4.19혁명사망자 · 순직공무원 및 특별공로순직자의 유족
3. 제1호에 해당하는 국가유공자가 사망한 경우의 그 유족

② 제1항의 유족 또는 가족에 해당되지 아니하는 자중 다음 각 호의 1에 해당하는 자에 대하여는 대통령령이 정하는 바에 따라 취업보호를 실시할 수 있다.

1. 사망한 국가유공자의 제매(弟妹)중 그의 부모가 지정한 1인. 다만, 사망한 국가유공자의 배우자 및 자녀가 없고 부모만 있는 경우로서 그 부모가 질병 또는 장애나 고령 등으로 인하여 취업이 어려운 경우에 한한다.
2. 1953년 7월 27일 이전 및 참전유공자예우에관한법률 별표의 규정에 의한 전투 중에 전사하거나 순직한 군인 또는 경찰공무원의 자녀로서 질병 또는 장애나 고령 등으로 인하여 취업이 어려운 경우에 한하여 그가 지정한 그의 자녀 중 1인. 다만, 전몰군경 · 순직군경의 배우자 또는 부모가 1993년 1월 1일 이후 제12조의 규정에 의한 연금을 받은 사실이 있는 경우를 제외한다.

제30조(취업보호실시기관) 취업보호를 실시할 취업보호실시기관은 다음과 같다.

1. 국가기관 · 지방자치단체 · 군부대 및 국 · 공립학교
2. 일상적으로 1일 20인 이상을 고용하는 공 · 사기업체 또는 공 · 사단체. 다만, 대통령령이 정하는 제조기업체로서 200인 미만을 고용하는 기업체를 제외한다.
3. 사립학교

해 설

1. 이 사건 법률조항의 의의와 쟁점

〈설문〉의 '이 사건 법률조항'은 취업보호실시기관이 실시하는 채용시험에 응시한 취업보호대상자(국가유공자 등과 그 가족)의 득점에 만점의 10퍼센트를 가점하여야 한다고 규정하여, 국가유공자 등 본인뿐만 아니라 그 가족들에게도 가산점제도의 혜택을 부여하고 있다. 甲, 乙은 이 사건 법률조항이 국가유공자 등의 가족에게도 가산점의 혜택을 부여하여 일반응시자인 자신들을 차별하고 있다고 주장한다.

헌법재판소는 종전결정(헌재 2001. 2. 22. 선고 2000헌마25)에서, 이 사건 법률조항과 동일한 내용을 지닌 구 국가유공자등예우및지원에관한법률 규정이 일반응시자의 평등권을 침해하지 않는다고 판단하였다. 이러한 종전 결정에서 헌법재판소는 헌법 제32조 제6항—"국가유공자·상이군경 및 전몰군경의 유가족은 법률이 정하는 바에 의하여 우선적으로 근로의 기회를 부여받는다"—을 넓게 해석하여, 이 조항이 국가유공자 본인뿐만 아니라 가족들에 대한 가산점제도의 근거도 될 수 있다는 전제에서 합헌이라고 판단하였던 것이다.

그런데 〈설문〉에서 보는 바와 같이 '2002년도 이후의 가산점제도 실시와 관련한 변화 양상'이 나타나고 있다. 이러한 변화에도 여전히 헌법 제32조 제6항이 국가유공자 등의 가족에 대한 가산점제도의 근거가 될 수 있는지, 만약 그러한 근거가 될 수 없다면, 이 사건 법률조항은 '국가유공자 등의 가족'과 차별하여 甲, 乙과 같은 일반응시자들의 평등권을 침해하는 것인지 여부가 쟁점이 된다.

2. 평등권의 의의와 심사기준

(1) 평등권의 의의

헌법 제11조에서 보장하는 평등권은 국가로부터 불평등한 취급을 받지 아니함과 동시에 국가에 대하여 평등한 처우를 요구할 수 있는 주관적 공권이다.

여기에서 말하는 평등은 기회의 균등과 자의의 금지를 기본적 내용으로 하는 상대적 평등으로서 본질적으로 같은 것은 같게, 본질적으로 다른 것은 다르게 취급할 것을 요구하지만, 일체의 차별적 대우를 부정하는 절대적 평등을 의미하는 것이 아니다.

그러므로 입법과 법의 적용에 있어서 합리적인 근거가 없는 차별을 배제하는 상대적 평등을 뜻하며, 합리적 근거가 있는 차별은 평등의 원칙에 반하는 것이 아니다(헌재 1999. 7. 22. 98헌바14; 헌재 2001. 6. 28. 99헌마516).

(2) 평등권 침해 여부의 심사기준

평등권 침해 여부를 심사함에 있어서 적용되는 기준인 평등원칙은 엄격한 심사기준(비례성원칙)과 완화된 심사기준(자의금지원칙)이 있다. 이 중 어느 심사기준에 의할 것인지는 입법자에게 인정되는 입법형성권의 정도에 따라 다르게 된다.

1) 심사기준의 적용 요건

엄격한 심사기준이 적용되는 경우는 ⅰ) 헌법에서 특별히 평등을 요구하고 있는 경우 또는 ⅱ) 관련 기본권에 대한 중대한 제한을 초래하는 경우이고, 그 외에는 완화된 심사기준이 적용된다(헌재 2001. 6. 28. 2001헌마132).

2) 심사기준에 따른 심사 내용

평등위반여부를 심사함에 있어서 엄격한 심사를 한다는 것은 자의금지원칙에 따른 심사, 즉 합리적 유무의 심사에 그치지 아니하고 비례성원칙에 따른 심사, 즉 차별취급의 목적과 수단 간에 엄격한 비례관계가 성립하는지를 기준으로 한 심사를 행함을 의미한다(헌재 1999. 12. 23. 98헌마363).

① 완화된 심사기준(자의금지원칙)에 의한 심사

자의금지원칙에 따른 심사는 ⅰ) 본질적으로 동일한 것을 다르게 취급하고 있는지에 관련된 차별취급의 존재여부와, ii) 이러한 차별취급이 존재한다면 이를 자의적으로 볼 수 있는지 여부이다. 그런데 i)의 요건과 관련하여 두 개의 비교집단이 본질적으로 동일한가의 판단은 일반적으로 관련 헌법규정과 당해 법규정의 의미와 목적에 달려 있고, ii)의 요건과 관련하여서는 차별취급의 자의성은 합리적인 이유가 결여된 것을 의미하므로, 차별대우를 정당화하는 객관적이고 합리적인 이유가 존재한다면 차별대우는 자의적인 것이 아니게 된다(헌재 2003. 1. 30. 2001헌바64).

② 엄격한 심사기준(비례성원칙)에 의한 심사

자의심사의 경우에는 차별을 정당화하는 합리적인 이유가 있는지 만을 심사하기 때문에 그에 해당하는 비교대상 간의 사실상의 차이나 입법목적(차별목적)을 발견·확인하는 데 그치는 반면, 비례심사의 경우에는 단순히 합리적인 이유의 존부 문제가 아니라 차별을 정당화하는 이유와 차별 간의 상관관계에 대한 심사, 즉 비교대상 간의 사실상의 차이의 성질과 비중 또는 입법목적(차별목적)의 비중과 차별의 정도에 적정한 균형관계가 이루어져 있는가를 심사하게 된다(헌재 2001. 2. 22. 2000헌마25).

3. 이 사건 법률조항의 평등권 침해 여부

(1) 비교집단의 기본적 동일성과 차별취급의 존재

1) 비교집단의 설정과 기본적 동일성

〈설문〉 사건에서 일반응시자인 甲, 乙과 국가유공자 등의 가족은 취업보호실시기관이 실시하는 채용시험(7급 혹은 9급 국가공무원시험 및 지방공무원시험)에 응시하는 자들이라는 점에서 의미 있는 비교집단이 되고 또한 기본적 동일성도 지니고 있다고 할 것이다.

2) 차별취급의 존재

이 사건 법률조항은 국가유공자 등의 가족에게는 가산점을 부여하면서 甲, 乙과 같은 일반응시자들에게는 가산점을 부여하지 아니함으로써, 일반응시자들을 국가유공자 등의 가족에 비하여 차별취급하고 있다.

(2) 〈설문〉 사건의 심사기준

위에서 언급한 바와 같이, 헌법재판소는 종전 결정에서 헌법 제32조 제6항의 규정을 넓게 해석하였으나, 〈설문〉의 '2002년도 이후의 가산점제도 실시와 관련한 변화 양상'을 고려할 때, 위 조항의 폭넓은 해석은 필연적으로 일반 응시자의 공무담임의 기회를 중대하게 제약하는 결과가 될 수 있으므로, 위 조항은 엄격하게 해석할 필요가 있다.

이러한 관점에서 헌법 제32조 제6항의 대상자를 조문의 문리해석대로 "국가유공자", "상이군경", 그리고 "전몰군경의 유가족"이라고 본다면, '국가유공자 등의 가족'에 대하여도 가산점을 부여하는 이 사건 법률조항은 헌법적 근거가 없이 입법정책적으로 실시하는 제도에 지나지 않는 것이다.

따라서 이 사건 법률조항은 헌법적 근거 없이 '국가유공자 등의 가족'에 비하여 일반응시자들을 차별하여 공직취임의 기회를 중대하게 제한하는 것이므로, 〈설문〉 사건에 적용되어야 할 심사기준은 엄격한 심사기준이며, 그 내용은 차별에 대한 합리성 유무의 심사를 넘어 차별목적과 수단 간에 엄격한 비례성을 갖추고 있는지에 대한 심사까지 이루어져야 하는 것이다.

(3) 평등권 침해 여부의 검토

이 사건 법률조항에서 규정하는 가산점제도의 목적은 국가유공자 등과 그 가족들에게 가산점을 부여함으로써 우선적 근로기회를 제공하여 생활안정을 도모하고, 이들이 국가에 봉사할 수 있는 기회를 부여하는 데 있다는 점에서 입법목적은 정당하고 그러한 목적달성을 위하여 일반응시자들을 차별하는 것은 합리적 이유가 있다고 보여진다.

그러나 이 사건 법률조항의 경우 명시적인 헌법적 근거 없이 국가유공자의 가족들에게 만점의 10%라는 높은 가산점을 부여하고 있는데, 그러한 가산점 부여 대상자의 광범위성과 가산점 10%의 심각한 영향력과 차별효과를 고려할 필요가 있다. 그러한 입법정책만으로 공무담임권의 행사에 있어서 헌법상의 공정경쟁의 원리와 기회균등의 원칙을 훼손하는 것은 부적절하며, 국가유공자의 가족의 공직 취업기회를 위하여 매년 많은 일반 응시자들에게 불합격이라는 심각한 불이익을 입게 하는 것은 정당화될 수 없다.

4. 결 어

따라서 이 사건 법률조항의 차별로 인한 불평등 효과는 입법목적과 그 달성수단 간의 비례성을 현저히 초과하는 것이므로, 이 사건 법률조항은 甲, 乙과 같은 응시자들의 평등권을 침해하는 것이다.

참고판례 **국가유공자등예우및지원에관한법률 제31조 제1항 등 위헌확인**(헌재 2006. 2. 23. 2004헌마675 · 981 · 1022(병합))

1-2-13 | 과잉금지원칙[신체의 자유]

설 문

甲은 2014. 11. 6. 대전지방법원 서산지원에서 성폭력범죄의처벌등에관한특례법위반(절도강간등)죄 등으로 징역 8년을 선고받으면서, 금고 이상의 형에 해당하는 성폭력범죄를 저지른 정신성적 장애인으로서 치료감호시설에서 치료가 필요하고 재범의 위험성이 있다는 이유로 치료감호도 선고받았고, 이 판결은 확정되었다.

甲은 2015. 8. 18. 치료감호 집행이 개시되어 ○○치료감호소에 수용 중, 치료감호대상자인 정신성적 장애인을 치료감호시설에 수용하는 기간은 15년을 초과할 수 없다고 규정한 구 치료감호법 제16조 제2항 제1호(이하 '치료감호기간 조항'이라 한다)가 자신의 신체의 자유 등 기본권을 침해한다며, 2015. 10. 12. 헌법소원심판을 청구하였다.

〈설문〉에서 '치료감호기간 조항'은 과잉금지원칙에 위배하여 甲의 신체의 자유를 침해하는가?

심판대상조항

구 치료감호법(2008. 6. 13. 법률 제9111호로 개정되고 2015. 12. 1. 법률 제13525호 '치료감호 등에 관한 법률'로 개정되기 전의 것)

제16조(치료감호의 내용) ② 피치료감호자를 치료감호시설에 수용하는 기간은 다음 각 호의 구분에 따른 기간을 초과할 수 없다.

1. 제2조 제1항 제1호 및 제3호에 해당하는 자 : 15년

[관련 조항]

구 치료감호법(2008. 6. 13. 법률 제9111호로 개정되고 2014. 12. 30. 법률 제12894호로 개정되기 전의 것)

제1조(목적) 이 법은 심신장애 상태, 마약류·알코올이나 그 밖의 약물중독 상태, 정신성적(精神性的) 장애가 있는 상태 등에서 범죄행위를 한 자로서 재범(再犯)의 위험성이 있고 특수한 교육·개선 및 치료가 필요하다고 인정되는 자에 대하여 적절한 보호와 치료를 함으로

써 재범을 방지하고 사회복귀를 촉진하는 것을 목적으로 한다.
[전문개정 2008.6.13.]

제37조(치료감호심의위원회) ① 치료감호 및 보호관찰의 관리와 집행에 관한 사항을 심사·결정하기 위하여 법무부에 치료감호심의위원회(이하 "위원회"라 한다)를 둔다.
② 위원회는 판사·검사 또는 변호사의 자격이 있는 6명 이내의 위원과 정신과 등 전문의의 자격이 있는 3명 이내의 위원으로 구성하고, 위원장은 법무부차관으로 한다.
③ 위원회는 다음 각 호의 사항을 심사·결정한다.
1. 피치료감호자에 대한 치료의 위탁·가종료 및 그 취소와 치료감호 종료 여부에 관한 사항
2. 피보호관찰자에 대한 준수사항의 부과 및 지시·감독과 그 위반시의 제재에 관한 사항
3. 그 밖에 제1호와 제2호에 관련된 사항
④ 위원회에는 전문적 학식과 덕망이 있는 자 중에서 위원장의 제청으로 법무부장관이 위촉하는 자문위원을 둘 수 있다.
⑤ 위원회의 구성·운영·서무 및 자문위원의 위촉과 그 밖에 필요한 사항은 대통령령으로 정한다.
[전문개정 2008.6.13.]

제43조(검사의 심사신청) ① 피보호자의 주거지(시설에 수용된 경우에는 그 시설을 주거지로 본다)를 관할하는 지방검찰청 또는 지청의 검사는 제37조 제3항에 규정된 사항에 관하여 위원회에 그 심사·결정을 신청할 수 있다.
② 제1항에 따른 신청을 할 때에는 심사신청서와 신청사항의 결정에 필요한 자료를 제출하여야 한다. 이 경우 치료감호시설의 장이나 보호관찰관의 의견을 들어야 한다.
③ 치료감호시설의 장이나 보호관찰관은 검사에게 제1항에 따른 신청을 요청할 수 있다.
[전문개정 2008.6.13.]

제44조 (피치료감호자 등의 심사신청) ① 피치료감호자와 그 법정대리인등은 피치료감호자가 치료감호를 받을 필요가 없을 정도로 치유되었음을 이유로 치료감호의 종료 여부를 심사·결정하여 줄 것을 위원회에 신청할 수 있다.
② 제1항에 따른 신청을 할 때에는 심사신청서와 심사신청이유에 대한 자료를 제출하여야 한다.
③ 제1항에 따른 신청은 치료감호의 집행이 시작된 날부터 6개월이 지난 후에 하여야 한다. 신청이 기각된 경우에는 6개월이 지난 후에 다시 신청할 수 있다.
④ 위원회가 제1항에 따른 신청을 기각하는 경우에는 결정서에 그 이유를 구체적으로 밝혀야 한다.
[전문개정 2008.6.13.]

해 설

1. 치료감호기간 조항의 의의와 쟁점

〈설문〉의 '치료감호기간 조항'은 치료감호 기간의 상한을 15년으로 규정하고 있다. 여기에서 '치료감호'는 심신장애 상태, 마약류·알코올이나 그 밖의 약물중독 상태, 또는 정신성적(精神性的) 장애가 있는 상태 등에서 범죄행위를 한 자로서 재범의 위험성이 있고 특수한 교육·개선 및 치료가 필요하다고 인정되는 자에 대하여 적절한 보호와 치료를 하는 것을 말한다(법 제1조).

이러한 '치료감호'의 법적 성격은 고도의 사회적 위험성을 가지고 있음에도 불구하고 전통적인 사회방위 수단인 형벌을 과할 수 없거나 형벌의 효과를 기대할 수 없는 범죄성 심신장애자 및 마약류 중독자 등을 일정기간 감호시설에 수용하여 치료·개선하는 한편 사회의 안전을 도모하는 조치로서 '대인적 자유박탈적 보안처분'이다.

〈설문〉 사건에서는 치료감호기간의 상한을 15년으로 정하고 있는 치료감호기간 조항이 지나치게 장기여서 과잉금지원칙에 위배되어 甲의 신체의 자유를 침해하는지 여부가 쟁점이 된다.

2. 신체의 자유의 의의와 과잉금지원칙

(1) 신체의 자유의 의의

헌법 제12조 제1항의 신체의 자유는, 신체의 안정성이 외부로부터의 물리적인 힘이나 정신적인 위험으로부터 침해당하지 아니할 자유와 신체활동을 임의적이고 자율적으로 할 수 있는 자유를 말한다(헌재 1992. 12. 24. 92헌가8; 헌재 2005. 5. 26. 99헌마513등).

(2) 심사기준으로서 과잉금지원칙

기본권 제한의 입법적 한계로서 헌법 제37조 제2항은 기본권을 제한하는 입법이 준수하여야 할 요건으로서 입법목적의 정당성과 수단의 적절성, 침해의 최소성, 법익의 균형성을 갖출 것을 요구하고 있다(헌재 1997. 3. 27. 94헌마196등).

〈설문〉 사건에서는 치료감호기간 조항에 의한 신체의 자유의 제한이 이러한 한계 내에 있는지 여부를 살펴본다.

3. 치료감호기간 조항의 과잉금지원칙의 위배 여부

(1) 입법목적의 정당성과 수단의 적절성

치료감호기간 조항은 치료감호대상자인 정신성적 장애인이 치료감호시설에 수용될 수 있는 기간의 상한을 정함으로써 치료의 필요성 및 재범의 위험성에 따라 탄력적으로 치료감호를 집행함과 동시에 정신성적 장애인의 기본권이 지나치게 제한되는 것을 방지하고자 하는 것으로서 입법목적의 정당성이 인정된다.

그리고 이러한 목적의 달성을 위하여 정신성적 장애인에 대한 치료감호기간의 상한을 15년으로 정한 것은 적절한 수단이 된다.

(2) 침해의 최소성

1) 정신성적 장애인의 성폭력범죄로부터 국민을 보호하기 위해서는 성폭력범죄를 저지른 정신성적 장애인에 대한 효과적 치료와 관리를 통해 이들의 사회복귀와 재범을 방지하기 위한 대책을 마련하여야 하고, 정신성적 장애는 그 증상이나 정도·치료 방법 등에 따라 치료 종료 시기가 달라질 수 있으므로, 일정기간을 치료감호기간의 상한으로 정해 놓고 치료의 경과 및 재범의 위험성 소멸 정도에 따라 기간 만료 전에도 가종료나 종료 결정에 의해 치료감호소를 퇴소할 수 있도록 하는 등 탄력적으로 제도를 운영할 필요성이 크다(헌재 2012. 12. 27. 2011헌마276).

2) 위험성의 징표에 불과한 범죄행위의 경중이나 형기의 장단에 따라 치료감호기간을 구분하는 것은 보안처분인 치료감호의 본질에 맞지 않고, 정신성적 장애의 특성상 증상의 정도를 세분화하여 그 기준을 만드는 것도 쉽지 않으며, 기간연장방식은 치료감호기간의 상한을 정하는 것과 근본적으로 다를 것이 없다는 점에서 위와 같은 방법들을 대안으로 삼기 어렵다.

그리고 치료감호는 형벌을 대체하거나 보완하기 위한 형벌 이외의 형사제재로서 과거의 범죄행위 자체에 대한 책임을 물어 과하는 제재조치가 아니라, 장래의 위험성에 중점을 두어 위험성이 있고 특수한 교육·개선 및 치료를 통하여 사회적응력을 증진시킬 필요가 있다고 인정되는 사람에 대하여 과하는 보안처분으로 그 본질 및 목적·기능에 있어서 형벌과 별개의 독자적 의의를 가진다(헌재 2012. 12. 27. 2011헌마285 참조).

3) 치료감호심의위원회는 피치료감호자에 대하여 치료감호 집행을 시작한 뒤 매 6개월마다 치료감호의 종료 또는 가종료 여부를 심사·결정하며, 치료감호와 형이 병과되어 형기에 상당하는 치료감호를 집행받은 사람에 대하여는 상당한 기간을 정하여 그 법정대리인 등에게 치료감호시설 외에서의 치료를 위탁할 수도 있으며, 구 치료감호법은 구체적·개별적 사안마다 치료감호시설의 수용 계속 여부를 적절하게 심사·결정할 수 있는 장치를 마련하여 기본권 제한을 최소화하고 있다.

4) 이런 사정을 종합하여 보면, 치료감호기간 조항이 치료감호기간 상한을 15년으로 정한 것이 지나치게 오랜 기간이어서 침해의 최소성 원칙에 반한다고 보기 어렵다.

(3) 법익의 균형성

1) 치료감호기간 조항으로 달성하려는 공익은 치료감호대상자인 정신성적 장애인의 성행이 개선될 때까지 충분한 기간 치료적 처우를 받게 함으로써 이들의 재범을 방지하고 궁극적으로 시민의 안전을 확보하고자 하는 것이다.

2) 이 조항으로 인하여 청구인들은 최장 15년 동안 치료감호소에 수용될 우려가 있고, 이로써 상당 기간 신체의 자유가 제한되는 불이익을 입을 수 있으나, 계속적 치료감호를 통하여 청구인들은 해당 정신성적 장애의 증상으로부터 벗어

나는 이익을 얻을 수도 있고 또 치료감호기간 만료 전에도 가종료나 치료위탁, 종료 결정 등을 통하여 장기수용으로부터 벗어날 수도 있다.

3) 그렇다면 치료감호기간 조항이 정신성적 장애인에 대한 치료감호기간 상한을 15년으로 정함으로 인하여 청구인들이 입는 사익의 침해는 그로써 얻게 되는 공익에 비하여 결코 크다고 볼 수 없다.

(4) 소 결

따라서 치료감호기간 조항은 과잉금지원칙에 위배되지 아니한다.

4. 결 어

치료감호기간 조항은 과잉금지원칙을 위반하여 甲의 신체의 자유를 침해하지 아니한다.

참고판례 **치료감호법 제16조 제2항 제1호 위헌확인**(헌재 2017. 4. 27. 2015헌마989 · 2015헌마1065(병합))

1-2-14 | 과소보장금지원칙[(최소한의 보장원칙)-인간다운 생활을 할 권리]

설 문

甲, 乙은 부부이고 생활보호법 제6조 제1항 및 동법시행령 제6조 제1호 소정의 "거택보호대상자"로서 1994. 1.경 보건복지부장관이 고시한 1994년 생활보호사업지침상의 "94년 생계보호기준"에 의하여 생계보호급여를 받고 있는데, 이 보호급여 수준은 최저생계비에도 훨씬 미치지 못하여 헌법상 보장된 甲, 乙(이하 '청구인들'이라 한다)의 행복추구권과 인간다운 생활을 할 권리를 침해하고 있다는 이유로 1994. 2. 25. 위 94년 생계보호기준 중 "거택보호대상자"에 관한 부분(이하 "이 사건 생계보호기준"이라 한다)에 대한 헌법소원심판을 청구하였다.

※ 보건복지부장관의 사실조회회신에 의하면, 1994년도를 기준으로 볼 때 거택보호대상자에게는 청구인들이 주장하는 매월 1인당 금 65,000원 정도(주식비, 부식비, 연료비등을 합한 것)의 생계보호 이외에도 월동대책비로 1인당 1년에 61,000원, 생활보호대상자 중 70세 이상의 노인에게는 노인복지법에 의한 노령수당으로 1인당 월 15,000원이 각 지급되었고, 65세 이상 노인 전체에 대하여는 매월 1인당 3,600원 상당의 버스승차권이 지급되었으며, 생활보호법은 보호의 수준에 관하여 건강하고 문화 생활보호대상자에 대하여는 각 지방자치단체의 급수조례 및 하수도조례에 의하여 상하수도 사용료가 감면되며(서울특별시의 경우 매월 기본사용료 각 2,500원 면제), 한국방송공사법시행령에 의거 월 2,500원의 텔레비전 수신료가 면제되고, 한국통신공사 이용약관에 의거하여 전화 사용료 월 6,000원(기본요금+통화 150회)까지는 면제되는 등 각종 급여와 부담감면이 행하여지고 있음을 알 수 있고, 한편 청구인들과 같이 2인이 1가구를 구성하는 경우의 1994년도 최저생계비는 1인당 매월 대도시에서는 190,000원 정도, 중소도시에서는 178,000원 정도, 농어촌에서는 154,000원 정도임을 알 수 있다.

〈설문〉 사건에서 '이 사건 생계보호기준'은 과소보장금지원칙에 위배되어 청구인들의 인간다운 생활을 할 권리를 침해하는가?

심판대상

'94년 생계보호기준

구분			1993년	1994년
거택보호	보호대상		338,000명	320,000명
	지원기준	백미(인/월)	10kg	10kg
		정맥(인/월)	2.5kg	2.5kg
		부식비(인/일)	700원	820원
		연료비(가구/일)	563원	675원
		장의비	250,000원	300,000원
		보호수준(인/월)	56,000원	65,000원

관련조항

생활보호법

제3조(보호대상자의 범위) ① 이 법에 의한 보호대상자는 부양의무자가 없거나 부양의무자가 있어도 부양능력이 없는 다음 각 호의 1에 해당하는 자로서 이 법에 의한 보호를 필요로 하는 자를 말한다.

1. 65세 이상의 노쇠자
2. 18세 미만의 아동
3. 임산부
4. 폐질 또는 심신장애로 인하여 근로능력이 없는 자
5. 기타 생활이 어려운 자로서 보호기관이 이 법에 의한 보호를 필요로 한다고 인정하는 자

제5조(보호의 기준 등) 이 법에 의한 보호의 수준은 건강하고 문화적인 최저생활을 유지할 수 있는 것이어야 한다.
② 이 법에 의한 보호의 기준은 보건사회부장관이 보호대상자의 연령·세대구성·거주지역 기타 생활여건 등을 고려하여 보호의 종류별로 정한다.

제6조(보호대상자의 구분 등) ① 보호기관은 보호대상자의 사정을 고려하여 대통령령으로 정하는 보호대상자의 구분에 따라 보호의 종류·내용 및 방법을 달리할 수 있다.

제7조(보호의 종류) ① 이 법에 의한 보호의 종류는 다음과 같다.

1. 생계보호
2. 의료보호
3. 자활(自活)보호
4. 교육보호
5. 해산(解産)보호

6. 장제(葬祭)보호

제9조(생계보호의 방법) ① 생계보호는 금전을 지급함으로써 행한다. 다만, 이에 의할 수 없는 경우나 이에 의하는 것이 적당하지 아니하다고 인정될 경우에는 물품을 지급함으로써 행할 수 있다.
② 제1항의 보호금품은 매월 정기적으로 미리 지급하여야 한다. 다만, 특별한 사정이 있는 경우에는 그 지급방법을 다르게 정하여 지급할 수 있다.

생활보호법시행령
제6조(보호대상자의 구분) 법 제6조 제1항의 규정에 의하여 보호대상자를 다음과 같이 거택보호대상자 · 시설보호대상자 및 자활보호대상자로 구분한다.
1. 거택보호대상자는 법 제3조 제1항 제1호 내지 제4호에 해당하는 자 또는 이들과 50세 이상의 부녀자만으로 구성된 세대에 속하는 자로서 그 주거에서 법 제7조 제1항 각 호의 보호를 행할 자를 말한다.

해 설

1. '이 사건 생계보호기준'의 의의와 쟁점

〈설문〉의 '이 사건 생계보호기준'은 생활보호법 제5조 제2항의 위임에 따라 보건복지부장관이 보호의 종류별로 정한 보호의 기준으로서 일단 보호대상자로 지정이 되면 그 구분(거택보호대상자, 시설보호대상자 및 자활보호대상자)에 따른 각 그 보호기준에 따라 일정한 생계보호를 받게 된다.

이러한 점에서 '이 사건 생계보호기준'은 직접 대외적 효력을 가지며, 공무원의 생계보호급여 지급이라는 집행행위는 위 생계보호기준에 따른 단순한 사실적 집행행위에 불과하므로, 위 생계보호기준은 거택보호대상자로서 지급대상자인 청구인들에 대하여 직접적인 효력을 갖는 규정이다.

생활보호법에 근거하여 보건복지부장관이 정한 생계보호기준에 따라 행하여지는 생계보호는 보호대상자에 대하여 의복·음식물 기타 일상생활의 수요를 충족하는데 필요한 금품을 지급하여 그 생계를 유지하게 하는 것으로서(생활보호법 제8조) 사회부조의 한 형태이다.

'이 사건 생계보호기준'은 1994년도 거택보호대상자에게 지급되는 생계보호기준으로서 청구인들에게도 적용되는 것인데, 위 생계보호기준이 건강하고 문화적인 최저생활은 물론이고 육체적인 생존을 위하여 필요한 최저생계비에도 미치지 못하는 것이어서 청구인들의 인간다운 생활을 할 권리를 침해하는 것인지 여부가 쟁점이다.

2. 인간다운 생활을 할 권리의 의의와 생계보호의무 이행의 심사기준

(1) 생활능력 없는 국민의 인간다운 생활을 할 권리에 관한 헌법규정

헌법 제34조 제1항은 "모든 국민은 인간다운 생활을 할 권리를 가진다"고 규정하면서, 제34조 제2항에서 "국가는 사회보장·사회복지의 증진에 노력할 의무를 진다"고 규정함과 아울러 제34조 제5항에서 "신체장애자 및 질병·노령 기타의 사유로 생활능력이 없는 국민은 법률이 정하는 바에 의하여 국가의 보호를 받는다"고 규정하고 있다.

이러한 헌법규정들은 생활능력 없는 국민에게 인간다운 생활을 할 권리가 있고, 이에 대응하여 국가에게 생활능력 없는 국민을 보호할 헌법적 의무가 있음을 명시하고 있다.

(2) 인간다운 생활을 할 권리의 의의

헌법 제34조 제1항이 보장하는 인간다운 생활을 할 권리는 사회권적 기본권의 일종으로서 인간의 존엄에 상응하는 최소한의 물질적인 생활의 유지에 필요한 급부를 요구할 수 있는 권리를 의미하는데, 이러한 권리는 국가가 재정형편 등 여러 가지 상황들을 종합적으로 감안하여 법률을 통하여 구체화할 때에 비로소 인정되는 법률적 권리라고 할 것이다(헌재 1995. 7. 21. 93헌가14; 헌재 1998. 2. 27. 97헌가10등; 헌재 2000. 6. 1. 98헌마216; 헌재 2003. 5. 15. 2002헌마90).

(3) 국가의 생계보호의무와 그 이행의 심사기준

1) 인간다운 생활을 할 권리와 생활능력 없는 국민보호의무규정의 법적 성격

인간다운 생활을 할 권리와 생활능력 없는 국민보호의무규정은 입법부나 행정부에 대하여는 국민소득, 국가의 재정능력과 정책 등을 고려하여 가능한 범위 안에서 최대한으로 모든 국민이 물질적인 최저생활을 넘어서 인간의 존엄성에 맞는 건강하고 문화적인 생활을 누릴 수 있도록 하여야 한다는 행위의 지침, 즉 행위규범으로서 작용하지만, 헌법재판에 있어서는 다른 국가기관, 즉 입법부나 행정부가 국민으로 하여금 인간다운 생활을 영위하도록 하기 위하여 객관적으로 필요한 최소한의 조치를 취할 의무를 다하였는지를 기준으로 국가기관의 행위의 합헌성을 심사하여야 한다는 통제규범으로 작용하는 것이다(헌재 1997. 5. 29. 94헌마33; 헌재 1999. 12. 23. 98헌바33; 헌재 2001. 4. 26. 2000헌마390).

2) 국가의 생계보호의무 이행의 심사기준(과소보장금지{최소한 보장}원칙)

국가가 행하는 생계보호가 헌법이 요구하는 객관적인 최소한도의 내용을 실현하고 있는지 여부는 결국 국가가 국민의 '인간다운 생활'을 보장함에 필요한 최소한도의 조치를 취하였는가의 여부에 달려있다고 할 것이다.

그런데 생계보호의 수준을 구체적으로 결정함에 있어서는 국민 전체의 소득수준과 생활수준, 국가의 재정규모와 정책, 국민 각 계층의 상충하는 갖가지 이해관계 등 복잡 다양한 요소를 함께 고려해야 하는데, 이 경우 입법부 또는 입법에 의하여 다시 위임을 받은 행정부 등 해당기관의 광범위한 재량에 맡겨져 있다고 보아야 할 것이다.

따라서 국가가 인간다운 생활을 보장하기 위한 헌법적 의무를 다하였는지의 여부가 사법적 심사의 대상이 된 경우에는, 국가가 생계보호에 관한 입법을 전혀 하지 아니하였다든가 그 내용이 현저히 불합리하여 헌법상 용인될 수 있는 재량의 범위를 명백히 일탈한 경우에 한하여 인간다운 생활을 할 권리를 보장한 헌법에 위반된다고 할 수 있다(헌재 1997. 5. 29. 94헌마33).

3. '이 사건 생계보호기준'의 과소보장금지(최소한의 보장)원칙 위배 여부

(1) 국가의 생계보호의무 이행의 판단범위

국가가 생활능력 없는 국민의 인간다운 생활을 보장하기 위하여 행하는 사회부조에는 생활보호법에 의한 생계급여 지급을 통한 최저생활보장 외에 다른 법령에 의하여 행하여지는 것도 있으므로, 국가가 행하는 최저생활보장 수준이 그 재량의 범위를 명백히 일탈하였는지 여부는 보장법에 의한 생계급여만을 가지고 판단하여서는 아니되고, 그 외의 법령에 의거하여 국가가 최저생활보장을 위하여 지급하는 각종 급여나 각종 부담의 감면 등을 총괄한 수준으로 판단하여야 한다.

(2) 과소보장금지(최소한의 보장)원칙 위배 여부의 검토

〈설문〉의 '보건복지부장관의 사실조회회신'을 기초로 하여 '이 사건 생계보호기준'의 과소보장금지(최소한의 보장)원칙 위배 여부를 살펴보면 다음과 같다.

1994년도를 기준으로 볼 때 거택보호대상자에게는 매월 1인당 금 65,000원 정도의 생계보호 이외에도 월동대책비(1인당 1년에 61,000원), 생활보호대상자 중 70세 이상의 노인에게는 노인복지법에 의한 노령수당(1인당 월 15,000원)이 각 지급되었고, 65세 이상 노인 전체에 대하여는 버스승차권(매월 1인당 3,600원 상당)이 지급되었으며, 생활보호법은 보호의 수준에 관하여 건강하고 문화 생활보호대상자에 대하여는 상하수도 사용료가 감면(각 지방자치단체의 급수조례 및 하수도조례)되며, 한국방송공사법시행령에 의거하여 텔레비전 수신료가 면제되고, 한국통신공사 이용약관에 의거하여 전화 사용료가 면제되는 등 각종 급여와 부담감면이 행하여지고 있음을 알 수 있다.

그리고 청구인들과 같이 2인이 1가구를 구성하는 경우의 1994년도 최저생계비는 1인당 매월 190,000원 정도(대도시), 178,000원 정도(중소도시), 154,000원 정도(농어촌)임을 알 수 있다.

따라서 생계보호기준의 구체적 결정에 있어 고려할 여러 가지 요소들에 비추어, '이 사건 생계보호기준'이 청구인들의 인간다운 생활을 보장하기 위하여 국가가 실현해야 할 객관적 내용의 최소한의 보장에도 이르지 못하였다거나 헌법상 용인될 수 있는 재량의 범위를 명백히 일탈하였다고는 보기 어렵다.

4. 결 어

1994년도를 기준으로 생활보호대상자에 대한 생계보호급여와 그 밖의 각종 급여 및 각종 부담감면의 액수를 고려할 때, '이 사건 생계보호기준'이 일반 최저 생계비에 미치지 못한다고 하더라도 그 사실만으로 그것이 청구인들의 인간다운 생활을 할 권리를 침해한다고 볼 수 없다.

참고판례 1994년 **생계보호기준 위헌확인**(헌재 1997. 5. 29. 94헌마33)

1-2-15 | 과소보호금지원칙[국가의 기본권보호의무와 생명·신체의 안전에 관한 권리]

설 문

甲은 담배를 구매하여 직접 흡연하는 자로서, 국가는 흡연의 폐해로부터 국민의 건강을 보호하여야 할 의무가 있음에도 불구하고 국가가 담배사업법을 통하여 담배의 제조 및 판매를 허용하고 보장함으로써, 자신의 생명·신체의 안전에 관한 권리를 침해한다고 주장하며 2012. 1. 11. 이 사건 헌법소원심판을 청구하였다.

〈설문〉에서 담배사업법을 통한 담배의 제조 및 판매 허용은 甲의 생명과 신체의 안전에 관한 권리를 침해하는가?

심판대상조문

구 담배사업법(2010. 1. 18. 법률 제9932호로 개정되고, 2011. 6. 7. 법률 제10786호로 개정되기 전의 것)
제1장 총칙
제1조(목적) 이 법은 담배의 제조 및 판매 등에 관한 사항을 정함으로써 담배산업의 건전한 발전을 도모하고 국민경제에 이바지하게 함을 목적으로 한다.

제2조(정의) 이 법에서 "담배"라 함은 연초의 잎을 원료의 전부 또는 일부로 하여 피우거나 빨거나 씹거나 또는 냄새맡기에 적합한 상태로 제조한 것을 말한다.

제3조(적용범위) ① 담배와 유사한 형태의 것으로서 연초의 잎을 원료로 사용하지 아니하고 제조되어 끽연용으로 사용될 수 있는 것(이하 "담배대용품"이라 한다)은 담배로 보아 이 법을 적용한다. 다만, 다음 각호의 1에 해당하는 것을 제외한다.
1. 마약류관리에관한법률 제2조 제2호·제4호 및 제5호의 규정에 의한 마약·향정신성의약품 및 대마
2. 「약사법」 제2조 제4호 및 제7호에 따른 의약품 및 의약외품
② 제1항의 규정에 불구하고 제19조·제25조의3 및 제27조의 규정은 담배대용품에 대하여 이를 적용하지 아니한다.

제3장 제조 · 판매 및 수입

제11조(담배제조업허가) ① 담배제조업을 영위하고자 하는 자는 대통령령이 정하는 바에 의하여 기획재정부장관의 허가를 받아야 한다. 허가받은 사항중 대통령령이 정하는 중요한 사항을 변경하고자 하는 때에도 또한 같다.

② 기획재정부장관은 제1항의 규정에 의한 담배제조업의 허가(이하 "담배제조업허가"라 한다)를 받고자 하는 자가 대통령령이 정하는 자본금 · 시설기준 · 기술인력 · 담배제조 기술의 연구 · 개발 및 국민건강 보호를 위한 품질관리 등에 관한 기준을 갖춘 경우에는 이를 허가하여야 한다.

제11조의2(담배제조업허가의 결격사유) 다음 각호의 1에 해당하는 자는 담배제조업허가를 받을 수 없다.

1. 금치산자 · 한정치산자 또는 미성년자
2. 파산선고를 받고 복권되지 아니한 자
3. 이 법에 위반하여 징역의 실형을 선고받고 그 집행이 종료(집행이 종료되는 것으로 보는 경우를 포함한다)되거나 집행이 면제된 날부터 1년이 경과되지 아니한 자
4. 이 법에 위반하여 징역형의 집행유예 선고를 받고 그 유예기간중에 있는 자
5. 제11조의4의 규정에 의하여 담배제조업허가가 취소된 후 2년이 경과되지 아니한 자
6. 대표자가 제1호 내지 제5호의 1에 해당하는 법인

제11조의3(담배제조업의 양도 · 양수 등) ① 담배제조업허가를 받은 자(이하 "제조업자"라 한다)는 담배제조업을 양도하고자 하거나 다른 법인과 합병하고자 하는 경우에는 기획재정부령이 정하는 바에 의하여 기획재정부장관에게 신고하여야 한다.

② 제1항의 규정에 의한 양도 신고가 있은 때에는 담배제조업을 양수한 자는 담배제조업을 양도한 자의 제조업자로서의 지위를 승계하며, 법인합병 신고가 있은 때에는 합병에 의하여 설립되거나 존속하는 법인은 합병에 의하여 소멸되는 법인의 제조업자로서의 지위를 승계한다.

③ 제조업자가 사망한 경우 상속인이 담배제조업을 계속하고자 하는 때에는 피상속인이 사망한 날부터 30일 이내에 기획재정부령이 정하는 바에 의하여 기획재정부장관에게 신고하여야 한다.

④ 상속인이 제3항의 규정에 의한 상속 신고를 한 때에는 피상속인이 사망한 날부터 신고일까지의 기간에 있어서 피상속인에 대한 담배제조업허가는 이를 상속인에 대한 담배제조업허가로 본다.

⑤ 제3항의 규정에 의하여 상속 신고를 한 상속인은 피상속인의 제조업자로서의 지위를 승계한다.

⑥ 제11조의2의 규정은 제1항 및 제3항의 규정에 의한 신고에 관하여 이를 준용한다.

제11조의4(담배제조업허가의 취소 등) 기획재정부장관은 제조업자가 다음 각호의 1에 해당하는 때에는 담배제조업허가를 취소하거나 1년 이내의 기간을 정하여 그 영업의 정지를 명할 수 있다. 다만, 제1호 및 제3호에 해당하는 경우에는 그 허가를 취소하여야 한다.

1. 부정한 방법으로 담배제조업허가를 받은 때
2. 제11조 제2항의 규정에 의한 자본금·시설기준·기술인력·담배제조 기술의 연구·개발 및 국민건강 보호를 위한 품질관리 등에 관한 기준에 미달하게 된 때
3. 제11조의2 각호의 결격사유에 해당하게 된 때. 다만, 법인의 대표자가 그 사유에 해당하게 된 경우로서 6월 이내에 그 대표자를 개임(改任)한 때에는 그러하지 아니하다.
4. 제12조 제3항을 위반하여 담배를 판매한 때
5. 그 밖에 이 법 또는 이 법에 의한 명령에 위반한 때

제12조(담배의 판매) ① 제조업자가 제조한 담배는 그 제조업자가, 외국으로부터 수입한 담배는 그 수입판매업자(제13조 제1항의 규정에 의한 담배수입판매업의 등록을 한 자를 말한다. 이하 같다)가 도매업자(제13조 제1항의 규정에 의한 담배도매업의 등록을 한 자를 말한다. 이하 같다) 또는 소매인(제16조 제1항의 규정에 의한 소매인의 지정을 받은 자를 말한다. 이하 같다)에게 이를 판매한다.
② 소매인이 아닌 자는 담배를 소비자에게 판매하여서는 아니된다.
③ 제조업자·수입판매업자·도매업자 또는 소매인은 다음 각 호의 담배를 판매하여서는 아니 된다.
1. 제11조에 따른 담배제조업의 허가를 받지 아니한 자가 제조한 담배
2. 「관세법」 제14조에 따라 부과되는 관세를 납부하지 아니하거나 같은 법 제235조에 따라 보호되는 상표권을 침해하거나 같은 법 제241조에 따른 수입신고를 하지 아니하고 수입된 담배
3. 절취 또는 강취된 담배
④ 소매인이 담배를 소비자에게 판매하는 경우에는 우편판매 및 전자거래(전자거래기본법 제2조 제5호의 규정에 의한 전자거래를 말한다. 이하 같다)의 방법으로 하여서는 아니된다.

제13조(담배판매업의 등록) ① 담배수입판매업을 하고자 하는 자는 그의 본점 또는 주된 사무소의 소재지를 관할하는 특별시장·광역시장 또는 도지사(이하 "시·도지사"라 한다)에게, 담배도매업(제조업자 또는 수입판매업자로부터 담배를 매입하여 다른 도매업자 또는 소매인에게 판매하는 영업을 말한다. 이하 같다)을 하고자 하는 자는 그의 본점 또는 주된 사무소의 소재지를 관할하는 시장·군수 또는 자치구의 구청장(이하 "시장·군수·구청장"이라 한다)에게 등록하여야 한다. 등록한 사항중 기획재정부령이 정하는 중요사항을 변경하고자 하는 때에도 또한 같다.
② 제1항의 규정에 의한 등록을 하고자 하는 자는 대통령령이 정하는 요건을 갖추어야 한다.
③ 제1항의 규정에 의하여 담배수입판매업의 등록업무를 행한 시·도지사는 등록한 날부터 7일 이내에 기획재정부장관·행정안전부장관·보건복지부장관·환경부장관·여성가족부장관·관세청장 및 다른 시·도지사에게 각각 그 내용을 통보하여야 한다.

제14조(담배판매업 등록의 결격사유) 다음 각호의 1에 해당하는 자는 제13조 제1항의 규정에 의한 담배수입판매업 또는 담배도매업의 등록을 할 수 없다.

1. 금치산자 · 한정치산자 또는 미성년자
2. 파산선고를 받고 복권되지 아니한 자
3. 이 법에 위반하여 징역의 실형을 선고받고 그 집행이 종료(집행이 종료되는 것으로 보는 경우를 포함한다)되거나 집행이 면제된 날부터 1년이 경과되지 아니한 자
4. 이 법에 위반하여 징역형의 집행유예선고를 받고 그 유예기간중에 있는 자
5. 제15조 제1항의 규정에 의하여 등록이 취소된 후 2년이 경과되지 아니한 자
6. 대표자가 제1호 내지 제5호의 1에 해당하는 법인

제15조(담배판매업 등록의 취소 등) ① 시 · 도지사 또는 시장 · 군수 · 구청장은 수입판매업자 또는 도매업자가 다음 각호의 1에 해당하는 때에는 그 등록을 취소하여야 한다.
1. 부정한 방법으로 등록을 한 때
2. 제14조 각호의 1에 해당하게 된 때
3. 최근 5년간 2회의 영업정지처분을 받은 사실이 있는 자가 다시 제3항 각호의 1에 해당하게 된 때
4. 영업정지기간중에 영업을 한 때
5. 제22조의2 제1항의 규정에 의한 휴업 또는 폐업신고를 하지 아니하고 1년 이상 영업을 하지 아니한 때

② 제1항의 규정은 법인의 대표자가 제14조 제6호에 해당하게 된 날부터 6월 이내에 그 대표자를 개임한 때 또는 수입판매업자나 도매업자의 지위를 승계한 상속인이 제14조 제1호 내지 제5호의 1에 해당하게 된 날부터 6월이 경과한 날까지는 이를 적용하지 아니한다.
③ 시 · 도지사 또는 시장 · 군수 · 구청장은 수입판매업자 또는 도매업자가 다음 각호의 1에 해당하는 때에는 1년 이내의 기간을 정하여 그 영업의 정지를 명할 수 있다.
1. 제12조 제2항의 규정에 위반하여 소비자에게 담배를 판매한 때
1의2. 제12조 제3항을 위반하여 담배를 판매한 때
2. 수입판매업자가 제18조 제1항 또는 제2항의 규정에 의한 판매가격의 신고를 하지 아니한 때
3. 제20조 제1항의 규정에 위반한 때
4. 제22조의2 제1항의 규정에 의한 휴업신고를 하지 아니하고 계속하여 6월 이상 휴업한 때
5. 제25조의 규정에 위반한 때
6. 기타 이 법 또는 이 법에 의한 명령에 위반한 때

제16조(소매인의 지정) ① 담배소매업(직접 소비자에게 판매하는 영업을 말한다)을 하고자 하는 자는 사업장의 소재지를 관할하는 시장 · 군수 · 구청장으로부터 소매인의 지정을 받아야 한다.
② 다음 각호의 1에 해당하는 자는 소매인의 지정을 받을 수 없다.
1. 금치산자 · 한정치산자 또는 미성년자
2. 파산선고를 받고 복권되지 아니한 자
3. 이 법에 위반하여 징역의 실형을 선고받고 그 집행이 종료(집행이 종료되는 것으로 보는 경우를 포함한다)되거나 집행이 면제된 날부터 1년이 경과되지 아니한 자

4. 이 법에 위반하여 징역형의 집행유예선고를 받고 그 유예기간중에 있는 자
5. 제17조 제1항의 규정에 의하여 지정이 취소된 날부터 2년이 경과되지 아니한 자
6. 대표자가 제1호 내지 제5호의 1에 해당하는 법인

③ 시장·군수·구청장은 청소년(청소년보호법 제2조 제1호의 규정에 의한 청소년을 말한다. 이하 같다)이 담배에 쉽게 접근할 수 있는 장소 등 담배판매업을 하는 것이 부적당하다고 인정하는 장소에서 담배를 판매하고자 하는 자에 대하여는 소매인의 지정을 하지 아니할 수 있다.

④ 소매인의 지정기준·지정절차 기타 지정에 관하여 필요한 사항은 기획재정부령으로 정한다.

제17조(소매인지정의 취소등) ① 시장·군수·구청장은 소매인이 다음 각호의 1에 해당하는 때에는 그 지정을 취소하여야 한다.

1. 부정한 방법으로 소매인지정을 받은 때
2. 제16조 제2항 각호의 1에 해당하게 된 때. 다만, 법인의 대표자가 그 사유에 해당하게 된 경우로서 6월 이내에 그 대표자를 개임한 때에는 그러하지 아니하다.
3. 최근 5년간 2회의 영업정지처분을 받은 사실이 있는 자가 다시 제2항 각호의 1에 해당하게 된 때
4. 영업정지기간중에 영업을 한 때
5. 폐업신고 또는 휴업신고를 하지 아니하고 60일 이상 영업을 하지 아니한 때
6. 정당한 사유 없이 90일 이상 제조업사·수입판매업사 또는 도매입자로부터 담배를 매입하지 아니한 때
7. 소매인으로 지정된 후 제16조 제4항의 규정에 의하여 기획재정부령이 정하는 지정기준에 미달하게 된 때. 다만, 미달하게 된 사유가 당해 소매인의 귀책사유에 의하지 아니한 경우를 제외한다.

② 시장·군수·구청장은 소매인이 다음 각호의 1에 해당하는 때에는 1년 이내의 기간을 정하여 그 영업의 정지를 명할 수 있다.

1. 제12조 제3항을 위반하여 담배를 판매한 때

1의2. 제18조 제5항의 규정에 위반한 때

2. 제20조의 규정에 위반한 때
3. 제25조 제3항의 규정에 의한 광고물의 제거 등 시정에 필요한 명령이나 조치를 이행하지 아니한 때
4. 정당한 사유없이 기획재정부령이 정하는 기간동안 계속하여 담배를 판매하지 아니한 때
5. 정당한 사유 없이 60일 이상 제조업자·수입판매업자 또는 도매업자로부터 담배를 매입하지 아니한 때
6. 청소년에게 담배를 판매한 때
7. 기타 이 법 또는 이 법에 의한 명령에 위반한 때

③ 제2항의 규정에 의한 영업정지처분의 기준 및 절차 등에 관하여 필요한 사항은 기획재정부령으로 정한다.

제18조(담배의 판매가격) ① 제조업자 또는 수입판매업자는 대통령령이 정하는 바에 따라 그가 제조하거나 수입한 담배의 판매가격을 결정하여 제조업자의 경우에는 기획재정부장관에게, 수입판매업자의 경우에는 시·도지사에게 각각 신고하여야 한다. 신고한 판매가격을 변경하고자 하는 때에도 또한 같다.
② 동일인이 담배제조업과 담배수입판매업을 모두 영위하는 경우에는 제1항의 규정에 불구하고 기획재정부장관에게 담배의 판매가격을 신고할 수 있다. 신고한 판매가격을 변경하고자 하는 때에도 또한 같다.
③ 제1항의 규정에 의한 판매가격의 신고를 받은 시·도지사는 신고받은 날부터 7일 이내에 기획재정부장관에게 그 내용을 통보하여야 한다.
④ 제조업자 또는 수입판매업자는 제1항의 규정에 의한 판매가격을 결정하여 신고한 때에는 기획재정부령이 정하는 바에 의하여 이를 공고하여야 한다.
⑤ 소매인은 제4항의 규정에 의하여 공고된 판매가격으로 담배를 판매하여야 한다.

제19조(특수용담배) ① 제조업자는 대통령령이 정하는 특수용담배를 제조·판매할 수 있다.
② 제1항의 규정에 의한 특수용담배는 당해 용도외의 목적으로 이를 판매하여서는 아니된다.

제20조(다른 담배포장지의 사용금지 등) ① 누구든지 담배의 포장 및 내용을 바꾸어 이를 판매하여서는 아니된다.

제22조의2(담배판매업 등의 휴업 또는 폐업) ① 수입판매업자·도매업자 또는 소매인이 기획재정부령이 정하는 기간 이상 휴업하거나 폐업하고자 하는 경우에는 이를 수입판매업자는 시·도지사에게, 도매업자 및 소매인은 시장·군수·구청장에게 각각 신고하여야 한다.
② 제1항의 규정에 의한 신고를 하는 때의 휴업기간·신고절차 기타 휴업 또는 폐업의 신고에 관하여 필요한 사항은 기획재정부령으로 정한다.

제22조의3(청문) 기획재정부장관, 시·도지사 또는 시장·군수·구청장은 다음 각호의 1에 해당하는 처분을 하고자 하는 경우에는 청문을 실시하여야 한다.
1. 제11조의4의 규정에 의한 담배제조업허가의 취소
1의2. 제15조 제1항의 규정에 의한 담배수입판매업 등록 또는 담배도매업 등록의 취소
2. 제17조 제1항의 규정에 의한 소매인 지정의 취소

제4장 보칙
제24조(보고 및 관계장부등의 확인) ① 이 법의 시행을 위하여 필요하다고 인정하는 때에는 기획재정부장관은 제조업자에게, 시·도지사는 수입판매업자에게, 시장·군수·구청장은 도매업자 및 소매인에게 각각 그 업무에 관한 보고를 하게 할 수 있다.
② 기획재정부장관은 제조업자에 대하여, 시·도지사는 수입판매업자에 대하여, 시장·군수·구청장은 도매업자 및 소매인에 대하여 각각 그 소속직원으로 하여금 관계장부 또는 서류등을 확인 또는 열람하게 할 수 있다.
③ 제2항의 규정에 의하여 확인 또는 열람을 하는 직원은 그 권한을 표시하는 증표를 지니

고 이를 관계인에게 내보여야 한다.

제25조(담배에 관한 경고문구의 표시 및 광고의 제한) ① 담배의 갑포장지 및 대통령령이 정하는 광고에는 흡연은 건강에 해롭다는 내용이 명확하게 표현된 경고문구를 표시하여야 한다.
② 기획재정부장관은 대통령령이 정하는 바에 의하여 담배에 관한 광고를 금지 또는 제한할 수 있다.
③ 제1항의 규정에 의한 경고문구의 표시가 없거나 제2항의 규정에 의한 광고의 금지 또는 제한에 위반되는 경우 기획재정부장관은 제조업자에 대하여, 시·도지사는 수입판매업자에 대하여, 시장·군수·구청장은 도매업자 및 소매인에 대하여 각각 당해 담배의 수입 또는 판매를 제한하거나 광고물의 제거등 시정에 필요한 명령 또는 조치를 할 수 있다.
④ 제1항의 규정에 의한 경고문구는 기획재정부장관이 보건복지부장관 및 여성가족부장관과 협의하여 이를 정한다.

제25조의2(담배성분의 표시) ① 제조업자 및 수입판매업자는 담배 1개비의 연기중에 포함된 주요 성분과 그 함유량을 담배의 갑포장지 및 대통령령이 정하는 광고에 표시하여야 한다.
② 제조업자 및 수입판매업자는 매 분기마다 분기 개시후 1월 이내에 기획재정부장관이 지정하는 측정기관에 판매중인 담배에 대하여 품목별로 담배성분의 측정을 의뢰하여야 한다.
③ 제1항의 규정에 의하여 표시하여야 할 성분의 종류, 측정기준, 측정기관의 지정, 표시방법 및 허용오차의 범위, 성분표시의 생략 그 밖에 성분의 표시에 관하여 필요한 사항은 대통령령으로 정한다.
④ 제25조 제3항의 규정은 제1항의 규정에 의한 성분과 그 함유량의 표시가 없거나 표시된 성분의 함유량이 허용오차의 범위를 초과하는 경우에 이를 준용한다.

제25조의3(제조업자 등의 공익사업 참여) ① 기획재정부장관은 제조업자로 하여금 그가 판매하는 담배중 궐련에 대하여 20개비당 20원의 범위 안에서 기획재정부령이 정하는 바에 따라 보건의료·환경보호등의 공익사업과 연초경작지원등의 사업을 직접 행하게 하거나 이들 사업을 하는 자에게 출연하도록 할 수 있다.
② 수입판매업자는 제1항의 규정에 준하는 공익사업을 직접 행하거나 이들 사업을 하는 자에게 출연할 수 있다. 이 경우 제1항의 규정을 준용한다.
③ 기획재정부장관은 제1항 및 제2항의 규정에 의하여 제조업자 또는 수입판매업자가 행하는 사업에 관한 기본적인 사항에 관하여 관계중앙행정기관의 장과 협의하여야 한다.
④ 제1항의 규정에 의하여 제조업자로부터 출연을 받아 연초경작자의 영농기술개발을 직접 지원하는 사업을 하고자 하는 자는 기획재정부장관의 승인을 받아 법인을 설립하여야 한다.
⑤ 제4항의 규정에 의한 법인의 설립 및 운용에 관하여 이 법에 규정된 것을 제외하고는 민법중 재단법인의 규정을 준용한다.

제25조의4(담배판매 촉진을 위한 금품제공 등의 금지) 제조업자·수입판매업자 및 도매업자는 소매인에게 담배의 판매를 촉진하기 위하여 금품의 제공 그 밖에 이와 유사한 행위로서 대통령령이 정하는 행위를 하여서는 아니된다.

제26조(권한의 위임) 이 법에 의한 기획재정부장관의 권한은 그 일부를 대통령령이 정하는 바에 의하여 지방자치단체의 장에게 위임할 수 있다.

제5장 벌칙

제27조(벌칙) ① 제11조의 규정에 위반하여 담배제조업허가를 받지 아니하고 담배를 제조한 자는 3년 이하의 징역 또는 2천만원 이하의 벌금에 처한다.

② 제1항의 미수범은 이를 처벌한다.

③ 제1항 및 제2항의 경우 징역형과 벌금형을 병과할 수 있다.

제27조의2(벌칙) 다음 각호의 1에 해당하는 자는 1년 이하의 징역 또는 1천만원 이하의 벌금에 처한다.

1. 제11조의3 제1항 또는 제3항의 규정에 위반하여 담배제조업의 양도·양수 등에 관한 신고를 하지 아니한 자
2. 제11조의 규정에 위반하여 담배대용품을 제조한 자
3. 제25조 제1항의 규정에 의한 경고문구가 표시되지 아니하거나 이를 위반한 경고문구를 표시한 담배를 제조 또는 수입한 자
4. 제25조 제2항의 규정에 위반하여 담배에 관한 광고를 한 자
5. 제25조의2 제1항의 규정에 의한 성분과 그 함유량이 표시되지 아니하거나 각 성분의 함유량을 허위로 표시한 담배를 제조 또는 수입한 자

제27조의3(벌칙) 다음 각호의 1에 해당하는 자는 500만원 이하의 벌금에 처한다.

1. 제12조 제2항의 규정에 위반하여 소매인 지정을 받지 아니하고 소비자에게 담배를 판매한 자

1의2. 소매인으로서 제12조 제4항을 위반하여 담배를 우편판매 및 전자거래의 방법으로 소비자에게 판매한 자

2. 제13조 제1항의 규정에 위반하여 등록을 하지 아니하고 담배수입판매업 또는 담배도매업을 영위한 자
3. 제25조 제3항의 규정에 의한 광고물의 제거 등 시정에 필요한 명령이나 조치를 이행하지 아니한 자

3의2. 제25조의2 제4항의 규정에 의한 담배의 수입 또는 판매의 제한 등 시정에 필요한 명령이나 조치를 이행하지 아니한 자

4. 제25조의4의 규정에 위반하여 금품제공 등의 행위를 한 자

제28조(과태료) ① 다음 각호의 1에 해당하는 자는 200만원 이하의 과태료에 처한다.

1. 제12조 제3항을 위반하여 담배를 판매한 자
2. 제18조 제1항 또는 제2항의 규정을 위반하여 판매가격의 신고(변경신고를 포함한다)를 하지 아니한 자
3. 제19조 제2항을 위반하여 특수용담배를 다른 용도에 판매한 자
4. 제20조 제1항을 위반하여 담배의 포장 및 내용을 바꾸어 판매한 자

5. 제25조의2 제2항의 규정에 의한 담배성분의 측정을 의뢰하지 아니한 자. 다만, 사실상 폐업상태에 있는 것으로 인정되는 경우를 제외한다.

② 다음 각호의 1에 해당하는 자는 100만원 이하의 과태료에 처한다.

1. 제18조 제5항의 규정에 위반하여 담배를 판매한 소매인
2. 삭제
3. 제22조의2 제2항의 규정에 의한 휴업기간을 초과하여 휴업한 소매인

제29조(과태료의 부과절차) ① 제28조의 규정에 의한 과태료는 그 소관에 따라 기획재정부장관, 시·도지사 또는 시장·군수·구청장(이하 이 조에서 "부과권자"라 한다)이 대통령령이 정하는 바에 따라 부과·징수한다.

② 제1항의 규정에 의한 과태료처분에 불복이 있는 자는 그 처분이 있음을 안 날로부터 30일 이내에 부과권자에게 이의를 제기할 수 있다. 이 경우 부과권자는 지체없이 그 사실을 관할법원에 통보하여야 하며, 그 통보를 받은 관할법원은 비송사건절차법에 의한 과태료의 재판을 한다.

③ 제2항의 규정에 의한 기간내에 이의를 제기함이 없이 과태료를 납부하지 아니한 때에는 국세체납처분 또는 지방세체납처분의 예에 의하여 이를 징수한다.

제30조(몰수와 추징) ① 제27조·제27조의2 및 제27조의3의 범죄에 관련된 연초의 잎 및 담배는 이를 몰수한다.

② 제1항의 물건을 몰수할 수 없을 때에는 그 가액을 추징한다.

제31조(형법의 적용제한) 이 법에 정한 죄를 범한 자에 대하여는 형법 제9조·제10조 제2항·제11조·제16조·제32조 제2항·제38조 제1항 제2호중 벌금경합에 관한 제한가중규정과 동법 제53조의 규정은 이를 적용하지 아니한다. 다만, 징역형에 처할 경우 또는 징역형과 벌금형을 병과할 경우에 있어서의 징역형에 대하여는 그러하지 아니하다.

제32조(양벌규정) 법인의 대표자나 법인 또는 개인의 대리인, 사용인, 그 밖의 종업원이 그 법인 또는 개인의 업무에 관하여 제27조, 제27조의2 또는 제27조의3의 위반행위를 하면 그 행위자를 벌하는 외에 그 법인 또는 개인에게도 해당 조문의 벌금형을 과(科)한다. 다만, 법인 또는 개인이 그 위반행위를 방지하기 위하여 해당 업무에 관하여 상당한 주의와 감독을 게을리하지 아니한 경우에는 그러하지 아니하다.

해 설

1. 담배사업법을 통한 담배의 제조 및 판매의 위험성과 쟁점 2. 생명·신체의 안전에 관한 권리와 과소보호금지원칙 (1) 국가의 기본권 보호의무와 생명·신체의 안전에 관한 권리 (2) 심사기준으로서 과소보호금지원칙	3. 담배사업법상의 보호조치와 과소보호금지원칙의 위배 여부 (1) 담배의 제조 및 판매로 인한 위험상황(담배의 유해성) (2) 담배사업법상의 보호조치(규제내용) 1) 담배제조·판매업에 대한 규제 2) 담배의 판매조건에 대한 규제 3) 소결 4. 결어

1. 담배사업법을 통한 담배의 제조 및 판매의 위험성과 쟁점

〈설문〉 사건에서 담배사업법은 국가 스스로 담배로 인한 폐해를 인정하면서도 담배를 합법적으로 제조하거나 수입하여 판매할 수 있도록 보장해주는 법이다. 따라서 담배의 제조 및 판매에 대하여 규율하고 있는 담배사업법이 직접흡연으로 인한 폐해라는 위험상황으로부터 소비자인 국민의 생명·신체의 안전을 보호하기 위하여 적절하고도 효율적인 최소한의 보호조치를 취하고 있는지가 쟁점이 된다.

그런데 '직접흡연으로 인한 생명·신체의 침해'라는 위험상황에는 담배의 제조 및 판매와 담배의 구매 및 흡연, 그리고 이로 인한 폐암 등의 발생이라는 일련의 과정이 존재한다. 이처럼 흡연자 자신의 행동이 매개된다는 점에서 일반적인 위험상황과는 그 성격이 다르다.

그리고 이에 대한 보호조치의 적절성 여부를 판단할 때에도 담배의 유해성이 흡연자의 생명·신체를 중대하게 침해하여 국가가 담배의 제조 및 판매 자체를 금지하여야 하는지, 만약 그 정도는 아니라면 어느 수준의 보호조치가 필요한지도 검토할 필요성이 있다.

2. 생명 · 신체의 안전에 관한 권리와 과소보호금지원칙

(1) 국가의 기본권 보호의무와 생명 · 신체의 안전에 관한 권리

헌법 제10조는, 모든 국민이 인간으로서의 존엄과 가치를 지닌 주체임을 천명하고, 국가권력의 기본권 침해금지뿐만 아니라 더욱 적극적으로 기본권을 보호하고 실현할 의무가 있음을 선언하고 있다.

'생명·신체의 안전에 관한 권리'는 인간의 존엄과 가치의 근간을 이루는 기본권이며, 헌법 제36조 제3항에서는 국민의 보건에 관한 국가의 보호의무를 특별히 강조하고 있기도 하다.

따라서 국민의 생명·신체의 안전이 위협받거나 받게 될 우려가 있는 경우 국가는 그 위험의 원인과 정도에 따라 사회·경제적인 여건 및 재정사정 등을 감안하여 국민의 생명·신체의 안전을 보호하기에 필요한 적절하고 효율적인 입법·행정상의 조치를 취하여 그 침해의 위험을 방지하고 이를 유지할 포괄적인 의무를 진다(헌재 2008. 12. 26. 2008헌마419등).

(2) 심사기준으로서 과소보호금지원칙

국가가 국민의 생명·신체의 안전을 보호할 의무를 진다하더라도, 그것은 원칙적으로 국민에 의하여 직접 민주적 정당성을 부여받고 자신의 결정에 대하여 정치적 책임을 지는 입법자의 책임범위에 속하므로, 헌법재판소는 단지 제한적으로만 입법자 또는 그로부터 위임받은 집행자에 의한 보호의무의 이행을 심사할 수 있다.

따라서 국가가 국민의 생명·신체의 안전에 대한 보호의무를 다하였는지 여부를 심사할 때에는, 국가가 이를 보호하기 위하여 적어도 적절하고 효율적인 최소한의 보호조치를 취하였는가 하는 이른바 '과소보호금지 원칙'의 위반 여부를 기준으로 삼아야 할 것이다.

이러한 과소보호금지원칙에 의할 때, 국민의 생명·신체의 안전을 보호하기 위한 조치가 필요한 상황인데도 국가가 아무런 보호조치를 취하지 않았든지, 아니면 취한 보호조치가 법익을 보호하기에 전적으로 부적합하거나 매우 불충분한 것임이 명백한 경우에 한하여 국가의 보호의무의 위반을 확인하여야 한다(헌재

2008. 12. 26. 2008헌마419등).

3. 담배사업법상의 보호조치와 과소보호금지원칙의 위배 여부

(1) 담배의 제조 및 판매로 인한 위험상황(담배의 유해성)

담배연기의 성분 중 인체에 유해하다고 알려진 것은 타르와 니코틴이다. 타르에는 여러 종류의 발암물질이 함유되어 있는 것으로 알려져 있고, 연구 결과에 따르면 직접흡연과 폐암은 역학적으로 상관관계가 인정된다. 그러나 흡연과 폐암 사이에 역학적으로 상관관계가 있음이 인정된다 하더라도, 폐암은 그 외에 여러 가지 선천적 요인과 후천적 요인이 복합적으로 작용하여 발생할 수 있기 때문에 아직까지는 흡연과 폐암이 필연적인 관계가 있다고 단정하기 어렵다(대법원 2014. 4. 10. 선고 2011다22092 판결 참조).

니코틴은 중추신경계에 작용하여 의존성과 관계가 있으나, 상당 부분이 심리적인 것이고 신체적 의존의 정도가 약하다. 담배의 의존성은 직접흡연자로 하여금 구체적인 상황에서 흡연을 할지 여부 또는 흡연행위를 지속할지 여부를 '자유의사'에 따라 선택하는 데에 일정 정도 영향을 미치지만, 마약류와 달리 이를 불가능하게 하거나 현저히 어렵게 할 정도라고 보기는 어렵다.

(2) 담배사업법상의 보호조치(규제내용)

담배사업법에서는 담배의 제조 및 판매를 금지하고 있지 않다. 국가가 인체에 유해한 물질의 '제조 및 판매'에 대하여 어떤 규제를 가해야 하는지는, 그 물질이 가진 유해성의 내용과 정도, 그리고 일반적인 유통 및 사용의 방법 등을 고려하여 그러한 물질의 '사용'에 대한 규제와 함께 종합적으로 그 적정성 여부를 살펴야 할 문제이다.

위에서 본 바와 같이 현재로서는 흡연과 폐암 등의 질병 사이에 필연적인 관계가 있다거나 흡연자 스스로 흡연 여부를 결정할 수 없을 정도로 의존성이 높아서 국가가 개입하여 담배의 제조 및 판매 자체를 금지하여야만 한다고 보기는 어렵다.

따라서 담배의 제조 및 판매를 전면 금지하지 않는다고 하여 보호조치로서 필요한 최소한의 내용을 갖추지 않았다고 볼 수는 없다. 더욱이 담배사업법은 아래에서 보는 바와 같이 담배의 유해성으로부터 국민의 생명·신체를 보호하고자 일련의 장치들을 두고 있다.

1) 담배제조·판매업에 대한 규제

담배사업법상 담배제조업은 엄격한 허가제로 규율(제11조, 법 시행령 제4조 제1항)되고 있고, 이를 통하여 군소제조업체의 난립이나 저질의 제품이 생산되는 것을 방지하고 있다.

담배의 유통과 관련하여, 담배의 수입판매업이나 도매업의 경우 등록제도를 도입하고 소매인 지정을 받은 소매인만이 소비자에게 담배를 판매할 수 있도록 제한하면서(제12조 제1, 2항, 제13조 제1항, 제16조 제1항), 소매인은 소비자에게 우편판매나 전자거래의 방법으로 판매할 수 없도록 제한(제12조 제4항)하고 있다.

이처럼 담배의 유통단계에서도 행정관청이 개입하여 담배의 과도한 소비를 억제하고 있다.

2) 담배의 판매조건에 대한 규제

담배사업법은 담배의 판매조건들로 담배의 판매가격 규제, 담배성분의 표시, 경고문구 표시의 강제, 광고의 제한 및 금품제공의 금지 등에 관하여 규정하고 있다.

이들 조건은 직접흡연자의 경우 건강에 대한 위험이 자신의 의사에 따른 담배의 구매와 흡연행위가 매개되어 발생한다는 점에서 일응 적절한 보호조치로 보인다.

① 담배 판매가격에 대한 규제

담배사업법은 담배 제조업자 또는 수입판매업자가 담배 판매가격을 결정하여 행정 당국에 신고하게 하고, 이를 일간신문이나 인터넷 등 소비자가 잘 알 수 있는 방법으로 공고하며, 소매인은 공고된 판매가격으로 담배를 판매하도록 하면서(제18조 제1항, 제3항 내지 제5항), 이를 위반한 경우 일정한 과태료나 영업정지의 처분을 할 수 있게 하였다(제28조 제1항 제2호, 제2항 제1호, 제17조 제2항 제1의2호).

담배가격을 국가에서 직접 정하고 있지는 않지만, 국가는 담배에 부과하는 세금 인상 및 면세 담배 폐지를 통한 가격 정책을 실시하여 담배수요를 억제할 수 있다. 담배에는 담배소비세, 교육세, 부가가치세, 국민건강증진부담금, 폐기물

부담금 등의 조세와 부담금이 부과되고 있는데, 이를 통하여 담배가격을 인상하는 것은 담배수요 감소에 이바지하는 면이 있고, 특히 청소년 흡연율 감소에 많은 영향을 미치는 것으로 나타난다.

② 담배성분의 표시

담배사업법은 담배 1개비의 연기 중에 포함된 주요 성분과 그 함유량을 담배의 갑포장지 등에 표시하도록 규정하고(제25조의2 제1항), 그 위반에 대하여는 형사처벌(제27조의2 제5호) 또는 일정한 행정명령(제25조의2 제4항, 제25조 제3항)을 할 수 있도록 규정하고 있다.

③ 경고문구의 표시

담배사업법은 담배의 갑포장지, 소매인 영업소에 부착하는 스티커 또는 포스터에 의한 광고 및 잡지광고 등에 '흡연은 건강에 해롭다'는 내용의 경고문구를 표시하도록 하면서(제25조 제1항, 법 시행령 제8조, 법 시행규칙 제15조 제1항), 이를 위반한 경우 형사처벌 또는 시정조치를 할 수 있도록 규정하고 있다(제27조의2 제3호, 제25조 제3항).

이러한 경고문구의 표시는 흡연으로 인하여 건강 침해의 우려가 있음을 진지하게 고려하도록 하는 기능을 하고 있다.

④ 담배광고의 제한 및 금품제공의 금지

담배사업법은 담배 광고의 금지 또는 제한(제25조 제2항), 담배판매 촉진용 금품제공 등의 금지(제25조의4, 법 시행령 제10조)를 규정하고 있는데, 이는 담배의 수요를 억제하고자 하는 노력으로 보인다.

3) 소 결

따라서 담배사업법상의 보호조치는 과소보호금지원칙에 위배된다고 할 수 없다.

4. 결 어

담배사업법은 담배의 제조 및 판매 자체는 허용하지만 위에서 본 바와 같은 여러 규제들을 통하여 직접흡연으로부터 국민의 생명·신체의 안전을 보호하려고 노력하고 있다.

따라서 담배사업법이 국민의 생명·신체의 안전에 대한 국가의 보호의무에 관한 과소보호금지 원칙을 위반하여 甲의 생명·신체의 안전에 관한 권리를 침해한다고 볼 수 없다.

참고판례 **담배사업법 위헌확인**(헌재 2015. 4. 30. 2012헌마38)

Ⅲ 상급 사례

1-3-16 | 법률유보원칙[위임입법의 범위와 한계]

설 문

甲은 행정사가 되고자 행정사 자격시험 응시를 준비하고 있는 자인데, 2007. 6. 20.경 관련 정부부처에 문의한 결과 '행정사는 현재까지 경력공무원에 대한 자격부여를 통하여 배출되어 왔고, 행정사 자격시험을 실시한 적은 없으며, 앞으로도 실시계획이 없다.'는 취지의 답을 듣게 되었다.
이에 甲은 행정사법 시행령 제4조 제3항 중 '행정사의 수급상황을 조사하여 시험의 실시가 필요하다고 인정하는 때 시험실시계획을 수립하도록 한 부분(이하 '이 사건 조항'이라 한다)'이 자격시험을 통해 행정사가 되는 길을 막고 있으므로 자신의 직업선택의 자유 및 평등권을 침해하고 위임입법의 한계를 일탈하였다고 주장하면서, 2007. 8. 10. 그 위헌확인을 구하는 이 사건 헌법소원심판을 청구하였다.

〈설문〉 사건에서 '이 사건 조항'은 법률유보원칙에 위배되는가?

심판대상조항

행정사법 시행령(2008. 2. 29. 대통령령 제20741호로 일부 개정된 것)
제4조(행정사의 자격시험) ③ 시·도지사는 법 제6조 제2항의 규정에 의한 시험전부면제대상자의 수 및 법 제8조의 규정에 의하여 행정사업의 신고를 한 자의 수 등 관할구역내의 행정사의 수급상황을 조사하여 시험실시의 필요성을 검토한 후 시험의 실시가 필요하다고 인정하는 때에는 시험실시계획을 수립하고, 이를 행정안전부장관에게 보고하여야 한다.

관련조항

행정사법(2008. 12. 26. 법률 제9212호로 일부 개정된 것)

제2조(업무) ① 행정사는 타인의 위촉에 의하여 수수료를 받고 다음 각 호의 사무를 행함을 업무로 한다. 다만, 다른 법률에 의하여 제한되어 있는 것은 이를 행할 수 없다.
1. 행정기관에 제출하는 서류의 작성
2. 권리의무나 사실증명에 관한 서류의 작성
3. 행정기관의 업무에 관련된 서류의 번역
4. 제1호 내지 제3호의 규정에 의하여 작성된 서류의 제출 대행
5. 인가·허가 및 면허 등 행정기관에 제출하는 신고·신청·청구 등의 대리
6. 행정관계법령 및 행정에 대한 상담 또는 자문
7. 법령으로 위탁받은 사무의 사실조사 및 확인

② 제1항의 규정에 의한 업무의 내용과 범위는 대통령령으로 정한다.

제3조(행정사의 종류) 행정사는 소관업무에 따라 그 종류를 일반·기술 및 외국어 번역에 관한 행정사로 구분하고, 종류별 업무의 범위와 내용은 대통령령으로 정한다.

제4조(행정사의 자격) 행정사는 행정안전부장관이 시행하는 행정사의 자격시험에 합격한 자로 한다.

제5조(행정사의 자격시험) ① 행정사의 자격시험은 제1차시험과 제2차시험으로 한다.
② 제1항의 규정에 의한 행정사의 자격시험의 과목·방법 기타 시험에 관하여 필요한 사항은 대통령령으로 정한다.

제6조(시험의 면제) ① 경력직공무원(특정직공무원 중 대통령령이 정하는 공무원과 기능직공무원을 제외한다. 이하 같다)으로 5년 이상 근무하거나 대통령령으로 정하는 특수경력직공무원으로 7급 이상에 상당하는 직에 5년 이상 근무한 자에 대하여는 제1차시험을 면제한다.
② 다음 각 호의 1에 해당하는 자에 대하여는 시험을 전부 면제한다.
1. 제1항의 규정에 의한 공무원으로 10년 이상 근무하거나 6급(이에 상당하는 계급을 포함한다) 이상의 직에 5년 이상 근무한 자
2. 대학에서 외국어 전공 학사학위를 받고 당해 외국어 번역업무에 5년 이상 종사한 경력이 있는 자
3. 대학원에서 외국어 전공 석사학위 또는 박사학위를 받고 당해 외국어 번역업무에 2년 이상 종사한 경력이 있는 자

행정사법 시행령(2008. 2. 29. 대통령령 제20741호로 일부 개정된 것)

제3조(행정사의 종류 및 업무구분) 법 제3조의 규정에 의한 행정사의 종류별 업무구분은 다음 각 호와 같다.
1. 일반행정사 : 법 제2조 제1항 각 호(제3호를 제외한다)의 규정에 의한 업무 중 제2호의 규

정에 의한 기술행정사의 업무를 제외한 업무
2. 기술행정사 : 해운 및 해양안전심판과 관련한 법 제2조 제1항 각 호(제3호를 제외한다)의 규정에 의한 업무
3. 외국어번역행정사 : 법 제2조 제1항 제3호 및 동 항 제4호의 규정에 의한 업무

제4조(행정사의 자격시험) ① 행정안전부장관은 법 제14조의 규정에 의하여 법 제5조의 규정에 의한 행정사의 자격시험(이하 "시험"이라 한다) 실시에 관한 권한을 특별시장·광역시장 및 도지사(이하 "시·도지사"라 한다)에게 위임한다. 다만, 행정안전부장관은 시험수준의 균형유지 등을 위하여 필요하다고 인정하는 때에는 직접 시험을 실시하거나 시·도지사로 하여금 시험의 실시에 관하여 미리 승인을 얻도록 할 수 있다.
② 외국어 번역행정사의 시험 중 외국어 과목시험은 행정안전부장관이 지정하는 시험전문기관이 실시하는 시험으로 대체할 수 있다. 이 경우 당해 외국어 과목시험의 합격결정은 제13조의 규정에 불구하고 행정안전부장관이 따로 정할 수 있다.
③ 시·도지사는 법 제6조 제2항의 규정에 의한 시험전부면제대상자의 수 및 법 제8조의 규정에 의하여 행정사업의 신고를 한 자의 수 등 관할구역 내의 행정사의 수급상황을 조사하여 시험실시의 필요성을 검토한 후 시험의 실시가 필요하다고 인정하는 때에는 시험실시계획을 수립하고, 이를 행정안전부장관에게 보고하여야 한다.

제5조(시험공고 등) ① 행정안전부장관 또는 시·도지사(이하 "시험실시기관의 장"이라 한다)가 시험을 실시하고자 하는 때에는 시험과목·일시·장소 등 필요한 사항을 시험시행일 30일 전까지 공고하여야 한다.

해 설

1. 이 사건 조항의 의의와 쟁점

행정사법 제4조는 행정사의 자격시험에 합격한 자를 행정사로 하고, 제5조 제1항은 행정사의 자격시험을 제1차시험과 제2차시험으로 한다고 규정하면서, 동

조 제2항에서 행정사 자격시험의 과목·방법 기타 시험에 관하여 필요한 사항은 대통령령으로 정하도록 위임하고 있다.

'이 사건 조항'은 위와 같은 행정사법 제5조 제2항의 위임을 받아 제정된 것이다. 그런데 이 사건 조항은 "시·도지사는 … 관할구역 내의 행정사의 수급상황을 조사하여 시험실시의 필요성을 검토한 후 시험의 실시가 필요하다고 인정하는 때에 시험실시계획을 수립"하도록 규정하고 있으므로, 이러한 부분이 위 모법의 위임범위를 넘는 내용을 규정한 것이어서 기본권제한에 관한 법률유보원칙에 위배되는지 여부가 쟁점이 된다.

2. 법률유보원칙의 의의와 위임입법의 범위와 한계

(1) 법률유보원칙의 의의

헌법상 기본권은 헌법 제37조 제2항에 의하여 국가안전보장·질서유지 또는 공공복리를 위하여 필요한 경우에 한하여 이를 제한할 수 있으나, 그 제한의 방법은 원칙적으로 형식적 의미의 법률로써만 가능하고, 제한의 정도도 기본권의 본질적 내용을 침해할 수 없으며, 필요한 최소한도에 그쳐야 한다.

여기에서 기본권 제한에 관한 법률유보원칙은 '법률에 근거한 규율'을 요청하는 것이므로, 그 형식이 반드시 법률일 필요는 없다 하더라도 법률상의 근거는 있어야 한다고 할 것이다(헌재 2006. 5. 25. 2003헌마715).

따라서 모법의 위임범위를 벗어난 하위법령은 법률의 근거가 없는 것으로 법률유보원칙에 위배된다.

(2) 위임입법의 범위와 한계

현행헌법 제75조는 "대통령은 법률에서 구체적으로 범위를 정하여 위임받은 사항과 법률을 집행하기 위하여 필요한 사항에 관하여 대통령령을 발할 수 있다"고 규정하여 대통령이 발할 수 있는 위임입법의 근거를 두면서도, 대통령령은 '법률에서 구체적으로 범위를 정하여 위임받은 사항'에 한정하여 발할 수 있도록 함으로써 위임입법의 범위와 한계를 명시하고 있다.

위임입법의 내용에 관한 헌법적 한계는 입법권자에 대한 한계와 수권법률에 의해 법규명령을 제정하는 수임자에 대한 한계로 구별할 수 있다.

일반적으로 위임입법의 내용적 한계는 주로 후자의 경우에 문제되는데, 위임명령의 내용은 수권법률이 수권한 규율대상과 목적의 범위 안에서 정해야 하고 이를 위반한 경우에 모법의 수권조건에 의한 위임명령의 한계가 도출된다.

요컨대, 모법상 아무런 규정이 없는 입법사항을 하위명령이 규율하는 것은 위임입법의 한계를 넘어서는 것이다(헌재 1997. 4. 24. 95헌마273).

3. 이 사건 조항의 법률유보원칙 위배 여부

행정사법은 원칙적으로 시험에 합격한 자에게만 행정사 자격을 부여하도록 하고 있는데(제4조, 제6조), 이 사건 조항은 이러한 행정사 자격시험의 실시 여부를 행정사의 수급상황을 고려하여 행정관청이 재량으로 결정할 수 있도록 규정함으로써 시험을 통해 행정사가 되고자 하는 자의 직업선택의 자유를 제한하고 있으므로 이러한 제한에는 반드시 법률상 근거를 요한다고 할 것이다.

행정사법 제4조에서 행정사 자격시험에 합격한 자에게 행정사의 자격을 인정하는 것은 행정사 자격시험이 합리적인 방법으로 반드시 실시되어야 함을 전제로 하는 것이다. 그러므로 행정사법 제5조 제2항이 대통령령으로 정하도록 위임한 이른바 "행정사의 자격시험의 과목·방법 기타 시험에 관하여 필요한 사항"이란 시험과목·합격기준·시험실시 방법·시험실시 시기·실시 횟수 등 시험실시에 관한 구체적인 방법과 절차를 말하는 것이지 시험의 실시여부까지도 대통령령으로 정하라는 뜻은 아니다.

이 사건 조항은 행정사 자격시험의 실시 여부를 시·도지사의 재량사항으로 하여 시·도지사가 행정사를 보충할 필요가 없다고 인정하면 행정사 자격시험을 실시하지 아니하여도 된다고 규정함으로써, 상위법인 행정사법 제4조에 의하여 甲을 비롯한 모든 국민에게 부여된 행정사 자격 취득의 기회를 하위법인 시행령으로 박탈하고 행정사업을 일정 경력 공무원 또는 외국어 전공 경력자에게 독점시키는 것이 된다.

따라서 이 사건 조항은 모법으로부터 위임받지 아니한 사항을 하위법규에서 기본권 제한 사유로 설정하고 있는 것이므로, 위임입법의 한계를 일탈하고 법률상 근거 없이 기본권을 제한하여 법률유보원칙에 위배되는 것이다.

4. 결 어

이 사건 조항은 모법으로부터 위임받지 아니한 사항을 하위법규에서 기본권 제한 사유로 설정하고 있는 것이므로 위임입법의 한계를 일탈하고, 법률상 근거 없이 기본권을 제한하여 법률유보원칙에 위배된다.

참고판례 행정사법 시행령 제4조 제3항 위헌확인(헌재 2010. 4. 29. 2007헌마910)

1-3-17 | 명확성원칙[죄형법정주의]

설 문

甲은 2006년 J시의회 의원 선거에 출마하여 당선되었는데, 선거일 전 180일부터 선거일까지 선거에 영향을 미치게 하기 위하여 공직선거법의 규정에 의하지 아니하고 후보자의 성명을 나타내는 휴대전화 문자메시지를 전송하였다는 이유로 공직선거법위반으로 기소되었고, 1심과 2심에서 각 유죄판결을 선고받았다.

甲은 이에 불복하여 상고한 후 공직선거법 제93조 제1항에 관하여, '이 규정에 의하여 금지되는 행위에 휴대전화 문자메시지 전송행위를 포함시키는 것'은 헌법에 위반된다는 등의 이유로 위헌심판제청을 신청하였으나, 2007. 2. 22. 대법원이 상고기각 판결을 하면서 위 신청을 각하하자, 2007. 3. 2. 위 각 하결정문을 송달받은 후 같은 달 21. 위 조항의 위헌확인을 구하는 이 사건 헌법소원심판을 청구하였다.

〈설문〉 사건에서 甲은 공직선거법 제93조 제1항이 죄형법정주의의 명확성원칙에 위배하여 위헌이라고 주장한다. 甲의 주장은 타당한가?

심판대상조항

공직선거법 제93조(탈법방법에 의한 문서 · 도화의 배부 · 게시 등 금지) ① 누구든지 선거일 전 180일(보궐선거 등에 있어서는 그 선거의 실시사유가 확정된 때)부터 선거일까지 선거에 영향을 미치게 하기 위하여 이 법의 규정에 의하지 아니하고는 정당(창당준비위원회와 정당의 정강·정책을 포함한다. 이하 이 조에서 같다) 또는 후보자(후보자가 되고자 하는 자를 포함한다. 이하 이 조에서 같다)를 지지·추천하거나 반대하는 내용이 포함되어 있거나 정당의 명칭 또는 후보자의 성명을 나타내는 광고, 인사장, 벽보, 사진, 문서·도화, 인쇄물이나 녹음·녹화테이프 기타 이와 유사한 것을 배부·첩부·살포·상영 또는 게시할 수 없다. (단서 생략)

해 설 [제1안]

1. 명확성원칙의 의의

(1) 죄형법정주의와 명확성원칙

1) 죄형법정주의와 명확성원칙의 개념과 의의

명확성원칙은 법치국가원리의 한 표현으로서 기본권을 제한하는 법규범의 내용은 명확하여야 한다는 헌법상의 원칙이다. 그리고 헌법 제12조 및 제13조를 통하여 보장되고 있는 죄형법정주의의 원칙은 법률이 처벌하고자 하는 행위가 무엇이며 그에 대한 형벌이 어떠한 것인지를 누구나 예견할 수 있고, 그에 따라 자신의 행위를 결정할 수 있게끔 구성요건을 명확하게 규정할 것을 요구하는 원칙을 말한다.

형벌법규의 내용이 애매모호하거나 추상적이어서 불명확하면 무엇이 금지된 행위인지를 국민이 알 수 없어 법을 지키기가 어려울 뿐만 아니라, 범죄의 성립 여부가 법관의 자의적인 해석에 맡겨져서 죄형법정주의에 의하여 국민의 자유와 권리를 보장하려는 법치주의의 이념은 실현될 수 없기 때문이다.

2) 형벌법규의 명확성 판단기준

죄형법정주의의 명확성 원칙에 따른다고 하더라도 입법자가 모든 구성요건을 단순한 의미의 서술적인 개념에 의하여 규정하여야 한다는 것은 아니다. 형벌법규의 구성요건이 다소 광범위하여 어떤 범위에서는 법관의 보충적인 해석을 필요로 하는 개념을 사용하였다고 하더라도 그 점만으로 헌법이 요구하는 형벌법규의 명확성의 원칙에 반드시 배치되는 것이라고 볼 수는 없다.

건전한 상식과 통상적인 법감정을 가진 사람으로 하여금 그 적용대상자가 누구이며 구체적으로 어떠한 행위가 금지되고 있는지 여부를 충분히 알 수 있도록 규정되어 있다면, 죄형법정주의의 명확성의 원칙에 위배되지 않는다고 보아야 한다. 그렇게 보지 않으면 처벌법규의 구성요건이 지나치게 구체적이고 정형적이 되어 부단히 변화하는 다양한 생활관계를 제대로 규율할 수 없게 될 것이기 때문이라는 것이 헌법재판소의 확립된 판례이다(헌재 1998. 7. 16. 96헌바35; 헌재 2001. 6. 28. 99헌바31).

(2) 예시적 입법형식과 명확성원칙

1) 형벌조항의 규율방식

형벌조항의 규율방식은 크게 ① 규율대상에 포섭되는 모든 사례를 구성요건으로 빠짐없이 열거하는 방식과, ② 규율대상의 공통적인 징표를 모두 포섭하는 용어를 구성요건으로 규정하는 방식 등으로 나누어 볼 수 있다(전자는 규율대상이 명확하다는 장점이 있는 반면 경우에 따라서는 법규범의 흠결이 발생하는 것을 막을 수 없다는 단점이 있고, 후자는 규율대상을 모두 포섭할 수 있다는 장점이 있는 반면, 법률을 해석·적용함에 있어 자의(恣意)가 개입함으로써 규율대상을 무한히 확대해 나갈 우려가 있다는 단점이 있다). 그리고 ③ 위와 같은 두 가지 규율방식의 중간적 방식으로서 이른바 '예시적 입법'이라는 규율방식을 채택하는 경우가 있다.

예시적 입법에서는 규율대상인 대전제를 규정함과 동시에 구성요건의 외연(外延)에 해당되는 개별사례를 예시적으로 규정하게 된다(헌재 2000. 4. 27. 98헌바95등).

2) 예시적 입법형식의 명확성 요건

예시적 입법형식의 경우, 구성요건의 대전제인 일반조항의 내용이 지나치게 포괄적이어서 법관의 자의적인 해석을 통하여 그 적용범위를 확장할 가능성이 있다면 죄형법정주의의 원칙에 위배될 수 있다. 따라서 예시적 입법형식이 법률 명확성의 원칙에 위배되지 않으려면, 예시한 개별적인 구성요건이 그 자체로 일반조항의 해석을 위한 판단지침을 내포하고 있어야 할 뿐만 아니라, 그 일반조항 자체가 그러한 구체적인 예시를 포괄할 수 있는 의미를 담고 있는 개념이 되어야 한다(헌재 2002. 6. 27. 2001헌바70).

2. 공직선거법 제93조 제1항의 명확성원칙 위배 여부

(1) 공직선거법 제93조 제1항의 예시적 입법형식

공직선거법 제93조 제1항(이하 '이 사건 법률조항'이라 한다)은 형벌조항인 공직선거법 제255조 제2항 제5호의 구성요건에 해당하고, 개별적 구성요건 해당 행위를 열거하면서 '기타 이와 유사한 것'의 배부 등 행위를 금지하여 예시적 입법형식을 취하고 있다.

(2) 예시적 입법의 필요성

선거에 영향을 미치는 탈법적인 행위의 수단이 되는 매체를 정하는 문제는 사회적, 정치적 상황의 변화, 다양한 매체의 발전 속도 등에 따라 탄력적, 유동적으로 규율할 필요가 크다. 선거의 공정성을 담보하기 위해서는 이 사건 법률조항에서 구체적으로 열거하고 있는 문서, 도화 등과 같은 전형적인 매체들에 의한 탈법행위뿐만 아니라 정보통신기술의 발달에 의해 새롭게 등장한 매체들도 그러한 전형적인 매체들과 유사한 기능과 역할을 한다면, 이 역시 규제의 필요성이 있을 것이다.

이에 이 사건 법률조항은 금지되는 행위 태양을 열거적인 폐쇄적 형태로 규정하지 않고, '기타 이와 유사한 것'이라는 일반조항을 두어 새로운 매체에 대한 금지 가능성을 열어놓고 있는 것이다.

(3) 명확성원칙 위반 여부의 검토

이 사건 법률조항은 금지되는 행위의 수단으로 광고 등을 열거하면서, 시간적·내용적 한정을 부가하고 있는데, 이것은 이 사건 법률조항의 '기타 이와 유사한 것'에도 그대로 적용된다. 이러한 점을 고려하여 이 사건 법률조항의 의미를 살펴보면, 일반조항으로서의 '기타 이와 유사한 것'은 선거에 영향을 미치게 하기 위하여 정당 또는 후보자를 지지, 추천하거나 반대하는 내용을 포함할 수 있는 가독성 내지 가청성을 가진 앞에 열거된 매체와 유사한 매체, 관념이나 의사전달의 기능을 가진 매체나 수단을 의미하는 것으로 볼 수 있다.

이 사건 법률조항을 위와 같이 이해할 때, 문자와 기호를 사용하여 관념이나 의사를 다른 사람에게 전달하는 것으로서 문서가 가지는 고유의 기능을 그대로 보유하고 있는 '휴대전화 문자메시지'가 '기타 이와 유사한 것'에 해당한다고 해석될 수 있고 대법원의 판결도 동일하다.

요컨대, 건전한 상식과 통상적인 법감정을 가진 이 사건 법률조항의 수범자는 어떠한 행위가 이 사건 법률조항의 구성요건에 해당되는지 여부를 어느 정도 쉽게 파악할 수 있다고 판단되고, 공직선거법 제93조 제1항이 예시하는 '문서 등'은 '기타 유사한 것'을 해석하는 유용한 판단지침이 되며, 대법원 판결 등에 의하여 이미 이에 관한 구체적인 해석기준이 제시되고 있는 이상, 법률적용자가 이 사건 법률조항을 자의적으로 확대하여 해석할 염려는 없다고 할 것이므로 이 사건 법률조항은 명확성원칙에 위반되지 아니한다.

3. 결 어

위에서 살펴본 바와 같이 이 사건 법률조항은 죄형법정주의의 명확성원칙에 위배되지 아니하여 헌법에 위반되지 않는다.

따라서 甲의 주장은 타당하지 아니하다.

해 설 [제2안] ([제1안]과 동일한 내용은 생략함)

1. 명확성원칙의 의의
   (1) 죄형법정주의와 명확성원칙
      1) 죄형법정주의와 명확성칙의 개념과 의의
      2) 형벌법규의 명확성 판단기준
   (2) 예시적 입법형식과 명확성원칙
2. 공직선거법 제93조 제1항의 명확성원칙 위배 여부
   (1) 공직선거법 제93조 제1항의 '기타 이와 유사한 것'의 해석
   (2) 명확성원칙 위반 여부의 검토
3. 결어

1. 명확성원칙의 의의

(1) 죄형법정주의와 명확성원칙

1) 죄형법정주의와 명확성원칙의 개념과 의의

2) 형벌법규의 명확성 판단기준

죄형법정주의의 명확성 원칙에 따른다고 하더라도 입법자가 모든 구성요건을 단순한 의미의 서술적인 개념에 의하여 규정하여야 한다는 것은 아니다. 처벌법규의 구성요건이 다소 광범위하여 어떤 범위에서는 법관의 보충적인 해석을 필요로 하는 개념을 사용하였다고 하더라도 그 점만으로 헌법이 요구하는 처벌법규의 명확성의 원칙에 반드시 배치되는 것이라고 볼 수는 없다.

건전한 상식과 통상적인 법감정을 가진 사람으로 하여금 그 적용대상자가 누구이며 구체적으로 어떠한 행위가 금지되고 있는지 여부를 충분히 알 수 있도록 규정되어 있다면, 죄형법정주의의 명확성의 원칙에 위배되지 않는다고 보아야 한다. 그렇게 보지 않으면 처벌법규의 구성요건이 지나치게 구체적이고 정형적이 되어 부단히 변화하는 다양한 생활관계를 제대로 규율할 수 없게 될 것이기 때문이라는 것이 헌법재판소의 확립된 판례이다(헌재 1998. 7. 16. 96헌바35; 헌재 2001. 6. 28. 99헌바31).

〈설문〉 사건에서는 범죄사실이 유죄로 인정되어 벌금 100만 원 이상의 형이 확정되는 경우 국민들의 직접선거에 의하여 당선된 공직신분을 박탈당하게 되므로(공직선거법 제19조 제1호, 제18조 제1항 제3호), 명확성의 원칙이 더욱 강하게 요구된다(공직선거법 제255조 제2항 제5호는, 제93조 제1항의 규정에 위반하여 문서·도화 등을 배부·첩부·살포·게시·상영하거나 하게 한 자는 2년 이하의 징역 또는 400만 원 이하의 벌금에 처하도록 규정하고 있으므로, 이 사건 법률조항인 제93조 제1항은 형사처벌규정의 구성요건을 이루고 있다. 이처럼 이 사건 법률조항은 형사처벌조항이자 공직박탈조항이므로 법규범의 내용이 법집행자의 자의적 해석·적용에 의하여 왜곡되지 않도록 명확하게 규정되어야 한다).

(2) 예시적 입법형식과 명확성원칙

죄형법정주의의 명확성원칙이 예시적 입법형식 자체를 금하는 것은 아니나, 구성요건의 대전제인 일반조항의 내용이 지나치게 포괄적이어서 법집행기관의 자의적인 해석을 통하여 그 적용범위를 확장할 가능성이 있다면, 이는 죄형법정주의원칙에 위배된다. 따라서 예시적 입법형식이 명확성의 원칙에 위배되지 않으려면, 예시한 개별적인 구성요건이 그 자체로 일반조항의 해석을 위한 판단지침을 내포하고 있어야 할 뿐만 아니라, 그 일반조항 자체가 그러한 구체적인 예시를 포괄할 수 있는 의미를 담고 있는 개념이 되어야 한다.

그러므로 이 사건 법률조항 중 구체적인 예시 부분이 일반조항인 '기타 이와 유사한 것' 부분을 해석하는 데 합리적인 판단지침을 내포하고 있는지를 살펴볼 필요가 있다.

2. 공직선거법 제93조 제1항의 명확성원칙 위배 여부

(1) 공직선거법 제93조 제1항의 '기타 이와 유사한 것'의 해석

공직선거법 제93조 제1항(이하 '이 사건 법률조항'이라고 한다)은 시간적으로는 '선거일 전 180일부터 선거일까지'로, 내용적으로는 '선거에 영향을 미치게 하기 위하여 정당 또는 후보자를 지지·추천하거나 반대하는 내용이 포함되어 있거나 정당의 명칭 또는 후보자의 성명을 나타내는 것'으로 각 범위를 한정하고 있다.

그러나 시간적·내용적으로 한정되어 있다는 이유만으로 '기타 이와 유사한 것'에 '관념이나 의사전달의 기능을 가진 모든 매체나 수단'이 포함된다고 해석할 수는 없다. 나아가 구체적인 예시인 '광고, 인사장, 벽보, 사진, 문서·도화, 인쇄물이나 녹음·녹화테이프'만으로는 표현의 형식, 방법, 파급력 등이 다양한 많은 매체 중에서 어느 것이 일반조항인 '기타 이와 유사한 것'에 포함될지를 추론하기도 쉽지 않다.

(2) 명확성원칙 위반 여부의 검토

공직선거법을 전체적으로 파악할 때, 동법에서는 전자적 방식에 의한 의사전달매체에 관하여 명시적인 규정을 두고 있다. 즉, 제60조의3(예비후보자 등의 선거운동) 제1항 제3호는, 예비후보자가 할 수 있는 선거운동으로서 "전자우편(컴퓨터 이용자끼리 네트워크를 통하여 문자·음성·화상 또는 동영상 등의 정보를 주고받는 통신시스템을 말한다)을 이용하여 문자·음성·화상 또는 동영상 기타의 정보를 전송하는 행위"를 명시하고 있고, 제82조의4(정보통신망을 이용한 선거운동) 및 제82조의5(선거운동정보의 전송제한)는 전자적 전송매체를 이용한 선거운동방식을 규정하고 있다.

공직선거법이 이처럼 전자적 방식에 의한 의사전달매체에 관하여 독립적·명시적으로 규정함으로써, 이러한 매체가 이 사건 법률조항에서 구체적으로 예시된 '광고 등'의 매체와 유사한 것인지 여부가 모호하게 된다. 이와 같이 '광고 등' 구체적 예시들에 의하여 일반조항인 '기타 이와 유사한 것'의 범위와 한계가 명백하게 드러나지 않으므로, 이는 수범자인 일반 국민으로 하여금 금지 또는 처벌하고자 하는 행위의 범위를 예측하기 어렵게 하고, 법집행기관의 자의적 해석·집행의 가능성을 열어 놓음으로써, 헌법상 명확성의 원칙에 위배된다고 할 것이다.

3. 결 어

위에서 살펴본 바와 같이, 이 사건 법률조항은 죄형법정주의의 명확성원칙에 위배되어 헌법에 위반된다. 따라서 甲의 주장은 타당하다.

참고판례 공직선거법 제93조 제1항 위헌소원(헌재 2009. 5. 28. 2007헌바24)

1-3-18 | 평등원칙[자의금지원칙]

설 문

甲은 대한불교조계종 A사를 상대로 S지방법원에 건축공사대금 등 청구소송을 제기하여 2008. 9. 2. 청구일부 인용판결을 선고받았고, 이 판결은 그 무렵 확정되었다.

甲이 위 판결을 집행권원으로 하여 위 A사 소유의 법당 등의 부동산에 관하여 강제경매신청을 하자, S지방법원은 2010. 11. 2. 위 부동산에 대하여 강제경매를 개시하고 압류한다는 결정을 하였다가, A사의 강제경매개시결정에 대한 이의신청에 따라 2011. 1. 28. 위 부동산은 '전통사찰의 보존 및 지원에 관한 법률' 제14조에서 정한 압류가 금지되는 전통사찰 소유의 전법용 경내지의 건조물 및 토지에 해당한다는 이유로 위 강제경매개시결정을 취소하였다.

한편, 甲은 위 강제경매개시결정에 대한 이의 재판 계속 중 '전통사찰의 보존 및 지원에 관한 법률' 제14조(이하 '이 사건 법률조항'이라 한다)에 대하여 위헌법률심판제청신청을 하였으나 2011. 1. 27. 위 신청이 기각되자, 2011. 2. 14. 이 사건 헌법소원심판을 청구하였다.

〈설문〉 사건에서 '이 사건 법률조항'은 평등원칙에 위배되는가?

심판대상조항

전통사찰의 보존 및 지원에 관한 법률(2009. 3. 5. 법률 제9473호로 개정된 것)
제14조(전법용 건물 등의 압류 금지) 전통사찰의 소유로서 전법에 제공되는 경내지의 건조물과 토지는 저당권이나 그 밖의 물권의 실행을 위한 경우 또는 파산한 경우 외에는 제4조에 따른 등록 후에 발생한 사법상의 금전 채권으로 이를 압류할 수 없다.

관련조항

전통사찰의 보존 및 지원에 관한 법률(2009. 3. 5. 법률 제9473호로 개정된 것)
제2조(정의) 이 법에서 사용하는 용어의 뜻은 다음과 같다.
1. "전통사찰"이란 불상 등 불교 신앙의 대상으로서의 형상(形象)을 봉안(奉安)하고 승려가

수행(修行)하며 신도를 교화하기 위하여 건립·축조된 건조물(경내지·동산 및 부동산을 포함한다. 이하 "사찰"이라 한다)로서 제4조에 따라 등록된 것을 말한다.
3. "경내지(境內地)"란 불교의 의식(儀式), 승려의 수행 및 생활과 신도의 교화를 위하여 사찰에 속하는 토지로서 대통령령으로 정한 것을 말한다.

제4조(전통사찰의 지정 및 등록) ① 사찰의 주지는 운영·관리 중인 사찰을 전통사찰로 지정받으려면 대통령령으로 정하는 바에 따라 특별시장·광역시장 또는 도지사(이하 "시·도지사"라 한다)를 거쳐 문화체육관광부장관에게 전통사찰의 지정을 신청할 수 있다.
② 문화체육관광부장관은 제1항의 신청에 의하거나 직권으로 역사적 의의와 문화적 가치가 있는 사찰을 대통령령으로 정하는 바에 따라 전통사찰로 지정할 수 있다.
③ 문화체육관광부장관은 제2항에 따라 전통사찰을 지정하면 이를 고시하고 그 사찰의 주지에게도 알려야 한다.
④ 제3항에 따라 통지를 받은 전통사찰의 주지는 시·도지사에게 전통사찰의 등록을 하여야 한다. 등록 사항을 변경하는 경우에도 같다.

제9조(허가 사항) ① 전통사찰의 주지는 동산이나 부동산(해당 전통사찰의 경내지에 있는 그 사찰 소유 또는 사찰 소속 대표단체 소유의 부동산을 말한다. 이하 이 조에서 같다)을 양도하려면 소속 대표단체 대표자의 승인서를 첨부하여 문화체육관광부장관의 허가를 받아야 한다.
② 전통사찰의 주지는 다음 각 호의 어느 하나에 해당하는 행위를 하려면 시·도지사의 허가를 받아야 한다. 허가 받은 사항을 변경하려는 경우에도 같다. 다만, 제1호의 행위를 하려는 경우에는 소속 대표단체 대표자의 승인서를 첨부하여야 한다.
1. 동산 또는 부동산을 대여(貸與)하거나 담보로 제공하는 행위
2. 경내지에서 건조물을 신축·증축·개축 또는 철거하는 행위
⑦ 제1항과 제2항에 따른 허가를 받지 아니하고 제1항 및 제2항 제1호에 따른 행위를 한 경우에는 이를 무효로 한다.

전통사찰의 보존 및 지원에 관한 법률 시행령(2009. 6. 9. 대통령령 제21528호로 개정된 것)
제2조(경내지 등의 범위) ① '전통사찰의 보존 및 지원에 관한 법률'(이하 "법"이라 한다) 제2조 제3호에서 "사찰에 속하는 토지로서 대통령령으로 정한 것"이란 다음 각 호의 토지를 말한다.
1. 경내 건조물[건물, 입목(立木), 죽(竹), 그 밖의 지상물(地上物)을 포함한다. 이하 같다]이 정착되어 있는 토지 및 이와 연결된 그 부속 토지
2. 참배로(參拜路)로 사용되는 토지
3. 불교의식 행사를 위하여 사용되는토지[불공용(佛供用)·수도용(修道用) 토지를 포함한다]
4. 정원·산림·경작지 및 초지
5. 사찰의 존엄 또는 풍치(風致)의 보존을 위하여 사용되는 사찰 소유의 토지
6. 역사나 기록 등에 의하여 해당 사찰과 밀접한 연고가 있다고 인정되는 토지로서 그 사찰의 관리에 속하는 토지
7. 경내 건조물과 제1호부터 제6호까지의 규정에 따른 토지의 재해방지를 위하여 사용되는

토지

제3조(전통사찰의 지정 기준 및 절차) ① 법 제4조에 따라 전통사찰로 지정할 수 있는 사찰은 다음 각 호의 어느 하나에 해당하는 사찰로 한다.

1. 역사적으로 볼 때 시대적 특색을 뚜렷하게 지니고 있다고 인정되는 사찰
2. 한국 고유의 불교·문화·예술 및 건축사(建築史)의 흐름을 이해하는 데에 특히 필요하다고 인정되는 사찰
3. 한국 문화의 생성과 변화를 고찰할 때 전형적인 모형이 되는 사찰
4. 그 밖에 문화적 가치로 보아 전통사찰로 등록하는 것이 타당하다고 인정되는 사찰

④ 문화체육관광부장관은 법 제4조 제2항에 따라 전통사찰을 지정하려면 승려, 학계 및 문화예술계 등에 종사하는 사찰 관계전문가의 의견을 들어야 한다.

제4조(전통사찰의 등록 절차) ① 법 제4조 제3항에 따른 통지를 받은 사찰의 주지는 그 통지를 받은 날부터 30일 이내에 전통사찰등록 신청서에 다음 각 호의 서류를 첨부하여 관할 시·도지사에게 제출하여야 한다.

② 시·도지사는 제1항에 따른 신청을 받으면 지체 없이 이를 등록한 후 신청인에게 전통사찰등록증을 발급하고, 등록 사실을 고시하여야 한다.

해 설

1. 이 사건 법률조항의 의의와 쟁점

〈설문〉의 '이 사건 법률조항'은 전통사찰에 대하여 채무명의를 가진 일반 채권자(이하 '전통사찰의 일반 채권자'라 한다)가 전통사찰 소유의 전법용 경내지의 건조물 등에 대하여 압류하는 것을 금지하여 전통사찰과 그에 속하는 전통문화유산이 경매 등을 통하여 전전양도되어 문화재적 가치가 손상되는 것을 방지하기 위한 것이다.

그런데 이 사건 법률조항에 의하면, 전통사찰을 제외한 일반 사찰 또는 다른 일반 채무자에 대하여 채무명의를 가진 채권자(이하 '기타의 일반 채권자'라 한다), 저당권 등 물권을 실행하는 채권자(이하 '전통사찰의 담보물권부 채권자'라 한다), 그리고 파산한 경우의 채권자(이하 '전통사찰의 파산 채권자'라 한다)의 신청에 의한 파산의 경우에는 압류가 금지되지 아니한다.

따라서 이 사건 법률조항은 '기타의 일반 채권자', '전통사찰의 담보물권부 채권자' 및 '전통사찰의 파산 채권자'에 비하여 '전통사찰의 일반 채권자'를 차별취급하고 있으므로, '전통사찰의 일반 채권자'인 甲의 평등권을 침해하는 것인지 여부가 쟁점이 된다.

2. 평등원칙의 의의와 심사기준

(1) 평등원칙의 의의

헌법 제11조 제1항에서 보장하는 평등원칙은 법적용의 대상이 되는 모든 인간을 원칙적으로 공평하게 다루어야 한다는 법원칙이며, 그 중심내용은 기회균등과 자의(恣意)의 금지이다.

이러한 평등원칙은 본질적으로 같은 것은 같게, 본질적으로 다른 것은 다르게 취급할 것을 요구하지만, 일체의 차별적 대우를 부정하는 절대적 평등을 의미하는 것이 아니라 입법과 법의 적용에 있어서 합리적인 근거가 없는 차별을 배제하는 상대적 평등을 뜻한다. 따라서 합리적 근거가 있는 차별은 평등의 원칙에 반하는 것이 아니다(헌재 1999. 7. 22. 98헌바14; 헌재 2001. 6. 28. 99헌마516).

(2) 평등위반 여부의 심사기준

평등위반 여부를 심사함에 있어서 적용되는 기준은 엄격한 심사기준(비례성원칙)과 완화된 심사기준(자의금지원칙)이 있다. 이 중 어느 심사기준에 의할 것인지는 입법자에게 인정되는 입법형성권의 정도에 따라 다르게 된다.

1) 심사기준의 적용 요건

엄격한 심사기준이 적용되는 경우는 i) 헌법에서 특별히 평등을 요구하고 있는 경우 또는 ii) 관련 기본권에 대한 중대한 제한을 초래하는 경우이고, 그 외에는 완화된 심사기준이 적용된다(헌재 2001. 6. 28. 2001헌마132).

2) 심사기준에 따른 심사 내용

평등위반 여부를 심사함에 있어서 엄격한 심사를 한다는 것은, 자의금지원칙에 따른 심사 — 합리성 유무의 심사에 그치는 심사 — 와는 달리, 비례성원칙에 따른 심사, 즉 차별취급의 목적과 수단 간에 엄격한 비례관계가 성립하는지를 기준으로 한 심사를 행함을 의미한다(헌재 1999. 12. 23. 98헌마363).

① 완화된 심사기준(자의금지원칙)에 의한 심사

자의금지원칙에 따른 심사는 ⅰ) 본질적으로 동일한 것을 다르게 취급하고 있는지에 관련된 차별취급의 존재여부와, ⅱ) 이러한 차별취급이 존재한다면 이를 자의적으로 볼 수 있는지 여부이다. 그런데 ⅰ)의 요건과 관련하여 두 개의 비교집단이 본질적으로 동일한가의 판단은 일반적으로 관련 헌법규정과 당해 법규정의 의미와 목적에 달려 있고, ⅱ)의 요건과 관련하여서는 차별취급의 자의성은 합리적인 이유가 결여된 것을 의미하므로, 차별대우를 정당화하는 객관적이고 합리적인 이유가 존재한다면 차별대우는 자의적인 것이 아니게 된다(헌재 2003. 1. 30. 2001헌바64).

② 엄격한 심사기준(비례성원칙)에 의한 심사

자의심사의 경우에는 차별을 정당화하는 합리적인 이유가 있는지 여부만 심사하기 때문에 그에 해당하는 비교대상 간의 사실상의 차이나 입법목적(차별목적)을 발견·확인하는 데 그치는 반면, 비례심사의 경우에는 단순히 합리적인 이유의 존부 문제가 아니라 차별을 정당화하는 이유와 차별 간의 상관관계에 대한 심사, 즉 비교대상 간의 사실상의 차이의 성질과 비중 또는 입법목적(차별목적)의 비중과 차별의 정도에 적정한 균형관계가 이루어져 있는가를 심사하게 된다(헌재 2001. 2. 22. 2000헌마25).

3. 이 사건 법률조항의 평등원칙 위배 여부

(1) 비교집단의 설정과 기본적 동일성 및 차별취급의 존재

1) '전통사찰의 일반 채권자'와 '기타의 일반 채권자'

이 사건 법률조항은 '기타의 일반 채권자'의 경우와 달리 '전통사찰의 일반 채권자'에 대해서만 전통사찰 소유의 전법용 경내지의 건조물 등에 대하여 압류를 금지하고 있다.

이는 '일반채권자'라는 점에서 기본적으로 동일한 두 집단에 대하여 '전통사찰의 일반 채권자'를 '기타의 일반 채권자'에 비하여 차별취급하고 있다.

2) '전통사찰의 일반 채권자'와 '전통사찰의 담보물권부 채권자' 및 '전통사찰의 파산 채권자'

이 사건 법률조항은 전통사찰 소유의 전법용 경내지의 건조물 등에 대하여 '전통사찰의 일반 채권자'가 압류하는 것을 금지하고 있는 데 반해, '전통사찰의 담보물권부 채권자' 및 '전통사찰의 파산 채권자'에 의한 압류를 허용하고 있다.

이는 '전통사찰의 채권자'라는 점에서 기본적으로 동일한 세 집단에 대하여 '전통사찰의 일반 채권자'를 '전통사찰의 담보물권부 채권자' 및 '전통사찰의 파산 채권자'에 비하여 차별취급하고 있다.

3) '불교단체'와 '다른 종교단체'

이 사건 법률조항과 관련하여 불교 전통사찰의 재산을 압류 금지 재산으로 정함으로써 '종교단체'라는 점에서 기본적으로 동일한 두 집단에 대하여 '불교단체'에 비하여 '다른 종교단체'를 차별취급하고 있다고 주장할 수 있다.

그러나 이 사건 법률조항은 모든 사찰이 아니라 전통사찰로 지정·등록된 사찰만을 보호하며, 전통사찰이 보호되는 것은 그것이 불교단체에 속하기 때문이 아니라 역사적 의의와 문화적 가치가 인정되는 전통문화유산이기 때문인 것이다.

따라서 '불교단체'와 '다른 종교단체'는 기본적으로 동일한 비교집단이라고 할 수 없고 차별취급의 문제도 없다고 할 것이다.

(2) 〈설문〉 사건의 심사기준

〈설문〉의 이 사건 법률조항으로 인하여 '전통사찰의 일반 채권자'는 전통사찰 소유의 전법용 경내지의 건조물 등에 대하여 압류를 할 수 없게 되어 재산권을 제한을 받게 된다.

그런데 '전통사찰의 일반 채권자'에 대하여 헌법상 특별히 평등을 요구하는 조항은 찾아볼 수 없다. 그리고 이 사건 법률조항에 의하여 압류가 금지되는 재산은 전통사찰 소유의 전법용 경내지의 건조물 등이고, 압류가 금지되는 집행채권은 전통사찰 등록 후에 발생된 사법상 채권에 한정되며, 또한 전통사찰 소유의 일정한 동산에 대하여는 여전히 압류가 가능하므로, 이 사건 법률조항에 의한 재산권의 제한은 중대한 것이라고 보기도 어렵다.

따라서 〈설문〉 사건의 경우는 헌법에서 특별히 평등을 요구하고 있는 경우나 차별적 취급으로 인하여 관련 기본권에 대한 중대한 제한을 초래하게 되는 경우에 해당하지 아니하므로, 완화된 심사기준, 즉 자의금지원칙에 따라 차별의 합리성 여부만 살펴보면 될 것이다.

(3) 평등원칙 위배 여부의 검토

1) '전통사찰의 일반 채권자'와 '기타의 일반 채권자' 사이의 차별

이 사건 법률조항이 '전통사찰의 일반 채권자'가 전통사찰 소유의 전법용 경내지의 건조물 등에 대하여 압류하는 것을 금지하는 것은, 전통문화유산을 보존함으로써 민족문화의 향상에 이바지하기 위한 것이므로, '전통사찰의 일반 채권자'를 '기타의 일반 채권자'와 달리 취급하는 것은 합리적인 이유가 있다고 할 것이다.

2) '전통사찰의 일반 채권자'와 '전통사찰의 담보물권부 채권자' 및 '전통사찰의 파산 채권자' 사이의 차별

① 전통사찰 소유의 부동산은 전통사찰의 보호에 지장을 주지 아니하는 것이 인정되어야 관할 시·도지사의 허가를 받아 담보로 제공할 수 있으므로(법 제9조 제2항, 제3항), 관할관청으로부터 담보 제공에 대한 허가를 받았다는 것은 전통사찰의 보호에 지장을 주지 아니한다는 점이 일응 인정된 것으로 볼 수 있다.

따라서 이에 대하여 새삼 압류를 금지할 이유는 없다고 할 것이어서 '전통사찰의 일반 채권자'를 '전통사찰의 담보물권부 채권자'와 달리 취급하는 것은 합리적인 이유가 있다고 할 것이다.

② 이 사건 법률조항은 전통사찰이 파산한 경우에는 전통사찰 소유의 전법용 경내지의 건조물 등에 대한 압류를 허용하고 있다. 그런데 일반적인 채권자와는 달리 파산의 경우에는 법원이 파산 신청의 원인 유무 등에 대하여 조사한 후 파산 선고 여부를 결정하고 법원의 감독을 받는 파산관재인이 환가절차를 진행하므로(채무자 회생 및 파산에 관한 법률 제309조, 제382조, 제389조, 제361조, 제364조), 강

제집행절차가 남용될 위험이 적고 전통사찰의 특수성을 고려하여 환가 절차가 진행될 여지가 있으므로 '전통사찰의 일반 채권자'와 '전통사찰의 파산 채권자'를 달리 취급하는 것은 합리적인 이유가 있다 할 것이다.

4. 결 어

이 사건 법률조항이 '전통사찰의 일반 채권자'를 '기타의 일반 채권자', '전통사찰의 담보물권부 채권자' 및 '전통사찰의 파산 채권자'와 차별하는 것은 합리적인 이유가 있으므로 평등원칙에 위배되지 아니한다.

참고판례 **전통사찰의 보존 및 지원에 관한 법률 제14조 위헌소원**(헌재 2012. 6. 27. 2011헌바34)

1-3-19 | 과잉금지원칙[개인정보자기결정권]

설 문

甲은 2015. 11. 26. S지방법원에서 성폭력범죄의처벌등에관한특례법위반(공중밀집장소에서의추행)죄로 징역 6월에 집행유예 2년을 선고받았고, 이에 대한 항소 및 상고 역시 모두 기각됨으로써 위 판결이 확정되었다. 甲은 위 판결의 확정으로 '구 성폭력범죄의 처벌 등에 관한 특례법' 제42조 제1항에 따라 신상정보 등록대상자가 되었다.
甲은 '구 성폭력범죄의 처벌 등에 관한 특례법' 제42조 제1항 중 "제11조의 범죄로 유죄판결이 확정된 자는 신상정보 등록대상자가 된다." 부분(이하 '이 사건 법률조항'이라 한다)이 자신의 기본권을 침해한다고 주장하면서 2016. 12. 23. 이 사건 헌법소원심판을 청구하였다.

〈설문〉 사건에서 '이 사건 법률조항'은 과잉금지원칙에 위배되어 甲의 개인정보자기결정권을 침해하는가?

심판대상조항

구 성폭력범죄의 처벌 등에 관한 특례법(2012. 12. 18. 법률 제11556호로 전부개정되고, 2016. 12. 20. 법률 제14412호로 개정되기 전의 것)
제42조(신상정보 등록대상자) ① 제2조 제1항 제3호·제4호, 같은 조 제2항(제1항 제3호·제4호에 한정한다), 제3조부터 제15조까지의 범죄 및 「아동·청소년의 성보호에 관한 법률」 제2조 제2호의 범죄(이하 "등록대상 성범죄"라 한다)로 유죄판결이 확정된 자 또는 같은 법 제49조 제1항 제4호에 따라 공개명령이 확정된 자는 신상정보 등록대상자(이하 "등록대상자"라 한다)가 된다. 다만, 「아동·청소년의 성보호에 관한 법률」 제11조 제5항의 범죄로 벌금형을 선고받은 자는 제외한다.

관련조항

성폭력범죄의 처벌 등에 관한 특례법(2010. 4. 15. 법률 제10258호로 제정된 것)
제11조(공중 밀집 장소에서의 추행) 대중교통수단, 공연·집회 장소, 그 밖에 공중이 밀집하

는 장소에서 사람을 추행한 사람은 1년 이하의 징역 또는 300만 원 이하의 벌금에 처한다.

제13조(통신매체를 이용한 음란행위) 자기 또는 다른 사람의 성적 욕망을 유발하거나 만족시킬 목적으로 전화, 우편, 컴퓨터, 그 밖의 통신매체를 통하여 성적 수치심이나 혐오감을 일으키는 말, 음향, 글, 그림, 영상 또는 물건을 상대방에게 도달하게 한 사람은 2년 이하의 징역 또는 500만 원 이하의 벌금에 처한다.

성폭력범죄의 처벌 등에 관한 특례법(2016. 12. 20. 법률 제14412호로 개정된 것)
제42조(신상정보 등록대상자) ① 제2조 제1항 제3호·제4호, 같은 조 제2항(제1항 제3호·제4호에 한정한다), 제3조부터 제15조까지의 범죄 및 「아동·청소년의 성보호에 관한 법률」 제2조 제2호 가목·라목의 범죄(이하 "등록대상 성범죄"라 한다)로 유죄판결이나 약식명령이 확정된 자 또는 같은 법 제49조 제1항 제4호에 따라 공개명령이 확정된 자는 신상정보 등록대상자(이하 "등록대상자"라 한다)가 된다. 다만, 제12조·제13조의 범죄 및 「아동·청소년의 성보호에 관한 법률」 제11조 제3항 및 제5항의 범죄로 벌금형을 선고받은 자는 제외한다.

해 설 [제1안]

1. 이 사건 법률조항의 의의와 쟁점

〈설문〉의 '이 사건 법률조항'은 '성폭력범죄의 처벌 등에 관한 특례법' 제11조의 공중밀집장소에서의 추행죄로 유죄판결이 확정된 자를 신상정보 등록대상자로 규정함으로써, 신상정보 등록대상자의 개인정보가 그 정보주체의 자율적인 의사결정과 관계없이 등록되도록 강제하는 결과를 초래한다.

그러한 점에서 이 사건 법률조항은 개인정보의 수집·보관·처리·이용에 관한 근거가 되므로, 동 조항이 개인정보자기결정권을 침해하는지 여부가 쟁점이 된다.

2. 개인정보자기결정권의 의의와 과잉금지원칙

(1) 개인정보자기결정권의 의의

1) 근거와 개념

개인정보자기결정권의 헌법상 근거와 관련하여 학설은 ⅰ) 헌법 제10조, ⅱ) 헌법 제17조, ⅲ) 헌법 제10조와 헌법 제17조를 근거로 하는 견해 등으로 나뉘어져 있으나, 판례는 인간의 존엄과 가치, 행복추구권을 규정한 헌법 제10조 제1문에서 도출되는 일반적 인격권 및 헌법 제17조의 사생활의 비밀과 자유에 의하여 보장되는 기본권으로 보고 있다.

개인정보자기결정권이란 자신에 관한 정보가 언제 누구에게 어느 범위까지 알려지고 또 이용되도록 할 것인지를 그 정보주체가 스스로 결정할 수 있는 권리로서, 정보주체가 개인정보의 공개와 이용에 관하여 스스로 결정할 권리를 말한다.

2) 보호대상

개인정보자기결정권의 보호대상이 되는 개인정보는 개인의 신체, 신념, 사회적 지위, 신분 등과 같이 개인의 인격주체성을 특징짓는 사항으로서, 그 개인의 동일성을 식별할 수 있게 하는 일체의 정보라고 할 수 있다.

따라서 개인정보를 대상으로 한 조사·수집·보관·처리·이용 등의 행위는 모두 원칙적으로 개인정보자기결정권에 대한 제한에 해당한다.

(2) 심사기준으로서 과잉금지원칙

이 사건 법률조항은 개인정보를 대상으로 한 조사·수집·보관·처리·이용 등에 관한 근거가 되므로, 개인정보자기결정권에 대한 제한에 해당한다.

헌법 제37조 제2항은 일반적 법률유보조항으로서 국가가 국민의 기본권을 제한하는 내용의 입법을 함에 있어서 준수하여야 할 기본원칙 — 과잉금지원칙 — 을 천명하고 있다.

즉, 과잉금지원칙이란 기본권을 제한하는 입법을 함에 있어서는 입법목적의 정당성과 그 목적달성을 위한 방법의 적정성, 피해(침해)의 최소성 그리고 입법에 의해 보호하려는 공공의 필요와 침해되는 기본권 사이의 균형성을 모두 갖추어야 한다는 원칙을 말하며, 이를 준수하지 않은 법률 내지 법률조항은 기본권제한의 입법한계를 벗어난 것으로서 헌법에 위반되는 것이다(헌재 1998. 8. 27. 96헌가22 등; 헌재 2001. 7. 19. 99헌바9등).

3. 이 사건 법률조항의 과잉금지원칙 위배 여부

(1) 입법목적의 정당성과 수단의 적정성

이 사건 법률조항은 성폭력범죄의 재범을 억제하여 잠재적인 피해자와 지역사회를 보호하고 개인의 성적 자기결정권을 보장하며 사회방위를 도모하기 위한 것이고, 동시에 성폭력범죄자의 조속한 검거 등 효율적 수사를 통하여 사회적 혼란을 방지하기 위한 것으로서 입법목적의 정당성이 인정된다.

그리고 국가기관이 일정한 성폭력범죄를 저지른 등록대상자로부터 신상정보를 제출받아 보존·관리하는 것은, 등록대상자의 성폭력범죄에 대한 재범가능성을 억제하고, 재범이 현실적으로 이루어진 경우에는 수사의 효율성과 신속성을 제고하는데 기여한다.

따라서 이 사건 법률조항은 위와 같은 입법목적의 달성을 위한 적합한 수단에 해당한다.

(2) 침해의 최소성

1) 공중밀집장소에서의 추행죄는 대중교통수단, 공연·집회 장소, 그 밖에 공중이 밀집하는 장소에서 사람을 추행할 때 성립하는 범죄인데, 계속하여 증가하는 추세에 있어 신상정보 등록대상자에 대한 일정 범위의 정보를 체계적으로 관리하는 것은 재범 예방에 유효하고 현실적인 방법이 될 수 있다.

2) 이 사건 법률조항에 의한 신상정보 등록제도 외에 '형의 실효 등에 관한 법률'에 따른 전과기록(수형인명부, 수형인명표, 범죄경력자료) 및 수사경력자료의 작성·관리·삭제 제도도 두고 있으나, 후자는 전자에 비하여 좁은 범위의 신상정보이고 또 정보의 변동이 있는 경우 지속적으로 정확성을 담보할 수 있는 것은 아니다.

따라서 성폭력범죄의 재범을 억제하고, 수사의 효율성을 제고하고자 하는 이 사건 법률조항과 동일한 효과를 거둘 수 있다고 보기 어렵다.

그리고 '성폭력범죄의 처벌 등에 관한 특례법'에 의한 보호관찰제도(제16조), '치료감호 등에 관한 법률'에 의한 치료감호제도(제2조 제1항 등), '특정범죄자에 대한 보호관찰 및 전자장치 부착 등에 관한 법률'에 의한 이른바 전자발찌제도(제5조 제1항 등) 등 성폭력범죄의 재범을 막기 위한 일련의 보안처분제도 등이 마련되어 있다. 그런데 이러한 제도들은, 이 사건 법률조항과 비교하여 볼 때, 그 적용범위 내지 대상자의 측면에서 다르고 또 각각의 조치들에 의한 기본권 제한 효과가 더 경미하다고 보기도 어렵다는 점에서 덜 침해적인 수단이 된다고 인정하기 어렵다.

3) 이 사건 법률조항은 공중밀집장소에서의 추행죄를 저지른 개별 행위자의 형사책임의 경중에 따라 신상정보 등록 여부를 달리 결정할 수 있도록 규정하고 있지 않다. 그러나 공중밀집장소에서의 추행죄의 경우, 공중이 밀집하는 장소에서 피해자가 미처 저항하거나 회피하기 곤란한 상태를 이용하여 성적 수치심이나 혐오감을 일으키는 범죄행위라는 점에서 성폭력범죄로서의 본질이 달라지는 것은 아니다.

따라서 입법자가 개별 사안에 따라 억제·예방의 필요성을 구분하지 아니한 것이 입법목적 달성을 위하여 불필요한 제한을 부과하는 것이라고 보기 어렵다.

4) 요컨대, 이 사건 법률조항의 입법목적의 효과적 달성을 위하여 달리 덜 제약적인 수단이 있다고 보기 어렵고, 동 조항은 목적 달성을 위하여 필요한 범위 내의 것이라 할 것이므로 침해의 최소성이 인정된다.

(3) 법익의 균형성

이 사건 법률조항에 의하여 신상정보 등록대상자가 된다고 하여 그 자체로 등록대상자의 사회복귀가 저해되거나 전과자라는 사회적 낙인이 찍히는 것은 아니다.

등록정보는 등록대상 성범죄와 관련한 범죄 예방과 수사라는 한정된 목적 하에 한정된 범위의 사람들에게만 배포될 수 있고(성폭력처벌법 제46조 제1항), 등록대상자의 신상정보와 관련하여 직무상 알게 된 등록정보를 누설할 경우 형사처벌된다는 점(성폭력처벌법 제48조, 제50조 제1항 제1호)을 고려할 때, 이 사건 법률조항으로 인하여 침해되는 사익은 크지 않다고 할 수 있다.

반면, 이 사건 법률조항을 통하여 달성되는 성폭력범죄자의 재범 방지 및 사회 방위의 공익은 매우 중요한 것이라고 하지 않을 수 없다.

따라서 이 사건 법률조항으로 인하여 제한되는 사익에 비하여 달성되는 공익이 크다는 점에서 법익의 균형성이 인정된다.

(4) 소 결

위에서 살펴본 바와 같이 이 사건 법률조항은 과잉금지원칙에 위배되지 아니한다.

4. 결 어

이 사건 법률조항은 과잉금지원칙에 위배되어 甲의 개인정보자기결정권을 침해하지 아니한다.

해 설 [제2안] ([제1안]과 동일한 내용은 생략함)

1. 이 사건 법률조항의 의의와 쟁점

2. 개인정보자기결정권의 의의와 과잉금지원칙

(1) 개인정보자기결정권의 의의

(2) 심사기준으로서 과잉금지원칙

3. 이 사건 법률조항의 과잉금지원칙 위배 여부

(1) 입법목적의 정당성과 수단의 적정성

(2) 침해의 최소성

1) 이 사건 법률조항은 공중밀집장소에서의 추행죄의 유죄판결이 확정된 자는 당연히 신상정보 등록대상자가 되도록 규정하고 있다. 비록 성폭력범죄가 해마다 증가 추세에 있기는 하나, 이 사건 법률조항이 성폭력범죄자의 재범 방지를 주요한 입법목적의 하나로 하고 있음을 고려할 때, 재범의 위험성이 인정되지 아니하는 경우까지도 등록대상자가 되도록 규정하고 있다는 점에서 입법목적을 넘어서는 이 사건 법률조항은 침해의 최소성에 반한다.

2) 개별 사안에서 공중밀집장소에서의 추행죄의 행위 태양은 다양하게 존재할 수 있고, 그와 같은 행위를 한 행위자의 책임, 불법성의 경중 역시 다양하게 나타날 수 있으며, 이는 행위자의 재범방지의 필요성이나 사회방위의 필요성 등을 판단함에 있어 중요한 요소라고 할 것이다.

그런데 이 사건 법률조항에 따르면, 공중밀집장소에서의 추행죄의 유죄판결이 확정되기만 하면 그 불법성이나 책임이 비교적 경미하다고 판단되는 경우에도 무조건 등록대상자가 된다.

따라서 이 사건 법률조항은 행위 태양의 특성이나 불법성의 경중을 고려하여 등록대상 성범죄를 축소하지 아니하였다는 측면에서도 침해의 최소성에 반한다고 할 것이다.

3) 요컨대, 이 사건 법률조항은 입법목적의 달성을 넘어서는 수단을 채택할 뿐만 아니라 개별행위 태양의 특성이나 불법성의 경중을 고려하지 아니한 채 등록대상 범죄를 규정함으로써 침해의 최소성에 반한다고 할 것이다.

(3) 법익의 균형성

이 사건 법률조항이 추구하는 공익 — 성폭력범죄자의 재범 방지 및 사회 방위 — 이 중요함은 명백하다. 그러나 이 사건 법률조항으로 인하여 공중밀집장소에서의 추행죄를 저지르고 재범의 위험성이 인정되지 아니하는 이들에 대하여는,

예외적으로 달성되는 공익과 침해되는 사익 사이에 불균형이 발생할 수 있다는 점에서 법익의 균형성을 인정하기 어렵다.

(4) 소 결

위에서 살펴본 바와 같이 이 사건 법률조항은 입법목적의 정당성과 수단의 적정성은 인정되나 침해의 최소성과 법익의 균형성은 갖추지 못하여 과잉금지원칙에 위배된다.

4. 결 어

이 사건 법률조항은 과잉금지원칙을 위반하여 甲의 개인정보자기결정권을 침해한다.

참고판례 구 성폭력범죄의 처벌 등에 관한 특례법 제42조 제1항 위헌확인(헌재 2017. 12. 28. 2016헌마1124)

1-3-20 | 과소보장금지원칙[(최소한의 보장원칙)-인간다운 생활을 할 권리]

설 문

甲, 乙은 각 정신지체 1급 장애자이고, 丙은 甲의 남편이자 乙의 아버지로서 비장애자인데, 甲, 乙, 丙(이하 '청구인들'이라 한다)은 1가구를 이루어 함께 거주하면서 2000. 10. 5. 국민기초생활보장법에 따른 생계급여 수급자로 선정되어 그 무렵부터 생계급여를 지급받고 있다.

보건복지부장관은 2001. 12. 1. 보건복지부고시 제2001－63호로 2002년도 국민기초생활보장법(이하 '보장법'이라 한다)상의 최저생계비를 결정·공표하였다. 청구인들은 2002. 5. 14. 위 최저생계비 고시(이하 '이 사건 고시'라 한다)가 장애로 인한 추가지출비용을 반영한 별도의 최저생계비를 결정하지 않은 채 가구별 인원수만을 기준으로 최저생계비를 결정함으로써, 생활능력이 없는 장애인가구 구성원인 청구인들의 인간다운 생활을 할 권리 및 평등권을 침해하는 것이라고 주장하며 이 사건 헌법소원심판을 청구하였다.

〈설문〉 사건에서 '이 사건 고시'는 과소보장금지원칙에 위배되어 청구인들의 인간다운 생활을 할 권리를 침해하는가?

심판의 대상

심판대상 고시

2002년도 최저생계비

가구규모	1인가구	2인가구	3인가구	4인가구	5인가구	6인가구
금액 (원/월)	345,412	572,058	786,827	989,719	1,125,311	1,269,809

관련조항

보장법

제1조(목적) 이 법은 생활이 어려운 자에게 필요한 급여를 행하여 이들의 최저생활을 보장하

고 자활을 조성하는 것을 목적으로 한다.

제2조(정의) 이 법에서 사용하는 용어의 정의는 다음과 같다.

6. "최저생계비"라 함은 국민이 건강하고 문화적인 생활을 유지하기 위하여 소요되는 최소한의 비용으로서 제6조의 규정에 의하여 보건복지부장관이 공표하는 금액을 말한다.
7. "소득인정액"이라 함은 개별가구의 소득평가액과 재산의 소득환산액을 합산한 금액을 말한다.
8. "개별가구의 소득평가액"이라 함은 개별가구의 실제소득에 불구하고 보장기관이 급여의 결정 및 실시 등에 사용하기 위하여 산출한 금액을 말한다. 이 경우 소득평가액의 구체적인 산정방식은 보건복지부령으로 정하되, 가구특성에 따른 지출요인과 근로를 유인하기 위한 요소등을 반영하여야 한다.

제3조(급여의 기본원칙) ① 이 법에 의한 급여는 수급자가 자신의 생활의 유지·향상을 위하여 그 소득·재산·근로능력 등을 활용하여 최대한 노력하는 것을 전제로 이를 보충·발전시키는 것을 기본원칙으로 한다.

② 부양의무자의 부양과 다른 법령에 의한 보호는 이 법에 의한 급여에 우선하여 행하여지는 것으로 한다. 다만, 다른 법령에 의한 보호의 수준이 이 법에서 정하는 수준에 이르지 아니하는 경우에는 나머지 부분에 관하여 이 법에 의한 급여를 받을 권리를 잃지 아니한다.

제4조(급여의 기준 등) ① 이 법에 의한 급여는 건강하고 문화적인 최저생활을 유지할 수 있는 것이어야 한다.

② 이 법에 의한 급여의 기준은 보건복지부장관이 수급자의 연령·가구규모·거주지역 기타 생활여건 등을 고려하여 급여의 종류별로 정한다.

③ 보장기관은 이 법에 의한 급여를 세대를 단위로 하여 행하되, 특히 필요하다고 인정하는 경우에는 개인을 단위로 하여 행할 수 있다.

제5조(수급권자의 범위) ① 수급권자는 부양의무자가 없거나, 부양의무자가 있어도 부양능력이 없거나 부양을 받을 수 없는 자로서 소득인정액이 최저생계비 이하인 자로 한다.

제6조(최저생계비의 결정) ① 보건복지부장관은 국민의 소득·지출수준과 수급권자의 생활실태, 물가상승률 등을 고려하여 최저생계비를 결정하여야 한다.

② 보건복지부장관은 매년 12월 1일까지 제20조 제2항의 규정에 의한 중앙생활보장위원회의 심의·의결을 거쳐 다음 연도의 최저생계비를 공표하여야 한다.

③ 보건복지부장관은 최저생계비를 결정하기 위하여 필요한 계측조사를 5년마다 실시하며, 이에 필요한 사항은 보건복지부령으로 정한다.

제7조(급여의 종류) ① 이 법에 의한 급여의 종류는 다음과 같다.

1. 생계급여 2. 주거급여 3. 의료급여 4. 교육급여 5. 해산급여 6. 장제급여 7. 자활급여

② 이 법에 의한 급여는 제1항 제1호의 생계급여와 수급자의 필요에 따라 동항 제2호 내지 제7호의 급여를 함께 행하는 것으로 한다. 이 경우 급여의 수준은 제1항 제1호 내지 제4호 및

제7호의 급여와 수급자의 소득인정액을 포함하여 최저생계비 이상이 되도록 하여야 한다.
③ 제1항 제3호의 의료급여는 따로 법률이 정하는 바에 의한다.

제8조(생계급여의 내용) 생계급여는 수급자에게 의복·음식물 및 연료비와 기타 일상생활에 기본적으로 필요한 금품을 지급하여 그 생계를 유지하게 하는 것으로 한다.

보장법 부칙
제1조(시행일) 이 법은 2000년 10월 1일부터 시행한다. 다만, 제5조 제1항의 규정은 2003년 1월 1일부터 시행한다.

제5조(수급권자의 범위에 대한 적용특례) 이 법 시행일부터 2002년 12월 31일까지 수급권자는 부양의무자가 없거나, 부양의무자가 있어도 부양능력이 없거나 부양을 받을 수 없는 자로서 최저생계비를 감안하여 보건복지부장관이 개별가구의 소득평가액과 재산을 기준으로 하여 매년 정하는 수급권자 선정기준에 해당하는 자로 한다.

제6조(소득인정액에 대한 적용특례) 이 법 시행일부터 2002년 12월 31일까지 제7조 제2항 및 제9조 제4항의 소득인정액은 제2조 제8호의 개별가구의 소득평가액을 말한다.

해 설

1. 이 사건 고시의 의의와 쟁점

<설문>의 '이 사건 고시'는 그 형식이 행정규칙으로서 원칙적으로 대외적 효

력을 갖지 아니하나, 보장법 제6조 제1항의 직접적인 위임에 따라 보건복지부장관이 최저생계비를 정한 것으로서 보장법과 결합하여 보장법상의 수급자에게 지급할 생계급여 액수를 결정한다는 점에서 직접 대외적 효력을 가진다.

보장법에 근거하여 고시된 최저생계비와 개별가구의 소득평가액 등의 차액으로 액수가 결정되어 지급되는 생계급여는 수급자에게 의복·음식물 및 연료비와 기타 일상생활에 기본적으로 필요한 금품으로서(제8조) 사회부조의 한 형태이다.

'이 사건 고시'는 2002년도 최저생계비 결정기준으로서 청구인들에게도 적용되는 것인데, 보건복지부장관이 2002년도 최저생계비를 고시함에 있어 장애로 인한 추가지출비용을 반영한 별도의 최저생계비를 결정하지 않은 채 가구별 인원수만을 기준으로 최저생계비를 결정한 것이 생활능력이 없는 장애인가구 구성원인 청구인들의 인간다운 생활을 할 권리 및 평등권 등을 침해하였는지 여부가 쟁점이다.

2. 인간다운 생활을 할 권리의 의의와 생계보호의무 이행의 심사기준

(1) 생활능력 없는 장애인의 인간다운 생활을 할 권리에 관한 헌법규정

헌법 제34조 제1항은 "모든 국민은 인간다운 생활을 할 권리를 가진다"고 규정하면서, 제34조 제2항에서 "국가는 사회보장·사회복지의 증진에 노력할 의무를 진다"고 규정함과 아울러 제34조 제5항에서 "신체장애자 및 질병·노령 기타의 사유로 생활능력이 없는 국민은 법률이 정하는 바에 의하여 국가의 보호를 받는다"고 규정하고 있다.

이러한 헌법규정들은 생활능력 없는 신체장애자에게 인간다운 생활을 할 권리가 있고, 이에 대응하여 국가에게 생활능력 없는 장애인을 보호할 헌법적 의무가 있음을 명시하고 있다.

(2) 인간다운 생활을 할 권리의 의의

헌법 제34조 제1항이 보장하는 인간다운 생활을 할 권리는 사회권적 기본권의 일종으로서 인간의 존엄에 상응하는 최소한의 물질적인 생활의 유지에 필요한 급부를 요구할 수 있는 권리를 의미하는데, 이러한 권리는 국가가 재정형편 등 여러 가지 상황들을 종합적으로 감안하여 법률을 통하여 구체화할 때에 비로소 인정되는 법률적 권리라고 할 것이다(헌재 1995. 7. 21. 93헌가14; 헌재 1998. 2. 27. 97헌가10등; 헌재 2000. 6. 1. 98헌마216; 헌재 2003. 5. 15. 2002헌마90).

(3) 국가의 생계보호의무와 그 이행의 심사기준

1) 인간다운 생활을 할 권리와 생활능력 없는 국민보호의무규정의 법적 성격

인간다운 생활을 할 권리와 생활능력 없는 국민보호의무규정은 입법부나 행정부에 대하여는 국민소득, 국가의 재정능력과 정책 등을 고려하여 가능한 범위 안에서 최대한으로 모든 국민이 물질적인 최저생활을 넘어서 인간의 존엄성에 맞는 건강하고 문화적인 생활을 누릴 수 있도록 하여야 한다는 행위의 지침, 즉 행위규범으로서 작용하지만, 헌법재판에 있어서는 다른 국가기관, 즉 입법부나 행정부가 국민으로 하여금 인간다운 생활을 영위하도록 하기 위하여 객관적으로 필요한 최소한의 조치를 취할 의무를 다하였는지를 기준으로 국가기관의 행위의 합헌성을 심사하여야 한다는 통제규범으로 작용하는 것이다(헌재 1997. 5. 29. 94헌마33; 헌재 1999. 12. 23. 98헌바33; 헌재 2001. 4. 26. 2000헌마390).

2) 국가의 생계보호의무 이행의 심사기준(과소보장금지{최소한 보장}원칙)

국가가 행하는 생계보호가 헌법이 요구하는 객관적인 최소한도의 내용을 실현하고 있는지 여부는 결국 국가가 국민의 '인간다운 생활'을 보장함에 필요한 최소한도의 조치를 취하였는가의 여부에 달려있다고 할 것이다.

그런데 생계보호의 수준을 구체적으로 결정함에 있어서는 국민 전체의 소득수준과 생활수준, 국가의 재정규모와 정책, 국민 각 계층의 상충하는 갖가지 이해관계 등 복잡 다양한 요소를 함께 고려해야 하는데, 이 경우 입법부 또는 입법에 의하여 다시 위임을 받은 행정부 등 해당기관의 광범위한 재량에 맡겨져 있다고 보아야 할 것이다.

따라서 국가가 인간다운 생활을 보장하기 위한 헌법적 의무를 다하였는지의 여부가 사법적 심사의 대상이 된 경우에는, 국가가 생계보호에 관한 입법을 전혀 하지 아니하였다든가 그 내용이 현저히 불합리하여 헌법상 용인될 수 있는 재량의 범위를 명백히 일탈한 경우에 한하여 인간다운 생활을 할 권리를 보장한 헌법에 위반된다고 할 수 있다(헌재 1997. 5. 29. 94헌마33).

3. '이 사건 고시'의 과소보장금지(최소한 보장)원칙 위배 여부

(1) 국가의 생계보호의무 이행의 판단범위

국가가 생활능력 없는 장애인의 인간다운 생활을 보장하기 위하여 행하는 사회부조에는 보장법에 의한 생계급여 지급을 통한 최저생활보장 외에 다른 법령에 의하여 행하여지는 것도 있으므로, 국가가 행하는 최저생활보장 수준이 그 재량의 범위를 명백히 일탈하였는지 여부는 보장법에 의한 생계급여만을 가지고 판단하여서는 아니되고, 그 외의 법령에 의거하여 국가가 최저생활보장을 위하여 지급하는 각종 급여나 각종 부담의 감면 등을 총괄한 수준으로 판단하여야 한다.

(2) 과소보장금지(최소한 보장)원칙 위배 여부의 검토

2002년도를 기준으로 볼 때, 생활능력 없는 장애인가구의 구성원에게는 2002년도 최저생계비에서 장애인가구의 소득평가액 등을 공제한 액수의 생계급여가 지급되는데, 이때 최저생계비에서 공제하는 소득평가액은 장애인가구의 실제소득에서 장애인가구의 특성에 따른 지출요인을 반영한 금품인 장애인복지법에 의한 장애수당, 장애아동부양수당 및 보호수당, 만성질환 등의 치료·요양·재활로 인하여 6개월 이상 지속적으로 지출하는 의료비를 공제하여(보장법시행규칙 제2조) 산정된다.

이러한 결과를 감안하면, 최저생계비에 장애로 인한 추가지출비용을 반영하여 생계급여액을 상향조정함과 비슷한 효과를 나타내고 있다.

그 외에도 의료급여법에 따른 지체장애인용 지팡이, 목발, 휠체어, 의지·보조기, 시각장애용 저시력 보조기(안경, 돋보기, 망원경, 콘택트렌즈, 의안), 흰지팡이, 보청기, 체외용 인공 후두 등 보장구 구입대금 지원, 장애인복지법에 따른 장애인재활보조기구 무료 교부, 장애인 의료비 지원, 장애인자녀교육비 지원, 장애수당 및 장애아동부양수당 지급, 철도·도시철도·공영버스 요금감면, 고궁, 능원, 국·공립박물관 및 미술관, 국·공립 공원, 국·공립공연장, 공공체육시설 요금 감면, 특별소비세법에 따른 승용자동차에 대한 특별소비세 면제, 액화석유가스의안전및사업관리법에 따른 승용자동차 LPG연료 사용 허용, 지방세법에 따른 장애인용 차량에 대한 등록세·취득세·자동차세 면제, 각 도의 지역개발기금설치관련조례에 따른 차량 구입시 지역개발공채 구입 면제, 방송법에 따른 시·청각 장애인에 대한 텔레비전 수신료 면제, 전기통신사업법에 따른 이동통신요금 할인, 유료도로법에 따른 고속도로통행료 할인 등 각종 급여와 부담감면이 행하여지고 있는바, 이러한 각종 급여 및 부담감면으로 인하여 최저생계비의 비목에 포함되어 있는 보건의료비, 교통·통신비, 교육비, 교양·오락비, 비소비지출 등을 추가적으로 보전 받는 효과를 나타내고 있다.

(3) 소 결

이러한 사정들에 비추어 보면, 보건복지부장관이 '이 사건 고시'를 하면서 장애인가구의 추가지출비용을 반영하지 않은 최저생계비에 따라 장애인가구의 생계급여 액수가 결정되었다 하더라도, 그것만으로 국가가 실현해야 할 객관적 내용의 최소한도의 보장에도 이르지 못하였다거나 헌법상 용인될 수 있는 재량의 범위를 명백히 일탈하였다고는 보기 어렵다.

4. 결 어

위에서 살펴본 바와 같이, 이 사건 고시는 과소보장금지(최소한의 보장)원칙을 위반하여 생활능력 없는 장애인가구 구성원인 청구인들의 인간다운 생활을 할 권리를 침해한다고 할 수 없다.

2002년도 국민기초생활보장최저생계비 위헌확인(헌재 2004. 10. 28. 2002헌마328)

제2장

헌법총론

Constitutional Law

I 초급 사례

2-1-21 | 지방자치제도, 선거제도[공무담임권(피선거권), 과잉금지 원칙]

설 문

甲은 J도 J시가 고향인 자로서 현재 위 주소지에 거주하고 있는 자인데, 1996. 5. 30. J시장이 사퇴함에 따라 사퇴일로부터 60일 이내에 보궐선거가 실시되게 되자 위 J시장 보궐선거에 출마하려고 하였다.
그러나 선거일 현재 계속하여 90일 이상 당해 지방자치단체의 관할구역 안에 주민등록이 되어 있는 주민에게만 지방자치단체의 장의 피선거권이 있다는 공직선거 및 선거부정방지법 제16조 제3항(이하 '이 사건 법률조항'이라 한다) 때문에 출마할 수 없게 되었다.
이에 甲은 이 사건 법률조항이 자신의 공무담임권, 거주·이전의 자유, 평등권을 침해하였다는 이유로 이 사건 헌법소원심판을 청구하였다.

〈설문〉 사건에서 '이 사건 법률조항'은 과잉금지원칙에 위배되어 甲의 공무담임권을 침해하는가?

심판대상조항

공직선거 및 선거부정방지법
제16조(피선거권) ③ 선거일 현재 계속하여 90日 이상 당해 지방자치단체의 관할지역안에 주민등록이 되어 있는 주민으로서 25세 이상의 국민은 그 지방의회의원 및 지방자치단체의 장의 피선거권이 있다. 이 경우 90日의 기간은 그 지방의회의원의 설치·폐지·분할·합병 또는 구역변경[제28조(임기 지방의회의 의원정수의 조정 등)의 규정에 의한 경우를 포함한다]에 의하여 중단되지 아니한다.

해 설

1. 이 사건 법률조항의 의의와 쟁점

〈설문〉의 '이 사건 법률조항'은 "선거일 현재 계속하여 90일 이상 당해 지방자치단체의 관할지역 안에 주민등록이 되어 있는 주민으로서 25세 이상의 국민은 그 지방의회의원 및 지방자치단체의 장의 피선거권이 있다"고 규정하여, 지방의회의원 및 지방자치단체의 장의 선거에 있어서 피선거권을 당해 관할지역 안에 주민등록이 되어 있는 주민에게 한정하고 있다.

지방자치제도는 일정한 지역을 단위로 일정한 지역의 주민이 그 지방주민의 복리에 관한 사무·재산관리에 관한 사무·기타 법령이 정하는 사무(헌법 제117조 제1항)를 그들 자신의 책임 하에서 자신들이 선출한 기관을 통하여 직접 처리하게 함으로써 지방자치행정의 민주성과 능률성을 제고하고 지방의 균형 있는 발전과 아울러 국가의 민주적 발전을 도모하는 제도이다(헌재 1991. 3. 11. 91헌마21).

〈설문〉 사건에서는 이러한 지방자치제도의 구현을 위하여, 국회의원선거나 대통령선거에서 피선거권자의 자격과는 달리, 지방자치단체의 장의 선거에서 피선거권자 자격요건을 제한하고 있는 이 사건 법률조항이 과잉금지원칙에 위배되어 甲의 공무담임권을 침해하는지 여부가 쟁점이다.

2. 공무담임권의 의의와 과잉금지원칙

(1) 공무담임권의 의의

헌법 제25조는 "모든 국민은 법률이 정하는 바에 의하여 공무담임권을 가진다"고 규정하여 모든 국민에게 선거직공무원을 비롯한 모든 국가기관 및 지방자치단체의 공직에 취임할 수 있는 권리를 내용으로 하는 공무담임권을 보장하고 있다.

이러한 점에서 공무담임권은 선거에 입후보하여 당선될 수 있는 피선거권과 공직에 임명될 수 있는 공직취임권을 포괄하고 있는 것이다.

그런데 기술한 지방자치제도의 특성을 감안할 때, 지방의회의원이나 지방자치단체장의 피선거권을 어떻게 규정할 것인가 하는 문제는, 그 입법내용이 과잉금지의 원칙에 반하거나 헌법이 보장하는 공무담임권의 본질적인 내용을 침해하지 아니하는 한 기본적으로 입법형성권을 가지고 있는 입법권자가 제반사정을 고려하여 결정하여야 할 입법재량의 영역에 속하는 것이라고 할 것이다.

(2) 심사기준으로서 과잉금지원칙

헌법 제37조 제2항에 그 근거를 두는 과잉금지원칙은 기본권제한입법이 헌법적으로 정당한 목적을 추구하고(목적의 정당성), 그 입법목적의 달성을 위하여 입법자가 선택한 수단이 적합하고(수단의 적합성), 기본권제한이 필요최소한도에 머물러야 하고(최소침해성), 입법을 통하여 실현되는 공익과 그에 의하여 제한되는 기본권 상호간에 균형이 이루어져야 할 것(법익의 균형성)을 요구하며, 이 중 어느 한 요건에라도 위반하는 입법은 헌법에 위반된다는 것이다(헌재 1995. 7. 21. 94헌마125 등).

이 사건 법률조항이 과잉금지의 원칙에 위배되는지 여부를 살펴본다.

3. 이 사건 법률조항의 과잉금지원칙의 위배 여부

(1) 입법목적의 정당성과 수단의 적절성

이 사건 법률조항은 헌법이 보장한 주민자치를 원리로 하는 지방자치제도에 있어서 지연적 관계를 고려하여 당해 지역사정을 잘 알거나 지역과 사회적·지리적 이해관계가 있는 사람에게 피선거권을 부여함으로써 지방자치행정의 민주성과 능률성을 도모하기 위한 규정으로서, 입법목적의 정당성이 인정된다고 할 것이다.

그리고 지방자치단체의 선거에 입후보하려는 자가 해당선거구역에 거주함으로써 그 지역의 문제와 사정을 자연스럽게 알게 되고 주민접촉도가 높아져 해당 지역주민과의 일체감 형성이 용이해진다. 이러한 점에서 이 사건 법률조항이 해당 선거구역에 선거일 현재 최소한 90일간 주민등록이 되어 있을 것을 피선거권의 요건으로 정한 것은 위와 같은 입법목적의 달성을 위하여 선택된 적합한 수단이라고 할 것이다.

(2) 침해의 최소성

1) 교통과 통신이 발달한 현대 사회에서 반드시 당해 지방자치단체의 관할구역 안의 주민이 아니더라도 당해 지방자치단체에 관한 정보를 얻지 못하는 것은 아니지만, 90일이란 거주요건은 다른 구역에서 이주하여 온 사람에게 당해 지방자치단체의 제반 사정을 이해하고 주민과 연대감 내지 일체감을 형성할 수 있는 최소한의 기간이라 할 수 있다.

더구나 지방자치단체장이나 지방의회의원의 임기만료에 의한 선거일은 법률에 규정되어 있으므로(공직선거법 제34조 제1항 제3호) 차기 선거에서 입후보하려는 자는 차기선거일 90일 이전에 미리 자신의 주소를 당해 지방자치단체의 관할구역 안으로 이전하면 되고 그것이 그다지 어려운 일도 아니다.

따라서 90일이란 거주요건이 공무담임권을 필요 이상으로 제한하고 있다고 볼 수는 없다.

2) 이 사건 법률조항을 보궐선거에 적용하는 한 헌법에 위반된다고 주장할 수도 있으나, 보궐선거는 지방자치단체의 장이 사망·사퇴·자격상실 등으로 궐위되는 경우에 행정의 공백을 조속히 메우기 위하여 그 사유가 발생한 날부터 60일

이내에 실시하는 것이고(공직선거법 제35조 제2항, 제200조 제1항), 보궐선거에 의하여 당선되는 단체장의 잔여임기가 1년 미만인 경우에는 보궐선거를 실시하지 아니하는 등(제201조 제1항) 예외적인 경우에 한하여 조속히 실시되는 것이다.

이러한 경우에 거주요건을 갖추지 못하여 입후보할 수 없게 되었다고 하더라도, 일반 단체장선거에서 입후보가 가능한 이상 공무담임권을 필요 이상으로 제한하고 있다고 볼 수 없다.

3) 이 사건 법률조항이 규정하는 주민등록은 행정기관이 주민의 거주관계를 파악하고 상시로 인구동태를 명확히 하여 행정사무의 적정하고 간이한 처리를 위하여 30일 이상 거주할 목적으로(주민등록법 제1조) 그 관할구역 안에 주소 또는 거소를 가지는 자의 성명, 성별, 생년월일, 주소 등의 사항을 등록하는 것이므로(주민등록법 제6조 제1항, 제10조 제1항), 생활의 근거가 되는 민법상의 주소의 개념과도 엄격하게 일치할 필요는 없는 것이고, 일반 선거 후에 보궐선거가 실시될 것까지 예상하여 단체장의 임기동안(정확하게는 임기 1년 전까지) 당해 지방자치단체장선거에 입후보하려는 사람이라면 법률이 그에게 계속하여 당해 관할구역 안에 주민등록을 가지고 있을 것을 요구하는 것도 그다지 무리한 요구는 아니라고 할 것이다.

4) 따라서 이 사건 법률조항은 공무담임권을 제한함에 있어서 침해 최소성의 요건을 충족시키고 있나고 할 것이다.

(3) 법익의 균형성

이 사건 법률조항에 의하여 실현하려는 법익은 지방자치에 있어서 지방자치단체의 장이나 그 의회의원이 지역주민과의 일체감에 바탕을 두고 자치사무를 처리할 수 있도록 함으로써 지방자치의 능률성과 민주성을 제고한다는 중대한 공공복리적 요청인 것이다. 이에 대하여 이 사건 법률조항이 요구하는 90일 이상의 주민등록요건으로 인하여 공무담임권(피선거권)이 제한되고 있지만, 그 제한의 정도는 위 공익에 비교하여 경미하다고 할 것이다.

그렇다면 이 사건 법률조항은 법익간의 균형요건도 충족하고 있다고 할 것이다.

(4) 소 결

따라서 이 사건 법률조항은 과잉금지원칙에 위배되지 아니한다.

4. 결 어

이 사건 법률조항은 공무담임권을 필요 이상으로 제한함으로써 과잉금지의 원칙에 위배되어 甲의 공무담임권을 침해하지 아니한다.

참고판례 **공직선거 및 선거부정방지법 제16조 제3항 위헌확인**(헌재 1996. 6. 26. 96헌마200)

2-1-22 | 경제질서[사기업의 국 · 공유화나 경영의 통제 · 관리 금지]

설 문

甲택시(주)와 乙택시(주)(이하 '청구인들'이라 한다)는 일반택시운송사업자인데, 일반택시 운송사업자는 운수종사자로부터 운송수입금 전액을 납부받고 운수종사자는 운송수입금 전액을 운송사업자에게 납부하도록 규정한 자동차운수사업법(1961. 12. 30. 법률 제916호로 제정되고 1994. 8. 3. 법률 제4780호로 최종 개정되어 1997. 9. 1.부터 시행된 것, 이하 '법'이라 한다) 제24조 제3항 및 제33조의5 제2항 규정(이하 '이 사건 법률조항들'이라 한다)이 헌법상 보장된 사기업의 경영상의 자유 등을 침해하고 있다는 이유로 1997. 10. 29. 이 사건 헌법소원 심판을 청구하였다.

〈설문〉 사건에서 '이 사건 법률조항들'은 사기업의 국 · 공유화나 경영에 대한 통제 · 관리를 금지하는 헌법 제126조에 위배되는가?

심판대상조항

자동차운수사업법(1961. 12. 30. 법률 제916호로 제정되어 1994. 8. 3. 법률 제4780호로 최종 개정된 것)

제24조(사업자의 준수사항) ③ 대통령령이 정하는 자동차운송사업자는 운수종사자가 이용자로부터 수령한 운임과 요금(이하 "운송수입금"이라 한다)의 전액을 당해 운수종사자로부터 납부받아야 한다.

제33조의5(운수종사자의 준수사항) ② 제24조 제3항의 규정에 의한 자동차운송사업자의 운수종사자는 운송수입금의 전액을 자동차운송사업자에게 납부하여야 한다.

관련조항

자동차운수사업법

제75조(과태료) ① 다음 각호의 1에 해당하는 자는 300만원 이하의 과태료에 처한다.

3. 제20조, 제21조, 제33조의4, 제33조의5 제2항의 규정에 위반한 자

4. 제24조, 제25조 제1항(제55조에서 준용하는 경우를 포함한다), 제32조 제1항(제55조의12에

서 준용하는 경우를 포함한다), 제55조의7, 제55조의11 및 제59조의 명령에 위반한 자

자동차운수사업법시행령(1995. 1. 21. **대통령령 제10827호로 제정되어** 1995. 1. 21. **영 제 14511호로 최종 개정된 것**)

제2조의8(운송수입금을전액수납 · 관리하여야할자동차운송사업) 법 제24조 제3항에서 "대통령령이 정하는 자동차운송사업자"라 함은 일반택시운송사업자를 말한다.

해 설

1. 이 사건 법률조항들의 의의와 쟁점 2. 헌법 제126조의 의의	3. 이 사건 법률조항들의 헌법 제126조 위배 여부 4. 결어

1. 이 사건 법률조항의 의의와 쟁점

〈설문〉의 '이 사건 법률조항들'은 대통령령이 정하는 자동차운송사업자는 운수종사자가 이용승객으로부터 수령한 운송수입금의 전액을 당해 운수종사자로부터 납부 받아야 하며, 당해 운수종사자는 운송수입금의 전액을 자동차운송사업자에게 납부하여야 한다고 규정하고, 법 제75조 제1항 제3호 및 제4호는 이를 위반한 사업자와 운수종사자에 대하여 300만원 이하의 과태료를 부과할 수 있도록 하고 있으며, 법 시행령 제2조의8은 대통령령이 정하는 자동차운송사업자를 일반택시운송사업자로 정하고 있다.

이 사건 법률조항들은 일반택시운송사업자의 기업경영의 투명성을 제고함과 아울러 일반택시운수종사자인 택시기사의 생활안정을 꾀함으로써 택시의 무리한 운행요인을 줄여 택시이용자에 대한 서비스의 질을 제고하는 데에 그 목적이 있다고 할 것이다.

그런데 〈설문〉에서 이 사건 법률조항들에 의하여 일반택시업종의 운송수입금을 전액 관리하도록 하는 것은, 사기업의 경영상의 자유와 계약의 자유를 제한하는 것이 아닌지, 자동차 운송사업 중 유독 택시업종에만 강제하는 것은 평등원

칙에 위배되는 것이 아닌지, 그리고 국민경제상의 긴박한 필요없이 일반택시운송사업의 국공유화나 일반택시운송사업자의 경영권을 제한·통제하는 것으로서 헌법 제126조에 위배되는 것은 아닌지 여부가 쟁점이 된다.

〈설문〉 사건의 이러한 쟁점들 중 여기에서는 헌법 제126조의 위배 여부에 대한 쟁점을 살펴본다.

2. 헌법 제126조의 의의

헌법 제126조는 "국방상 또는 국민경제상 긴절한 필요로 인하여 법률이 정하는 경우를 제외하고는, 사영기업을 국유 또는 공유로 이전하거나 그 경영을 통제 또는 관리할 수 없다"고 규정하고 있다.

여기에서 '사영기업의 국유 또는 공유로의 이전'은 일반적으로 공법적 수단에 의하여 사기업에 대한 소유권을 국가나 기타 공법인에 귀속시키고 사회정책적·국민경제적 목표를 실현할 수 있도록 그 재산권의 내용을 변형하는 것을 말한다.

그리고 사기업의 '경영에 대한 통제 또는 관리'라 함은 비록 기업에 대한 소유권의 보유주체에 대한 변경은 이루어지지 않지만, 사기업 경영에 대한 국가의 광범위하고 강력한 감독과 통제 또는 관리의 체계를 의미한다고 할 것이다.

3. 이 사건 법률조항들의 헌법 제126조 위배 여부

〈설문〉에서 이 사건 법률조항들이 규정하는 운송수입금 전액관리제로 인하여 청구인들이 기업경영에 있어서 영리추구라고 하는 사기업 본연의 목적을 포기할 것을 강요받거나 전적으로 사회·경제정책적 목표를 달성하는 방향으로 기업활동의 목표를 전환해야 하는 것은 아니다.

그리고 기업경영과 관련하여 국가의 광범위한 감독과 통제 또는 관리를 받게 되는 것도 아니며, 청구인들 소유의 기업에 대한 재산권이 박탈되거나 통제를 받게 되어 그 기업이 사회의 공동재산의 형태로 변형된 것도 아니다.

따라서 '국방상 또는 국민경제상 긴절한 필요'에 관한 요건이 충족되는지의 여부를 살펴 볼 필요도 없이, 〈설문〉 사건에서 헌법 제126조의 사기업의 국·공유화 내지 그 경영의 통제·관리조항이 적용될 여지는 없다고 할 것이다.

4. 결 어

〈설문〉의 이 사건 법률조항들이 '사영기업을 국유 또는 공유로의 이전'이나 사영기업의 '경영을 통제 또는 관리'하는 것으로서 헌법 제126조에 위반된다고 볼 수 없다.

참고판례 자동차운수사업법 제24조 등 위헌확인(헌재 1998. 10. 29. 97헌마345)

Ⅱ 중급 사례

2-2-23 | 국가의 구성요소[국민과 외국인의 법적 지위와 기본권]

설 문

甲은 고인(故人)이 된 乙과 그 배우자 丙의 딸로서 1990년경 미국으로 이민을 가서 대한민국과 미합중국의 이중국적을 가지다가 2008. 3. 14. 국적법 제15조의 개정으로 대한민국의 국적을 상실하고 미합중국의 국적만을 가지게 된 사람인데, 2008년 7월경 태평양전쟁전후국외강제동원 희생자지원위원회(이하 '위원회'라 한다)에 국외강제동원 희생자의 유족으로서 위로금 지급을 신청하였다.

위원회는 2009. 6. 경 乙이 일제에 의하여 중국지역에 군인으로 강제동원되었다가 행방불명된 사실을 인정하여 乙을 국외강제동원 희생자로 결정하고 그 유족에게 위로금 20,000,000원을 지급하기로 결정하면서, 다만 유족 중 배우자인 丙은 생존 여부를 확인하기가 곤란하므로 그 지급을 유보하되 丙이 사망한 것으로 확인될 경우 그 지분을 나머지 유족에게 지급하는 것으로 결정하였다.

甲은 A지방법원에서 丙에 대한 실종선고를 청구하여 2010. 4. 경 실종선고를 받고 서울 E구청에 위 실종선고를 신고하였는데, 위원회는 2010. 6. 경 "丙은 실종선고를 받았고, 청구인은 미합중국 국적자임이 확인된다"는 이유로 위의 위로금지급결정을 취소하는 결정을 하였다(이하 '이 사건 결정'이라 한다).

이에 甲은 B행정법원에 이 사건 결정의 취소를 구하는 소를 제기하는 한편, 위 소송계속 중 대한민국 국적을 갖고 있지 아니한 사람을 위로금 등 지급대상에서 배제하도록 규정한 '대일항쟁기 강제동원 피해조사 및 국외강제동원 희생자 등 지원에 관한 특별법'(이하 '국외강제동원자지원법'이라 한다) 제7조 제4호 중 '제4조 제1호에 따라 유족이 지급받는 위로금(이하 '이 사건 위로금'이라 한다) 부분(이하 '이 사건 법률조항'이라 한다)이 자신의 인간으로서의 존엄과 가치, 평등권, 재산권을 침해한다고 주장하면서 위헌법률심판제청신청을 하였으나 기각되자 이 사건 헌법소원심판을 청구하였다.

〈설문〉 사건에서 '이 사건 법률조항'은 평등원칙에 위배되는가?

심판대상조항

대일항쟁기 강제동원 피해조사 및 국외강제동원 희생자 등 지원에 관한 특별법(2010. 3. 22. 법률 제10143호로 제정된 것)

제7조(위로금등 지급의 제외) 다음 각 호의 어느 하나에 해당하는 경우에는 제4조에 따른 위로금, 제5조에 따른 미수금 지원금 및 제6조에 따른 의료지원금(이하 "위로금등"이라 한다)을 지급하지 아니한다.

4. 대한민국의 국적을 갖고 있지 아니한 사람

관련조항

대일항쟁기 강제동원 피해조사 및 국외강제동원 희생자 등 지원에 관한 특별법(2010. 3. 22. 법률 제10143호로 제정된 것)

제1조(목적) 이 법은 대일항쟁기 강제동원 피해의 진상을 규명하여 역사의 진실을 밝히고 나아가 1965년에 체결된 「대한민국과 일본국 간의 재산 및 청구권에 관한 문제의 해결과 경제협력에 관한 협정」과 관련하여 국가가 태평양전쟁 전후 국외강제동원 희생자와 그 유족 등에게 인도적 차원에서 위로금 등을 지원함으로써 이들의 고통을 치유하고 국민화합에 기여함을 목적으로 한다.

제2조(정의) 이 법에서 사용하는 용어의 뜻은 다음과 같다.

3. "국외강제동원 희생자"란 다음 각 목의 어느 하나에 해당하는 사람을 말한다.

가. 1938년 4월 1일부터 1945년 8월 15일 사이에 일제에 의하여 군인·군무원 또는 노무자 등으로 국외로 강제동원되어 그 기간 중 또는 국내로 돌아오는 과정에서 사망하거나 행방불명된 사람 또는 대통령령으로 정하는 부상으로 장해를 입은 사람으로서 제8조 제6호에 따라 국외강제동원 희생자로 결정을 받은 사람

제3조(유족의 범위 등) ① 이 법에서 "유족"이란 피해자, 국외강제동원 희생자, 미수금피해자 가운데 사망하거나 행방불명된 사람의 친족 중 다음 각 호에 해당하는 사람으로서 제8조 제3호 및 제6호에 따라 유족으로 결정을 받은 사람을 말한다.

1. 배우자 및 자녀

2. 부모
3. 손자녀
4. 형제자매

② 제4조에 따른 위로금 및 제5조에 따른 미수금 지원금을 지급받을 유족의 순위는 제1항 각 호의 순위로 한다.

③ 제1항 각 호의 순위에 따른 유족은 제4조에 따른 위로금 및 제5조에 따른 미수금 지원금을 지급받을 권리를 갖는다. 다만, 같은 순위자가 2명 이상인 경우에는 같은 지분으로 위로금 및 미수금 지원금을 지급받을 권리를 공유한다.

제4조(위로금) 국가는 국외강제동원 희생자 또는 그 유족에게 다음 각 호의 구분에 따라 위로금을 지급한다.

1. 국외로 강제동원되어 사망하거나 행방불명된 경우에는 국외강제동원 희생자 1명당 2천만원[「대일민간청구권 보상에 관한 법률」(법률 제2685호 대일민간청구권보상에관한법률로 제정되어 법률 제3615호 대일민간청구권보상에관한법률 폐지법률로 폐지된 법률을 말한다) 제4조 제2항에 따라 금전을 지급받은 경우에는 희생자 1명당 234만원을 뺀 금액으로 한다]

재외동포의 출입국과 법적 지위에 관한 법률(약칭: 재외동포법)

제1조(목적) 이 법은 재외동포(在外同胞)의 대한민국에의 출입국과 대한민국 안에서의 법적 지위를 보장함을 목적으로 한다.

제4조(정부의 책무) 정부는 재외동포가 대한민국 안에서 부당한 규제와 대우를 받지 아니하도록 필요한 지원을 하여야 한다.

제14조(건강보험) 주민등록을 한 재외국민과 국내거소신고를 한 외국국적동포가 90일 이상 대한민국 안에 체류하는 경우에는 건강보험 관계 법령으로 정하는 바에 따라 건강보험을 적용받을 수 있다.

제16조(국가유공자 · 독립유공자와 그 유족의 보훈급여금) 외국국적동포는 「국가유공자 등 예우 및 지원에 관한 법률」 또는 「독립유공자예우에 관한 법률」에 따른 보훈급여금을 받을 수 있다.

해 설 [제1안]

1. 이 사건 법률조항의 의의와 쟁점

〈설문〉에서 국외강제동원자지원법은 강제동원희생자와 그 유족에게 인도적 차원에서 위로금을 지원함으로써 이들의 고통을 치유하고 국민화합에 기여함을 목적으로 함을 명시적으로 밝히고 있으며(제1조), 강제동원희생자의 유족의 범위를 민법상의 상속인이 아닌 강제동원으로 인한 고통과 슬픔을 함께하는 일부 친족으로 한정하고(제3조), 유족을 강제동원희생자와 함께 독자적인 위로금지급 대상자로 규정하고 있다(제4조).

이러한 점들을 종합할 때, '이 사건 위로금'은 피해자나 유족들이 받은 손해를 보상 내지 배상하는 것이라기보다는 시혜적인 성격의 금전 급부라고 보는 것이 타당하다.

〈설문〉의 '이 사건 법률조항'은 '대한민국 국적'을 기준으로 '대한민국 국적을 가진 유족'에 대해서만 이 사건 위로금을 지급하고 甲과 같이 '대한민국 국적을 가지지 아니한 유족'들을 그 지급 대상에서 배제하고 있는데, 이러한 법적 지위의 차이를 이유로 위로금의 지급을 제한하는 이 사건 법률조항이 헌법 제11조 제1항의 평등원칙에 위배되는지 여부가 쟁점이 된다.

2. 평등원칙의 의의와 심사기준

(1) 평등원칙의 의의

헌법 제11조에서 보장하는 평등권은 국가로부터 불평등한 취급을 받지 아니함과 동시에 국가에 대하여 평등한 처우를 요구할 수 있는 주관적 공권이다.

여기에서 말하는 평등은 기회의 균등과 자의의 금지를 기본적 내용으로 하는 상대적 평등으로서 본질적으로 같은 것은 같게, 본질적으로 다른 것은 다르게 취급할 것을 요구하지만, 일체의 차별적 대우를 부정하는 절대적 평등을 의미하는 것이 아니다.

그러므로 입법과 법의 적용에 있어서 합리적인 근거가 없는 차별을 배제하는 상대적 평등을 뜻하며, 합리적 근거가 있는 차별은 평등의 원칙에 반하는 것이 아니다(헌재 1999. 7. 22. 98헌바14; 헌재 2001. 6. 28. 99헌마516).

(2) 평등위반 여부의 심사기준

평등위반 여부를 심사함에 있어서 적용되는 기준인 평등원칙은 엄격한 심사기준(비례성원칙)과 완화된 심사기준(자의금지원칙)이 있다. 이 중 어느 심사기준에 의할 것인지는 입법자에게 인정되는 입법형성권의 정도에 따라 다르게 된다.

1) 심사기준의 적용 요건

엄격한 심사기준이 적용되는 경우는 ⅰ) 헌법에서 특별히 평등을 요구하고 있는 경우 또는 ⅱ) 관련 기본권에 대한 중대한 제한을 초래하는 경우이고, 그 외에는 완화된 심사기준이 적용된다(헌재 2001. 6. 28. 2001헌마132).

2) 심사기준에 따른 심사 내용

평등위반 여부를 심사함에 있어서 완화된 심사—자의금지원칙에 따른 심사—를 하는 것은 기본적 동일성을 갖추고 있는 비교집난 간의 차별취급에 대하여 그러한 차별의 합리성 유무를 심사하는 데 그치는 것임에 대하여, 엄격한 심사—비례성원칙에 따른 심사—를 한다는 것은, 차별취급의 목적과 수단 간에 엄격한 비례관계가 성립하는지를 기준으로 한 심사를 행함을 의미한다(헌재 1999. 12. 23. 98헌마363).

3. 이 사건 법률조항의 평등원칙 위배 여부

(1) 비교집단의 기본적 동일성과 차별취급의 존재

1) 비교집단의 설정과 기본적 동일성

기술한 바와 같이, 국외강제동원자지원법은 강제동원희생자와 그 유족을 독자적인 위로금지급 대상자로 규정하고 있고, 강제동원희생자의 유족의 범위를 민법상의 상속인이 아닌 강제동원으로 인한 고통과 슬픔을 함께하는 일부 친족으로 한정하며, 이들에 대하여 인도적 차원에서 위로금을 지원함으로써 고통을 치유하고 국민화합에 기여함을 목적으로 하고 있다.

이러한 점들을 고려할 때, 〈설문〉에서 강제동원희생자의 유족의 범위에 속하면서 위로금을 지급받는 대상과 그러하지 못한 대상을 비교집단으로 설정하는 것은 타당하며, '대한민국 국적을 가진 유족'과 '대한민국 국적을 가지지 아니한 유족'은 강제동원희생자의 유족이라는 점에서 기본적으로 동일하다고 할 것이다.

2) 차별취급의 존재

〈설문〉의 '이 사건 법률조항'은 '대한민국 국적'을 기준으로 '대한민국 국적을 가진 유족'에 대해서만 이 사건 위로금을 지급하고 甲과 같이 '대한민국 국적을 가지지 아니한 유족'들은 그 지급 대상에서 배제하고 있다.

따라서 두 집단 사이에 차별취급이 존재한다.

(2) 〈설문〉 사건의 심사기준

〈설문〉 사건의 국외강제동원자에 대한 지원 문제는 헌법에서 특별히 평등을 요구하는 경우라고 보기는 어렵고, 이 사건 법률조항으로 인한 일부 강제동원자에 대한 불이익이 인간의 생존이나 핵심적인 자유행사의 기본적 조건을 제약하여 인간으로서의 존엄과 가치나 재산권 등 기본권에 대한 중대한 제한을 초래하는 것이라고 보기도 어렵다.

또한 이 사건 위로금은 강제동원으로 인해 피해를 입은 자와 그 유족이 입은 고통을 치유하기 위한 시혜적 조치이므로, 입법자에게 입법의 목적, 대상자 현황, 국가예산 내지 재정능력 등 제반 상황을 고려하여 구체적 내용을 형성할 수 있는 재량이 인정된다.

따라서 〈설문〉 사건은 자의금지원칙에 입각하여 평등원칙 위배 여부를 판단하여야 할 것이다(헌재 2011. 2. 24. 2009헌마94).

(3) 차별의 합리성에 대한 검토

국외강제동원자지원법은 국민이 부담하는 세금을 재원으로 하여 국외강제동원 희생자와 그 유족에게 위로금 등을 지급함으로써 그들의 고통과 희생을 위로해 주기 위한 법으로서 국가가 유족에게 일방적인 시혜를 베푸는 것이므로, 그 수혜 범위에서 외국인인 유족을 배제하고 대한민국 국민인 유족만을 대상으로 한 것이라 볼 수 있다.

따라서 甲과 같이 자발적으로 외국 국적을 취득하여 결과적으로 대한민국 국민으로서의 법적 지위와 권리·의무를 스스로 포기한 유족을 위로금 지급 대상에서 제외하였다고 하여 이를 현저히 자의적이거나 불합리한 것이라고 볼 수 없다.

한편, 입법자는 '재외동포의 출입국과 법적 지위에 관한 법률'(이하 '재외동포법'이라 한다)을 제정하여 甲과 같은 외국국적동포에 대하여 대한민국에의 출입과 대한민국 안에서의 법적 지위를 보장하고 있는데, 같은 민족이라는 외국국적동포의 신분의 특수성 및 세계화·국제화 시대에 따른 국내 투자 촉진 목적 등을 고려하여, 외국국적동포에 대한 출입 및 체류 제한, 부동산 취득·금융·외국환거래 등에서의 각종 제약을 완화하고 있다.

이처럼 재외동포법은 동포애 및 국제화의 견지에서 재외동포가 대한민국 안에서 부당한 규제와 대우를 받지 않도록 하기 위한 법이지, 재외동포에게도 대한민국 국민에게 부여되는 모든 혜택을 동일하게 부여하기 위해 제정된 법은 아니다.

따라서 이 사건 법률조항이 외국국적동포인 甲에게 위로금을 지급하지 않는다고 하여 재외동포법의 취지에 반한다고 볼 수도 없다.

4. 결 어

'대한민국 국적을 가진 유족'에 대해서만 이 사건 위로금을 지급하고 '대한민국 국적을 가지지 아니한 유족'들에 대하여는 위로금의 지급대상에서 배제하고 있는 이 사건 법률조항이 현저히 자의적이거나 불합리한 것으로서 평등원칙에 위배된다고 할 수 없다.

해 설 **[제2안]** ([제1안]과 동일한 내용은 생략함)

1. 이 사건 법률조항의 의의와 쟁점

2. 평등원칙의 의의와 심사기준

(1) 평등원칙의 의의

(2) 평등위반 여부의 심사기준

1) 심사기준의 적용 요건

2) 심사기준에 따른 심사 내용

3. 이 사건 법률조항의 평등원칙 위배 여부

(1) 비교집단의 기본적 동일성과 차별취급의 존재

1) 비교집단의 설정과 기본적 동일성

2) 차별취급의 존재

(2) 〈설문〉 사건의 심사기준

(3) 차별의 합리성에 대한 검토

1) 국외강제동원 희생자의 유족이 겪는 정신적·육체적 고통과 경제적 어려움은, 해당 유족의 대한민국 국적의 보유 여부에 따라 달라지는 것이 아니라는 점에서, 이 사건 법률조항이 대한민국 국적의 보유 여부를 기준으로 이 사건 위

로금의 지급을 차별하는 것은 합리적 목적이나 이유가 인정되기 어렵다.

2) 재외동포법은 같은 민족으로서 재외동포가 모국 대한민국에 대한 자긍심을 가지게 하고 이들에게 대한민국의 국민과 유사한 지위를 부여하여 민족의 단결을 공고히 하려는 목적으로 제정된 법이다.

이는 재외동포법 제4조(재외동포에 대한 정부의 지원 의무), 제14조(국내거소신고의 경우 건강보험 적용), 제16조('국가유공자법' 또는 '독립유공자법'에 따른 보훈급여금 수급) 등에 의하여 뒷받침된다고 할 것이다.

3) 그리고 국외강제동원자지원법에서는 1. 배우자 및 자녀, 2. 부모, 3. 손자녀, 4. 형제자매를 유족으로 규정하면서 위 순위에 따라 위로금 및 미수금지원금을 지급하도록 규정하고 있다(제3조 제1항 내지 제3항).

따라서 국외강제동원 희생자의 유족들 중 대한민국 국적을 가지지 않은 선순위 유족을 위로금 지급대상에서 배제한다고 하여도 그것만으로 국가의 위로금 지급의무가 소멸되는 것이 아니라, 어차피 이들에 대한 위로금이 여전히 대한민국이 국적을 가진 후순위의 유족에게 지급되는 것이므로, 이 사건 법률조항이 위헌으로 결정된다 하여도 국가의 재정문제에 심각한 영향을 미치지 않는다.

4. 결 어

〈설문〉의 이 사건 법률조항이 국외강제동원 희생자의 유족임에도 불구하고 단지 대한민국 국적을 보유하지 않았다는 이유로 이 사건 위로금의 지급대상에서 배제하는 것은 현저히 자의적이고 불합리한 것으로서 평등원칙에 위배된다고 할 것이다.

참고판례 **대일항쟁기강제동원피해조사및 국외강제동원 희생자 등 지원에 관한 특별법 제7조 제4호 위헌소원**(헌재 2015. 12. 23. 2011헌바139)

2-2-24 | 선거제도, 지방자치제도[공무담임권(피선거권), 평등권]

설 문

甲은 S시 K구청장, 乙은 S시 S구청장, 丙은 B시 Y구청장, 丁은 K도 N군수로서 각 3기에 걸쳐 지방자치단체장으로 재임하고 있는 자들(이하 '청구인들'이라 한다).
청구인들은 지방자치법 제87조 제1항 중 "지방자치단체의 장의 계속 재임(在任)은 3기에 한한다"는 부분(이하 '이 사건 법률조항'이라 한다)이 청구인들의 헌법상 보장된 공무담임권, 평등권 등의 기본권을 침해한다고 주장하면서 이 사건 헌법소원을 제기하였다.

1. 〈설문〉 사건에서 '이 사건 법률조항'은 과잉금지원칙에 위배되어 청구인들의 공무담임권을 침해하는가?

2. 〈설문〉 사건에서 '이 사건 법률조항'은 청구인들의 평등권을 침해하는가?

심판대상조항

지방자치법(1994. 12. 20. 법률 제4789호로 개정된 것)
제87조(지방자치단체의 장의 임기) ① 지방자치단체의 장의 임기는 4년으로 하며, 지방자치단체의 장의 계속 재임(在任)은 3기에 한한다.

관련조항

지방자치법
제13조의2(주민투표) ① 지방자치단체의 장은 주민에게 과도한 부담을 주거나 중대한 영향을 미치는 지방자치단체의 주요 결정사항등에 대하여 주민투표에 붙일 수 있다.
② 주민투표의 대상·발의자·발의요건·기타 투표절차 등에 관하여는 따로 법률로 정 한다.

제13조의4(주민의 감사청구) ① 지방자치단체의 19세 이상의 주민은 시·도는 500명, 제161조의2의 규정에 의한 50만 이상 대도시는 300명, 그 밖의 시·군 및 자치구는 200명을 초과하지 아니하는 범위 안에서 당해 지방자치단체의 조례가 정하는 19세 이상의 주민수 이상의

연서로 시·도에 있어서는 주무부장관에게, 시·군 및 자치구에 있어서는 시·도지사에게 당해 지방자치단체와 그 장의 권한에 속하는 사무의 처리가 법령에 위반되거나 공익을 현저히 해한다고 인정되는 경우에는 감사를 청구할 수 있다. 다만, 다음 각 호의 1에 해당하는 사항은 감사청구의 대상에서 제외한다.

1. 수사 또는 재판에 관여하게 되는 사항
2. 개인의 사생활을 침해할 우려가 있는 사항
3. 다른 기관에서 감사하였거나 감사중인 사항. 다만, 다른 기관에서 감사한 사항이라도 새로운 사항이 발견되거나 중요사항이 감사에서 누락된 경우와 제13조의5 제1항의 규정에 의하여 주민소송의 대상이 되는 경우에는 그러하지 아니하다.
4. 동일한 사항에 대하여 제13조의5 제2항 각 호의 어느 하나에 해당하는 소송이 계속 중이거나 그 판결이 확정된 사항

② 제1항의 규정에 의한 청구는 당해 사무처리가 있었던 날 또는 종료된 날부터 2년을 경과하면 제기할 수 없다.

③ 주무부장관 또는 시·도지사는 감사청구를 수리한 날부터 60일 이내에 감사청구된 사항에 대하여 감사를 종료하여야 하며, 그 감사결과를 청구인의 대표자와 당해 지방자치단체의 장에게 서면으로 통지하고 이를 공표하여야 한다. 다만, 그 기간내에 감사를 종료하기가 어려운 정당한 사유가 있는 때에는 그 기간을 연장할 수 있다. 이 경우 이를 미리 청구인의 대표자와 당해 지방자치단체의 장에게 통지하고 공표하여야 한다.

④~⑨ 생략

제13조의5(주민소송) ① 제13조의4 제1항의 규정에 의하여 공금의 지출에 관한 사항, 재산의 취득·관리·처분에 관한 사항, 당해 지방자치단체를 당사자로 하는 매매·임차·도급 그 밖의 계약의 체결·이행에 관한 사항 또는 지방세·사용료·수수료·과태료 등 공금의 부과·징수의 해태에 관한 사항을 감사청구한 주민은 다음 각 호의 어느 하나에 해당하는 경우에 그 감사청구한 사항과 관련있는 위법한 행위나 해태사실에 대하여 당해 지방자치단체의 장(당해 사항의 사무처리에 관한 권한을 소속기관의 장에게 위임한 경우에는 그 소속기관의 장을 말한다. 이하 이 조 및 제13조의6에서 같다)을 상대방으로 소송을 제기할 수 있다.

1. 주무부장관 또는 시·도지사가 감사청구를 수리한 날부터 60일(제13조의4 제3항 단서의 규정에 의하여 감사기간이 연장된 경우에는 연장기간이 종료된 날을 말한다)을 경과하여도 감사를 종료하지 아니한 경우
2. 제13조의4 제3항 및 제4항의 규정에 의한 감사결과 또는 동조 제6항의 규정에 의한 조치요구에 불복이 있는 경우
3. 제13조의4 제6항의 규정에 의한 주무부장관 또는 시·도지사의 조치요구를 지방자치단체의 장이 이행하지 아니한 경우
4. 제13조의4 제6항의 규정에 의한 지방자치단체의 장의 이행조치에 불복이 있는 경우

② 제1항의 규정에 의하여 주민이 제기할 수 있는 소송은 다음 각 호와 같다.

1. 당해 행위를 계속할 경우 회복이 곤란한 손해를 발생시킬 우려가 있는 경우에는 당해 행위의 전부 또는 일부의 중지를 구하는 소송

2. 행정처분인 당해 행위의 취소 또는 변경을 구하거나 효력의 유무 또는 존재여부의 확인을 구하는 소송
3. 당해 해태사실의 위법확인을 구하는 소송
4. 당해 지방자치단체의 장 및 직원, 지방의회 의원, 당해 행위와 관련이 있는 상대방에게 손해배상청구 또는 부당이득반환청구를 할 것을 요구하는 소송. 다만, 당해 지방자치단체의 직원이 「지방재정법」 제94조 또는 「회계관계직원 등의 책임에 관한 법률」 제4조의 규정에 의하여 변상책임을 져야 하는 경우에는 당해 변상명령을 할 것을 요구하는 소송을 말한다.

③ 제2항 제1호의 중지청구소송은 당해 행위를 중지함으로써 생명 또는 신체에 대한 중대한 위해발생의 우려가 있거나 그 밖에 공공복리를 현저하게 저해할 우려가 있는 때에는 이를 제기할 수 없다.
④~⑰ 생략

제92조(지방자치단체의 통할대표권) 지방자치단체의 장은 당해 지방자치단체를 대표하고, 그 사무를 통할한다.

제94조(사무의 관리 및 집행권) 지방자치단체의 장은 당해 지방자치단체의 사무와 법령에 의하여 그 지방자치단체의 장에게 위임된 사무를 관리하고 집행한다.

제96조(직원에 대한 임면권등) 지방자치단체의 장은 소속직원을 지휘·감독하고 법령과 조례·규칙이 정하는 바에 의하여 그 임면·교육훈련·복무·징계등에 관한 사항을 처리한다.

제109조(하부행정기관의 장의 임명) ① 자치구가 아닌 구의 구청장은 일반직지방공무원으로 보하되 시장이 임명한다.
② 읍장·면장·동장은 일반직지방공무원으로 보하되, 시장·군수 및 자치구의 구청장이 임명한다.

문제 1의 해설

1. 이 사건 법률조항의 의의와 쟁점
2. 공무담임권의 의의와 과잉금지원칙
   (1) 공무담임권의 의의
   (2) 심사기준으로서 과잉금지원칙
3. 이 사건 법률조항의 과잉금지원칙의 위배 여부
   (1) 입법목적의 정당성
   (2) 수단의 적절성
   (3) 침해의 최소성
   (4) 법익의 균형성
   (5) 소결
4. 결어

1. 이 사건 법률조항의 의의와 쟁점

〈설문〉의 '이 사건 법률조항'은 "지방자치단체의 장의 계속 재임(在任)은 3기에 한한다"고 규정하여, 지방자치단체의 장의 계속 재임을 3기에 한하도록 하여 지방자치단체의 장의 선거에 있어서 피선거권을 제한하고 있다.

이 사건 법률조항의 입법취지는 장기간 연속당선을 위한 자치단체장의 엽관제적 인사운용 방지, 지역 내 특정집단과의 결탁을 통한 지역발전의 저해 방지, 장기집권으로 인한 부정부패 방지, 유능한 인사의 자치단체 장 진출 확대 등이다.

〈설문〉 사건에서는 이러한 입법취지의 달성을 위한 이 사건 법률조항이 과잉금지원칙에 위배되어 甲의 공무담임권(피선거권)이나 평등권을 침해하는지 여부가 쟁점이다.

2. 공무담임권의 의의와 과잉금지원칙

(1) 공무딤임권의 의의

헌법 제25조는 "모든 국민은 법률이 정하는 바에 의하여 공무담임권을 가진다"고 규정하여 모든 국민에게 선거직공무원을 비롯한 모든 국가기관 및 지방자치단체의 공직에 취임할 수 있는 권리를 내용으로 하는 공무담임권을 보장하고 있다.

이러한 점에서 공무담임권은 선거에 입후보하여 당선될 수 있는 피선거권과 모든 공직에 임명될 수 있는 공직취임권을 포괄하고 있는 것이다.

그런데 국민은 '법률이 정하는 바에 의하여' 공무담임권을 가지므로, 공무담임권의 내용에 관하여는 입법자에게 넓은 입법형성권이 인정된다고 할 것이다. 그러나 그 경우에도 헌법 제37조 제2항의 기본권제한의 입법적 한계를 넘는 지나친 것이어서는 아니 된다(헌재 2002. 8. 29. 2001헌마788등).

(2) 심사기준으로서 과잉금지원칙

헌법 제37조 제2항에 그 근거를 두는 과잉금지원칙은 기본권제한입법이 헌법적으로 정당한 목적을 추구하고(목적의 정당성), 그 입법목적의 달성을 위하여 입법자가 선택한 수단이 적절하고(수단의 적절성), 기본권제한이 필요최소한도에 머물러야 하고(최소침해성), 입법을 통하여 실현되는 공익과 그에 의하여 제한되는 기본권 상호간에 균형이 이루어져야 할 것(법익의 균형성)을 요구하며, 이 중 어느 한 요건에라도 위반하는 입법은 헌법에 위반된다는 것이다(헌재 1995. 7. 21. 94헌마125 등).

이 사건 법률조항이 과잉금지의 원칙에 위배되는지 여부를 살펴본다.

3. 이 사건 법률조항의 과잉금지원칙의 위배 여부

(1) 입법목적의 정당성

이 사건 법률조항의 입법취지는 장기집권으로 인한 지역발전저해 방지와 유능한 인사의 자치단체장 진출확대로 나눌 수 있다. 또한 이 사건 법률조항은 3기 계속 재임 후 연임유혹을 떨쳐내고 소속 정당의 입장을 초월하여 지방행정업무를 공정하고 합리적으로 처리할 수 있게 해 주는 부수적인 효과도 가져온다.

따라서 이 사건 법률조항의 목적의 정당성은 인정된다.

(2) 수단의 적절성

자치단체장은 당해 지방자치단체를 대표하고, 그 사무를 통할·관리·집행하고(지방자치법 제92조, 제94조), 소속직원을 지휘·감독하며 그 임면·교육훈련·복무·징계 등에 관한 사항을 처리하고(동법 제96조), 하부행정기관의 장에 대한 임명권을 가지고 있으며(동법 제109조), 지방자치단체의 주요결정사항 등에 대하여 주민투표에 부칠 수 있다(동법 제13조의2).

따라서 지역 내 유력인사가 일단 자치단체장에 당선되면 지방자치단체 내 공무원 및 지역 지지세력을 장악 및 결집하여 장기간 연속당선을 기도할 가능성이 많다. 또한 우리의 지방정치 현실상 상당한 기초자치단체에서는 엽관제적 인사로 연결되어 특정한 문중이나 학교 출신인이 단체장을 독점할 우려가 적지 않고, 경우에 따라서는 장기집권하는 자치단체장의 창의력이나 업무의욕이 낮아져 지역발전의 걸림돌이 될 수 있다.

한편, 주민은 당해 지방자치단체와 그 장의 권한에 속하는 사무처리에 대하여 감사청구나 주민소송을 제기할 수 있으나(지방자치법 제13조의4, 제13조의5), 자치단체장이 인사, 재정 분야 등에서 부당한 전횡을 일삼는 경우 현실적으로 이를 밝혀내기 어렵고, 임기만료로 자치단체장을 다시 선출할 경우 앞서 본 자치단체장 선거의 특성상 계속 당선될 가능성이 적지 않다.

따라서 이 사건 법률조항은 위와 같은 지방자치행정의 난맥이 생기는 경우 이를 바로잡을 수 있는 마지막 수단으로서 수단의 적절성을 갖추고 있다고 할 것이다.

(3) 침해의 최소성

이 사건 법률조항은 3기 초과 연임제한에 관한 것으로서 청구인들에 대하여 처음부터 공무담임을 제한하는 것은 아니다.

그리고 연속으로 선출되지 아니하면 제한 없이 입후보할 수 있고, 연속으로 선출된 경우도 3기(12년. 다만 이 사건 법률에 따른 최초의 3기 계속 재임기간은 11년이다)까지는 계속하여 재임할 수 있다. 그리고 그 후 입후보하지 않을 경우 다시 3기 계속 재임할 수 있다.

그렇다면 이 사건 법률조항에 의한 공무담임권(피선거권) 제한의 정도는 상대적으로 완화되어 있다고 할 수 있고, 침해의 최소성도 충족시킨다고 할 것이다.

(4) 법익의 균형성

위의 침해 최소성에서 살펴본 바와 같이, 이 사건 법률조항이 공무담임권을 제한하고 있으나 기본권 제한의 정도는 비교적 미약하다고 할 수 있다. 반면에 이 사건 법률조항으로 달성하고자 하는 지역발전저해 방지와 유능한 인사의 자치단체장 진출확대는 실질적인 지방자치제도의 발전을 위하여 달성하여야 할 중요한 공익 중 하나라고 할 것이다. 따라서 이 사건 법률조항은 공익달성을 위한 유효한 수단으로서 의의가 있으며 청구인들이 제한받는 기본권과 비교해 볼 때 법익의 균형성에도 어긋나지 않는다.

(5) 소 결

따라서 이 사건 법률조항은 과잉금지원칙에 위배되지 아니한다.

4. 결 어

이 사건 법률조항은 장기집권으로 인한 지방자치제도의 폐해를 방지하고 유능한 인사의 자치단체장 진출확대를 위한 취지를 지닌 것으로서 과잉금지의 원칙에 위배되어 지방자치단체장들인 청구인들의 공무담임권(피선거권)을 침해하지 아니한다.

문제 2의 해설

1. 평등권의 의의와 심사기준
   (1) 평등권의 의의
   (2) 평등권 침해 여부의 심사기준
      1) 심사기준의 적용 요건
      2) 심사기준에 따른 심사 내용
2. 이 사건 법률조항의 평등권 침해 여부
   (1) 비교집단의 기본적 동일성과 차별취급의 존재
      1) 비교집단의 설정과 기본적 동일성
      2) 차별취급의 존재
   (2) 〈설문〉 사건의 심사기준
   (3) 평등권 침해 여부에 대한 검토
3. 결어

1. 평등권의 의의와 심사기준

(1) 평등권의 의의

헌법 제11조에서 보장하는 평등권은 국가로부터 불평등한 취급을 받지 아니함과 동시에 국가에 대하여 평등한 처우를 요구할 수 있는 주관적 공권이다.

여기에서 말하는 평등은 기회의 균등과 자의의 금지를 기본적 내용으로 하는 상대적 평등으로서 본질적으로 같은 것은 같게, 본질적으로 다른 것은 다르게 취급할 것을 요구하지만, 일체의 차별적 대우를 부정하는 절대적 평등을 의미하는 것이 아니다.

그러므로 입법과 법의 적용에 있어서 합리적인 근거가 없는 차별을 배제하는 상대적 평등을 뜻하며, 합리적 근거가 있는 차별은 평등의 원칙에 반하는 것이 아니다(헌재 1999. 7. 22. 98헌바14; 헌재 2001. 6. 28. 99헌마516).

(2) 평등권 침해 여부의 심사기준

평등권 침해 여부를 심사함에 있어서 적용되는 기준인 평등원칙은 엄격한 심사기준(비례성원칙)과 완화된 심사기준(자의금지원칙)이 있다. 이 중 어느 심사기준에 의할 것인지는 입법자에게 인정되는 입법형성권의 정도에 따라 다르게 된다.

1) 심사기준의 적용 요건

엄격한 심사기준이 적용되는 경우는 ⅰ) 헌법에서 특별히 평등을 요구하고 있는 경우 또는 ⅱ) 관련 기본권에 대한 중대한 제한을 초래하는 경우이고, 그 외에는 완화된 심사기준이 적용된다(헌재 2001. 6. 28. 2001헌마132).

2) 심사기준에 따른 심사 내용

평등권 침해 여부를 심사함에 있어서 엄격한 심사를 한다는 것은, 자의금지원칙에 따른 심사 — 합리성 유무의 심사에 그치는 심사 — 와는 달리, 비례성원칙에 따른 심사, 즉 차별취급의 목적과 수단 간에 엄격한 비례관계가 성립하는지를 기준으로 한 심사를 행함을 의미한다(헌재 1999. 12. 23. 98헌마363).

2. 이 사건 법률조항의 평등권 침해 여부

(1) 비교집단의 기본적 동일성과 차별취급의 존재

1) 비교집단의 설정과 기본적 동일성

이 사건 법률조항은 선출직 공무원의 선거에서 지방자치단체장에 대하여 연속 3기 재임 이후의 피선거권을 제한하는 규정이므로, 비교대상이 되는 선출직 공무원으로서 그러한 제한이 없는 지방의회의원이나 국회의원을 비교집단으로 설정할 수 있다.

① 지방자치단체장과 지방의회의원

지방의회의원은 일정한 지역에서 출마하여 당선되어 활동하는 선출직공무원으로서 지역의 이익을 대변하고 지방자치단체의 기관인 지방의회를 구성한다.

지방의회의원은 지방자치행정의 민주성과 능률성 도모, 지방의 균형적 발전과 대한민국의 민주적 발전이라는 지방자치법의 목적에 비추어 자치단체장과 유사한 지위에 있는 선출직공무원으로서 지방자치단체장과 기본적으로 동일하다고 할 것이다.

② 지방자치단체장과 국회의원

국회의원의 경우 일정한 지역에서 주민들에 의하여 선출되는 선출직공무원이라는 점에서 자치단체장과 유사한 지위에 있다고 볼 수도 있을 것이다.

그러나 국회의원은 국민 전체의 이익을 대변하는 국민의 대표자로서의 기능을 담당하고(헌법 제46조 제2항), 이와 같은 지위의 특수성에서 불체포특권·면책특권(헌법 제44조, 제45조)이 인정되고 있다. 따라서 국회의원을 지방자치행정을 담당하는 자치단체장과 동일 또는 유사한 지위에 있다고 보아 평등권의 비교대상으로 삼는 것은 부적절하다고 할 것이다.

2) 차별취급의 존재

위에서 비교되는 두 집단으로서 지방자치단체장과 지방의회의원은 지방자치단체의 선출직 공무원으로서 유사한 지위에 있음에도 불구하고, 유독 지방자치단체장에 대하여서만 이 사건 법률조항에 의한 피선거권의 제한을 하고 있으므로 비교집단 간에 차별취급이 존재하고 있다.

(2) 〈설문〉 사건의 심사기준

〈설문〉의 이 사건 법률조항은 공무담임권(피선거권)을 제한하고 있는데, 헌법에서 차별을 특히 금지하고 있는 영역에 해당하지 아니하고, 과잉금지원칙의 침해의 최소성에서 살펴본 바와 같이 그러한 차별취급으로 인하여 관련 기본권에 대한 중대한 제한을 초래하는 경우라고 볼 수도 없다.

그러므로 〈설문〉 사건에서는 완화된 심사기준, 즉 자의금지원칙에 따른 심사로서 차별의 합리성 유무를 살펴보면 족하다고 할 것이다.

(3) 평등권 침해 여부에 대한 검토

지방의회의원은 지방의회의 의장·부의장 피선거권, 의회에 의안발의권·발언권·투표권 등을 가지고 지방의회에 참석하여 결의를 할 수 있으나, 기본적으로는 회의체인 지방의회의 구성원에 불과하다.

따라서 지방의회의원은 개인의 권한만으로는 지방자치행정에 큰 영향을 미치기 어렵고, 합의제 기관 특유의 신중하고 공정한 판단구조, 각종 이해관계의 공평한 조정, 결정과정상의 민주성 등을 고려하면, 지방의회의원의 의사는 다른 의원과의 논의를 거쳐 지방의회의 결정으로 현출됨으로써 그 결과의 정당성도 대부분 인정된다.

이에 반하여 자치단체장은 독임제(獨任制) 행정기관으로서, 자치단체장은 지방자치단체의 최고집행기관으로서 앞서 본 바와 같이 자치단체의 사무를 통할하고 집행할 권한, 규칙제정권, 주민투표부의권, 소속직원의 임용·감독권 등을 가지기 때문에 자치행정에 있어서 큰 영향력을 미친다.

따라서 주민선거에 의하여 선출된다는 점에서는 양자가 동일하다고 하더라도, 계속 재임으로 인한 부작용 발생의 가능성이나 심각성은 자치단체장의 경우가 훨씬 크다고 할 수 있다.

그러므로 자치단체장과 지방의회의원의 계속 재임에 대한 차별적 취급에는 합리적인 이유가 있다고 할 것이다.

3. 결 어

이 사건 법률조항이 지방자치의 민주성과 능률성, 지방의 균형적 발전의 저해요인이 될 가능성이 상대적으로 큰 지치단체장에 대하여서만 공무담임권(피선거권)을 제한한 것은 합리적인 이유가 있으므로, 청구인들의 평등권을 침해하지 아니한다.

참고판례 지방자치법 제87조 제1항 위헌확인(헌재 2006. 2. 23. 2005헌마403)

[위의 해설은 '참고판례의 다수의견'을 참고로 한 것이므로, 반대의견도 참고하기 바람]

Ⅲ 상급 사례

2-3-25 | 공무원제도[정치적 표현의 자유, 법률유보원칙, 명확성원칙, 과잉금지원칙]

설 문

甲은 국립A과학원에서 농업연구사로 재직 중인 국가공무원인데, 2009. 11. 30. 신설된 '국가공무원 복무규정' 제3조 제2항(이하 '이 사건 복무규정'이라 한다)이 공무원의 국가의 정책에 대한 집단적인 반대·방해 행위를 금지함으로써, 법률유보원칙 및 명확성원칙에 위배되며 과잉금지원칙에 반하여 甲의 정치적 표현의 자유를 침해한다고 주장하면서 2009. 12. 7. 이 사건 헌법소원심판을 청구하였다.

〈설문〉 사건에서 '이 사건 복무규정'은 법률유보원칙, 명확성원칙 및 과잉금지원칙에 위배되어 甲의 정치적 표현의 자유를 침해하는가?

심판대상조항

국가공무원 복무규정(2009. 11. 30. 대통령령 제21861호로 개정되고, 2011. 7. 4. 대통령령 제23010호로 개정되기 전의 것)

제3조(근무기강의 확립) ② 공무원('국가공무원법 제3조 제3항의 공무원의 범위에 관한 규정'에 따른 공무원은 제외한다)은 집단·연명으로 또는 단체의 명의를 사용하여 국가의 정책을 반대하거나 국가 정책의 수립·집행을 방해해서는 아니 된다.

관련조항

국가공무원법(2008. 3. 28. 법률 제8996호로 개정된 것)

제65조(정치 운동의 금지) ① 공무원은 정당이나 그 밖의 정치단체의 결성에 관여하거나 이에 가입할 수 없다.

② 공무원은 선거에서 특정 정당 또는 특정인을 지지 또는 반대하기 위한 다음의 행위를 하여서는 아니 된다.
1. 투표를 하거나 하지 아니하도록 권유 운동을 하는 것
2. 서명 운동을 기도(企圖)·주재(主宰)하거나 권유하는 것
3. 문서나 도서를 공공시설 등에 게시하거나 게시하게 하는 것
4. 기부금을 모집 또는 모집하게 하거나, 공공자금을 이용 또는 이용하게 하는 것
5. 타인에게 정당이나 그 밖의 정치단체에 가입하게 하거나 가입하지 아니하도록 권유 운동을 하는 것

③ 공무원은 다른 공무원에게 제1항과 제2항에 위배되는 행위를 하도록 요구하거나, 정치적 행위에 대한 보상 또는 보복으로서 이익 또는 불이익을 약속하여서는 아니 된다.
④ 제3항 외에 정치적 행위의 금지에 관한 한계는 국회규칙, 대법원규칙, 헌법재판소규칙, 중앙선거관리위원회규칙 또는 대통령령으로 정한다.

제66조(집단 행위의 금지) ① 공무원은 노동운동이나 그 밖에 공무 외의 일을 위한 집단 행위를 하여서는 아니 된다. 다만, 사실상 노무에 종사하는 공무원은 예외로 한다.
② 제1항 단서의 사실상 노무에 종사하는 공무원의 범위는 국회규칙, 대법원규칙, 헌법재판소규칙, 중앙선거관리위원회규칙 또는 대통령령으로 정한다.
③ 제1항 단서에 규정된 공무원으로서 노동조합에 가입된 자가 조합 업무에 전임하려면 소속 장관의 허가를 받아야 한다.
④ 제3항에 따른 허가에는 필요한 조건을 붙일 수 있다.

제67조(위임 규정) 공무원의 복무에 관하여 필요한 사항은 이 법에 규정한 것 외에는 국회규칙, 대법원규칙, 헌법재판소규칙, 중앙선거관리위원회규칙 또는 대통령령으로 정한다.

제78조(징계 사유) ① 공무원이 다음 각 호의 어느 하나에 해당하면 징계 의결을 요구하여야 하고 그 징계 의결의 결과에 따라 징계처분을 하여야 한다.
1. 이 법 및 이 법에 따른 명령을 위반한 경우
2. 직무상의 의무(다른 법령에서 공무원의 신분으로 인하여 부과된 의무를 포함한다)를 위반하거나 직무를 태만히 한 때
3. 직무의 내외를 불문하고 그 체면 또는 위신을 손상하는 행위를 한 때

국가공무원 복무규정(2009. 11. 30. 대통령령 제21861호로 개정되고, 2011. 7. 4. 대통령령 제23010호로 개정되기 전의 것)
제1조(목적) 이 영은「국가공무원법」(이하 "법"이라 한다) 제55조 내지 제67조의 규정에 의한 국가공무원(이하 "공무원"이라 한다)의 복무에 관한 사항을 규정함을 목적으로 한다.

제3조(근무기강의 확립) ① 공무원은 법령 및 직무상의 명령을 준수하여 근무기강을 확립하고 질서를 존중하여야 한다.

제8조의2(복장 및 복제 등) ① 공무원은 근무 중 그 품위를 유지할 수 있는 단정한 복장을 착용하여야 한다.

제27조(정치적 행위) ① 법 제65조의 규정에 있어서의 정치적 행위는 다음 각 호의 1에 해당하는 정치적 목적을 가진 것을 말한다.
1. 정당의 조직·조직의 확장 기타 그 목적달성을 위한 것
2. 특정정당이나 정치단체를 지지 또는 반대하는 것
3. 법률에 의한 공직선거에 있어서 특정의 후보자를 당선하게 하거나 낙선하게 하기 위한 것

② 제1항에 규정된 정치적 행위의 한계는 제1항의 규정에 의한 정치적 목적을 가지고 다음 각 호의 1에 해당하는 행위를 함을 말한다.
1. 시위운동을 기획·조직·지휘하거나 이에 참가 또는 원조하는 것
2. 정당 기타 정치단체의 기관지인 신문 및 간행물을 발행·편집·배부하거나 이와 같은 행위를 원조하거나 방해하는 것
3. 특정정당 또는 정치단체를 지지 또는 반대하거나 공직선거에 있어서 특정후보자를 지지 또는 반대하는 의견을 집회 기타 다수인이 모인 장소에서 발표하거나 문서·도서·신문 기타의 간행물에 게재하는 것
4. 정당 기타 정치단체의 표지로 사용되는 기·완장·복식 등을 제작 또는 배부하거나 이를 착용·착용권유 또는 착용을 방해하는 행위 등 기타 명목 여하를 불문하고 금전 또는 물질로 특정정당 또는 정치단체를 지지 또는 반대하는 것

해 설

1. 이 사건 복무규정의 의의와 쟁점

〈설문〉의 '이 사건 복무규정'은 "공무원은 집단·연명으로 또는 단체의 명의를 사용하여 국가의 정책을 반대하거나 국가 정책의 수립·집행을 방해해서는 아니 된다"라고 규정하고 있다. 위 규정에 의하면, 甲과 같은 국가공무원의 국가 정책에 대한 집단적인 반대·방해 행위는 국가 정책에 대한 공무원의 판단과 선호를 외부적 행위로써 구체적으로 표현한 것이면서 정치적인 내용과 성격을 가지는 것이라고 할 수 있으므로, 결국 '이 사건 복무규정'은 공무원의 정치적 표현의 자유를 제한하는 것이라고 할 수 있다.

그런데 '이 사건 복무규정'은, 대통령령으로서 별도의 구체적인 집행행위 없이 국가공무원을 직접 구속하는 것이며 그에 위반한 국가공무원은 징계처분 등을 받게 되므로(국가공무원법 제78조 제1항), 기본권침해의 직접성이 인정된다.

따라서 '이 사건 복무규정'과 관련하여서는 우선, 대통령령인 '이 사건 복무규정'이 법률상 근거가 있는 것인지, 근거가 있다고 하더라도 위임의 범위를 일탈한 것은 아닌지 하는 법률유보원칙의 위배여부가 쟁점이 된다.

다음으로, '이 사건 복무규정'에서 사용되는 '집단·연명·단체', '국가의 정책', '국가 정책의 수립·집행을 반대·방해' 등의 의미와 범위가 모호한 것은 아닌지 하는 명확성원칙의 위배 여부도 쟁점이다.

그리고 끝으로, '이 사건 복무규정'은 공무원의 정치적 중립성이라는 미명하에 국가공무원의 정책 비판 기능을 차단하고 있고, 또한 직무집행과의 관련성 여부를 불문하고 국가공무원의 모든 정치적 표현행위를 금지하고 있으므로, 甲의 정치적 표현의 자유를 지나치게 제한하는 것은 아닌지 하는 과잉금지원칙의 위배 여부도 쟁점이 된다.

2. 이 사건 복무규정의 법률유보원칙 위배 여부

(1) 법률유보원칙의 의의

헌법상의 법률유보원칙은 제37조 제2항과 제75조를 근거로 하는 것인데, 이들 규정에 의하면, 국민의 기본권을 제한하는 입법은 국회가 제정한 형식적 의미의 법률을 원칙으로 하고 필요한 경우에 예외적으로 법률의 근거에 의할 것을 요구하고 있다.

이러한 점에서 법률유보원칙은, 1) 입법부가 제정하는 법률로 정하여야 할 사항은 반드시 법률로써 하고(의회유보원칙), 2) 이를 포괄적으로 법집행기관에 위임할 수는 없으며, 만약 위임하는 경우라면, 위임의 범위와 내용을 구체적·개별적·한정적으로 정해야 한다는 원칙(포괄위임금지원칙)을 포함한다.

그리고 이러한 전제 하에서, 행정입법은 수권법률 혹은 모법에 근거하여야 하고 또 그 위임의 범위 안에서 제정되어야 하며, 모법에 위반되는 사항을 규정할 수는 없다는 원칙이 나온다.

(2) 위임의 근거 규정

이 사건 복무규정은, 기술한 바와 같이, 국가공무원의 정치적 표현의 자유를 제한하는 규정이다.

국가공무원법은 제55조 내지 제66조에서 공무원이 직무 내외에서 지켜야 할 각종 의무 등 복무에 관한 사항을 규정하고 있으며, 특히 제65조는 공무원에 대해 정당 등 정치단체에 가입할 수 없다고 하고, 선거에 있어 특정 정당을 지지·반대하는 행위 등을 할 수 없다고 규정하며(제1항 내지 제3항), 그 외의 "정치적 행위의 금지에 관한 한계는 … 대통령령으로 정한다"라고 규정하여(제4항) 공무원의 정치활동을 규제하고 있다.

한편, 제67조는 "공무원의 복무에 관하여 필요한 사항은 이 법에 규정한 것 외에는 … 대통령령으로 정한다"라고 하여 공무원의 복무에 관한 일반적인 수권규정이 되고 있다.

따라서 이 사건 복무규정은 국가공무원법 제65조 및 제67조의 위임에 근거한 것이라 할 수 있다.

(3) 위임의 범위 일탈 여부

이 사건 복무규정이 국가공무원법 제65조 및 제67조의 위임을 받은 규정이라고 하더라도 법률유보원칙상 그 위임의 범위를 넘어서는 안 된다.

국가공무원법 제65조 제4항은 '정치적 행위의 금지에 관한 한계'를 하위법령에 위임하고 있는데, 이 사건 복무규정이 규정하는 국가 정책에 대한 집단적인 반대·방해 행위 금지는 그 내용과 성격이 정치적 표현의 자유에 관련된 행위로서 위 '정치적 행위'를 보다 구체화한 것이라 할 수 있다.

그러므로 이 사건 복무규정은 위임의 범위를 벗어나지 않는다고 할 것이다.

(4) 소 결

따라서 이 사건 복무규정은 법률유보원칙에 위배되지 아니한다.

3. 이 사건 복무규정의 명확성원칙 위배 여부

(1) 명확성원칙의 의의

명확성원칙은 법치국가원리의 한 표현으로서 기본권을 제한하는 법규범의 내용은 명확하여야 한다는 헌법상의 원칙이다. 법규범의 의미내용이 애매모호하거나 추상적이어서 불명확하면 법적 안정성과 예측가능성을 확보할 수 없고, 법집행 당국의 자의적인 법해석과 집행을 가능하게 하여 국민의 자유와 권리를 보장하려는 법치주의의 이념은 실현될 수 없기 때문이다.

그런데 법규범의 문언을 순수하게 기술적 개념만으로 구성할 수는 없으므로 법문언의 의미와 내용이 법관의 판단 등 해석을 통해서 밝혀질 수 있다면 명확성원칙에 반한다고 할 수 없다.

표현의 자유와 관련하여 이를 규제하는 입법에서 명확성원칙은 특별히 중요한 의미를 지닌다. 민주사회에서 표현의 자유가 수행하는 역할과 기능에 비추어 볼 때, 불명확한 규범에 의한 규제는 헌법상 보호받는 표현에 대한 위축적 효과를 수반하기 때문에 규제되는 행위의 개념을 세밀하고 명확하게 규정할 것이 헌법적으로 요구된다(헌재 1998. 4. 30. 95헌가16).

(2) 이 사건 복무규정에 대한 검토

이 사건 복무규정은 "공무원은 집단·연명으로 또는 단체의 명의를 사용하여 국가의 정책을 반대하거나 국가 정책의 수립·집행을 방해해서는 아니 된다"라고 규정하고 있는데, 명확성원칙의 위배 여부에 대하여 살펴본다.

1) '집단', '단체', '연명' 등의 불명확성

우선, 위 규정상의 '집단', '단체', '연명' 등이 ① 공무원으로만 구성된 경우를 의미하는지, ② 비공무원이 주도하는 집단적 행위에 공무원이 개인적·개별적으로 참가하는 경우 또는 ③ 비공무원이 주도하는 집단적 행위에 공무원이 집단적으로 참가하는 경우도 해당되는지가 위 규정의 문언만으로는 확실하지 않다.

위 규정이 공무원의 개인적인 정치적 의사표현까지 금지하려는 취지는 아니므로 ②는 해당되지 아니하며, ①과 ③은 집단적 행위라는 점에서는 동일하므로 해당된다고 할 것이다.

2) '국가(의) 정책'의 불명확성

다음으로, 이 사건 복무규정의 "국가의 정책을 반대하거나 국가 정책의 수립·집행을 방해해서는 아니 된다"고 할 때 '국가(의) 정책'이라는 문언의 불명확성이 문제된다.

국가라는 존재는 국민의 주권적 의사가 구현된 상징체로서 대외관계의 측면에서가 아닌 한 그 자체가 어떤 의사결정을 내릴 수 있는 주체라고 할 수는 없는데, '국가(의) 정책'이란 실은 특정 '국가기관 내지 공공기관의 정책'을 가리키는 것으로 이해된다.

3) '반대' 또는 '방해'의 불명확성

끝으로, 국가 정책을 '반대' 또는 '방해'한다고 하는 문언에 대하여 살펴본다.

이 사건 복무규정은 국가 정책에 대한 반대·방해 행위의 구체적 태양을 규정하지 않고 있으므로, 국가 정책에 대한 반대·방해 행위의 수단 및 방법이나 정도를 가리지 아니하고 그러한 모든 행위를 금지하는 것으로 해석되므로 명확성원칙에 위배되지 않는다고 할 것이다.

(3) 소 결

따라서 이 사건 복무규정은 명확성원칙에 위배되지 아니한다.

4. 이 사건 복무규정의 과잉금지원칙 위배 여부

(1) 과잉금지원칙의 의의

헌법 제37조 제2항은 일반적 법률유보조항으로서 국가가 국민의 기본권을 제한하는 내용의 입법을 함에 있어서 준수하여야 할 기본원칙으로서 과잉금지원칙 — 입법목적의 정당성, 수단의 적합성, 침해의 최소성, 그리고 법익의 균형성 — 을 천명하고, 이를 준수하지 않은 법률 내지 법률조항은 기본권제한의 입법한계를 벗어난 것으로서 헌법에 위반되는 것이다(헌재 1998. 8. 27. 96헌가22등; 헌재 2001. 7. 19. 99헌바9등).

따라서 이 사건 복무규정이 과잉금지원칙에 반하여 공무원의 정치적 표현의 자유를 과도하게 제한하는 것인지를 살펴본다.

(2) 입법목적의 정당성과 수단의 적합성

공무원 역시 국민의 한 사람으로서 적어도 근무시간이 아닌 때에는 국가 정책에 대한 자신의 의사를 표현할 수 있으나, 그러한 의사표현이 집단·연명으로 또는 단체의 명의를 사용하여 이루어지는 등 집단적인 형태를 띨 경우에도 이를 허용한다면, 국민전체의 봉사자로서의 지위를 잊고 공무원 집단 자신의 이익을 도모하거나 특정 정당이나 당파의 이익에 봉사할 우려가 있음을 부정할 수 없다.

이 사건 복무규정은 공무원의 근무기강을 확립하고 공무원의 정치적 중립성을 확보하며 나아가 행정의 효율적인 집행을 도모하려는 목적을 가진다는 점에서, 입법목적은 정당하다고 할 것이다.

한편, 공무원에게는 성실히 직무를 수행하며 소속 상관의 직무상 명령에 복종하여야 할 의무가 있고(국가공무원법 제56조, 제57조) 그러한 의무를 다할 때 공무원과 그 조직의 근무기강이 확립될 수 있다.

이 사건 복무규정이 공무원의 집단적 행위를 금지하는 것은, 공무원의 근무기강과 정치적 중립성을 확보하기 위해서도 필요한 것이므로, 위의 입법목적을 달성하기 위한 효과적이고 적절한 방법에 해당한다고 할 것이다.

(3) 침해의 최소성

1) 공무원의 정치적 표현의 자유의 제한 범위

이 사건 복무규정은 공무원의 국가 정책에 대한 모든 반대·방해 행위를 금지하는 것이 아니라 "집단·연명으로 또는 단체의 명의를 사용하여" 행해지는 행위를 금지하고 있을 뿐이므로, 공무원의 행위가 집단적인 행위가 아닌 개인적·개별적인 행위인 경우에는 허용된다.

그러므로 이는 공무원의 정치적 표현의 자유에 대한 제한을 최소한으로 줄이고 있는 것이라 할 수 있다.

2) 공무원의 정치적 표현의 자유와 직무관련성

이 사건 복무규정은 공무원의 집단적인 정치적 의사표현 행위를 직무 관련성 여부를 묻지 않고 금지하고 있다.

공무원의 행위는 그것이 직무 내의 것인지, 직무 외의 것인지 사실상 구분하기 어려운 경우가 많으며, 설사 공무원이 근무시간 외에 혹은 직무와 관련 없이 집단적인 정치적 표현 행위를 한다 하더라도 공무원의 정치적 중립성에 대한 국민의 기대와 신뢰는 유지되기 어렵다.

나아가 공무원의 행위는 근무시간 내외를 불문하고 국민에게 중대한 영향을 미친다고 할 것이므로, 직무 내에서의 집단적 행위에 대한 규제만으로 공무원의 근무기강을 확립하고 정치적 중립성을 확보하는 데 충분하다고 할 수 없다.

3) 소 결

이러한 점에서 볼 때 이 사건 복무규정은 침해의 최소성 원칙에 반하지 아니한다.

(4) 법익의 균형성

공무원들의 국가 정책에 대한 집단적인 반대·방해 행위가 허용된다면, 원활하고 효율적인 국가 정책의 수립과 집행이 불가능하게 되고, 공무원이 이익집단화되어 그 사익을 요구·관철할 수도 있으며, 국가 정책에 대한 찬반 의사표시를 통해 간접적으로 특정 정당이나 후보자에 대한 지지·반대를 표현하는 결과를 발생시킴으로써 공무원의 정치적 중립성을 훼손할 수도 있다.

뿐만 아니라 그것은 국가 정책의 집행을 위해 화합하고 협력하여야 할 공무원 사이에 정치적 이념에 따른 상호 대립과 분열을 조장할 수도 있다.

이러한 점을 고려할 때, 이 사건 복무규정이 달성하려는 공익은 그로 말미암아 제한받는 공무원의 정치적 표현의 자유라는 사익에 비해 결코 작다고 할 수 없으므로 법익의 균형성 또한 인정된다.

(5) 소 결

따라서 이 사건 복무규정은 과잉금지원칙에 위배되어 甲의 정치적 표현의 자유를 침해한다고 할 수 없다.

5. 결 어

이 사건 복무규정은 법률유보원칙, 명확성원칙 및 과잉금지원칙에 위배되어 甲의 정치적 표현의 자유를 침해하지 아니한다.

참고판례 **국가공무원 복무규정 제3조 제2항 등 위헌확인**(2012. 5. 31. 2009헌마705, 2010헌마90(병합))

[위의 해설은 '참고판례의 다수의견'을 참고로 한 것이므로, 반대의견도 참고하기 바람]

2-3-26 | 정당제도[기본권의 경합, 정당의 설립 및 가입의 자유, 평등권]

설 문

甲은 1999. 1. 11. 치안총감으로 승진하여 경찰청장으로 근무하다가 1999. 11. 15.자로 퇴직하였다.

甲은, 경찰청장은 퇴직일부터 2년 이내에는 정당의 발기인이나 당원이 될 수 없도록 정한 경찰법 제11조 제4항의 규정과 이에 상응하는 내용을 정당법에 신설할 것을 정한 위 법 부칙 제2조의 규정(이하 '이 사건 법률조항'이라 한다)이 甲의 정당의 설립 및 가입의 자유, 공무담임권(피선거권), 직업의 자유, 평등권을 침해하고 있다고 주장하며, 1999. 3. 10. 헌법재판소법 제68조 제1항에 의하여 헌법소원심판을 청구하였다.

1. 〈설문〉 사건에서 甲이 주장하는 기본권들의 침해가능성을 검토하고, 기본권의 경합 문제를 논하시오.

2. 〈설문〉 사건에서 '이 사건 법률조항'은 甲의 기본권을 침해하는가?

심판대상조항

경찰법(1991. 5. 31. 법률 제4369호로 제정되어 1997. 1. 13. 법률 제5260호로 개정된 것)
제11조(경찰청장) ④ 경찰청장은 퇴직일부터 2년 이내에는 정당의 발기인이 되거나 당원이 될 수 없다.

부칙 제2조(다른 법률의 개정) 정당법 중 다음과 같이 개정한다.
제6조에 제5호를 다음과 같이 신설한다.
5. 경찰법 제11조 제4항의 규정에 의한 경찰청장 퇴직후 2년이내인 자

관련조항

정당법(1998.1.1 법률 제5454호, 1997.12.13. 타법개정)
제6조(발기인 및 당원의 자격) 국회의원선거권이 있는 자는 공무원 기타 그 신분을 이유로 정당가입 기타 정치활동을 금지하는 다른 법령의 규정에도 불구하고 누구든지 정당의 발기

인 및 당원이 될 수 있다. 그러나 다음 각호의 1에 해당하는 자는 그러하지 아니하다. <개정 1997. 1. 13>

1. 국가공무원법 제2조 및 지방공무원법 제2조에 규정된 공무원. 다만, 대통령, 국무총리, 국무위원, 국회의원, 지방의회의원, 선거에 의하여 취임하는 지방자치단체의 장, 국회의원의 보좌관·비서관·비서 및 국회 교섭단체의 정책연구위원과 교육법 제75조 제1항 제2호에 규정된 교원중 총장·부총장·학장·부학장·교수·부교수·조교수·전임강사인 교육공무원을 제외한다.
2. 생략
3. 기타 법령의 규정에 의하여 공무원의 신분을 가진 자

문제 1의 해설

1. 이 사건 법률조항의 의의와 쟁점
2. 甲이 주장하는 기본권의 침해 가능성 검토
   (1) 정당의 설립 및 가입의 자유
   (2) 공무담임권(피선거권)
   (3) 직업의 자유
   (4) 평등권
3. 甲이 주장하는 기본권 간의 경합 문제 검토
   (1) 기본권의 경합의 의의
   (2) 〈설문〉 사건에서의 검토
4. 결어

1. 이 사건 법률조항의 의의와 쟁점

〈설문〉의 '이 사건 법률조항'은 경찰청장에 대하여 퇴직일부터 2년간 '정당설립과 당적취득의 금지'를 규정함으로써 경찰청장의 정치적 중립성을 확보하기 위하여 마련된 것이다.

경찰의 수장인 경찰청장이 정치권의 영향으로부터 독립하여 직무를 수행하는 것은, 경찰로 하여금 국민의 자유과 권리를 존중하고 국민전체에 대한 봉사자로서 공정중립을 지키며 그 본연의 임무를 수행하도록 함에 있어서 매우 중요하다고 할 수 있다.

그런데 〈설문〉에서 경찰청장으로 재직하다 퇴직한 甲은 이 사건 법률조항이 정당의 설립 및 가입의 자유를 비롯하여 공무담임권(피선거권), 직업의 자유, 평등권을 침해하고 있다고 주장하고 있으므로, 甲이 주장하는 기본권들의 침해 가능

성과 기본권 상호간의 경합문제, 그리고 〈설문〉 사건에서 제한되는 기본권의 침해 여부가 쟁점이 된다.

2. 甲이 주장하는 기본권의 침해 가능성 검토

(1) 정당의 설립 및 가입의 자유

1) 헌법상의 근거

정당에 관한 한, 헌법 제8조는 일반결사에 관한 헌법 제21조에 대한 특별규정이므로, 헌법 제8조 제1항이 우선적으로 적용된다.

그러나 정당의 자유를 규정하는 헌법 제8조 제1항이 기본권의 규정형식을 취하고 있지 아니하고 또한 '국민의 기본권에 관한 장'인 제2장에 위치하고 있지 아니하므로, 정당의 자유는 '정당설립과 가입에 관한 자유'의 근거규정으로서 '정당설립의 자유'를 규정한 헌법 제8조 제1항과 '결사의 자유'를 보장하는 제21조 제1항에 의하여 보장된 기본권이라 할 것이다.

2) 침해 가능성

경찰청장으로 하여금 퇴직 후 2년간 정당의 설립과 가입을 금지하는 이 사건 법률조항은, 헌법 제8조 제1항 및 제21조 제1항을 근거로 하여 보장되는 정당의 자유를 제한하는 규정이며 동시에 침해가능성이 있다.

(2) 공무담임권(피선거권)

1) 헌법상의 근거

헌법 제25조에 의하여 보장되는 공무담임권은 국민 누구나가 공직선거에 입후보하여 당선될 수 있는 피선거권과 선거직 공무원을 포함한 모든 공직에 취임할 수 있는 공직취임권을 포괄하는 기본권이다.

2) 침해 가능성

이 사건 법률조항이 규율하는 것은 공무담임권이 아니라, 정당의 설립과 가입에 관한 자유이다. 물론, 이 사건 법률조항으로 인하여 甲은 정당추천 후보로서 공직선거에 입후보할 수 있는 기회를 잃게 될 것이지만, 공직선거에 출마하여 당선될 수 있는 권리 그 자체가 침해받는 것은 아니다. 따라서 피선거권에 대한 제한은 이 사건 법률조항이 가져오는 간접적이고 부수적인 효과에 지나지 아니하므로, 헌법 제25조의 공무담임권(피선거권)은 이 사건 법률조항에 의하여 제한되는 甲의 기본권이 아니며 침해가능성도 없다.

(3) 직업의 자유

甲은 헌법 제15조에 근거하여 보장되는 직업의 자유도 침해되었다고 주장하나, 공무원직에 관한 한 공무담임권은 직업의 자유에 우선하여 적용되는 특별법적 규정이고, 위에서 검토한 바와 같이 공무담임권(피선거권)은 이 사건 법률조항에 의하여 제한되는 甲의 기본권이 아니므로, 직업의 자유 또한 이 사건 법률조항에 의하여 제한되는 기본권으로서 고려되지 아니하고 따라서 침해가능성도 없다.

(4) 평등권

평등권은 헌법 제11조에 의하여 보장된다.

정당법 제6조 제1호 및 제3호는 공무원의 정당설립 및 가입을 금지함으로써 공무원 직무의 정치적 중립성을 확보하고자 제정된 것이다. 이러한 입법목적에 비추어 정당법 제6조 제1호 및 제3호에 열거된 공무원의 인적 집단과 경찰청장은 본질적으로 같은 것으로서 같게 취급되어야 할 것이다.

그런데 이 사건 법률조항은 유독 경찰청장의 경우에는 재직 중 뿐만 아니라 퇴직 후에도 2년간 정당의 발기인이나 당원이 될 수 없도록 규정함으로써, 평등권을 제한하는 규정이고 따라서 침해가능성도 있다.

3. 甲이 주장하는 기본권 간의 경합 문제 검토

(1) 기본권의 경합의 의의

기본권의 경합이란 단일의 기본권주체가 국가에 대하여 동시에 여러 기본권의 적용을 주장할 수 있는 경우이다. 그러나 특별법상의 지위(개별적 권리)와 일반법상의 지위(포괄적 권리)가 경합되는 유사경합(부진정경합)의 경우에는 전자의 기본권만 판단대상으로 하면 된다.

하나의 규제로 인해 여러 기본권이 동시에 제약을 받는 경우에는 기본권 침해를 주장하는 청구인의 의도 및 기본권을 제한하는 입법자의 객관적 동기 등을 참작하여 먼저 사안과 가장 밀접한 관계에 있고 또 침해의 정도가 큰 주된 기본권을 중심으로 해서 그 제한의 한계를 따져 보아야 할 것이다(헌재 1998. 4. 30. 95헌가16).

(2) 〈설문〉 사건에서의 검토

〈설문〉 사건에서 甲은 이 사건 법률조항에 의하여 정당의 설립 및 가입의 자유, 공무담임권(피선거권), 직업의 자유, 평등권 등이 침해되었다고 주장하고 있으므로, 기본권 경합의 문제를 검토할 필요가 있다.

그런데 위에서 살펴본 바와 같이, 공무담임권(피선거권)과 직업의 자유는 이 사건 법률조항에 의하여 제한되는 기본권이 아니므로 침해가능성도 없고, 따라서 기본권 경합의 문제도 없다. 이 사건 법률조항은 '정당의 설립 및 가입의 자유'와 '평등권'을 제한하는 것으로서 甲의 기본권을 침해할 가능성이 있고, 자유권과 평등권은 각각 독자적인 보호영역과 판단영역을 갖는 기본권으로서 양자에 대한 심사가 있어야 할 것이다.

4. 결 어

〈설문〉 사건에서 제한되는 기본권은 '정당의 설립 및 가입의 자유'와 '평등권'이고, 이들 기본권은 甲이 주장하는 기본권의 침해와 밀접한 관련성이 있고 또한 각각 독자적인 보호영역과 판단영역을 갖는 기본권이므로 이에 대한 심사가 있어야 할 것이다.

문제 2의 해설

1. 정당의 설립 및 가입의 자유의 침해 여부
   (1) 정당의 설립 및 가입의 자유의 의의와 과잉금지원칙
   (2) 이 사건 법률조항의 과잉금지원칙

1. 정당의 설립 및 가입의 자유의 침해 여부

(1) 정당의 설립 및 가입의 자유의 의의와 과잉금지원칙

1) 정당의 설립 및 가입의 자유(헌법 제8조)의 의의

헌법은 제8조 제1항에서 "정당의 설립은 자유이며, 복수정당제는 보장된다"고 규정하여 국민 누구나가 원칙적으로 국가의 간섭을 받지 아니하고 정당을 설립할 권리를 국민의 기본권으로서 보장하면서, 아울러 정당설립의 자유를 보장한 것의 당연한 법적 산물인 복수정당제를 제도적으로 보장하고 있다.

비록 헌법의 동 조항에서 정당설립의 자유만을 명시적으로 규정하고 있지만, 헌법 제21조의 결사의 자유와 마찬가지로 정당설립의 자유만이 아니라 누구나 국가의 간섭을 받지 아니하고 자유롭게 정당에 가입하고 정당으로부터 탈퇴할 수 있는 자유를 함께 보장하는 것이다(헌재 1999. 12. 23. 99헌마135).

이와 같이, 헌법은 정당을 일반적인 결사와는 달리 독자적으로 규정함으로써 의회민주주의에서 정당이 가지는 중요한 의미와 헌법질서 내에서 정당의 특별한 지위를 강조함으로써, 민주적 의사형성과정의 개방성을 보장하기 위하여 정당설립 및 가입의 자유를 최대한으로 보호하려는 것이 헌법의 정신임을 알 수 있다.

2) 심사기준으로서 과잉금지원칙

정당의 설립 및 가입을 금지하는 이 사건 법률조항은, 이를 정당화하는 사유의 중대성에 있어서 오늘날의 의회민주주의가 정당의 존재 없이는 기능할 수 없다는 점에서, 비록 다른 공익을 실현하기 위하여 도입된다 하더라도 이 사건 법률조항이 달성하려는 공익은 매우 중대한 것이어야 할 것이다.

헌법 제37조 제2항은 일반적 법률유보조항으로서 국가가 국민의 기본권을 제한하는 내용의 입법을 함에 있어서 준수하여야 할 기본원칙으로서 과잉금지원칙 — 입법목적의 정당성, 수단의 적합성, 침해의 최소성, 그리고 법익의 균형성 — 을 천명하고, 이를 준수하지 않은 법률 내지 법률조항은 기본권제한의 입법한계를 벗어난 것으로서 헌법에 위반되는 것이다(헌재 1998. 8. 27. 96헌가22등; 헌재 2001. 7. 19. 99헌바9등).

따라서 정당의 설립 및 가입을 금지하는 이 사건 법률조항이 과잉금지원칙의 한계 내에 있는지 여부를 살펴본다.

(2) 이 사건 법률조항의 과잉금지원칙 위배 여부

1) 입법목적의 정당성

이 사건 법률조항의 '경찰청장의 직무의 독립성과 정치적 중립의 확보'라는 입법목적은 입법자가 추구할 수 있는 헌법상 공익이라는 점에서는 의문의 여지가 없고, 이러한 공익은 매우 중요한 것이라고 보아야 하며, 이러한 공익을 실현해야 할 현실적 필요성도 존재하므로 이 사건 법률조항의 입법목적의 정당성은 인정된다.

2) 수단의 적합성

이 사건 법률조항은 경찰청장으로 하여금 특정정당이나 집권정당을 의식하지 아니한 채 소신을 가지고 경찰권의 행사를 공정하게 할 수 있는 하나의 수단이 될 수 있는 점에서 입법목적의 달성을 위한 수단으로서의 적합성을 지닐 수 있다.

그런데 정당설립의 자유를 제한하는 법률의 경우에는 그 입법수단이 입법목적을 달성할 수 있다는 것을 어느 정도 확실하게 예측할 수 있어야 한다. 경찰청장에게 퇴직 후 정당의 설립과 가입을 허용하는 경우 재직시 직무의 정치적 중립성을 위협하는 부정적 효과가 어느 정도 발생할지 확실하지 아니하다.

따라서 이 사건 법률조항은 정당의 자유에 대한 제한과 이 사건 법률조항을 통하여 의도한 성과 사이에 연관관계가 객관적으로 납득할 만큼 명백하지 않다고 할 것이므로 정당의 자유와 같은 원칙적으로 제한될 수 없는 기본권을 제한함에 있어서 수단의 적합성에서 요구되는 엄격한 요건을 갖추지 못하였다고 할 것이다.

3) 침해의 최소성

정당공천을 통하여 공직선거에 입후보할 수 있는 가능성을 차단하려는 것이 이 사건 법률조항의 진정한 의도라면, 정당의 설립 및 가입 그 자체를 포괄적으로 금지하지 않고서도 '지구당위원장으로의 임명'이나 '정당추천'의 금지 등 개인의 정당의 자유를 보다 적게 침해하는 방법으로도 충분히 입법목적을 달성할 수 있다고 할 것이다. 따라서 이 사건 법률조항은 입법목적을 달성하기 위하여 고려되는 여러 가지의 방법 중에서 국민의 기본권을 가장 적게 침해하는 수단을 택하고 있지 아니하다는 점에서 침해의 최소성도 충족시키지 못하고 있다.

4) 법익의 균형성

위에서 살펴본 바와 같이, 정당설립 및 가입의 자유를 제한함으로써 실현되는 공익은 그 효과에 있어서 매우 불확실한 반면, 甲은 경찰청장 퇴직 후 2년동안 정당의 설립 및 가입이 금지됨으로써 모든 형태의 정당 활동이 불가능하게 되었다.

더욱 본질적인 것은 이 사건 법률조항이 '국민의 정치적 의사형성의 자유'에 미치는 부정적인 효과이다. 국민 누구나가 자유롭게 정당을 설립하고 이에 가입할 수 있는 자유는 국민의 정치의사형성에 있어서 매우 중요하다. 헌법은 제8조에서 정당설립의 자유의 중요성을 강조하여 정당설립의 자유에 대한 제한은 원칙적으로 허용될 수 없다는 것을 표현하고 있기 때문이다.

그렇다면 이 사건 법률조항은 제한을 통하여 얻는 공익적 성과와 제한이 초래하는 부정적인 효과가 합리적인 균형관계에서 현저하게 일탈하고 있다고 할 것이다.

(3) 결어 — 소결

이 사건 법률조항은 '경찰청장의 직무의 독립성과 정치적 중립의 확보'라는 입법목적은 정당하나, 그러한 목적 달성을 위한 수단의 효과 달성이 불확실하고, 그보다 적은 침해 수단을 통하여서도 목적을 달성할 수 있다는 점에서 침해의 최소성과 법익의 균형성도 충족시키지 못하여 과잉금지원칙에 위배되어 甲의 정당의 설립 및 가입의 자유를 침해한다고 할 것이다.

2. 이 사건 법률조항의 평등권 침해 여부

(1) 평등권의 의의와 심사기준

1) 평등권의 의의

헌법 제11조에서 보장하는 평등권은 국가로부터 불평등한 취급을 받지 아니함과 동시에 국가에 대하여 평등한 처우를 요구할 수 있는 주관적 공권이다.

여기에서 말하는 평등은 기회의 균등과 자의의 금지를 기본적 내용으로 하는 상대적 평등으로서 본질적으로 같은 것은 같게, 본질적으로 다른 것은 다르게 취급할 것을 요구하지만, 일체의 차별적 대우를 부정하는 절대적 평등을 의미하는 것이 아니다.

그러므로 입법과 법의 적용에 있어서 합리적인 근거가 없는 차별을 배제하는 상대적 평등을 뜻하며, 합리적 근거가 있는 차별은 평등의 원칙에 반하는 것이 아니다(헌재 1999. 7. 22. 98헌바14; 헌재 2001. 6. 28. 99헌마516).

2) 평등권 침해 여부의 심사기준

평등권 침해 여부를 심사함에 있어서 적용되는 기준인 평등원칙은 엄격한 심사기준(비례성원칙)과 완화된 심사기준(자의금지원칙)이 있다. 이 중 어느 심사기준에 의할 것인지는 입법자에게 인정되는 입법형성권의 정도에 따라 다르게 된다.

① 심사기준의 적용 요건

엄격한 심사기준이 적용되는 경우는 ⅰ) 헌법에서 특별히 평등을 요구하고 있는 경우 또는 ⅱ) 관련 기본권에 대한 중대한 제한을 초래하는 경우이고, 그 외에는 완화된 심사기준이 적용된다(헌재 2001. 6. 28. 2001헌마132).

② 심사기준에 따른 심사 내용

평등권 침해 여부를 심사함에 있어서 엄격한 심사를 한다는 것은, 자의금지원칙에 따른 심사 — 합리성 유무의 심사에 그치는 심사 — 와는 달리, 비례성원칙에 따른 심사, 즉 차별취급의 목적과 수단 간에 엄격한 비례관계가 성립하는지를 기준으로 한 심사를 행함을 의미한다(헌재 1999. 12. 23. 98헌마363).

(2) 평등권 침해 여부에 대한 검토

1) 비교집단의 기본적 동일성과 차별취급의 존재

① 비교집단의 설정과 기본적 동일성

이 사건 법률조항은 경찰청장이 정치적 영향으로부터 독립하여 국민에 대한 봉사자로서 그 직무를 공정하게 수행하도록 하기 위한 것이고, 정당법 제6조 제1호 및 제3호는 공무원의 정당설립 및 가입을 금지함으로써 공무원 직무의 정치적 중립성을 확보하고자 제정된 것이다.

이러한 입법목적에 비추어 〈설문〉 사건에서의 비교집단은, '경찰청장'과 '정당법 제6조 제1호 및 제3호의 공무원'으로 설정할 수 있으며, 두 집단은 정당설립 및 가입의 자유를 제한당하는 대상이라는 점에서 기본적으로 동일하다고 할 것이다.

② 차별취급의 존재

위에서 비교되는 두 집단 모두 공무원 직무의 정치적 중립성을 확보하기 위하여 정당의 설립 및 가입의 자유가 제한되고 있음에도 불구하고, '경찰청장'에 대하여는 퇴직 후에도 2년간 정당의 발기인이나 당원이 될 수 없도록 규정함으로써, 퇴직함으로써 자유롭게 정당의 발기인이나 당원이 될 수 있는 다른 비교집단에 비하여 차별취급을 하고 있다.

2) 〈설문〉 사건의 심사기준

〈설문〉 사건의 '경찰청장'에 대하여 정당의 설립 및 가입의 자유와 관련하여 헌법에서 특별히 평등을 요구하는 규정을 두고 있지는 아니하므로, 이 사건 법률조항이 甲의 정당의 설립 및 가입의 자유의 행사에 중대한 제한을 초래하는 것인지 여부를 검토할 필요가 있다.

기술한 바와 같이, 헌법은 정당조항(제8조)과 결사의 자유 조항(제21조)에 근거하여 정당의 설립 및 가입의 자유를 보장함으로써, 의회민주주의에서 정당이 가지는 중요한 의미와 헌법질서 내에서 정당의 특별한 지위를 강조하고 있다.

이것은 민주적 의사형성과정의 개방성을 보장하기 위하여 정당설립 및 가입의 자유를 최대한으로 보호하려는 것이며, 정당의 설립 및 가입의 자유에 대한 제한은 원칙적으로 허용될 수 없다는 것을 표현하고 있는 것이다.

따라서 甲의 정당의 설립 및 가입의 자유를 제한하는 이 사건 법률조항은 甲

의 기본권 행사에 중대한 제한을 초래하는 것이므로, 엄격한 심사기준이 적용되어야 할 것이다.

3) 엄격한 심사기준의 위배 여부

이 사건 법률조항은 경찰청장의 경우에는 재직 중 뿐만 아니라 퇴직 후에도 2년간 정당의 발기인이나 당원이 될 수 없도록 규정함으로써, 퇴직함으로써 자유롭게 정당의 발기인이나 당원이 될 수 있는 다른 공무원에 대하여 정당의 설립 및 가입의 자유에 있어서 차별대우를 하고 있다.

정당법 제6조 제1호 및 제3호에 열거된 공무원, 특히 직무의 독립성이 강조되는 대법원장 및 대법관, 헌법재판소장 및 헌법재판관과 감사원장 등의 경우에도 경찰청장과 마찬가지로 정치적 중립성이 요구된다고 할 것이다.

그럼에도 불구하고, 경찰청장의 경우에는 퇴직 후 정당을 통한 선거직 공무원 진출의 길을 봉쇄함으로써 재직 중 직무의 공정성을 강화해야 할 필요성이 두드러진다고 볼 수 없으므로, 다른 공무원과 경찰청장 사이에는 차별을 정당화할 만한 본질적인 차이가 존재하지 아니한다.

따라서 이 사건 법률조항이 유독 경찰청장에 대하여는 퇴직한 뒤 일정기간 정당의 발기인이 되거나 당원이 될 수 없도록 규정한 것은 평등의 원칙에 위반되고 甲의 평등권을 침해한다고 할 것이다.

(3) 결어 — 소결

이 사건 법률조항이 경찰청장에 대하여 퇴직한 뒤 일정기간 정당의 설립 및 가입의 자유를 허용하지 아니하는 것은 평등의 원칙에 위반되고, 甲의 평등권을 침해하는 것이다.

3. 결 어

이 사건 법률조항은 甲의 정당설립 및 가입의 자유와 평등권을 침해한다.

참고판례 경찰법 제11조 제4항 등 위헌확인(헌재 1999. 12. 23. 99헌마135)

제3장

기본권

Constitutional Law

I 초급 사례

3-1-27 | 인격권[초상권]

설 문

A경찰서 사법경찰관(피청구인)은 2012. 4. 24. 사기 혐의로 구속된 甲(청구인)을 A경찰서 조사실에서 조사하면서, 같은 날 경찰서 기자실에서 "교통사고 위장, 보험금 노린 형제 보험사기범 검거"라는 제목의 보도자료를 기자들에게 배포하였다.
보도자료에는 피의자인 청구인과 청구인의 형의 나이 및 직업, 실명 중 2글자가 각각 표시되어 있고, 이들의 범죄전력과 피의사실, 범행방법, 증거의 내용 등이 기재되어 있었다.
피청구인은 보도자료 배포 직후 기자들의 취재 요청에 응하여 청구인이 A경찰서 조사실에서 양손에 수갑을 찬 채 조사받는 모습을 촬영할 수 있도록 허용하였다. K방송국과 J일보 등 각 언론사는 2012. 4. 25. 청구인의 범죄사실에 관한 뉴스 및 기사를 보도하였는데, 청구인을 '정모씨(36세)' 또는 'A씨' 등으로 표현하였고, 청구인이 수갑을 차고 얼굴을 드러낸 상태에서 경찰로부터 조사받는 장면이 흐릿하게 처리되어 방송되었다.
청구인은, 피청구인이 언론기관에 보도자료를 배포하여 청구인의 피의사실을 알리고 기자들로 하여금 청구인의 모습을 촬영할 수 있도록 허용한 행위(이하 '촬영허용행위'라 한다)가 청구인의 인격권을 침해하였다고 주장하면서, 2012. 7. 20. 그 위헌확인을 구하는 헌법소원심판을 청구하였다.

〈설문〉 사건에서 '촬영허용행위'는 과잉금지원칙에 위배되어 甲의 인격권을 침해하는가?

관련조항

형법(1953. 9. 18. 법률 제293호로 제정된 것)

제126조(피의사실공표) 검찰, 경찰 기타 범죄수사에 관한 직무를 행하는 자 또는 이를 감독하거나 보조하는 자가 그 직무를 행함에 당하여 지득한 피의사실을 공판청구 전에 공표한 때에는 3년 이하의 징역 또는 5년 이하의 자격정지에 처한다.

구 인권보호를 위한 경찰관 직무규칙(2005. 10. 4. 경찰청훈령 제461호로 제정되고, 2012. 7. 23. 경찰청훈령 제674호로 폐지되기 전의 것)

제83조(수사사건 언론공개의 기준) ① 경찰관은 원칙적으로 수사사건에 대하여 공판청구 전 언론공개를 하여서는 아니된다.

② 제1항의 규정에도 불구하고 공공의 이익 및 국민의 알권리를 보장하기 위해 다음 각 호의 1에 해당하는 경우 홍보책임자는 언론공개를 할 수 있다.

1. 중요범인 검거 및 참고인·증거 발견을 위해 특히 필요하다고 인정되는 경우
2. 국민의혹 또는 불안을 해소하거나 유사범죄 예방을 위해 특히 필요하다고 인정되는 경우
3. 기타 공익을 위해 특히 필요하다고 인정되는 경우

③ 제1항에 의해 언론공개를 하는 경우에도 객관적이고 정확한 증거 및 자료를 바탕으로 필요한 사항만 공개하여야 한다.

④ 개인의 신상정보 등이 기록된 모든 서류 및 부책 등은 외부로 유출되지 않도록 보안관리하여야 한다.

제84조(수사사건 언론공개의 한계) 제83조 제2항의 언론공개를 할 때에도 다음 각 호의 1에 해당하는 사항은 공개하지 않아야 한다.

1. 범죄와 직접 관련이 없는 명예·사생활에 관한 사항
2. 보복 당할 우려가 있는 사건관계인의 신원에 관한 사항
3. 범죄 수법 및 검거 경위에 관한 자세한 사항
4. 기타 법령에 의하여 공개가 금지된 사항

제85조(초상권 침해 금지) 경찰관은 경찰관서 안에서 피의자, 피해자 등 사건관계인의 신원을 추정할 수 있거나 신분이 노출될 우려가 있는 장면이 촬영되지 않도록 하여야 한다.

구 인권보호를 위한 경찰관 직무규칙(2010. 12. 27. 경찰청훈령 제617호로 개정되고, 2012. 7. 23. 경찰청훈령 제674호로 폐지되기 전의 것)

제85조의2(예외적 촬영 허용) 경찰관은「특정강력범죄의 처벌에 관한 특례법」제8조의2 제1항 또는「성폭력범죄의 처벌 등에 관한 특례법」제23조 제1항에 해당하는 경우에는 피의자의 얼굴, 실명, 및 나이 등 신상에 관한 정보를 공개할 수 있다.

해 설

1. 촬영허용행위의 의의와 쟁점

〈설문〉 사건의 '촬영허용행위'는 피청구인이 청구인 甲을 수갑과 포승에 묶어 조사실 의자에 앉히고 얼굴이 드러난 상태에서 조사받는 장면을 촬영하도록 허용한 권력적 사실행위이다. 이러한 '촬용허용행위'는 甲의 초상권을 포함한 인격권을 제한하는 것이다.

따라서 〈설문〉에서는 피청구인의 '촬영허용행위'가 과잉금지원칙에 위배되어 甲의 인격권을 침해하는지 여부가 쟁점이 된다.

2. 인격권의 의의와 과잉금지원칙

(1) 인격권의 의의

인격권은 헌법 제10조에서 유래되는 기본권으로서, 인간의 존엄과 가치를 보존하고 유지하는 개인적 결정과 행동을 하고, 인간의 존엄과 가치에 상응하는 상태를 누릴 수 있는 포괄적인 권리라고 할 수 있다.

이러한 일반적 인격권에는 개인의 자기결정권(헌재 1990. 9. 10. 89헌마82), 명예권(헌재 2011. 3. 31. 2008헌바111), 성명권(헌재 2007. 10. 4. 2006헌마364등), 초상권(헌재 2014. 3. 27. 2012헌마652) 등이 포함된다.

〈설문〉 사건에서 문제되고 있는 일반적 인격권 중 '초상권'이란 개인이 자신의 의사에 반하여 얼굴을 비롯하여 일반적으로 특정인임을 식별할 수 있는 신체적 특징에 관하여 함부로 촬영당하지 아니할 권리를 말한다.

(2) 인격권의 제한과 과잉금지원칙

〈설문〉 사건의 '촬용허용행위'는 피의자의 지위에 있는 甲의 인격권(초상권)을 제한하는 것이지만, 인격권도 일반적 법률유보조항인 헌법 제37조 제2항에 따라 제한이 가능하다.

그러나 기본권을 제한하는 경우에도 입법이 준수하여야 할 기본원칙 — 과잉금지원칙과 본질적 내용의 침해 금지원칙 — 에 따라야 할 것이고, 특히 〈설문〉 사건에서는 청구인 甲이 피의자라는 점에서, 헌법상 무죄추정의 원칙, 수사기관의 피의자에 대한 인권 존중의무(형사소송법 제198조 제2항), 수사기관에 의한 인격권 침해가 피의자 및 그 가족에게 미치게 될 영향의 중대성 및 파급효과 등을 고려하여 헌법적 한계의 준수 여부를 엄격하게 판단하여야 할 것이다.

3. 촬영허용행위의 과잉금지원칙 위배 여부

(1) 입법목적의 정당성과 수단의 적정성

원칙적으로 '범죄사실' 자체가 아닌 그 범죄를 저지른 '피의자 개인'에 관한 부분은 일반 국민에게 널리 알려야 할 공공성을 지닌다고 할 수 없고, 이에 대한 예외는 공개수배의 필요성이 있는 경우 등에 극히 제한적으로 인정될 수 있을 뿐이다.

〈설문〉 사건에서 청구인 甲은 공인이 아니며 보험사기를 이유로 체포된 피의자에 불과해 신원공개가 허용되는 예외사유에 해당한다고 할 수 없다.

그렇다면 청구인이 수갑을 차고 얼굴을 드러낸 상태에서 조사받는 모습을 촬영할 수 있도록 허용할 어떠한 공익 목적도 인정하기 어렵다.

따라서 촬영허용행위는 목적의 정당성이 인정되지 아니하고, 따라서 그러한 목적을 달성하기 위한 어떤 수단도 적정하다고 볼 수 없다.

(2) 침해의 최소성

피의자의 얼굴을 공개하더라도 그로 인한 피해의 심각성을 고려하여 모자, 마스크 등으로 피의자의 얼굴을 가리는 등 피의자의 신원이 노출되지 않도록 침해를 최소화하기 위한 조치를 취하여야 하는데, 피청구인은 그러한 조치를 전혀 취하지 아니하였으므로 침해의 최소성 원칙도 충족하였다고 볼 수 없다.

(3) 법익의 균형성

촬영허용행위는 언론 보도를 보다 실감나게 하기 위한 목적 외에 어떠한 공익도 인정할 수 없는 반면, 청구인은 피의자로서 얼굴이 공개되어 초상권을 비롯한 인격권에 대한 중대한 제한을 받았고, 촬영한 것이 언론에 보도될 경우 범인으로서의 낙인 효과와 그 파급효과는 매우 가혹하여 법익균형성도 인정되지 아니한다.

(4) 소 결

위에서 살펴본 바와 같이 촬영허용행위는 목적의 정당성을 비롯하여 과잉금지원칙의 4가지 요건 모두를 충족하지 못한다.

4. 결 어

〈설문〉의 촬영허용행위는 과잉금지원칙에 위반되어 청구인 甲의 인격권(초상권)을 침해하는 것이다.

참고판례 피의사실 언론공표 등 위헌확인(헌재 2014. 3. 27. 2012헌마652)

3-1-28 | 신체의 자유[이중처벌금지원칙, 과잉금지원칙]

설 문

甲은 2010. 10. 5. J지방법원에서 특수절도죄로 징역 1년에 집행유예 2년, 보호관찰 및 200시간의 사회봉사명령을 선고받고 2010. 10. 13. 그 판결이 확정되었다.

甲은 200시간의 사회봉사명령을 모두 이행한 이후인 2012. 8. 1. 집행유예취소 인용결정을 받고, 이에 즉시항고하였으나 기각되었으며, 다시 대법원에 재항고하여 그 재판계속 중 2012. 8. 31. 집행유예취소의 근거가 된 형법 제64조 제2항(이하 '이 사건 법률조항'이라 한다)이 위헌이라고 주장하며 위헌제청신청을 하였으나, 2012. 9. 13. 위 재항고 및 위헌제청신청이 모두 기각되었다.

이에 甲은 2012. 9. 24. 이 사건 헌법소원심판을 청구하였다.

※ 甲은 집행유예의 대상자인 자신이 행한 의무이행 부분(200시간의 사회봉사)을 집행유예의 취소로 부활되는 형기에 반영하지 아니함으로써, 이 사건 법률조항이 과잉금지원칙에 위배되어 신체의 자유를 침해한다고 주장하고 있다.

1. 〈설문〉에서 '이 사건 법률조항'에 의하여 집행유예가 취소되는 경우 사회봉사 등 의무를 이행하였는지 여부와 관계없이 유예되었던 본형 전부를 집행하는 것이 이중처벌금지원칙에 위배되는가?

2. 〈설문〉에서 '이 사건 법률조항'은 과잉금지원칙에 위배되어 신체의 자유를 침해한다는 甲의 주장은 타당한가?

심판대상조항

형법(1995. 12. 29. 법률 제5057호로 개정된 것)

제64조(집행유예의 취소) ② 제62조의2의 규정에 의하여 보호관찰이나 사회봉사 또는 수강을 명한 집행유예를 받은 자가 준수사항이나 명령을 위반하고 그 정도가 무거운 때에는 집행유예의 선고를 취소할 수 있다.

관련조항

보호관찰 등에 관한 법률(2009. 5. 28. 법률 제9748호로 개정된 것)

제32조(보호관찰 대상자의 준수사항) ① 보호관찰 대상자는 보호관찰관의 지도·감독을 받으며 준수사항을 지키고 스스로 건전한 사회인이 되도록 노력하여야 한다.

② 보호관찰 대상자는 다음 각 호의 사항을 지켜야 한다.

1. 주거지에 상주(常住)하고 생업에 종사할 것
2. 범죄로 이어지기 쉬운 나쁜 습관을 버리고 선행(善行)을 하며 범죄를 저지를 염려가 있는 사람들과 교제하거나 어울리지 말 것
3. 보호관찰관의 지도·감독에 따르고 방문하면 응대할 것
4. 주거를 이전(移轉)하거나 1개월 이상 국내외 여행을 할 때에는 미리 보호관찰관에게 신고할 것

③ 법원 및 심사위원회는 판결의 선고 또는 결정의 고지를 할 때에는 제2항의 준수사항 외에 범죄의 내용과 종류 및 본인의 특성 등을 고려하여 필요하면 보호관찰 기간의 범위에서 기간을 정하여 다음 각 호의 사항을 특별히 지켜야 할 사항으로 따로 과(科)할 수 있다.

1. 야간 등 재범의 기회나 충동을 줄 수 있는 특정 시간대의 외출 제한
2. 재범의 기회나 충동을 줄 수 있는 특정 지역·장소의 출입 금지
3. 피해자 등 재범의 대상이 될 우려가 있는 특정인에 대한 접근 금지
4. 범죄행위로 인한 손해를 회복하기 위하여 노력할 것
5. 일정한 주거가 없는 자에 대한 거주장소 제한
6. 사행행위에 빠지지 아니할 것
7. 일정량 이상의 음주를 하지 말 것
8. 마약 등 중독성 있는 물질을 사용하지 아니할 것
9. 「마약류관리에 관한 법률」상의 마약류 투약, 흡연, 섭취 여부에 관한 검사에 따를 것
10. 그 밖에 보호관찰 대상자의 재범 방지를 위하여 필요하다고 인정되어 대통령령으로 정하는 사항

④ 보호관찰 대상자가 제2항 또는 제3항의 준수사항을 위반하는 등 사정변경의 상당한 이유가 있는 경우에는 법원은 보호관찰소의 장의 신청 또는 검사의 청구에 따라, 심사위원회는 보호관찰소의 장의 신청에 따라 각각 준수사항의 전부 또는 일부를 추가하거나 변경할 수 있다.

⑤ 제2항부터 제4항까지의 준수사항은 서면으로 고지하여야 한다.

형법(1995. 12. 29. 법률 제5057호로 개정된 것)

제62조의2(보호관찰, 사회봉사·수강명령) ① 형의 집행을 유예하는 경우에는 보호관찰을 받을 것을 명하거나 사회봉사 또는 수강을 명할 수 있다.

② 제1항의 규정에 의한 보호관찰의 기간은 집행을 유예한 기간으로 한다. 다만, 법원은 유예기간의 범위 내에서 보호관찰기간을 정할 수 있다.

③ 사회봉사명령 또는 수강명령은 집행유예기간 내에 이를 집행한다.

형법(2005. 7. 29. 법률 제7623호로 개정된 것)
제62조(집행유예의 요건) ① 3년 이하의 징역 또는 금고의 형을 선고할 경우에 제51조의 사항을 참작하여 그 정상에 참작할 만한 사유가 있는 때에는 1년 이상 5년 이하의 기간 형의 집행을 유예할 수 있다. 다만, 금고 이상의 형을 선고한 판결이 확정된 때부터 그 집행을 종료하거나 면제된 후 3년까지의 기간에 범한 죄에 대하여 형을 선고하는 경우에는 그러하지 아니하다.

형사소송법(1954. 9. 23. 법률 제341호로 제정된 것)
제335조(형의 집행유예 취소의 절차) ① 형의 집행유예를 취소할 경우에는 검사는 피고인의 현재지 또는 최후의 거주지를 관할하는 법원에 청구하여야 한다.
② 전항의 청구를 받은 법원은 피고인 또는 그 대리인의 의견을 물은 후에 결정을 하여야 한다.
③ 전항의 결정에 대하여는 즉시항고를 할 수 있다.
④ 전2항의 규정은 유예한 형을 선고할 경우에 준용한다.

문제 1의 해설

1. 이 사건 법률조항의 의의와 쟁점
2. 이중처벌금지원칙의 의의
3. 이 사건 법률조항의 이중처벌금지원칙 위배 여부
4. 결어

1. 이 사건 법률조항의 의의와 쟁점

〈설문〉의 ‘이 사건 법률조항’은 ‘집행유예의 선고를 취소할 수 있다.’고만 규정하고 있고, 관련 법률에서 구체적으로 취소의 효과나 예외 등에 관하여 규정하고 있지는 아니하므로, 집행유예는 전부 취소되거나 취소되지 않거나 하는 두 가지의 경우만이 가능하다.

그러므로 집행유예 시 부과된 의무(사회봉사, 수강 등) 중 이미 이행한 부분이 형기에 산입되는 것은 허용되지 아니하며, 집행유예가 취소되면 그 결정이 확정된 때로부터 유예되었던 전(全) 형기가 집행되게 된다.

〈설문〉 사건에서와 같이 집행유예가 취소되어 유예되었던 징역형이 집행되는 경우, 그 징역형의 형기에 집행유예 시 부과된 의무의 이행 부분이 반영되지 아니함으로써 결국 당초 예정되었던 책임의 상한을 초과하게 되는 결과가 되므로, 이 사건 법률조항이 이중처벌금지원칙에 위반되는지 여부가 쟁점이 된다.

2. 이중처벌금지원칙의 의의

헌법 제13조 제1항은 "모든 국민은 … 동일한 범죄에 대하여 거듭 처벌받지 아니한다"고 하여 '이중처벌금지원칙'을 규정하고 있다.

이 원칙은 한 번 판결이 확정되면 동일한 사건에 대해서는 다시 심판할 수 없다는 '일사부재리원칙'이 국가형벌권의 기속원리로 헌법상 선언된 것으로서, 동일한 범죄행위에 대하여 국가가 형벌권을 거듭 행사할 수 없도록 함으로써 국민의 기본권 특히 신체의 자유를 보장하기 위한 것이다.

그런데 헌법 제13조 제1항에서 말하는 '처벌'은 원칙적으로 범죄에 대한 국가의 형벌권 실행으로서의 과벌을 의미하는 것이고, 국가가 행하는 일체의 제재나 불이익처분을 모두 그 '처벌'에 포함시킬 수는 없다(헌재 2003. 6. 26. 2002헌가14).

3. 이 사건 법률조항의 이중처벌금지원칙 위배 여부

〈설문〉 사건에서와 같이, 집행유예가 취소되는 경우에 부활되는 본형은 이미 판결이 확정된 동일한 사건에 대하여 다시 심판한 결과 부과되는 것이 아니라 동일한 심판작용을 거쳐 집행유예의 선고와 함께 선고되었던 것으로 일사부재리의 원칙과는 무관하다고 할 것이다.

설령 의무의 이행 부분이 부활되는 형기에 반영되지 아니함으로써 사실상 중첩적인 제재의 효과를 지닌다고 보더라도, 사회봉사명령 또는 수강명령은 형의 종류를 정하고 있는 형법 제41조에 해당되지 않고, 그 목적이 과거의 불법에 대한 책임에 기초하고 있는 제재가 아니라 대상자의 건전한 사회복귀의 촉진 및 범죄예방을 통한 복지증진과 사회보호에 있으며, 원칙적으로 대상자가 자유로운 정상생활을 영위할 수 있도록 행해진다는 점에서 형벌과 본질적인 차이가 있다.

따라서 〈설문〉 사건의 '사회봉사명령'을 이중처벌금지원칙에서 말하는 '처벌'로 보기 어렵다.

4. 결 어

따라서 이 사건 법률조항에 의하여 집행유예가 취소되어 유예되었던 징역형이 집행되는 경우, 그 징역형의 형기에 '사회봉사명령' 부분이 반영되지 아니하더라도, '사회봉사명령'은 '처벌'에 해당되지 아니하므로, 이 사건 법률조항은 이중처벌금지원칙에 위배되지 아니한다.

문제 2의 해설

1. 이 사건 법률조항의 의의와 쟁점

〈문제 1〉의 해설에서 기술한 바와 같이, 〈설문〉의 '이 사건 법률조항'은 '집행유예의 선고를 취소할 수 있다.'고만 규정하여 집행유예가 취소되면 그 결정이 확정된 때로부터 유예되었던 전(全) 형기가 집행되게 된다.

〈설문〉 사건에서는 甲이 행한 의무이행 부분(200시간의 사회봉사)이 집행유예의 취소로 부활되는 형기에 반영되지 아니하게 됨으로써, 이 사건 법률조항이 과잉금지원칙에 위배되어 신체의 자유를 침해하는지 여부가 쟁점이 된다.

2. 신체의 자유의 의의와 제한

(1) 신체의 자유의 의의

헌법 제12조 제1항의 신체의 자유는, 신체의 안정성이 외부로부터의 물리적인 힘이나 정신적인 위험으로부터 침해당하지 아니할 자유와 신체활동을 임의적이고 자율적으로 할 수 있는 자유를 말한다(헌재 1992. 12. 24. 92헌가8; 헌재 2005. 5. 26. 99헌마513등).

(2) 신체의 자유의 제한과 과잉금지원칙

이 사건 법률조항에 의하여 집행유예가 취소되는 경우 유예되었던 본형의 전부가 집행되게 됨으로써, 甲과 같은 집행유예자였던 자의 신체의 자유를 제한한다.

그런데 위와 같이 기본권을 제한하기 위해서는 헌법 제37조 제2항에 따른 과잉금지원칙을 준수하여야 하는데, 동 조항은 기본권을 제한하는 입법이 준수하여야 할 요건으로서 입법목적의 정당성과 수단의 적절성, 침해의 최소성, 법익의 균형성을 갖출 것을 요구하고 있다(헌재 1997. 3. 27. 94헌마196등).

〈설문〉의 이 사건 법률조항에 의한 신체의 자유의 제한이 이러한 한계 내에 있는지 여부를 살펴본다.

3. 이 사건 법률조항의 과잉금지원칙 위배 여부

(1) 입법목적의 정당성 및 수단의 적절성

이 사건 법률조항의 입법목적이 집행유예기간 동안 대상자에게 규범합치적 생활을 하도록 강제하고 나아가 범죄자의 자발적이고 능동적인 사회복귀를 도모하여 사회를 방위하고자 하는 데 있으므로 그 입법목적은 정당하고, 준수사항이나 명령의 위반 정도가 무거운 때에 집행유예를 취소하여 유예되었던 본형을 집행하는 것은 이를 달성하기 위한 적절한 수단에 해당한다.

(2) 침해의 최소성

집행유예는 조건적·유보적 처분으로 유예기간이 경과하지 않는 한 취소사유의 발생에 따라 언제든지 유예된 본형의 집행가능성이 남아 있고, 대상자의 책임 있는 사유로 집행유예가 취소되어 그것을 나중에 집행하게 되더라도 과도하다고 할 수 없다.

또한 의무의 이행 동안 받게 되는 제약의 정도를 교도소에서의 수감과 동일하거나 그보다 크다고 보기 어렵고, 집행유예의 취소는 검사의 청구와 법원의 결정을 요건으로 하며 '무거운' 정도에 관한 법원의 해석을 통하여 구체적 타당성과 제재의 합리성을 확보할 수 있다.

그리고 위반의 정도가 무겁다면 결과적으로 사회봉사 또는 수강이 집행유예의 목적에 기여하지 못하였음을 의미하므로 집행유예를 전부 취소하더라도 이를 가혹하다고 보기 어렵고, 집행유예기간이 경과하지 않는 한 언제라도 유예된 형 모두가 부활할 수 있다는 경고효과가 대상자를 규범합치적 생활로 유도하는 기능도 간과할 수 없다.

따라서 이러한 점들을 고려할 때, 이 사건 법률조항은 침해의 최소성원칙에도 반한다고 할 수 없다.

(3) 법익의 균형성

대상자에게 규범합치적 생활을 강제함으로써 범죄자의 건전한 재사회화 및 사회방위를 달성하는 한편 적정한 형벌권을 도모하고자 하는 공익이 준수사항 또는 명령을 위반한 대상자가 입게 되는 불이익보다 훨씬 중요하고 크다.

그러므로, 이 사건 법률조항은 법익의 균형성원칙에 위반된다고 할 수 없다.

(4) 소 결

따라서 이 사건 법률조항은 과잉금지원칙에 위배되지 아니한다.

4. 결 어

이 사건 법률조항은 과잉금지원칙에 위배되어 신체의 자유를 침해하지 아니하므로, 甲의 주장은 타당하지 아니하다.

참고판례 형법 제64조 제2항 위헌소원(헌재 2013. 6. 27. 2012헌바345 · 364(병합))

[이 사건 법률조항과 관련하여 집행유예의 취소 이외에 다른 선택을 가능하게 하거나 집행유예를 취소할 경우에도 의무의 이행 부분을 반영할 수 있도록 입법에 의하여 개선하는 것이 바람직하다는 보충의견 참조]

3-1-29 | 사생활의 비밀과 자유

설 문

甲은 금융감독원의 선임조사역(4급)으로 재직 중인 자이고, 乙은 이 사건 심판청구 당시 금융감독원의 5급 직원이었으나 2012. 5. 16. 4급으로 승진하여 선임조사역(4급)으로 재직 중인 자이다.

甲과 乙(청구인들)은 공직자윤리법(2009. 2. 3. 법률 제9402호로 개정된 것) 제3조 제1항 제13호 중 공직자윤리법 시행령(2011. 10. 28. 대통령령 제23271호로 개정된 것) 제3조 제4항 제15호에 관한 부분(이하 '이 사건 재산등록 조항'이라 한다)이 금융감독원의 4급 이상 직원에 대하여 재산등록의무를 부과하여 청구인들의 사생활의 비밀과 자유를 침해한다고 주장하면서 2012. 3. 30. 이 사건 헌법소원심판을 청구하였다.

〈설문〉 사건에서 '이 사건 재산등록조항'은 과잉금지원칙에 위배되어 청구인들의 사생활의 비밀과 자유를 침해하는가?

심판대상조항

공직자윤리법(2009. 2. 3. 법률 제9402호로 개정된 것)

제3조(등록의무자) ① 다음 각 호의 어느 하나에 해당하는 공직자(이하 "등록의무자"라 한다)는 이 법에서 정하는 바에 따라 재산을 등록하여야 한다.

13. 그 밖에 국회규칙, 대법원규칙 및 대통령령으로 정하는 특정 분야의 공무원과 공직유관단체의 직원

관련조항

공직자윤리법 시행령(2011. 10. 28. 대통령령 제23271호로 개정된 것)

제3조(등록의무자) ④ 법 제3조 제1항 제13호에서 "대통령령으로 정하는 특정 분야의 공무원과 공직유관단체의 직원"이란 다음 각 호의 사람을 말한다.

15. '금융위원회의 설치 등에 관한 법률'에 따른 금융감독원의 4급 이상 직원

구 공직자윤리법(2011. 7. 29. 법률 제10982호로 개정되고, 2013. 6. 7. 법률 제11873호로 개정되기 전의 것)

제4조(등록대상재산) ① 등록의무자가 등록할 재산은 다음 각 호의 어느 하나에 해당하는 사람의 재산(소유 명의와 관계없이 사실상 소유하는 재산, 비영리법인에 출연한 재산과 외국에 있는 재산을 포함한다. 이하 같다)으로 한다. <개정 2011.7.29.>

1. 본인
2. 배우자(사실상의 혼인관계에 있는 사람을 포함한다. 이하 같다)
3. 본인의 직계존속·직계비속. 다만, 혼인한 직계비속인 여성과 외증조부모, 외조부모, 외손자녀 및 외증손자녀는 제외한다.

② 등록의무자가 등록할 재산은 다음 각 호와 같다.

1. 부동산에 관한 소유권·지상권 및 전세권
2. 광업권·어업권, 그 밖에 부동산에 관한 규정이 준용되는 권리
3. 다음 각 목의 동산·증권·채권·채무 및 지식재산권(知識財産權)
   가. 소유자별 합계액 1천만원 이상의 현금(수표를 포함한다)
   나. 소유자별 합계액 1천만원 이상의 예금
   다. 소유자별 합계액 1천만원 이상의 주식·국채·공채·회사채 등 증권
   라. 소유자별 합계액 1천만원 이상의 채권
   마. 소유자별 합계액 1천만원 이상의 채무
   바. 소유자별 합계액 500만원 이상의 금 및 백금(금제품 및 백금제품을 포함한다)
   사. 품목당 500만원 이상의 보석류
   아. 품목당 500만원 이상의 골동품 및 예술품
   자. 권당 500만원 이상의 회원권
   차. 소유자별 연간 1천만원 이상의 소득이 있는 지식재산권
   카. 자동차·건설기계·선박 및 항공기
4. 합명회사·합자회사 및 유한회사의 출자지분
5. 주식매수선택권

제5조(재산의 등록기관과 등록시기 등) ① 공직자는 등록의무자가 된 날부터 2개월 이내에 등록의무자가 된 날 현재의 재산을 다음 각 호의 구분에 따른 기관(이하 "등록기관"이라 한다)에 등록하여야 한다. 다만, 등록의무자가 된 날부터 2개월 이내에 등록의무를 면제받은 경우에는 그러하지 아니하며, 전보(轉補)·강임(降任)·강등(降等) 또는 퇴직 등으로 인하여 등록의무를 면제받은 사람이 3년(퇴직한 경우에는 1년) 이내에 다시 등록의무자가 된 경우에는 전보·강임·강등 또는 퇴직 등을 한 날 이후 또는 제11조 제1항에 따른 재산변동사항 신고 이후의 변동사항을 신고함으로써 등록을 갈음할 수 있다. <개정 2011.7.29.>

12. 공직유관단체의 임직원: 그 공직유관단체를 감독하는 부·처·청. 다만, 특별시·광역시·특별자치시·도·특별자치도 및 시·군·구(자치구를 말한다. 이하 같다)의 감독을 받는 공직유관단체의 임직원은 특별시·광역시·특별자치시·도·특별자치도 및 시·군·구에 등록한다.

제8조(등록사항의 심사) ① 공직자윤리위원회는 등록된 사항을 심사하여야 한다

제10조(등록재산의 공개) ③ 제1항과 제2항에 해당하는 경우가 아니면 누구든지 공직자윤리위원회 또는 등록기관의 장의 허가를 받지 아니하고는 등록의무자의 재산에 관한 등록사항을 열람·복사하거나 이를 하게 하여서는 아니 된다. 다만, 등록의무자가 본인의 등록사항에 대하여 열람·복사하는 경우에는 그러하지 아니하다. <개정 2011.7.29.>

제12조(성실등록의무 등) ③ 제4조 제1항 제2호 또는 제3호의 사람은 등록의무자의 재산등록이나 공직자윤리위원회 등의 등록사항의 심사에 성실하게 응하여야 한다.
④ 제3항에도 불구하고 제4조 제1항 제3호의 사람 중 피부양자가 아닌 사람은 관할 공직자윤리위원회의 허가를 받아 자신의 재산신고사항의 고지를 거부할 수 있으며 3년마다 재심사를 받아야 한다. 이 경우 등록의무자는 고지거부 사유를 밝혀 허가를 신청하여야 한다.

제14조(비밀엄수) 재산등록업무에 종사하거나 종사하였던 사람 또는 직무상 재산등록사항을 알게 된 사람은 다른 사람에게 이를 누설하여서는 아니 된다.

제14조의3(금융거래자료의 제공·누설 등 금지) 제8조 제5항에 따라 금융거래의 내용에 관한 자료를 제공받은 사람은 그 자료를 타인에게 제공 또는 누설하거나 그 목적 외의 용도로 이용하여서는 아니 된다.

제28조(비밀누설의 죄) ① 제14조(제6조의2 제4항, 제11조 제2항 및 제14조의4 제6항에서 준용하는 경우를 포함한다)를 위반하여 재산등록업무에 종사하거나 종사하였던 사람 또는 직무상 재산등록사항을 알게 된 사람이 공개된 재산등록사항 외의 재산등록사항을 정당한 사유 없이 누설하면 1년 이하의 징역 또는 1천만원 이하의 벌금에 처한다.
② 제14조의3(제6조의2 제4항, 제11조 제2항 및 제14조의4 제6항에서 준용하는 경우를 포함한다)을 위반하여 금융거래의 내용에 관한 자료를 제공받은 사람이 그 자료를 타인에게 제공 또는 누설하거나 그 목적 외의 용도로 이용하면 3년 이하의 징역 또는 2천만원 이하의 벌금에 처한다.

해 설

1. 이 사건 재산등록조항의 의의와 쟁점

〈설문〉의 '이 사건 재산등록조항'은 금융감독원 직원의 비리유혹을 억제하고 업무 집행의 투명성 및 청렴성을 확보하기 위한 것인데, 공직자윤리법에서 대통령령으로 정하도록 위임한 특정분야 재산등록대상 공무원 중 금융감독원의 4급 이상의 직원은 공직자윤리법 시행령(2011. 10. 28. 대통령령 제23271호로 개정된 것) 제3조 제4항 15호에 규정됨으로써 등록대상이 되게 되었다.

그런데 이 사건 재산등록 조항은 금융감독원의 4급 이상 직원에 대하여 사유재산에 관한 정보인 재산사항을 등록하도록 하는 것이어서, 헌법 제17조가 보장하는 사생활의 비밀과 자유를 제한한다.

따라서 이 사건 재산등록조항이 과잉금지원칙에 위배되어 청구인들의 사생활의 비밀과 자유를 침해하는지 여부가 쟁점이 된다.

2. 사생활의 비밀과 자유의 의의와 과잉금지원칙

(1) 사생활의 비밀과 자유의 의의

헌법 제17조가 보장하는 '사생활의 비밀'은 사생활과 관련된 사사로운 자신만의 영역이 본인의 의사에 반해서 타인에게 알려지지 않도록 할 수 있는 권리로서 국가가 사생활영역을 들여다보는 것에 대한 보호를 제공하는 기본권이다.

그리고 '사생활의 자유'란 사회공동체의 일반적인 생활규범의 범위 내에서 사생활을 자유롭게 형성해 나가고 그 설계 및 내용에 대해서 외부로부터의 간섭을 받지 아니할 권리로서 국가가 사생활의 자유로운 형성을 방해하거나 금지하는 것에 대한 보호를 의미한다(헌재 2010. 10. 28. 2009헌마544).

본인이나 배우자 등이 소유하고 있는 부동산이나 동산, 유가증권 등 재산의 종류와 그 가액 또는 그 재산의 변동사항 등에 관한 정보는 스스로의 뜻에 따라 삶을 영위해 나가면서 개성을 신장시키기 위한 전제가 되는 사유재산에 관한 정보로서 사적 영역에 관한 것이다.

(2) 사생활의 비밀과 자유의 제한과 과잉금지원칙

〈설문〉의 이 사건 재산등록 조항이 금융감독원의 4급 이상 직원에 대하여 사유재산에 관한 정보인 재산사항을 등록하도록 하는 것은 헌법 제17조가 보장하는 사생활의 비밀과 자유를 제한하는 것이다.

사생활의 비밀과 자유도 일반적 법률유보조항인 헌법 제37조 제2항에 따라 제한이 가능한데, 동 조항에 근거를 두는 과잉금지원칙이란 국민의 기본권을 제한함에 있어서 국가작용의 한계를 명시한 것으로서 목적의 정당성·수단의 적합성·침해의 최소성·법익의 균형성 등을 의미하며 그 어느 하나에라도 저촉이 되면 위헌이 된다는 헌법상의 원칙을 말한다(헌재 1997. 3. 27. 95헌가17).

〈설문〉의 '이 사건 재산등록조항'이 과잉금지원칙을 준수하고 있는지에 대하여 살펴본다.

3. 이 사건 재산등록조항의 과잉금지원칙 위배 여부

(1) 입법목적의 정당성과 수단의 적정성

이 사건 재산등록 조항은 금융감독원 직원의 비리유혹을 억제하고 업무 집행의 투명성 및 청렴성을 확보하기 위한 것으로 입법목적이 정당하고, 금융기관의 업무 및 재산상황에 대한 검사 및 감독과 그에 따른 제재를 업무로 하는 금융감독원의 특성상 소속 직원의 금융기관에 대한 실질적인 영향력 및 비리 개연성이 클 수 있다는 점을 고려할 때 일정 직급 이상의 금융감독원 직원에게 재산등록의무를 부과하는 것은 입법목적을 달성하기 위한 적정한 수단이다.

(2) 침해의 최소성

공직자윤리법에 의한 재산등록제도는 재산공개제도와는 구별되는 것으로서 재산등록의무자가 곧바로 등록재산공개자가 되는 것이 아니다. 그리고 재산등록사항의 누설 및 목적 외 사용 금지 등 재산등록사항이 외부에 알려지지 않도록 보호하는 조치가 마련되어 있다.

또한 재산등록대상에 본인 외에 배우자와 직계존비속도 포함되나 이는 등록

의무자의 재산은닉을 방지하기 위하여 불가피한 것이며, 고지거부제도 운용 및 혼인한 직계비속인 여자, 외조부모 등을 대상에서 제외하고 있다.

이와 같은 사정을 종합해 보면, 이 사건 재산등록 조항이 피해의 최소성원칙에 위반된다고 볼 수도 없다.

(3) 법익의 균형성

이 사건 재산등록 조항에 의하여 제한되는 사생활 영역은 재산관계에 한정되고 그 사항을 알게 되는 자도 등록사항을 심사하는 일부 관계자로 극히 일부이므로 청구인들의 재산사항에 관한 사생활 공개라는 불이익은 그리 크지 않은 반면, 이를 통해 달성할 수 있는 공익은 금융감독원 업무의 투명성 및 금융감독원 직원의 책임성을 확보하려는 것으로 중대하다.

따라서 이 사건 재산등록 조항으로 인하여 달성하려는 공익과 제한되는 사익 간에 법익균형성도 충족된다.

(4) 소 결

위에서 살펴본 바와 같이 이 사건 재산등록조항은 과잉금지원칙에 위배되지 아니한다.

4. 결 어

〈설문〉의 이 사건 재산등록 조항은 과잉금지원칙에 위배되지 아니하여 청구인들의 사생활의 비밀과 자유를 침해하지 아니한다.

참고판례 공직자윤리법 시행령 제3조 제4항 제15호 등 위헌확인(헌재 2014. 6. 26. 2012헌마331)

3-1-30 | 종교의 자유

설 문

법학전문대학원의 입학전형자료로 활용되는 법학적성시험의 시행기관으로 지정된 법학전문대학원협의회는 2009. 4. 23. '2010학년도 법학적성시험 시행계획'을 공고(이하 '적성시험 시행공고'라 한다)하면서 2009. 8. 23.을 시험의 시행일로 지정하였는데, 위 시행일은 일요일이다.

甲은 A대학교 법학과를 졸업한 자로서 법학전문대학원 입학을 위하여 2010학년도 법학적성시험에 응시원서를 접수하였으나, 甲이 믿는 종교가 일요일에는 교회에 출석하여 예배행사에 참석하며, 기도, 봉사행위 이외의 다른 업무를 하지 않는 것을 신앙적 의무로 하고 있어 2010학년도 법학적성시험에 응시하지 아니하였다.

甲은 법학전문대학원협의회의 위 공고가 자신의 종교의 자유 및 평등권을 침해한다는 이유로 2009. 7. 17. 이 사건 헌법소원심판을 청구하였다.

※ 법학적성시험의 응시생수는 2009학년도에는 10,960명, 2010학년도에는 8,428명에 달하고 있으며, 2010학년도 법학적성시험에 응시한 자들의 연령분포를 살펴보면 26~28세가 32.8%, 29~31세가 23.6%, 32~34세가 13.2%에 달하는 등 대학을 졸업한 후 상당기간이 경과한 자들의 응시율이 상당히 높아 상당수가 직장생활을 하고 있을 것으로 보이고, 실제로 2009학년도 법학전문대학원 입학전형결과를 보면 합격자의 상당수가 직장인임을 확인할 수 있다.

〈설문〉 사건에서 '적성시험 시행공고'가 과잉금지원칙에 위배되어 甲의 종교의 자유를 침해하는가?

심판대상조항

2010학년도 법학적성시험 시행계획 공고
2. 시험일시 및 장소

가. 시험 일시

◦ 2009. 8. 23.(일) 09:00~16:00

심판대상

[관련조항]

법학전문대학원 설치 · 운영에 관한 법률(2007. 7. 27. 법률 제8544호로 제정된 것) 제23조(학생선발) ② 법학전문대학원은 지원자의 학사학위과정에서의 성적, 법조인이 될 수 있는 자질에 관한 적성을 측정하기 위한 시험(이하 "적성시험"이라 한다)의 결과 및 외국어능력을 입학전형자료로 활용하여야 하며, 그 밖에 사회활동 및 봉사활동에 대한 경력 등을 입학전형자료로 활용할 수 있다. 이 경우 법학에 관한 지식을 평가하기 위한 시험을 실시하여 그 결과를 입학전형자료로 활용하여서는 아니 된다.

법학전문대학원 설치 · 운영에 관한 법률(2008. 2. 29. 법률 제8852호로 개정된 것)

제24조(적성시험의 시행) ① 적성시험은 교육과학기술부장관이 시행한다. 다만, 교육과학기술부장관은 적성시험의 시행에 필요한 조직 및 인력을 갖춘 기관을 지정하여 적성시험을 시행하게 할 수 있다.

② 교육과학기술부장관은 제1항 단서에 따라 지정된 기관(이하 이 조에서 "지정기관"이라 한다)이 다음 각 호의 어느 하나에 해당하는 경우에는 그 지정을 취소할 수 있다. 다만, 제1호에 해당하는 경우에는 그 지정을 취소하여야 한다.

1. 거짓이나 그 밖의 부정한 방법으로 지정을 받은 경우
2. 정당한 사유 없이 적성시험의 시행업무를 수행하지 아니한 경우
3. 적성시험의 시행에 필요한 조직과 인력을 갖추지 아니한 경우

③ 교육과학기술부장관은 지정기관에 대하여 적성시험의 시행과 관련된 보고 또는 자료의 제출을 명할 수 있다.

법학전문대학원 설치 · 운영에 관한 법률 시행령(2008. 2. 29. 대통령령 제20740호로 개정된 것)

제16조(적성시험의 시행) ① 교육과학기술부장관은 법 제24조 제1항 단서에 따라 적성시험을 시행하는 기관으로 지정할 때에는 다음 각 호의 기관 중에서 지정한다.

1. 법학전문대학원 또는 법학전문대학원이 소속된 대학을 구성원으로 하여 「민법」 제32조 및 「공익법인의 설립 · 운영에 관한 법률」 제4조에 따라 설립된 법인
2. 「고등교육법」 제2조에 따른 대학
3. 「정부출연연구기관 등의 설립 · 운영 및 육성에 관한 법률」 제8조에 따라 설립된 정부출연연구기관
4. 적성시험을 시행할 목적으로 「민법」 제32조 및 「공익법인의 설립 · 운영에 관한 법률」 제4조에 따라 설립된 법인

② 교육과학기술부장관은 법 제24조 제1항 단서에 따라 적성시험을 시행하는 기관을 지정할

때에는 지정하려는 기관에 대하여 그 조직 및 인력 현황, 적성시험 시행계획서 등을 제출하게 할 수 있다.

법학전문대학원 설치 · 운영에 관한 법률 시행령(2010. 2. 22. **대통령령 제22053호로 개정된 것**)
제16조(**적성시험의 시행**) ③ 법 제24조 제1항 단서에 따라 적성시험을 시행하는 기관으로 지정된 기관(이하 "지정기관"이라 한다)은 매년 1회 이상 적성시험을 실시하되, 그 실시계획을 공고하여야 한다.
④ 지정기관이 적성시험을 실시하는 경우 응시수수료는 지정기관이 정하는 방법에 따라 납부한다.

해 설

1. 적성시험 시행공고의 의의와 쟁점

〈설문〉 사건에서 법학전문대학원협의회는 교육과학기술부장관으로부터 적성시험의 주관 및 시행업무를 위임받아 수행하는 공권력 행사의 주체에 해당하고, 2010학년도 적성시험의 구체적인 시험 일시는 '적성시험 시행공고'에 따라 비로소 확정되는 것으로서 위 공고는 헌법소원의 대상이 되는 공권력의 행사에 해당한다.

〈설문〉의 '적성시험 시행공고'는 시험시간을 일요일 09:00~16:00로 정하고 있는데, 甲의 경우 위 적성시험에 응시하게 되면, 예배행사의 참석, 기도, 봉사행위 이외의 다른 업무를 금지한 교리를 위반할 수밖에 없게 된다.

따라서 적성시험 시행공고가 甲의 종교의 자유를 제한하고 침해하는 것인지 여부가 쟁점이 된다.

2. 종교의 자유의 의의와 제한

(1) 종교의 자유의 의의

헌법 제20조는 제1항에서 모든 국민은 종교의 자유를 가진다고 규정하고 제2항에서 국교는 인정되지 아니하며 종교와 정치는 분리된다고 규정하여 종교의 자유와 정교의 분리를 선언하고 있다.

이러한 종교의 자유의 구체적 내용에 관하여는 일반적으로 신앙의 자유, 종교적 행위의 자유 및 종교적 집회·결사의 자유의 3요소를 내용으로 하는 것이다.

적성시험 시행공고와 관련하여 문제되는 종교의 자유는 위 3요소 중 종교적 행위의 자유와 관련이 된다.

(2) 종교의 자유의 제한과 과잉금지원칙

〈설문〉 사건에서 甲은 자기가 신봉하는 종교의 교리에 위반하지 않으면 적성시험 응시가 불가능하게 될 것이고, 그러한 결과는 甲의 종교적 확신에 반하는 행위를 강요하는 것이 되므로 그러한 점에서 적성시험 시행공고는 종교적 행위의 자유에 대한 제한이 될 수 있다.

그런데 이러한 종교적 행위의 자유는 신앙의 자유와는 달리 절대적 자유가 아니므로, 이에 대한 제한도 일반적 법률유보조항인 헌법 제37조 제2항에 따라 제한이 가능하다(헌재 2001. 9. 27. 2000헌마159).

헌법 제37조 제2항에 근거를 두는 과잉금지원칙이란 국민의 기본권을 제한함에 있어서 국가작용의 한계를 명시한 것으로서 목적의 정당성·수단의 적합성·침해의 최소성·법익의 균형성 등을 의미하며 그 어느 하나에라도 저촉이 되면 위헌이 된다는 헌법상의 원칙을 말한다(헌재 1997. 3. 27. 95헌가17).

〈설문〉의 '적성시험 시행공고'가 과잉금지원칙을 준수하고 있는지에 대하여 살펴본다.

3. 적성시험 시행공고의 과잉금지원칙 위배 여부

(1) 입법목적의 정당성과 수단의 적정성

적성시험 시행공고가 시험의 시행일을 일요일로 정하고 있는 것은 법학적성시험을 공휴일에 실시함으로써 가능한 한 다수의 국민이 본인의 학업·생계활동 등 일상생활에 가장 지장 없이 시험에 응시할 수 있도록 하고, 시험장소로 제공된 시설의 부담을 최소화함과 동시에 시험장소의 확보 및 기타 시험관리를 용이하게 하기 위한 것으로 그 목적에 정당성이 인정되며, 공식적인 휴일인 일요일을 시험일로 지정한 것은 이러한 목적을 달성함에 있어 적합한 수단이라고 할 것이다.

(2) 침해의 최소성과 법익의 균형성

법학적성시험의 응시생수는 2009학년도와 2010학년도에 10,000명 내외에 달하고 있으며, 법학전문대학원협의회는 서울, 부산, 전주를 비롯한 9개의 시에 소재한 대학교 및 고등학교를 임차하여 시험장소로 사용하고 있다.

적성시험의 관리는 전국적으로 동일하게 이루어져야 하므로, 시험일을 평일이나 토요일로 정할 경우 사전점검이나 준비가 평일에 이루어지게 되어 시험장소로 제공된 학교에 부담을 주게 될 뿐만 아니라 위 학교의 일정에 따라 시험 준비 등의 절차가 변동되어 철저한 시험준비 및 관리에도 어려움이 있다.

또한 2010학년도 법학적성시험에 응시한 자들의 연령분포나 2009학년도 법학전문대학원 입학전형결과를 보면 합격자의 상당수가 직장인임을 확인할 수 있다. 그런데 직장인들의 근로여건에 관한 규범(근로기준법 부칙 제4조 6호, 근로기준법 시행령 제34조)이나 규범과 현실의 괴리 등을 고려할 때, 적성시험의 시행일을 평일이나 토요일로 정할 경우에는 법학적성시험의 응시자 중 상당수를 차지하는 직장인들의 응시기회가 제한된다.

그리고 국가시험이라고 할지라도 각각의 시험별로 시행부처 및 시행기관이 달라 시험의 관리 및 준비능력이나 시험 시행에 투입되는 비용에 차이가 있고, 시험의 목적 및 실시기간 등에도 차이가 존재하므로, 여타 국가시험의 시행일을 평일 또는 토요일로 정하고 있다는 사실만으로 시험의 시행일을 일요일로 정하고 있는 적성시험 시행공고가 피해의 최소성 및 법익의 균형성 원칙에 반한다고 할 수는 없다.

(3) 소 결

위에서 살펴본 바와 같이 적성시험 시행공고는 과잉금지원칙에 위배되지 아니한다.

4. 결 어

〈설문〉의 적성시험 시행공고는 과잉금지원칙에 위배되지 아니하여 甲의 종교의 자유를 침해하지 아니한다.

> **참고판례** 2010**학년도 법학적성시험 시행일자 공고 등 위헌확인**(헌재 2010. 4. 29. 2009헌마399); **제42회 사법시험 제1차시험 시행일자 위헌확인**(헌재 2001. 9. 27. 2000헌마159)

3-1-31 | 집회의 자유

설 문

甲은 2016. 11. 4. S지방법원에 다음과 같은 공소사실로 기소되었다.
"甲은 2015. 5. 2. 15:28경부터 18:40경까지 국회의사당 정문 앞 도로에서 전국민주노동조합총연맹 및 전국교직원노동조합 조합원, 일부 전국공무원노동조합 조합원 110여명이 개최 중인 집회 대열에 합류하여 그들과 함께 '공적연금 개악저지, 연금을 연금답게'라고 기재된 조끼를 입고 피켓을 들고 연좌하여 구호를 외침으로써 국회의사당 경계지점으로부터 100미터 이내의 장소에서 개최된 집회에 참가하였다."
甲은 1심 계속 중 S지방법원에 '집회 및 시위에 관한 법률'(2007. 5. 11. 법률 제8424호로 전부개정된 것) 제11조 제1호 중 '국회의사당'에 관한 부분 및 제23조 중 제11조 제1호 가운데 '국회의사당'에 관한 부분(이하 '집회 및 시위에 관한 법률'은 '집시법'이라 하고, 위 두 조항을 합하여 '이 사건 법률조항'이라 한다)에 대하여 위헌법률심판제청신청을 하였는데, 같은 법원이 2017. 8. 17. 위 신청을 기각하자 2017. 9. 14. 이 사건 헌법소원심판을 청구하였다.

〈설문〉 사건에서 '이 사건 법률조항'은 과잉금지원칙에 위배되어 甲의 집회의 자유를 침해하는가?

심판대상조항

집회 및 시위에 관한 법률(2007. 5. 11. 법률 제8424호로 전부개정된 것)
제11조(옥외집회와 시위의 금지 장소) 누구든지 다음 각 호의 어느 하나에 해당하는 청사 또는 저택의 경계 지점으로부터 100미터 이내의 장소에서는 옥외집회 또는 시위를 하여서는 아니 된다.
1. 국회의사당, 각급 법원, 헌법재판소

제23조(벌칙) 제10조 본문 또는 제11조를 위반한 자, 제12조에 따른 금지를 위반한 자는 다음 각 호의 구분에 따라 처벌한다.
1. 주최자는 1년 이하의 징역 또는 100만 원 이하의 벌금

2. 질서유지인은 6개월 이하의 징역 또는 50만 원 이하의 벌금·구류 또는 과료
3. 그 사실을 알면서 참가한 자는 50만 원 이하의 벌금·구류 또는 과료

관련조항

집회 및 시위에 관한 법률(2007. 5. 11. 법률 제8424호로 전부개정된 것)

제11조(옥외집회와 시위의 금지 장소) 누구든지 다음 각 호의 어느 하나에 해당하는 청사 또는 저택의 경계 지점으로부터 100미터 이내의 장소에서는 옥외집회 또는 시위를 하여서는 아니 된다.

2. 대통령 관저(官邸), 국회의장 공관, 대법원장 공관, 헌법재판소장 공관
3. 국무총리 공관. 다만, 행진의 경우에는 해당하지 아니한다.
4. 국내 주재 외국의 외교기관이나 외교사절의 숙소. 다만, 다음 각 목의 어느 하나에 해당하는 경우로서 외교기관 또는 외교사절 숙소의 기능이나 안녕을 침해할 우려가 없다고 인정되는 때에는 해당하지 아니한다.
   가. 해당 외교기관 또는 외교사절의 숙소를 대상으로 하지 아니하는 경우
   나. 대규모 집회 또는 시위로 확산될 우려가 없는 경우
   다. 외교기관의 업무가 없는 휴일에 개최하는 경우

제5조(집회 및 시위의 금지) ① 누구든지 다음 각 호의 어느 하나에 해당하는 집회나 시위를 주최하여서는 아니 된다.

1. 헌법재판소의 결정에 따라 해산된 정당의 목적을 달성하기 위한 집회 또는 시위
2. 집단적인 폭행, 협박, 손괴(損壞), 방화 등으로 공공의 안녕 질서에 직접적인 위협을 끼칠 것이 명백한 집회 또는 시위

② 누구든지 제1항에 따라 금지된 집회 또는 시위를 할 것을 선전하거나 선동하여서는 아니 된다.

제6조(옥외집회 및 시위의 신고 등) ① 옥외집회나 시위를 주최하려는 자는 그에 관한 다음 각 호의 사항 모두를 적은 신고서를 옥외집회나 시위를 시작하기 720시간 전부터 48시간 전에 관할 경찰서장에게 제출하여야 한다. 다만, 옥외집회 또는 시위 장소가 두 곳 이상의 경찰서의 관할에 속하는 경우에는 관할 지방경찰청장에게 제출하여야 하고, 두 곳 이상의 지방경찰청 관할에 속하는 경우에는 주최지를 관할하는 지방경찰청장에게 제출하여야 한다.

1. 목적
2. 일시(필요한 시간을 포함한다)
3. 장소
4. 주최자(단체인 경우에는 그 대표자를 포함한다), 연락책임자, 질서유지인에 관한 다음 각 목의 사항
   가. 주소

나. 성명
다. 직업
라. 연락처
5. 참가 예정인 단체와 인원
6. 시위의 경우 그 방법(진로와 약도를 포함한다)

제14조(확성기등 사용의 제한) ① 집회 또는 시위의 주최자는 확성기, 북, 징, 꽹과리 등의 기계·기구(이하 이 조에서 "확성기 등"이라 한다)를 사용하여 타인에게 심각한 피해를 주는 소음으로서 대통령령으로 정하는 기준을 위반하는 소음을 발생시켜서는 아니 된다.
② 관할경찰관서장은 집회 또는 시위의 주최자가 제1항에 따른 기준을 초과하는 소음을 발생시켜 타인에게 피해를 주는 경우에는 그 기준 이하의 소음 유지 또는 확성기등의 사용 중지를 명하거나 확성기 등의 일시보관 등 필요한 조치를 할 수 있다.

제16조(주최자의 준수 사항) ① 집회 또는 시위의 주최자는 집회 또는 시위에 있어서의 질서를 유지하여야 한다.
② 집회 또는 시위의 주최자는 집회 또는 시위의 질서 유지에 관하여 자신을 보좌하도록 18세 이상의 사람을 질서유지인으로 임명할 수 있다.
③ 집회 또는 시위의 주최자는 제1항에 따른 질서를 유지할 수 없으면 그 집회 또는 시위의 종결(終結)을 선언하여야 한다.
④ 집회 또는 시위의 주최자는 다음 각 호의 어느 하나에 해당하는 행위를 하여서는 아니 된다.
1. 총포, 폭발물, 도검(刀劍), 철봉, 곤봉, 돌덩이 등 다른 사람의 생명을 위협하거나 신체에 해를 끼칠 수 있는 기구(器具)를 휴대하거나 사용하는 행위 또는 다른 사람에게 이를 휴대하게 하거나 사용하게 하는 행위
2. 폭행, 협박, 손괴, 방화 등으로 질서를 문란하게 하는 행위
3. 신고한 목적, 일시, 장소, 방법 등의 범위를 뚜렷이 벗어나는 행위
⑤ 옥내집회의 주최자는 확성기를 설치하는 등 주변에서의 옥외 참가를 유발하는 행위를 하여서는 아니 된다.

제17조(질서유지인의 준수 사항 등) ① 질서유지인은 주최자의 지시에 따라 집회 또는 시위 질서가 유지되도록 하여야 한다.
② 질서유지인은 제16조 제4항 각 호의 어느 하나에 해당하는 행위를 하여서는 아니 된다.
③ 질서유지인은 참가자 등이 질서유지인임을 쉽게 알아볼 수 있도록 완장, 모자, 어깨띠, 상의 등을 착용하여야 한다.
④ 관할경찰관서장은 집회 또는 시위의 주최자와 협의하여 질서유지인의 수(數)를 적절하게 조정할 수 있다.
⑤ 집회나 시위의 주최자는 제4항에 따라 질서유지인의 수를 조정한 경우 집회 또는 시위를 개최하기 전에 조정된 질서유지인의 명단을 관할경찰관서장에게 알려야 한다.

제18조(참가자의 준수 사항) ① 집회나 시위에 참가하는 자는 주최자 및 질서유지인의 질서 유지를 위한 지시에 따라야 한다.
② 집회나 시위에 참가하는 자는 제16조 제4항 제1호 및 제2호에 해당하는 행위를 하여서는 아니 된다.

제20조(집회 또는 시위의 해산) ① 관할경찰관서장은 다음 각 호의 어느 하나에 해당하는 집회 또는 시위에 대하여는 상당한 시간 이내에 자진(自進) 해산할 것을 요청하고 이에 따르지 아니하면 해산(解散)을 명할 수 있다. <개정 2016.1.27.>
1. 제5조 제1항, 제10조 본문 또는 제11조를 위반한 집회 또는 시위
2. 제6조 제1항에 따른 신고를 하지 아니하거나 제8조 또는 제12조에 따라 금지된 집회 또는 시위
3. 제8조 제5항에 따른 제한, 제10조 단서 또는 제12조에 따른 조건을 위반하여 교통 소통 등 질서 유지에 직접적인 위험을 명백하게 초래한 집회 또는 시위
4. 제16조 제3항에 따른 종결 선언을 한 집회 또는 시위
5. 제16조 제4항 각 호의 어느 하나에 해당하는 행위로 질서를 유지할 수 없는 집회 또는 시위

② 집회 또는 시위가 제1항에 따른 해산 명령을 받았을 때에는 모든 참가자는 지체 없이 해산하여야 한다.
③ 제1항에 따른 자진 해산의 요청과 해산 명령의 고지(告知) 등에 필요한 사항은 대통령령으로 정한다.

제22조(벌칙) ① 제3조 제1항 또는 제2항을 위반한 자는 3년 이하의 징역 또는 300만원 이하의 벌금에 처한다. 다만, 군인·검사 또는 경찰관이 제3조 제1항 또는 제2항을 위반한 경우에는 5년 이하의 징역에 처한다.
② 제5조 제1항 또는 제6조 제1항을 위반하거나 제8조에 따라 금지를 통고한 집회 또는 시위를 주최한 자는 2년 이하의 징역 또는 200만원 이하의 벌금에 처한다.
③ 제5조 제2항 또는 제16조 제4항을 위반한 자는 1년 이하의 징역 또는 100만원 이하의 벌금에 처한다.
④ 그 사실을 알면서 제5조 제1항을 위반한 집회 또는 시위에 참가한 자는 6개월 이하의 징역 또는 50만원 이하의 벌금·구류 또는 과료에 처한다.

제24조(벌칙) 다음 각 호의 어느 하나에 해당하는 자는 6개월 이하의 징역 또는 50만원 이하의 벌금·구류 또는 과료에 처한다.
1. 제4조에 따라 주최자 또는 질서유지인이 참가를 배제했는데도 그 집회 또는 시위에 참가한 자
2. 제6조 제1항에 따른 신고를 거짓으로 하고 집회 또는 시위를 개최한 자
3. 제13조에 따라 설정한 질서유지선을 경찰관의 경고에도 불구하고 정당한 사유 없이 상당 시간 침범하거나 손괴·은닉·이동 또는 제거하거나 그 밖의 방법으로 그 효용을 해친 자
4. 제14조 제2항에 따른 명령을 위반하거나 필요한 조치를 거부·방해한 자

5. 제16조 제5항, 제17조 제2항, 제18조 제2항 또는 제20조 제2항을 위반한 자

해 설

1. 이 사건 법률조항의 의의와 쟁점

〈설문〉의 '이 사건 법률조항'은 국회의사당 경계지점으로부터 100미터 이내의 장소(이하 '국회의사당 인근'이라 한다)에서 옥외집회를 할 수 없도록 하고, 이를 위반한 경우 주최자, 질서유지인, 그 사실을 알면서 참가한 자인지 여부에 따라 각기 다른 법정형을 부과하여 처벌할 수 있도록 하고 있다.

이 사건 법률조항에 의한 집회의 제한은, 개별적인 경우에 구체적인 위험 상황의 발생을 고려함이 없이, 국회의사당 인근이라는 특정한 장소에서 옥외집회가 행하여진다는 사실만으로 이를 일괄적으로 금지하고 이를 위반한 경우에는 형사처벌을 예정하고 있으므로, 집회의 자유를 장소적으로 제한하는 것이다.

따라서 이 사건 법률조항의 옥외집회장소의 제한은 입법자에 의한 것으로 헌법 제21조 제2항의 '사전허가제 금지'에는 위반되지 않으나, 헌법 제37조 제2항이 정하는 기본권 제한의 한계 — 과잉금지원칙의 한계 — 내에 있는지 여부가 쟁점이 된다.

2. 집회의 자유의 의의와 제한

(1) 집회의 자유의 의의

1) 집회의 자유의 근거와 기능

헌법 제21조 제1항은 '모든 국민은 언론·출판의 자유와 집회·결사의 자유를 가진다.'고 규정하여 집회의 자유를 보장하고 있다.

집회의 자유는 국민들이 공동의 목적을 위하여 집단적으로 의사표현을 할 수 있게 하고, 정치·사회 현상에 대한 불만과 비판을 공개적으로 표출케 함으로써, 개성신장과 아울러 여론형성에 이바지하는 역할을 한다.

뿐만 아니라 집회의 자유는 대의기능이 약화된 경우에 그에 갈음하는 직접민주주의의 수단으로서 기능하며, 현대사회에서 소수 집단에게 의사표현의 수단을 제공한다는 점에서, 대의제 민주국가에서는 언론·출판의 자유와 더불어 필수적 구성요소가 된다(헌재 2009. 9. 24. 2008헌가25).

2) 집회의 자유의 보장내용

집회의 자유는 집회의 시간, 장소, 방법과 목적을 스스로 결정하는 것을 보장하는 것으로, 구체적으로 보호되는 주요 행위는 집회의 준비 및 조직, 지휘, 참가, 집회장소·시간의 선택이다(헌재 2016. 9. 29. 2014헌가3등 참조).

이 가운데 '집회의 장소'는 일반적으로 집회의 목적·내용과 밀접한 내적 연관관계를 가질 수 있다. 집회는 특별한 상징적 의미 또는 집회와 특별한 연관성을 가지는 장소, 예를 들면, 집회를 통해 반대하고자 하는 대상물이 위치하거나 집회의 계기를 제공한 사건이 발생한 장소 등에서 행해져야 이를 통해 다수의 의견표명이 효과적으로 이루어질 수 있으므로, 집회의 장소에 대한 선택은 집회의 성과를 결정짓는 주요 요인이 될 수 있다(헌재 2003. 10. 30. 2000헌바67등).

따라서 집회의 장소를 선택할 자유는 집회의 자유의 한 실질을 형성한다고 할 수 있다(헌재 2005. 11. 24. 2004헌가17).

(2) 집회의 자유의 제한과 과잉금지원칙

이 사건 법률조항은, 국회의사당 인근에서의 옥외집회를 절대적으로 금지하고 이를 위반한 경우에는 형사처벌을 예정하고 있으므로, 집회의 자유를 장소적으로 제한하는 것이다.

집회의 자유도 일반적 법률유보조항인 헌법 제37조 제2항에 따라 제한이 가능한데, 동 조항에 근거를 두는 과잉금지원칙은 기본권제한입법이 헌법적으로 정당한 목적을 추구하고(목적의 정당성), 그 입법목적의 달성을 위하여 입법자가 선택한 수단이 적절하고(수단의 적절성), 기본권제한이 필요최소한도에 머물러야 하고(최소 침해성), 입법을 통하여 실현되는 공익과 그에 의하여 제한되는 기본권 상호간에 균형이 이루어져야 할 것(법익의 균형성)을 요구하며, 이 중 어느 한 요건에라도 위반하는 입법은 헌법에 위반된다는 것이다(헌재 1995. 7. 21. 94헌마125 등).

〈설문〉의 이 사건 법률조항이 과잉금지원칙을 준수하고 있는지에 대하여 살펴본다.

3. 이 사건 법률조항의 과잉금지원칙 위배 여부

(1) 입법목적의 정당성과 수단의 적정성

국회는 국민을 대표하는 대의기관으로서 법률을 제정하거나 개정하며, 국정통제기관으로서 특히 행정부에 대한 강력한 통제권한을 행사하는 등 국가정책결정의 주요한 기능을 담당하고 있다. 이와 같은 국회의 기능과 역할은 그 특수성과 중요성에 비추어 특별하고도 충분한 보호가 요청된다.

이 사건 법률조항은 국회의원과 국회에서 근무하는 직원, 국회에 출석하여 진술하고자 하는 일반 국민이나 공무원 등이 어떠한 압력이나 위력에 구애됨이 없이 자유롭게 국회의사당에 출입하여 업무를 수행하며, 국회의사당을 비롯한 국회 시설의 안전이 보장될 수 있도록 하기 위한 목적에서 입법된 것으로 그 목적은 정당하고, 국회의사당 인근에서의 옥외집회를 전면적으로 금지하는 것은 국회의 기능을 보호하는 데 기여할 수 있으므로 수단의 적절성도 인정된다.

(2) 침해의 최소성

국회의 헌법적 기능은 국회의사당 인근에서의 집회와 양립이 가능한 것이며, 국회의 기능을 고려할 때 국회가 특정인이나 일부 세력의 부당한 압력으로부터 보호될 필요성은 원칙적으로 국회의원에 대한 물리적인 압력이나 위해를 가할 가능성 및 국회의사당 등 국회 시설에의 출입이나 안전에 위협을 가할 위험성으로부터의 보호로 한정되어야 한다.

이 사건 법률조항의 입법취지를 감안하여 '국회의사당'을 '국회 본관뿐만 아니라 의원회관, 국회도서관 등 국회의 기능적 활동이 이루어지는 국회 부지 내의 장소 전체'로 해석할 수 있으나, 국회는 국회 부지의 경계지점에 담장을 설치하고 있고, 국회의 담장으로부터 국회의사당 건물과 같은 국회 시설까지 상당한 공간이 확보되어 있으므로 국회의 헌법적 기능은 이를 통하여서도 보장될 수 있다.

한편, 이 사건 법률조항은 국회의사당 인근을 절대적 집회금지장소로 규정하고 있는데, 국회의 기능을 저해할 추상적 위험이 구체적인 상황에 의하여 부인될 수 있는 경우라면, 입법자로서는 예외적으로 옥외집회가 가능할 수 있도록 이 사건 법률조항을 규정하여야 할 것이다. 예를 들어, 국회의 기능을 직접 저해할 가능성이 거의 없는 '소규모 집회', '공휴일이나 휴회기 등에 행하여지는 집회', '국회의 활동을 대상으로 한 집회가 아니거나 부차적으로 국회에 영향을 미치고자 하는 의도가 내포되어 있는 집회'처럼 옥외집회에 의한 국회의 헌법적 기능이 침해될 가능성이 부인되거나 또는 현저히 낮은 경우에는, 입법자로서는 이 사건 법률조항으로 인하여 발생하는 집회의 자유에 대한 과도한 제한 가능성이 완화될 수 있도록 그 금지에 대한 예외를 인정하여야 한다.

그렇게 하는 경우, 국회의사당 인근에서 폭력적이고 불법적인 대규모 집회가 행하여지는 경우 국회의 헌법적 기능이 훼손될 가능성이 커지는 것은 사실이나, '집회 및 시위에 관한 법률'은 이러한 상황에 대처할 수 있도록 다양한 규제수단들을 규정하고 있고(제5조, 제6조, 제8조, 제14조, 제16조 내지 제18조, 제20조, 제22조, 제24조), 집회 과정에서의 폭력행위나 업무방해행위 등은 형사법상의 범죄행위로서 처벌된다.

이처럼, 이 사건 법률조항은 입법목적을 달성하는 데 필요한 최소한도의 범위를 넘어, 규제가 불필요하거나 또는 예외적으로 허용하는 것이 가능한 집회까지도 이를 일률적·전면적으로 금지하고 있으므로 침해의 최소성 원칙에 위배된다.

(3) 법익의 균형성

이 사건 법률조항은 국회의 헌법적 기능을 무력화시키거나 저해할 우려가 있는 집회를 금지하는 데 머무르지 않고, 그 밖의 평화적이고 정당한 집회까지 전면적으로 제한함으로써 구체적인 상황을 고려하여 상충하는 법익간의 조화를 이루려는 노력을 전혀 기울이지 않고 있다.

이 사건 법률조항으로 달성하려는 공익이 제한되는 집회의 자유 정도보다 크다고 단정할 수 없다 할 것이므로, 이 사건 법률조항은 법익균형성의 원칙에도 위배된다.

(4) 소 결

이 사건 법률조항은, 입법 목적의 정당성과 수단의 적절성은 인정되지만 침해의 최소성 및 법익균형성의 원칙에 위배된다고 할 것이므로, 과잉금지원칙에 위배된다.

4. 결 어

〈설문〉의 이 사건 법률조항은 과잉금지원칙에 위배되어 甲의 집회의 자유를 침해한다.

참고판례 집회 및 시위에 관한 법률 제11조 제1호 위헌소원 등(헌재 2018. 5. 31. 2013헌바322, 2016헌바354, 2017헌바360 · 398 · 471, 2018헌가3 · 4 · 9(병합))

(헌법재판소는 2009. 12. 29. 2006헌바20등 결정에서, 누구든지 국회의사당 경계지점으로부터 1백미터 이내의 장소에서 옥외집회 또는 시위를 하여서는 아니된다고 규정한 구 집시법(2004. 1. 29. 법률 제7123호로 개정되고, 2007. 5. 11. 법률 제8424호로 전부개정되기 전의 것) 제11조 제1호 중 '국회의사당' 부분이 과잉금지원칙에 반하여 집회의 자유를 침해하지 않는다고 판단하였다.)

3-1-32 | 재산권

설 문

甲은 K시 D구에 있는 농지(이하 '이 사건 농지'라 한다.)의 소유자이다. D구청장은 이 사건 농지에 대한 처분의무통지를 거쳐 2006. 10. 12. 甲에게 2007. 4. 11.까지 이 사건 농지를 처분할 것을 명령하였으나, 甲은 이 사건 농지를 처분하지 아니하였다.
이에 D구청장이 2007. 7. 19. 甲에게 이 사건 농지에 관하여 이행강제금 87,500,000원을 부과하자, 甲은 위 부과처분에 대하여 이의신청을 하고, Y지방법원 에 재판 계속 중 농지법 제62조 제1항(이하 '이 사건 법률조항'이라 한다)에 대한 위헌제청신청을 하였으나 2008. 7. 30. 기각되자, 2008. 10. 7. 이 사건 헌법소원심판을 청구하였다.

〈설문〉 사건에서 '이 사건 법률조항'은 과잉금지원칙에 위배되어 甲의 재산권을 침해하는가?

심판대상조항

농지법(2007. 4. 11. 법률 제8352호로 전부 개정된 것)
제62조(이행강제금) ① 시장(구를 두지 아니한 시의 시장을 말한다. 이하 이 조에서 같다)·군수 또는 구청장은 제11조 제1항(제12조 제2항에 따른 경우를 포함한다)에 따라 처분명령을 받은 후 제11조 제2항에 따라 매수를 청구하여 협의 중인 경우 등 대통령령으로 정하는 정당한 사유 없이 지정기간까지 그 처분명령을 이행하지 아니한 자에게 해당 농지의 토지가액의 100분의 20에 해당하는 이행강제금을 부과한다.

관련조항

농지법(2007. 4. 11. 법률 제8352호로 전부 개정된 것)
제10조(농업경영에 이용하지 아니하는 농지 등의 처분) ① 농지 소유자는 다음 각 호의 어느 하나에 해당하게 되면 그 사유가 발생한 날부터 1년 이내에 해당 농지(제5호의 경우에는 농지 소유 상한을 초과하는 면적에 해당하는 농지를 말한다)를 처분하여야 한다.

1. 소유 농지를 자연재해·농지개량·질병 등 대통령령으로 정하는 정당한 사유 없이 자기의 농업경영에 이용하지 아니하거나 이용하지 아니하게 되었다고 시장(구를 두지 아니한 시의 시장을 말한다. 이하 이 조에서 같다)·군수 또는 구청장이 인정한 경우

제11조(처분명령과 매수 청구) ① 시장(구를 두지 아니한 시의 시장을 말한다)·군수 또는 구청장은 제10조에 따른 처분의무 기간에 처분 대상 농지를 처분하지 아니한 농지 소유자에게 6개월 이내에 그 농지를 처분할 것을 명할 수 있다.

제12조(처분명령의 유예) ① 시장(구를 두지 아니한 시의 시장을 말한다. 이하 이 조에서 같다)·군수 또는 구청장은 제10조 제1항에 따른 처분의무 기간에 처분 대상 농지를 처분하지 아니한 농지 소유자가 다음 각 호의 어느 하나에 해당하면 처분의무 기간이 지난 날부터 3년간 제11조 제1항에 따른 처분명령을 직권으로 유예할 수 있다.
1. 해당 농지를 자기의 농업경영에 이용하는 경우
2. 한국농촌공사나 그 밖에 대통령령으로 정하는 자와 해당 농지의 매도위탁계약을 체결한 경우

제62조(이행강제금) ② 시장·군수 또는 구청장은 제1항에 따른 이행강제금을 부과하기 전에 이행강제금을 부과·징수한다는 뜻을 미리 문서로 알려야 한다.
③ 시장·군수 또는 구청장은 제1항에 따른 이행강제금을 부과하는 경우 이행강제금의 금액, 부과사유, 납부기한, 수납기관, 이의제기 방법, 이의제기 기관 등을 명시한 문서로 하여야 한다.
④ 시장·군수 또는 구청장은 최초로 처분명령을 한 날을 기준으로 하여 그 처분명령이 이행될 때까지 제1항에 따른 이행강제금을 매년 1회 부과·징수할 수 있다.
⑤ 시장·군수 또는 구청장은 제11조 제1항(제12조 제2항에 따른 경우를 포함한다)에 따라 처분명령을 받은 자가 처분명령을 이행하면 새로운 이행강제금의 부과는 즉시 중지하되, 이미 부과된 이행강제금은 징수하여야 한다.
⑥ 제1항에 따른 이행강제금 부과처분에 불복하는 자는 그 처분을 고지받은 날부터 30일 이내에 시장·군수 또는 구청장에게 이의를 제기할 수 있다.
⑦ 제1항에 따른 이행강제금 부과처분을 받은 자가 제6항에 따른 이의를 제기하면 시장·군수 또는 구청장은 지체 없이 관할 법원에 그 사실을 통보하여야 하며, 그 통보를 받은 관할 법원은 「비송사건절차법」에 따른 과태료 재판에 준하여 재판을 한다.
⑧ 제6항에 따른 기간에 이의를 제기하지 아니하고 제1항에 따른 이행강제금을 납부기한까지 내지 아니하면 지방세 체납처분의 예에 따라 징수한다.

해 설

1. 이 사건 법률조항의 의의와 쟁점

〈설문〉의 '이 사건 법률조항'은, 농지소유자가 농지를 농업경영에 이용하지 아니하여 농지처분명령을 받았음에도 불구하고 이를 이행하지 않는 경우 당해 농지의 토지가액의 100분의 20에 해당하는 이행강제금을 부과하고 있다. 이러한 이 사건 법률조항의 목적은 농지소유자로 하여금 농지를 계속 농업경영에 이용하도록 하고 비자경농의 농지 소유를 제한하는 것이다.

헌법 제23조는 국민의 재산권을 보장(제1항)하면서도, 재산권 행사의 공공복리 적합의무도 부과하여 일정한 제약을 받을 수 있음(제2항)을 밝히고 있다.

이 사건 법률조항은 재산권 중 토지재산권을 제한하는 조항인데, 〈설문〉의 경우는 토지 중에서도 '농지'에 관한 재산권을 규제하는 경우이다.

따라서 〈설문〉에서는 '농지'재산권의 사회성과 공공성을 고려할 때, 농지재산권에 대한 사회적 제약의 정도와 그에 대한 헌법심사의 강도, 그리고 그에 따른 과잉금지원칙의 위배 여부가 쟁점이 된다.

2. 재산권의 의의와 과잉금지원칙

(1) 재산권의 의의와 제한

1) 재산권의 의의와 보장

헌법 제23조 제1항은 "모든 국민의 재산권은 보장된다. 그 내용과 한계는 법률로 정한다"고 하고, 동조 제2항은 "재산권의 행사는 공공복리에 적합하도록 하여야 한다"라고 규정함으로써 재산권은 법률로써 규제될 수 있고, 그 행사 또한 일정한 제약을 받을 수 있다는 것을 밝히고 있다.

이러한 재산권의 보장을 위하여는 입법자에 의한 형성을 필요로 하는데, 구체적 입법형성에서는 헌법상의 재산권보장(헌법 제23조 제1항 제1문)과 재산권의 사회적 기속성(헌법 제23조 제2항)을 함께 고려하고 조정하여 양 법익이 조화와 균형을 이루도록 하여야 한다(헌재 1998. 12. 24. 89헌마214등).

2) 재산권의 제한과 제한의 한계

재산권에 대한 제한의 허용 정도는 재산권 행사의 대상이 되는 객체가 당해 재산권의 주체인 국민 개개인에 대하여 가지는 의미와 사회전반에 대하여 가지는 의미가 어떠한가에 달려있다. 즉, 재산권 행사의 대상이 되는 객체가 지닌 사회적인 연관성과 사회적 기능이 크면 클수록 입법자에 의한 더 광범위한 제한이 정당화된다.

특히, 토지재산권의 경우는 그 강한 사회성 내지는 공공성으로 말미암아 다른 재산권에 비하여 더 강한 제한과 의무가 부과될 수 있으며(헌법 제122조), 나아가 식량생산의 기초인 농지에 대해서는 경자유전의 원칙을 강조하며 소작제도금지 등 추가로 특별한 규제를 가하고 있다(헌법 제121조).

그럼에도 불구하고 헌법 제37조 제2항의 과잉금지의 원칙을 준수해야 하고, 재산권의 본질적 내용인 사용·수익권과 처분권을 부인해서는 아니 된다(헌재 1998. 12. 24. 89헌마214등; 헌재 2002. 8. 29. 2000헌마556).

(2) 제한의 심사기준으로서 과잉금지원칙

국민의 기본권 제한의 근거조항인 동시에 한계조항인 헌법 제37조 제2항 — 과잉금지원칙과 본질적 내용의 침해금지원칙 — 은 재산권의 제한에서도 적용된다.

과잉금지원칙이란 기본권을 제한하는 입법은 입법목적의 정당성과 그 목적달성을 위한 수단의 적정성, 입법으로 인한 침해(피해)의 최소성, 그리고 그 입법에 의해 보호하려는 공익과 침해되는 사익의 균형성을 모두 갖추어야 한다는 것이며, 본질적 내용의 침해금지원칙은 당해 기본권의 핵심적 내용을 이루는 것은 침해하여서는 아니 된다는 원칙이다.

재산권의 제한에서는, 기술한 바와 같이, 재산권 행사의 객체에 따라 심사의 강도가 달라지는데, 토지재산권 중에서도 '농지'재산권의 경우는 그 사회성과 공공성이 더욱 강하므로, 농지 재산권을 제한하는 입법에 대한 헌법심사의 강도는 다른 토지 재산권을 제한하는 입법에 대한 것보다 낮다고 봄이 상당할 것이다.

이러한 관점에서 〈설문〉의 이 사건 법률조항에 대하여 과잉금지원칙의 위배 여부를 살펴본다.

3. 이 사건 법률조항의 과잉금지원칙 위배 여부

(1) 입법목적의 정당성과 수단의 적정성

이 사건 법률조항의 목적은 농지소유자로 하여금 농지를 계속 농업경영에 이용하도록 하고, 비자경농의 농지 소유를 제한하는 것이다. 즉, 농지를 농업경영에 이용하지 아니하는 자는 농지를 소유할 자격 자체가 부정된다. 이는 국토의 효율적이고 균형 있는 이용·개발과 보전을 위하여 그에 관한 필요한 제한과 의무를 과할 수 있다는 헌법 제122조와 경자유전의 원칙 및 소작제도 금지를 규정한 헌법 제121조 제1항에 근거를 둔 것으로 정당하다.

그리고 농지를 취득한 이후에도 계속 농지를 농업경영에 이용할 의무를 부과하고, 이에 위반하여 농지소유자격이 없는 자에 대하여 농지를 처분할 의무를 부과하고 이행강제금을 부과하는 것은 입법목적을 달성하기 위한 수단으로서 적정하다.

(2) 침해의 최소성

농지법은 정당한 사유가 있으면 농지처분의무를 면제하거나(제10조 제1항 제1호), 이행강제금을 부과하지 않고(제62조 제1항), 농지처분명령을 통지받은 농지 소유자에게 매수청구권을 부여하여(제11조 제2항), 이행강제금의 부과로 인한 침해를 최소화하고 있다.

그리고 계속 농지처분명령을 이행하지 않는 경우 반복된 이행강제금의 총액이 농지의 객관적 가치를 넘을 수 있으나, 농지를 농업 경영에 이용하게 하려는 궁극적인 입법목적을 달성하기 위해서는, 농지가 농업 경영에 이용되지 않는 한

계속하여 이행강제금을 부과할 수밖에 없다.

따라서 이 사건 법률조항은 침해의 최소성도 충족시킨다고 할 것이다.

(3) 법익의 균형성

농지를 자유롭게 이용할 수 있는 개인의 권리 제한에 비하여, 농지의 효율적인 이용과 관리를 통하여 국민의 안정적 식량생산기반을 유지하고 헌법상의 경자유전원칙을 실현한다는 공익이 훨씬 크므로, 법익의 균형성도 충족되고 있다고 할 것이다.

(4) 소 결

따라서 이 사건 법률조항은 과잉금지원칙에 위배되지 아니한다.

4. 결 어

이 사건 법률조항은 과잉금지원칙에 위배되지 아니하며, 위의 '침해의 최소성'에서 살펴본 바와 같이, 정당한 사유가 있으면, 농지처분의무를 면제하거나 농지처분명령을 통지받은 농지 소유자에게 매수청구권을 부여하고 있으므로 본질적 내용의 침해금지원칙에도 위배되지 아니한다.

참고판례 농지법 제62조 제1항 위헌소원(헌재 2010. 2. 25. 2008헌바116)

3-1-33 | 공무담임권

설 문

甲은 1978. 9. 29.생, 乙은 1981. 2. 10.생으로서 각각 2011년 임용 예정인 육군 부사관에 지원하려 하였으나 임용 가능 연령이 아니라는 이유로 지원이 거부되었다.

이에 甲과 乙(청구인들)은 부사관에 최초로 임용되는 사람의 최고연령을 27세로 제한하고 있는 군인사법 제15조 제1항(이하 '이 사건 법률조항'이라 한다)이 청구인들의 공무담임권 등 기본권을 침해한다고 주장하면서 2011. 7. 26. 이 사건 헌법소원심판을 청구하였다.

〈설문〉 사건에서 '이 사건 법률조항'은 과잉금지원칙에 위배되어 청구인들의 공무담임권을 침해하는가?

심판대상조항

군인사법(2011. 5. 24. 법률 제10703호로 개정된 것)

제15조(임용연령 제한) ① 장교, 준사관 및 부사관에 최초로 임용되는 사람의 최저연령과 최고연령은 다음과 같다.

초임계급	최저연령	최고연령
소령		36세
대위		32세
중위		29세
소위	20세	27세
준위	20세	50세
부사관	18세	27세

관련조항

군인사법(2011. 5. 24. 법률 제10703호로 개정된 것)

제6조(복무의 구분) ⑤ 부사관은 장기복무와 단기복무로 구분하여 복무한다.

⑥ 장기복무 부사관은 군 교육기관에서 고등학교 교육과정을 마친 사람과 지원에 의하여 전

형에 합격한 사람으로 한다.

제8조(현역정년) ① 현역에서 복무할 정년(停年)은 다음 각 호와 같다. 다만, 전시 · 사변 등의 국가비상시에는 예외로 한다.
1. 연령정년
원수: 종신(終身)
대장: 63세
중장: 61세
소장: 59세
준장: 58세
대령: 56세
중령: 53세
소령: 45세
대위, 중위, 소위: 43세
준위: 55세
원사: 55세
상사: 53세
중사: 45세
하사: 40세
2. 근속정년대령: 35년
중령: 32년
소령: 24년
대위, 중위, 소위: 15년
준위: 32년
3. 계급정년중장: 4년
소장: 6년
준장: 6년

제15조(임용연령 제한) ② 제1항에도 불구하고 준사관이나 부사관 출신으로 임용되는 소위의 최고연령은 35세로 할 수 있고, 박사학위과정을 수료한 후 임용되는 소위의 최고연령은 29세로 할 수 있다.
③ 제1항에도 불구하고 법무 · 의무 및 군종 장교로서 임용되는 사람과 판사 · 검사 또는 변호사 자격이 있거나 5급 공무원 공개경쟁 채용시험에 합격하여 기본병과 장교로 임용되는 사람은 「병역법」 제58조 제3항 및 제59조에 따른 병적(兵籍) 편입 제한연령이 될 때까지 임용할 수 있다. 다만, 병역을 마친 사람이 군의과 · 치의과 장교로 임용되는 경우에는 최고연령을 37세로 한다. <개정 2012.3.21., 2012.12.18.>
④ 제1항부터 제3항까지의 규정은 제6조 제3항 제3호의2 또는 제7항 제6호에 따른 단기복무 장교 또는 단기복무 부사관으로 임용되는 경우에는 적용하지 아니한다. <신설 2012.12.18.>

⑤ 제1항부터 제3항까지의 규정은 전시·사변 등의 국가비상시에는 예외로 할 수 있다. <개정 2012.12.18.>

군인사법 시행규칙(2005. 6. 16. 국방부령 제576호로 개정되고, 2012. 5. 1. 국방부령 768호로 개정되기 전의 것)

제14조(부사관의 임용) ① 부사관은 다음 각 호의 어느 하나에 해당하는 자로서 지원에 의하여 부사관 임용고시에 합격하여 참모총장이 정하는 교육훈련과정을 마친 자 중에서 임용한다.

1. 병장, 상등병 또는 일등병으로서 입대 후 5월 이상 복무중인 자
2. 고등학교 이상의 학교를 졸업한 자 또는 이와 동등 이상의 학력을 가진 자
3. 중학교 이상의 학교를 졸업한 자로서 「국가기술자격법」에 의한 자격증 소지자

② 다음 각 호의 어느 하나에 해당하는 자는 제1항의 규정에 불구하고 부사관으로 임용할 수 있으며 그 의무복무기간은 병의 의무복무기간과 같다. 다만, 제2호에 해당하는 자의 의무복무기간은 법 제7조 제1항 제4호의 규정에 의한다.

1. 병장, 상등병 또는 일등병으로서 입대 후 5월 이상 복무중인 자
2. 「병역법」 제57조 규정에 의하여 실시하는 학생군사교육단 부사관후보생과정을 마친 자
3. 고등학교에서 일반군사교육을 받은 자
4. 사관학교 또는 단기사관학교 제1학년 이상의 과정을 이수하고 중퇴한 자 또는 사관후보생과정을 중퇴한 자로서 심사에 의하여 부사관으로 임용함이 적합하다고 인정되는 자

제대군인지원에 관한 법률(2009.6.9. 법률 제9754호로 개정된 것)

제16조(채용 시 우대 등) ① 취업보호실시기관이 그 직원을 채용하기 위하여 응시연령을 정하여 채용시험을 실시하는 경우 그 채용시험에 응시하는 제대군인(「병역법」 제26조 제1항 제1호 및 제2호의 업무에 복무하고 소집해제된 공익근무요원을 포함한다. 이하 이 조에서 같다)에게는 대통령령으로 정하는 바에 따라 세 살의 범위에서 응시연령 상한을 연장하여야 한다.

제대군인지원에 관한 법률 시행령(2009. 6. 26. 대통령령 제21575호로 개정된 것)

제19조(응시연령 상한 연장) 법 제16조 제1항에 따라 제대군인에 대한 채용시험 응시연령 상한을 다음 각 호와 같이 연장한다.

1. 2년 이상의 복무기간을 마치고 전역한 제대군인: 3세
2. 1년 이상 2년 미만의 복무기간을 마치고 전역한 제대군인: 2세
3. 1년 미만의 복무기간을 마치고 전역한 제대군인: 1세

해 설 [제1안]

1. 이 사건 법률조항의 의의와 쟁점

〈설문〉의 '이 사건 법률조항'은 부사관 임용가능연령의 상한을 27세로 정함으로써 연령을 통해 부사관이라는 공직 취임의 기회를 제한하고 있다.

이 사건 법률조항이 부사관의 임용연령상한을 27세로 정하고 있으나, '제대군인지원에 관한 법률' 제16조 제1항 및 동법 시행령 제19조에 의하여 제대군인의 경우에는 복무기간에 따라 1세 내지 3세의 범위 내에서 응시연령 상한이 연장되고, 예비역 부사관으로서 전역 당시의 계급에 재임용된 중사 이상의 부사관의 경우에는 최초 임용연령제한 규정이 적용되지 않으며, 전시·사변 등의 국가비상시에는 예외가 인정되고 있다(군인사법 제15조 제4, 5항).

이와 같이 〈설문〉의 이 사건 법률조항이 27세의 상한연령을 규정하면서 이에 대한 예외를 규정하고 있음에도 불구하고, 이 사건 법률조항이 부사관이라는 공직취임의 기회를 과도하게 제한하여 헌법 제25조의 공무담임권을 침해하는지 여부가 쟁점이 된다.

2. 공무담임권의 의의와 제한

(1) 공무담임권의 의의

헌법 제25조는 "모든 국민은 법률이 정하는 바에 의하여 공무담임권을 가진다"고 하여 공무담임권을 기본권으로 보장하고 있다. 공무담임권이란 입법부, 집행부, 사법부는 물론 지방자치단체 등 국가, 공공단체의 구성원으로서 그 직무를 담당할 수 있는 권리를 말하는 것으로서, 선거에 입후보하여 당선될 수 있는 피선거권과 공직에 임명될 수 있는 공직취임권을 포괄하는 것이다.

여기서 직무를 담당한다는 것은 모든 국민이 현실적으로 그 직무를 담당할 수 있다고 하는 의미가 아니라, 국민이 공무담임에 관한 자의적이지 않고 평등한 기회를 보장받음을 의미하는데, 공무담임권의 보호영역에는 공직취임 기회의 자의적인 배제뿐 아니라, 공무원 신분의 부당한 박탈이나 권한(직무)의 부당한 정지도 포함된다(헌재 2002. 8. 29. 2001헌마788등; 헌재 2005. 5. 26. 2002헌마699등).

헌법 제25조는 "모든 국민은 법률이 정하는 바에 의하여 공무담임권을 갖는다"라고 규정하여 공무담임권의 내용에 관하여 입법자에게 입법형성의 자유를 부여하고 있다.

(2) 공무담임권의 제한과 과잉금지원칙

〈설문〉의 이 사건 법률조항은 부사관의 공직 취임에 있어 임용연령의 상한을 제한함으로써 청구인들의 공무담임권을 직접적으로 제한하는 것이다.

이러한 제한은 헌법 제37조 제2항이 요구하는 과잉금지원칙에 부합되어야 하는데, 과잉금지원칙이란 기본권을 제한하는 입법은 입법목적의 정당성과 그 목적달성을 위한 수단의 적정성, 입법으로 인한 피해(침해)의 최소성, 그리고 그 입법에 의해 보호하려는 공익과 침해되는 사익의 균형성을 모두 갖추어야 한다는 것이며, 이를 준수하지 않은 법률 내지 법률조항은 기본권제한의 입법적 한계를 벗어난 것으로서 헌법에 위반된다(헌재 1997. 3. 27. 94헌마196등).

다만, 〈설문〉 사건의 위헌 여부의 판단에 있어서 당해 직무의 특성과 각 공무원조직의 특수성, 인력수급 상황 등 여러 가지 사정을 종합적으로 고려할 필요가 있으므로, 이 사건 법률조항의 위헌 여부 판단에 있어서도 민간 조직이나 일반 공무원 조직과 구별되는 군 조직의 특수성 및 군 조직 내에서 부사관의 상대적 지위 및 역할, 법에서 정하고 있는 부사관의 진급체계 및 정년 등을 함께 고려하여야 할 것이다.

3. 이 사건 법률조항의 과잉금지원칙 위배 여부

(1) 목적의 정당성, 수단의 적정성

국가의 안전보장과 국토방위의 의무를 수행하기 위하여 군인은 강인한 체력과 정신력을 바탕으로 한 전투력을 유지할 필요가 있고, 이를 위해 군 조직은 위계질서의 확립과 기강확보가 어느 조직보다 중요시된다.

이러한 군의 특수성을 고려할 때 부사관의 임용연령상한을 제한하는 이 사건 법률조항은 그 입법목적이 정당하고, 부사관보다 상위 계급인 소위의 임용연령상한도 27세로 정해져 있는 점, 연령과 체력의 보편적 상관관계 등을 고려할 때 수단의 적정성도 인정된다.

(2) 침해의 최소성

1) 평균수명이 증가하고 취업연령이 전반적으로 늦어지고 있는 것이 오늘날의 현실이다. 그러나 관련 법령을 살펴보면, 부사관은 기본적으로 장교와 달리 사관학교 출신일 것을 요하지 않고, 병장, 상등병 또는 일등병으로서 입대 후 5개월 이상 복무한 사람, 고등학교 학력을 가진 사람 또는 중학교 졸업자라 하더라도 국가기술자격증을 소지하고 있는 사람이면 부사관의 최초 임용연령하한인 18세부터 부사관에 지원할 수 있으며(군인사법 시행규칙 제14조), 장기복무 부사관도 군 교육기관에서 고등학교 교육과정을 마친 사람과 그 외 장기복무를 지원한 사람을 대상으로 하고 있다(군인사법 제6조 제6항).

따라서 부사관 임용을 원하는 사람에게는 실질적으로 고등학교 졸업 후 적어도 9년 동안, 대학을 졸업하더라도 최소한 4~5년 동안 지원 기회가 제공된다고 볼 수 있고, 나아가 제대군인의 경우 복무기간에 따라 최대 3세까지 응시연령의 상한이 연장되는 특례가 부여되고 있으므로 일반적인 병역의무를 마친 남성의 경우 사실상 만 30세까지 부사관 임용이 가능하다('제대군인지원에 관한 법률' 제16조 제1항 및 동법 시행령 제19조).

2) 부사관의 임용연령상한은 군 조직 내에서 부사관이 수행해야 하는 임무 — 연령층이 대체로 20대인 병사들을 지휘하고 솔선하여 전쟁 및 국가비상사태 발생 시 목숨을 건 전투를 수행하여야 하는 임무 — 와 이를 고려한 부사관의 정년 제

도 — 하사 40세, 중사 45세, 상사 53세, 원사 55세 — 와 연관되어 결정될 성질의 것이다.

이와 같이, 부사관의 고령화 방지는 군의 적정한 무력 확보, 실전에서의 전투력 발휘 및 이를 통한 국가방위라는 헌법적 의무 수행에 대단히 중요하기 때문에 일반 국민의 평균 생존연령이 증가하고 전반적인 취업 연령이 고령화되는 사정을 고려하여 결정될 것이 아니다.

3) 그리고 첨단무기 · 정보를 바탕으로 한 미래전에 대비하기 위해서 각 분야별로 숙련되고 기술력 있는 부사관을 조기에 발굴하여 양성할 필요가 있는데 부사관의 임용연령상한을 상향 조정하는 경우 숙련된 부사관의 활용기간을 단축시키는 결과를 초래할 수 있는 점 등도 있다.

4) 이와 같은 제반 사정을 종합하여 볼 때, 이 사건 법률조항에서 정한 부사관의 최초 임용연령상한이 지나치게 낮아 부사관 임용을 원하는 사람의 응시기회를 실질적으로 차단한다거나 제한할 정도에 이르렀다고 보기 어려우므로, 침해의 최소성에도 반하지 않는다고 할 것이다.

(3) 법익의 균형성

이 사건 법률조항으로 인하여 입는 불이익은 부사관 임용지원기회가 27세 이후에 세한되는 것임에 반하여, 이를 통해 달성될 수 있는 공익은 군의 전투력 등 헌법적 요구에 부응하는 적절한 무력의 유지, 궁극적으로 국가안위의 보장과 국민의 생명 · 재산 보호로서 매우 중대하므로, 법익의 균형성 원칙에도 위배되지 아니한다.

(4) 소　결

따라서 이 사건 법률조항은 과잉금지의 원칙에 위배되지 아니한다.

4. 결　어

이 사건 법률조항은 과잉금지원칙에 위배되어 청구인들의 공무담임권을 침해하지 아니한다.

해 설 **[제2안]** ([제1안]과 동일한 내용은 생략함)

1. 이 사건 법률조항의 의의와 쟁점

2. 공무담임권의 의의와 제한

(1) 공무담임권의 의의

(2) 공무담임권의 제한과 과잉금지원칙

〈설문〉의 이 사건 법률조항은 부사관의 공직 취임에 있어 임용연령의 상한을 제한함으로써 청구인들의 공무담임권을 직접적으로 제한하는 것이므로, 그러한 제한은 헌법 제37조 제2항이 요구하는 과잉금지원칙 — 입법목적의 정당성, 수단의 적정성, 침해의 최소성, 법익의 균형성 — 에 부합되어야 한다(헌재 2012. 5. 31. 2010헌마278).

3. 이 사건 법률조항의 과잉금지원칙 위배 여부

(1) 목적의 정당성

국가의 안전보장과 국토방위라는 헌법적 의무를 수행해야 하는 군의 특수성을 고려할 때 강인한 신체적 · 체력적 요건의 구비 및 군 조직 내 위계질서의 유지가 매우 중요하다는 점은 부인할 수 없고, 위와 같은 입법목적 달성을 위하여 부사관의 임용연령상한을 어느 정도 제한할 필요성은 인정된다 할 것이다.

(2) 수단의 적정성과 침해의 최소성

기술한 바와 같이, 군의 특수성을 고려할 때 부사관의 임용연령의 상한을 어느 정도 제한할 필요성은 인정된다.

그러나 첨단무기와 정보를 바탕으로 한 앞으로의 전투에 대비하여 기술력, 정신력 및 장기 근무할 자세를 갖춘 부사관을 확보할 필요가 매우 크다는 점, 계급과 연령의 역전 현상은 현재도 존재하고 상위 계급인 장교의 경우 27세의 연령상한에 상당한 예외가 존재하는 점, 27세 연령상한은 1962년 군인사법 제정 시 정해진 것으로 오늘날 평균수명의 증가, 고학력화 등으로 인하여 취업연령이 늦어지고 있는 현실을 전혀 반영하지 못하고 있는 점 등을 고려할 때, 이 사건 법률조항은 입법목적 달성을 위한 적정한 수단이라고 보기 어렵고 나아가 침해의 최소성도 인정되지 아니한다.

(3) 법익의 균형성

이 사건 법률조항을 통해서 달성할 수 있는 군의 위계질서 및 기강 확보나 군의 전투력 고양이라는 공익은 반드시 이른 연령을 기준으로 확보되는 것이 아니므로 그 효과가 어느 정도 확실한 것인지 불분명하다.

반면, 이 사건 법률조항에서 정한 27세라는 연령기준으로 인하여 부사관으로 임용되려는 자에게 부여되는 임용기회는 지나치게 제한적이어서 그 침해의 정도가 중하다고 할 것이다.

따라서 이 사건 법률조항은 법익 균형성도 충족하지 못한다.

(4) 소 결

따라서 이 사건 법률조항은 과잉금지의 원칙에 위배된다.

4. 결 어

이 사건 법률조항은 과잉금지원칙에 위배되어 청구인들의 공무담임권을 침해한다.

참고판례 군인사법 제15조 제1항 위헌확인(헌재 2014. 9. 25. 2011헌마414)

3-1-34 | 근로3권[단결권]

설 문

甲은 운수산업 및 관련분야에 종사하는 노동자를 구성원으로 하는 노동조합인데, S지방노동청 N지청장은 甲에 대하여 '노동조합 및 노동관계조정법' 제27조에 따라 甲의 규약, 총회 및 대의원회 회의록 등을 보고할 것을 요구하였으나 甲이 불응하자 위 법 제96조 제1항 제2호에 따라 과태료 2,000,000원을 부과하였다.
甲은 위 과태료 부과처분에 대하여 이의를 제기하여 정식재판절차 계속 중 '노동조합 및 노동관계조정법' 제96조 제1항 제2호 중 '제27조의 규정에 의한 보고를 하지 아니한 자'에 관한 부분(이하 '이 사건 법률조항'이라 한다)에 대하여 위헌법률심판제청신청을 하였으나 2012. 2. 23. 기각되자, 2012. 3. 27. 헌법재판소법 제68조 제2항에 의한 이 사건 헌법소원심판을 청구하였다.

※ 이 사건 법률조항의 실제 운용현황은, 2008년부터 2012년까지의 5년간 행정관청의 자료제출 요구 횟수는 총 31건이었고 자료제출 거부로 인한 과태료 부과 횟수는 5건에 불과하였다.
그리고 행정관청이 노동조합에 자료제출을 요구하게 된 사유는 대개가 노동조합 내부에서 요청된 사정, 즉 조합원의 민원제기 또는 정보공개청구가 있었던 상황 때문이었다.

〈설문〉 사건에서 '이 사건 법률조항'은 과잉금지원칙에 위배되어 甲(노동조합)의 단결권을 침해하는가?

심판대상조항

노동조합 및 노동관계조정법(1998. 2. 20. 법률 제5511호로 개정된 것)
제96조(과태료) ① 다음 각 호의 1에 해당하는 자는 500만 원 이하의 과태료에 처한다.
2. 제27조의 규정에 의한 보고를 하지 아니하거나 허위의 보고를 한 자

관련조항

노동조합 및 노동관계조정법(2006. 12. 30. 법률 제8158호로 개정된 것)

제2조(정의) 이 법에서 사용하는 용어의 정의는 다음과 같다.

4. "노동조합"이라 함은 근로자가 주체가 되어 자주적으로 단결하여 근로조건의 유지·개선 기타 근로자의 경제적·사회적 지위의 향상을 도모함을 목적으로 조직하는 단체 또는 그 연합단체를 말한다. 다만, 다음 각 목의 1에 해당하는 경우에는 노동조합으로 보지 아니한다.
   가. 사용자 또는 항상 그의 이익을 대표하여 행동하는 자의 참가를 허용하는 경우
   나. 경비의 주된 부분을 사용자로부터 원조받는 경우
   라. 근로자가 아닌 자의 가입을 허용하는 경우. (단서 생략)

제11조(규약) 노동조합은 그 조직의 자주적·민주적 운영을 보장하기 위하여 당해 노동조합의 규약에 다음 각 호의 사항을 기재하여야 한다. (각 호 생략)

제21조(규약 및 결의처분의 시정) ① 행정관청은 노동조합의 규약이 노동관계법령에 위반한 경우에는 노동위원회의 의결을 얻어 그 시정을 명할 수 있다.
② 행정관청은 노동조합의 결의 또는 처분이 노동관계법령 또는 규약에 위반된다고 인정할 경우에는 노동위원회의 의결을 얻어 그 시정을 명할 수 있다. 다만, 규약위반시의 시정명령은 이해관계인의 신청이 있는 경우에 한한다.
③ 제1항 또는 제2항의 규정에 의하여 시정명령을 받은 노동조합은 30일 이내에 이를 이행하여야 한다. 다만, 정당한 사유가 있는 경우에는 그 기간을 연장할 수 있다.

제25조(회계감사) ① 노동조합의 대표자는 그 회계감사원으로 하여금 6월에 1회 이상 당해 노동조합의 모든 재원 및 용도, 주요한 기부자의 성명, 현재의 경리 상황 등에 대한 회계감사를 실시하게 하고 그 내용과 감사결과를 전체 조합원에게 공개하여야 한다.
② 노동조합의 회계감사원은 필요하다고 인정할 경우에는 당해 노동조합의 회계감사를 실시하고 그 결과를 공개할 수 있다.

제26조(운영상황의 공개) 노동조합의 대표자는 회계연도마다 결산결과와 운영상황을 공표하여야 하며 조합원의 요구가 있을 때에는 이를 열람하게 하여야 한다.

제27조(자료의 제출) 노동조합은 행정관청이 요구하는 경우에는 결산결과와 운영상황을 보고하여야 한다.

노동조합 및 노동관계조정법 시행령(1998. 4. 27. 대통령령 제15780호로 개정된 것)

제12조(자료제출의 요구) 행정관청은 법 제27조의 규정에 의하여 노동조합으로부터 결산결과 또는 운영상황의 보고를 받고자 하는 경우에는 그 사유와 기타 필요한 사항을 기재한 서면으로 10일 이전에 요구하여야 한다.

해 설

1. 이 사건 법률조항의 의의와 쟁점

〈설문〉의 '이 사건 법률조항'은 노동조합으로 하여금 행정관청이 요구하는 경우 결산결과와 운영상황을 보고하도록 하고 그 위반 시 과태료에 처하도록 하고 있는 규정이다.

헌법 제33조 제1항이 근로자에게 근로3권을 기본권으로 보장하는 뜻은 근로자가 사용자와 대등한 지위에서 단체교섭을 통하여 자율적으로 임금 등 근로조건에 관한 단체협약을 체결할 수 있도록 하기 위한 것이다(헌재 1998. 2. 27. 94헌바13등).

이러한 노사 간의 실질적인 자치를 위하여 노동조합은 사용자, 정부 그 밖의 사회적 세력에 대한 대외적인 자주성뿐만 아니라 노동조합 내부의 운영이나 재정문제에 대해서도 충분한 자주성을 가져야 한다.

여기에서 노동조합의 대내적 자주성은 조합원의 의사를 기초로 노동조합의 의사가 형성·결정되어야 한다는 자율성, 즉 조직과 운영에 있어서의 민주성을 요청하게 되는 것이며, 근로3권의 실질적 보장을 위해서는 노동조합의 자주성과 민주성이 공히 필요한 것이다.

이 사건 법률조항에서 규정하는 행정관청에의 보고제도는 이러한 노동조합의 자주성과 민주성의 요청에 근거하여 '노동조합 및 노동관계조정법'에서 마련하고 있는 제도 중의 하나이다.

이 사건 법률조항은 국가가 노동조합에 대하여 일정한 의무 — 행정관청에의 보고의무 — 를 부과하고 강제하는 것으로서 노동조합의 단결권, 그 중에서도 노동조합의 자주적인 운영에 대한 자유를 제한하므로, 〈설문〉 사건에서는 이 사건 법률조항이 과잉금지원칙을 위반하여 노동조합의 단결권을 침해하는지 여부가 쟁점이 된다.

2. 단결권의 의의와 제한

(1) 단결권의 의의

헌법 제33조 제1항은 근로자의 단결권·단체교섭권·단체행동권 등 근로3권을 보장하고 있는데, 이 때 단결권에는 개별 근로자가 노동조합 등 근로자단체를 조직하거나 그에 가입하여 활동할 수 있는 개별적 단결권 뿐만 아니라 근로자단체가 존립하고 활동할 수 있는 집단적 단결권도 포함된다.

판례도, 헌법 제33조 제1항은 근로자 개인의 단결권만이 아니라 근로자단체 자체의 단결권 보장, 즉 근로자단체의 존속, 유지, 발전, 확장 등을 국가공권력으로부터 보장하고(단체존속의 권리), 근로자단체의 조직 및 의사형성절차에 관하여 규약의 형태로 자주적으로 결정하는 것을 보장하며(단체자치의 권리), 근로조건의 유지와 향상을 위한 근로자단체의 활동, 즉 단체교섭, 단체협약 체결, 단체행동, 단체의 선전 및 단체가입의 권유 등을 보호하는 것(단체활동의 권리)을 포함한다고 하고 있다(헌재 1999. 11. 25. 95헌마154).

(2) 단결권의 제한과 과잉금지원칙

〈설문〉의 이 사건 법률조항은 국가가 노동조합에 대하여 행정관청에의 보고의무를 부과하고 강제하는 것으로서 노동조합의 단결권, 그 중에서도 노동조합의 자주적인 운영에 대한 자유를 제한하는 것이다.

이러한 제한은 헌법 제37조 제2항이 요구하는 과잉금지원칙에 부합되어야 하는데, 과잉금지원칙이란 기본권을 제한하는 입법은 입법목적의 정당성과 그 목적 달성을 위한 수단의 적절성, 입법으로 인한 피해(침해)의 최소성, 그리고 그 입법에 의해 보호하려는 공익과 침해되는 사익의 균형성을 모두 갖추어야 한다는 것이며, 이를 준수하지 않은 법률 내지 법률조항은 기본권제한의 입법적 한계를 벗어난 것으로서 헌법에 위반된다(헌재 1997. 3. 27. 94헌마196등).

3. 이 사건 법률조항의 과잉금지원칙 위배 여부

(1) 입법목적의 정당성과 수단의 적절성

노동조합의 재정 집행과 운영에 있어서의 적법성, 민주성 등을 확보하기 위해서는 조합자치 또는 규약자치에만 의존할 수는 없고 행정관청의 감독이 보충적으로 요구되는데, 이 사건 법률조항은 행정관청이 요구하는 경우에는 결산결과와 운영상황을 보고하도록 하며 그 불응 시에는 과태료에 처하도록 하고 있다.

따라서 이 사건 법률조항은 노동조합의 재정 집행과 운영의 적법성, 투명성, 공정성, 민주성 등을 보장하기 위한 것으로서 정당한 입법목적을 달성하기 위한 적절한 수단이라고 할 것이다.

(2) 침해의 최소성

1) 이 사건 '노동조합 및 노동관계조정법'은 ① 노동조합의 규약 및 결의처분에 대한 행정관청의 시정명령(법 제21조), ② 노동조합의 자체적인 회계감사(법 제25조) 및 ③ 결산결과와 운영상황 공개(법 제26조) 등과 같은 노동조합 운영의 민주성이나 투명성을 담보하기 위한 제도들을 마련하고 있는데, 이에 대하여 살펴보면 다음과 같다.

①의 경우는, 노동조합의 규약이 노동관계법령에 위반되는 경우나 노동조합의 결의 및 처분이 노동관계법령 또는 규약에 위반되는 경우에 노동위원회의 의결을 얻어 비로소 행할 수 있는 것이므로, 행정관청이 노동조합의 규약 및 결의처분의 적법성 내지 정당성을 확인할 수 있는 별도의 방안이 필요하다고 볼 수 있다.

②의 경우는, 회계감사원이 노동조합 대표자에 의하여 6월에 1회 이상, 또는 회계감사원이 스스로 필요하다고 인정할 경우 실시하도록 되어 있다(법 제25조).

그러나 이를 강제할 수단도 마련되어 있지 않고 회계감사원의 자격요건이나 선임절차에 대하여는 별다른 규정이 없으므로, 회계감사원이 노조 집행부에 의하여 자의적으로 선임될 가능성이 있으며, 그런 만큼 회계감사 결과에 대한 집행부의 대응 또한 적극적이기를 기대하기 어렵다고 할 것이다.

그리고 ③의 경우도, 이 사건 법률조항상의 보고의무를 떠나 노동조합의 대표자가 공표하며 조합원이 열람하게도 할 수 있으나(법 제26조), 실제로는 조합원들의 관심 부족으로 말미암아 그 실효성이 의문이다.

요컨대, 노동조합의 재정 집행과 운영에 있어서의 적법성, 민주성 등을 확보하기 위해 마련된 이 사건 법률조항 이외의 수단들은 각기 일정한 한계를 가진다.

2) 이 사건 법률조항은 행정관청이 요구하는 경우에 결산결과와 운영상황을 보고하도록 하고 있는데, 〈설문〉에서의 실제 운용현황을 볼 때, 이 사건 법률조항이 행정관청에 의하여 자의적이거나 과도하게 남용되고 있다고 보기는 어려운 것이다.

3) 이 사건 법률조항은 모든 노동조합에 대하여 일률적인 보고의무를 부과하는 것이 아니라 행정관청이 필요하다고 인정한 경우에만 예외적으로 보고의무를 부과하고 있을 뿐이고, 보고하여야 할 내용도 결산결과와 운영상황으로서 이미 법 제26조에 따라 노동조합이 공개하도록 되어 있는 사항이므로 보고의무로 인하여 노동조합이 추가적으로 갖게 되는 부담은 그다지 크지 않다.

또한 보고의무 불이행시의 제재에 관하여 보더라도 이 사건 법률조항은 500만 원 이하의 과태료라는 비교적 가벼운 제재만을 가하고 있다.

그렇다면 이 사건 법률조항은 노동조합의 내부 운영에 대한 행정관청의 개입과 그로 인한 노동조합의 운영의 자유에 대한 제한을 최소화하고 있다고 할 것이므로 침해의 최소성 원칙에 반하지 않는다고 할 것이다.

(3) 법익의 균형성

이 사건 법률조항이 달성하려는 노동조합 운영의 적법성, 민주성 등의 공익은 중대한 반면 이 사건 법률조항으로 말미암아 제한되는 노동조합의 운영의 자유는 그다지 크지 아니하므로, 이 사건 법률조항은 법익균형성 또한 갖추었다.

(4) 소 결

따라서 이 사건 법률조항은 과잉금지의 원칙에 위배되지 아니한다.

4. 결 어

이 사건 법률조항은 과잉금지원칙에 위배되어 甲(노동조합)의 단결권을 침해하지 아니한다.

참고판례 노동조합 및 노동관계조정법 제96조 제1항 제2호 등 위헌소원(헌재 2013. 7. 25. 2012헌바116)

Ⅱ 중급 사례

3-2-35 | 신체의 자유, 평등권

설 문

甲은 2014. 11. 6. 대전지방법원 서산지원에서 성폭력범죄의처벌등에관한특례법위반(절도강간등)죄 등으로 징역 8년을 선고받으면서, 금고 이상의 형에 해당하는 성폭력범죄를 저지른 정신성적 장애인으로서 치료감호시설에서 치료가 필요하고 재범의 위험성이 있다는 이유로 치료감호도 선고받았고, 이 판결은 확정되었다.

甲은 2015. 8. 18. 치료감호 집행이 개시되어 A치료감호소에 수용 중, 치료감호대상자인 정신성적 장애인을 치료감호시설에 수용하는 기간은 15년을 초과할 수 없다고 규정한 구 치료감호법 제16조 제2항 제1호(이하 '치료감호기간조항'이라 한다)가 甲의 신체의 자유와 평등권을 침해한다고 주장하며, 2015. 10. 12. 이 사건 헌법소원심판을 청구하였다.

1. 〈설문〉에서 '치료감호기간조항'은 과잉금지원칙에 위배하여 甲의 신체의 자유를 침해하는가?

2. 〈설문〉 사건에서 甲은 다음과 같이 주장하고 있는데, 이러한 甲의 주장은 타당한가?

"약물·알코올 중독자에 대한 치료감호기간 상한을 2년으로 정한 구 치료감호법 제16조 제2항 제2호에 비추어 볼 때, 치료감호기간조항은 정신성적 장애인을 약물·알코올 중독자에 비하여 합리적 이유 없이 차별하여 평등권을 침해한다."

심판대상조항

구 치료감호법(2008. 6. 13. 법률 제9111호로 개정되고 2015. 12. 1. 법률 제13525호 '치료감호 등에 관한 법률'로 개정되기 전의 것)

제16조(치료감호의 내용) ② 피치료감호자를 치료감호시설에 수용하는 기간은 다음 각 호의 구분에 따른 기간을 초과할 수 없다.

1. 제2조 제1항 제1호 및 제3호에 해당하는 자: 15년

관련조항

구 치료감호법(2008. 6. 13. 법률 제9111호로 개정되고 2014. 12. 30. 법률 제12894호로 개정되기 전의 것)

제1조(목적) 이 법은 심신장애 상태, 마약류·알코올이나 그 밖의 약물중독 상태, 정신성적(精神性的) 장애가 있는 상태 등에서 범죄행위를 한 자로서 재범(再犯)의 위험성이 있고 특수한 교육·개선 및 치료가 필요하다고 인정되는 자에 대하여 적절한 보호와 치료를 함으로써 재범을 방지하고 사회복귀를 촉진하는 것을 목적으로 한다.

제2조(치료감호대상자) ① 이 법에서 "치료감호대상자"란 다음 각 호의 어느 하나에 해당하는 자로서 치료감호시설에서 치료를 받을 필요가 있고 재범의 위험성이 있는 자를 말한다.

1. 「형법」 제10조 제1항에 따라 벌할 수 없거나 같은 조 제2항에 따라 형이 감경(減輕)되는 심신장애자로서 금고 이상의 형에 해당하는 죄를 지은 자
2. 마약·향정신성의약품·대마, 그 밖에 남용되거나 해독(害毒)을 끼칠 우려가 있는 물질이나 알코올을 식음(食飮)·섭취·흡입·흡연 또는 주입받는 습벽이 있거나 그에 중독된 자로서 금고 이상의 형에 해당하는 죄를 지은 자
3. 소아성기호증(小兒性嗜好症), 성적가학증(性的加虐症) 등 성적 성벽(性癖)이 있는 정신성적 장애자로서 금고 이상의 형에 해당하는 성폭력범죄를 지은 자

② 제1항 제2호의 남용되거나 해독을 끼칠 우려가 있는 물질에 관한 자세한 사항은 대통령령으로 정한다.

제16조(치료감호의 내용) ① 치료감호를 선고받은 자(이하 "피치료감호자"라 한다)에 대하여는 치료감호시설에 수용하여 치료를 위한 조치를 한다.

② 피치료감호자를 치료감호시설에 수용하는 기간은 다음 각 호의 구분에 따른 기간을 초과할 수 없다.

1. 제2조 제1항 제1호 및 제3호에 해당하는 자: 15년
2. 제2조 제1항 제2호에 해당하는 자: 2년

③ 제1항에 따른 치료감호시설과 치료, 그 밖에 필요한 사항은 대통령령으로 정한다.

제37조(치료감호심의위원회) ① 치료감호 및 보호관찰의 관리와 집행에 관한 사항을 심사·

결정하기 위하여 법무부에 치료감호심의위원회(이하 "위원회"라 한다)를 둔다.
② 위원회는 판사·검사 또는 변호사의 자격이 있는 6명 이내의 위원과 정신과 등 전문의의 자격이 있는 3명 이내의 위원으로 구성하고, 위원장은 법무부차관으로 한다.
③ 위원회는 다음 각 호의 사항을 심사·결정한다.
1. 피치료감호자에 대한 치료의 위탁·가종료 및 그 취소와 치료감호 종료 여부에 관한 사항
2. 피보호관찰자에 대한 준수사항의 부과 및 지시·감독과 그 위반시의 제재에 관한 사항
3. 그 밖에 제1호와 제2호에 관련된 사항
④ 위원회에는 전문적 학식과 덕망이 있는 자 중에서 위원장의 제청으로 법무부장관이 위촉하는 자문위원을 둘 수 있다.
⑤ 위원회의 구성·운영·서무 및 자문위원의 위촉과 그 밖에 필요한 사항은 대통령령으로 정한다.

제43조(검사의 심사신청) ① 피보호자의 주거지(시설에 수용된 경우에는 그 시설을 주거지로 본다)를 관할하는 지방검찰청 또는 지청의 검사는 제37조 제3항에 규정된 사항에 관하여 위원회에 그 심사·결정을 신청할 수 있다.
② 제1항에 따른 신청을 할 때에는 심사신청서와 신청사항의 결정에 필요한 자료를 제출하여야 한다. 이 경우 치료감호시설의 장이나 보호관찰관의 의견을 들어야 한다.
③ 치료감호시설의 장이나 보호관찰관은 검사에게 제1항에 따른 신청을 요청할 수 있다.

제44조(피치료감호자 등의 심사신청) ① 피치료감호자와 그 법정대리인등은 피치료감호자가 치료감호를 받을 필요가 없을 정도로 치유되었음을 이유로 치료감호의 종료 여부를 심사·결정하여 줄 것을 위원회에 신청할 수 있다.
② 제1항에 따른 신청을 할 때에는 심사신청서와 심사신청이유에 대한 자료를 제출하여야 한다.
③ 제1항에 따른 신청은 치료감호의 집행이 시작된 날부터 6개월이 지난 후에 하여야 한다. 신청이 기각된 경우에는 6개월이 지난 후에 다시 신청할 수 있다.
④ 위원회가 제1항에 따른 신청을 기각하는 경우에는 결정서에 그 이유를 구체적으로 밝혀야 한다.

문제 1의 해설

1. 치료감호기간조항의 의의와 쟁점
2. 신체의 자유의 의의와 제한
   (1) 신체의 자유의 의의
   (2) 신체의 자유의 제한과 과잉금지원칙
3. 치료감호기간 조항의 과잉금지원칙의 위배 여부
   (1) 입법목적의 정당성과 수단의 적절성
   (2) 침해의 최소성
   (3) 법익의 균형성
   (4) 소결
4. 결어

1. 치료감호기간 조항의 의의와 쟁점

〈설문〉의 '치료감호기간조항'은 치료감호 기간의 상한을 15년으로 규정하고 있다. 여기에서 '치료감호'는 심신장애 상태, 마약류·알코올이나 그 밖의 약물중독 상태, 또는 정신성적(精神性的) 장애가 있는 상태 등에서 범죄행위를 한 자로서 재범의 위험성이 있고 특수한 교육·개선 및 치료가 필요하다고 인정되는 자에 대하여 적절한 보호와 치료를 하는 것을 말한다(법 제1조).

이러한 '치료감호'의 법적 성격은 고도의 사회적 위험성을 가지고 있음에도 불구하고 전통적인 사회방위 수단인 형벌을 과할 수 없거나 형벌을 기대할 수 없는 범죄성 심신장애자 및 마약류 중독자 등을 일정기간 감호시설에 수용하여 치료·개선하는 한편 사회의 안전을 도모하는 조치로서 '대인적 자유박탈적 보안처분'이다.

〈설문〉 사건에서는 치료감호기간 조항이 지나치게 장기이어서 과잉금지원칙에 위배되어 甲의 신체의 자유를 침해하는지 여부, 그리고 약물·알코올 중독자에 대한 치료감호기간 상한(2년: 구 치료감호법 제16조 제2항 제2호)에 비추어 볼 때, 甲의 평등권을 침해하는지 여부가 쟁점이 된다.

2. 신체의 자유의 의의와 제한

(1) 신체의 자유의 의의

헌법 제12조 제1항의 신체의 자유는, 신체의 안정성이 외부로부터의 물리적인 힘이나 정신적인 위험으로부터 침해당하지 아니할 자유와 신체활동을 임의적이고 자율적으로 할 수 있는 자유를 말한다(헌재 1992. 12. 24. 92헌가8; 헌재 2005. 5. 26. 99헌마513등).

(2) 신체의 자유의 제한과 과잉금지원칙

기술한 바와 같이, 〈설문〉 사건에서의 '치료감호'는 범죄성 심신장애자 및 마약류 중독자 등을 일정기간 감호시설에 수용하는 조치로서 '대인적 자유박탈적 보안처분'이다. 치료감호기간조항은 이러한 치료감호를 일정기간 부과하는 조항으로서 신체의 자유에 대한 제한이다.

신체의 자유도 제한될 수 있으나, 제한하는 경우에는 기본권 제한의 입법적 한계로서 헌법 제37조 제2항은 기본권을 제한하는 입법이 준수하여야 할 요건으로서 입법목적의 정당성과 수단의 적절성, 침해의 최소성, 법익의 균형성을 갖출 것을 요구하고 있다(헌재 1997. 3. 27. 94헌마196등).

〈설문〉 사건에서는 치료감호기간 조항에 의한 신체의 자유의 제한이 이러한 한계 내에 있는지 여부를 살펴본다.

3. 치료감호기간 조항의 과잉금지원칙의 위배 여부

(1) 입법목적의 정당성과 수단의 적절성

치료감호기간 조항은 치료감호대상자인 정신성적 장애인이 치료감호시설에 수용될 수 있는 기간의 상한을 정함으로써 치료의 필요성 및 재범의 위험성에 따라 탄력적으로 치료감호를 집행함과 동시에 정신성적 장애인의 기본권이 지나치게 제한되는 것을 방지하고자 하는 것으로서 입법목적의 정당성이 인정된다.

그리고 이러한 목적의 달성을 위하여 정신성적 장애인에 대한 치료감호기간의 상한을 15년으로 정한 것은 적절한 수단이 된다.

(2) 침해의 최소성

1) 정신성적 장애인의 성폭력범죄로부터 국민을 보호하기 위해서는 성폭력범죄를 저지른 정신성적 장애인에 대한 효과적 치료와 관리를 통해 이들의 사회복귀와 재범을 방지하기 위한 대책을 마련하여야 하고, 정신성적 장애는 그 증상이나 정도·치료 방법 등에 따라 치료 종료 시기가 달라질 수 있으므로, 일정기간을 치료감호기간의 상한으로 정해 놓고 치료의 경과 및 재범의 위험성 소멸 정도에 따라 기간 만료 전에도 가종료나 종료 결정에 의해 치료감호소를 퇴소할 수 있도록 하는 등 탄력적으로 제도를 운영할 필요성이 크다(헌재 2012. 12. 27. 2011헌마276).

2) 위험성의 징표에 불과한 범죄행위의 경중이나 형기의 장단에 따라 치료감호기간을 구분하는 것은 보안처분인 치료감호의 본질에 맞지 않고, 정신성적 장

애의 특성상 증상의 정도를 세분화하여 그 기준을 만드는 것도 쉽지 않으며, 기간연장방식은 치료감호기간의 상한을 정하는 것과 근본적으로 다를 것이 없다는 점에서 위와 같은 방법들을 대안으로 삼기 어렵다.

그리고 치료감호는 형벌을 대체하거나 보완하기 위한 형벌 이외의 형사제재로서 과거의 범죄행위 자체에 대한 책임을 물어 과하는 제재조치가 아니라, 장래의 위험성에 중점을 두어 위험성이 있고 특수한 교육·개선 및 치료를 통하여 사회적응력을 증진시킬 필요가 있다고 인정되는 사람에 대하여 과하는 보안처분으로 그 본질 및 목적·기능에 있어서 형벌과 별개의 독자적 의의를 가진다(헌재 2012. 12. 27. 2011헌마285 참조).

3) 치료감호심의위원회는 피치료감호자에 대하여 치료감호 집행을 시작한 뒤 매 6개월마다 치료감호의 종료 또는 가종료 여부를 심사·결정하며, 치료감호와 형이 병과되어 형기에 상당하는 치료감호를 집행받은 사람에 대하여는 상당한 기간을 정하여 그 법정대리인 등에게 치료감호시설 외에서의 치료를 위탁할 수도 있으며, 구 치료감호법은 구체적·개별적 사안마다 치료감호시설의 수용 계속 여부를 적절하게 심사·결정할 수 있는 장치를 마련하여 기본권 제한을 최소화하고 있다.

4) 이런 사정을 종합하여 보면, 치료감호기간 조항이 치료감호기간 상한을 15년으로 정한 것이 지나치게 오랜 기간이어서 침해의 최소성 원칙에 반한다고 보기 어렵다.

(3) 법익의 균형성

1) 치료감호기간 조항으로 달성하려는 공익은 치료감호대상자인 정신성적 장애인의 성행이 개선될 때까지 충분한 기간 치료적 처우를 받게 함으로써 이들의 재범을 방지하고 궁극적으로 시민의 안전을 확보하고자 하는 것이다.

2) 이 조항으로 인하여 청구인들은 최장 15년 동안 치료감호소에 수용될 우려가 있고, 이로써 상당 기간 신체의 자유가 제한되는 불이익을 입을 수 있으나, 계속적 치료감호를 통하여 청구인들은 해당 정신성적 장애의 증상으로부터 벗어나는 이익을 얻을 수도 있고 또 치료감호기간 만료 전에도 가종료나 치료위탁, 종료 결정 등을 통하여 장기수용으로부터 벗어날 수도 있다.

3) 그렇다면 치료감호기간 조항이 정신성적 장애인에 대한 치료감호기간 상한을 15년으로 정함으로 인하여 청구인들이 입는 사익의 침해는 그로써 얻게 되는 공익에 비하여 결코 크다고 볼 수 없다.

(4) 소 결

따라서 치료감호기간 조항은 과잉금지원칙에 위배되지 아니한다.

4. 결 어

치료감호기간 조항은 과잉금지원칙에 위배되어 甲의 신체의 자유를 침해한다고 할 수 없다.

문제 2의 해설

1. 평등권의 의의와 평등권 침해의 심사기준

(1) 평등권의 의의

헌법 제11조에 의하여 보장되는 평등권은 일반적으로 본질적으로 같은 것은 같게, 다른 것은 다르게 취급할 것을 요구하는 것으로서 입법과 법의 적용에 있어서 합리적인 근거가 없는 차별을 배제하는 상대적 평등을 뜻한다.

그러므로 합리적 근거가 있는 차별은 평등원칙에 반하거나 평등권을 침해하는 것이 아니다(헌재 2001. 6. 28. 99헌마516; 헌재 2003. 12. 18. 2001헌바91).

(2) 평등권 침해의 심사기준

헌법 제11조의 평등은 상대적 평등을 의미하는 것이나 평등권 침해 여부를 심사함에 있어 엄격한 심사기준에 의할 것인지, 완화된 심사기준에 의할 것인지는 입법자에게 인정되는 입법형성권의 정도에 따라 다르다.

엄격한 심사기준은 헌법에서 특별히 평등을 요구하고 있거나 차별적 취급으로 인하여 관련 기본권에 대한 중대한 제한을 초래하게 되는 경우에 적용되는 심사기준이고, 완화된 심사기준은 엄격한 심사기준이 적용되지 않는 경우의 자의금지기준을 의미하는 것이다(헌재 1997. 1. 16. 90헌마110등).

평등권 침해 여부를 심사함에 있어서 엄격한 심사를 한다는 것은, 자의금지원칙에 따른 심사 — 합리성 유무의 심사에 그치는 심사 — 와는 달리, 비례성원칙에 따른 심사, 즉 차별취급의 목적과 수단 간에 엄격한 비례관계가 성립하는지를 기준으로 한 심사를 행함을 의미한다(헌재 1999. 12. 23. 98헌마363).

2. 치료감호기간조항의 평등권 침해 여부 검토

(1) 비교집단의 기본적 동일성과 차별취급의 존재

약물·알코올 중독자와 정신성적 장애인은 치료감호대상자라는 점에서 기본적으로 동일하다.

그런데 약물·알코올 중독자에 대한 치료감호기간 상한은 2년임에 비하여, 치료감호기간 조항은 정신성적 장애인에 대한 치료감호기간 상한을 15년으로 정하고 있어 정신성적 장애인을 약물·알코올 중독자와 달리 취급하고 있다.

(2) 〈설문〉 사건의 심사기준

정신성적 장애인에 대하여 헌법상 특별히 평등을 보장하는 명시적 규정이 없고, 과잉금지원칙에서 살펴본 바와 같이 치료감호기간 조항이 침해의 최소성과 법익의 균형성도 갖추고 있으므로 정신성적 장애인의 기본권(신체의 자유)에 중대한 제한이 있다고 볼 수도 없다.

따라서 〈설문〉 사건에는 완화된 심사기준(자의금지 원칙)이 적용되므로, 차별

사유의 합리성에 대하여 살펴보고자 한다.

(3) 합리적 차별사유의 존재 여부

약물·알코올 등의 남용·중독은 중독현상을 치료할 수 있는 치료법이 있는 질환으로 비교적 단기간의 집중적인 치료를 통하여 극복될 수 있다.

반면에 정신성적 장애는 뇌 기능 손상의 정도나 원인·증상 등에 따라 치료방법 및 치료기간이 다양할 수밖에 없고, 왜곡된 성인식을 개선하기 위한 근본적 치료가 필요하다.

마약·알코올 중독자와 정신성적 장애인은 그 증상이나 치료방법·치료에 필요한 기간 등에서 많은 차이가 있으므로, 이러한 사정을 고려하여 이들에 대한 치료감호기간의 상한을 달리 정한 것은 합리적인 이유가 있고 또 그것이 입법재량을 현저히 남용하거나 한계를 벗어난 것이라고 보기는 어렵다.

3. 결 어

치료감호기간조항이 정신성적 장애인을 약물·알코올 중독자와 달리 취급하는 데 합리적 이유가 있다고 인정되므로, 치료감호기간조항이 甲의 평등권을 침해한다고 볼 수 없다.

따라서 甲의 주장은 타당하지 아니하다.

참고판례 **치료감호법 제16조 제2항 제1호 위헌확인**(헌재 2017. 4. 27. 2015헌마989 등)

3-2-36 | 죄형법정주의의 명확성원칙, 과잉금지원칙

설 문

甲이 운영하는 A주식회사는 2008. 4. 30. 서울특별시 B사업소장과 사이에 서울 송파구 소재 C운동장 부설주차장(이하 '이 사건 주차장'이라 한다)에 대하여 위·수탁관리 계약(당초 2008. 5. 1.부터 2009. 5. 31.이었으나, 그 후 2010. 5. 31.까지로 연장되었다)을 체결하고 이를 사용·수익하던 중 2009년도 1, 2차 위탁료를 기간 내에 납부하지 아니하였고, 이에 서울특별시 B사업소장은 2009. 10. 18. 이 사건 주차장의 사용·수익허가를 취소하였다.

그럼에도 甲은 2011. 3. 21.까지 이 사건 주차장을 계속 점유하면서 사용·수익하였고, 이에 甲은 공유재산 및 물품 관리법 위반죄로 기소되어 제1심 계속 중 '공유재산 및 물품 관리법(이하 '공유재산법'이라 한다)'제99조(이하 '이 사건 법률조항'이라 한다)가 죄형법정주의의 명확성원칙, 과잉금지원칙, 평등원칙에 위배되어 위헌이라고 주장하며 위헌법률심판제청신청을 하였으나, 2011. 9. 21. 징역 1년을 선고받고 위헌법률심판제청신청이 기각되자, 2011. 10. 19. 헌법재판소에 위 조항의 위헌확인을 구하는 이 사건 헌법소원심판을 청구하였다.

〈설문〉 사건에서 '이 사건 법률조항'은 죄형법정주의의 명확성원칙, 과잉금지원칙에 위배되는가?

심판대상조항

공유재산 및 물품 관리법(2010. 2. 4. 법률 제10006호로 개정된 것)

제99조(벌칙) 제6조 제1항을 위반하여 행정재산을 사용하거나 수익한 자는 2년 이하의 징역 또는 700만 원 이하의 벌금에 처한다.

관련조항

공유재산 및 물품 관리법(2010. 2. 4. 법률 제10006호로 개정된 것)

제1조(목적) 이 법은 공유재산 및 물품을 보호하고 그 취득·유지·보존 및 운용과 처분의 적

정을 도모함을 목적으로 한다.

제6조(공유재산의 보호) ① 누구든지 이 법 또는 다른 법률에서 정하는 절차와 방법에 따르지 아니하고는 공유재산을 사용하거나 수익하지 못한다.

제20조(사용 · 수익허가) ① 지방자치단체의 장은 행정재산에 대하여 그 목적 또는 용도에 장애가 되지 아니하는 범위에서 사용 또는 수익을 허가할 수 있다.
⑤ 제1항에 따라 사용·수익의 허가를 받은 자는 허가기간이 끝나거나 제25조에 따라 사용·수익허가가 취소된 경우에는 그 행정재산을 원상대로 반환하여야 한다. 다만, 지방자치단체의 장이 미리 원상의 변경을 승인한 경우에는 변경된 상태로 반환할 수 있다.

제21조(사용 · 수익허가기간) ① 행정재산의 사용·수익허가기간은 그 허가를 받은 날부터 3년 이내로 한다. 다만, 제7조 제2항 단서에 따른 기부채납의 경우에는 공유재산으로 받아들인 후 무상사용을 허가받은 날부터 기부채납된 재산의 가액(價額)을 연간 사용료로 나눈 기간 이내로 한다.
② 지방자치단체의 장은 제20조 제2항 제1호에 따라 수의계약의 방법으로 한 사용·수익허가는 허가기간이 끝나기 전에 사용·수익허가를 갱신할 수 있다. 이 경우 갱신하는 허가기간은 갱신할 때마다 제1항에 따른 허가기간을 초과할 수 없다. <개정 2010.2.4.>
④ 지방자치단체의 장은 사용·수익허가를 받은 자가 다음 각 호의 어느 하나에 해당하는 경우에는 허가기간을 연장할 수 있다. 이 경우 연장하는 허가기간은 다음 각 호의 사유로 사용·수익하지 못한 기간의 범위로 한다. <개정 2010.2.4.>
1. 천재지변이나 그 밖의 재난으로 피해를 본 경우
2. 해당 지방자치단체의 귀책사유로 그 재산의 사용에 제한을 받은 경우

제22조(사용료) ① 지방자치단체의 장은 행정재산의 사용·수익을 허가하였을 때에는 대통령령으로 정하는 요율(料率)과 산출방법에 따라 매년 사용료를 징수한다.

제23조(사용료의 조정) ① 지방자치단체의 장은 동일인(상속인과 그 밖의 포괄승계인은 동일인으로 본다)이 같은 행정재산을 1년을 초과하여 계속 점유하거나 사용·수익하는 경우 해당 연도의 연간 사용료가 전년도의 연간 사용료보다 100분의 10 이상 증가한 때에는 대통령령으로 정하는 바에 따라 그 사용료의 증가분을 감액(減額)할 수 있다.

제24조(사용료의 감면) ① 지방자치단체의 장은 행정재산의 사용·수익을 허가할 때 다음 각 호의 어느 하나에 해당하면 제22조에도 불구하고 그 사용료를 면제할 수 있다.
1. 국가나 다른 지방자치단체가 직접 해당 행정재산을 공용·공공용 또는 비영리 공익사업용으로 사용하려는 경우
2. 제7조 제2항 단서에 따라 행정재산으로 할 목적으로 기부를 받아들인 재산에 대하여 기부자, 그 상속인, 그 밖의 포괄승계인에게 사용·수익을 허가하는 경우
3. 건물 등을 신축하여 기부채납을 하려는 자가 신축기간에 그 부지를 사용하는 경우
4. 천재지변이나 그 밖의 재난을 입은 지역주민에게 일정 기간 사용·수익을 허가하는 경우

등 대통령령으로 정하는 경우로서 지방의회가 동의한 경우

제25조(사용 · 수익허가의 취소) ① 지방자치단체의 장은 제20조 제1항에 따라 행정재산의 사용·수익허가를 받은 자가 다음 각 호의 어느 하나에 해당하면 그 허가를 취소할 수 있다.
1. 사용·수익의 허가를 받은 행정재산을 제20조 제3항을 위반하여 다른 사람에게 사용·수익하게 한 경우
2. 해당 행정재산의 관리를 게을리하였거나 그 사용 목적에 위배되게 사용한 경우
3. 지방자치단체의 장의 승인 없이 사용·수익의 허가를 받은 행정재산의 원상을 변경한 경우
4. 거짓 진술, 거짓 증명서류의 제출, 그 밖의 부정한 방법으로 그 허가를 받은 사실이 발견된 경우
5. 제22조 제2항에 따른 납부기한까지 사용료를 내지 아니한 경우

② 지방자치단체의 장은 사용·수익을 허가한 행정재산을 국가나 지방자치단체가 직접 공용 또는 공공용으로 사용하기 위하여 필요로 하게 된 경우에는 그 허가를 취소할 수 있다.

제27조(행정재산의 관리위탁) ① 지방자치단체의 장은 행정재산의 효율적인 관리를 위하여 필요하다고 인정하면 대통령령으로 정하는 바에 따라 지방자치단체 외의 자에게 그 재산의 관리를 위탁(이하 "관리위탁"이라 한다)할 수 있다.

제81조(변상금의 징수) ① 지방자치단체의 장은 사용·수익허가나 대부계약 없이 공유재산 또는 물품을 사용·수익하거나 점유한 자(사용·수익허가나 대부계약 기간이 끝난 후 다시 사용·수익허가나 대부계약 없이 공유재산 또는 물품을 계속 사용·수익하거나 점유한 자를 포함한다)에 대하여 대통령령으로 정하는 바에 따라 공유재산 또는 물품에 대한 사용료 또는 대부료의 100분의 120에 해당하는 금액(이하 "변상금"이라 한다)을 징수한다. (단서 생략)

제83조(원상복구명령등) ① 지방자치단체의장은 정당한 사유 없이 공유재산을 점유하거나 공유재산에 시설물을 설치한 경우에는 원상복구 또는 시설물의 철거 등을 명하거나 이에 필요한 조치를 할 수 있다.

② 제1항에 따른 명령을 받은 자가 그 명령을 이행하지 아니할 때에는 행정대집행법에 따라 원상복구 또는 시설물의 철거 등을 하고 그 비용을 징수할 수 있다.

도로법 제38조(공공시설의 귀속) ① 도로관리청이 도로공사로 새로 공공시설(「국토의 계획 및 이용에 관한 법률」 제2조 제13호에 따른 공공시설을 말한다. 이하 같다)을 설치하거나 기존의 공공시설에 대체되는 시설을 설치한 경우에는 「국유재산법」과 「공유재산 및 물품 관리법」에도 불구하고 새로 설치된 공공시설은 그 시설을 관리할 관리청에 무상으로 귀속되고, 종래의 공공시설은 도로관리청에게 무상으로 귀속된다.

② 도로관리청은 제1항에 따른 공공시설의 귀속에 관한 사항이 포함된 도로공사를 하려면 미리 해당 공공시설이 속한 관리청의 의견을 들어야 한다. 다만, 관리청이 지정되지 아니한 경우에는 관리청이 지정된 후 준공되기 전에 관리청의 의견을 들어야 하며, 관리청이 불분명한 경우에는 도로·하천 등에 대하여는 국토교통부장관을 관리청으로 보고, 그 외의 재산

에 대하여는 기획재정부장관을 관리청으로 본다.
③ 도로관리청이 제2항에 따라 관리청의 의견을 듣고 도로공사를 한 경우 도로관리청은 그 허가에 포함된 공공시설의 점용 및 사용에 관하여 관계 법률에 따른 승인·허가를 받은 것으로 보아 도로공사를 할 수 있다. 이 경우 해당 공공시설의 점용 또는 사용에 따른 점용료 또는 사용료는 면제된 것으로 본다.

도시공원 및 녹지 등에 관한 법률

제24조(도시공원의 점용허가) ① 도시공원에서 다음 각 호의 어느 하나에 해당하는 행위를 하려는 자는 대통령령으로 정하는 바에 따라 그 도시공원을 관리하는 특별시장·광역시장·특별자치시장·특별자치도지사·시장 또는 군수의 점용허가를 받아야 한다. 다만, 산림의 솎아베기 등 대통령령으로 정하는 경미한 행위의 경우에는 그러하지 아니하다.
1. 공원시설 외의 시설·건축물 또는 공작물을 설치하는 행위
2. 토지의 형질변경
3. 죽목(竹木)을 베거나 심는 행위
4. 흙과 돌의 채취
5. 물건을 쌓아놓는 행위
② 특별시장·광역시장·특별자치시장·특별자치도지사·시장 또는 군수는 제1항에 따른 허가신청을 받으면 다음 각 호의 요건을 모두 갖춘 경우에만 그 허가를 할 수 있으며, 토지 소유자가 허가신청을 한 경우에는 다른 사람에 우선하여 허가하여야 한다.
1. 공원조성계획에 저촉되지 아니할 것(공원조성계획이 수립된 경우만 해당한다)
2. 불가피하게 점용하여야 하는 사유가 있을 것
3. 해당 점용으로 인하여 공중(公衆)의 이용에 지장을 주지 아니한다고 인정될 것
③ 제1항에 따른 점용허가를 받아 도시공원을 점용할 수 있는 대상 및 점용기준은 대통령령으로 정한다.
④ 점용허가받은 사항을 변경하려는 경우에는 제1항을 준용한다.
⑤ 「국토의 계획 및 이용에 관한 법률」 제47조 제7항에 따라 같은 법 제56조에 따른 허가를 받아 건축물 또는 공작물을 설치하는 경우에는 제1항에 따른 점용허가를 생략할 수 있다. <개정 2016. 5. 29.>

자연공원법

제23조(행위허가) ① 공원구역에서 공원사업 외에 다음 각 호의 어느 하나에 해당하는 행위를 하려는 자는 대통령령으로 정하는 바에 따라 공원관리청의 허가를 받아야 한다. 다만, 대통령령으로 정하는 경미한 행위는 대통령령으로 정하는 바에 따라 공원관리청에 신고하고 하거나 허가 또는 신고 없이 할 수 있다.
1. 건축물이나 그 밖의 공작물을 신축·증축·개축·재축 또는 이축하는 행위
2. 광물을 채굴하거나 흙·돌·모래·자갈을 채취하는 행위
3. 개간이나 그 밖의 토지의 형질 변경(지하 굴착 및 해저의 형질 변경을 포함한다)을 하는

행위
4. 수면을 매립하거나 간척하는 행위
5. 하천 또는 호소(湖沼)의 물높이나 수량(水量)을 늘거나 줄게 하는 행위
6. 야생동물[해중동물(海中動物)을 포함한다. 이하 같다]을 잡는 행위
7. 나무를 베거나 야생식물(해중식물을 포함한다. 이하 같다)을 채취하는 행위
8. 가축을 놓아먹이는 행위
9. 물건을 쌓아 두거나 묶어 두는 행위
10. 경관을 해치거나 자연공원의 보전·관리에 지장을 줄 우려가 있는 건축물의 용도 변경과 그 밖의 행위로서 대통령령으로 정하는 행위

② 공원관리청은 다음 각 호의 기준에 맞는 경우에만 제1항에 따른 허가를 할 수 있다.
1. 제18조 제2항에 따른 용도지구에서 허용되는 행위의 기준에 맞을 것
2. 공원사업의 시행에 지장을 주지 아니할 것
3. 보전이 필요한 자연 상태에 영향을 미치지 아니할 것
4. 일반인의 이용에 현저한 지장을 주지 아니할 것

공유수면 및 매립에 관한 법률

제8조(공유수면의 점용·사용허가) ① 다음 각 호의 어느 하나에 해당하는 행위를 하려는 자는 대통령령으로 정하는 바에 따라 공유수면관리청으로부터 공유수면의 점용 또는 사용(이하 "점용·사용"이라 한다)의 허가(이하 "점용·사용허가"라 한다)를 받아야 한다. 다만, 「수상에서의 수색·구조 등에 관한 법률」 제19조에 따른 조난된 선박등의 구난작업, 「재난 및 안전관리 기본법」 제37조에 따른 응급조치를 위하여 공유수면을 점용·사용하려는 경우 또는 제28조에 따라 매립면허를 받은 자가 매립면허를 받은 목적의 범위에서 해당 공유수면을 점용·사용하려는 경우에는 그러하지 아니하다. <개정 2013.3.23., 2016.12.27., 2017.3.21.>

1. 공유수면에 부두, 방파제, 교량, 수문, 신·재생에너지 설비(「신에너지 및 재생에너지 개발·이용·보급 촉진법」 제2조 제3호에 따른 신·재생에너지 설비를 말한다. 이하 이 장에서 같다), 건축물(「건축법」 제2조 제1항 제2호에 따른 건축물로서 공유수면에 토지를 조성하지 아니하고 설치한 건축물을 말한다. 이하 이 장에서 같다), 그 밖의 인공구조물을 신축·개축·증축 또는 변경하거나 제거하는 행위
2. 공유수면에 접한 토지를 공유수면 이하로 굴착(掘鑿)하는 행위
3. 공유수면의 바닥을 준설(浚渫)하거나 굴착하는 행위
4. 대통령령으로 정하는 포락지 또는 개인의 소유권이 인정되는 간석지를 토지로 조성하는 행위
5. 공유수면으로부터 물을 끌어들이거나 공유수면으로 물을 내보내는 행위. 다만, 해양수산부령으로 정하는 행위는 제외한다.
6. 공유수면에서 흙이나 모래 또는 돌을 채취하는 행위
7. 공유수면에서 식물을 재배하거나 베어내는 행위
8. 공유수면에 흙 또는 돌을 버리는 등 공유수면의 수심(水深)에 영향을 미치는 행위

9. 점용·사용허가를 받아 설치된 시설물로서 국가나 지방자치단체가 소유하는 시설물을 점용·사용하는 행위
10. 공유수면에서 「광업법」 제3조 제1호에 따른 광물을 채취하는 행위
11. 제1호부터 제10호까지에서 규정한 사항 외에 공유수면을 점용·사용하는 행위

해 설

1. 이 사건 법률조항의 의의와 쟁점

〈설문〉의 '이 사건 법률조항'은 "제6조 제1항을 위반하여 행정재산을 사용하거나 수익한 자는 2년 이하의 징역 또는 700만 원 이하의 벌금에 처한다"고 규정하고 있는데, 위의 '제6조 제1항'은 "누구든지 이 법 또는 다른 법률에서 정하는 절차와 방법에 따르지 아니하고는 공유재산을 사용하거나 수익하지 못한다"고 규정하고 있다.

벌칙규정인 '이 사건 법률조항'은, 동 조항에 금지규정인 공유재산법 '제6조 제1항'을 포함시켜 구성요건의 일부 요소로 하면서, 신체의 자유를 제한하고 있다.

따라서 〈설문〉의 이 사건 법률조항과 관련하여서는 우선, 벌칙규정의 문언과 그 의미에 대한 해석의 문제로서 죄형법정주의의 명확성 원칙 위배 여부가 쟁점이 된다.

다음으로, 행정재산의 사용·수익에 관한 공유재산법상의 의무불이행에 대한

제재수단으로 행정형벌을 규정하고 있는 것이 과잉금지원칙에 위배되는지 여부도 쟁점이 된다.

2. 이 사건 법률조항의 명확성원칙 위배 여부

(1) 죄형법정주의의 명확성원칙

1) 죄형법정주의와 명확성원칙의 의의

일반적으로 명확성원칙은 법치국가원리의 한 표현으로서 기본권을 제한하는 법규범의 내용은 명확하여야 한다는 헌법상의 원칙이다. 그리고 헌법 제12조 및 제13조를 통하여 보장되고 있는 죄형법정주의에서 파생되는 명확성의 원칙은, 법률이 처벌하고자 하는 행위가 무엇이며 그에 대한 형벌이 어떠한 것인지를 누구나 예견할 수 있고, 그에 따라 자신의 행위를 결정할 수 있게끔 구성요건을 명확하게 규정할 것을 요구하는 원칙을 말한다(헌재 2000. 6. 29. 98헌가10).

2) 형벌법규의 명확성 판단기준

죄형법정주의의 명확성 원칙에 따른다고 하더라도 입법자가 모든 구성요건을 단순한 의미의 서술적인 개념에 의하여 규정하여야 한다는 것은 아니다. 형벌법규의 구성요건이 다소 광범위하여 어떤 범위에서는 법관의 보충적인 해석을 필요로 하는 개념을 사용하였다고 하더라도 그 점만으로 헌법이 요구하는 형벌법규의 명확성의 원칙에 반드시 배치되는 것이라고 볼 수는 없다.

법규범이 명확한지 여부는 그 법규범이 수범자에게 법규의 의미내용을 알 수 있도록 공정한 고지를 하여 예측가능성을 주고 있는지 여부 및 그 법규범이 법을 해석·집행하는 기관에게 충분한 의미내용을 규율하여 자의적인 법해석이나 법집행이 배제되는지 여부에 따라 판단할 수 있다.

여기에서 법규범의 의미내용은 그 문언뿐만 아니라 입법목적이나 입법취지, 입법연혁, 그리고 법규범의 체계적 구조 등을 종합적으로 고려하는 해석방법에 의하여 구체화되므로, 결국 법규범이 명확성원칙에 위반되는지 여부는 위와 같은 해석방법에 의하여 그 의미내용을 합리적으로 파악할 수 있는 해석기준을 얻을 수 있는지 여부에 달려 있다(헌재 2005. 6. 30. 2002헌바83).

(2) 이 사건 법률조항의 명확성에 대한 검토

이 사건 법률조항의 명확성에 대하여는 1) 이 사건 법률조항의 '이 법 또는 다른 법률에서 정하는 절차와 방법' 부분이 명확한지 여부, 2) 이 사건 법률조항에서 사용·수익의 개시가 법률상 권원 없이 이루어진 경우 외에 후발적으로 사용·수익할 권원이 취소, 기간 만료 등으로 상실된 경우까지 처벌되는지에 관하여 별도로 언급하지 않고 있으므로, 이러한 점이 명확성원칙에 반하는지 여부가 문제 된다.

1) '이 법 또는 다른 법률에서 정하는 절차와 방법' 부분의 명확성

이 사건 법률조항의 문언상 '이 법에서 정하는 절차와 방법'은 행정재산의 '사용·수익'과 관련된 절차와 방법을 규정한 공유재산법 제20조 내지 제27조에 따라 사용·수익허가 또는 관리위탁을 받는 것을 의미하며, 위 절차와 방법에 의한 권원을 가지지 아니하고 행정재산을 사용 또는 수익하는 자는 이 사건 법률조항에 의해 처벌될 것임을 예측할 수 있다.

그리고 '다른 법률에서 정하는 절차와 방법'도 행정재산의 사용·수익에 관하여 규정한 도로법(제38조), '도시공원 및 녹지 등에 관한 법률'(제24조), 자연공원법(제23조), '공유수면 및 매립에 관한 법률'(제8조) 등의 관련규정들이 이에 해당할 것임을 예측할 수 있다.

나아가 이 사건 법률조항의 수범자인 甲은 행정재산을 점유하고 사용·수익하는 등으로 행정재산의 규율에 대해 보다 잘 아는 지위에 있을 것을 고려하면, '이 법 또는 다른 법률에서 정하고 있는 절차와 방법' 부분이 수범자에게 예측가능성을 담보할 수 없을 만큼 불명료하다고 할 수 없다.

2) 이 사건 법률조항에 의하여 사용·수익할 권원이 취소, 기간 만료 등으로 상실된 경우까지 처벌되는지 여부의 명확성

공유재산법의 입법취지(제1조)가 공유재산 및 물품을 보호하고 그 취득, 유지·보존, 운용 및 처분의 적정성을 도모하려는 데 있으며, 공유재산법 제6조 제1항은 '공유재산 통칙'의 장에 위치한 일반적 금지규정임을 고려할 때, 점유개시의 형태에 따라 처벌범위를 제한할 문언상의 근거가 없음에도 불구하고 무단으로 점유를 개시한 행위만으로 제한해서 해석하는 것은 오히려 일반인과 법집행기관의 통상적인 해석과 배치된다고 할 것이다.

그리고 공유재산법 제20조 제5항이 허가기간이 끝나거나 허가가 취소된 경우에는 그 행정재산을 원상대로 반환하도록 규정하고 있으므로, 적법하게 사용·수익 허가를 받아 점유를 개시한 경우라도 허가기간이 끝나거나 허가가 취소된 후 이를 계속 사용·수익하는 것은 '이 법에서 정하는 절차와 방법'에 따르지 아니하고 행정재산을 사용·수익하는 것이다.

이러한 점들을 고려하면, 그러한 행위가 이 사건 법률조항에 의해 처벌받는 행위임을 예측할 수 있다고 할 것이므로 명확성원칙에 반한다고 할 수 없다.

(3) 소 결

따라서 이 사건 법률조항은 죄형법정주의의 명확성원칙에 위배되지 아니한다.

3. 이 사건 법률조항의 과잉금지원칙 위배 여부

(1) 형벌법규의 규정과 과잉금지원칙의 의의

범죄의 설정과 법정형의 종류 및 범위의 선택은 행위의 사회적 악성과 범죄의 죄질 및 보호법익에 대한 고려뿐만 아니라 우리의 역사와 문화, 입법 당시의 시대적 상황, 국민일반의 가치관과 법감정 그리고 범죄예방을 위한 형사정책적 측면 등 여러 가지 요소를 종합적으로 고려하여 입법자가 결정할 사항으로서 광범위한 입법형성의 자유가 인정되어야 할 분야이다.

또한 어떤 행정법규 위반행위에 대하여 이를 단지 행정질서벌인 과태료를 과할 것인지 아니면 행정형벌을 과할 것인지는 기본적으로 입법권자가 제반사정을 고려하여 결정할 문제이다(헌재 2008. 4. 24. 2005헌마373; 헌재 2009. 9. 24. 2007헌바102).

그런데 입법자에게 이러한 재량이 부여된다고 하더라도, 입법자는 국민의 기본권을 제한하는 내용의 입법을 함에 있어서는 헌법 제37조 제2항에 근거한 기본원칙으로서 과잉금지원칙 — 입법목적의 정당성, 수단의 적정성, 침해의 최소성, 그리고 법익의 균형성 — 을 따라야 하고, 이를 준수하지 않은 법률 내지 법률조항은 기본권제한의 입법한계를 벗어난 것으로서 헌법에 위반되는 것이다(헌재

1998. 8. 27. 96헌가22등; 헌재 2001. 7. 19. 99헌바9등).

따라서 이 사건 법률조항이 과잉금지원칙에 위배되는지 여부를 살펴본다.

(2) 입법목적의 정당성과 수단의 적정성

이 사건 법률조항은 정당한 권원 없이 행정재산을 사용·수익하는 행위를 예방 및 근절함으로써 공공의 목적에 제공되는 행정재산의 적정한 보호와 관리를 꾀함으로써, 지방자치단체의 행정목적을 달성하고 행정재산의 사용·수익에 대한 사용료를 징수하여 지방재정을 확충하려는 목적을 가지고 있으므로 그 정당성이 인정된다.

또한 정당한 권원 없이 행정재산을 사용·수익하는 행위에 대해 형벌을 과하는 것은 그 목적을 달성하기 위한 적절한 수단이므로 수단의 적정성도 인정된다.

(3) 침해의 최소성

정당한 권원 없이 행정재산을 사용·수익하는 경우에 대해서 공유재산법은 행정적 제재수단으로서 변상금 징수(제81조)와 원상회복명령 및 대집행의 근거조항(제83조)을 두고 있다.

그러나 행정재산의 사용·수익을 통해 얻는 수익의 규모가 큰 경우 이러한 제재수단에도 불구하고 행정재산을 계속 사용·수익하려는 동기가 발생할 수 있는 점, 변상금의 징수와 원상회복이 실제 집행되기 위해서는 상당한 비용과 시간이 소모되며 점유자의 재산 상황에 따라 그 징수가 사실상 불가능할 수도 있는 점, 원상회복에 대하여 상당한 물리적 저항이 있기도 하는 점 등에 비추어 변상금의 징수, 원상회복명령 및 대집행 등의 수단이 행정재산의 보호, 관리 및 지방재정 확충이라는 행정목적 달성에 충분히 실효적이라고 단정할 수 없다.

따라서 행정적 제재수단 이외에 이 사건 법률조항이 형사처벌을 규정한 것은 침해의 최소성에도 어긋나지 아니한다.

(4) 법익의 균형성

행정재산의 권원 없는 사용·수익으로 인해 지방자치단체 및 지역주민에게 상당한 재정적, 행정적 손해를 끼치는 행위에 대한 제재로서 2년 이하의 징역 또는 700만 원 이하의 벌금이 그 책임의 정도를 넘어선 과도한 형벌로서 달성하려는 공익과 침해되는 기본권 사이의 균형을 상실하였다고도 보기 어렵다.

(5) 소 결

따라서 이 사건 법률조항이 행정재산을 사용·수익하기 위한 정당한 절차와 방법을 거치지 않았다는 이유로 형벌을 부과할 수 있도록 한 것은 과잉금지원칙에 위배되지 아니한다.

4. 결 어

이 사건 법률조항은 죄형법정주의의 명확성원칙, 과잉금지원칙에 위배되지 아니한다.

참고판례 공유재산 및 물품 관리법 제6조 제1항 등 위헌소원(헌재 2013. 6. 27. 2012헌바17)

3-2-37 | 언론 · 출판의 자유[사전허가금지원칙]

설 문

甲은 A광역시 B구청장으로부터 광고물등관리법(1990. 8. 1. 법률 제4242호로 옥외광고물등관리법으로 전문개정되기 전의 것) 제3조에 의하여 허가기간 2년으로 그리고 허가기간이 만료되었을 때에는 광고물을 자진철거하는 것을 조건으로 광고물표시 및 게시시설 설치허가, 건축법상의 공작물축조허가를 받아 A광역시 B구에 뉴스속보 및 상업성 광고를 하는 전광판으로 된 높이 18m의 광고탑을 설치하였다.

甲은 위 허가기간이 만료되어 개정된 옥외광고물등관리법에 의하여 위 B구청장에게 기간연장신청을 하였으나, 위 구청장은 위 광고물의 규격이 현행법에 저촉된다는 이유로 기간연장 허가를 유보한 채 위 청구인에게 위 광고물의 운용중지를 지시하고 현행법령에 적합하도록 이전 설치하여 신규허가를 받도록 하였다.

그러나 甲은 위 B구청장의 지시에 응하지 아니한 채 위 광고탑을 종전대로 운영하였고, 위 구청장은 위 광고탑이 무허가 광고물임을 이유로 옥외광고물등관리법 제10조 제1항 · 제2항에 의하여 자신철거나 이선설치할 것을 명하고 이를 이행하지 아니할 경우 행정대집행을 실시한다는 내용의 계고처분을 하였다. 그럼에도 불구하고 甲이 이를 이행하지 아니하자 위 구청장은 행정대집행법에 의하여 대집행영장에 의한 대집행통지를 하였다.

甲은 A고등법원에 행정대집행계고처분취소 소송을 제기하였고, 소송계속 중 재판의 전제가 된 옥외광고물등관리법 제3조(이하 '이 사건 법률조항'이라 한다)에 대하여 위헌제청을 신청하였으나 기각되었다.

이에 甲은 옥외광고물등관리법 제3조를 대상으로 이 사건 헌법소원심판을 청구하였다.

1. 〈설문〉의 '이 사건 법률조항'은 헌법 제21조 제2항의 사전허가금지원칙에 위배되는가?

2. 〈설문〉의 '이 사건 법률조항'은 과잉금지원칙에 위배되어 언론·출판의 자유를 침해하는가?

심판대상조항

옥외광고물등관리법(1990. 8. 1. 법률 제4242호)

제3조(광고물 등의 허가 또는 신고) ① 다음 각 호의 1에 해당하는 지역·장소 및 물건에 광고물 또는 게시시설(이하 "광고물 등"이라 한다) 중 대통령령이 정하는 광고물 등을 표시하거나 설치하고자 하는 자는 대통령령이 정하는 바에 의하여 특별시장·직할시장 또는 도지사(이하 "시·도지사"라 한다)의 허가를 받거나 시·도지사에게 신고하여야 한다. 허가 또는 신고사항을 변경하고자 하는 때에도 또한 같다.

1. 도시계획법에 의한 도시계획구역
2. 문화재보호법에 의한 문화재 및 문화재보호구역
3. 산림법에 의한 보전임지
4. 자연공원법에 의한 자연공원
5. 도로·철도·공항·항만·궤도·삭도·하천 및 대통령령이 정하는 그 부근의 지역
6. 기타 미관풍치의 유지 및 도시환경의 보전을 위하여 대통령령이 정하는 지역·장소 및 물건

② 제1항의 규정에 의한 광고물 등의 종류·모양·크기·색깔, 표시 또는 설치의 방법 및 기간 등 허가 또는 신고의 기준에 관하여 필요한 사항은 대통령령으로 정한다.

관련조항

옥외광고물등관리법(1990. 8. 1. 법률 제4242호)

제2조(정의) 이 법에서 사용하는 용어의 정의는 다음과 같다.

1. "옥외광고물"이라 함은 상시 또는 일정기간 계속하여 공중에게 표시되어 공중이 자유로이 통행할 수 있는 장소에서 볼 수 있는 것(대통령령이 정하는 교통시설 또는 교통수단에 표시되는 것을 포함한다)으로서 간판·입간판·현수막·벽보·전단 기타 이와 유사한 것을 말한다.
2. "게시시설"이라 함은 광고탑·광고판과 기타 공작물로서 옥외광고물(이하 "광고물"이라 한다)을 제시 또는 표시하기 위한 시설을 말한다.
3. "옥외광고업"이라 함은 광고물을 표시하거나 게시시설을 설치하는 영업을 말한다.

문제 1의 해설

1. 이 사건 법률조항의 의의와 쟁점

〈설문〉의 '이 사건 법률조항'은 옥외광고물등관리법 제3조 제1항의 각 호에 해당하는 일정한 지역 · 장소 및 물건에 대통령령이 정하는 광고물 등을 표시하거나 설치하고자 하는 자는 대통령령이 정하는 바에 의하여 특별시장 · 직할시장 또는 도지사(이하 "시 · 도지사"라 한다)의 허가를 받거나 신고하도록 하고, 허가 또는 신고사항을 변경하고자 하는 때에도 그러하도록 규정하는 조항이다.

〈설문〉 사건에서 甲은 위 허가기간이 만료된 광고물에 대하여 기간연장신청을 하였으나, 위 구청장은 甲에게 위 광고물의 운용중지를 지시하고 이전 설치하여 신규허가를 받도록 하였다.

헌법 제21조 제1항은 언론 · 출판의 자유를 보장하면서 동조 제2항은 언론 · 출판에 대한 검열이나 허가제를 금지하고 있다.

따라서 〈설문〉에서는 광고물에 대한 허가를 요구하는 이 사건 법률조항이 헌법 제21조 제2항의 사전허가(검열)금지원칙에 위배되는지 여부, 그리고 만약 사전허가(검열)금지원칙에 위배되지 않는다면, 헌법 제37조 제2항의 과잉금지원칙에 위배되는지 여부가 쟁점이 된다.

2. 언론 · 출판의 자유와 사전허가(검열)금지원칙

(1) 언론 · 출판의 자유의 의의와 광고

헌법 제21조는 언론 · 출판의 자유를 규정하고 있는데, 이 자유는 전통적으로는 사상 또는 의견의 자유로운 표명(발표의 자유)과 그것을 전파할 자유(전달의 자유)를 의미하는 것으로서, 개인이 인간으로서의 존엄과 가치를 유지하고 행복을 추구하며 국민주권을 실현하는 데 필수불가결한 것으로 오늘날 민주국가에서 국민이 갖는 가장 중요한 기본권 중의 하나이다(헌재 1992. 2. 25. 89헌가104).

이러한 의사표현 · 전파의 자유에 있어서 의사표현 또는 전파의 매개체는 어떠한 형태이건 가능하며 그 제한이 없다. 즉, 담화 · 연설 · 토론 · 연극 · 방송 · 음악 · 영화 · 가요 등과 문서 · 소설 · 시가 · 도화 · 사진 · 조각 · 서화 등 모든 형상의 의사표현 또는 의사전파의 매개체를 포함한다(헌재 1993. 5. 13. 91헌바17).

그리고 광고물도 사상 · 지식 · 정보 등을 불특정다수인에게 전파하는 것으로서 언론 · 출판의 자유에 의한 보호를 받는 대상이 된다(헌재 1998. 2. 27. 96헌바2).

(2) 언론 · 출판의 자유의 제한과 사전허가(검열)금지원칙

1) 언론 · 출판의 자유의 제한

언론 · 출판의 자유가 기본권으로 보장된다고 하여 무제한적으로 보장되는 것은 아니다. 헌법은 제21조 제2항에서 "언론 · 출판에 대한 허가나 검열…은 인정되지 아니한다"라고 특별히 규정하여, 언론 · 출판의 자유에 대하여 허가나 검열을 수단으로 한 제한만은 헌법 제37조 제2항의 규정에도 불구하고 어떠한 경우라도 법률로써도 허용되지 아니한다는 것을 밝히면서도(헌재 1996. 10. 4. 93헌가13등), 다른 한편으로, 헌법 제21조 제3항 및 제4항을 두어 다원화된 현대정보산업사회에서 언론 · 출판이 가지는 사회적 의무와 책임에 관하여도 규정하고 있다.

따라서 허가나 검열에 해당되지 아니한다고 하더라도, 언론 · 출판의 자유는 헌법 제37조 제2항에 따라 국가안전보장 · 질서유지 또는 공공복리를 위하여 필요한 경우에 법률로써 본질적 내용을 침해하지 않는 한 일정한 제한을 받을 수 있다고 할 것이다(헌재 1992. 6. 26. 90헌가23 참조).

2) 사전허가(검열)금지원칙의 의의와 요건

헌법 제21조 제1항과 제2항에서 말하는 허가나 검열은 행정권이 주체가 되어 사상이나 의견 등이 발표되기 이전에 예방적 조치로서 그 내용을 심사 · 선별하여 발표를 사전에 억제하는, 즉 허가받지 아니한 것의 발표를 금지하는 제도를 뜻한다(… "검열금지의 원칙은 모든 형태의 사전적인 규제를 금지하는 것은 아니고, 의사표현의 발표 여부가 오로지 행정권의 허가에 달려있는 사전심사만을 금지하는 것이다. 그리고 검열은 일반적으로 허가를 받기 위한 표현물의 제출의무, 행정권이 주체가 된 사전심사절차, 허가를 받지 아니한 의사표현의 금지 및 심사절차를 관철할 수 있는 강제수단 등의 요건을 갖춘 경우에만 이에 해당하는 것이다"(헌재 2001. 8. 30. 2000헌가9; 헌재 2001. 8. 30. 2000헌바36; 헌재 2002. 2. 28. 99헌바117)).

이러한 허가 · 검열제가 허용될 경우에는 국민의 정신활동의 독창성과 창의성을 침해하여 정신생활에 미치는 위험이 클 뿐만 아니라 행정기관이 집권자에게 불리한 내용의 표현을 사전에 억제함으로써 이른바 관제의견이나 지배자에게 무해한 여론만이 허용되는 결과를 초래할 염려가 있기 때문에 헌법이 직접 그 금지를 규정하고 있는 것이다(헌재 1996. 10. 4. 93헌가13등).

3. 이 사건 법률조항의 사전허가금지원칙 위배 여부

이 사건 법률조항은 일정한 지역 · 장소 및 물건에 광고물 또는 게시시설을 표시하거나 설치하는 경우에 그 광고물 등의 종류 · 모양 · 크기 · 색깔, 표시 또는 설치의 방법 및 기간 등을 규제하고 있는 것으로서, 광고물등의 내용을 심사 · 선별하여 광고물을 사전에 통제하려는 제도가 아님은 명백하다.

따라서 이 사건 법률조항은 헌법 제21조 제2항이 규정하는 사전허가 · 검열에 해당되지 아니하므로, 사전허가금지원칙과는 무관한 것으로서 그에 위배되지 아니한다.

4. 결 어

위에서 살펴본 바와 같이, 이 사건 법률조항은 광고물등의 내용을 심사 · 선별하여 광고물을 사전에 통제하려는 허가제가 아님이 명백하므로, 사전허가금지원칙의 적용대상이 아니다.

따라서 이 사건 법률조항은 사전허가금지원칙과 무관하고 또한 그에 위배되지 아니한다.

문제 2의 해설

1. 이 사건 법률조항과 과잉금지원칙

이미 살펴본 바와 같이, 이 사건 법률조항이 허가나 검열에는 해당되지 않는다고 하더라도 광고물 등의 표시·설치라는 표현을 제한하는 효과를 가지고 있음은 부인할 수 없으므로, 이 사건 법률조항 헌법에 합치하기 위하여서는 헌법 제37조 제2항의 과잉금지원칙을 준수하여야 함은 물론이다.

즉, 이 사건 법률조항은 그 입법목적이 헌법 및 법률의 체제상 그 정당성이 인정되어야 하고(목적의 정당성), 그 목적의 달성을 위하여 그 방법이 효과적이고 적절하여야 하며(방법의 적절성), 입법권자가 선택한 기본권 제한의 조치가 입법목적달성을 위하여 설사 적절하다 할지라도 보다 완화된 형태나 방법을 모색함으로써 기본권의 제한은 필요한 최소한도에 그치도록 하여야 하며(피해의 최소성), 그 입법에 의하여 보호하려는 공익과 침해되는 사익을 비교형량할 때 보호되는 공익이 더 커야 한다(법익의 균형성)(헌재 1997. 8. 21. 93헌바51; 헌재 1990. 9. 3. 89헌가95).

2. 이 사건 법률조항의 과잉금지원칙 위배 여부

(1) 입법목적의 정당성과 방법의 적절성

이 사건 법률조항은 옥외광고물의 표시장소·표시방법과 게시시설의 설치·유지 등에 관하여 필요한 사항을 규정함으로써 미관풍치와 미풍양속을 유지하고 공중에 대한 위해를 방지함을 목적으로 하고 있는데, 모든 국민은 건강하고 쾌적한 환경에서 생활할 권리를 가지며 국가와 국민은 환경보전을 위하여 노력하여야 한다는 헌법 제35조 제1항에 비추어 그 입법목적의 정당성이 인정된다.

그리고 이러한 목적을 달성하기 위하여 광고물등의 설치에 있어 사전허가를 받도록 하는 것은 적절한 방법이라고 할 수 있다.

(2) 피해의 최소성

1) 이 사건 법률조항에서 규제하는 "옥외광고물"과 "게시시설"은 옥외광고물등관리법(이하 '법'이라 한다) 제2조(정의조항)에서 정의하고 있는 바와 같은데, 이러한 광고물이나 게시시설이 방임될 경우 각양각색의 광고물로 인하여 주거지역, 녹지지역, 자연보존지구, 묘지, 고속도로변, 교량, 하천 등 국민의 주거환경과 국토경관이 크게 침해당하게 되어 결과적으로 헌법 제35조 제1항이 보장하는 국민의 환경권을 침해하게 될 것이다.

2) 또한 광고물 관리를 사후적인 지도 · 감독에만 의존하게 되면, 광고물 설치가 완료된 상황에서 법령에 위반됨을 이유로 이전 또는 철거하도록 조치하는 것이 쉽지 않고, 이를 둘러싼 행정당국과 당사자간에 갈등 · 마찰을 심화시키는 등 효과적인 광고물 관리를 어렵게 할 것이므로, 이사건 법률조항에서 사후제한에 그치지 아니하고 사전허가제도를 도입할 필요성은 인정할 수 있다.

3) 그리고 이사건 법률조항은 광고물 및 광고시설이 제한되는 지역을 '제1항 1호부터 6호'까지로 특정하여 한정하고 있고, 광고물 등의 종류 · 모양 · 크기 · 색깔, 표시 또는 설치의 방법 및 기간 등 허가 또는 신고의 기준에 관하여 필요한 사항은 대통령령으로 정한다고 규정하여 허가나 신고의 기준에 관하여도 일정한 제한을 둠으로써 제한을 필요최소한으로 규정하고 있다고 할 것이다.

이러한 점들을 종합적으로 고려할 때, 이 사건 법률조항은 피해의 최소성도 갖추고 있다고 할 것이다.

(3) 법익의 균형성

이사건 법률조항에 의하여 제한되는 광고물 설치의 자유라는 사익보다 국민의 환경권 보장과 공중에 대한 위해 방지라는 공익이 더 중대하다고 할 것이므로, 이 사건 법률조항은 법익의 균형성도 충족시킨다고 할 수 있다.

3. 결 어

이 사건 법률조항은 과잉금지원칙에 위배되어 언론·출판의 자유를 침해하지 아니한다.

참고판례 **옥외광고물등관리법 제3조 위헌소원**(헌재 1998. 2. 27. 96헌바2)

3-2-38 | 알 권리[정보공개청구권]

설 문

甲과 乙은 변호사시험에 응시하여 합격한 사람들인데, 甲과 乙(이하 '청구인들'이라 한다)은 변호사시험법 제18조 제1항 본문 부분(이하 '이 사건 법률조항'이라 한다)이 청구인들의 기본권을 침해한다고 아래와 같이 주장하면서 2012. 3. 6. 이 사건 헌법소원심판을 청구하였다.

※ "이 사건 법률조항은 법학전문대학원 간 과다한 경쟁 및 서열화를 방지하고 충실한 법학교육과정을 통한 법학전문대학원 제도를 정착시키기 위한 것인데, 이러한 목적은 변호사시험 응시자 이외의 일반인에 대하여 성적을 비공개하는 것만으로도 충분히 달성할 수 있음에도 응시자에게까지 그의 성적을 공개하지 않는 것은 과잉금지원칙에 위배되어 청구인들의 알 권리 내지 개인정보자기결정권을 침해한다.
또한 이 사건 법률조항은 변호사시험 성적의 공개를 금지하여 변호사시험에 합격한 응시자들이 객관적인 평가기준을 가지고 공정하게 경쟁할 수 있는 기회 자체를 배제하는 것이어서 청구인들의 직업의 자유를 침해한다.
그리고 이 사건 법률조항은 행복추구권도 침해한다."

〈설문〉 사건에서 '이 사건 법률조항'은 과잉금지원칙에 위배되어 청구인들이 주장하는 기본권을 침해하는가?

심판대상조항

변호사시험법(2011. 7. 25. 법률 제10923호로 개정된 것)

제18조(시험정보의 비공개) ① 시험의 성적은 시험에 응시한 사람을 포함하여 누구에게도 공개하지 아니한다. 다만, 시험에 불합격한 사람은 시험의 합격자 발표일부터 6개월 내에 법무부장관에게 본인의 성적 공개를 청구할 수 있다.

관련조항

변호사시험법(2009. 5. 28. **법률 제9747호로 제정된 것**)

제2조(변호사시험 시행의 기본원칙) 변호사시험(이하 "시험"이라 한다)은「법학전문대학원 설치·운영에 관한 법률」에 따른 법학전문대학원(이하 "법학전문대학원"이라 한다)의 교육과정과 유기적으로 연계하여 시행되어야 한다.

해 설

1. 이 사건 법률조항의 의의와 쟁점

〈설문〉의 '이 사건 법률조항'은 변호사시험의 성적을 응시자를 포함하여 누구에게도 공개하지 아니하도록 하고 있다. 다만, 이 사건 법률조항에 연결되어 있는 후문인 변호사시험법 제18조 제1항 단서에서 불합격자의 경우에는 일정 기간 성적 공개 청구가 가능하도록 규정하였다.

이러한 변호사시험 성적의 비공개는, 성적을 공개할 경우에 나타날 수 있는 문제점들 — 법학전문대학원의 교육이 시험준비 위주의 교육으로 변질될 우려가 있고 또 대학의 서열화 및 대학 간 과다 경쟁이 발생할 우려 등 — 을 방지하고자 하는 것이다.

이에 대하여 〈설문〉의 청구인들은 변호사시험 응시자 이외의 일반인에 대하여 성적을 비공개하는 것만으로도 충분한데 응시자에게까지 그의 성적을 공개하지 않는 것은 알 권리 내지 개인정보자기결정권을 침해하는 것이고, 변호사시험

성적의 비공개는 변호사시험에 합격한 응시자들이 객관적인 평가기준을 가지고 공정하게 경쟁할 수 있는 기회 자체를 배제하는 것이어서 직업의 자유도 침해하는 것이며, 아울러 행복추구권도 침해하는 것이라고 주장하고 있다.

따라서 〈설문〉에서는 '이 사건 법률조항'이 알 권리, 개인정보자기결정권, 직업의 자유, 그리고 행복추구권을 제한하고 또 침해하는지 여부가 쟁점이 된다.

2. 〈설문〉 사건에서 청구인들의 주장과 제한되는 기본권

(1) 청구인들이 주장하는 기본권

기술한 바와 같이, 청구인들은 '이 사건 법률조항'에 의하여 알 권리, 개인정보자기결정권, 직업의 자유, 그리고 행복추구권이 침해되고 있다고 주장한다.

이러한 청구인들의 주장과 관련하여 〈설문〉 사건에서 당해 기본권들의 제한 여부와 기본권의 경합 문제를 먼저 살펴본다.

(2) 제한되는 기본권과 기본권 경합의 검토

1) 제한되는 기본권

① 알 권리

헌법 제21조에 의하여 보장되는 알 권리는 정부나 공공기관이 보유하고 있는 정보에 대하여 정당한 이해관계가 있는 자가 그 공개를 요구할 수 있는 권리이다.

이러한 알 권리는, 어떤 문제가 있을 때 그와 관련된 정보에 대한 공개를 청구할 권리인 정보공개청구권은 알 권리의 당연한 내용이 된다(헌재 2009. 9. 24. 2007헌바107; 헌재 2011. 3. 31. 2010헌바291 등).

이 사건 법률조항은 변호사시험에 합격한 사람의 '성적'이라는 정보를 공개하지 않는다는 점에서, 변호사시험에 합격한 청구인들의 알 권리 중 정보공개청구권을 제한하고 있다.

② 개인정보자기결정권

헌법 제10조와 제17조에 근거하여 보장되는 개인정보자기결정권은 자신에 관한 정보가 언제 누구에게 어느 범위까지 알려지고 이용되도록 할 것인지를 그 정보주체가 스스로 결정할 수 있는 권리이다.

이러한 개인정보자기결정권의 한 내용인 자기정보공개청구권은 자신에 관한 정보가 부정확하거나 불완전한 상태로 보유되고 있는지 여부를 알기 위하여 정보를 보유하고 있는 자에게 자신에 관한 정보의 열람을 청구함으로써 개인정보를 보호하고, 개인정보의 수집, 보유, 이용에 관한 통제권을 실질적으로 보장하기 위하여 인정되는 것이다.

그런데 위 청구인들의 변호사시험 성적 공개 요구는 개인정보의 보호나 개인정보의 수집, 보유, 이용에 관한 통제권을 실질적으로 보장해 달라는 것으로 보기 어렵고, 변호사시험 성적이 정보주체의 요구에 따라 수정되거나 삭제되는 등 정보주체의 통제권이 인정되는 성질을 가진 개인정보라고 보기도 어렵다.

따라서 이 사건 법률조항이 개인정보자기결정권을 제한하고 있다고 할 수 없다.

③ 직업의 자유

헌법 제15조에 의하여 보장되는 직업의 자유는, 자신이 원하는 직업을 자유롭게 선택하는 직업선택(직업결정)의 자유와 자신이 선택한 직업을 원하는 방식으로 자유롭게 수행할 수 있는 직업수행(종사)의 자유, 그리고 전직의 자유 등을 보장한다.

청구인들은 변호사시험의 성적 공개를 금지하고 있는 이 사건 법률조항이 변호사시험 합격자들이 공정한 경쟁을 통하여 직업을 선택할 기회를 배제함으로써 직업의 자유를 침해한다고 주장한다.

그러나 이 사건 법률조항은 변호사시험 합격자에 대하여 그 성적을 공개하지 않도록 규정하고 있을 뿐이고, 이러한 시험 성적의 비공개가 청구인들의 법조인으로서의 직역 선택이나 직업수행에 있어서 어떠한 제한을 두고 있는 것은 아니므로, 청구인들의 직업선택의 자유를 제한하고 있다고 볼 수 없다.

2) 기본권 경합과 해결

위에서 살펴본 바와 같이, 〈설문〉 사건에서는 청구인들의 주장하는 세 기본권이 아니라 알 권리(개인정보자기결정권)만 제한된다고 할 것이다.

청구인들은 이 사건 법률조항이 행복추구권도 침해한다고 주장하나, 행복추구권은 다른 개별적 기본권이 적용되지 않는 경우에 한하여 보충적으로 적용되는 기본권이므로, 〈설문〉 사건에서는 알 권리의 침해 여부를 판단하는 이상, 행복추구권 침해 여부에 대해서는 별도로 판단하지 않는다(헌재 2013. 2. 28. 2012헌마34).

3. 알 권리(정보공개청구권)의 의의와 제한

(1) 알 권리의 의의

알 권리의 의의에 대하여는 위의 '제한되는 기본권'에서 기술한 바와 같다.

(2) 알 권리의 제한과 과잉금지원칙

알 권리도 헌법 제37조 제2항에 근거하여 제한될 수 있는데, 제한하는 경우에도 과잉금지원칙 — 입법목적의 정당성, 수단의 적절성, 침해의 최소성, 법익의 균형성 — 을 준수하여야 한다.

〈설문〉 사건에서 이 사건 법률조항의 과잉금지원칙 위배 여부를 살펴본다.

4. 이 사건 법률조항의 과잉금지원칙 위배 여부

(1) 입법목적의 정당성

이 사건 법률조항은 변호사시험 성적의 비공개를 통하여 법학전문대학원 간의 과다경쟁 및 서열화를 방지하고, 교육과정이 충실하게 이행될 수 있도록 하여 다양한 분야의 전문성을 갖춘 양질의 변호사를 양성하기 위한 것으로서 그 입법목적은 정당하다.

(2) 수단의 적절성

1) 변호사시험 성적의 비공개로 인하여 변호사시험 합격자의 능력을 평가할 수 있는 객관적인 자료가 없어서 오히려 대학의 서열에 따라 합격자를 평가하게 되어 대학의 서열화는 더욱 고착화된다.

또한 변호사 채용에 있어서 학교성적이 가장 비중 있는 요소가 되어 다수의 학생들이 학점 취득이 쉬운 과목 위주로 수강하기 때문에 학교별 특성화 교육도 제대로 시행되지 않고, 학교 선택에 있어서도 자신이 관심 있는 교육과정을 가진 학교가 아니라 기존 대학 서열에 따라 학교를 선택하게 되며, 법학전문대학원도 학생들이 어떤 과목에 상대적으로 취약한지 등을 알 수 없게 되어 다양하고 경쟁력 있는 법조인 양성이라는 목적을 제대로 달성할 수 없게 된다.

2) 한편, 시험 성적이 공개될 경우 변호사시험 대비에 치중하게 된다는 우려가 있으나, 좋은 성적을 얻기 위해 노력하는 것은 당연하고 시험성적을 공개하지 않는다고 하여 변호사시험 준비를 소홀히 하는 것도 아니다.

오히려 시험성적을 공개하는 경우 경쟁력 있는 법률가를 양성할 수 있고, 각종 법조직역에 채용과 선발의 객관적 기준을 제공할 수 있다.

따라서 변호사시험 성적의 비공개는 기존 대학의 서열화를 고착시키는 등의 부작용을 낳고 있으므로, 수단의 적절성이 인정되지 않는다.

(3) 침해의 최소성

1) 이 사건 법률조항의 입법목적은, 법학전문대학원 내의 충실하고 다양한 교과과정 및 엄정한 학사관리를 통하여 이루어지는 것이 정상적일 뿐만 아니라 이러한 방안이 법학전문대학원의 도입취지에도 부합한다.

2) 외국의 경우에도 사법시험이나 변호사시험 성적을 공개하는 예가 있으며, 이 사건 법률조항의 입법목적은, 위에서 기술한 바와 같이, 청구인들의 변호사시험 성적에 대한 알 권리를 제한하지 않는 수단을 통해서도 달성할 수 있음에도, 변호사시험 성적을 합격자 본인에게도 공개하지 못하도록 하는 것은 응시자들의 알 권리를 과도하게 제한하는 것이다.

따라서 이 사건 법률조항은 침해의 최소성 원칙에도 위배된다.

(4) 법익의 균형성

이 사건 법률조항이 추구하는 공익은 다른 수단을 통해서도 달성될 수 있고, 변호사 시험 성적을 공개한다고 하여 이러한 공익의 달성이 어려워지는 것도 아니다.

이에 반하여 변호사시험 응시자들은 시험 성적의 비공개로 인하여 자신의 인격을 발현하는 데 중요한 기초가 되는 정보에 대한 알 권리를 제한받게 되므로, 이 사건 법률조항으로 인하여 제한되는 사익은 현저히 중대하다.

따라서 이 사건 법률조항은 법익의 균형성 요건도 갖추지 못하였다.

(5) 소 결

이 사건 법률조항은 입법목적의 정당성은 갖추었으나, 수단의 적절성, 침해의 최소성, 그리고 법익의 균형성을 충족시키지 못하여 과잉금지원칙에 위배된다.

5. 결 어

이 사건 법률조항은 과잉금지원칙에 위배되어 청구인들의 알 권리를 침해한다.

참고판례 **변호사시험법 제18조 제1항 위헌확인**(헌재 2015. 6. 25. 2011헌마769, 2012헌마209 · 536(병합))[**참고판례의 반대의견 참조**]

3-2-39 | 직업선택의 자유

설 문

甲은 학사학위를 취득하지 못한 자로서 법학전문대학원에 입학하여 법조인이 되려고 하는데, 법학전문대학원에 입학할 수 있는 자를 학사학위를 가지고 있거나 법령에 따라 이와 동등 이상의 학력이 있다고 인정된 자로 한정하고 있는 '법학전문대학원의 설치 · 운영에 관한 법률' 제22조(이하 '이 사건 법률조항'이라 한다)가 자신의 행복추구권, 직업선택의 자유, 학문의 자유, 교육을 받을 권리, 평등권을 침해한다고 주장하면서 2014. 11. 27. 이 사건 헌법소원심판을 청구하였다.

〈설문〉 사건에서 '이 사건 법률조항'은 과잉금지원칙에 위배되어 甲의 직업선택의 자유를 침해하는가?

심판대상조항

법학전문대학원 설치 · 운영에 관한 법률(2007. 7. 27. 법률 제8544호로 제정된 것)
제22조(입학자격) 법학전문대학원에 입학할 수 있는 자는 학사학위를 가지고 있거나 법령에 따라 이와 동등 이상의 학력이 있다고 인정된 자(이하 "학사학위를 취득한 자"라 한다)로 한다.

관련조항

법학전문대학원 설치 · 운영에 관한 법률(2007. 7. 27. 법률 제8544호로 제정된 것)
제1조(목적) 이 법은 법학전문대학원의 설치 · 운영 및 교육 등에 관한 사항을 정함으로써 우수한 법조인을 양성함을 목적으로 한다.

제2조(교육이념) 법학전문대학원의 교육이념은 국민의 다양한 기대와 요청에 부응하는 양질의 법률서비스를 제공하기 위하여 풍부한 교양, 인간 및 사회에 대한 깊은 이해와 자유 · 평등 · 정의를 지향하는 가치관을 바탕으로 건전한 직업윤리관과 복잡다기한 법적 분쟁을 전문적 · 효율적으로 해결할 수 있는 지식 및 능력을 갖춘 법조인의 양성에 있다.

제18조(학위과정 및 수업연한) ① 법학전문대학원에 석사학위과정을 두며, 학칙으로 정하는

바에 따라 박사학위과정을 둘 수 있다.

제23조(학생선발) ① 법학전문대학원은 제22조에 따른 입학자격이 있는 자 중에서 일반전형 또는 특별전형에 의하여 학생을 선발한다.

제26조(학생구성의 다양성) ① 법학전문대학원은 다양한 지식과 경험을 가진 자를 입학시키도록 노력하여야 한다.
② 법학전문대학원은 입학자 중 법학 외의 분야에서 학사학위를 취득한 자가 차지하는 비율이 입학자의 3분의 1 이상이 되도록 하여야 한다.

법학전문대학원 설치·운영에 관한 법률 시행령(2007. 9. 28. **대통령령 제20302호로 제정된 것**)
제11조(학위) 법 제18조 제1항에 따른 석사학위 및 박사학위는 전문학위로 한다. 다만, 박사학위의 경우 학칙이 정하는 바에 따라 학술학위를 수여할 수 있다.

변호사시험법(2009. 5. 28. **법률 제9747호로 제정된 것**)
제5조(응시자격) ① 시험에 응시하려는 사람은「법학전문대학원 설치·운영에 관한 법률」 제18조 제1항에 따른 법학전문대학원의 석사학위를 취득하여야 한다.

해 설

1. 이 사건 법률조항의 의의와 쟁점

〈설문〉의 '이 사건 법률조항'은 법학전문대학원의 교육이념을 구현하기 위하여 학사학위를 가지고 있거나 법령에 따라 이와 동등 이상의 학력이 있다고 인정된 자(이하 "학사학위를 취득한 자"라 한다)에 대하여서만 법학전문대학원에 입학할 수 있는 자격을 부여하는 규정이다.

그런데 이 사건 법률조항 및 변호사시험 제5조 제1항을 종합하여 보면, 학사학위를 취득한 자만이 법학전문대학원에 입학할 수 있고, 법학전문대학원에서 소정의 교육과정을 마치고 석사학위를 취득한 자만이 변호사시험에 응시할 수 있다.

결국 이 사건 법률조항은 학사학위를 취득하지 못한 甲이 법학전문대학원에 입학하여 종국적으로 변호사시험에 응시할 수 있는 기회를 차단하는 결과를 초래함으로써, 직업의 자유 중 변호사를 직업으로 선택하고자 하는 甲의 직업선택의 자유를 제한하는 것이 된다(헌재 2009. 2. 26. 2007헌마1262; 헌재 2013. 5. 30. 2009헌마514).

따라서 이 사건 법률조항이 과잉금지원칙에 위배되어 甲의 직업선택의 자유를 침해하는지 여부가 쟁점이 된다.

2. 직업의 자유의 의의와 제한

(1) 직업의 자유의 의의

헌법 제15조는 "모든 국민은 직업선택의 자유를 가진다"고 규정하고 있다. 여기에서 규정하는 직업선택의 자유는 자신이 원하는 직업을 자유롭게 선택하는 좁은 의미의 '직업선택(직업결정)의 자유'와 그가 선택한 직업을 자기가 원하는 방식으로 자유롭게 수행할 수 있는 '직업수행(직업종사)의 자유', 그리고 전직의 자유 등을 포함하는 "직업의 자유"를 뜻한다(헌재 1998. 3. 26. 97헌마194; 헌재 1996. 4. 25. 92헌바47).

여기에서 '직업'이란 생활의 기본적 수요를 충족시키기 위한 계속적 소득활동을 말하는데, 학설은 여기에 '공공무해성'을 개념요소로 추가하고 있지만 판례는 그러하지 아니하다(헌재 1998. 3. 26. 97헌마194).

〈설문〉 사건에서는, 이 사건 법률조항으로 인하여 학사학위를 취득한 자가 아닌 경우에는 법학전문대학원에 입학할 수 없고 그 결과 종국적으로 변호사시험에 응시할 수 없게 되어 법조인이 될 수 없으므로, 직업의 자유 중 직업선택의 자유를 제한하는 것이 된다.

(2) 직업의 자유의 제한과 심사기준

직업의 자유도 헌법 제37조 제2항에 의하여 제한될 수 있는데, 직업의 자유의 구체적 내용에 따라 제한의 정도가 다르게 나타나고 그에 따라 심사기준의 엄격성도 다르게 된다.

우선, 직업의 자유를 직업수행의 자유와 직업선택의 자유로 나눌 때, 전자의 경우는 후자에 비하여 상대적으로 더욱 넓은 법률상의 규제가 가능하다고 할 것이다. 직업수행의 자유는 선택한 직업 자체는 누릴 수 있도록 하면서 영업의 시간, 장소, 방법 등에 대한 제한에 그치는 것이기 때문이다.

다음으로, 직업선택의 자유도 제한 사유에 따라 심사의 강도가 달라지는데, 제한 사유는 주관적 사유에 의한 제한과 객관적 사유에 의한 제한으로 나눌 수 있다. 전자는 일정한 교육과정의 이수나 시험의 합격 또는 자격이나 면허의 소유 등을 제한 사유로 하는 것이고, 후자는 당사자의 능력이나 자격과도 상관없는 객관적 사유에 의한 제한을 말한다.

자격제도나 면허제도 등의 주관적 사유에 의한 직업선택의 자유의 제한에서는 그 자격이나 면허의 요건 설정은 원칙적으로 입법자의 입법형성의 자유에 속하는 것인데, 그러한 요건의 설정에서 입법재량의 범위를 넘어 명백히 불합리한 경우에는 기본권 침해의 문제가 야기될 것이다(헌재 2003. 6. 26. 2002헌마677).

이에 대하여 객관적 사유에 의한 제한은 월등하게 중요한 공익을 위하여 명백하고 확실한 위험을 방지하기 위한 경우에만 정당화될 수 있으므로, 이러한 제한에 대하여는 엄격한 비례성을 갖춘 과잉금지원칙이 적용되어야 할 것이다(헌재 2002. 4. 25. 2001헌마614).

(3) 〈설문〉 사건의 심사기준과 과잉금지원칙

〈설문〉의 이 사건 법률조항은 법학전문대학원 입학자격으로 학사학위 취득을 요구하는 것으로서 기본권 주체의 능력과 자질에 대한 제한 — 주관적 사유에 의한 제한 — 으로서 변호사를 직업으로 선택하고자 하는 甲의 직업선택의 자유를 제한한다.

그런데 법학전문대학원은 법조인 양성이라는 국가의 책무를 일부 위임받은 직업교육기관 및 자격부여기관으로서의 성격을 가지고 있고, 입법자는 일정한 전문분야에 관한 자격제도를 마련함에 있어 광범위한 입법재량을 가지고 있다.

따라서 변호사라는 전문분야의 자격제도와 관련이 있는 이 사건 법률조항의 위헌성을 판단함에 있어서는 헌법 제37조 제2항의 과잉금지원칙의 요구가 다소 완화된다고 할 것이다(헌재 2009. 2. 26. 2008헌마370등; 헌재 2012. 3. 29. 2009헌마754).

이러한 심사기준 하에서 과잉금지원칙 — 입법목적의 정당성과 수단의 적합성, 침해의 최소성, 법익의 균형성 — 을 살펴본다.

3. 이 사건 법률조항의 과잉금지원칙 위배 여부

(1) 입법목적의 정당성과 수단의 적합성

이 사건 법률조항에서 학사학위를 취득한 자에 한하여 법학전문대학원의 입학자격을 부여한 것은, 법학전문대학원의 교육이념 — 다양한 학부전공과 풍부한 인문교양을 바탕으로 하여 종합학문으로서 법학 교육이 효율적으로 이루어지게 하고, 나아가 학부에서의 전공분야와 법학을 접목시킴으로써 현대사회의 복잡다기한 법적 분쟁을 전문적 · 효율적으로 해결할 수 있는 능력을 지닌 법조인을 양성하기 위한 것 — 을 구현하기 위한 것으로서, 그 목적의 정당성과 수단의 적합성이 인정된다.

(2) 침해의 최소성

이 사건 법률조항의 위헌성을 판단함에 있어서는 헌법 제37조 제2항의 요구가 다소 완화되어야 하므로, 그 침해의 최소성 판단은 가장 덜 제약적인 방법인지가 아니라, 완화된 기준으로 입법목적을 달성하기 위한 필요한 범위 내의 것인지를 심사하는 방법에 의해야 할 것이다(헌재 2012. 3. 29. 2009헌마754).

1) 위에서 살펴본 법학전문대학원의 교육이념에 비추어 볼 때, 이 사건 법률조항이 요구하는 바와 같이, 적어도 예비 법조인으로 하여금 학부과정에서 다양한 인문, 사회, 자연과학의 교양을 쌓은 상태에서 법학전문대학원에 진학하도록 하는 것이 필요하다.

2) 한편, 이 사건 법률조항의 입법목적을 달성하기 위한 방안으로서, 기존 법과대학의 학사과정의 교육기간을 연장하여 충실한 교양교육과 법학교육이 되도록 하는 방법도 있다. 그런데 위 방안은 충분한 인문교양을 지닌 법조인을 양성하기에 충분하지 아니하고, 처음부터 법학을 학부전공으로 선택한 학생들을 상대로 교육이 지속됨으로써 다양한 전공을 가진 자들을 대상으로 한 전문법조인 양성에 한계가 있으므로, 이 사건 법률조항의 입법목적을 달성하기에는 부족함이 있다.

3) 더욱이 이 사건 법률조항은 법학전문대학원의 입학자격을 학사학위를 가지고 있거나 법령에 따라 이와 동등 이상의 학력이 있다고 인정된 자라고 규정함으로써, 학사학위 수여기관과 전공에 있어 어떠한 제한도 두지 않고 있다.

또한 '독학에 의한 학위취득에 관한 법률' 제6조에 의하여 학사학위를 취득하거나, '학점 인정 등에 관한 법률' 제9조에 의하여 학사학위를 받거나 학력을 인정받음으로써 이 사건 법률조항이 요구하는 입학자격을 갖출 수도 있는 등 법학전문대학원 입학자격을 갖출 수 있는 여러 가지 경로가 마련되어 있다.

이상을 종합하여 보면, 이 사건 법률조항으로 인한 직업선택의 자유 제한이 침해의 최소성에 반하는 정도에 이른다고 보기는 어렵다.

(3) 법익의 균형성

이 사건 법률조항으로 인하여 甲이 받게 되는 불이익보다는 다양한 학부전공을 바탕으로 충분한 인문교양을 갖춘 학생들을 선발하여 전문적인 법학교육을 시켜 양질의 법률서비스를 제공할 수 있는 법조인을 양성하려는 공익이 더 크다고 할 것이다.

따라서 이 사건 법률조항은 법익의 균형성도 갖추었다.

(4) 소 결

위에서 살펴본 바와 같이 이 사건 법률조항은 목적의 정당성을 비롯하여 과잉금지원칙의 4가지 요건을 모두 충족한다.

4. 결 어

이 사건 법률조항은 과잉금지원칙에 위배되지 아니하므로 甲의 직업선택의 자유를 침해하지 아니한다.

참고판례 **법학전문대학원 설치·운영에 관한 법률 제22조 위헌확인**(헌재 2016. 3. 31. 2014헌마1046)

3-2-40 | 직업수행의 자유, 평등권

설 문

주식회사 A푸드서비스와 주식회사 B푸드몰 외 10개의 급식업체들(이하 '청구인들'이라 한다)은 구 학교급식법(1996. 12. 30. 법률 제5236호)에 따라 학교에 위탁급식을 제공하고 있는 위탁급식업체들이다.

그런데 학교급식법이 2006. 7. 19. 법률 제7962호로 개정되면서, 학교급식의 원칙적 운영방식이 학교장의 직영방식으로 전환되자, 청구인들은 위와 같이 개정된 학교급식법 제15조 제1항, 제2항 및 부칙 제4조(이하 '이 사건 법률조항'이라 한다)가 자기들의 직업의 자유 및 평등권을 침해한다고 주장하면서, 2006. 9. 11. 이 사건 헌법소원심판을 청구하였다.

※ 2000년부터 2006. 7.말까지 최근 7년간, 식품의약품안전청의 학교 식중독 사고 통계에 의하면, 직영급식과 위탁급식의 식중독발생률은 누적평균 위탁급식에서 식중독 발생건수는 7.9배, 식중독 환자수는 7.5배 더 많이 발생한 것으로 나타나, 위탁급식에서의 위생·안전관리 수준이 직영급식에 비해 현저하게 낮은 것이 현실이다.

2006. 7.말 현재 전국 시·도 교육청을 통하여 위탁급식 계약 잔여기간을 조사하여, 전체 1,575개교 중 98.1%인 1,545개교가 유예기간 3년 안에 계약기간이 종료하는 것으로 나타났고, 3년 이상 계약 잔여기간이 남아 있는 학교는 일부 사립학교 30개교뿐인 것으로 조사되었던 것을 반영한 것이며, 이 사건 청구인들의 경우를 보아도 청구인들이 위탁급식계약을 체결하고 있는 전체 243개 학교 중 약 1.2%에 해당하는 단 3개의 학교만이 유예기간 3년을 경과하여 계약기간이 종료하는 것을 확인할 수 있다.

〈설문〉 사건에서 '이 사건 법률조항'이 청구인들의 직업의 자유, 평등권을 침해하는가?

심판대상조항

학교급식법(2006. 7. 19. 법률 제7962호로 개정된 것)

제15조(학교급식의 운영방식) ① 학교의 장은 학교급식을 직접 관리·운영하되, 「초·중등교육법」 제31조의 규정에 따른 학교운영위원회의 심의를 거쳐 일정한 요건을 갖춘 자에게 학교급식에 관한 업무를 위탁하여 이를 행하게 할 수 있다. 다만, 식재료의 선정 및 구매·검수에 관한 업무는 학교급식 여건상 불가피한 경우를 제외하고는 위탁하지 아니한다.
② 제1항의 규정에 따라 의무교육기관에서 업무위탁을 하고자 하는 경우에는 미리 관할청의 승인을 얻어야 한다.

부칙 제4조(위탁급식에 관한 경과조치) 이 법 시행당시 종전의 「학교급식법」 제10조의 규정에 따라 위탁급식을 실시하고 있는 학교는 이 법 시행일로부터 3년간 효력을 가진다.

관련조항

학교급식법(2006. 7. 19. 법률 제7962호로 개정된 것)

제2조(정의) 이 법에서 사용하는 용어의 정의는 다음과 같다.

1. "학교급식"이라 함은 제1조의 목적을 달성하기 위하여 제4조의 규정에 따른 학교 또는 학급의 학생을 대상으로 학교의 장이 실시하는 급식을 말한다.
2. "학교급식공급업자"라 함은 제15조의 규정에 따라 학교의 장과 계약에 의하여 학교급식에 관한 업무를 위탁받아 행하는 자를 말한다.
3. "급식에 관한 경비"라 함은 학교급식을 위한 식품비, 급식운영비 및 급식시설·설비비를 말한다.

제7조(영양교사의 배치 등) ① 제6조의 규정에 따라 학교급식을 위한 시설과 설비를 갖춘 학교는 「초·중등교육법」 제21조 제2항의 규정에 따른 영양교사와 「식품위생법」 제36조의 규정에 따른 조리사를 둔다.
② 교육감은 학교급식에 관한 업무를 전담하게 하기 위하여 그 소속하에 학교급식에 관한 전문지식이 있는 직원을 둘 수 있다.

학교급식법 시행령(2007. 1. 19. 대통령령 제19837호로 개정된 것)

제11조(업무위탁의 범위 등) ① 법 제15조 제1항에서 "학교급식 여건상 불가피한 경우"라 함은 다음 각 호의 경우를 말한다.

1. 공간적 또는 재정적 사유 등으로 학교급식시설을 갖추지 못한 경우
2. 학교의 이전 또는 통·폐합 등의 사유로 장기간 학교의 장이 직접 관리·운영함이 곤란한 경우
3. 그 밖에 학교급식의 위탁이 불가피한 경우로서 교육감이 학교급식위원회의 심의를 거쳐

정하는 경우

② 법 제15조 제3항에 따른 학교급식공급업자가 갖추어야 할 요건은 다음 각 호와 같다.

1. 법 제12조 제1항에 따른 학교급식 과정 중 조리, 운반, 배식 등 일부 업무를 위탁하는 경우 : 「식품위생법 시행령」 제7조 제8호 마목에 따른 위탁급식영업의 신고를 할 것
2. 제12조 제1항에 따른 학교급식 과정 전부를 위탁하는 경우
   가. 학교 밖에서 제조·가공한 식품을 운반하여 급식하는 경우 : 「식품위생법 시행령」 제7조 제1호에 따른 식품제조·가공업의 신고를 할 것
   나. 학교급식시설을 운영위탁하는 경우 : 「식품위생법 시행령」 제7조 제8호 마목에 따른 위탁급식영업의 신고를 할 것

식품위생법

제2조(정의) 이 법에서 사용하는 용어의 정의는 다음과 같다.

1.~8. 생략

9. "집단급식소"라 함은 영리를 목적으로 하지 아니하고 계속적으로 특정다수인에게 음식물을 공급하는 기숙사·학교·병원 기타 후생기관 등의 급식시설로서 대통령령이 정하는 것을 말한다.

식품위생법 시행령

제2조(집단급식소의 범위) 「식품위생법」(이하 "법"이라 한다) 제2조 제9호의 규정에 의한 집단급식소는 상시 1회 50인 이상에게 식사를 제공하는 급식소를 말한다.

제7조(영업의 종류) 법 제21조 제2항의 규정에 의한 영업의 세부종류와 그 범위는 다음 각 호와 같다.

8. 식품접객업
   가. 휴게음식점영업 : 주로 다류, 아이스크림류 등을 조리·판매하거나 패스트푸드점, 분식점 형태의 영업 등 음식류를 조리·판매하는 영업으로서 음주행위가 허용되지 아니하는 영업. 다만, 편의점·슈퍼마켓·휴게소 기타 음식류를 판매하는 장소에서 컵라면, 1회용 다류 기타 음식류에 뜨거운 물을 부어주는 경우를 제외한다.
   나. 일반음식점영업 : 음식류를 조리·판매하는 영업으로서 식사와 함께 부수적으로 음주행위가 허용되는 영업
   다. 단란주점영업 : 주로 주류를 조리·판매하는 영업으로서 손님이 노래를 부르는 행위가 허용되는 영업
   라. 유흥주점영업 : 주로 주류를 조리·판매하는 영업으로서 유흥종사자를 두거나 유흥시설을 설치할 수 있고 손님이 노래를 부르거나 춤을 추는 행위가 허용되는 영업
   마. 위탁급식영업 : 집단급식소를 설치·운영하는 자와의 계약에 의하여 그 집단급식소 내에서 음식류를 조리하여 제공하는 영업
   바. 제과점영업 : 주로 빵, 떡, 과자 등을 제조·판매하는 영업으로서 음주행위가 허용되지 아니하는 영업

해 설

1. 이 사건 법률조항의 의의와 쟁점
2. 직업의 자유의 침해 여부
   (1) 직업의 자유의 의의와 제한
      1) 직업의 자유의 의의
      2) 직업의 자유의 제한과 심사기준
      3) 〈설문〉 사건의 심사기준과 과잉금지원칙
   (2) 이 사건 법률조항의 과잉금지원칙 위배여부의 검토
      1) 목적의 정당성과 방법의 적절성
      2) 피해의 최소성
      3) 법익의 균형성
   (3) 소결
3. 평등권의 침해 여부
   (1) 평등권의 의의와 심사기준
      1) 평등권의 의의
      2) 평등권 침해 여부의 심사기준
   (2) 이 사건 법률조항의 평등권 침해 여부의 검토
      1) 비교집단의 기본적 동일성과 차별취급의 존재
      2) 〈설문〉 사건의 심사기준
      3) 이 사건 법률조항의 차별의 합리성 여부
4. 결어

1. 이 사건 법률조항의 의의와 쟁점

〈설문〉의 '이 사건 법률조항'은, 학교급식의 운영방식을 학교장의 직영급식원칙으로 전환하여 학교가 더 이상 청구인들과 위탁급식계약을 체결하지 않거나 관할청의 승인이 없는 경우에는 청구인들이 학교위탁급식업을 행할 수 없게 하고, 종전의 학교급식법 규정에 따라 위탁급식을 실시하고 있는 학교도 개정된 학교급식법의 시행일로부터 3년간만 효력을 가지도록 하고 있다.

이러한 이 사건 법률조항은, 위탁급식에서의 위생·안전관리 수준이 직영급식에 비해 현저하게 낮은 현실(2000년부터 2006. 7.말까지의 식품의약품안전청의 학교식중독 사고 통계)을 반영하여 학교급식의 운영방식을 직영급식원칙으로 전환함으로써, 위생·안전관리 강화 등을 통한 양질의 학교급식이 제공되도록 하여 성장기에 있는 학생들의 건강증진을 도모하기 위한 것이다.

그런데 이 사건 법률조항은 우선, 급식업체로 하여금 학교급식에서의 위탁급식을 원칙적으로 제한함으로써 청구인들과 같은 급식업체들의 직업의 자유를 제한하게 되는데, 좀 더 구체적으로는, 이러한 제한이 직업선택(직업결정)의 자유를 제한하는 것인지 아니면 직업수행(직업종사)의 자유를 제한하는 것인지가 쟁점이

된다.

다음으로, 이 사건 법률조항은 학교급식의 경우에 위탁급식을 허용하지 않음으로써, 다른 집단급식소에서 위탁급식을 허용하는 것과 차별취급을 하고 있으므로 청구인들의 평등권을 침해하는지 여부도 쟁점이 된다.

2. 직업의 자유의 침해 여부

(1) 직업의 자유의 의의와 제한

1) 직업의 자유의 의의

헌법은 제15조에서 "모든 국민은 직업선택의 자유를 가진다"고 하여 직업의 자유를 보장하고 있다. 헌법 제15조가 규정하는 직업선택의 자유는 자신이 원하는 직업을 자유롭게 선택하는 좁은 의미의 '직업선택의 자유'와 그가 선택한 직업을 자기가 원하는 방식으로 자유롭게 수행할 수 있는 '직업수행의 자유'를 포함하는 "직업의 자유"를 뜻한다(헌재 1998. 3. 26. 97헌마194).

이러한 직업의 선택 혹은 수행의 자유는 각자의 생활의 기본적 수요를 충족시키는 방편이 되고 또한, 개성 신장의 바탕이 된다는 점에서 행복추구권과도 밀접한 관련을 갖고 있으며(헌재 1997. 10. 30. 96헌마109) 이 직업의 자유는 국민의 주관적인 공권일 뿐 아니라 사회적 시장경제질서라고 하는 객관적 법질서의 구성요소가 된다(헌재 1995. 7. 21. 94헌마125).

2) 직업의 자유의 제한과 심사기준

직업의 자유의 제한에 대한 위헌심사에서도 기본적으로는 과잉금지원칙이 적용된다. 그러나 구체적으로는 직업선택의 자유와 직업수행의 자유는 기본권 주체에 대한 그 제한의 효과가 다르기 때문에 제한에 있어서 적용되는 기준도 다르다.

따라서 직업의 자유를 제한함에 있어서는 '직업수행'의 자유 제한과 '직업선택'의 자유 제한의 경우로 나누어서 그 요건의 엄격성을 달리하여 심사하여야 하는데, 전자에 대한 제한의 경우는 그 침해의 효과가 후자에 대한 제한에 비하여 작기 때문에 그에 대한 제한은 보다 폭넓게 허용된다(헌재 2002. 12. 18. 2000헌마764). 그런데 후자의 경우에도, 특히 당사자의 능력이나 자격과 상관없는 객관적 사유에 의한 직업선택의 자유의 제한은 월등하게 중요한 공익을 위하여 명백하고 확실한 위험을 방지하기 위한 경우에만 정당화될 수 있다(헌재 2002. 4. 25. 2001헌마614).

직업의 자유의 제한에 있어 이러한 차이가 있음에도 불구하고, 헌법 제37조 제2항에서 정한 한계인 과잉금지의 원칙 — 목적의 정당성, 방법의 적절성, 피해의 최소성, 법익의 균형성 — 은 지켜져야 한다.

3) 〈설문〉 사건의 심사기준과 과잉금지원칙

〈설문〉 사건에서 청구인들은 위탁급식업을 영위하고 있는 자들인데, 이 사건 법률조항에 의하여 청구인들이 학교위탁급식업을 행할 수 없게 되더라도 학교를 제외한 다른 집단급식소에서의 위탁급식업은 계속 영위할 수 있다(식품위생법 시행령 제7조 제8호 마목; 식품위생법 제2조 제9호; 식품위생법 시행령 제2조 참조).

또한 청구인들이 관할청의 승인 등으로 인하여 학교위탁급식업을 계속 영위할 수 있게 되는 경우라고 하더라도, 법 제15조 제1항 단서에 의하여 식재료의 선정 및 구매·검수에 관한 업무는 학교급식 여건상 불가피한 경우를 제외하고는 이를 위탁받아 행할 수 없는 경우가 발생할 수 있다.

그러나 이러한 업무는 학교위탁급식업의 일부 업무에 불과하므로, 이를 두고 직업선택의 자유에 대한 제한이라고 보기는 어렵다.

따라서 이 사건 법률조항으로 인한 청구인들의 직업의 자유의 제한은 '직업선택의 자유'가 아닌 '직업수행의 자유'에 대한 제한이므로, '월등하게 중요한 공익이나 명백하고 확실한 위험을 방지하기 위한 필요' 등과 같은 정당화 사유는 요구되지 않고 헌법 제37조 제2항이 정하는 과잉금지원칙 위배 여부만을 판단하면 족하다.

(2) 이 사건 법률조항의 과잉금지원칙 위배여부의 검토

1) 목적의 정당성과 방법의 적절성

〈설문〉의 이 사건 법률조항의 입법목적은 학교급식의 운영방식을 직영급식 원칙으로 전환하여, 위생·안전관리 강화 등을 통한 양질의 학교급식이 제공되도록 함으로써 성장기에 있는 학생들의 건강증진을 도모하기 위한 것에 있으므로 위와 같은 입법목적은 정당하다.

그리고 이 사건 법률조항은 학교의 장으로 하여금 학교급식을 직접 관리·운영하도록 하면서 학교급식업무를 위탁하는 경우에는 관할청의 승인을 얻도록 하는 방법을 선택하였다.

이러한 방법은 위의 입법목적을 달성하는 데 효과적이고 적절한 수단이라고 할 것이며, 이를 현저히 불합리하거나 불공정한 수단이라고 볼만한 사정은 없으므로, 이 사건 법률조항은 방법의 적절성 요건을 충족하였다고 할 것이다.

2) 피해의 최소성

〈설문〉의 이 사건 법률조항으로 인하여 학교급식의 운영방식이 학교장의 직영방식으로 전환되게 된다고 하더라도, 일정한 요건을 갖춘 위탁급식업자는 관할청의 승인이 있는 경우에는 학교급식에 관한 업무를 위탁받아 계속 영위할 수 있으므로(법 제15조 제1항 전문 및 제2항), 이 사건 법률조항이 청구인들의 학교위탁급식업을 영위할 수 있는 영업의 자유를 완전히 부정하는 것은 아니다.

또한 청구인들이 학교위탁급식업을 계속 영위할 수 있게 되는 경우라고 하더라도 식재료의 선정 및 구매·검수에 관한 업무는 이를 위탁받아 행할 수 없게 되지만(법 제15조 제1항 단서), 그러한 업무는 학교위탁급식업의 일부 업무에 불과하고, 위와 같은 일부 업무에 대한 제한이 청구인들이 영위하고 있는 학교위탁급식업 자체를 형해화하거나 무의미하게 하는 것은 아니며, 더욱이 불가피한 경우에는 이마저도 허용하여 행할 수 있도록 함으로써 피해를 최소화하기 위한 입법적 배려를 하고 있다(법 제15조 제1항 단서).

그리고 〈설문〉의 이 사건 법률조항은 구 학교급식법 제10조의 규정에 의하여 위탁급식을 실시하고 있는 학교는 3년 동안 기존의 계약관계를 유지하도록 하는 경과규정을 두고 있는데(법 부칙 제4조), 대부분의 위탁급식 계약 잔여기간이 3년 안에 종료하는 등 불이익을 당하는 경우가 거의 없고, 또 잔여기간이 3년을 넘는 경우라고 하더라도 학교위탁급식을 계속할 수 있는 수단을 마련하고 있으므로(법 제15조 제1항 전문 및 제2항), 위 '3년'의 기간은 청구인들의 피해를 최소화하는 데 필요하고 적절한 기간이라고 할 것이다.

따라서 〈설문〉의 이 사건 법률조항은 피해의 최소성을 충족한다고 할 것이다.

3) 법익의 균형성

〈설문〉의 이 사건 법률조항이 추구하고자 하는 공익은 학교급식의 질과 위생

상태를 향상시켜 성장기에 있는 청소년들의 건강을 증진시키고자 하는 것이고, 침해되는 사익은 위탁급식업체가 학교급식을 위탁받아 이를 행할 수 없거나 또는 학교위탁급식업을 계속 영위하더라도 식재료의 선정 및 구매·검수에 관한 업무는 행할 수 없음으로 인한 영업상의 손실이라고 할 것이다.

그런데 성장기의 청소년들의 건강증진은 현재 세대뿐만 아니라 미래 세대에까지 그 중요성이 크다는 점을 고려한다면, 이 사건 법률조항이 추구하고 있는 공익이 침해받는 사익보다 더 크다고 할 수 있으므로 법익의 균형성 요건도 충족한다고 할 것이다.

(3) 소 결

따라서 〈설문〉의 이 사건 법률조항은 과잉금지원칙에 위배되어 청구인들의 직업수행의 자유를 침해하지 아니한다.

3. 평등권의 침해 여부

(1) 평등권의 의의와 심사기준

1) 평등권의 의의

헌법 제11조에서 보장하는 평등권은 국가로부터 불평등한 취급을 받지 아니함과 동시에 국가에 대하여 평등한 처우를 요구할 수 있는 주관적 공권이다.

여기에서 말하는 평등은 기회의 균등과 자의의 금지를 기본적 내용으로 하는 상대적 평등으로서 일체의 차별적 대우를 부정하는 절대적 평등을 의미하는 것이 아니다.

그러므로 헌법 제11조의 평등은 입법과 법의 적용에 있어서 합리적인 근거가 없는 차별을 배제하는 상대적 평등을 뜻하며, 합리적 근거가 있는 차별은 평등의 원칙에 반하는 것이 아니다(헌재 1999. 7. 22. 98헌바14; 헌재 2001. 6. 28. 99헌마516).

2) 평등권 침해 여부의 심사기준

평등권 침해 여부를 심사함에 있어서 적용되는 기준인 평등원칙은 엄격한 심사기준(비례성원칙)과 완화된 심사기준(자의금지원칙)이 있다. 이 중 어느 심사기준에 의할 것인지는 입법자에게 인정되는 입법형성권의 정도에 따라 다르게 된다.

① 심사기준의 적용 요건

엄격한 심사기준이 적용되는 경우는 i) 헌법에서 특별히 평등을 요구하고 있는 경우 또는 ii) 관련 기본권에 대한 중대한 제한을 초래하는 경우이고, 그 외에는 완화된 심사기준이 적용된다(헌재 2001. 6. 28. 2001헌마132).

② 심사기준에 따른 심사 내용

평등권 침해 여부를 심사함에 있어서 자의금지원칙에 따른 심사는 i) 본질적으로 동일한 것을 다르게 취급하고 있는지에 관련된 차별취급의 존재여부와, ii) 이러한 차별취급이 존재한다면 이를 자의적으로 볼 수 있는지 여부이다.

이에 대하여 엄격한 심사를 한다는 것은, 자의금지원칙에 따른 심사 — 합리성 유무의 심사에 그치는 심사 — 와는 달리, 비례성원칙에 따른 심사, 즉 차별취급의 목적과 수단 간에 엄격한 비례관계가 성립하는지를 기준으로 한 심사를 행함을 의미한다(헌재 1999. 12. 23. 98헌마363).

(2) 이 사건 법률조항의 평등권 침해 여부의 검토

1) 비교집단의 기본적 동일성과 차별취급의 존재

① 비교집단의 실징과 기본적 동일성

〈설문〉의 이 사건 법률조항으로 인하여 차별취급을 받고 있는 비교집단은, 초등학교·중학교·고등학교 및 특수학교(초·중등교육법 제2조 제2호 내지 제5호) 또는 근로청소년을 위한 특별학급(초·중등교육법 제52조) 등에 학교급식을 위탁받아 행하고 있는 위탁급식업자(법 제4조, 이하 '학교급식업자'라 한다)와 이에 해당하지 아니하는 집단급식소에서 위탁급식을 행하고 있는 위탁급식업자(이하 '일반급식업자'라 한다)라고 할 수 있다.

위 두 집단은 위탁급식의 대상만 다를 뿐 실질적인 영업내용은 위탁급식이므로 본질적으로 동일한 집단이라고 볼 수 있다.

② 차별취급의 존재

학교급식업자들은 관할청의 승인 등이 있는 경우 예외적으로만 위탁급식업을 행할 수 있고, 관할청의 승인 등이 있는 경우라고 하더라도 식재료의 선정 및 구매·검수에 관한 업무는 불가피한 경우를 제외하고 이를 위탁받아 행할 수 없는 반면, 일반급식업자에게는 이러한 제한이 없으므로 〈설문〉의 이 사건 법률조항은 본질적으로 동일한 집단을 차별적으로 취급하고 있다.

2) 〈설문〉 사건의 심사기준

〈설문〉의 이 사건 법률조항의 경우, 그 적용대상이라고 할 수 있는 학교위탁급식업자들에 대하여 헌법에서 특별히 평등을 요구하고 있다고 볼 만한 자료를 찾아볼 수 없고 또 청구인들에 대한 직업의 자유에 대한 제한도 직업수행의 자유에 대한 제한으로서 중대한 경우도 아니므로, 〈설문〉 사건에서 평등권 침해 여부에 대한 심사 기준은 자의금지원칙이 될 것이다.

3) 이 사건 법률조항의 차별의 합리성 여부

위에서 살펴본 바와 같이, 〈설문〉 사건에서의 심사기준은 자의금지원칙으로서 위와 같은 차별대우에 합리적인 이유가 존재하는지 여부에 대하여 살펴볼 필요가 있다.

학교급식업자의 급식대상은 초등학교·중학교·고등학교 및 특수학교 또는 근로청소년을 위한 특별학급의 학생들이고 이들은 성장기에 있는 청소년들인데, 청소년의 경우에는 일반 성인과 비교하여 비위생적인 환경에 노출될 경우 질병의 위험성이 상대적으로 높고, 학교급식은 편식교정 지도 등 식생활개선, 음식물 쓰레기 줄이기, 식사예절, 공동체의식 및 협동심 함양 등 급식자체의 교육적 성격이 매우 강한 측면이 있으며, 학교수업을 통한 지속적인 지식의 습득이 매우 중요한 시기에 감염 등으로 인한 학업의 중단은 청소년들에게 회복할 수 없는 손해를 가져다 줄 위험성도 크다고 할 것이다.

뿐만 아니라 성장기에 있는 학생들을 대상으로 하는 학교급식에 있어서는 다른 일반급식에 비하여 더욱 우수한 식재료의 사용 등이 권장됨에도 불구하고 위탁급식업을 운영하는 경우 초기투자금액을 회수하여야 하는 어려움에 기인하여 학교급식업자들이 식·재료비를 줄이는 경우가 많이 발생하는 것이 현실이다.

따라서 〈설문〉의 이 사건 법률조항이 비록 학교급식업자와 일반급식업자를 차별취급하고 있다고 하더라도, 위에서 살펴본 바와 같은 합리적인 이유가 존재하므로, 〈설문〉의 이 사건 법률조항은 청구인들의 평등권을 침해하지 아니한다.

4. 결 어

〈설문〉의 이 사건 법률조항은 청구인들의 직업의 자유(직업수행의 자유)와 평등권을 침해하지 아니한다.

참고판례 학교급식법 제2조 등 위헌확인(헌재 2008. 2. 28. 2006헌마1028)

(참고판례의 반대의견[청구인들의 이 사건 법률조항에 대한 심판청구는 자기관련성이 인정되지 아니하여 부적법하므로 각하되어야 한다는 반대의견과, 이 사건 법률조항 중 학교급식법 부칙 제4조를 위탁급식계약의 기간이 종료되지 아니한 경우에도 적용한다면 이는 헌법 제23조 제1항에 위반된다는 반대의견] 참조)

3-2-41 | 근로의 근리

설 문

甲은 乙이 운영하는 학원에서 월급근로자로서 2009. 5. 21.부터 영어강사로 근무하던 중 2009. 7. 6. 예고 없이 해고되었다. 甲은 乙을 상대로 해고예고수당의 지급을 구하는 소송을 제기하였으나 패소하였고, 항소한 뒤 "월급근로자로서 6개월이 되지 못한 자"를 해고예고제도의 적용예외 사유로 규정하고 있는 근로기준법 제35조 제3호(이하 '이 사건 법률조항'이라 한다)에 대한 위헌법률심판제청을 신청하였다.
그러나 2013. 9. 25. 甲의 항소 및 신청이 모두 기각되자, 甲은 2014. 1. 2. 이 사건 헌법소원심판을 청구하였다.

〈설문〉 사건에서 '이 사건 법률조항'은 甲의 근로의 권리를 침해하고, 평등원칙에 위배되는가?

심판대상조항

근로기준법(2007. 4. 11. 법률 제8372호로 전부개정된 것)
제35조(예고해고의 적용 예외) 제26조는 다음 각 호의 어느 하나에 해당하는 근로자에게는 적용하지 아니한다.
3. 월급근로자로서 6개월이 되지 못한 자

관련조항

근로기준법(2007. 4. 11. 법률 제8372호로 전부개정된 것)
제35조(예고해고의 적용 예외) 제26조는 다음 각 호의 어느 하나에 해당하는 근로자에게는 적용하지 아니한다.
1. 일용근로자로서 3개월을 계속 근무하지 아니한 자
2. 2개월 이내의 기간을 정하여 사용된 자
3. 월급근로자로서 6개월이 되지 못한 자
4. 계절적 업무에 6개월 이내의 기간을 정하여 사용된 자

5. 수습 사용 중인 근로자

근로기준법(2010. 6. 4. **법률 제10339호로 개정된 것**)

제26조(해고의 예고) 사용자는 근로자를 해고(경영상 이유에 의한 해고를 포함한다)하려면 적어도 30일 전에 예고를 하여야 하고, 30일 전에 예고를 하지 아니하였을 때에는 30일분 이상의 통상임금을 지급하여야 한다. 다만, 천재·사변, 그 밖의 부득이한 사유로 사업을 계속하는 것이 불가능한 경우 또는 근로자가 고의로 사업에 막대한 지장을 초래하거나 재산상 손해를 끼친 경우로서 고용노동부령으로 정하는 사유에 해당하는 경우에는 그러하지 아니하다.

해 설

1. 이 사건 법률조항의 의의와 쟁점

〈설문〉의 '이 사건 법률조항'은 근로기준법상의 해고예고제도(제26조)의 적용제외 대상 중 "월급근로자로서 6개월이 되지 못한 자"에 대하여 규정하고 있는 조항이다.

근로기준법 제26조의 해고예고제도는 근로자 해고 시에는 30일 이전에 예고를 하고 그러하지 아니하였을 때에는 30일분 이상의 통상임금을 지급하도록 하여, 근로자로 하여금 새 일자리를 구할 수 있는 시간적 여유를 주거나 그 기간 동안의 생계비를 보장하여 해고로 인한 근로자의 어려움을 덜어주는 데 그 취지가 있다.

그런데 근로기준법 제35조의 다른 해고예고의 예외사유(제1호, 제2호, 제4호, 제5호)가 근로관계의 임시성을 전제로 하는데, 이 사건 법률조항(제3호)은 보수의 지급형태를 기준으로 6개월 미만 근로한 월급제 근로자에 대하여 해고예고의 적용 예외를 규정하고 있다는 점에서 다른 적용 예외사유와 차이가 있다.

〈설문〉 사건에서는 이 사건 법률조항이 "월급근로자로서 6개월이 되지 못한 자"를 해고예고제도의 적용제외 대상으로 규정함으로써 甲의 근로의 권리를 침해하는 지 여부, 그리고 동일한 월급근로자임에도 불구하고 근무기간 6개월 미만인 자와 그 이상인 자를 차별하고 있거나 보수의 지급형태가 월급인 근로자만을 주급, 일급, 시간급 등의 근로자와 차별하고 있으므로 평등원칙에 위배되는지 여부도 쟁점이 된다.

2. 이 사건 법률조항의 근로의 권리 침해 여부

(1) 근로의 권리의 의의와 과소보장금지원칙

1) 근로의 권리의 의의

헌법은 제32조 제1항에서 "모든 국민은 근로의 권리를 가진다"라고 하여 근로의 권리를 보장하고 있다.

이러한 근로의 권리에는 '일할 자리에 관한 권리'뿐만 아니라 '일할 환경에 관한 권리'도 포함되는데, 일할 환경에 관한 권리는 인간의 존엄성에 대한 침해를 막기 위한 권리로서 건강한 작업환경, 정당한 보수, 합리적 근로조건의 보장 등을 요구할 수 있는 권리를 포함한다(헌재 2007. 8. 30. 2004헌마670).

그리고 근로의 권리를 담보하기 위하여 헌법 제32조 제3항은 "근로조건의 기준은 인간의 존엄성을 보장하도록 법률로 정한다"고 하여 근로조건 법정주의를 규정하고 있다.

근로기준법상 해고예고제도의 취지를 고려하면, 근로관계 종료 전 사용자로 하여금 근로자에게 해고예고를 하도록 하는 것은 개별 근로자의 인간 존엄성을 보장하기 위한 최소한의 근로조건 가운데 하나에 해당하므로, 해고예고에 관한 권리는 근로의 권리의 내용에 포함된다고 할 것이다.

2) 심사기준으로서 과소보장금지원칙

기술한 바와 같이, 근로관계 종료 전 사용자로 하여금 해고예고를 하도록 하는 것이 근로의 권리의 내용에 포함된다 하더라도, 그 구체적 내용인 적용대상 근로자의 범위를 어떻게 정할 것인지 또 예고기간을 어느 정도로 정할 것인지 여부 등에 대해서는 입법자에게 입법형성의 재량이 부여되어 있다.

그러나 이러한 입법형성의 재량에도 한계가 있고, 근로조건의 기준은 헌법 제32조 제3항에 위반되어서는 안 된다.

따라서 이 사건 법률조항이 甲의 근로의 권리를 침해하는지 여부는, 입법자가 해고예고제도를 형성함에 있어 해고로부터 근로자를 보호할 의무를 전혀 이행하지 아니하거나 그 내용이 현저히 불합리하여 헌법상 용인될 수 있는 재량의 범위를 벗어난 것인지 여부에 달려 있다고 할 것이므로, 〈설문〉 사건의 심사기준은 과소보장금지원칙에 의하여야 할 것이다.

(2) 과소보장금지원칙의 위배 여부 검토

1) 근로기준법 제26조는 해고예고제도를 규정하면서 그 단서에서 "천재·사변, 그 밖의 부득이한 사유로 사업을 계속하는 것이 불가능한 경우 또는 근로자가 고의로 사업에 막대한 지장을 초래하거나 재산상 손해를 끼친 경우"에는 해고예고의무를 준수하지 않아도 되도록 규정함으로써, 근로자와 사용자 사이의 이해관계 조정을 반영하고 있다.

이런 점을 종합하여 보면, 일반적으로 해고예고의 적용배제사유로 허용할 수 있는 경우는 근로계약의 성질상 근로관계 계속에 대한 근로자의 기대가능성이 적은 경우로 한정되어야 된다.

2) 이 사건 법률조항은 월급근로자에 대하여 근로관계의 성질과 관계없이 근무기간이 6개월이 되지 못한 사람을 해고예고 적용대상에서 제외하고 있는데, 그 합리적 근거는 찾기 어렵다. 오히려 월급근로자로서 6개월이 되지 못한 사람은 대체로 근로계약의 계속성에 대한 기대가 크다고 볼 수 있으므로, 이들에 대한 해고는 근로기준법 제35조의 다른 사유들과 달리 예상하기 어려운 돌발적 해고에 해당한다.

3) 해고예고제도의 적용대상 등을 결정함에 있어서 입법자에게 입법형성권이

있다 하더라도, 입법자는 사용자와 근로자의 이익을 고려하여 조화와 균형을 유지하여야 한다. 사용자에게 해고예고 의무를 부과하는 것이 해고 자체를 금지하는 것은 아니고, 예고기간이 30일에 불과하고 해고예고수당으로 대체할 수도 있다.

반면, 근무기간이 6개월 미만인 월급근로자의 경우 해고예고제도 적용대상에서 제외되면, 전형적 상용근로자임에도 불구하고 단지 근무기간이 6개월이 되지 아니하였다는 이유만으로 아무런 예고 없이 직장을 상실하게 될 수 있다.

그렇다면 이 사건 법률조항은, 입법자가 근로자에 대한 보호의무에서 요구되는 최소한의 절차적 규율마저 하지 아니한 것으로서, 입법재량권의 행사에 있어 헌법상 용인될 수 있는 재량의 범위를 벗어난 것이라고 보아야 할 것이다.

(3) 소 결

따라서 헌법상 허용되는 재량의 범위를 현저히 벗어나 합리적 이유 없이 "월급근로자로서 6개월이 되지 못한 자"를 해고예고제도의 적용에서 제외하고 있는 이 사건 법률조항은, 甲의 근로의 권리를 침해하는 것이다.

3. 이 사건 법률조항의 평등원칙 위배 여부

(1) 평등원칙의 의의와 심사기준

1) 평등원칙의 의의

헌법 제11조 제1항에서 보장하는 평등원칙은 법적용의 대상이 되는 모든 인간을 원칙적으로 공평하게 다루어야 한다는 법원칙이며, 그 중심내용은 기회균등과 자의(恣意)의 금지이다.

이러한 평등원칙은 본질적으로 같은 것은 같게, 본질적으로 다른 것은 다르게 취급할 것을 요구하지만, 일체의 차별적 대우를 부정하는 절대적 평등을 의미하는 것이 아니라 입법과 법의 적용에 있어서 합리적인 근거가 없는 차별을 배제하는 상대적 평등을 뜻한다. 따라서 합리적 근거가 있는 차별은 평등의 원칙에 반하는 것이 아니다(헌재 1999. 7. 22. 98헌바14; 헌재 2001. 6. 28. 99헌마516).

2) 평등위반 여부의 심사기준

평등위반 여부를 심사함에 있어서 적용되는 기준은 엄격한 심사기준(비례성원칙)과 완화된 심사기준(자의금지원칙)이 있다. 이 중 어느 심사기준에 의할 것인지는 입법자에게 인정되는 입법형성권의 정도에 따라 다르게 된다.

① 심사기준의 적용 요건

엄격한 심사기준이 적용되는 경우는 i) 헌법에서 특별히 평등을 요구하고 있는 경우 또는 ii) 관련 기본권에 대한 중대한 제한을 초래하는 경우이고, 그 외에는 완화된 심사기준이 적용된다(헌재 2001. 6. 28. 2001헌마132).

② 심사기준에 따른 심사 내용

평등위반 여부를 심사함에 있어서 엄격한 심사를 한다는 것은, 자의금지원칙에 따른 심사—합리성 유무의 심사에 그치는 심사—와는 달리, 비례성원칙에 따른 심사, 즉 차별취급의 목적과 수단 간에 엄격한 비례관계가 성립하는지를 기준으로 한 심사를 행함을 의미한다(헌재 1999. 12. 23. 98헌마363).

(2) 평등원칙의 위배 여부 검토

1) 비교집단의 기본적 동일성과 차별취급의 존재

① 월급근로자로서 근로기간 6개월 미만인 자와 6개월 이상인 자

이 사선 법률조항은 '근로기간 6개월 이상인 자'와는 달리 '근로기간 6개월 미만인 자'에 대해서만 해고예고제도의 적용제외 대상으로 하고 있다.

이는 '월급근로자'라는 점에서 기본적으로 동일한 두 집단에 대하여 근로기간 6개월을 기준으로 차별취급을 하고 있는 것이다.

② 보수의 지급형태가 월급인 자와 주급, 일급, 시간급 등인 자

이 사건 법률조항은 근로기준법상의 다른 조항과는 달리 해고예고제도의 적용에 있어서는 주급·일급 또는 시간급 근로자와 달리 월급근로자에 대해서만 적용제외 대상으로 하고 있다.

그런데 월급근로자도 시급이나 일급·주급 등 다른 형태로 보수를 받는 근로자와 마찬가지로 사용자에 종속되어 임금을 목적으로 근로하는 사람이므로 기본적으로 동일한 집단이라고 할 것이다.

그런데 전자만을 해고예고제도의 적용제외 대상으로 하고 있으므로, 양자 간

에 차별취급이 존재한다.

2) 〈설문〉 사건의 심사기준

〈설문〉의 이 사건 법률조항으로 인하여 '월급근로자로서 6개월이 되지 못한 자'는 해고예고제도의 적용대상에서 제외됨으로써 근로의 권리를 제한받게 된다.

그런데 '월급근로자로서 6개월이 되지 못한 자'에 대하여 헌법상 특별히 평등을 요구하는 조항은 찾아볼 수 없고, 기술한 바와 같이 해고예고제도의 형성과 관련하여 입법자에게 재량이 부여되어 있으며, 근로의 권리에 대한 침해 여부도 과소보장금지원칙에 의하여 심사하고 있다.

따라서 〈설문〉 사건의 평등원칙 위배 여부에 대하여는 완화된 심사기준인 자의금지원칙 — 을 적용함이 상당하므로, 비교집단과의 차별의 합리성 여부를 살펴보면 될 것이다.

3) 차별의 합리성 여부

① 월급근로자로서 근로기간 6개월 미만인 자와 6개월 이상인 자 사이의 차별

계약기간의 정함이 없는 상용근로자에 대한 해고는 근로기간이 6개월 미만이거나 그 이상이거나 예기치 못한 돌발적 해고에 해당한다는 점에서는 차이가 없으므로, 근로계약에 별도의 정함이 없는 이상 근무기간이 6개월 미만인 근로자나 그 이상인 근로자나 근로계약의 계속성에 대한 기대에는 본질적 차이가 있다고 보기 어렵다. 그리고 6개월 미만 근로한 월급근로자도 전직을 위한 시간적 여유가 필요하고 실직으로 인한 경제적 곤란으로부터 보호받아야 할 필요성이 있으며, 이러한 필요성이 6개월 이상 근무한 월급근로자보다 적다고 볼 수도 없다.

그렇다면 이 사건 법률조항이 같은 월급근로자임에도 불구하고 해고예고제도를 적용할 때 근무기간 6개월 미만 월급근로자를 그 이상 근무한 월급근로자와 달리 취급하도록 하고 있는 것은 합리적 근거가 없는 차별에 해당한다.

② 보수의 지급형태가 월급인 자와 주급, 일급, 시간급 등인 자 사이의 차별

근로기준법은 사용자의 지휘 · 명령을 받으며 사실상 종속관계에서 임금을 목적으로 노무를 제공하는 사람을 근로자로 보고, 이들의 근로조건이나 생활을 보장하려는 목적을 가진 법이다.

월급근로자도 시급이나 일급 · 주급 등 다른 형태로 보수를 받는 근로자와 마찬가지로 사용자에 종속되어 임금을 목적으로 근로하는 사람이므로, 단순히 월급제로 임금을 받는다는 것만으로 이들을 다른 방식으로 임금을 받는 근로자와 차별해서는 안 된다.

근로기준법은 이 사건 법률조항을 제외한 다른 조항에서는 월급근로자를 주급·일급 또는 시간제 근로자와 동일하게 보호하고 있다. 그런데 유독 해고예고제도의 적용에 있어서만 월급근로자를 주급·일급 또는 시간급 근로자와 달리 취급하고 있으므로, 이러한 차별에도 아무런 합리적 근거를 찾을 수 없다.

(3) 소 결

이 사건 법률조항은 근무기간 6개월 미만인 월급근로자를 근무기간 6개월 이상인 월급근로자나 월급제 이외의 형태로 보수를 받는 근로자와 합리적 근거 없이 차별 취급을 하고 있으므로, 헌법 제11조의 평등원칙에 위배된다.

4. 결 어

이 사건 법률조항은 과소보장금지원칙에 위배되어 甲의 근로의 권리를 침해하고, 합리적 이유 없이 근무기간 6개월 미만인 월급근로자를 차별하고 있으므로 평등원칙에도 위배된다.

참고판례 근로기준법 제35조 제3호 위헌소원(헌재 2015. 12. 23. 2014헌바3)

3-2-42 | 공무담임권, 평등권

설 문

행정안전부는 행정환경의 전산화에 따라 고유 업무영역이 축소된 '사무직렬 기능직 공무원'의 정원을 감축하는 등 지방자치단체 조직 · 인력관리 효율화를 추진하면서, 2011. 5. 23. 지방공무원법 제27조 제2항 제7호의 개정을 통해 기능직공무원을 일반직공무원으로 경력경쟁임용할 수 있는 근거를 마련하고, 2011. 8. 22. '지방공무원 임용령' 제17조 제1항 제6의2호, 부칙 제4조를 신설하여 기능직공무원의 일반직 전환절차를 정하였다.

甲, 乙, 丙은 교육청 소속의 사무직군, 조무직렬, 조무직류의 지방 기능직공무원들로서 일반직공무원으로 전환 · 임용되고자 하였으나, '지방공무원 임용령' 부칙 제4조 제1항 등은 사무직렬 기능직공무원만이 우선 임용될 수 있도록 규정하였다.

이에 甲, 乙, 丙(청구인들)은 '지방공무원 임용령' 부칙 제4조 제1항, 제2항(이하 '이 사건 법령조항'이라 한다)이 조무직렬 기능직공무원의 공무담임권, 평등권 등을 침해한다고 주장하면서 2011. 9. 27. 이 사건 헌법소원심판을 청구하였다.

※ 청구인들은 "국가공무원은 조무직류가 사무직렬로 되어 있어 일반직 공무원으로 우선임용이 가능한데, 지방공무원은 조무직류가 조무직렬로 되어 있다. 또 이 사건 법령조항은 사무직렬의 지방공무원만 일반직공무원으로 우선임용이 가능하도록 규정하고 있어, 청구인들은 조무직류에 속하는 국가공무원과 동일한 조무업무(시설관리업무)를 담당하는데도 불구하고 일반직공무원으로의 전환이 불가능하다. 이로 인하여 청구인들의 공무담임권, 행복추구권, 인간다운 생활을 할 권리 및 평등권이 침해된다"고 주장하고 있다.

〈설문〉 사건에서 '이 사건 법령조항'으로 인하여 "공무담임권, 행복추구권, 인간다운 생활을 할 권리 및 평등권이 침해된다"고 하는 청구인들의 주장은 타당한가?

심판대상조항

구 지방공무원 임용령(2011. 8. 22. 대통령령 제23093호) 부칙(2012. 9. 21. 대통령령 제24109호로 개정되기 전의 것)
제4조(사무직렬 기능직공무원의 정원조정에 따른 일반직공무원의 경력경쟁임용시험을 통한 임용에 관한 특례) ① 이 영 시행 후 1개월이 경과한 날 당시 지방자치단체에 재직 중인 사무직렬 기능직공무원은 해당 기관의 기구와 정원에 관한 조례·규칙 개정 후 경력경쟁임용시험을 거쳐 사무직렬 기능직공무원의 정원이 감축됨에 따라 증원되는 일반직공무원 등으로 임용할 수 있다.

지방공무원 임용령(2011. 8. 22. 대통령령 제23093호)
부칙 제4조(사무직렬 기능직공무원의 정원조정에 따른 일반직공무원의 경력경쟁임용시험을 통한 임용에 관한 특례) ② 제1항에 따른 기구와 정원에 관한 조례·규칙의 개정으로 증원되는 일반직공무원 직위에는 해당 지방자치단체 일반직공무원의 초과 현원에 관계없이 해당 지방자치단체의 사무직렬 기능직공무원 중에서 임용하여야 한다.

관련조항

지방공무원법
제5조(정의) 이 법에서 사용하는 용어의 뜻은 다음과 같다.
1. "직위(職位)"란 1명의 공무원에게 부여할 수 있는 직무와 책임을 말한다.
2. "직급(職級)"이란 직무의 종류·곤란성과 책임도가 상당히 유사한 직위의 군(群)을 말하며, 같은 직급에 속하는 직위에 대하여는 임용자격·시험, 그 밖의 인사행정에서 동일한 취급을 한다.
3. "정급(定級)"이란 직위를 직급에 배정하는 것을 말한다.
4. "강임(降任)"이란 같은 직렬 내에서 하위 직급에 임명하거나 하위 직급이 없어 다른 직렬의 하위 직급에 임명하는 것을 말한다.
5. "전직(轉職)"이란 직렬을 달리하여 임명하는 것을 말한다.
6. "전보(轉補)"란 같은 직급 내에서의 보직변경을 말한다.
7. "직군(職群)"이란 직무의 성질이 유사한 직렬의 군을 말한다.
8. "직렬(職列)"이란 직무의 종류가 유사하고, 그 책임과 곤란성의 정도가 다른 직급의 군을 말한다.
9. "직류(職類)"란 같은 직렬 내에서 담당 분야가 같은 직무의 군을 말한다.
10. "직무등급"이란 직무의 곤란성과 책임도가 상당히 유사한 직위의 군을 말한다.

지방공무원 임용령(2011. 8. 22. 대통령령 제23093호로 개정된 것)

제3조(공무원의 직급구분 등) ③ 기능직공무원의 계급은 기능 1급부터 기능 9급까지로 구분하며, 그 직군·직렬 및 직급의 명칭은 별표 2와 같다.

[별표 2] 중 사무직군 부분 발췌

기능직공무원의 직급표(제3조 제3항 관련)

<table>
<tr><th rowspan="2">직군</th><th rowspan="2">직렬</th><th rowspan="2">직류</th><th colspan="6">계급</th></tr>
<tr><th>기능1급
~
기능4급</th><th>기능5급</th><th>기능6급</th><th>기능7급</th><th>기능8급</th><th>기능9급</th></tr>
<tr><td rowspan="12">사무</td><td rowspan="5">사무</td><td>워드</td><td rowspan="12"></td><td rowspan="5"></td><td rowspan="5">지방
사무
실무장</td><td rowspan="5">지방
사무
실무장</td><td rowspan="5">지방
사무
실무원</td><td rowspan="5">지방
사무
실무원</td></tr>
<tr><td>필기</td></tr>
<tr><td>계리</td></tr>
<tr><td>사서</td></tr>
<tr><td>전산</td></tr>
<tr><td rowspan="7">조무</td><td>조무</td><td rowspan="7">지방
조무기장</td><td rowspan="7">지방
조무장</td><td rowspan="7">지방
조무장</td><td rowspan="7">지방
조무원</td><td rowspan="7">지방
조무원</td></tr>
<tr><td>사송</td></tr>
<tr><td>검침</td></tr>
<tr><td>지도</td></tr>
<tr><td>검수표</td></tr>
<tr><td>주차단속</td></tr>
<tr><td>교통지도</td></tr>
</table>

제17조(경력경쟁임용시험등을 통한 임용의 요건) ① 법 제27조 제2항에 따라 경력경쟁임용시험등을 통하여 임용하려는 경우에는 다음 각 호의 어느 하나에 해당하여야 한다.

1.~11. 생략

공무원임용령(2009. 9. 8. 대통령령 제21717호)

부칙 제2조(사무직렬 기능직공무원의 정원조정에 따른 일반직 특별채용에 관한 특례) ① 이 영 시행 당시 중앙행정기관(「행정기관의 조직과 정원에 관한 통칙」 제2조 제1호에 따른 중앙행정기관을 말한다. 이하 이 조에서 같다)에 재직 중인 사무직렬 기능직공무원은 해당 기관의 직제 개정 후 특별채용시험을 거쳐 사무직렬 기능직공무원의 정원이 감축됨에 따라 증원되는 일반직공무원 등으로 특별채용할 수 있다.

② 제1항에 따른 직제의 개정으로 증원되는 일반직공무원 직위에는 해당 중앙행정기관 일반직공무원의 초과 현원에 관계없이 해당 중앙행정기관의 사무직렬 기능직공무원 중에서 특별채용하여야 한다.

③ 제1항에 따른 특별채용시험 합격자 수가 제1항에 따른 직제 개정으로 증원된 일반직공무원 직위의 수에 미달하여 기능직공무원의 초과 현원이 발생하는 경우에는 사무직렬 기능직공무원의 현원이 정원과 일치될 때까지 그 초과 현원에 상응하는 정원이 해당 중앙행정기관

에 따로 있는 것으로 본다.
④ 제1항에 따른 특별채용시험을 실시하는 경우 일반직 임용예정 직급에 상당하는 사무직렬 기능직공무원으로 해당 중앙행정기관에서 6개월 이상 근무한 사람은 제16조 제1항 제6호 및 별표 3의 특별채용요건을 갖춘 것으로 본다.
⑤ 중앙행정기관의 장은 해당 기관의 업무 등을 고려하여 필요한 경우「공무원임용시험령」제7조 제1항에도 불구하고 제1항에 따른 특별채용시험의 필기시험과목 중 제1차시험과목에 한정하여 변경할 수 있다.
⑥ 중앙행정기관의 장은「공무원임용시험령」제28조에도 불구하고 행정안전부장관이 각 기관의 균형적인 인사 운영을 도모하고 인력의 효율적인 활용과 능력 개발을 위하여 정하는 바에 따라 제1항에 따른 특별채용시험에 있어서 그 응시자격의 제한을 적용하지 아니할 수 있다.
⑦ 중앙행정기관의 장은「공무원임용시험령」제30조 제1항 제1호에도 불구하고 제1항에 따른 특별채용시험 필기시험의 합격 결정은 각 과목 만점의 40퍼센트 이상, 전 과목 총점의 60퍼센트 이상 득점한 사람 중에서 점수가 높은 사람부터 차례로 선발예정인원의 150퍼센트의 범위에서 제3차시험 응시자 수 등을 고려하여 합격자를 결정한다. 이 경우 필기시험에 합격한 사람에 대해서는 본인이 응시요건을 갖추어 응시하는 다음 회의 시험에서만 필기시험을 면제한다.
⑧ 중앙행정기관의 장은 제1항에 따른 특별채용시험을 실시하는 경우「공무원임용시험령」제3조 제2항과 제3항에도 불구하고 특별채용시험 실시권을 소속 기관의 장 또는 그 소속 기관의 상급 기관의 장에게 위임할 수 없고, 다른 시험 실시기관의 장 또는 민간기관과 공동으로 실시할 수 없으며, 행정안전부장관을 제외한 다른 기관에 위탁할 수 없다.
⑨ 제1항에 따라 일반직공무원으로 특별채용된 공무원에 대해서는 제45조 제3항 제2호에 따른 전보제한을 적용하지 아니할 수 있다.

공무원임용령(2011. 7. 4. **대통령령 제23014호로 개정된 것**)
제3조(공무원의 직급 구분 등) ① 법 제4조 제1항에 따라 계급을 구분하는 일반직공무원의 직군·직렬·직류 및 직급의 명칭은 별표 1과 같다.
② 법 제4조 제2항에 따라 제1항에 따른 계급 구분을 적용하지 아니할 수 있는 일반직공무원의 직군·직렬·직류 및 직급의 명칭과 임용 등에 관하여는 따로 대통령령으로 정한다.
③ 기능직공무원의 직군·직렬·직류 및 직급의 명칭은 별표 2와 같다.

[별표 2] 중 사무직군 부분 발췌

기능직공무원의 직급표(제3조 제3항 관련)

<table>
<tr><th rowspan="2">직군</th><th rowspan="2">직렬</th><th rowspan="2">직류</th><th colspan="9">계급</th></tr>
<tr><th>기능 1급</th><th>기능 2급</th><th>기능 3급</th><th>기능 4급</th><th>기능 5급</th><th>기능 6급</th><th>기능 7급</th><th>기능 8급</th><th>기능 9급</th></tr>
<tr><td rowspan="11">사무</td><td rowspan="11">사무</td><td>조무</td><td rowspan="11"></td><td rowspan="11"></td><td rowspan="11"></td><td rowspan="11"></td><td rowspan="11"></td><td rowspan="11">사무 실무장</td><td rowspan="11">사무 실무장</td><td rowspan="11">사무 실무원</td><td rowspan="11">사무 실무원</td></tr>
<tr><td>타자</td></tr>
<tr><td>전산</td></tr>
<tr><td>제도</td></tr>
<tr><td>필기</td></tr>
<tr><td>계리</td></tr>
<tr><td>사서</td></tr>
<tr><td>편집</td></tr>
<tr><td>집배</td></tr>
<tr><td>기상 관측</td></tr>
<tr><td>감식</td></tr>
</table>

해 설

1. 이 사건 법령조항의 의의와 쟁점
2. 〈설문〉 사건에서 제한되는 기본권
   (1) 청구인이 주장하는 기본권
   (2) 제한되는 기본권의 검토
      1) 공무담임권
      2) 행복추구권, 인간다운 생활을 할 권리
      3) 평등권
   (3) 소결
3. 이 사건 법령조항의 평등권 침해 여부
   (1) 평등권의 의의와 평등권 침해의 심사기준
      1) 평등권의 의의
      2) 평등권 침해의 심사기준
   (2) 이 사건 법령조항의 평등권 침해 여부 검토
      1) 비교집단의 기본적 동일성과 차별취급의 존재
      2) 〈설문〉 사건의 심사기준
      3) 합리적 차별사유의 존재 여부
   (3) 소결
4. 결어

1. 이 사건 법령조항의 의의와 쟁점

공무원임용령 제3조 제3항의 〈별표 2〉에 의하면, 기능직 국가공무원 중 사무직군의 직렬은 사무직렬 밖에 없고 따라서 '조무직'도 사무직렬에 속한다. 이에 대하여 지방공무원 임용령 제3조 제3항의 〈별표 2〉에 의하면, 기능직 지방공무원 중 사무직군은 사무직렬과 조무직렬로 구분되어 있어 '조무직'은 사무직렬에 포함되지 아니한다.

〈설문〉의 '이 사건 법령조항'은 지방자치단체의 사무직렬 기능직공무원의 정원을 감축하는 만큼 사무직렬 일반직공무원의 정원을 증원하여, 해당 지방자치단체의 사무직렬 기능직공무원을 증원된 일반직공무원으로 우선 임용하는 내용의 규정이다.

그런데 이 사건 법령조항에 의하면, 조무직렬의 기능직 지방공무원인 청구인들은 사무직렬에 해당되지 아니하여 일반직공무원으로의 전환대상이 되지 못하고, 지방공무원의 조무직은 국가공무원의 경우와 달리 사무직렬이 아닌 조무직렬에 포함되어 있어(지방공무원 임용령 제3조 제3항의 〈별표 2〉) 일반직공무원으로의 전환대상이 되지 못하는 문제가 있다.

〈설문〉 사건에서 청구인들은 공무담임권, 행복추구권, 인간다운 생활을 할 권리 및 평등권이 침해된다고 주장하고 있는데, 우선 이러한 기본권들이 '이 사건 법령조항'에 의하여 제한되는 기본권인지, 그리고 제한되는 기본권이라면, 침해되는지 여부가 쟁점이 된다.

2. 〈설문〉 사건에서 제한되는 기본권

(1) 청구인이 주장하는 기본권

청구인들은, 〈설문〉에서 언급하고 있는 바와 같이, 이 사건 법령조항으로 인하여 청구인들의 공무담임권, 행복추구권, 인간다운 생활을 할 권리 및 평등권이 침해된다고 주장하고 있다.

이들 기본권의 제한 여부에 대하여 살펴본다.

(2) 제한되는 기본권의 검토

1) 공무담임권

① 공무담임권의 의의

헌법 제25조는 "모든 국민은 법률이 정하는 바에 의하여 공무담임권을 가진다”고 하여 공무담임권을 기본권으로 보장하고 있다. 공무담임권이란 입법부, 집행부, 사법부는 물론 지방자치단체 등 국가, 공공단체의 구성원으로서 그 직무를 담당할 수 있는 권리를 말하는 것으로서, 선거에 입후보하여 당선될 수 있는 피선거권과 공직에 임명될 수 있는 공직취임권을 포괄하는 것이다.

여기서 직무를 담당한다는 것은 모든 국민이 현실적으로 그 직무를 담당할 수 있다고 하는 의미가 아니라, 국민이 공무담임에 관한 자의적이지 않고 평등한 기회를 보장받음을 의미한다. 공무담임권의 보호영역에는 공직취임 기회의 자의적인 배제뿐 아니라 공무원 신분의 부당한 박탈이나 권한 또는 직무의 부당한 정지도 포함된다(헌재 2002. 8. 29. 2001헌마788등; 헌재 2005. 5. 26. 2002헌마699등).

다만, ‘승진시험의 응시제한’이나 이를 통한 승진기회의 보장 등 공직신분의 유지나 업무수행에 영향을 주지 않는 단순한 내부 승진인사에 관한 문제는 공무담임권의 보호영역에 포함되지 않는다(헌재 2007. 6. 28. 2005헌마1179; 헌재 2010. 3. 25. 2009헌마538).

② 이 사건 법령조항에 의한 제한 여부

청구인들은 이 사건 법령조항이 기능직공무원 중 사무직렬에 한하여 일반직공무원으로 우선 임용될 수 있는 기회를 주고, 청구인들과 같은 조무직렬 공무원은 우선 임용의 기회에서 배제시키고 있다고 주장한다.

그러나 청구인들이 일반직공무원으로 임용될 수 있는 방법은 이 사건 법령조항에 의하지 아니하더라도 일반직공무원 신규임용절차에 따라 공개경쟁시험에 응시하거나 기능직공무원을 일반직공무원으로 임용하는 경력경쟁시험에 응시하는 방법이 있다.

즉, 이 사건 법령조항은 청구인들에게 일반직공무원으로 임용될 기회를 배제하는 것이 아니라, 일반적인 임용방법이 아닌 특별한 전환기회 또는 우선 임용기회에서 제외하고 있을 뿐이다.

기능직공무원이 일반직공무원으로 우선 임용될 수 있는 기회의 보장은 공무담임권에서 당연히 파생되는 것으로 볼 수 없다. 특히, 공개경쟁시험이나 일반적인 경력경쟁시험보다 더욱 유리한 조건으로 청구인들과 같은 조무직렬 기능직공무원들에게 일반직공무원으로 우선 임용될 기회를 주지 않는다고 하여도, 청구인들은 기능직공무원으로서 그대로 신분을 유지하게 되므로, 이 사건 법령조항이 청구인들의 공직신분의 유지나 업무수행과 같은 법적 지위에 직접 영향을 미치는 것도 아니다.

③ 소 결

청구인들이 주장하는 일반직공무원으로 우선 임용될 권리 내지 기회보장은 공무담임권의 보호영역에 속하지 아니하고, 이 사건 법령조항으로 인하여 청구인들의 헌법상 공무담임권 침해 문제가 생길 여지가 없다.

따라서 이 사건 법령조항은 청구인들의 공무담임권을 제한하지 아니한다.

2) 행복추구권, 인간다운 생활을 할 권리

청구인들은 이 사건 법령조항으로 인하여 헌법 제10조의 행복추구권과 제34조 제1항의 인간다운 생활을 할 권리를 침해받았다고 주장하고 있다.

그러나 사무직렬 기능직공무원의 일반직공무원으로의 우선임용 절차를 규정한 이 사건 법령조항이 포괄적 의미의 자유권적 성격을 가진 행복추구권이나 최소한의 물질적 생활을 요구할 수 있는 인간다운 생활을 할 권리의 향유와 관련되어 있다고 보기는 어렵다(헌재 2009. 10. 29. 2009헌마127).

따라서 이 사건 법령조항은 청구인들의 행복추구권, 인간다운 생활을 할 권리를 제한하지 아니한다.

3) 평등권

이 사건 법령조항은 지방공무원 중 사무직렬 기능직공무원만 일반직공무원 우선임용 대상으로 삼고 있다.

지방공무원의 경우 청구인들과 같은 조무직류가 사무직렬로 분류되어 있지 아니하여 일반직공무원 우선임용 대상에 해당하지 않는 반면, 국가공무원의 경우 조무직류가 사무직렬로 분류되어 있어 일반직공무원 우선임용 대상에 해당되므로 이 사건 법령조항은 사무직렬 조무직류 국가공무원에 비하여 청구인들을 차별하고 있다.

따라서 이 사건 법령조항은 청구인들의 평등권을 제한한다고 할 것이다.

(3) 소 결

이 사건 법률조항은, 위에서 살펴본 바와 같이, 청구인들의 공무담임권, 행복추구권 및 인간다운 생활을 할 권리를 제한하지는 아니하나, 평등권은 제한하고 있다.

그러므로 이 사건 법령조항이 청구인들의 평등권을 침해하는지 여부에 대하여 살펴본다.

3. 이 사건 법령조항의 평등권 침해 여부

(1) 평등권의 의의와 평등권 침해의 심사기준

1) 평등권의 의의

헌법 제11조에 의하여 보장되는 평등권은 일반적으로 본질적으로 같은 것은 같게, 다른 것은 다르게 취급할 것을 요구하는 것으로서 입법과 법의 적용에 있어서 합리적인 근거가 없는 차별을 배제하는 상대적 평등을 뜻한다.

그러므로 합리적 근거가 있는 차별은 평등원칙에 반하거나 평등권을 침해하는 것이 아니다(헌재 2001. 6. 28. 99헌마516; 헌재 2003. 12. 18. 2001헌바91).

2) 평등권 침해의 심사기준

헌법 제11조의 평등은 상대적 평등을 의미하는 것이나 평등권 침해 여부를 심사함에 있어 엄격한 심사기준에 의할 것인지, 완화된 심사기준에 의할 것인지는 입법자에게 인정되는 입법형성권의 정도에 따라 다르다.

엄격한 심사기준은 헌법에서 특별히 평등을 요구하고 있거나 차별적 취급으로 인하여 관련 기본권에 대한 중대한 제한을 초래하게 되는 경우에 적용되는 심사기준이고, 완화된 심사기준은 엄격한 심사기준이 적용되지 않는 경우의 자의금지원칙을 의미하는 것이다(헌재 1997. 1. 16. 90헌마110등).

평등권 침해 여부를 심사함에 있어서 엄격한 심사를 한다는 것은, 자의금지원칙에 따른 심사 — 합리성 유무의 심사에 그치는 심사 — 와는 달리, 비례성원칙에 따른 심사, 즉 차별취급의 목적과 수단 간에 엄격한 비례관계가 성립하는지를 기준으로 한 심사를 행함을 의미한다(헌재 1999. 12. 23. 98헌마363).

(2) 이 사건 법령조항의 평등권 침해 여부 검토

1) 비교집단의 기본적 동일성과 차별취급의 존재

지방공무원법 제5조(제7호~제9호)의 '직군', '직렬', '직류'의 정의에 의할 때,

조무직류 국가공무원과 조무직류 지방공무원 모두 업무 태양이 비슷함에도 불구하고, 국가공무원은 사무직렬만 둔 반면 지방공무원은 사무직렬과 조무직렬로 세분화하여 직렬 구분체계가 달라진 것뿐이다.

따라서 수행 업무의 유사성에 따라 중첩되는 공무원을 일원화하여 인력운용의 효율성을 높이고자 하는 이 사건 법령조항의 입법목적으로 볼 때, 양자를 본질적으로 다른 것이라고 보기는 어려우므로, 조무직류 국가공무원과 조무직류 지방공무원은 비교집단이 되고 기본적 동일성도 갖추고 있다고 할 것이다.

그리고 이 사건 법령조항은 조무직류 국가공무원과 달리 조무직류 지방공무원에게 일반직공무원으로 우선 임용될 기회를 제한하고 있으므로 차별취급이 존재한다.

2) 〈설문〉 사건의 심사기준

평등권 침해 여부를 심사함에 있어서는 헌법에서 특별히 평등을 요구하고 있는 경우나 차별적 취급으로 인하여 관련 기본권에 중대한 제한을 초래하는 경우에는 비례의 원칙에 따라 엄격하게 심사하여야 하지만, 그렇지 않은 경우에는 완화된 심사척도인 자의금지원칙에 따라 심사하면 충분하다(헌재 2001. 6. 28. 2001헌마132). 그런데 이 사건 법령조항은 헌법에서 특별히 평등을 요구하는 부분이 아니고 단지 지방공무원 중 기능직공무원이 일반직공무원으로 우선 임용될 수 있는 기회를 제한하고 있는 것에 불과하여, 관련 기본권에 대한 중대한 침해가 있다고 볼 수도 없으므로, 자의금지원칙에 따라 심사하면 될 것이다.

3) 합리적 차별사유의 존재 여부

① 이 사건 법령조항 및 공무원임용령이 국가공무원 및 지방공무원의 사무직렬 기능직공무원에게만 일반직공무원으로 우선 임용될 기회를 주는 이유는, 사무직렬 기능직공무원의 정원이 감축됨에 따라 신분불안이 야기되는 공무원들의 신분을 보장하고자 하기 위함이다.

특히, 이 사건 법령조항 중 부칙 제4조 제2항은 '해당 지방자치단체 일반직공무원의 초과 현원에 관계없이' 해당 지방자치단체의 사무직렬 기능직공무원 중에서 임용하도록 규정하고 있다. 즉, 이 사건 법령조항 및 공무원임용령은 모두 사무직렬 기능직공무원의 정원감축에 대비하기 위하여, '사무직렬 기능직공무원의 정원이 감축됨에 따라 증원되는' 일반직공무원의 임용에 관하여 규정하고 있는 것이다(지방공무원 임용령 부칙 제4조 제1항, 공무원임용령 부칙 제2조 제1항).

② 한편, 국가공무원중 조무직류는 행정사무에 대한 보조업무를 주로 수행하는 반면, 현장업무의 비중이 상대적으로 높은 지방공무원의 특성상 지방공무원 중 조무직류는 현장 또는 대민 업무의 비중이 높다.

이에 따라 국가공무원과 지방공무원의 기능직공무원의 직렬 체계가 달리 구성되어 있고, 지방공무원 중 조무직렬 기능직공무원에게는 이 사건 법령조항에 따른 우선 임용의 기회가 주어지지 않은 것이다.

이러한 사정을 종합하여 보면, 사무직렬로 구분되는 조무직류 기능직 국가공무원과 달리 조무직렬로 구분되는 조무직류 기능직 지방공무원을 일반직공무원으로 우선 임용하도록 규정하지 아니한 것은 합리적인 이유가 있다고 인정된다.

(3) 소 결

따라서 이 사건 법령조항은 청구인들의 평등권을 침해한다고 볼 수 없다.

4. 결 어

이 사건 법령조항은 청구인들의 공무담임권, 행복추구권 및 인간다운 생활을 할 권리를 제한하지 아니하고, 평등권을 제한하지만 청구인들에 대한 차별이 합리적인 이유가 있는 것이므로 평등권을 침해하는 것은 아니다.

따라서 청구인들의 주장은 타당하지 아니하다.

참고판례 지방공무원 임용령 부칙 제4조 제1항 등 위헌확인(헌재 2013. 11. 28. 2011헌마565)

3-2-43 | 무죄추정의 원칙, 재판청구권, 평등권

설 문

甲은 2014. 5. 22. 재물손괴 및 공무집행방해죄로 기소되어 A법원에서 재판을 받던 중, 합의부 관할사건이 아니라는 이유만으로 국민참여재판 대상에서 배제한 '국민의 형사재판 참여에 관한 법률'(이하 '국민참여재판법'이라 한다) 제5조 제1항 제1호(이하 '이 사건 법률조항'이라 한다)가 무죄추정의 원칙, 재판청구권, 평등권을 침해하여 위헌이라고 주장하며 위헌법률심판제청신청을 하였다.
A법원은 2014. 10. 14. 甲에게 징역 10월을 선고하면서 위헌법률심판제청신청을 기각하였는데, 甲은 2014. 11. 12. 이 사건 헌법소원심판을 청구하였다.

〈설문〉 사건에서 甲은 '이 사건 법률조항'이 무죄추정의 원칙에 위배되고 재판청구권, 평등권도 침해한다고 주장하고 있다. 甲의 주장은 타당한가?

심판대상조항

국민의 형사재판 참여에 관한 법률(2012. 1. 17. 법률 제11155호로 개정된 것) 제5조(대상사건) ① 다음 각 호에 정하는 사건을 국민참여재판의 대상사건(이하 "대상사건"이라 한다)으로 한다.
1. 「법원조직법」 제32조 제1항(제2호 및 제5호는 제외한다)에 따른 합의부 관할 사건

관련조항

구 법원조직법(2012. 12. 18. 법률 제11554호로 개정되고, 2014. 12. 30. 법률 제1286호로 개정되기 전의 것)
제32조(합의부의 심판권) ① 지방법원과 그 지원의 합의부는 다음의 사건을 제1심으로 심판한다.
1. 합의부에서 심판할 것으로 합의부가 결정한 사건
2. 민사사건에 관하여는 대법원규칙으로 정하는 사건
3. 사형·무기 또는 단기 1년이상의 징역 또는 금고에 해당하는 사건. 다만, 아래에 열거하는 사건을 제외한다.

나. 형법 제331조, 제332조(제331조의 상습범에 한한다)와 그 각 미수죄에 해당하는 사건
다. 폭력행위등처벌에관한법률 제2조 제1항 · 제3항, 제3조 제1항 · 제2항, 제6조(제2조 제1항 · 제3항, 제3조 제1항 · 제2항의 미수죄에 한한다), 제9조에 해당하는 사건
라. 병역법 위반사건
마. 「특정범죄 가중처벌 등에 관한 법률」 제5조의3 제1항, 제5조의4 제1항 · 제4항 · 제5항(제1항 · 제4항에 해당하는 죄에 한한다), 제5조의11에 해당하는 사건
바. 보건범죄단속에관한특별조치법 제5조에 해당하는 사건
사. 부정수표단속법 제5조에 해당하는 사건
아. 「도로교통법」 제148조의2 제1항 · 제2항 제1호에 해당하는 사건

4. 제3호의 사건과 동시에 심판할 공범사건
5. 지방법원판사에 대한 제척 · 기피사건
6. 다른 법률에 의하여 지방법원합의부의 권한에 속하는 사건

형법(1995. 12. 29. 법률 제5057호로 개정된 것)
제136조(공무집행방해) ① 직무를 집행하는 공무원에 대하여 폭행 또는 협박한 자는 5년 이하의 징역 또는 1천만원 이하의 벌금에 처한다.
② 공무원에 대하여 그 직무상의 행위를 강요 또는 조지하거나 그 직을 사퇴하게 할 목적으로 폭행 또는 협박한 자도 전항의 형과 같다.

제366조(재물손괴등) 타인의 재물, 문서 또는 전자기록등 특수매체기록을 손괴 또는 은닉 기타 방법으로 기 효용을 해한 자는 3년이하의 징역 또는 700만원 이하의 벌금에 처한다.

해 설

1. 이 사건 법률조항의 의의와 쟁점

〈설문〉의 '이 사건 법률조항'은 국민참여재판의 대상사건을 형사사건 중 합의부 관할사건으로 한정하고 있는 규정이다.

甲은 단독판사 관할사건으로 재판받는 피고인으로서 자신의 범죄사건이 국민참여재판의 대상사건에서 제외되자, 이 사건 법률조항이 무죄추정의 원칙에 위배될 뿐만 아니라 자신의 재판청구권과 평등권을 침해한다고 주장하고 있다.

따라서 〈설문〉 사건에서는 (1) 이 사건 법률조항이 피고인에 대한 범죄사실 인정이나 유죄판결을 전제로 하여 불이익을 과하는 무죄추정원칙의 적용대상인지 여부, (2) 국민참여재판을 받을 권리가 헌법 제27조 제1항의 재판을 받을 권리의 보호범위에 속하는지 여부, 그리고 (3) 이 사건 법률조항이 합의부 관할 사건이 아닌 단독판사 관할사건으로 재판받는 피고인을 차별하는 것인지 여부가 쟁점이 된다.

2. 무죄추정의 원칙의 위배 여부

(1) 무죄추정의 원칙의 의의

헌법상 무죄추정의 원칙은 제27조 제4항을 근거로 하고 있는데, 여기에서는 형사피고인만을 적용 대상으로 규정하고 있다.

그러나 무죄추정의 원칙은 피고인뿐만 아니라 공소제기 전의 피의자에 대하여도 당연히 적용되어야 할 원칙으로서, 피고인이나 피의자를 유죄의 판결이 확정되기 전에 죄 있는 자에 준하여 취급함으로써 법률적, 사실적 측면에서 유형, 무형의 불이익을 주어서는 아니 된다는 것을 말한다(헌재 2009. 12. 29. 2008헌가13 등; 헌재 2015. 7. 30. 2014헌바447).

(2) 이 사건 법률조항의 위배 여부 검토

〈설문〉 사건에서 甲은, 기소된 범죄가 합의부 관할사건인 경우에만 피고인에게 국민참여재판 신청권을 부여하는 이 사건 법률조항이 무죄추정의 원칙에 위배된다고 주장하고 있다.

그러나 이 사건 법률조항은 피고인에 대한 범죄사실 인정이나 유죄판결을 전제로 하여 불이익을 과하는 것이 아니므로 무죄추정의 원칙과 무관하다.

(3) 소 결

이 사건 법률조항은 무죄추정의 원칙의 적용대상이 아니므로 이에 위배되지 아니한다.

3. 재판청구권의 침해 여부

(1) 재판청구권의 의의

헌법 제27조 제1항은 "모든 국민은 헌법과 법률이 정한 법관에 의하여 법률에 의한 재판을 받을 권리를 가진다"고 규정함으로써 모든 국민은 헌법과 법률이 정한 자격과 절차에 의하여 임명되고(헌법 제101조 제3항, 제104조, 법원조직법 제41조 내지 제43조), 물적독립(헌법 제103조)과 인적독립(헌법 제106조, 법원조직법 제46조)이 보장된 법관에 의하여 합헌적인 법률이 정한 내용과 절차에 따라 재판을 받을 권리를 보장하고 있다.

한편, 재판이라 함은 구체적 사건에 관하여 사실의 확정과 그에 대한 법률의 해석적용을 그 본질적인 내용으로 하는 일련의 과정이다.

따라서 법관에 의한 재판을 받을 권리를 보장한다고 함은 결국 법관이 사실을 확정하고 법률을 해석·적용하는 재판을 받을 권리를 보장한다는 뜻이고, 만일 그러한 보장이 제대로 이루어지지 아니한다면, 헌법상 보장된 재판을 받을 권리의 본질적 내용을 침해하는 것으로서 우리 헌법상 허용되지 아니한다(헌재 2002. 2. 28. 2001헌가18; 헌재 2009. 11. 26. 2008헌바12; 헌재 2014. 1. 28. 2012헌바298).

(2) 이 사건 법률조항의 침해 여부 검토

기술한 바와 같이, 헌법 제27조 제1항의 재판을 받을 권리는 신분이 보장되고 독립된 법관에 의한 재판의 보장을 주된 내용으로 한다.

따라서 형사소송절차에서 국민참여재판제도는 사법의 민주적 정당성과 신뢰를 높이기 위하여 배심원이 사실심 법관의 판단을 돕기 위한 권고적 효력을 가지는 의견을 제시하는 제한적 역할을 수행하게 되고(국민참여재판법 제1조, 제46조 등), 배심재판을 받을 권리를 헌법상 권리로 보장하고 있는 미국의 경우와 달리 우리 헌법상 재판을 받을 권리의 보호범위에는 배심재판을 받을 권리가 포함되지 아니한다(헌재 2009. 11. 26. 2008헌바12; 헌재 2014. 1. 28. 2012헌바298).

(3) 소 결

'국민참여재판을 받을 권리'는 헌법 제27조 제1항에서 규정한 재판을 받을 권리의 보호범위에 속한다고 볼 수 없으므로, 이 사건 법률조항은 甲의 재판청구권을 침해한다고 볼 수 없다.

4. 평등권의 침해 여부

(1) 평등권의 의의와 심사기준

1) 평등권의 의의

헌법 제11조에서 보장하는 평등권은 국가로부터 불평등한 취급을 받지 아니함과 동시에 국가에 대하여 평등한 처우를 요구할 수 있는 주관적 공권이다.

여기에서 말하는 평등은 기회의 균등과 자의의 금지를 기본적 내용으로 하는 상대적 평등으로서 일체의 차별적 대우를 부정하는 절대적 평등을 의미하는 것이 아니다.

그러므로 헌법 제11조의 평등은 입법과 법의 적용에 있어서 합리적인 근거가 없는 차별을 배제하는 상대적 평등을 뜻하며, 합리적 근거가 있는 차별은 평등의 원칙에 반하는 것이 아니다(헌재 1999. 7. 22. 98헌바14; 헌재 2001. 6. 28. 99헌마516).

2) 평등권 침해 여부의 심사기준

평등권 침해 여부를 심사함에 있어서 적용되는 기준인 평등원칙은 엄격한 심사기준(비례성원칙)과 완화된 심사기준(자의금지원칙)이 있다. 이 중 어느 심사기준에 의할 것인지는 입법자에게 인정되는 입법형성권의 정도에 따라 다르게 된다.

① 심사기준의 적용 요건

엄격한 심사기준이 적용되는 경우는 ⅰ) 헌법에서 특별히 평등을 요구하고 있는 경우 또는 ⅱ) 관련 기본권에 대한 중대한 제한을 초래하는 경우이고, 그 외에는 완화된 심사기준이 적용된다(헌재 2001. 6. 28. 2001헌마132).

② 심사기준에 따른 심사 내용

평등권 침해 여부를 심사함에 있어서 자의금지원칙에 따른 심사는 ⅰ) 본질적으로 동일한 것을 다르게 취급하고 있는지에 관련된 차별취급의 존재여부와, ⅱ) 이러한 차별취급이 존재한다면 이를 자의적으로 볼 수 있는지 여부이다.

이에 대하여 엄격한 심사를 한다는 것은, 자의금지원칙에 따른 심사 — 합리성 유무의 심사에 그치는 심사 — 와는 달리, 비례성원칙에 따른 심사, 즉 차별취급의 목적과 수단 간에 엄격한 비례관계가 성립하는지를 기준으로 한 심사를 행함을 의미한다(헌재 1999. 12. 23. 98헌마363).

(2) 이 사건 법률조항의 평등권 침해 여부

1) 비교집단의 기본적 동일성과 차별취급의 존재

① 비교집단의 설정과 기본적 동일성

〈설문〉 사건에서 비교집단은 단독판사 관할사건으로 재판받는 피고인과 합의부 관할사건으로 재판받는 피고인의 두 집단으로 설정할 수 있으며, 두 집단은 모두 형사피고인의 지위에 있다는 점에서 기본적으로 동일하다고 할 것이다.

② 차별취급의 존재

이 사건 법률조항으로 인하여 단독판사 관할사건으로 재판받는 피고인과 합의부 관할사건으로 재판받는 피고인 사이에 국민참여재판을 받을 수 있는 권리의 존부라는 차별취급이 발생하므로, 두 집단 사이에 차별취급이 존재한다.

2) 〈설문〉 사건의 심사기준

〈설문〉 사건에서 국민참여재판의 대상사건을 제한하는 이 사건 법률조항은 헌법에서 특별히 평등을 요구하고 있다거나, 차별적 취급으로 인하여 관련 기본권인 재판청구권에 대한 중대한 제한을 초래하는 경우라고 보기 어려우므로, 비례성원칙이 아닌 자의금지원칙에 따라 차별의 합리성 여부를 심사하면 될 것이다(헌재 2002. 9. 19. 2000헌바84; 헌재 2011. 2. 24. 2008헌바56).

3) 차별의 합리성 여부에 대한 검토

국민참여재판법 제정 이후 저조한 신청율과 높은 철회·배제율로 인하여 국민참여재판이 유명무실해지는 것을 방지하기 위하여 이 사건 법률조항은 국민참여재판의 대상사건을 합의부 관할사건으로 조정하였다.

국민참여재판의 원활한 진행을 위하여는 배심원의 확보, 재판진행을 위한 인적·물적 자원의 확보, 다양한 상황을 해결하기 위한 충분한 경험의 축적 등이 필수적인데, 국민참여재판의 대상사건을 단독판사 관할사건까지 확대할 경우 이 사건 법률조항에 따른 국민참여재판 신청·실시 사건 수보다 12배 정도의 증가가 예상되어 현실적 운영에 어려움이 있다.

또한 합의부 관할사건이 일반적으로 단독판사 관할사건보다 사회적 파급력이 크거나 중한 범죄를 다루고 있다.

이상을 종합하여 보면, 합의부 관할사건만을 국민참여재판의 대상사건으로 정한 이 사건 법률조항이 단독판사 관할사건으로 재판받는 피고인과 합의부 관할사건으로 재판받는 피고인을 다르게 취급하고 있는 것은 합리적인 이유가 있다고 인정된다.

(3) 소 결

국민참여재판의 대상사건을 형사사건 중 합의부 관할 사건에 한정하고 있는 이 사건 법률조항은, 그 차별에 있어서 합리적인 이유가 있으므로, 甲의 평등권을 침해한다고 할 수 없다.

5. 결 어

〈설문〉의 이 사건 법률조항은 무죄추정원칙과 무관하여 그 적용대상이 아니고, 국민참여재판을 받을 권리가 헌법 제27조 제1항의 재판을 받을 권리의 보호범위에 속하지 아니하며, 그리고 이 사건 법률조항이 합의부 관할 사건만 국민참여재판의 대상으로 하고 있는 것은 합리적인 이유가 있어 甲의 평등권을 침해하지 아니하므로, 甲의 주장은 타당하지 아니하다.

참고판례 국민의 형사재판 참여에 관한 법률 제5조 제1항 제1호 위헌소원(헌재 2015. 7. 30. 2014헌바447)

3-2-44 | 형사보상청구권, 재판청구권

설 문

甲은 야간주거침입절도 혐의로 구속되어 기소되었으나 무죄판결을 선고받아 석방된 후, 동 사건에 대한 항소 및 상고가 기각되어 무죄판결이 확정되었다. 그 후 청구인은 위 구금에 관한 형사보상을 청구하여 보상의 결정을 받았는데, 위 형사보상청구 후 형사보상금을 일정한 범위 내로 한정하고 있는 형사보상법 제4조 제1항(이하 '이 사건 보상금조항'이라 한다)과 형사보상법 시행령 제2조(이하 '이 사건 보상금시행령조항'이라 한다)가 청구인의 형사보상청구권 등을 침해하고, 형사보상의 청구에 대하여 한 보상의 결정에 대하여는 불복을 신청할 수 없도록 규정한 형사보상법 제19조 제1항(이하 '이 사건 불복금지조항'이라 한다)이 청구인의 재판청구권 등을 침해하는 것이라고 주장하면서 헌법소원심판을 청구하였다.

1. 〈설문〉에서 '이 사건 보상금조항'과 '이 사건 보상금시행령조항'은 甲의 형사보상청구권을 침해하는가?

2. 〈설문〉에서 '이 사건 불복금지조항'은 甲의 재판청구권을 침해하는가?

심판대상조항

형사보상법(1987. 11. 28. 법률 제3956호로 개정된 것)
제4조(보상의 내용) ① 구금에 대한 보상에 있어서는 그 일수에 따라 1일 5천 원 이상 대통령령이 정하는 금액 이하의 비율에 의한 보상금을 지급한다.
형사보상법 시행령(1991. 6. 19. 대통령령 제13386호로 개정된 것)

제2조(보상의 상한) 법 제4조 제1항의 규정에 의한 구금에 대한 보상금의 상한은 1일 보상청구의 원인이 발생한 연도의 최저임금법상 일급최저임금액의 5배로 한다.

형사보상법(1958. 8. 13. 법률 제494호로 제정된 것)
제19조(불복신청) ① 보상의 결정에 대하여는 불복을 신청할 수 없다.

관련조항

형사보상법

제1조(보상요건) ① 형사소송법에 의한 일반절차 또는 재심이나 비상상고절차에서 무죄재판을 받은 자가 미결구금을 당하였을 때에는 이 법에 의하여 국가에 대하여 그 구금에 관한 보상을 청구할 수 있다.
② 상소권회복에 의한 상소·재심 또는 비상상고의 절차에서 무죄재판을 받은 자가 원판결에 의하여 구금 또는 형의 집행을 받았을 때에는 구금 또는 형의 집행에 대한 보상을 청구할 수 있다.
③ 형사소송법 제470조 제3항에 의한 구치와 동법 제473조 내지 제475조에 의한 구속은 제2항의 적용에 있어서는 구금 또는 형의 집행으로 본다.

제4조(보상의 내용) ① 구금에 대한 보상에 있어서는 그 일수에 따라 1일 5천원 이상 대통령령이 정하는 금액 이하의 비율에 의한 보상금을 지급한다.
② 법원이 제1항의 보상금액을 산정할 때에는 구금의 종류 및 기간의 장단, 기간중에 받은 재산상의 손실과 얻을 수 있었던 이익의 상실 또는 정신상의 고통과 신체상의 손상, 경찰, 검찰, 법원의 각 기관의 고의 또는 과실의 유무 기타 모든 사정을 고려하여야 한다.
③ 사형집행에 대한 보상금은 집행 전 구금에 대한 보상금 외에 3천만 원 이내에서 모든 사정을 고려하여 법원이 상당하다고 인정하는 액을 가산 보상한다. 이 경우 본인의 사망에 의하여 생긴 재산상의 손실액이 증명된 때에는 그 손실액도 보상한다.
④ 벌금 또는 과료의 집행에 대한 보상에 있어서는 이미 징수한 벌금 또는 과료의 액에 징수일의 익일부터 보상 결정일까지의 일수에 따라 민법 제379조의 법정이율에 의한 금액을 가산한 액을 보상한다.
⑤ 노역장유치의 집행을 하였을 때에는 제1항의 규정을 준용한다.
⑥ 몰수집행에 대한 보상에 있어서는 그 몰수물을 반환하고 그것이 이미 처분되었을 때에는 보상결정시의 시가를 보상하며, 추징금에 대한 보상에 있어서는 그 액수에 징수한 익일부터 보상 결정일까지의 일수에 따라 민법 제379조의 법정이율에 의한 금액을 가산한 액을 보상한다.

제19조(불복신청) ② 보상의 청구를 기각한 결정에 대하여는 즉시항고를 할 수 있다.

제23조(준용규정) 이 법에 의한 결정과 즉시항고에 관하여는 이 법에 특별한 규정이 있는 것을 제외하고는 형사소송법의 규정을 준용한다. 기간에 관하여도 또한 같다.

제27조(피의자보상의 청구 등) ④ 피의자보상의 청구에 대한 심의회의 결정에 대하여는 법무부장관의 재결을 거쳐 행정소송을 제기할 수 있다.

2008년 최저임금 고시(2007. 8. 1. 노동부 고시 제2007-31호) 최저임금법 제10조 제1항의 규정에 의하여 2008년 1월 1일부터 2008년 12월 31일까지 적용되는 최저임금액을 다음과 같이 고시합니다.

2007. 8. 1.
노 동 부 장 관

1. 최저임금액
○ 최저임금액

결정단위 / 업 종	시 간 급
전 산 업	3,770원

2. 업종 구분 여부
사업의 종류별 구분 없이 전 사업장에 동일하게 적용
3. 적용 기간 : 2008.1.1.~2008.12.31.

2009년 최저임금 고시(2008. 7. 23. 노동부 고시 제2008-54호) 최저임금법 제10조 제1항에 따라 2009년 1월 1일부터 2009년 12월 31일까지 적용되는 최저임금액을 다음과 같이 고시합니다.

2008. 7. 23.
노 동 부 장 관

1. 최저임금액
○ 최저임금액

결정단위 / 업 종	시 간 급
전 산 업	4,000원

2. 업종 구분 여부
사업의 종류별 구분 없이 전 사업장에 동일하게 적용
3. 최저임금 적용 기간 : 2009.1.1 ~ 2009.12.31.

문제 1의 해설 [제1안]

1. '이 사건 보상금조항' 및 '이 사건 보상금시행령조항'의 의의와 쟁점

〈설문〉의 '이 사건 보상금조항'은 보상금을 일정한 범위 내로 한정하도록 규정하면서 그 상한의 설정을 대통령령에 위임하였고, 그에 따라 '이 사건 보상금시행령조항'이 보상금의 상한 ― 1일 보상청구의 원인이 발생한 연도의 최저임금법상 일급최저임금액의 5배 ― 을 구체적으로 규정하고 있다.

이와 같이, 이 사건 보상금조항은 보상액의 상한을 규정함으로써 구금으로 인한 일실이익 등의 재산상 손해와 신체적·정신적 손해 등이 현실적으로 발생하여도 상한의 범위 내에서만 보상받도록 하고 있고, 이 사건 보상금시행령조항은 구속 당시의 소득상태와 아무 관련도 없는 최저임금액을 기초로 보상금 범위를 한정하고 있다.

이러한 이 사건 보상금조항과 이 사건 보상금시행령조항이 구금으로 인한 손해에 대하여 완전한 보상을 받지 못하게 하는 것으로서 헌법 제28조의 형사보상청구권을 침해하는 것인지 여부가 쟁점이 된다.

2. 형사보상청구권의 의의와 제한

(1) 형사보상청구권의 의의

헌법 제28조는 형사피의자 또는 형사피고인(이하 '형사피고인 등'이라 한다)으로서 구금되었던 자가 무죄판결 등을 받은 경우에 국가에 대하여 물질적·정신적 피해에 대한 정당한 보상을 청구할 수 있는 권리를 보장하고 있다.

국가의 형사사법절차는 법률이 규정하는 바에 따라 구체적 사건에서 범죄의 성립 여부에 관한 수사 및 재판절차를 거쳐 그 형을 집행하는 절차인데, 범죄의 혐의를 받은 피의자가 수사기관의 조사를 받고 법원에 기소되었다 하더라도 심리결과 무죄로 판명되는 경우가 발생할 수 있다.

이렇게 최종적으로 무죄 판단을 받은 형사피고인 등이 수사 및 재판과정에서 상당한 기간 동안 구금되었던 경우가 있을 수 있고, 이는 형사사법절차에 불가피하게 내재되어 있는 위험이라 할 것이다.

그런데 이러한 위험이 형사사법절차에서 불가피한 것이라고 하더라도, 그 위험부담은 무죄판결을 선고받은 개인이 아니라 형사사법절차를 운영하는 국가가 지고 이러한 위험으로 발생되는 손해에 대한 보상을 하여야 할 것이다.

헌법 제28조는 이와 관련한 권리를 구체적으로 보장함으로써 국민의 기본권 보호를 강화하고 있는 것이다.

(2) 형사보상청구권의 제한과 과잉금지원칙

형사보상청구권은 '법률이 정하는 바에 의하여' 행사되므로(헌법 제28조), 그 내용은 법률에 의하여 정해지고 이 과정에서 입법자에게 일정한 입법재량이 부여될 수 있다. 따라서 형사보상의 구체적 내용과 금액 및 절차에 관한 사항은 입법자가 정하여야 할 사항이라 할 것이다.

그러나 이러한 입법을 함에 있어서는 비록 완화된 의미일지언정 헌법 제37조 제2항의 과잉금지원칙이 준수되어야 한다. 형사보상청구권은 국가가 형사사법절차를 운영함에 있어 결과적으로 무고한 사람을 구금한 것으로 밝혀진 경우 구금당한 개인에게 인정되는 권리이고, 헌법 제28조는 이에 대하여 '정당한 보상'을 명문으로 보장하고 있으므로, 따라서 법률에 의하여 제한되는 경우에도 이러한 본질적인 내용은 침해되어서는 아니 될 것이기 때문이다.

헌법 제37조 제2항에 근거를 두는 과잉금지원칙이란 국민의 기본권을 제한함에 있어서 국가작용의 한계를 명시한 것으로서 목적의 정당성·수단의 적합성·침해의 최소성·법익의 균형성 등을 의미하며 그 어느 하나에라도 저촉이 되면 위헌이 된다는 헌법상의 원칙을 말한다(헌재 1997. 3. 27. 95헌가17).

〈설문〉의 '이 사건 보상금조항'과 '이 사건 보상금시행령조항'이 과잉금지원칙을 준수하고 있는지에 대하여 살펴본다.

3. '이 사건 보상금조항' 및 '이 사건 보상금시행령조항'의 과잉금지원칙(본질적 내용의 침해금지원칙) 위배 여부

(1) 입법목적의 정당성

이 사건 보상금조항과 이 사건 보상금시행령조항은 보상금을 일정한 범위 내로 한정하면서 그 상한을 구체적으로 규정하고 있다.

이는 형사사법절차에 의해 신체의 자유를 제한받은 자에게 형사사법기관의 고의·과실을 따지지 않고 일정한 범위 내의 금액을 지급하도록 하여 신속하고 안정적으로 형사보상을 받도록 하고, 국가의 형사보상지급의 법률관계를 조기에 확정하여 예산수립의 불안정성을 제거함으로써 국가재정이 합리적으로 운영되도록 하며, 나아가 형사보상금의 금액이 지나치게 확대됨으로 인한 국가의 재정부담을 방지하기 위한 것으로서, 이는 공공복리를 추구하기 위한 정당한 입법목적이라 할 것이다.

(2) 수단의 적절성

형사보상금의 범위에 관하여 이 사건 보상금조항 및 이 사건 보상금시행령조항과 같은 상한을 설정하지 않을 경우, 신속하고 안정적인 형사보상의 지급이 어려울 수 있고, 이로 인하여 국가의 형사보상채무관계가 장기간에 걸쳐 다투어져 예산수립에 혼란이 발생할 수 있다.

이러한 점을 감안할 때, 이 사건 보상금조항 및 이 사건 보상금시행령조항은 위와 같은 입법목적의 달성을 위한 적절한 수단이 될 수 있다 할 것이다.

(3) **침해의 최소성**(본질적 내용의 침해 금지)

다만, 이 사건 보상금조항 및 이 사건 보상금시행령조항에 의할 때, 형사상 적법한 구금으로 인하여 발생한 손해를 전부 배상하지 아니하고 일정한 범위 내에서만 형사보상금을 지급하도록 하는 것이 헌법 제28조에서 규정하고 있는 '정당한 보상'의 취지에 어긋나 형사보상청구권의 본질적인 내용을 침해하는 것이 아닌가 하는 점이 문제가 된다.

1) 형사보상은 과실책임의 원리에 의한 손해배상과는 달리, 형사사법절차에 내재하는 불가피한 위험에 대하여 형사사법기관의 귀책사유를 따지지 않고 형사보상청구권자가 입은 손실을 보상하는 것이다.

따라서 형사피고인 등으로서 적법하게 구금되었다가 후에 무죄판결 등을 받음으로써 발생하는 신체의 자유 제한에 대한 보상은, 국가의 위법·부당한 행위를 전제로 하는 국가배상과는 그 취지 자체가 상이한 것이고, 따라서 그 보상 범위도 손해배상의 범위와 동일하여야 하는 것이 아니다.

만약, 국가의 형사사법행위가 고의·과실로 인한 것으로 인정되는 경우에는 국가배상청구 등 별개의 절차에 의하여 인과관계 있는 모든 손해를 배상받을 수 있으므로, 보상금이 일정 범위 내로 한정된다고 하더라도 반드시 부당하다고 할 수는 없을 것이다.

2) 형사보상은 형사피고인 등의 신체의 자유를 제한한 것에 대하여 사후적으로 그 손해를 보상하는 것인데, 구금으로 인하여 침해되는 가치는 객관적으로 평가하기 어려운 것이므로, 그에 대한 보상을 어떻게 할 것인지는 국가의 경제적, 사회적, 정책적 사정들을 참작하여 입법재량으로 결정할 수 있는 사항이라 할 것이다.

이러한 점에서 헌법 제28조에서 규정하는 '정당한 보상'은 헌법 제23조 제3항에서 재산권의 침해에 대하여 규정하는 '정당한 보상'과는 차이가 있다 할 것이다.

헌법 제23조 제3항에서 규정하는 '정당한 보상'이란 원칙적으로 피수용재산의 객관적 재산가치를 완전하게 보상하는 것이어야 하는데(헌재 1995. 4. 20. 93헌바20), 토지수용 등과 같은 재산권의 제한은 객관적으로 산정될 수 있는 물질적 가치에 대한 제한이므로 이에 대하여는 완전한 보상이 가능하다.

그리고 헌법 제23조 제3항에 '보상을 하여야 한다'라고 규정하는 반면, 헌법 제28조는 '법률이 정하는 바에 의하여 … 보상을 청구할 수 있다'라고 규정하고 있는 것은 이러한 점을 반영하는 것이라 할 수 있다.

3) 보상의 상한을 높이고 보상의 기준을 구체화·개별화한다면 현행 규정에 의한 것보다 많은 보상금을 받을 수 있는 경우가 발생할 수 있으므로, 이 사건 보상금조항 및 이 사건 보상금시행령조항에서 보상금의 상한을 설정한 외에 보상금액의 구체화·개별화를 하지 않은 것이 부당하지 아니한지 검토할 필요가 있을 것이다.

그러나 보상금액의 구체화·개별화를 추구할 경우에는 개별적인 보상금액을 산정하는 데 상당한 기간의 소요 및 절차의 지연을 초래하여 형사보상제도의 취지에 반하는 결과가 될 위험이 크고, 나아가 그로 인하여 청구권자간에 형사보상금의 액수에 지나친 차등이 발생하여 오히려 공평의 관념을 저해할 우려도 있다.

이러한 점들을 고려할 때, 이 사건 보상금조항 및 이 사건 보상금시행령조항이 침해의 최소성 원칙이나 본질적 내용의 침해금지원칙에 위배된다고 보기 어렵다고 할 것이다.

(4) 법익의 균형성

이 사건 보상금시행령조항에서 규정하고 있는 1일 일급최저임금액의 5배라는 금액이 지나치게 낮은 금액이라고 볼 사정도 없으며, 법원이 보상금을 산정할 때에는 위 상한 내에서 모든 사정을 고려하여 구체적 타당성을 갖는 보상금을 정하게 되므로(형사보상법 제4조 제2항), 이 사건 보상금조항 및 이 사건 보상금시행령조항에 따른 보상의 내용이 헌법 제28조의 '정당한 보상'이 아니라고 할 정도로 명백히 불합리하거나 공익과 사익 간에 균형을 잃은 것이라고 보기도 어렵다.

(5) 소 결

따라서 이 사건 보상금조항 및 이 사건 보상금시행령조항은 과잉금지원칙이나 본질적 내용의 침해금지원칙에 위배된다고 할 수 없다.

4. 결 어

이 사건 보상금조항 및 이 사건 보상금시행령조항은 과잉금지원칙이나 본질적 내용의 침해금지원칙에 위배되지 아니하므로 甲의 형사보상청구권을 침해하는 것이라고 할 수 없다.

해 설 **[제2안]** ([제1안]과 동일한 내용은 생략함)

1. '이 사건 보상금조항' 및 '이 사건 보상금시행령조항'의 의의와 쟁점

2. 형사보상청구권의 의의와 제한

(1) 형사보상청구권의 의의

1) 형사보상청구권의 근거와 본질

헌법은 제28조에서 형사보상청구권을 규정하고 있는데, 형사보상청구권은 형사사법권이라는 공권력에 의해 인신구속이라는 중대한 법익침해가 발생한 국민이 그 법익침해로 인한 피해의 보상을 국가에 청구할 수 있는 권리이다.

형사사법권의 적정한 실현을 위해서는 아직 유죄가 확정되지 않아 종국적으로는 무죄로 밝혀질 가능성이 있는 피의자나 피고인에 대해서도 구금이 필요한 경우를 인정할 수 있다. 그리고 그 구금이 헌법과 법률이 정한 적법한 절차와 방식에 따라 이루어졌다면, 수사나 재판 결과 종국적으로는 무죄로 판명되어 석방되더라도 그 구금 자체가 불법한 것이었다고 할 수는 없다.

그러나 형사사법권을 행사하는 과정에서 국가가 비록 불법을 저지르지는 않았더라도 결과적으로는 무고한 사람을 구금한 것으로 밝혀진다면, 그 구금으로 인해 개인이 입은 손해에 대해 국가는 마땅히 책임을 져야 하고, 그 개인은 국가에 대해 자신이 입은 손해의 보상을 청구할 수 있어야 한다.

이것은 국민 개인의 자유와 권리를 보장하기 위해 국가가 존재한다는, 국민주권을 기본원리로 하는 우리 헌법 하에서 자명한 결론이지만, 우리 헌법은 특별히 제28조에서 구체적인 기본권으로 형사보상청구권을 규정하고 있다.

2) '정당한 보상'의 의미와 입법재량의 한계

① '정당한 보상'의 의미

헌법 제28조는 "… 정당한 보상을 청구할 수 있다"고 하여 형사보상의 내용은 '정당한 보상'임을 명시하고 있다.

'정당한 보상'의 의미에 대해 판례는 '정당한 보상'을 규정한 또 다른 조항인 헌법 제23조 제3항(공공필요에 의한 재산권의 수용·사용 또는 제한 및 그에 대한 보상은 법률로써 하되, 정당한 보상을 지급하여야 한다)의 해석에서, 정당한 보상이란 객관적인 재산가치를 완전하게 보상하는 것이어야 한다는 완전보상을 뜻한다고 보고 있는데(헌재 1990. 6. 25. 89헌마107), 형사보상청구권에서의 정당한 보상 역시 구금으로 인한 손해 전부를 완전하게 보상하는 것을 의미한다고 보아야 한다.

② '정당한 보상'과 입법재량의 한계

한편 헌법 제28조는 "법률이 정하는 바에 의하여" 국가에 정당한 보상을 청구할 수 있다고 규정하고 있으나, 이는 보상의 방식(예컨대 금전의 지급)이나 절차(예컨대 보상의 청구와 결정 및 지급의 절차 등)에 관하여 입법자에게 형성의 자유를 준 것일 뿐, 완전한 보상을 의미하는 '정당한 보상'을 할 것인지 여부까지도 입법자가 결정할 수 있다는 의미는 아니다.

이와 관련하여, 신체의 자유에 대한 침해로 인한 손해는 객관적으로 산정할 수 없어 재산적 손해에 대한 보상에서와 같은 완전한 보상이란 상정할 수 없다고 하지만(위의 해설 [제1안] 참조), 신체의 자유 그 자체의 가치를 객관적인 재산적 가치로 산정하기는 곤란하더라도, 신체의 자유에 대한 제한, 즉 구금으로 인하여 발생한 손해는 얼마든지 객관적인 재산적 가치로 산정할 수 있다.

그리고 손해의 보상 방식을 금전의 지급으로 한다면, 어떠한 방식을 통해서든 보상하여야 할 손해의 객관적인 재산적 가치를 산정하여야 하는 것은 당연한 일이다.

(2) 형사보상청구권의 제한과 과잉금지원칙

형사보상청구권은 '법률이 정하는 바에 의하여' 행사되므로(헌법 제28조), 그 내용은 법률에 의하여 정해지고 이 과정에서 입법자에게 일정한 입법재량이 부여될 수 있다.

그렇지만 형사보상청구권의 제한입법에 있어서도 헌법 제37조 제2항의 과잉금지원칙이 준수되어야 할 것인데, 위에서 살펴본 바와 같이, 여기에서의 입법재량은 이는 보상의 방식이나 절차에 한정되어야 할 것이고, 완전한 보상을 의미하는 '정당한 보상'을 할 것인지 여부까지도 입법자가 결정할 수 있다는 의미는 아니다.

이러한 관점에서 '이 사건 보상금조항' 및 '이 사건 보상금시행령조항'이 과잉금지원칙과 본질적 내용의 침해금지원칙에 위배되는지 여부에 대하여 살펴본다.

3. '이 사건 보상금조항' 및 '이 사건 보상금시행령조항'의 과잉금지원칙(본질적 내용의 침해금지원칙) 위배 여부

(1) 입법목적의 정당성과 본질적 내용의 침해 여부 검토

이 사건 보상금조항과 이 사건 보상금시행령조항은 형사보상금의 상한을 설정함으로써, 재산적 가치로 산정한 손해가 그 상한을 초과하는 경우 그 상한을 초과한 부분에 대해서는 형사보상을 부정하고 있다.

이에 대하여 보상금의 상한을 설정하는 것은 신속한 보상의 보장과 예산수립의 안정 및 국가재정에 대한 부담 방지를 위해서라고 하는 견해(위의 해설 [제1안] 참조)도 있다.

그러나 신속한 보상은 보상금의 지급 절차를 간이하게 함으로써 달성할 수 있는 것이지 보상금의 상한이 정해졌다고 해서 신속한 보상이 이루어진다고 볼 수는 없고, 형사보상청구가 연간 몇 건이 청구될 것인지 미리 예측할 수 없는 상황에서 보상금의 상한을 정한다고 해서 예산수립의 안정에 도움이 된다고 할 수도 없으므로, 결국 보상금의 상한을 제한하는 목적은 형사보상금으로 지급되는 금액이 지나치게 많아짐에 따라 발생하게 될 국가재정에 대한 부담을 방지하려는 것으로 볼 수밖에 없다.

그런데 기술한 바와 같이, 형사보상청구권이 인정되는 자에게 보상금을 지급하는 것은 헌법에 따라 국가가 이행하여야 할 당연한 의무이므로, 보상금으로 지급되는 금액이 많아진다면 그만큼 재정을 확충하여야 하는 것이고, 보상금으로 지급되는 금액을 줄이고자 한다면 형사사법절차를 보다 더 신중하고 철저하게 운용하여 무고한 사람의 구금을 줄이는 노력을 하여야 할 것이다.

따라서 이 사건 보상금조항과 이 사건 보상금시행령조항의 입법목적은 정당하다고 할 수 없다. 아울러 재정 부담을 이유로 완전보상을 의미하는 '정당한 보상'을 보장하지 않는 것은 형사보상청구권의 본질적 내용을 침해하는 것이 되기도 한다.

(2) 소 결

이 사건 보상금조항과 이 사건 보상금시행령조항이 국가재정의 부담 증가를 이유로 형사보상에서 보상금액의 상한을 설정하는 것은 정당한 목적이 될 수 없고, 나아가 형사보상청구권의 본질적 내용을 침해하는 것이라고 할 것이다.

4. 결 어

이 사건 보상금조항 및 이 사건 보상금시행령조항은 과잉금지원칙이나 본질적 내용의 침해금지원칙에 위배되어 甲의 형사보상청구권을 침해하는 것이다.

문제 2의 해설

1. '이 사건 불복금지조항'의 의의와 쟁점

〈설문〉의 '이 사건 불복금지조항'은 "보상의 결정에 대하여는 불복을 신청할 수 없다"고 규정하여, 형사보상의 청구에 대하여 한 보상의 결정에 대하여는 불복을 신청할 수 없도록 하고 있다.

형사보상의 결정에 대하여 불복을 금지하는 것은 분쟁의 신속한 해결을 통한 법적 안정성의 확보에 이바지하지만, 재판의 적정성이라는 법치주의의 또 다른 이념을 희생할 우려도 있다.

이러한 점에서 〈설문〉에서는 '이 사건 불복금지조항'이 입법형성권의 한계를 일탈하여 형사보상청구권의 실현을 위한 기본권으로서의 재판청구권의 본질을 훼손하는 것이 아닌지 하는 것이 쟁점이 된다.

2. 재판청구권의 의의와 제한

(1) 재판청구권의 의의

헌법 제27조 제1항은 "모든 국민은 헌법과 법률이 정한 법관에 의하여 법률에 의한 재판을 받을 권리를 가진다"고 규정함으로써 모든 국민은 헌법과 법률이 정한 자격과 절차에 의하여 임명되고, 물적 독립과 인적 독립이 보장된 법관에 의하여 합헌적인 법률이 정한 내용과 절차에 따라 재판을 받을 권리를 보장하고 있다.

여기에서 '재판'이라 함은 구체적 사건에 관하여 사실의 확정과 그에 대한 법률의 해석적용을 그 본질적인 내용으로 하는 일련의 과정이다. 따라서 법관에 의한 재판을 받을 권리를 보장한다고 함은 결국 법관이 사실을 확정하고 법률을 해석·적용하는 재판을 받을 권리를 보장한다는 뜻이고, 그와 같은 법관에 의한 사실확정과 법률의 해석적용의 기회에 접근하기 어렵도록 제약이나 장벽을 쌓아서는 아니 된다고 할 것이며, 만일 그러한 보장이 제대로 이루어지지 아니한다면 헌법상 보장된 재판을 받을 권리의 본질적 내용을 침해하는 것이다(헌재 1995. 9. 28. 92헌가11).

(2) 재판청구권의 제한과 과잉금지원칙

재판청구권의 행사와 밀접한 관련을 가진 재판절차의 심급제도 문제는 사법에 의한 권리보호에 관하여 한정된 사법자원의 합리적 분배의 문제인 동시에 재판의 적정과 신속이라는 서로 상반되는 두 가지의 요청을 어떻게 조화시키느냐의 문제로 돌아가는데, 이는 기본적으로 입법자의 형성의 자유에 속하는 사항이라고 할 것이다(헌재 1995. 1. 20. 90헌바1).

그러나 입법형성의 자유에도 헌법 제37조 제2항에 따라 준수하여야 할 적정한 한계 — 과잉금지원칙 — 가 있으므로, 〈설문〉의 '이 사건 불복금지조항'이 이러한 입법상의 한계 — 입법목적의 정당성, 수단의 적절성, 침해의 최소성, 그리고 법익의 균형성 — 를 지키고 있는지를 살펴본다.

3. '이 사건 불복금지조항'의 과잉금지원칙 위배 여부

(1) 입법목적의 정당성

'이 사건 불복금지조항'은 형사보상의 청구에 대하여 한 형사보상의 결정을 단심재판으로 규정하고 있다. 이는 형사보상인용결정의 안정성을 유지하고, 신속한 형사보상절차의 확립을 통해 형사보상에 관한 국가예산수립의 안정성을 확보하며, 나아가 상급법원의 부담을 경감하고자 하는 데 있으므로, 그 목적은 정당하다고 할 수 있다.

(2) 수단의 적절성과 침해의 최소성

국가의 형사사법작용에 의하여 신체의 자유가 침해된 국민에게 있어서는 적정하고 합리적인 보상금을 지급받는 것이 매우 중요한 가치라 할 수 있다. 그럼에도 불구하고 보상액의 산정에 관한 사실인정이나 보상액에 관한 판단에서 오류나 불합리성이 발견되는 경우에도 불복신청을 할 수 없도록 하는 것은 형사보상청구권 및 그 실현을 위한 기본권으로서의 재판청구권의 본질적 내용을 침해하는 것이라 할 것이고, 나아가 법적 안정성만을 지나치게 강조함으로써 재판의 적정성과 정의를 추구하는 사법제도의 본질에 부합하지 아니하는 것이라 할 것이다.

따라서 수단의 적절성과 침해의 최소성을 충족시킨다고 할 수 없다.

(3) 법익의 균형성

보상의 결정에 대하여 불복방법을 허용하더라도 1) 즉시항고기간은 결정 선고일로부터 3일에 불과하여(형사소송법 제405조) 절차가 신속히 진행될 수 있고, 2) 사건수도 과다하지 아니한데다 그 재판내용도 비교적 단순하여 상급심에 과도한 부담을 줄 가능성은 별로 없다고 할 것이다.

이에 대하여 사실관계 인정 및 보상액 산정의 판단에 오류가 있을 경우 그로 인하여 침해되는 보상청구인의 기본권은 보다 중대하다고 할 것이다.

따라서 이 사건 불복금지조항이 추구하려는 공익에 비하여 적정하고 합리적인 보상금의 산정절차 보장이 더 큰 이익이라고 할 수 있다.

따라서 이 사건 불복금지조항은 추구하고자 하는 공익에 비하여 훨씬 중대한 국민의 기본권을 침해하는 것이어서 법익 균형성의 원칙도 충족시키지 못한다고 할 것이다.

(4) 소 결

이러한 점들을 종합하여 볼 때, '이 사건 불복금지조항'은 과잉금지원칙에 위배된다고 할 것이다.

4. 결 어

'이 사건 불복금지조항'은 헌법이 보장하는 형사보상청구권의 실현을 위한 재판의 적정성과 정의를 추구하는 사법제도의 본질에 부합하지 아니하는 것으로서 헌법에 위반되며, 청구인 甲의 재판청구권을 침해하는 것이라고 할 것이다.

참고판례 형사보상법 제19조 제1항 등 위헌확인 등(헌재 2010. 10. 28. 2008헌마514, 2010헌마220(병합))

Ⅲ 상급 사례

3-3-45 | 일반적 행동자유권, 교육을 받을 권리, 평등권

설 문

甲은 A중학교에 재학중인 만 13세의 미성년자로, 학교폭력 가해학생으로 지목되어 2012. 9. 12. 학교폭력대책자치위원회(이하 '자치위원회'라 한다)로부터 '피해학생에 대한 서면사과', '피해학생 및 신고·고발 학생에 대한 접촉·협박 및 보복행위의 금지', '학내외 전문가에 의한 특별교육이수 또는 심리치료(학생 10일, 학부모 5시간 이상)', '출석정지 10일' 등의 조치(이하 '이 사건 조치'라 한다)를 받았다.
甲과 그의 어머니인 乙은 이 사건 조치와 관련하여 '학교폭력예방 및 대책에 관한 법률'(이하 '학교폭력예방법'이라고 한다) 제17조 제9항과 제17조의2 제2항이 기본권을 침해한다고 주장하며 2012. 10. 12. 이 사건 헌법소원심판을 청구하였다.

〈설문〉 사건에서 청구인들은 "학교폭력예방법 제17조 제9항(이하 '특별교육이수규정'이라고 한다)은 가해학생에 취해지는 조치가 특별교육일 경우 그 학생의 보호자에게도 함께 교육을 받도록 의무화하는 규정으로서 이 조항은 행복추구권을 침해하고, 동법 제17조의2 제2항(이하 '재심규정'이라고 한다)도 행복추구권, 재판을 받을 권리, 평등권을 침해한다"**고 주장하고 있다.**

1. **〈설문〉의 '특별교육이수규정'과 '재심규정'에 의하여 제한되는 기본권에 대하여 서술하시오.**

2. **〈설문〉 사건에서 '특별교육이수규정'과 '재심규정'에 의하여 기본권이 침해된다고 하는 청구인들의 주장은 타당한가?**

심판대상조항

학교폭력예방 및 대책에 관한 법률(2012. 3. 21. 법률 제11388호로 개정된 것)
제17조(가해학생에 대한 조치) ⑨ 자치위원회는 가해학생이 특별교육을 이수할 경우 해당 학생의 보호자도 함께 교육을 받게 하여야 한다.

제17조의2(재심청구) ② 자치위원회가 제17조 제1항 제8호와 제9호에 따라 내린 조치에 대하여 이의가 있는 학생 또는 그 보호자는 그 조치를 받은 날부터 15일 이내, 그 조치가 있음을 안 날로부터 10일 이내에 초·중등교육법 제18조의3에 따른 시·도학생징계조정위원회에 재심을 청구할 수 있다.

관련조항

학교폭력예방 및 대책에 관한 법률(2012. 3. 21. 법률 제11388호로 개정된 것)
제17조(가해학생에 대한 조치) ① 자치위원회는 피해학생의 보호와 가해학생의 선도·교육을 위하여 가해학생에 대하여 다음 각 호의 어느 하나에 해당하는 조치(수 개의 조치를 병과하는 경우를 포함한다)를 할 것을 학교의 장에게 요청하여야 하며, 각 조치별 적용 기준은 대통령령으로 정한다. 다만, 퇴학처분은 의무교육과정에 있는 가해학생에 대하여는 적용하지 아니한다.
1. 피해학생에 대한 서면사과
2. 피해학생 및 신고·고발 학생에 대한 접촉, 협박 및 보복행위의 금지
3. 학교에서의 봉사
4. 사회봉사
5. 학내외 전문가에 의한 특별 교육이수 또는 심리치료
6. 출석정지
7. 학급교체
8. 전학
9. 퇴학처분

③ 제1항 제2호부터 제4호까지 및 제6호부터 제8호까지의 처분을 받은 가해학생은 교육감이 정한 기관에서 특별교육을 이수하거나 심리치료를 받아야 하며, 그 기간은 자치위원회에서 정한다.
④ 학교의 장은 가해학생에 대한 선도가 긴급하다고 인정할 경우 우선 제1항 제1호부터 제3호까지, 제5호 및 제6호의 조치를 할 수 있으며, 제5호와 제6호는 병과조치할 수 있다. 이 경우 자치위원회에 즉시 보고하여 추인을 받아야 한다.
⑤ 자치위원회는 제1항 또는 제2항에 따른 조치를 요청하기 전에 가해학생 및 보호자에게 의견진술의 기회를 부여하는 등 적정한 절차를 거쳐야 한다.
⑥ 제1항에 따른 요청이 있는 때에는 학교의 장은 14일 이내에 해당 조치를 하여야 한다.

⑦ 학교의 장이 제4항에 따른 조치를 한 때에는 가해학생과 그 보호자에게 이를 통지하여야 하며, 가해학생이 이를 거부하거나 회피하는 때에는 초·중등교육법 제18조에 따라 징계하여야 한다.
⑪ 제1항 제2호부터 제9호까지의 처분을 받은 학생이 해당 조치를 거부하거나 기피하는 경우 자치위원회는 제7항에도 불구하고 대통령령으로 정하는 바에 따라 추가로 다른 조치를 할 것을 학교의 장에게 요청할 수 있다.

제17조의2(재심청구) ① 자치위원회 또는 학교의 장이 제16조 제1항 및 제17조 제1항에 따라 내린 조치에 대하여 이의가 있는 피해학생 또는 그 보호자는 그 조치를 받은 날부터 15일 이내, 그 조치가 있음을 안 날부터 10일 이내에 지역위원회에 재심을 청구할 수 있다.
⑥ 제2항에 따른 재심청구, 심사절차, 결정통보 등은 초·중등교육법 제18조의2 제2항부터 제4항까지의 규정을 준용한다.

초·중등교육법(2012. 3. 21. 법률 제11384호로 개정된 것)
제18조(학생의 징계) ① 학교의 장은 교육상 필요한 경우에는 법령과 학칙으로 정하는 바에 따라 학생을 징계하거나 그 밖의 방법으로 지도할 수 있다. 다만, 의무교육을 받고 있는 학생은 퇴학시킬 수 없다.

제18조의2(재심청구) ① 제18조 제1항에 따른 징계처분 중 퇴학 조치에 대하여 이의가 있는 학생 또는 그 보호자는 퇴학 조치를 받은 날부터 15일 이내 또는 그 조치가 있음을 알게 된 날부터 10일 이내에 제18조의3에 따른 시·도학생징계조정위원회에 재심을 청구할 수 있다.
② 제18조의3에 따른 시·도학생징계조정위원회는 제1항에 따른 재심청구를 받으면 30일 이내에 심사·결정하여 청구인에게 통보하여야 한다.
③ 제2항의 심사결정에 이의가 있는 청구인은 통보를 받은 날부터 60일 이내에 행정심판을 제기할 수 있다.

문제 1의 해설

1. '특별교육이수규정'과 '재심규정'의 의의
2. 제한되는 기본권의 검토
   (1) '특별교육이수규정'에 의하여 제한되는 기본권
   (2) '재심규정'에 의하여 제한되는 기본권
      1) 행복추구권(자녀교육권)
      2) 평등권
      3) 재판청구권의 제한 여부
3. 결어

1. '특별교육이수규정'과 '재심규정'의 의의

'특별교육이수규정'(학교폭력예방법 제17조 제9항)은 가해학생에 취해지는 조치가 특별교육일 경우 그 학생의 보호자에게도 함께 교육을 받도록 의무화하는 규정이다.

그리고 '재심규정'(학교폭력예방법 제17조의2 제2항)은 가해학생에 내려진 불이익 조치에 대해 재심을 제한하는 규정으로서, 가해학생 보호자의 의견 진술 기회를 제한하고, 동시에 피해학생 측과 달리 가해학생 측에는 전학과 퇴학의 경우에만 재심을 허용하고 있다.

2. 제한되는 기본권의 검토

(1) '특별교육이수규정'에 의하여 제한되는 기본권

특별교육이수규정은 가해학생에게 특별교육이수조치가 내려지는 경우에는 그 학생의 보호자도 함께 교육을 받도록 의무화함으로써, 행복추구권에서 파생되는 일반적 행동자유권을 제한한다.

(2) '재심규정'에 의하여 제한되는 기본권

1) 행복추구권(자녀교육권)

먼저, 재심규정은 재심청구를 제한함으로써 가해학생 학부모의 의견진술 기회를 제한하게 되는데, 이것은 먼저 행복추구권에서 파생되는 자녀교육권을 제한한다.

2) 평등권

다음으로, 재심규정은 가해학생 측에는 전학과 퇴학의 경우에만 재심을 허용하여 1) 가해학생과 피해학생 간 그리고 2) 가해학생 상호 간에도 어떤 조치를 받느냐에 따라 차별함으로써 평등권을 제한한다.

3) 재판청구권의 제한 여부

그리고 청구인들은 재심규정이 재판을 받을 권리를 침해한다고 주장하고 있는데, 〈설문〉 사건에서의 재심은 자치위원회의 결정을 거쳐 학교장에 의해 내려진 조치들에 대하여 행정심판의 전심인 시·도학생징계조정위원회의 심사를 받는 것을 의미한다.

이러한 재심은 사법절차에 해당하지 아니하므로, 재판을 받을 권리를 제한하는 것은 아니다.

3. 결 어

위에서 살펴본 바와 같이, 특별교육이수규정에 의하여 제한되는 기본권은 행복추구권(일반적 행동자유권)이고, 재심규정에 의하여 제한되는 기본권은 행복추구권(자녀교육권)과 평등권이며, 재판청구권은 제한되지 아니하여 재판을 받을 권리의 침해 문제는 발생되지 아니한다.

문제 2의 해설

1. 특별교육이수규정과 기본권 침해 여부
   (1) 일반적 행동자유권의 의의와 제한
      1) 일반적 행동자유권의 의의
      2) 일반적 행동자유권의 제한과 과잉금지원칙
   (2) 특별교육이수규정의 과잉금지원칙 위배 여부
      1) 목적의 정당성과 수단의 적합성
      2) 침해의 최소성과 법익의 균형성
   (3) 소결
2. 재심규정과 기본권 침해 여부
   (1) 부모의 자녀교육권 침해 여부
      1) 자녀교육권의 의의와 제한
         ① 자녀교육권의 의의
         ② 자녀교육권의 제한과 입법형성의 자유
      2) 재심규정의 과잉금지원칙 위배 여부
         ① 목적의 정당성과 수단의 적합성
         ② 침해의 최소성과 법익의 균형성
      3) 소결
   (2) 평등권 침해 여부
      1) 평등권의 의의와 평등권 침해의 심사기준
      2) 〈설문〉 사건에서 비교집단의 동일성 및 차별취급의 존재
      3) 〈설문〉 사건의 평등심사기준
      4) 〈설문〉 사건에서 평등권 침해 여부의 검토
         ① 가해학생과 피해학생 간의 차별취급과 평등권 침해 여부
         ② 가해학생 간의 차별취급과 평등권 침해 여부
      5) 소결
3. 결어

1. 특별교육이수규정과 기본권 침해 여부

(1) 일반적 행동자유권의 의의와 제한

1) 일반적 행동자유권의 의의

일반적 행동자유권은 헌법 제10조의 행복추구권으로부터 파생된 기본권으로서 여기에는 적극적으로 자유롭게 행동하는 것은 물론, 소극적으로 행동을 하지 않을 자유가 포함된다(헌재 1991. 6. 3. 89헌마204; 헌재 2003. 10. 30. 2002헌마518).

2) 일반적 행동자유권의 제한과 과잉금지원칙

일반적 행동자유권도 개인의 인격 발현 및 행복추구의 수단이 된다는 점에서 최대한 존중되어야 하지만, 헌법 제37조 제2항에 따라 질서유지 또는 공공복리를 위하여 법률로 제한될 수 있다(헌재 2011. 11. 24. 2011헌바51).

헌법 제37조 제2항에 의하면 국민의 기본권을 법률로써 제한하는 것이 가능하다고 하더라도 그 본질적인 내용을 침해할 수 없고 또한 과잉금지의 원칙에도 위배되어서는 아니 되는데, 과잉금지원칙이라 함은 국민의 기본권을 제한함에 있어서 국가작용의 한계를 명시한 것으로서 목적의 정당성·수단의 적합성·침해의 최소성·법익의 균형성 등을 의미하며 그 어느 하나에라도 저촉이 되면 위헌이 된다는 헌법상의 원칙을 말한다(헌재 1997. 3. 27. 95헌가17).

(2) 특별교육이수규정의 과잉금지원칙 위배 여부

1) 목적의 정당성과 수단의 적합성

특별교육이수규정에서 가해학생이 특별교육을 이수할 경우 그 보호자도 함께 특별교육을 이수하도록 강제하는 것은 교육의 주체인 보호자의 참여를 통해 학교폭력의 원인을 규명하여 문제를 보다 근본적으로 해결하기 위한 것으로서, 이러한 특별교육이수규정의 입법목적은 정당하다.

그리고 가해학생의 보호자가 문제 자녀의 심리 및 정서적 특징을 이해하고 자녀와의 사이에 친밀감과 신뢰감을 형성하여 문제를 해결할 수 있도록 학교폭력의 예방 및 대처방안, 가해학생의 심리상태 등을 교육하는 특별교육을 이수하도록 하는 것은 학교폭력 근절과 재발방지에 기여할 것이므로 입법목적 달성에 적합한 수단이 된다.

2) 침해의 최소성과 법익의 균형성

가해학생의 학교폭력 문제는 여러 환경적인 요인들이 결합된 문제로서, 가해학생의 가정은 중요한 환경적 요인에 포함된다. 특히 자아의 형성과 사회적 존재로서 자신을 발견해 가는 시기인 청소년기의 학생을 직접 양육하고 교육하는 보호자는 그들에게 절대적인 영향을 미칠 수밖에 없는 존재라는 점에서 가해학생의 학교폭력 문제를 근본적으로 해결하기 위해 특별교육에 보호자가 참여하도록 강제하는 것은 불가피하다. 더욱이 가해학생 자신이 특별교육이수를 거부하는 경우 그에 대한 선도와 교육은 아예 불가능할 것이므로, 가해학생의 교육이수를 담보하기 위해서라도 보호자가 함께 특별교육을 이수하도록 하여야 할 필요성이 크다.

이러한 점에서 보호자의 특별교육 참여는 불가피하고 다른 대안을 찾기 어려우므로 침해의 최소성 원칙에 위배되지 아니한다.

한편, 특별교육이수규정이 달성하고자 하는 가해학생의 선도와 학교폭력 재발방지는 중요한 공익임에 반해, 특별교육이수 의무화로 가해학생 보호자가 받게 되는 불이익은 크다고 볼 수 없어 법익균형성도 유지된다고 할 것이다.

(3) 소 결

따라서, 특별교육이수규정이 과잉금지원칙에 위배되어 가해학생 보호자의 일반적 행동자유권을 침해한다고 볼 수 없다.

2. 재심규정과 기본권 침해 여부

(1) 부모의 자녀교육권 침해 여부

1) 자녀교육권의 의의와 제한

① 자녀교육권의 의의

(a) 자녀교육권의 근거

자녀의 양육과 교육은 가족생활의 핵심적 요소로서 일차적으로 부모의 천부적인 권리인 동시에 부모에게 부과된 의무이기도 하다. 그 근거는 헌법 제36조

제1항(혼인과 가족생활의 보장), 헌법 제10조(행복추구권) 및 헌법 제37조 제1항(열거되지 아니한 자유와 권리의 보장)에서 나온다(헌재 2000. 4. 27. 98헌가16등; 헌재 2009. 4. 30. 2005헌마514).

(b) 자녀교육권의 내용

부모는 자녀의 교육에 관하여 전반적인 계획을 세우고 자신의 인생관·사회관·교육관에 따라 자녀의 교육을 자유롭게 형성할 권리를 가지고, 아직 성숙하지 못한 초·중·고등학생인 자녀의 교육과정에 참여할 권리를 가진다(헌재 2000. 4. 27. 98헌가16 등; 헌재 2007. 3. 29. 2005헌마1144).

따라서 학교가 학생에 대해 불이익 조치를 할 경우 해당 학생의 학부모가 의견을 제시할 권리는 자녀교육권의 일환으로 보호된다.

학교폭력예방법 제17조 제5항이 학교폭력 가해학생에 대한 조치 전에 자녀교육권의 일환으로 그 보호자에게 의견 진술의 기회를 부여하는 것처럼, 가해학생에 대해 일정한 조치가 내려졌을 경우 그 조치가 적절하였는지 여부에 대해 의견을 제시할 수 있는 권리 또한 그 연장선상에서 학부모의 자녀교육권의 내용에 포함된다.

② 자녀교육권의 제한과 입법형성의 자유

공교육제도 틀 안에서는 국가의 교육과제 달성 및 학교에서 공동으로 이루어지는 집단교육의 특성상 학부모의 다양한 견해와 가치관을 완전하게 반영하여 수용할 수 없는 현실적 제약이 따르고, 학교교육에 관한 한 국가는 헌법 제31조에 따라 부모의 교육권으로부터 독립된 독자적인 교육권한을 부여받고 있다(헌재 2009. 4. 30. 2005헌마514).

이에 따라 학교의 학생교육이나 훈육방법과 관련하여 학부모의 관여를 제한하는 입법에는 광범위한 입법형성권이 부여되므로 심사의 강도는 다소 완화되겠지만, 여전히 헌법 제37조 제2항의 과잉금지원칙은 준수되어야 할 것이다.

2) 재심규정의 과잉금지원칙 위배 여부

① 목적의 정당성과 수단의 적합성

재심규정이 가해학생 측에 전학과 퇴학처럼 중한 조치에 대해서만 재심을 허용하는 것은 보다 신중한 판단을 하기 위한 것이고, 전학과 퇴학 이외의 조치들에 대해 재심을 불허하는 것은 학교폭력으로 인한 갈등 상황을 신속히 종결하여 가해학생과 피해학생 모두가 정상적인 학교생활에 복귀할 수 있도록 하기 위함이다.

이와 같은 재심규정의 입법목적은 정당하고, 이러한 재심 제도는 무거운 조치에 대해서는 신중한 판단을, 가벼운 조치에 대해서는 정상적인 학교생활로의 복귀를 빨리 꾀할 수 있도록 한다는 점에서 입법목적 달성에 기여하는 적합한 수단이 된다.

② 침해의 최소성과 법익의 균형성

학교폭력 문제에 있어 신속한 해결과 신중한 판단의 문제를 어떻게 조화시킬 것인가는 입법형성의 자유에 속하지만, 어느 한쪽을 일방적으로 희생시키는 입법은 헌법상 용인될 수 없다.

학교폭력예방법 제17조 제5항은 가해학생 및 보호자에게 의견진술의 기회를 보장하고 있다. 즉, 자치위원회는 해당 조치를 취하기 전에 폭력 사건과 그 입장에 대한 의견 진술의 기회를 관련자 양쪽에 모두 부여하여야 하는데, 가해학생의 보호자는 이 기회를 이용하여 퇴학과 전학 이외의 조치에 대하여도 그 입장과 의견을 충분히 자치위원회에 전달할 수 있다. 이와 같이, 비록 퇴학과 전학을 제외한 다른 조치에 대해서 재심이 제한된다고 하더라도 이것이 자녀교육권에 대한 지나친 제한이라고 보기는 어렵다.

학교폭력이 발생했을 때 먼저 고려하여야 할 것은 피해학생에 대한 신속한 구제이다. 신중한 판단이 필요한 전학과 퇴학 이외의 가벼운 조치들에 대해서까지 모두 재심을 허용해서는 이러한 목적을 달성하기 어려울 것이다. 결국, 학교폭력을 둘러싼 갈등 상황을 조기에 종결하여 신속하게 피해를 구제하고, 빠른 시일 안에 정상적인 학교생활로 복귀할 수 있도록 가벼운 사안의 경우에는 재심을 제한하는 것이 부득이하다.

이러한 점들을 고려할 때, 재심규정은 침해의 최소성 원칙에 위배되지 아니한다.

한편, 재심규정을 통해 이루고자 하는 신속한 피해구제와 정상적인 학교생활로의 복귀라는 이익은 매우 중요하고, 재심이 제한되는 조치들에 대해서는 행정소송이나 민사소송을 통해 사법적 구제를 받는 것이 가능하므로 재심의 제한이 가해학생 측에 중대한 불이익을 초래하고 있다고 보기는 어렵다.

3) 소 결

그렇다면, 위에서 살펴본 바와 같이 재심규정이 과잉금지원칙에 위배되어 학부모의 자녀교육권을 침해한다고 볼 수 없다.

(2) 평등권 침해 여부

1) 평등권의 의의와 평등권 침해의 심사기준

일반적으로 평등원칙, 평등권은 본질적으로 같은 것은 같게, 다른 것은 다르게 취급할 것을 요구하는 것으로서 입법과 법의 적용에 있어서 합리적인 근거가 없는 차별을 배제하는 상대적 평등을 뜻하므로, 합리적 근거가 있는 차별은 평등의 원칙에 반하는 것이 아니다(헌재 2001. 6. 28. 99헌마516; 헌재 2003. 12. 18. 2001헌바91).

위에서 본 바와 같이, 헌법 제11조의 평등은 상대적 평등을 의미하는 것이나 평등권 침해 여부를 심사함에 있어 엄격한 심사기준에 의할 것인지, 완화된 심사기준에 의할 것인지는 입법자에게 인정되는 입법형성권의 정도에 따라 다르다.

엄격한 심사기준은 헌법에서 특별히 평등을 요구하고 있거나 차별적 취급으로 인하여 관련 기본권에 대한 중대한 제한을 초래하게 되는 경우에 적용되는 심사기준이고, 완화된 심사기준은 엄격한 심사기준이 적용되지 않는 경우의 자의금지기준을 의미하는 것이다(헌재 1997. 1. 16. 90헌마110등).

평등권 침해 여부를 심사함에 있어서 엄격한 심사를 한다는 것은, 자의금지원칙에 따른 심사 — 합리성 유무의 심사에 그치는 심사 — 와는 달리, 비례성원칙에 따른 심사, 즉 차별취급의 목적과 수단 간에 엄격한 비례관계가 성립하는지를 기준으로 한 심사를 행함을 의미한다(헌재 1999. 12. 23. 98헌마363).

2) 〈설문〉 사건에서 비교집단의 동일성 및 차별취급의 존재

〈설문〉 사건에서 재심규정에 의하여 차별취급을 받고 있는 비교집단은, ① 가해학생과 피해학생, ② 가해학생 중에서도 전학 및 퇴학조치를 받은 가해학생과 그 외의 조치를 받은 가해학생으로 나누어 볼 수 있다.

①의 경우 학생이라는 점에서 동일하고 가해자 측과 피해자 측이라는 점에서 상반된 입장에 있지만 자치위원회가 내린 조치에 대하여 적정한 조치가 아니라는 이유로 이의를 제기할 수 있는 지위라는 점에서는 동질적 집단이라고 할 것이고,

②의 경우는 동일한 가해자라는 점에서 동질적 집단이라고 할 것이다.

그럼에도 불구하고 ① 가해학생과 피해학생 사이 또는 ② 가해자 간에도 자치위원회가 내린 전학 및 퇴학조치를 받은 가해학생과 그 외의 조치를 받은 가해학생 사이에, 재심 대상과 관련하여 차별취급을 하고 있다.

3) 〈설문〉 사건의 평등 심사기준

〈설문〉 사건에서 재심규정의 경우 그 적용대상이라고 할 수 있는 가해학생 측에 대하여 헌법에서 특별히 평등을 요구하고 있다고 볼만한 자료를 찾아볼 수 없고, 또 청구인들에 대한 재심을 제한하더라도 행정소송이나 민사소송을 통하여 사법적 구제를 받을 수 있으므로, 기본권의 중대한 제한이라고 할 수도 없어 〈설문〉 사건에서 평등권 침해 여부에 대한 심사 기준은 자의금지원칙이 될 것이다.

4) 〈설문〉 사건에서 평등권 침해 여부의 검토

〈설문〉 사건에서의 심사기준은 자의금지원칙으로서 위와 같은 차별대우에 합리적인 이유가 존재하는지 여부에 대하여 살펴볼 필요가 있다.

① 가해학생과 피해학생 간의 차별취급과 평등권 침해 여부

학교폭력에 대해 가해학생에게 내려진 조치는 피해학생에게도 중대한 영향을 미치는데, 피해학생은 그 조치의 당사자가 아니므로 결과에 불만이 있더라도 직접 소송을 통한 권리 구제를 도모할 수 없다는 점에서 재심의 기회를 허용해야 할 필요성이 크다.

이에 반하여 가해학생은 자신에 대한 모든 조치에 대해 당사자로서 소송을 제기할 수 있으므로 상대적으로 재심의 필요성이 크지 않다. 다만, 가해학생에 대한 퇴학과 전학 조치는 그 불이익의 정도가 상당하여 신중한 판단을 요하고, 초·중등교육법 제18조의2가 학생에 대한 징계처분 중 퇴학에 대해 재심을 청구할 수 있도록 한 것과도 균형을 맞출 필요가 있다는 점에서 이들 조치에 대해서는 재심의 필요성을 인정할 수 있다.

따라서 가해학생과 피해학생 간의 재심 허용에 있어 차별취급은 합리적인 이유가 있어 이를 자의적인 차별이라고 볼 수 없다.

② 가해학생 간의 차별취급과 평등권 침해 여부

가해학생에 대해 퇴학과 전학 조치의 경우와 그 외 조치의 경우를 구별하여 전자의 경우에만 재심을 허용하는 것은, 부모의 자녀교육권 침해 문제에서 살펴본 바와 같이, 학교폭력 문제에 있어 신중한 판단과 신속한 해결의 문제를 어떻게 조화시킬 것인가의 관점에서 차별이므로 합리적인 이유가 있어 이를 자의적인 차별이라고 볼 수 없다.

5) 소 결

위에서 살펴본 바와 같이 〈설문〉 사건의 재심 규정은 청구인들의 평등권을 침해하지 아니한다.

3. 결 어

〈설문〉 사건에서 특별교육이수규정은 가해학생 학부모의 행복추구권에서 파생되는 일반적 행동자유권을 침해하지 아니하고, 재심규정도 학부모의 자녀교육권과 평등권을 침해하지 아니하며, 아울러 〈설문〉의 재심절차는 사법절차에 해당하지 아니하므로 재판을 받을 권리 자체를 제한하는 것도 아니어서 재판청구권의 침해 문제는 발생하지 아니한다.

따라서 청구인들의 주장은 타당하지 아니하다.

참고판례 **학교폭력예방 및 대책에 관한 법률 제17조 제7항 등 위헌확인**(헌재 2013. 10. 24. 2012헌마832)

[〈문제 2〉의 '3. 재심규정과 기본권 침해 여부'에 대하여는 참고판례의 반대의견이 있으므로 참고하기 바람.]

3-3-46 | 개인정보자기결정권, 사생활의 비밀과 자유

설 문

甲, 乙은 청구 외 주식회사 丙일보가 신용보증기금의 보증 하에 H은행으로부터 금 50,000,000원을 대출받을 때 위 회사의 대표이사인 청구 외 丁과 함께 연대보증을 하였는데, 위 회사가 대출금 반환채무를 변제하지 못하자 신용보증기금이 이를 대위변제한 후 채무자와 연대보증인 청구 외 丁 및 甲과 乙(청구인들)을 상대로 구상금청구소송을 제기하여 2003. 6. 13. 승소판결을 받고 같은 해 7. 7. 위 판결이 확정되었다.

한편, 신용보증기금은 2008. 7. 21. 보증인인 청구인들을 상대로 채무불이행자 명부등재신청을 하였고, 같은 해 12. 1. 위 신청이 인용되어 청구인들은 현재 채무불이행자 명부에 등재되어 있다(서울D지방법원 2008카명2808 채무불이행자 명부 등재).

이에 청구인들은 채무불이행자 명부제도에 관한 민사집행법 제72조 제4항(이하 '이 사건 법률조항'이라 한다)이 헌법 제17조 사생활의 비밀보장권을 침해하여 위헌이라고 주장하면서 2008. 11. 7. 위 조항들의 위헌확인을 구하는 헌법소원심판을 청구하였다.

1. **〈설문〉에서 '이 사건 법률조항'이 "헌법 제17조 사생활의 비밀보장권을 침해하여 위헌"이라는 청구인들의 주장은 타당한가?**
2. **'이 사건 법률조항'은 과잉금지원칙에 위배되어 청구인들의 개인정보자기결정권을 침해하는가?**

심판대상조항

민사집행법(2002. 1. 26. 법률 제6627호로 제정된 것)

제72조(명부의 비치) ④ 채무불이행자 명부나 그 부본은 누구든지 보거나 복사할 것을 신청할 수 있다.

관련조항

민사집행법

제70조(채무불이행자 명부 등재신청) ① 채무자가 다음 각 호 가운데 어느 하나에 해당하면 채권자는 그 채무자를 채무불이행자 명부에 올리도록 신청할 수 있다.

1. 금전의 지급을 명한 집행권원이 확정된 후 또는 집행권원을 작성한 후 6월 이내에 채무를 이행하지 아니하는 때. 다만, 제61조 제1항 단서에 규정된 집행권원의 경우를 제외한다.
2. 제68조 제1항 각 호의 사유 또는 같은 조 제9항의 사유 가운데 어느 하나에 해당하는 때

② 제1항의 신청을 할 때에는 그 사유를 소명하여야 한다.

③ 제1항의 신청에 대한 재판은 제1항 제1호의 경우에는 채무자의 보통재판적이 있는 곳의 법원이 관할하고, 제1항 제2호의 경우에는 재산명시절차를 실시한 법원이 관할한다.

제61조(재산명시신청) ① (본문생략) 다만, 민사소송법 제213조에 따른 가집행의 선고가 붙은 판결 또는 같은 조의 준용에 따른 가집행의 선고가 붙어 집행력을 가지는 집행권원의 경우에는 그러하지 아니하다.

제68조(채무자의 감치 및 벌칙) ① 채무자가 정당한 사유 없이 다음 각호 가운데 어느 하나에 해당하는 행위를 한 경우에는 법원은 결정으로 20일 이내의 감치에 처한다.

1. 명시기일 불출석
2. 재산목록 제출 거부
3. 선서 거부

⑨ 채무자가 거짓의 재산목록을 낸 때에는 3년 이하의 징역 또는 500만 원 이하의 벌금에 처한다.

제71조(등재신청에 대한 재판) ① 제70조의 신청에 정당한 이유가 있는 때에는 법원은 채무자를 채무불이행자 명부에 올리는 결정을 하여야 한다.

② 등재신청에 정당한 이유가 없거나 쉽게 강제집행할 수 있다고 인정할 만한 명백한 사유가 있는 때에는 법원은 결정으로 이를 기각하여야 한다.

③ 제1항 및 제2항의 재판에 대하여는 즉시항고를 할 수 있다. 이 경우 민사소송법 제447조의 규정은 준용하지 아니한다.

제72조(명부의 비치) ① 채무불이행자 명부는 등재결정을 한 법원에 비치한다.

② 법원은 채무불이행자 명부의 부본을 채무자의 주소지(채무자가 법인인 경우에는 주된 사무소가 있는 곳) 시(구가 설치되지 아니한 시를 말한다. 이하 같다)·구·읍·면의 장(도농복합형태의 시의 경우 동지역은 시·구의 장, 읍·면지역은 읍·면의 장으로 한다. 이하 같다)에게 보내야 한다.

③ 법원은 채무불이행자 명부의 부본을 대법원규칙이 정하는 바에 따라 일정한 금융기관의 장이나 금융기관 관련단체의 장에게 보내어 채무자에 대한 신용정보로 활용하게 할 수 있다.

④ 채무불이행자 명부나 그 부본은 누구든지 보거나 복사할 것을 신청할 수 있다.

⑤ 채무불이행자 명부는 인쇄물 등으로 공표되어서는 아니된다.

민사집행규칙

제32조(채무불이행자 명부의 작성) ① 법 제71조 제1항의 결정이 있는 때에는 법원사무관 등은 바로 채무자별로 채무불이행자 명부를 작성하여야 한다.
② 채무불이행자 명부에는 채무자의 이름·주소·주민등록번호등 및 집행권원과 불이행한 채무액을 표시하고, 그 등재사유와 날짜를 적어야 한다.
③ 채무불이행자 명부 말소결정이 취소되거나 채무불이행자 명부 등재결정을 취소하는 결정이 취소된 경우에는 제1항과 제2항의 규정을 준용한다.

문제 1의 해설

1. 〈설문〉의 채무불이행자명부제도와 청구인들의 주장	2. 청구인들 주장의 타당성 검토

1. 〈설문〉의 채무불이행자명부제도와 청구인들의 주장

〈설문〉의 채무불이행자명부제도는 민사집행법상의 일정한 사유(제70조 제1항 1호~2호)에 해낭하여 당해 명부에 등재하도록 법원의 결정(제71조 제1항)을 받은 채무자에게 자신의 의사와 관계없이 개인정보를 제공(제72조 제4항)하도록 의무지우고 동시에 일반 국민에게도 열람·복사할 수 있게 하는 제도이다.

채무불이행자명부제도와 관련하여 민사집행규칙 제32조 제2항은 위의 법 제71조 제1항의 등재결정을 하는 때에는 채무불이행자명부에 채무자의 이름·주소·주민등록번호 등을 표시하도록 하고 있다.

채무불이행자명부제도에 의하여 제공되는 채무자의 정보들은 채무자의 개인정보에 해당하는 것으로서, 채무불이행자명부제도의 근거가 되는 '이 사건 법률조항'은 개인정보자기결정권을 제한하는 규정이다.

그런데 〈설문〉에서 청구인들은 '이 사건 법률조항'이 헌법 제17조의 사생활의 비밀을 침해하는 것으로 주장하는 데 그치고 있다.

2. 청구인들 주장의 타당성 검토

(1) 개인정보자기결정권과 사생활의 비밀과 자유

1) 개인정보자기결정권의 의의

① 개 념

개인정보자기결정권(자기정보통제권)은 자신에 관한 정보가 언제 누구에게 어느 범위까지 알려지고 또 이용되도록 할 것인지를 그 정보주체가 스스로 결정할 수 있는 권리 또는 자신에 관한 정보를 자율적으로 결정하고 관리할 수 있는 권리로서, 정보주체가 개인정보의 공개와 이용에 관하여 스스로 결정할 권리를 말한다.

② 근 거

개인정보자기결정권의 근거와 관련한 학설과 판례는 다음과 같다.

(a) 학 설

ⅰ) 헌법 제10조(헌법 제17조[사생활의 비밀과 자유]를 소극적 권리로만 보는 견해), ⅱ) 헌법 제17조(헌법 제17조[사생활의 비밀과 자유]를 소극적·적극적 권리로 보는 견해), ⅲ) 헌법 제10와 제17조

(b) 판 례

초기에 판례는 헌법 제10조와 제17조(헌재 1995. 12. 28. 91헌마114)를 근거로 하여 개인정보자기결정권을 도출하다가, 한때 개인정보자기결정권을 헌법상의 어느 한 규정이나 몇 개의 규정들로 포섭시키는 것은 불가능하다고 보면서 독자적 기본권성을 인정(헌재 2005. 5. 26. 99헌마513; 헌재 2010. 5. 27. 2008헌마663)하기도 하였으나, 그 후 다시 헌법 제10조와 제17조를 근거로 하고 있다(헌재 2010. 9. 30. 2008헌바132; 헌재 2014. 8. 28. 2011헌마28등; 헌재 2015. 7. 30. 2014헌마340).

2) 개인정보자기결정권의 보호대상(개인정보)과 보호영역

① 개인정보의 개념

개인정보자기결정권의 보호대상이 되는 '개인정보'는 개인의 신체, 신념, 사회적 지위, 신분 등과 같이 개인의 인격주체성을 특징짓는 사항으로서, 그 개인의 동일성을 식별할 수 있게 하는 일체의 정보라고 할 수 있다.

② 개인정보자기결정권의 보호영역

개인정보자기결정권의 보호영역은 개인정보를 대상으로 한 조사·수집·보관·처리·이용 등의 행위와 관련한 모든 영역에서 정보주체의 자기결정을 인정하는 범주를 발하며, 국가기관 등이 그러한 영역에 대하여 개입하거나 간섭하는 것은 원칙적으로 개인정보자기결정권에 대한 제한에 해당한다.

3) 개인정보자기결정권과 사생활의 비밀과 자유의 상호관계

1) 사생활의 비밀과 자유의 법적 성격과 양자의 관계

① 사생활의 비밀과 자유를 소극적 권리로 보는 견해와 양자의 관계

사생활의 비밀과 자유를 소극적 권리로 보는 입장에서 보면, 적극적인 권리로서 개인정보자기결정권은 전자에 포함되지 않게 되어 양자의 관계는 별개의 독자적인 관계에 있게 된다.

따라서 개인정보자기결정권의 헌법상 근거도 헌법 제17조에서 구할 수 없게 된다.

② 사생활의 비밀과 자유를 적극적 권리로 보는 견해와 양자의 관계

사생활의 비밀과 자유를 적극적 권리로 보는 입장에서 보면, 개인정보자기결정권은 사생활의 비밀과 자유에 포섭되는 권리로서 양자는 전체와 부분의 관계에서 일부 중첩되는 기본권의 관계에 있게 된다.

따라서 개인정보자기결정권의 헌법상 근거도 헌법 제17조에서 구할 수 있게 된다.

2) 두 기본권의 보호대상과 양자의 관계

개인정보자기결정권의 보호대상은 '개인정보'에 한정되지만 사생활의 비밀과 자유의 보호대상은 개인정보뿐만 아니라 그 외 공개되면 난처한 정보, 정보 이외에 개인이 비밀로 하고 싶은 일체의 사항들도 보호대상이 될 수 있다는 점에서, 사생활의 비밀과 자유는 개인정보자기결정권의 보호범위를 넘어서는 것이다.

(2) 〈설문〉에서 청구인들 주장의 구체적 검토

〈설문〉의 이 사건 법률조항은 법원의 제출명령이 있는 경우 금융기관이 특정인의 금융거래의 내용에 대한 정보 또는 자료를 본인의 동의 없이도 법원에 제공할 수 있음을 규정하고 있는데, 특정인의 금융거래로부터 알 수 있는 정보들은

개인의 신분, 사회적 지위, 경제적 활동 등과 관련되어 인격주체성을 특징짓는 사항으로서 그 개인의 동일성을 식별할 수 있게 하는 정보이다.

따라서 본인의 동의 없이 특정인의 금융거래의 내용에 대한 정보 또는 자료를 제공할 수 있도록 규정하고 있는 이 사건 법률조항은 개인정보자기결정권을 제한하는 것이다.

그런데 청구인들이 그 침해를 주장하는 헌법 제17조의 사생활의 비밀보장권은, 위에서 살펴본 바와 같이, 사생활의 비밀과 자유의 법적 성격을 어떻게 보느냐에 따라 개인정보자기결정권의 헌법적 근거가 될 수도 있고 그러하지 아니할 수도 있다.

먼저, 사생활의 비밀과 자유를 소극적 권리로만 파악할 경우에는, 헌법 제17조는 개인정보자기결정권의 헌법적 근거가 될 수 없으므로, 청구인들의 주장은 타당하지 못하게 된다.

다음으로, 사생활의 비밀과 자유를 적극적 권리로 파악하여 개인정보자기결정권도 그 보호영역의 범위 내에 있다고 보면, 이 사건 법률조항이 사생활의 비밀보장권을 침해한다는 청구인들의 주장에도 타당한 일면은 있다.

그러나 〈설문〉 사건에서 쟁점이 되는 것은 청구인들의 동의 없는 개인정보의 제공과 관련된 것이므로, 사생활의 비밀과 자유의 내용 가운데에서도 개인정보자기결정권의 보호영역과 중첩되는 범위에서만 〈설문〉 사건과 관련이 되는 것이다.

따라서 청구인들이 막연히 헌법 제17조의 사생활의 비밀보장권을 침해하여 위헌이라고 하는 주장은 전적으로 타당하다고 보기는 어렵고, 오히려 헌법 제17조 또는 헌법 제10조와 제17조에 의하여 보장되는 개인정보자기결정권을 침해하여 위헌이라고 주장함으로써 그 헌법적 타당성을 제고하여야 할 것이다.

문제 2의 해설 [제1안]

1. 이 사건 법률조항의 의의와 쟁점

〈설문〉의 이 사건 법률조항은 채무자의 이름, 주소, 주민등록번호, 집행권원과 불이행한 채무액 및 그 등재 사유와 날짜를 기재한(민사집행규칙 제32조 제2항) 채무불이행자 명부를 누구든지 열람·복사할 수 있도록 하는 것이다.

기술한 바와 같이, 채무불이행자 명부에 기재된 위 사항들은 채무자 개인에 관한 정보로서 이 사건 법률조항에 의하여 제한되는 기본권으로서 가장 밀접하게 관련을 맺고 있는 것은 개인정보자기결정권이다.

청구인들은 사생활의 비밀보장권 침해를 주장하고 있지만, 개인정보자기결정권도 제한되고 있으므로 기본권의 경합이 쟁점이 될 수 있다.

〈설문〉의 이 사건 법률조항은 일반적인 사생활의 비밀보장권보다도 개인정보자기결정권과 더 밀접하게 관련을 맺고 있으므로, 특별한 사정이 없는 이상 개인정보자기결정권에 대한 침해 여부를 판단하면 족하다고 할 것이다(헌재 2009. 10. 29. 2008헌마257).

2. 개인정보자기결정권의 제한과 과잉금지원칙

기술한 개인정보자기결정권도 헌법 제37조 제2항의 일반적 법률유보조항에 의하여 제한될 수 있다. 헌법 제37조 제2항은 국가가 국민의 기본권을 제한하는 내용의 입법을 함에 있어서 준수하여야 할 기본원칙 — 과잉금지원칙 — 을 천명하고 있다.

즉, 과잉금지원칙이란 기본권을 제한하는 입법을 함에 있어서는 입법목적의 정당성과 그 목적달성을 위한 방법의 적절성, 침해의 최소성 그리고 입법에 의해 보호하려는 공공의 필요와 침해되는 기본권 사이의 균형성을 모두 갖추어야 한다는 원칙을 말하며, 이를 준수하지 않은 법률 내지 법률조항은 기본권제한의 입법한계를 벗어난 것으로서 헌법에 위반되는 것이다(헌재 1998. 8. 27. 96헌가22등; 헌재 2001. 7. 19. 99헌바9등).

따라서 이 사건 법률조항에 의한 개인정보자기결정권의 제한이 과잉금지원칙의 한계 내에 있는지 여부를 살펴본다.

3. 이 사건 법률조항의 과잉금지원칙 위배 여부

(1) 입법목적의 정당성 및 방법의 적절성

이 사건 법률조항은 채무이행의 간접강제 및 거래의 안전 도모를 위한 것으로서 그 입법목적은 정당하다.

그리고 이러한 목적의 달성을 위하여 채무불이행자명부를 누구나 열람·복사할 수 있도록 함으로써 불성실한 채무자로 하여금 이 명부에 등재됨으로 인하여 받게 될 명예, 신용의 훼손 등의 불이익을 피하기 위하여 채무의 자진이행 또는 명시명령의 충실한 이행에 노력하도록 하는 등 간접강제의 효과를 기대할 수 있으며, 채무불이행자명부의 열람은 거래 상대방에 대한 신용조사의 한 수단이 되므로 거래의 안전에도 기여한다고 할 것이므로, 방법의 적절성도 인정된다.

(2) 침해의 최소성

1) 이 사건 법률조항이 채무불이행자명부의 열람·복사 주체에 제한을 두지 않은 것은 채무자에게 심리적 부담을 주어 채무이행을 간접강제하는 데 실효성을 확보하기 위함이다.

채무불이행자명부를 열람·복사할 수 있는 자를 채무자와 경제적으로 관련이 있음을 소명한 자로 제한하더라도, 채무불이행자명부를 열람하고자 하는 자는 대부분 이미 채무자와 계약을 체결하는 등 거래관계를 형성한 자가 아니라 사전에 채무자의 신용상태를 조사하여 거래관계를 맺을 것인지 여부를 결정하고자 하는 자들일 것이므로 위와 같은 소명은 그 잠재적 거래의사의 확인에 불과하게 되어 결국 열람·복사의 주체에 아무런 제한을 두고 있지 아니한 이 사건 법률조항과 실질적인 차이가 없게 될 것이다.

2) 또한 이 사건 법률조항은 채무불이행자명부를 적극적으로 일반에 공개하는 것이 아니라 채무불이행자명부의 열람·복사를 원하는 자에게 열람·복사를 가능하게 한 것뿐이고, 실제로 이 명부를 열람·복사하기 위해서는 채무자의 성명, 주민등록번호 등 열람·복사 대상인 채무불이행자명부를 특정하기 위한 정보를 알아야 하며, 실무상 열람·복사 신청시 신청인의 자격을 기재하게 하고 있으므로, 채무자와 무관한 자에 의해 채무불이행자명부가 열람·복사됨으로 인해 채무자의 개인정보자기결정권이 침해될 위험은 크지 않다고 할 것이다.

3) 한편, 명부의 열람은 채무불이행자명부제도의 본질상 반드시 필요하고, 복사는 열람에 수반되는 것에 불과할 뿐 이미 열람된 정보를 복사한다고 하여 이로 인해 채무자의 개인정보자기결정권이 새로이 침해된다고 할 수 없으며, 민사집행법 제72조 제5항에서 '채무불이행자명부는 인쇄물 등으로 공표되어서는 아니된다'는 규정을 두고 있고, 필요한 경우 형법상 명예훼손죄, 신용훼손죄, 업무방해죄 등으로 처벌할 수 있으므로 복사된 명부의 남용위험은 크지 않다고 하겠다.

따라서 이 사건 법률조항은 입법목적을 달성하기 위해 필요한 정도를 넘었다고 할 수 없으므로, 최소침해성의 원칙에 반하지 않는다.

(3) 법익의 균형성

채무불이행자명부에 등재되는 경우는 채무이행과 관련하여 채무자의 불성실함이 인정되어 그 명예와 신용에 타격을 가할 필요성이 인정되는 경우라고 할 것이므로, 채무불이행자명부에 등재되는 채무자의 개인정보를 보호할 사익보다는 이 사건 법률조항이 추구하는 채무이행의 간접강제 및 거래의 안전도모라는 공익이 더 크다고 할 것 이어서 이 사건 법률조항은 법익균형성의 원칙에도 반하지 아니한다.

(4) 소 결

따라서 이 사건 법률조항은 과잉금지원칙에 위배되지 아니한다.

4. 결 어

이 사건 법률조항은 과잉금지원칙에 위배되어 청구인들의 개인정보자기결정권을 침해하지 아니한다.

해 설 **[제2안]** ([제1안]과 동일한 내용은 생략함)

1. 이 사건 법률조항의 의의와 쟁점

2. 개인정보자기결정권의 제한과 과잉금지원칙

3. 이 사건 법률조항의 과잉금지원칙 위배 여부

(1) 입법목적의 정당성 및 방법의 적절성

(2) 침해의 최소성

1) 이 사건 법률조항이 위에서 살펴 본 입법목적을 달성하기 위한 명부등재 신청사유민사집행법 제70조 제1항의 경우로 한정하고 정당한 이유가 있는 경우에만 등재결정을 하도록 한 것은 침해의 최소성을 충족시키는 것으로 본다.

또한 명부에 표시하는 채무자의 개인정보도 개인을 식별할 수 있는 최소한의 정도 — 채무자의 이름·주소·주민등록번호 등 — 에 그치는 것으로 하고 있어 침해의 최소성에 위배되지 않는다고 할 것이다.

2) 이 사건 법률조항은 채무불이행자명부에 대한 열람·복사의 신청은 누구

라도 할 수 있도록 규정하고 있는데, 그렇게 하더라도 채무자와 관련이 없는 제3자가 채무불이행자명부의 열람을 통해 채무자의 채무불이행 사실 등을 아는 것은 그 개연성이 현저히 낮을 뿐만 아니라 채무자의 추상적 명예훼손에 불과하여 간접강제의 효과가 크다고 할 수도 없다.

3) 오히려 채무자의 채무불이행 사실이 알려지는 것이 간접강제의 효과를 나타내는 경우는 채무자가 경제활동 내지 거래관계 형성 상황에 직면한 때라고 할 것이다.

그런데 이 단계에서는 이미 채무자의 거래상대방이 어느 정도 특정되므로 이들에게만 명부의 열람·복사를 허용하더라도 채무이행의 간접강제라는 입법목적의 달성에 부족함이 없다고 할 것이다.

이러한 견지에서 채무불이행자명부에 대한 열람·복사의 신청을 누구라도 할 수 있도록 규정한 것은 침해 최소성의 원칙에 위배된다고 할 것이다.

(3) 법익의 균형성

열람·복사자의 입장에서 보더라도 채무자와 아무런 관계가 없는 자가 채무불이행자 명부를 열람·복사하려는 경우는 상정하기 어렵고, 실제로 이러한 경우가 있다 하더라도 이를 허용할 필요성을 인정할 수 없다.

통상 채무자의 신용상태에 관심을 가지게 되는 경우는 적어도 채무자와 경제활동을 하고자 하거나 거래관계를 형성하려는 단계까지는 나아간 경우일 것이므로 이 정도의 소명을 한 자에게 명부의 열람·복사를 허용하더라도 거래의 안전도모라는 입법목적을 달성할 수 있다.

따라서 이 사건 법률조항이 열람·복사의 신청에 아무런 제한을 두지 아니하고 누구나 채무불이행자 명부를 열람·복사할 수 있는 가능성을 열어 둔 것은 추구하는 공익에 비해 채무자의 개인정보자기결정권이 침해될 위험이 더 크다고 할 것이어서 법익균형성의 원칙에도 반한다.

(4) 소 결

이 사건 법률조항은 입법목적의 정당성과 방법의 적절성은 준수하고 있으나, 침해의 최소성과 법익의 균형성은 충족시키지 못하여 과잉금지원칙에 위배된다.

4. 결 어

이 사건 법률조항 중 채무불이행자명부에 대한 열람·복사를 신청할 수 있는 자에 아무런 제한을 두지 아니하고 이를 '누구든지'로 규정한 것(제72조 제4항)은 과잉금지원칙에 위배하여 청구인들의 개인정보자기결정권을 침해하는 것이다.

참고판례 민사집행법 제70조 등 위헌확인(헌재 2010. 5. 27. 2008헌마663)

3-3-47 | 영장주의, 적법절차원칙, 무죄추정의 원칙, 출국의 자유

설 문

甲은 2005. 6. 9. 사기 혐의로 수사받던 중 출국하였다가 2011. 11. 22. 입국하였는데, 2012. 4. 30. 사기 혐의로 기소되었다. 법무부장관은 2012. 5. 7. 甲이 형사재판에 계속 중임을 이유로 출입국관리법 제4조 제1항 제1호에 근거하여 2012. 5. 7.부터 2012. 11. 6.까지 6개월 동안 甲의 출국을 금지하였다. 이에 甲은 2012. 5. 22. 법무부장관을 상대로 S행정법원에 위 출국금지처분의 취소를 구하는 소를 제기함과 동시에, 형사재판에 계속 중인 사람에 대하여 출국을 금지할 수 있다고 규정한 출입국관리법 제4조 제1항 제1호(이하 '이 사건 법률조항'이라 한다)에 대하여 위헌법률심판제청 신청을 하였으나 2012. 7. 27. 기각되자, 2012. 8. 21. 이 사건 헌법소원심판을 청구하였다.

※ 실무에서 이 사건 법률조항에 따른 출국금지는, 2012년의 경우 형사공판사건 불구속 피고인의 수 319,545명 중 출국금지가 요청된 건수는 734건이었고, 그 중 출국금지가 결정된 것은 714건에 불과하였다.

1. 〈설문〉 사건에서 '이 사건 법률조항'은 영장주의, 적법절차원칙, 무죄추정의 원칙에 위배되는가?

2. 〈설문〉 사건에서 '이 사건 법률조항'은 과잉금지원칙에 위배되어 甲의 거주 · 이전의 자유를 침해하는가?

심판대상조항

출입국관리법(2011. 7. 18. 법률 제10863호로 개정된 것)

제4조(출국의 금지) ① 법무부장관은 다음 각 호의 어느 하나에 해당하는 국민에 대하여는 6개월 이내의 기간을 정하여 출국을 금지할 수 있다.

1. 형사재판에 계속(係屬) 중인 사람

관련조항

출입국관리법(2007. 12. 21. 법률 제8726호로 개정된 것)
제4조의2(출국금지기간의 연장) ① 법무부장관은 출국금지기간을 초과하여 계속 출국을 금지할 필요가 있다고 인정하는 경우에는 그 기간을 연장할 수 있다.

출입국관리법(2011. 7. 18. 법률 제10863호로 개정된 것)
제4조의3(출국금지의 해제) ① 법무부장관은 출국금지사유가 소멸하였거나 출국을 금지할 필요가 없다고 인정하는 때에는 즉시 출국금지를 해제하여야 한다.

제4조의5(출국금지결정 등에 대한 이의신청) ① 제4조 제1항에 따라 출국이 금지되거나 제4조의2 제1항에 따라 출국금지기간이 연장된 자는 출국금지결정 또는 출국금지기간 연장의 통지를 받은 날 또는 그 사실을 안 날부터 10일 이내에 법무부장관에게 출국금지결정 또는 출국금지기간의 연장결정에 대한 이의를 신청할 수 있다.

구 출입국관리법(2014. 12. 30. 법률 제12893호로 개정되기 전의 것)
제4조의4(출국금지결정 등의 통지) ① 법무부장관은 제4조 제1항 또는 제2항에 따라 출국을 금지하거나 제4조의2 제1항에 따라 출국금지기간을 연장하였을 때에는 즉시 당사자에게 그 사유와 기간 등을 밝혀 서면으로 통지하여야 한다.

출입국관리법 시행령(대통령령 제23506호, 2012.1.13., 일부개정된 것)
제2조(출국금지 절차) ① 법무부장관은 법 제4조 제1항 또는 제2항에 따라 출국을 금지하려는 경우에는 관계 기관의 장에게 의견을 묻거나 관련 자료를 제출하도록 요청할 수 있다. <개정 2012.1.13.>
② 중앙행정기관의 장 및 법무부장관이 정하는 관계 기관의 장은 법 제4조 제3항에 따라 출국금지를 요청하는 경우에는 출국금지 요청 사유와 출국금지 예정기간 등을 적은 출국금지 요청서에 법무부령으로 정하는 서류를 첨부하여 법무부장관에게 보내야 한다. 다만, 시장·군수 또는 구청장(「제주특별자치도 설치 및 국제자유도시 조성을 위한 특별법」 제11조에 따른 행정시장을 포함하며, 구청장은 자치구의 구청장을 말한다. 이하 같다)의 소관 업무에 관한 출국금지 요청은 특별시장·광역시장 또는 도지사(특별자치도지사를 포함한다. 이하 같다)가 한다. <개정 2012.1.13., 2016.1.22.>
③ 제2항 본문에 따른 출국금지 예정기간은 법 제4조 제1항 또는 제2항에 따른 출국금지기간을 초과할 수 없다. <개정 2012.1.13.>

출입국관리법 시행규칙(2012. 1. 19. 법무부령 제761호로 개정된 것)
제6조(출국금지의 기본원칙) ① 법 제4조에 따른 출국금지는 필요 최소한의 범위에서 하여야 한다.
② 출국금지는 단순히 공무수행의 편의를 위하여 하거나 형벌 또는 행정벌을 받은 사람에게

행정제재를 가할 목적으로 해서는 아니된다.
③ 출국금지는 법 제4조 제1항 또는 제2항에 따른 출국금지 대상자가 유효한 여권을 가지고 있다고 인정되는 경우에만 한다. 다만, 다음 각 호의 어느 하나에 해당하는 사람에 대해서는 유효한 여권을 가지지 아니한 경우에도 출국금지를 할 수 있다.
1. 범죄 수사와 관련된 사람. 다만, 기소중지자로 결정된 사람은 제외한다.
2. 「여권법 시행령」 제6조의2에 따라 거주여권을 발급받을 수 있는 사람
④ 법무부장관은 출국금지 중인 사람에 대하여 동일한 사유로 출국금지의 요청을 받은 경우 거듭 출국금지하지 아니한다. 이 경우 출국금지를 요청한 기관의 장에게 그 사실을 통보하여야 한다.

제6조의4(출국금지 등의 요청 시 첨부서류) ① 영 제2조 제2항 본문에서 "법무부령으로 정하는 서류"란 다음 각 호의 서류를 말한다.
1. 다음 각 목의 사항에 대한 소명 자료
   가. 당사자가 법 제4조 제1항 또는 제2항에 따른 출국금지 대상자에 해당하는 사실
   나. 출국금지가 필요한 사유

제6조의5(출국금지 등의 심사 · 결정 시 고려사항) ① 법무부장관은 법 제4조에 따른 출국금지나 법 제4조의2에 따른 출국금지기간 연장 여부를 결정할 때에는 다음 각 호의 사항을 고려하여야 한다.
1. 제6조에 따른 출국금지의 기본원칙
2. 출국금지 대상자의 범죄사실
3. 출국금지 대상자의 연령 및 가족관계
4. 출국금지 대상자의 해외도피 가능성

문제 1의 해설

1. 이 사건 법률조항의 의의와 쟁점
2. 이 사건 법률조항의 영장주의 위배 여부
   (1) 영장주의의 의의
   (2) 이 사건 법률조항의 영장주의 위배 여부 검토
   (3) 소결
3. 이 사건 법률조항의 적법절차원칙 위배 여부
   (1) 적법절차의 의의
   (2) 이 사건 법률조항의 적법절차원칙 위배 여부 검토
   (3) 소결
4. 이 사건 법률조항의 무죄추정의 원칙 위배 여부
   (1) 무죄추정의 원칙의 의의
   (2) 이 사건 법률조항의 무죄추정의 원칙 위배 여부 검토
   (3) 소결
5. 결어

1. 이 사건 법률조항의 의의와 쟁점

〈설문〉의 '이 사건 법률조항'은 형사재판에 계속 중인 사람에 대하여 6개월 이내의 기간을 정하여 출국을 금지할 수 있도록 함으로써, 형사재판에 계속 중인 사람의 해외도피를 막아 국가 형벌권을 확보함으로써 실체적 진실발견과 사법정의를 실현하고자 하는 규정이다.

이러한 이 사건 법률조항과 관련하여 〈설문〉 사건에서는 (1) 법무부장관의 임의적 출국금지가 영장주의에 위배되는지 여부, (2) 출국금지 시 피고인에 대한 사전통지 절차나 청문의 기회를 마련하고 있지 아니한 것이 적법절차원칙에 위배되는지 여부, (3) 형사재판에 계속 중인 사람에게 출국금지라는 불이익을 주는 것이 무죄추정의 원칙에 위배되는지 여부, 그리고 (4) 이 사건 법률조항에 의한 출국금지가 과잉금지원칙에 위배되어 거주·이전의 자유(출국의 자유)를 침해하는 것인지 여부가 쟁점이 된다.

2. 이 사건 법률조항의 영장주의 위배 여부

(1) 영장주의의 의의

헌법 제12조 제3항은 영장주의를 선언하고 있고, 영장주의란 헌법 제12조 제1항의 적법절차원칙에서 도출되는 원리로서 형사절차와 관련하여 체포·구속·압수·수색의 강제처분을 할 때에는 신분이 보장되는 법관이 발부한 영장에 의하지 않으면 안 된다는 원칙이다(헌재 2012. 5. 31. 2010헌마672; 헌재 2012. 12. 27. 2010헌마153).

(2) 이 사건 법률조항의 영장주의 위배 여부 검토

〈설문〉의 이 사건 법률조항에 따른 법무부장관의 출국금지결정은 형사재판에 계속 중인 국민의 출국의 자유를 제한하는 행정처분일 뿐이고, 영장주의가 적용되는 신체에 대하여 직접적으로 물리적 강제력을 수반하는 강제처분이라고 할 수는 없다.

(3) 소 결

따라서 이 사건 법률조항이 헌법 제12조 제3항의 영장주의에 위배된다고 볼 수는 없다.

3. 이 사건 법률조항의 적법절차원칙 위배 여부

(1) 적법절차의 의의

헌법 제12조 제1항은 "법률과 적법한 절차에 의하지 아니하고는 처벌·보안처분 또는 강제노역을 받지 아니한다"라고 하여 적법절차원칙을 규정하고 있는데, 적법절차원칙은 형사소송절차에 국한하지 않고 모든 국가작용에 대하여 문제된 법률의 실체적 내용이 합리성과 정당성을 갖추고 있는지 여부를 판단하는 기준으로 적용된다(헌재 1992. 12. 24. 92헌가8). 따라서 〈설문〉 사건과 같이 법무부장관이 형사재판에 계속 중인 사람에 대하여 행정처분으로 출국의 자유를 제한함에 있어서도 헌법에서 정한 적법절차원칙에 따라야 한다.

적법절차원칙에서 도출할 수 있는 중요한 절차적 요청 중의 하나로, 당사자에게 적절한 고지를 행할 것, 당사자에게 의견 및 자료 제출의 기회를 부여할 것 등을 들 수 있다.

그러나 이 원칙이 구체적으로 어떠한 절차를 어느 정도로 요구하는지는 규율되는 사항의 성질, 관련 당사자의 권리와 이익, 절차 이행으로 제고될 가치, 국가작용의 효율성, 절차에 소요되는 비용, 불복의 기회 등 다양한 요소를 비교하여 개별적으로 판단할 수밖에 없다(헌재 2003. 7. 24. 2001헌가25; 헌재 2007. 10. 4. 2006헌바91).

(2) 이 사건 법률조항의 적법절차원칙 위배 여부 검토

이 사건 법률조항에 따른 출국금지결정은 형사재판에 계속 중인 사람의 해외도피를 방지하여 국가 형벌권을 확보하고자 함에 그 목적이 있는 것이므로, 성질상 신속성과 밀행성을 요한다.

그런데 법무부장관으로 하여금 출국금지결정을 할 때 출국금지 대상자에게 사전통지를 하거나 청문을 실시하도록 한다면, 출국금지 대상자가 국가의 형벌권을 피하기 위하여 출국금지결정 이전에 외국으로 도피할 가능성을 배제하기 어렵고, 이로 인하여 국가 형벌권 확보라는 출국금지제도의 목적을 달성하는 데 지장을 초래할 우려가 크다.

나아가 출입국관리법은 법무부장관으로 하여금 출국을 금지하였을 때에는 즉시 서면으로 통지하도록 하여(제4조의4 제1항) 해당 출국금지 대상자에게 방어의 준비 및 불복의 기회를 보장하고 있고, 이의신청이나 행정소송을 통하여 출국금지 대상자가 충분히 의견을 진술하거나 자료를 제출할 기회도 보장하고 있다.

(3) 소 결

위에서 살펴본 바와 같이, 출국금지 대상자가 출국금지결정에 대해 사후적으로 다툴 수 있는 기회를 제공하여 절차적 참여를 보장해 주고 있으므로, 이 사건 법률조항이 출국금지 대상자에게 사전통지를 하도록 규정하지 아니하거나 청문의 기회를 부여하고 있지 아니한 것만으로 적법절차원칙에 위배된다고 보기 어렵다.

4. 이 사건 법률조항의 무죄추정의 원칙 위배 여부

(1) 무죄추정의 원칙의 의의

헌법 제27조 제4항에서 규정하고 있는 무죄추정의 원칙은, 피고인이나 피의자를 유죄의 판결이 확정되기 전에 죄 있는 사람에 준하여 취급함으로써 법률적·사실적 측면에서 유·무형의 불이익을 주어서는 안 된다는 것을 의미한다.

여기에서 불이익이란 유죄를 근거로 그에 대하여 사회적 비난 내지 기타 응보적 의미의 차별 취급을 가하는 유죄 인정의 효과로서의 불이익을 뜻한다(헌재 2005. 5. 26. 2002헌마699등; 헌재 2014. 1. 28. 2012헌바298).

(2) 이 사건 법률조항의 무죄추정의 원칙 위배 여부 검토

이 사건 법률조항은 형사재판에 계속 중인 사람이 국가의 형벌권을 피하기 위하여 해외로 도피할 우려가 있는 경우 법무부장관으로 하여금 출국을 금지할 수 있도록 하는 것일 뿐이다.

그렇다면 해외도피의 우려가 있는 피고인이 일정 기간 동안 출국이 금지되는 불이익을 받더라도 이를 두고 무죄추정의 원칙에서 금지하는 유죄 인정의 효과로서의 불이익 즉, 유죄를 근거로 형사재판에 계속 중인 사람에게 사회적 비난 내지 응보적 의미의 제재를 가하려는 것이라고 보기 어렵다. 따라서 심판대상조항은 무죄추정의 원칙에 위배된다고 볼 수 없다.

(3) 소 결

따라서 이 사건 법률조항은 무죄추정의 원칙에 위배된다고 볼 수 없다.

5. 결 어

이 사건 법률조항은 영장주의, 적법절차원칙, 무죄추정의 원칙 모두에 위배되지 아니한다.

문제 2의 해설

1. 거주 · 이전의 자유의 의의와 제한
   (1) 거주 · 이전의 자유의 의의
   (2) 출국의 자유의 제한과 과잉금지원칙
2. 이 사건 법률조항의 과잉금지원칙 위배 여부
   (1) 목적의 정당성 및 수단의 적정성
   (2) 침해의 최소성
   (3) 법익의 균형성
   (4) 소결
3. 결어

1. 거주 · 이전의 자유의 의의와 제한

(1) 거주 · 이전의 자유의 의의

헌법 제14조의 거주 · 이전의 자유는 국가의 간섭 없이 자유롭게 거주와 체류지를 정할 수 있는 자유로서, 정치 · 경제 · 사회 · 문화 등 모든 생활영역에서 개성신장을 촉진함으로써 헌법상 보장되고 있는 다른 기본권의 실효성을 증대시키는 기능을 한다.

거주·이전의 자유에는 국외에서 체류지와 거주지를 자유롭게 정할 수 있는 '해외여행 및 해외이주의 자유'가 포함되고, 이는 필연적으로 외국에서 체류하거나 거주하기 위해서 대한민국을 떠날 수 있는 '출국의 자유'와 외국체류 또는 거주를 중단하고 다시 대한민국으로 돌아올 수 있는 '입국의 자유'를 포함한다(헌재 2004. 10. 28. 2003헌가18).

(2) 출국의 자유의 제한과 과잉금지원칙

〈설문〉의 이 사건 법률조항은 법무부장관으로 하여금 형사재판에 계속 중인 사람에게 6개월 이내 기간을 정하여 출국을 금지할 수 있도록 규정함으로써, 거주·이전의 자유 중 출국의 자유를 제한하고 있는 것이다.

이와 같이 출국의 자유도 제한될 수 있으나, 제한하는 경우에는 헌법 제37조 제2항의 과잉금지원칙 — 기본권을 제한하는 입법이 준수하여야 할 요건으로서 입법목적의 정당성과 수단의 적절성, 침해의 최소성, 법익의 균형성 — 을 준수할 것이 요구된다(헌재 2004. 10. 28. 2003헌가18 참조).

〈설문〉 사건에서 이 사건 법률조항에 의한 출국의 자유의 제한이 이러한 한계 내에 있는지 여부를 살펴본다.

2. 이 사건 법률조항의 과잉금지원칙 위배 여부

(1) 목적의 정당성 및 수단의 적정성

형사재판에 계속 중인 사람의 해외도피를 막아 국가 형벌권을 확보함으로써 실체적 진실발견과 사법정의를 실현하고자 하는 이 사건 법률조항은 그 입법목적이 정당하고, 형사재판에 계속 중인 사람의 출국을 일정 기간 동안 금지할 수 있도록 하는 것은 이러한 입법목적을 달성하는 데 기여할 수 있으므로 수단의 적정성도 인정된다.

(2) 침해의 최소성

1) 형사재판 계속 중 해외로 도피하는 피고인의 수가 매년 증가하고 이로 인

하여 국가형벌권 실현에 장애가 초래되고 있는 상황에서, 불구속 상태로 형사재판에 계속 중인 사람의 해외도피를 막기 위하여 필요하다고 인정되는 경우에는 일정 기간 동안 출국금지를 할 수 있도록 허용할 필요가 있다.

2) 출입국관리법 시행규칙은 출국금지는 필요 최소한의 범위에서 하도록 하는 출국금지의 기본원칙을 정하고 있으며(제6조), 또 법무부장관으로 하여금 형사재판에 계속 중인 사람에 대한 출국금지 여부를 결정함에 있어 이러한 출국금지의 기본원칙, 출국금지 대상자의 범죄사실, 연령 및 가족관계, 해외도피 가능성을 반드시 고려하도록 하고 있다(제6조의5 제1항).

한편, 관계기관의 장이 출국금지를 요청하려면 출국금지 요청 사유와 출국금지 예정기간 등을 밝혀야 하고, 당사자가 형사재판에 계속 중인 사람에 해당하는 사실 및 출국금지가 필요한 사유에 대한 소명 자료도 첨부하여야 한다(출입국관리법 시행령 제2조 제2항 본문, 시행규칙 제6조의4 제1항).

그리고 실무에서도 이 사건 법률조항에 따른 출국금지의 통계를 보면, 매우 제한적으로 운용되고 있음을 알 수 있다.

3) 나아가 법무부장관이 출국금지결정을 한 경우, 서면통지제도(출입국관리법 제4조의4 제1항), 이의신청제도(출입국관리법 제4조의5 제1항), 행정소송 등을 통한 구제제도와 출국금지 해제제도(출입국관리법 제4조의3 제1항) 등을 마련하고 있다.

이와 같이 형사재판에 계속 중인 사람의 기본권 제한을 최소화하기 위한 여러 방안이 마련되어 있으므로, 이 사건 법률조항은 침해의 최소성 원칙에 위배되지 아니한다.

(3) 법익의 균형성

이 사건 법률조항으로 인하여 형사재판에 계속 중인 사람이 입게 되는 불이익은 일정 기간 출국이 금지되는 것인 반면, 이 사건 법률조항을 통하여 얻는 공익은 형사재판에 계속 중인 사람의 해외도피를 방지하여 국가 형벌권을 확보함으로써 실체적 진실발견과 사법정의를 실현하고자 하는 것으로서 중대하다.

따라서 이 사건 법률조항으로 인하여 달성하려는 공익과 제한되는 사익 간에 법익의 균형성도 충족된다.

(4) 소 결

따라서 이 사건 법률조항은 과잉금지원칙에 위배되지 아니한다.

3. 결 어

이 사건 법률조항은 과잉금지원칙에 위배되어 甲의 거주·이전의 자유(출국의 자유)를 침해하지 아니한다.

참고판례 출입국관리법 제4조 제1항 제1호 위헌소원(헌재 2015. 9. 24. 2012헌바302)[참고판례의 반대의견 참조]

3-3-48 | 개인정보자기결정권, 양심의 자유, 직업수행의 자유, 평등권

설 문

甲은 미혼여성으로서, 2006.경 방광염으로 서울 마포구 소재 A산부인과에서 진료를 받은 외에 같은 해 신경성 우울증으로 마포구 소재 B정신과의원에서 치료를 받은 자이고, 乙은 신경정신과 전문의, 丙은 산부인과 전문의로서 현재 의료업에 종사하고 있다.

甲과 乙, 丙(청구인들)은 소득공제제도와 관련하여 환자의 진료비 내역에 관한 정보를 국세청에 제출하도록 의무를 부과하고 있는 소득세법 제165조 제1항 중 「조세특례제한법」을 제외한 부분과 소득세법 제165조 제4항, 소득세법 시행령 제216조의3 제1항 제3호 본문, 제2항(이하 위 규정을 합하여 '이 사건 법령조항'이라 한다)이 환자인 청구인 甲의 개인정보자기결정권을, 그리고 의사들인 청구인 乙, 丙의 양심의 자유, 직업의 자유, 평등권을 침해하여 헌법에 위반된다고 주장하며 2006. 12. 11. 이 사건 헌법소원심판을 청구하였다.

〈설문〉 사건에서 '이 사건 법령조항'이 甲의 개인정보자기결정권, 乙, 丙의 양심의 자유, 직업의 자유, 평등권을 침해한다는 주장은 타당한가?

심판대상조항

소득세법(2005. 12. 31. 법률 제7837호로 개정된 것)

제165조(소득공제증빙서류의 제출 및 행정지도) ① 이 법 또는 「조세특례제한법」의 규정에 따른 소득공제 중 대통령령이 정하는 소득공제를 받기 위하여 필요한 증빙서류(이하 "소득공제증빙서류"라 한다)를 발급하는 자는 정보통신망의 활용 등 대통령령이 정하는 바에 따라 국세청장에게 소득공제증빙서류를 제출하여야 한다. 다만, 소득공제증빙서류를 발급받는 자가 서류의 제출을 거부하는 등 대통령령이 정하는 경우에는 그러하지 아니하다.

④ 국세청장은 소득공제증빙서류를 발급하는 자에 대하여 소득공제증빙서류를 국세청장에게 제출하도록 지도할 수 있다.

소득세법 시행령(2006. 2. 9. 대통령령 제19327호로 개정된 것)

제216조의3(소득공제 증빙서류의 제출 및 행정지도) ① 법 제165조 제1항에서 "대통령령이

정하는 소득공제"라 함은 다음 각 호의 어느 하나에 해당하는 지급액에 대한 소득공제를 말한다.

3. 법 제52조 제1항 제3호의 규정에 따른 의료비. 다만, 제110조 제1항 제3호 내지 제5호의 의료비를 제외한다.

② 법 제165조 제1항의 규정에 따른 소득공제증빙서류를 발급하는 자는 국세청장이 정하는 바에 따라 별표 4에서 규정하는 기관(이하 이 조에서 "자료집중기관"이라 한다)에 소득공제 증빙자료를 제출하여야 한다.

관련조항

국세기본법

제85조(과세자료의 제출과 그 수집에 대한 협조) ① 세법에 따라 과세자료를 제출할 의무가 있는 자는 과세자료를 성실하게 작성하여 정해진 기한까지 소관 세무서장에게 제출하여야 한다. 다만, 국세정보통신망을 이용하여 제출하는 경우에는 지방국세청장이나 국세청장에게 제출할 수 있다.

소득세법(2005. 12. 31. 법률 제7837호로 개정된 것)

제52조(특별공제) ① 근로소득이 있는 거주자(일용근로자를 제외한다)가 당해연도에 지급한 금액(제3호의 규정에 따른 의료비의 경우에는 직전연도 12월부터 당해연도 11월까지 지급한 금액을 말한다) 중 다음 각 호에 규정한 것이 있는 때에는 이를 당해연도의 근로소득금액에서 공제한다.

3. 기본공제대상자(연령 및 소득금액의 제한을 받지 아니한다)를 위하여 지급한 대통령령이 정하는 의료비로서 다음 각 목의 금액을 합산한 금액
   가. 당해 거주자·경로우대자 및 장애인을 위하여 지급한 의료비. 다만, 나목의 대상자의 의료비 금액이 총급여액에 100분의 3을 곱하여 계산한 금액에 미달하는 경우에는 그 미달하는 금액을 차감한다.
   나. 가목의 대상자를 제외한 기본공제대상자를 위하여 지급한 의료비로서 총급여액에 100분의 3을 곱하여 계산한 금액을 초과하는 금액. 다만, 당해 금액이 연 500만 원을 초과하는 경우에는 연 500만 원으로 한다.

제165조(소득공제증빙서류의 제출 및 행정지도) ② 제1항의 규정에 따라 소득공제증빙서류를 제공받은 자는 이를 타인에게 제공 또는 누설하거나 과세목적 외의 용도로 사용하여서는 아니 된다.

③ 제1항의 규정에 따라 소득공제증빙서류를 제공받아 알게 된 자 중 공무원이 아닌 자는 형법 그 밖의 법률에 따른 벌칙의 적용에 있어서 공무원으로 본다.

⑤ 제4항의 규정에 따른 지도에 관하여 필요한 사항은 대통령령으로 정한다.

소득세법 시행령(2006. 2. 9. **대통령령 제**19327**호로 개정되고**, 2007. 2. 28. **대통령령 제** 19890**호로 개정되기 전의 것**)

제216조의3(소득공제 증빙서류의 제출 및 행정지도) ① 법 제165조 제1항에서 "대통령령이 정하는 소득공제"라 함은 다음 각 호의 어느 하나에 해당하는 지급액에 대한 소득공제를 말한다.

1. 법 제51조의3 제3호의 규정에 따른 부담금
2. 법 제52조 제1항 제2호·제2호의2의 규정에 따른 보험료
4. 법 제52조 제1항 제4호의 규정에 따른 수업료 등으로서 다음 각 목의 어느 하나에 해당하는 기관에 지출한 수업료 등
   가. 「유아교육법」에 따른 유치원
   나. 「초·중등교육법」·「고등교육법」 및 특별법에 따른 학교
   다. 「영유아보육법」에 따른 보육시설
5. 법 제52조 제1항 제4호의2의 규정에 따른 직업능력개발훈련을 위하여 지급한 수강료
6. 「조세특례제한법」 제86조의 규정에 따른 개인연금저축 불입액
7. 「조세특례제한법」 제86조의2의 규정에 따른 연금저축 불입액
8. 「조세특례제한법」 제126조의2의 규정에 따른 신용카드 등 사용금액

③ 제2항의 규정에 따른 자료집중기관은 국세청장이 정하는 바에 따라 국세청장에게 소득공제증빙자료를 제출하여야 한다.

④ 법 제165조 제1항 단서에서 "대통령령이 정하는 경우"라 함은 소득공제증빙서류를 발급받는 자가 본인의 의료비내역과 관련된 자료의 제출을 제3항의 규정에 따라 자료집중기관이 국세청장에게 소득공제증빙서류를 제출하기 전까지 거부하는 경우를 말한다.

⑤ 국세청장은 소득공제와 관련하여 필요한 범위 안에서 소득공제증빙서류를 발급하는 자에 대하여 제출안내 등 지도에 관하여 필요한 사항을 정할 수 있다.

[별표 4] 소득공제대상 지출별 자료집중기관(제216조의3 제2항 관련)

<table>
<tr><th colspan="2">소득공제대상 지출</th><th>자료집중기관</th></tr>
<tr><td colspan="2">1. 제216조의3 제1항 제1호·제2호·제6호 및 제7호의 규정에 따른 부담금 등</td><td>전국은행연합회(생명보험회사의 자료는 「보험업법」 제175조의 규정에 따른 생명보험협회를, 손해보험회사의 자료는 「보험업법」 제175조의 규정에 따른 손해보험협회를 각각 자료집중기관으로 한다)</td></tr>
<tr><td colspan="2">2. 제216조의3 제1항 제3호의 규정에 따른 의료비</td><td>국세청장이 정하여 고시하는 기관</td></tr>
<tr><td>3. 제216조의3 제1항 제4호의 규정</td><td>가. 「유아교육법」에 따른 유치원 또는 「고등교육법」·특별법에 따른 학교에 지급한 수업료 등</td><td>국세청장이 정하여 고시하는 기관</td></tr>
</table>

에 따른 수업료등	나. 「초·중등교육법」에 따른 학교에 지급한 수업료 등	교육인적자원부
	다. 「영유아보육법」에 따른 보육시실에 지급한 수업료 등	여성가족부
4. 제216조의3 제1항 제5호의 규정에 따른 수강료		노동부
5. 제216조의3 제1항 제8호의 규정에 따른 신용카드 등 사용금액		「여신전문금융업법」 제62조의 규정에 따른 한국여신전문금융업협회

해 설 [제1안]

1. 이 사건 법령조항의 의의와 쟁점
2. 〈설문〉 사건에서 제한되는 기본권
   (1) 청구인들이 주장하는 기본권
   (2) 제한되는 기본권과 기본권 경합의 검토
      1) 제한되는 기본권
         ① 개인정보자기결정권
         ② 양심의 자유
         ③ 직업의 자유
         ④ 평등권
      2) 기본권 경합과 해결
3. 甲의 개인정보자기결정권의 침해 여부
   (1) 개인정보자기결정권의 의의와 제한
      1) 개인정보자기결정권의 의의
      2) 개인정보자기결정권의 제한과 과잉금지원칙
   (2) 이 사건 법령조항의 과잉금지원칙 위배 여부
      1) 입법목적의 정당성과 수단의 적절성
      2) 침해의 최소성
      3) 법익의 균형성
   (3) 소결
4. 乙, 丙의 양심의 자유, 평등권 침해 여부
   (1) 양심의 자유의 침해 여부
      1) 양심의 자유의 의의와 제한
         ① 양심의 자유의 의의
         ② 양심의 자유의 제한과 과잉금지원칙
      2) 이 사건 법령조항의 과잉금지원칙 위배 여부
         ① 입법목적의 정당성과 수단의 적절성
         ② 침해의 최소성
         ③ 법익의 균형성
      3) 소결
   (2) 평등권의 침해 여부
      1) 평등권의 의의와 평등권 침해의 심사기준
         ① 평등권의 의의
         ② 평등권 침해의 심사기준
      2) 이 사건 법령조항의 평등권 침해 여부 검토
         ① 비교집단의 기본적 동일성과 차별취급의 존재
         ② 〈설문〉 사건의 심사기준
         ③ 합리적 차별사유의 존재 여부
      3) 소결
5. 결어

1. 이 사건 법령조항의 의의와 쟁점

(1) 이 사건 법령조항의 의의

〈설문〉의 '이 사건 법령조항'은 소득공제제도와 관련하여 환자의 진료비 내역에 관한 정보를 국세청에 제출하도록 의무를 부과하고 있는 소득세법 제165조 제1항 중 「조세특례제한법」을 제외한 부분과 소득세법 제165조 제4항, 그리고 소득세법 제165조 제1항의 규정을 구체화한 소득세법 시행령 제216조의3 제1항 제3호 본문, 제2항을 총칭한 것이다.

이 사건 법령조항은 의료비 연말정산을 위하여 의료기관을 일일이 방문하여 영수증을 받아야하는 직장 근로자들의 불편을 해소하고 납세행정의 효율성을 제고하며, 영수증 발급 등으로 인한 사회적 비용을 절감하려는 데에 그 의의가 있다.

그런데 이 사건 법령조항은 의료기관등에게 소득공제증빙서류 제출의무를 부과하면서도 그 불이행에 대하여 아무런 형사상 또는 행정상 제재수단을 두고 있지 않으므로, 위 법령조항으로 인한 기본권침해가능성이 있는지 문제된다.

의무불이행에 대하여 형벌이나 행정처분 등 제재수단이 없다고 하여 그 법규범을 선언적이거나 권고적인 규정이라고 단정할 것은 아니다. 즉, 법규범의 성격이 행위의 금지 또는 의무이행을 요구하는 것이고, 그 금지 또는 이행을 강제할 간접적이고 사실적인 수단이 존재하는 경우에는 그 법규범은 구속력 있는 규범으로서 국민의 기본권을 제한하거나 침해할 가능성이 있다고 보아야 할 것이기 때문이다.

〈설문〉 사건과 관련하여 이를 살펴보면, 우선, 국세기본법 제85조 제1항에 따라 과세자료를 제출할 의무가 있는 청구인들은 국세기본법상 소득공제증빙서류의 제출의무를 부담하고 있으며, 다음으로, 소득세법 제165조 제4항 및 제5항과 그에 따른 소득세법 시행령 제216조의3 제5항은 소득공제증빙서류의 제출에 관한 행정지도를 할 수 있도록 규정하고 있다. 이러한 행정지도는 비권력적 사실행위이지만, 실제로는 행정지도의 주체인 국세청장이 세무조사 등 행정권을 행사할 수 있는 지위에 있다 보니, 행정객체인 청구인들로서는 사실상 그러한 행정지도에 따르지 않을 수 없게 된다. 요컨대, 이 사건 법령조항에 따른 소득공제증빙서류 제출의무의 불이행에 대하여 위에서 본 바와 같은 간접적이고 사실적인 강제수단이 존재하는 점에 비추어 볼 때, 이 사건 법령조항은 청구인들의 기본권을 제한 또는 침해할 가능성이 있다고 할 것이다.

(2) 이 사건 법령조항의 쟁점

〈설문〉 사건에서 이 사건 법령조항과 관련한 쟁점들을 살펴보면 다음과 같다.

먼저, 환자인 청구인 甲의 경우는, 국가가 개인의 의료비 내역에 관한 정보를 본인의 사전 동의 없이 수집·보관·이용하는 것은 개인정보자기결정권을 제한하고 침해하는 것은 아닌지 하는 점이다.

다음으로, 의사인 청구인 乙, 丙의 경우는, 1) 직무상 지득한 환자의 의료비 내역을 국가기관에 알리도록 함으로써 의사들의 양심상 결정에 반하는 행위를 강요하는 것은 양심의 자유를 제한하고 침해하는 것은 아닌지, 2) 자료제출의무를 부과함으로써 의사나 의료기관의 직업의 자유를 제한하고 침해하는 것은 아닌지, 그리고 3) 소득공제증빙서류 발급자 중 의료기관을 포함한 일정한 범위의 영업행위자에 한하여 증빙서류제출의무를 부과하는 것은 합리적 이유 없이 청구인들을 차별하는 것으로 평등권을 제한하고 침해하는 것은 아닌지 하는 점들이 쟁점이 된다.

2. 〈설문〉 사건에서 제한되는 기본권

(1) 청구인들이 주장하는 기본권

위의 〈설문〉 사건의 쟁점에서 살펴본 바와 같이, 환자인 청구인 甲은 이 사건 법령조항이 자신의 개인정보자기결정권이 침해하는 것이라고 하고, 의사인 청구인 乙, 丙은 자신들의 양심의 자유, 직업의 자유, 그리고 평등권을 침해하는 것이라고 주장하고 있다.

먼저, 청구인들이 주장하는 기본권들이 이 사건 법령조항에 의하여 제한되는 기본권인지를 살펴본다.

(2) 제한되는 기본권과 기본권 경합의 검토

1) 제한되는 기본권

① 개인정보자기결정권

(a) 개인정보자기결정권의 의의와 제한

헌법 제10조 제1문에서 도출되는 일반적 인격권 및 헌법 제17조의 사생활의 비밀과 자유에 의하여 보장되는 개인정보자기결정권은 자신에 관한 정보가 언제 누구에게 어느 범위까지 알려지고 이용되도록 할 것인지를 그 정보주체가 스스로 결정할 수 있는 권리이다.

이러한 개인정보자기결정권의 보호대상이 되는 개인정보는 개인의 신체, 신념, 사회적 지위, 신분 등과 같이 개인의 인격주체성을 특징짓는 사항으로서 그 개인의 동일성을 식별할 수 있게 하는 일체의 정보라고 할 수 있다. 그리고 그러한 개인정보를 대상으로 한 조사·수집·보관·처리·이용 등의 행위는 모두 원칙적으로 개인정보자기결정권에 대한 제한에 해당한다(헌재 2005. 7. 21. 2003헌마282).

(b) <설문> 사건에서 개인정보자기결정권의 제한 여부

개인의 의료에 관한 정보는 개인의 인격 및 사생활의 핵심에 해당하는 민감한 정보 가운데 하나이다. 물론, 〈설문〉 사건의 소득공제증빙서류에 기재될 내용은 누가, 언제, 어디서 진료를 받고 얼마를 지불했는가라는 의료비의 지급 및 영수에 관한 것으로 병명이나 구체적인 진료내역과 같은 인격의 내적 핵심에 근접하는 의료정보는 아니다.

그러나 누가, 언제, 어디서 진료를 받고 얼마를 지불했는가라는 사실은 그 자체만으로도 보호되어야 할 사생활의 비밀일 뿐 아니라, 이러한 정보를 통합하면 구체적인 신체적·정신적 결함이나 진료의 내용까지도 유추할 수 있게 되므로, 개인정보자기결정권에 의하여 보호되어야 할 의료정보라고 아니할 수 없다.

따라서 이 사건 법령조항은 개인정보자기결정권을 제한하는 것이다.

② 양심의 자유

(a) 양심의 자유의 의의와 제한

헌법 제19조는 "모든 국민은 양심의 자유를 가진다"라고 규정하여 양심의 자

유를 기본권의 하나로 보장하고 있다.

여기에서의 '양심'은 옳고 그른 것에 대한 판단을 추구하는 가치적·도덕적 마음가짐으로, 개인의 소신에 따른 다양성이 보장되어야 하고 그 형성과 변경에 외부적 개입과 억압에 의한 강요가 있어서는 아니 되는 인간의 윤리적 내심영역이다.

양심의 자유에서 보호되어야 할 양심에는 세계관·인생관·주의·신조 등은 물론, 이에 이르지 아니하여도 보다 널리 개인의 인격형성에 관계되는 내심에 있어서의 가치적·윤리적 판단도 포함될 수 있다(헌재 2005. 5. 26. 99헌마513, 2004헌마190).

나아가 '양심상의 결정'이란 선과 악의 기준에 따른 모든 진지한 윤리적 결정으로서 구체적인 상황에서 개인이 이러한 결정을 자신을 구속하고 무조건적으로 따라야 하는 것으로 받아들이기 때문에 양심상의 심각한 갈등 없이는 그에 반하여 행동할 수 없는 것을 말한다(헌재 2004. 8. 26. 2002헌가1).

양심의 자유 중 '양심형성의 자유'는 내심에 머무르는 한, 절대적으로 보호되는 기본권이라 할 수 있는 반면, 양심적 결정을 외부로 표현하고 실현할 수 있는 권리인 '양심실현의 자유'는 법질서에 위배되거나 타인의 권리를 침해할 수 있기 때문에 법률에 의하여 제한될 수 있다(헌재 2018. 6. 28. 2011헌바379등).

(b) <설문> 사건에서 양심의 자유의 제한 여부

〈설문〉의 이 사건 법령조항에 의하여 의사들이 제출해야 되는 내용은 누가, 언제, 어디에서 진료비로 얼마를 지급하였는지에 관한 것으로 개인의 존엄과 인격의 핵심에 관한 내용은 아니다.

그러나 개인의 진료내역은 물론, 진료를 받았다는 사실 그 자체가 사람의 신체적·정신적 결함을 평가하는 요소일 뿐만 아니라 사회적·경제적 평가의 판단 기준이 되는 사생활의 핵심을 이루는 비밀이다. 또한 경우에 따라서는 병원명과 의료비 지급내역만으로도 당해 환자의 신체적·정신적 결함을 추측할 수도 있다. 그러므로 위와 같은 환자의 비밀을 국가기관에 통보하도록 강제하는 것은 환자에 대하여 비밀유지의무가 있는 의사들에게 '직업적 신념 내지 가치관에 반하는 비윤리적 행위의무'를 부과하는 것이다.

따라서 이 사건 법령조항에 기한 증빙서류 제출의무는, 환자와 특별한 관계에 있는 의사의 진지한 윤리적 결정에 반하는 행동을 강제하는 것으로서 헌법 제19조가 보장하는 양심의 자유 중 양심실현의 자유(소극적인 양심실현의 자유 또는 부작위에 의한 양심실현의 자유)를 제한하는 것이라고 할 것이다.

③ 직업의 자유

(a) 직업의 자유의 의의와 제한

헌법은 제15조에서 "모든 국민은 직업선택의 자유를 가진다"고 하여 직업의 자유를 보장하고 있다. 헌법 제15조가 규정하는 직업선택의 자유는 자신이 원하는 직업을 자유롭게 선택하는 좁은 의미의 '직업선택의 자유'와 그가 선택한 직업을 자기가 원하는 방식으로 자유롭게 수행할 수 있는 '직업수행의 자유'를 포함하는 "직업의 자유"를 뜻하는데, 영업의 자유도 이러한 직업(직업수행)의 자유에 의하여 보장된다(헌재 1998. 3. 26. 97헌마194; 헌재 2018. 3. 29. 2016헌바468).

직업의 자유를 제한함에 있어서는 '직업수행'의 자유 제한과 '직업선택'의 자유 제한의 경우로 나누어서 그 요건의 엄격성을 달리하여 심사하여야 하는데, 전자에 대한 제한의 경우는 그 침해의 효과가 후자에 대한 제한에 비하여 작기 때문에 그에 대한 제한은 보다 폭넓게 허용된다(헌재 2002. 12. 18. 2000헌마764).

(b) <설문> 사건에서 직업수행의 자유의 제한 여부

〈설문〉 사건에서는 이 사건 법령조항이 청구인들에게 의료비 내역에 관한 자료제출의무를 부과하는 것이므로, 의사인 청구인들의 영업활동을 제한하는 것이라고 할 수 있으므로, 직업의 자유 중 직업수행의 자유(영업의 자유)를 제한하는 것인지가 문제된다.

여기에서는 이와 관련하여, ⅰ) 의료비 내역의 영업상의 비밀 해당성, ⅱ) 의료비 내역의 제출로 인한 법률상 분쟁발생의 우려, 그리고 ⅲ) 의료비 내역의 제출로 인한 업무상 부담의 증가 등으로 직업수행의 자유를 제한하는 것인지 여부를 살펴본다.

ⅰ) 의료비 내역의 영업상의 비밀 해당성

영업비밀이라 함은 일반적으로 알려져 있지 아니하고 독립된 경제적 가치를 가지며, 상당한 노력에 의하여 비밀로 유지·관리된 생산방법, 판매방법 기타 영업활동에 유용한 기술상 또는 경영상의 정보를 말한다(대법원 1999. 3. 12. 선고 98도4704 판결; 대법원 2004. 4. 27. 선고 2002도4041 판결).

〈설문〉 사건에서 환자의 의료비지급내역인 성명, 주민등록번호, 지급금액 및 지급일자는 병·의원의 고객인 영업상의 정보이기는 하지만 독립된 경제적 가치를 가진다거나 상당한 노력에 의하여 비밀로 취급되는 영업활동에 유용한 기술상 또는 경영상의 정보라고 보기는 어렵다.

또한 설사 환자의 의료비 내역에 관한 정보가 영업상의 비밀에 해당한다고 하더라도, 의료비내역에 관한 자료가 일반 공중이나 경쟁관계에 있는 의료기관 등에 유출 또는 공개되는 것이 아니므로, 이 사건 법령조항이 의사 내지 의료기관의 직업수행의 자유를 제한하는 것이라고 볼 수는 없다.

ⅱ) 의료비 내역의 제출로 인한 법률상 분쟁발생의 우려

증빙서류 제출로 인하여 환자(특히, 우울증 환자)의 병이 악화되거나 치료효과가 나타나지 아니하여 환자와의 사이에 손해배상 등 법률상 분쟁이 발생할 가능성이 있는데, 이러한 가능성만으로 직업수행의 자유를 제한한다고 볼 수 없다.

ⅲ) 의료비 내역의 제출로 인한 업무상 부담의 증가

의료비 내역 제출의무가 의료영업을 수행하는 청구인들에게 업무상 부담을 줌으로써 직업수행의 자유를 제한한다고 할 수도 있으나, 의료기관은 의료비지급내역에 관한 자료를 전자적 방법에 의하여 축적하고 있어서 국세청 제출을 위해서 특별히 시간과 노력을 들일 필요가 없이 보유 데이터를 연 1회 전자통신망을 통하여 국세청에 제출하면 되는 것이므로, 이것이 직업수행의 자유를 제한할 정도의 부담이라고 볼 수도 없다.

따라서 의료비 내역에 관한 자료제출의무를 부과하는 이 사건 법령조항이 직업수행의 자유(영업의 자유)를 제한하는 것이라고 할 수 없다.

④ **평등권**

(a) 평등권의 의의와 제한

헌법 제11조에서 보장하는 평등권은 국가로부터 불평등한 취급을 받지 아니함과 동시에 국가에 대하여 평등한 처우를 요구할 수 있는 주관적 공권이다. 여기에서 말하는 평등은 기회의 균등과 자의의 금지를 기본적 내용으로 하는 상대적 평등으로서 일체의 차별적 대우를 부정하는 절대적 평등을 의미하는 것이 아니다.

그러므로 헌법 제11조의 평등은 입법과 법의 적용에 있어서 합리적인 근거가

없는 차별을 배제하는 상대적 평등을 뜻하며, 합리적 근거가 있는 차별은 평등의 원칙에 반하는 것이 아니다(헌재 1999. 7. 22. 98헌바14; 헌재 2001. 6. 28. 99헌마516).

평등권에 대한 제한은 입법자에게 인정되는 입법형성권의 정도에 따라 다르게 나타나는데, 평등권 침해 여부를 심사함에 있어서 적용되는 심사기준에는 엄격한 심사기준(비례성원칙)과 완화된 심사기준(자의금지원칙)이 있다.

(b) <설문> 사건에서 평등권의 제한 여부

〈설문〉의 이 사건 법령조항은 소득세법 또는 조세특례제한법상 소득공제증빙서류를 발급하는 모두에게 그 제출의무를 부과하는 것이 아니고, 연말정산 간소화 제도의 대상을 의료비 등 8개 항목으로 한정한 후, 그에 관한 증빙서류를 발급하는 자에 한하여만 제출의무를 부과하고 있다.

이러한 점에서 이 사건 법령조항은 의료비내역의 발급의무자인 청구인들을 제출의무자에서 제외된 사회복지시설 운영자 등과 차별하고 있으므로 평등권을 제한한다고 할 것이다.

2) 기본권 경합과 해결

위에서 살펴본 바와 같이, 이 사건 법령조항은 개인정보자기결정권, 양심의 자유, 평등권을 제한하지만, 직업수행의 자유는 제한하지 아니한다.

〈설문〉 사건에서는 청구인 甲과는 달리 乙, 丙은 양심의 자유, 직업의 자유, 평등권이 침해되었다고 주장하고 있으므로 기본권 경합의 문제가 발생한다. 이와 관련하여 이 사건 법령조항이 직업의 자유는 제한하지 아니하므로, 양심의 자유와 평등권만 문제 되는데, 이 두 기본권은 각각 독자적인 보호영역과 판단영역을 지니고 있으므로, 이에 대하여 그 침해여부를 살펴본다.

3. 甲의 개인정보자기결정권의 침해 여부

(1) 개인정보자기결정권의 의의와 제한

1) 개인정보자기결정권의 의의

[해설: 2. 〈설문〉 사건에서 제한되는 기본권, (2) 제한되는 기본권과 기본권

경합의 검토, 1) 제한되는 기본권, ① 개인정보자기결정권 참조]

2) 개인정보자기결정권의 제한과 과잉금지원칙

개인정보자기결정권도 헌법 제37조 제2항에 의하여 제한될 수 있는데, 〈설문〉 사건에서 근로소득자인 청구인 甲의 진료정보가 본인의 동의 없이 국세청 등으로 제출·전송·보관되는 것은 위 청구인의 개인정보자기결정권을 제한하는 것으로서, 그 제한에 있어서는 헌법 제37조 제2항의 과잉금지 원칙 — 목적의 정당성, 수단의 적절성, 침해의 최소성, 그리고 법익의 균형성 — 이 준수되어야 한다.

(2) 이 사건 법령조항의 과잉금지원칙 위배 여부

1) 입법목적의 정당성과 수단의 적절성

이 사건 법령조항에 의하여 근로소득자인 청구인 甲의 진료정보가 본인의 동의 없이 국세청 등으로 제출·전송·보관되는 것은 위 청구인의 개인정보자기결정권을 제한하는 것이지만, 이 사건 법령조항은 의료비 특별공제를 받고자 하는 근로소득자의 연말정산을 위한 소득공제증빙자료 제출의 불편을 해소하는 동시에 이에 따른 근로자와 사업자의 시간적·경제적 비용을 절감하고 부당한 소득공제를 방지하려는 데 그 목적이 있고, 위 목적을 달성하기 위하여, 연말정산에 필요한 항목 등을 제출대상으로 삼고 있으므로, 그 수단의 적절성도 인정된다.

2) 침해의 최소성

이 사건 법령조항에 의하여 소득공제증빙서류를 발급받는 자는 본인의 의료비내역과 관련된 자료의 제출을 자료집중기관이 국세청장에게 소득공제증빙서류를 제출하기 전까지 거부할 수 있도록 하고, 근로소득자 내지 부양가족 본인만이 자료를 조회하고 출력할 수 있도록 하는 등 이 사건 자료제출제도가 개인의 자기정보결정권에 대한 제한이 최소화되도록 제반 장치를 갖추고 있다.

따라서 개인의 자기정보결정권이 필요최소한 범위 내에서 제한되도록 함으로써 피해최소성의 원칙을 충족하고 있다고 할 것이다.

3) 법익의 균형성

이 사건 법령조항에 의하여 얻게 되는 근로소득자의 연말정산 편의 및 사회적 비용 절감이라는 공익이 이로 인하여 제한되는 개인정보자기결정권인 사익보다는 크다고 할 것이므로, 위 법령조항은 법익의 균형성을 갖추었다고 할 것이다.

(3) 소 결

이 사건 법령조항이 과잉금지 원칙에 위배하여 청구인 甲의 개인정보자기결정권을 침해하였다고 볼 수 없다.

4. 乙, 丙의 양심의 자유, 평등권 침해 여부

(1) 양심의 자유의 침해 여부

1) 양심의 자유의 의의와 제한

① 양심의 자유의 의의

[해설: 2. 〈설문〉 사건에서 제한되는 기본권, (2) 제한되는 기본권과 기본권 경합의 검토, 1) 제한되는 기본권, ② 양심의 자유 참조]

② 양심의 자유의 제한과 과잉금지원칙

양심은 내심에 머무르는 한 절대적이라고 할 것이지만, 그런 양심을 외부적으로 실현하는 영역에 대해서는 헌법 제37조 제2항에 의하여 제한할 수 있다.

〈설문〉 사건에서 이 사건 법령조항은 의사들인 청구인 乙, 丙으로 하여금 환자의 비밀인 의료비내역에 관한 서류를 국세청에 제출하도록 함으로써 의사로서의 소극적 양심실현의 자유를 제한하고 있는데, 이러한 제한도 헌법상 과잉금지원칙 — 목적의 정당성, 수단의 적절성, 침해의 최소성, 그리고 법익의 균형성 — 을 준수하여야 한다.

2) 이 사건 법령조항의 과잉금지원칙 위배 여부

① 입법목적의 정당성과 수단의 적절성

이 사건 법령조항은 근로소득자들의 연말정산 간소화라는 공익을 달성하기 위하여 그에 필요한 의료비내역을 국세청장에게 제출하도록 하는 것으로서, 그 목적의 정당성과 수단의 적절성이 인정된다.

② 침해의 최소성

이 사건 법령조항에 의하여 국세청장에게 제출되는 내용은, 환자의 구체적인 병명이나 진료내역과 같은 인격과 사생활의 핵심적인 부분을 이루는 민감한 정보가 아니고, 단지 수진자의 성명, 주민등록번호와 진료비 지급금액 및 지급일자로서 과세관청이 소득세 공제액을 산정하기 위한 필요최소한의 내용이다.

또한 수집된 자료가 국가기관이나 일반인에게 열람 내지 공개되는 것이 아니라, 당해 정보의 주체 본인만이 그 내역을 컴퓨터로 조회하고 출력할 수 있고, 국가기관도 이를 과세목적 외의 용도로 사용할 수 없다.

따라서 이 사건 법령조항은 침해 최소성의 원칙도 충족하고 있다.

③ 법익의 균형성

이 사건 법령조항으로 얻게 되는 납세자의 편의와 사회적 제비용의 절감을 위한 연말정산 간소화라는 공익이 이로 인하여 제한되는 의사들의 양심실현의 자유에 비하여 결코 적다고 할 수 없으므로, 이 사건 법령조항은 법익의 균형성도 갖추었다고 할 것이다.

3) 소 결

따라서 이 사건 법령조항이 과잉금지 원칙에 위배하여 청구인 乙, 丙의 양심(양심실현)의 자유를 침해하였다고 볼 수 없다.

(2) 평등권의 침해 여부

1) 평등권의 의의와 평등권 침해의 심사기준

① 평등권의 의의

[해설: 2. 〈설문〉 사건에서 제한되는 기본권, (2) 제한되는 기본권과 기본권 경합의 검토, 1) 제한되는 기본권, ④ 평등권 참조]

② 평등권 침해의 심사기준

평등권 침해 여부를 심사함에 있어서 적용되는 기준은 엄격한 심사기준(비례성원칙)과 완화된 심사기준(자의금지원칙)이 있다. 엄격한 심사기준이 적용되는 경우는 ⅰ) 헌법에서 특별히 평등을 요구하고 있는 경우 또는 ⅱ) 관련 기본권에 대한 중대한 제한을 초래하는 경우이고, 그 외에는 완화된 심사기준이 적용된다(헌재 2001. 6. 28. 2001헌마132).

심사기준에 따른 심사 내용으로서, 엄격한 심사를 한다는 것은, 자의금지원칙에 따른 심사—합리성 유무의 심사에 그치는 심사—와는 달리, 비례성원칙에 따른 심사, 즉 차별취급의 목적과 수단 간에 엄격한 비례관계가 성립하는지를 기준으로 한 심사를 행함을 의미한다(헌재 1999. 12. 23. 98헌마363).

2) 이 사건 법령조항의 평등권 침해 여부 검토

① 비교집단의 기본적 동일성과 차별취급의 존재

이 사건 법령조항이 소득세법 또는 조세특례제한법상 소득공제증빙서류를 발급하는 모두에게 그 제출의무를 부과하는 것이 아니고, 연말정산 간소화 제도의 대상을 의료비 등 8개 항목으로 한정한 후, 그에 관한 증빙서류를 발급하는 자에 한하여만 제출의무를 부과하고 있다.

여기에서 의료비내역의 제출의무자인 청구인들과 제출의무자에서 제외된 사회복지시설 운영자 등은 소득세법 또는 조세특례제한법상 소득공제증빙서류를 발급하는 자라는 점에서 기본적으로 동일하고, 그럼에도 불구하고 제출의무 부과에서 차별하고 있으므로 차별취급이 존재한다.

② 〈설문〉 사건의 심사기준

〈설문〉의 이 사건 법령조항의 경우, 그 적용대상인 의사들에 대하여 헌법에서 특별히 평등을 요구하고 있다고 볼만한 자료를 찾아볼 수 없고 또 청구인들에 대한 양심의 자유의 제한도 과잉금지원칙에서 살펴본 바와 같이 침해의 최소성을 충족시키는 것으로서 기본권의 제한이 중대한 경우도 아니므로, 〈설문〉 사건에서 평등권 침해 여부에 대한 심사 기준은 자의금지원칙이 될 것이다.

③ 합리적 차별사유의 존재 여부

근로소득자에게 소득공제를 할 것인지, 한다면 어떤 지출항목을 공제대상으로 할 것인지, 소득공제를 위한 증빙의 방법을 어떻게 할 것인지 등은 입법자의 재량범위에 속한다고 할 것이다.

그런데 의료비를 포함한 위 8개 항목은 삶을 유지해 나가기 위해 필수적으로 지출해야 하는 것이거나 생활 속에서 빈번하게 사용하는 비용이고, 또한 이런 비용은 거래내역에 대한 전산화(데이터베이스화)가 되어 있어 영수증 발급기관에 큰 부담을 주지 않으면서도 지출내역을 손쉽게 수집할 수 있다.

그러므로 여러 비용항목 가운데 의료비와 같이 빈번하고 필수적인 항목을 간소화 대상으로 삼고 이들 항목의 영수증 발급기관들에 대해서만 증빙서류제출의무를 부과하고 있는 것에는 타당하고도 합리적인 이유가 있다고 할 것이다.

3) 소 결

따라서 이 사건 법령조항이 소득공제증빙서류 발급의무자 중 청구인 乙, 丙과 같은 의사와 사회복지시설 운영자와 같은 제출의무제외자를 합리적 근거 없이 차별함으로써 헌법상 평등권을 침해하였다고 할 수 없다.

5. 결 어

이 사건 법령조항에 의하여 직업(직업수행)의 자유는 제한되지 아니하며, 개인정보자기결정권, 양심의 자유, 평등권은 제한되기는 하나 침해되지는 아니한다.

따라서 甲, 乙, 丙의 주장은 타당하지 못하다.

해 설 [제2안] ([제1안]과 동일한 내용은 생략함)

1. 이 사건 법령조항의 의의와 쟁점
2. 〈설문〉 사건에서 제한되는 기본권
   - (1) 청구인들이 주장하는 기본권
   - (2) 제한되는 기본권과 기본권 경합의 검토
     - 1) 제한되는 기본권
       - ① 개인정보자기결정권
       - ② 양심의 자유
       - ③ 직업의 자유
       - ④ 평등권
     - 2) 기본권 경합과 해결
3. 甲의 개인정보자기결정권의 침해 여부
   - (1) 개인정보자기결정권의 의의와 제한
     - 1) 개인정보자기결정권의 의의
     - 2) 개인정보자기결정권의 제한과 과잉금지원칙
   - (2) 이 사건 법령조항의 과잉금지원칙 위배 여부
     - 1) 입법목적의 정당성과 수단의 적절성
     - 2) 침해의 최소성
     - 3) 법익의 균형성
   - (3) 소결
4. 乙, 丙의 평등권 침해 여부
   - (1) 평등권의 의의와 평등권 침해의 심사기준
     - 1) 평등권의 의의
     - 2) 평등권 침해의 심사기준
   - (2) 이 사건 법령조항의 평등권 침해 여부 검토
     - 1) 비교집단의 기본적 동일성과 차별취급의 존재
     - 2) 〈설문〉 사건의 심사기준
     - 3) 합리적 차별사유의 존재 여부
   - (3) 소결
5. 결어

1. 이 사건 법령조항의 의의와 쟁점

(1) 이 사건 법령조항의 의의

(2) 이 사건 법령조항의 쟁점

2. 〈설문〉 사건에서 제한되는 기본권

(1) 청구인들이 주장하는 기본권

(2) 제한되는 기본권과 기본권 경합의 검토

1) 제한되는 기본권

① 개인정보자기결정권

(a) 개인정보자기결정권의 의의와 제한

(b) 〈설문〉 사건에서 개인정보자기결정권의 제한 여부

② 양심의 자유

(a) 양심의 자유의 의미와 보호영역

i) 양심의 자유의 의미

헌법 제19조는 "모든 국민은 양심의 자유를 가진다"라고 규정하여 양심의 자유를 기본권의 하나로 보장하고 있다.

여기에서의 '양심'이란 인간의 윤리적·도덕적 내심영역의 문제로서, 헌법이 보호하려는 양심은 어떤 일의 옳고 그름을 판단함에 있어서 그렇게 행동하지 아니하고는 자신의 인격적인 존재가치가 허물어지고 말 것이라는 강력하고 진지한 마음의 소리이지, 막연하고 추상적인 개념으로서의 양심이 아니다(헌재 1997. 3. 27. 96헌가11; 헌재 2001. 8. 30. 99헌바92등; 헌재 2002. 4. 25. 98헌마425등; 헌재 2003. 10. 30. 2002헌마518; 헌재 2004. 8. 26. 2002헌가1; 헌재 2005. 5. 26. 99헌마513등). 또한 인간의 존엄성 유지와 개인의 자유로운 인격발현을 최고의 가치로 삼는 우리 헌법상의 기본권체계 내에서 양심의 자유의 기능은 개인적 인격의 정체성과 동질성을 유지하는 데 있는 것이다(헌재 2002. 4. 25. 98헌마425; 헌재 2004. 8. 26. 2002헌가1).

ii) 양심의 자유의 보호영역

헌법상 양심의 자유의 보호영역을 위와 같이 개인의 인격형성에 관련된 진지한 내면의 결정으로 한정하는 것은, 무엇보다도 개인의 인격적 핵심에 관련된 양심의 자유의 최고가치성을 분명히 함으로써 양심의 자유를 최대한 보장하기 위한 것이고, 또한 이와 같은 진지성 요건을 구비하지 못한 내심의 활동영역은 헌법상 보호되는 양심의 자유의 영역에 속하지는 않는다 하더라도 다른 기본권조항들에 의하여 그 보호가치에 상응한 보호를 받을 수 있는 것이다.

헌법재판소는 그 동안 양심의 자유의 침해 여부가 쟁점이 된 사건에서 헌법 제19조에 의하여 보장되는 양심을 엄격히 해석하여 일정한 내심의 활동은 헌법상 보장되는 양심의 자유의 보호영역에 포함되지 아니한다는 취지로 판단한 바 있다(헌재 1997. 3. 27. 96헌가11; 헌재 2001. 8. 30. 99헌바92등; 헌재 2002. 1. 31. 2001헌바43; 헌재 2002. 4. 25. 98헌마425등; 헌재 2003. 10. 30. 2002헌마518; 헌재 2004. 8. 26. 2002헌가1; 헌재 2005. 5. 26. 99헌마513등).

따라서 내심의 결정에 근거한 인간의 모든 행위가 헌법상 양심의 자유의 보호영역에 당연히 포함되는 것은 아니고, '어떤 일의 옳고 그름을 판단함에 있어서 그렇게 행동하지 아니하고는 자신의 인격적인 존재가치가 허물어지고 말 것이라는 강력하고 진지한 마음의 소리'에 해당하여야만 헌법상 양심의 자유의 보호영역에 포함되는 것이다.

(b) <설문> 사건에서 양심의 자유의 제한 여부

양심의 자유 중 '양심형성의 자유'는 내심에 머무르는 한, 절대적으로 보호되는 기본권이라 할 수 있는 반면, 양심적 결정을 외부로 표현하고 실현할 수 있는 권리인 '양심실현의 자유'는 법질서에 위배되거나 타인의 권리를 침해할 수 있기 때문에 법률에 의하여 제한될 수 있다(헌재 2018. 6. 28. 2011헌바379등).

그런데 〈설문〉의 이 사건 법령조항은 의사인 청구인들에 대하여 수진자의 병명 등 구체적 진료정보가 아닌 수진자의 의료비 지급내역이라는 객관적 사실에 관한 자료를 제출할 의무를 부과하고 있을 뿐이므로, 그 소득공제증빙서류의 제출 여부에 대한 결정에 의사 개인의 세계관, 인생관, 주의, 신조 등이나 내심에 있어서의 윤리적·가치적 판단이 개입된다고 보기는 어렵다.

나아가 설사 의사 개개인의 주관에 따라서는 소득공제증빙서류의 제출 여부에 관한 내심의 결정에 어느 정도의 윤리적, 가치적 판단이 개입될 여지는 있다고 하더라도, 이를 헌법상 양심의 자유의 보호영역에 속하는 개인의 인격형성에 관련된 진지한 윤리적 결정, 즉 '어떤 일의 옳고 그름을 판단함에 있어서 그렇게 행동하지 아니하고는 자신의 인격적인 존재가치가 허물어지고 말 것이라는 강력하고 진지한 마음의 소리'에 해당한다고 볼 수는 없다.

따라서 의사인 청구인들이 이 사건 법령조항에 따라 소득공제증빙서류를 제출할 것인지의 여부에 관한 결정은 헌법 제19조에서 보장되는 양심의 자유의 보호영역에 포함되지 아니한다고 할 것이므로, 이 사건 법령조항은 양심의 자유를 제한하는 것이 아니고 따라서 의사인 청구인들의 양심의 자유를 침해할 가능성도 없다고 할 것이다.

③ 직업의 자유

(a) 직업의 자유의 의의와 제한

(b) <설문> 사건에서 직업수행의 자유의 제한 여부

④ 평등권

(a) 평등권의 의의와 제한

(b) <설문> 사건에서 평등권의 제한 여부

2) 기본권 경합과 해결

위에서 살펴본 바와 같이, 이 사건 법령조항은 개인정보자기결정권, 평등권을 제한하지만, 양심의 자유, 직업수행의 자유는 제한하지 아니한다.

〈설문〉 사건에서는 청구인 甲과는 달리 乙, 丙은 양심의 자유, 직업의 자유, 평등권이 침해되었다고 주장하고 있으므로, 기본권 경합의 문제가 발생한다. 이와 관련하여 이 사건 법령조항이 양심의 자유, 직업의 자유는 제한하지 아니하므로, 乙, 丙의 경우도 평등권만 문제된다. 따라서 甲의 개인정보자기 결정권과 乙, 丙의 평등권 침해여부를 살펴본다.

3. 甲의 개인정보자기결정권의 침해 여부

(1) 개인정보자기결정권의 의의와 제한

1) 개인정보자기결정권의 의의

2) 개인정보자기결정권의 제한과 과잉금지원칙

(2) 이 사건 법령조항의 과잉금지원칙 위배 여부

1) 입법목적의 정당성과 수단의 적절성

2) 침해의 최소성

3) 법익의 균형성

(3) 소 결

4. 乙, 丙의 평등권 침해 여부

(해설 [제1안] 4. 乙, 丙의 양심의 자유, 평등권 침해 여부, (2) 평등권의 침해 여부 참조)

(1) 평등권의 의의와 평등권 침해의 심사기준

1) 평등권의 의의

2) 평등권 침해의 심사기준

(2) 이 사건 법령조항의 평등권 침해 여부 검토

1) 비교집단의 기본적 동일성과 차별취급의 존재

2) 〈설문〉 사건의 심사기준

3) 합리적 차별사유의 존재 여부

(3) 소 결

5. 결 어

이 사건 법령조항에 의하여 양심의 자유, 직업(직업수행)의 자유는 제한되지 아니하며, 개인정보자기결정권, 평등권은 제한되기는 하나 침해되지는 아니한다.

따라서 甲, 乙, 丙의 주장은 타당하지 못하다.

참고판례 소득세법 제165조 제1항 등 위헌확인 등(헌재 2008. 10. 30. 2006헌마1401 · 1409(병합))

3-3-49 | 법률유보원칙, 위임입법의 한계, 직업수행의 자유

설 문

국민건강증진법이 제정된 1995년부터 일부 공중이용시설에 금연구역 설치가 의무화되었고, 2002년부터 영업장 넓이 150제곱미터 이상인 일반음식점영업소도 금연구역 설치 의무 대상으로 지정되었다.

그런데 2011년에 개정된 국민건강증진법은 금연구역으로 지정하여야 하는 일반음식점영업소의 범위를 보건복지부령에 위임하였고, 이에 따라 개정된 국민건강증진법 시행규칙은 금연구역 대상 일반음식점영업소를 단계적으로 확대하여 2015. 1. 1.부터 모든 영업소를 금연구역 대상으로 정하였다.

甲은 2015. 6. 16. 영업장 넓이 약 78제곱미터인 일반음식점영업소를 개업하였다. 甲은 2015. 8. 4. 일반음식점영업소를 금연구역으로 지정하여 운영하도록 한 국민건강증진법과 그 시행규칙에 대하여 아래와 같이 주장하면서 그 위헌확인을 구하는 이 사건 헌법소원심판을 청구하였다.

※ "일반음식점영업소를 금연구역으로 지정하여 운영하도록 한 국민건강증진법(2011. 6. 7. 법률 제10781호로 개정된 것) 제9조 제4항 전문 제24호 가운데 '「식품위생법」에 따른 식품접객업 중 일반음식점영업소' 부분(이하 '이 사건 법률조항'이라 한다)은 금연구역으로 지정하여야 하는 영업소의 영업장 넓이에 대하여 그 하한이나 범위를 정하지 않고 보건복지부령에 일괄 위임하여 포괄위임금지원칙에 위반된다. 한편, '보건복지부령으로 정하는 넓이 이상'이라는 문언에 비추어 보면, 일정 규모 이상의 음식점에 한해서만 금연구역 지정 의무를 부과하겠다는 것이 입법자의 의도라고 해석됨에도 불구하고, 2015. 1. 1.부터 모든 일반음식점영업소를 금연구역으로 지정하여 운영하도록 한 국민건강증진법 시행규칙(2012. 12. 7. 보건복지부령 제172호로 개정된 것) 제6조 제1항 제3호 중 '일반음식점영업소' 부분(이하 '이 사건 시행규칙조항'이라 한다)은 법률의 위임 범위를 벗어난 것이다. 이 사건 법률조항 및 이 사건 시행규칙조항(이하 '이 사건 조항'이라 한다)의 입법목적을

달성할 수 있는 수단으로는, 청소년의 출입이 제한되는 시간을 지정하여 성인만 출입할 수 있는 시간대에는 흡연이 허용될 수 있도록 하는 방법, 구역이 나뉜 방들로 구성된 음식점의 경우 각각의 방 안에 적절한 개폐시설과 환기시설을 갖춘 뒤 흡연을 할 수 있도록 하는 방법 등이 있다.그런데 이 사건 조항이 모든 음식점에 대하여 예외 없이 영업시간 전체에 걸쳐 당해 시설 전체를 금연구역으로 지정하도록 강제하는 방법으로 추구하는 국민의 건강 증진이라는 공익에 비하여 음식점 운영자, 특히 흡연실을 설치하기 어려운 소규모 음식점 운영자가 받는 피해와 타격은 상당히 중대하다. 따라서 이 사건 조항은 甲의 직업수행의 자유를 침해한다."

1. 〈설문〉 사건에서 '이 사건 법률조항'은 법률유보원칙에 위배되는가?

2. 〈설문〉 사건에서 '이 사건 시행규칙조항'은 위임입법의 한계를 벗어난 것인가?

3. 〈설문〉 사건에서 '이 사건 조항'은 과잉금지원칙에 위배되어 甲의 직업수행의 자유를 침해하는가?

심판대상조항

국민건강증진법(2011. 6. 7. 법률 제10781호로 개정된 것)

제9조(금연을 위한 조치) ④ 다음 각 호의 공중이 이용하는 시설의 소유자·점유자 또는 관리자는 해당 시설의 전체를 금연구역으로 지정하여야 한다. 이 경우 금연구역을 알리는 표지와 흡연자를 위한 흡연실을 설치할 수 있으며, 금연구역을 알리는 표지와 흡연실을 설치하는 기준·방법 등은 보건복지부령으로 정한다.

24. 「식품위생법」에 따른 식품접객업 중 영업장의 넓이가 보건복지부령으로 정하는 넓이 이상인 휴게음식점영업소, 일반음식점영업소 및 제과점영업소

국민건강증진법 시행규칙(2012. 12. 7. 보건복지부령 제172호로 개정된 것)

제6조(금연구역 등) ① 법 제9조 제4항 제24호에 따라 해당 시설의 전체를 금연구역으로 지정하여야 하는 휴게음식점영업소, 일반음식점영업소 및 제과점영업소(이하 이 조에서 "영업소"라 한다)는 다음 각 호의 구분에 따른 영업소로 한다.

1. 2013년 12월 31일까지: 150제곱미터 이상인 영업소
2. 2014년 1월 1일부터 2014년 12월 31일까지: 100제곱미터 이상인 영업소
3. 2015년 1월 1일부터: 모든 영업소

관련조항

국민건강증진법(2011. 6. 7. 법률 제10781호로 개정된 것)

제1조(목적) 이 법은 국민에게 건강에 대한 가치와 책임의식을 함양하도록 건강에 관한 바른 지식을 보급하고 스스로 건강생활을 실천할 수 있는 여건을 조성함으로써 국민의 건강을 증진함을 목적으로 한다.

제9조(금연을 위한 조치) ④ 다음 각 호의 공중이 이용하는 시설의 소유자·점유자 또는 관리자는 해당 시설의 전체를 금연구역으로 지정하여야 한다. 이 경우 금연구역을 알리는 표지와 흡연자를 위한 흡연실을 설치할 수 있으며, 금연구역을 알리는 표지와 흡연실을 설치하는 기준·방법 등은 보건복지부령으로 정한다. <개정 2011.6.7.>

1. 국회의 청사
2. 정부 및 지방자치단체의 청사
3. 「법원조직법」에 따른 법원과 그 소속 기관의 청사
4. 「공공기관의 운영에 관한 법률」에 따른 공공기관의 청사
5. 「지방공기업법」에 따른 지방공기업의 청사
6. 「유아교육법」·「초·중등교육법」에 따른 학교[교사(校舍)와 운동장 등 모든 구역을 포함한다]
7. 「고등교육법」에 따른 학교의 교사
8. 「의료법」에 따른 의료기관, 「지역보건법」에 따른 보건소·보건의료원·보건지소
9. 「영유아보육법」에 따른 어린이집
10. 「청소년활동진흥법」에 따른 청소년수련관, 청소년수련원, 청소년문화의집, 청소년특화시설, 청소년야영장, 유스호스텔, 청소년이용시설 등 청소년활동시설
11. 「도서관법」에 따른 도서관
12. 「어린이놀이시설 안전관리법」에 따른 어린이놀이시설
13. 「학원의 설립·운영 및 과외교습에 관한 법률」에 따른 학원 중 학교교과교습학원과 연면적 1천제곱미터 이상의 학원
14. 공항·여객부두·철도역·여객자동차터미널 등 교통 관련 시설의 대합실·승강장, 지하보도 및 16인승 이상의 교통수단으로서 여객 또는 화물을 유상으로 운송하는 것
15. 「자동차관리법」에 따른 어린이운송용 승합자동차
16. 연면적 1천제곱미터 이상의 사무용건축물, 공장 및 복합용도의 건축물
17. 「공연법」에 따른 공연장으로서 객석 수 300석 이상의 공연장
18. 「유통산업발전법」에 따라 개설등록된 대규모점포와 같은 법에 따른 상점가 중 지하도에 있는 상점가
19. 「관광진흥법」에 따른 관광숙박업소
20. 「체육시설의 설치·이용에 관한 법률」에 따른 체육시설로서 1천명 이상의 관객을 수용할 수 있는 체육시설
21. 「사회복지사업법」에 따른 사회복지시설

22. 「공중위생관리법」에 따른 목욕장
23. 「게임산업진흥에 관한 법률」에 따른 청소년게임제공업소, 일반게임제공업소, 인터넷컴퓨터게임시설제공업소 및 복합유통게임제공업소
24. 「식품위생법」에 따른 식품접객업 중 영업장의 넓이가 보건복지부령으로 정하는 넓이 이상인 휴게음식점영업소, 일반음식점영업소 및 제과점영업소
25. 「청소년보호법」에 따른 만화대여업소
26. 그 밖에 보건복지부령으로 정하는 시설 또는 기관

⑥ 누구든지 제4항 및 제5항에 따라 지정된 금연구역에서 흡연하여서는 아니 된다. <개정 2010.5.27.>

제34조(과태료) ①다음 각 호의 1에 해당하는 자는 300만원 이하의 과태료에 처한다.
2. 제9조 제4항의 전단의 규정에 위반하여 공중이 이용하는 시설의 전체를 금연구역으로 지정하지 아니하거나 당해 시설을 금연구역과 흡연구역을 구분하여 지정하지 아니한 자

② 다음 각 호의 1에 해당하는 자는 200만원 이하의 과태료에 처한다.
2. 제9조 제4항 후단의 규정에 위반하여 흡연구역의 시설기준을 준수하지 아니한 자

③ 제9조 제6항을 위반하여 금연구역에서 흡연을 한 자에게는 10만원 이하의 과태료를 부과한다.

식품위생법(2013. 3. 23. 법률 제11690호로 개정된 것)

제36조(시설기준) ① 다음의 영업을 하려는 자는 총리령으로 정하는 시설기준에 맞는 시설을 갖추어야 한다.
1. 식품 또는 식품첨가물의 제조업, 가공업, 운반업, 판매업 및 보존업
2. 기구 또는 용기·포장의 제조업
3. 식품접객업

② 제1항 각 호에 따른 영업의 세부 종류와 그 범위는 대통령령으로 정한다.

청소년보호법(2013. 3. 22. 법률 제11673호로 개정된 것)

제2조(정의) 이 법에서 사용하는 용어의 뜻은 다음과 같다.
5. "청소년유해업소"란 청소년의 출입과 고용이 청소년에게 유해한 것으로 인정되는 다음 가목의 업소(이하 "청소년 출입·고용금지업소"라 한다)와 청소년의 출입은 가능하나 고용이 청소년에게 유해한 것으로 인정되는 다음 나목의 업소(이하 "청소년고용금지업소"라 한다)를 말한다. 이 경우 업소의 구분은 그 업소가 영업을 할 때 다른 법령에 따라 요구되는 허가·인가·등록·신고 등의 여부와 관계없이 실제로 이루어지고 있는 영업행위를 기준으로 한다.
   가. 청소년 출입·고용금지업소

3) 「식품위생법」에 따른 식품접객업 중 대통령령으로 정하는 것

청소년보호법(2013. 3. 22. 법률 제11673호로 개정된 것)

제29조(청소년 고용 금지 및 출입 제한 등) ④ 제2항에도 불구하고 청소년이 친권자등을 동반할 때에는 대통령령으로 정하는 바에 따라 출입하게 할 수 있다. 다만, 「식품위생법」에 따른 식품접객업 중 대통령령으로 정하는 업소의 경우에는 출입할 수 없다.

식품위생법 시행령(2013. 12. 30 대통령령 제25052호로 개정된 것) 제21조(영업의 종류)

8. 식품접객업

가. 휴게음식점영업: 주로 다류(茶類), 아이스크림류 등을 조리·판매하거나 패스트푸드점, 분식점 형태의 영업 등 음식류를 조리·판매하는 영업으로서 음주행위가 허용되지 아니하는 영업. 다만, 편의점, 슈퍼마켓, 휴게소, 그 밖에 음식류를 판매하는 장소(만화가게 및 「게임산업진흥에 관한 법률」 제2조 제7호에 따른 인터넷컴퓨터게임시설제공업을 하는 영업소 등 음식류를 부수적으로 판매하는 장소를 포함한다)에서 컵라면, 일회용 다류 또는 그 밖의 음식류에 물을 부어 주는 경우는 제외한다.

나. 일반음식점영업: 음식류를 조리·판매하는 영업으로서 식사와 함께 부수적으로 음주행위가 허용되는 영업

다. 단란주점영업: 주로 주류를 조리·판매하는 영업으로서 손님이 노래를 부르는 행위가 허용되는 영업

라. 유흥주점영업: 주로 주류를 조리·판매하는 영업으로서 유흥종사자를 두거나 유흥시설을 설치할 수 있고 손님이 노래를 부르거나 춤을 추는 행위가 허용되는 영업

마. 위탁급식영업: 집단급식소를 설치·운영하는 자와의 계약에 따라 그 집단급식소에서 음식류를 조리하여 제공하는 영업

바. 제과점영업: 주로 빵, 떡, 과자 등을 제조·판매하는 영업으로서 음주행위가 허용되지 아니하는 영업

청소년보호법 시행령(2012. 9. 14. 대통령령 제24102호로 전부개정된 것)

제5조(청소년 출입·고용금지업소의 범위) ② 법 제2조 제5호 가목 3)에서 "대통령령으로 정하는 것"이란 단란주점영업 및 유흥주점영업을 말한다.

제27조(친권자등을 동반한 청소년의 출입 허용 등) ② 법 제29조 제4항 단서에서 "대통령령으로 정하는 업소"란 단란주점영업소 및 유흥주점영업소를 말한다.

해 설

1. 이 사건 조항의 의의와 쟁점	(1) 법률유보원칙의 의의
2. 이 사건 법률조항의 법률유보원칙의 위배 여부	(2) 이 사건 법률조항의 법률유보원칙의 위배 여부 검토

1. 이 사건 조항의 의의와 쟁점

<설문> 사건의 심판대상은 이 사건 조항(이 사건 법률조항 및 이 사건 시행규칙)으로서 일반음식점영업소를 금연구역으로 지정하여 운영하도록 한 규정이다. 甲은 일반음식점영업소를 개업한 자로서 이 사건조항에 따라 음식점 시설 전체를 금연구역으로 지정하여 운영하여야 할 의무를 부담하게 되었으나, 음식점의 개설·영업행위 자체가 금지되는 것은 아니다.

그러므로 이 사건 조항에 의하여 제한되는 기본권은, 甲이 주장하는 바와 같이, 직업선택(직업결정)의 자유가 아니라 이미 선택한 직업을 영위하는 방식과 조건을 규제받음으로써 제한되는 직업수행(직업종사)의 자유이다.

그리고 甲은 이 사건 법률조항이 포괄위임금지원칙에 위반되고, 이 사건 시행규칙조항은 입법자의 의도를 벗어나 위헌이라고 주장한다. 이러한 甲의 주장의 취지는, 결국 이 사건 법률조항이 스스로 음식점 영업장의 넓이 하한을 정해야 함에도 그러하지 아니하였고, 이 사건 시행규칙조항은 위임입법의 한계를 일탈함으로써 법률유보원칙을 위반하여 甲의 직업수행의 자유를 침해한다는 것으로 해석된다.

따라서 〈설문〉 사건에서는 먼저, 이 사건 법률조항이 법률유보원칙을 위반한 것인지, 다음으로, 이 사건 시행규칙조항이 위임입법의 한계를 벗어난 것인지가 쟁점이 되고, 끝으로, 이 사건 조항이 과잉금지원칙에 위배되어 甲의 직업수행의 자유를 침해하는지 여부가 쟁점이 된다.

2. 이 사건 법률조항의 법률유보원칙의 위배 여부

(1) 법률유보원칙의 의의

헌법상 기본권은 헌법 제37조 제2항에 근거한 법률유보원칙에 따라 제한할 수 있다. 여기에서 법률유보원칙은 단순히 행정작용이 법률에 근거를 두기만 하면 충분한 것이 아니라, 국가공동체와 그 구성원에게 기본적이고도 중요한 의미를 갖는 영역, 특히 국민의 기본권 실현에 관련된 영역에 있어서는 행정에 맡길 것이 아니라 국민의 대표자인 입법자 스스로 그 본질적 사항에 대하여 결정하여야 한다는 요구, 즉 의회유보 원칙까지 내포하는 것으로 이해되고 있다.

이 때 입법자가 형식적의미의 법률로 스스로 규율하여야 하는 사항이 어떤 것인가는 일률적으로 획정할 수 없고 구체적인 사례에서 관련된 이익 내지 가치의 중요성, 규제 내지 침해의 정도와 방법 등을 고려하여 개별적으로 결정할 수 있을 뿐이나, 적어도 헌법상 보장된 국민의 자유나 권리를 제한하는 때에는 그 제한의 본질적인 사항에 관한 한 입법자가 법률로써 스스로 규율하여야 할 것이다(헌재 2008. 2. 28. 2006헌바70).

(2) 이 사건 법률조항의 법률유보원칙의 위배 여부 검토

1) 금연구역 지정제도의 기본적 사항에 대한 규정 여부

이 사건 법률조항을 그 일부로 하는 국민건강증진법 제9조 제4항 전문은 공중이용시설의 소유자, 점유자, 관리자는 해당 시설 전체를 금연구역으로 지정하여야 한다고 명시하면서, 공중이용시설을 구체적으로 나열하여 금연구역으로 지정하여야 할 시설의 종류와 그 지정 주체를 직접 정하고 있다.

그리고 같은 항의 후문에서는 금연구역을 알리는 표지와 흡연실 설치가 가능하다고 규정하고 있고, 음식점의 경우 금연구역으로 지정하여야 할 영업장 넓이의 범위만 보건복지부령에 위임하고 있다.

또한, 같은 법 제9조 제6항은 누구든지 공중이용시설에서 흡연하여서는 안 된다고 규정하고, 제34조는 제9조 제4항을 위반하여 공중이용시설 전체를 금연구역으로 지정하지 아니한 사람에게는 500만 원 이하의 과태료를, 제9조 제6항을 위반하여 금연구역에서 흡연을 한 사람에게는 10만 원 이하의 과태료를 각각 부과한다고 정하고 있는 등, 금연구역 지정 제도와 의무 위반 시 제재에 관한 기본적이고 본질적 사항은 법률에서 모두 규정하고 있다.

2) '음식점 영업장 넓이'의 기본적 사항 해당성

이 사건 법률조항이 위임하여 이 사건 시행규칙에서 정하도록 위임한 '음식점 영업장의 넓이'는 금연정책의 취지와 내용, 사회적 · 경제적 상황의 변동, 전국에 있는 음식점의 면적별 수치 및 현황, 금연구역 지정이 소규모 음식점 운영자들에게 미칠 피해나 타격의 수준, 음식점 사이의 형평성 등 다양한 요소들을 고려하여 탄력적으로 정해질 필요가 있으므로, 이러한 사항이 법률에서 반드시 직접 규정하여야 할 기본적이고 본질적 사항이라고 보기는 어렵다.

따라서 금연구역으로 지정하여야 할 '음식점 영업장의 넓이'를 법률에 일률적으로 규정하지 않고 보건복지부장관이 위와 같은 요소들을 고려하여 그 하한이나 범위를 정할 수 있도록 하는 것도 합리적 방식이라 할 수 있다.

(3) 소 결

따라서 금연구역 지정과 관련된 기본권 제한의 본질적 사항에 관해서는 법률에서 직접 규율하고 있으므로, 이 사건 법률조항이 법률유보원칙에 위배된다고 할 수 없다.

3. 이 사건 시행규칙조항의 위임입법의 한계 일탈 여부

(1) 위임입법의 범위와 한계의 의의

현행헌법 제75조는 "대통령은 법률에서 구체적으로 범위를 정하여 위임받은 사항과 법률을 집행하기 위하여 필요한 사항에 관하여 대통령령을 발할 수 있다"고 규정하여 대통령이 발할 수 있는 위임입법의 근거를 두면서도, 대통령령은 '법률에서 구체적으로 범위를 정하여 위임받은 사항'에 한정하여 발할 수 있도록 함으로써 위임명령의 범위와 한계를 명시하고 있다.

위임명령에 규정된 내용이 법률이 위임한 범위 안에 있는지 여부를 판단함에 있어서는, 당해 특정 법률 조항 하나만 가지고 판단할 것이 아니라 관련 법률 조항 전체를 유기적·체계적으로 고려하여 종합적으로 판단하여야 한다.

수권법률 조항 자체가 위임하는 사항과 그 범위를 명확히 규정하고 있지 않다고 하더라도 관련 법규의 전반적 체계와 관련 규정에 비추어 위임받은 내용과 범위의 한계를 객관적으로 확인할 수 있다면 그 범위 안에서 규정된 위임명령 조항은 위임입법의 한계를 벗어난 것이 아니다(헌재 2010. 10. 28. 2008헌마408 참조).

(2) 이 사건 시행규칙조항의 위임입법의 한계 일탈 여부 검토

이 사건 법률조항을 그 일부로 하는 국민건강증진법 제9조 제4항은 금연구역으로 지정하여야 하는 공중이용시설을 나열하면서 학원, 교통수단, 사무용건축물, 공장 및 복합용도의 건축물, 공연장, 체육시설에 대해서는 명시적으로 일정한 면적 내지 규모 이상일 경우에 한해서 금연구역 지정 대상임을 정하고 있다.

그런데 이 사건 법률조항은 음식점의 경우 그 면적의 범위 자체를 보건복지부령에 위임하고 있다. 이러한 입법 취지는 금연정책이 지속적으로 강화되어 가는 상황에서 소규모 음식점 운영자 보호의 필요성, 음식점 사이의 형평성 등을 고려하여 행정부가 금연구역 지정 대상의 단계적 확대 여부, 유예기간을 둘 것인지 여부 등에 관한 사항을 포함하여 좀 더 탄력적 규율을 할 수 있게끔 폭넓은 형성 권한을 부여한 것으로 보아야 할 것이다.

한편, 국민건강증진법은 국민의 건강을 증진함을 목적으로 하고 있고(제1조) 또 이 사건 조항의 입법목적도 금연구역으로 지정하여야 하는 음식점의 범위를 확대하여 간접흡연의 폐해를 방지하고자 하는 것인데, 비흡연자들을 간접흡연의 위험으로부터 보호한다는 공익은 매우 중대하다(헌재 2013. 6. 27. 2011헌마315등).

(3) 소 결

이러한 사정을 종합해 보면, 이 사건 시행규칙조항이 유예기간을 달리 정하는 방식으로 결국 모든 음식점을 금연구역으로 지정하도록 정한 것이 모법의 위임의 한계를 벗어난 것이라고 볼 수 없다.

4. 이 사건 조항의 직업수행의 자유의 침해 여부

(1) 직업수행의 자유와 제한의 심사기준

1) 직업수행의 자유의 의의와 제한

헌법 제15조에서 규정하는 직업선택의 자유는 자신이 원하는 직업을 자유롭게 선택하는 좁은 의미의 '직업선택(직업결정)의 자유'와 그가 선택한 직업을 자기가 원하는 방식으로 자유롭게 수행할 수 있는 '직업수행(직업종사)의 자유', 그리고 전직의 자유 등을 포함하는 "직업의 자유"를 뜻한다(헌재 1998. 3. 26. 97헌마194; 헌재 1996. 4. 25. 92헌바47).

〈설문〉 사건에서 甲은 일반음식점영업소를 이미 개업한 자로서 이 사건조항에 따라 음식점 시설 전체를 금연구역으로 지정하여 운영하여야 할 의무를 부담하게 되었으므로, 음식점의 개설·영업행위 자체가 금지되는 것은 아니다.

그러므로 이 사건 조항은 직업선택의 자유가 아니라 이미 선택한 직업을 영위하는 방식과 조건을 규제하는 직업수행의 자유를 제한하는 것이다.

2) 직업수행의 자유의 제한과 심사기준

직업의 자유도 헌법 제37조 제2항에 의하여 제한될 수 있는데, 제한의 정도는 직업의 자유의 구체적 내용에 따라 다르게 나타나고 그에 따라 심사기준의 엄격성도 다르게 된다.

우선, 직업수행의 자유는 직업선택의 자유에 비하여 상대적으로 제한의 정도가 낮으므로 더욱 넓은 법률상의 규제가 가능하다.

다음으로, 직업선택의 자유도 다시 제한 사유에 따라 심사의 강도가 달라진다.

먼저, 주관적 사유(일정한 교육과정의 이수나 시험의 합격 또는 자격이나 면허의 소유 등)에 의한 제한은 원칙적으로 입법자의 입법형성의 자유에 속하고, 그러한 제한이 입법재량의 범위를 넘어 명백히 불합리한 경우에는 기본권 침해의 문제가 야기될 것이다(헌재 2003. 6. 26. 2002헌마677).

이에 대하여 객관적 사유(당사자의 능력이나 자격과도 상관없는 객관적 사유)에 의한 제한은 월등하게 중요한 공익을 위하여 명백하고 확실한 위험을 방지하기 위한 경우에만 정당화될 수 있으므로, 이러한 제한에 대하여는 엄격한 비례성을 갖춘 과잉금지원칙이 적용되어야 할 것이다(헌재 2002. 4. 25. 2001헌마614).

〈설문〉의 이 사건 조항은 직업수행의 자유의 제한이므로, 상대적으로 폭넓은 제한이 가능하다. 그러나 이러한 경우에도 헌법 제37조 제2항의 과잉금지원칙의 요구는 준수되어야하므로, 상대적으로 완화된 심사기준 하에서 이 사건 조항의 과잉금지원칙 — 입법목적의 정당성과 수단의 적합성, 침해의 최소성, 법익의 균형성 — 의 위배 여부를 살펴본다.

(2) 이 사건 조항의 과잉금지원칙 위배 여부

1) 목적의 정당성과 수단의 적절성

이 사건 조항은 음식점 전체를 금연구역으로 지정하게 함으로써 음식점에 머무는 사람들을 간접흡연을 통한 건강상 위험으로부터 보호하여 건강을 증진시키기 위한 것으로 그 입법목적이 정당하고, 음식점에서의 흡연을 금지함으로써 간접흡연에 따른 피해를 줄일 수 있으므로 수단의 적절성도 인정된다.

2) 침해의 최소성

① 음식점과 같이 여러 사람이 함께 이용하는 공간에서의 간접흡연 문제를 해결하고 국민건강을 증진시키기 위해서는 음식점 공간 전체를 금연구역으로 지정하여 비흡연자를 흡연으로부터 완전히 차단하는 것이 필요하다(헌재 2013. 6. 27. 2011헌마315등 참조).

식품위생법과 청소년 보호법 등 관련 법령에 따르면, 술을 마실 수 있는 영업소로서 청소년의 출입이 제한되지 않는 곳은 식품위생법상 일반음식점영업소가 유일하다. 성인에 비하여 간접흡연의 위험에 취약한 어린이나 청소년의 건강 증진을 위하여 음식점을 전면 금연구역으로 지정하는 것 이외에 이와 동일하게 적합한 대체수단이 있다고 단정하기 어렵다.

② 음식점 안에서 흡연이 전면 금지되면 흡연자들의 음식점에 방문횟수나 머무르는 시간이 줄어들어 영업 손실이 발생할 가능성이 있고, 이러한 가능성은 주류를 주로 판매하는 업종의 경우에 더 커진다.

이러한 문제를 해소하기 위하여 영업주의 손실을 최소화하면서도 이 사건 조항의 입법목적을 살릴 수 있는 대안으로, 일정한 영업시간대에는 성인 흡연자만 출입할 수 있도록 하는 방법을 생각해 볼 수 있다.

그러나 운영상 번거로움으로 음식점 매출 실적에 큰 효과가 있을 것으로 보기 어렵고, 흡연자가 담배를 피운 공간에 남아있는 물질에 노출됨으로써 발생하는 3차 간접흡연의 위험에 금연 시간대에 음식점을 이용하는 사람들이 노출될 수 있으며, 음식점에서 일하는 사람들은 흡연이 허용되는 영업시간 내내 간접흡연의 위험에 직접 노출된다.

③ 음식점을 운영하는 사람으로 하여금 자신의 음식점을 흡연이 가능한 식당으로 운영할 것인지 여부를 스스로 결정하게 하는 방안도 생각해 볼 수 있다. 그러나 이런 방안은 간접흡연의 위험으로부터 보호하여 국민 건강을 증진시킨다는 입법목적에 배치되고, 청소년이나 어린이가 흡연이 가능한 식당에 성인과 동행할 경우 이들이 간접흡연의 위험에 고스란히 노출되는 것을 막을 수 없다.

④ 음식점을 흡연구역과 금연구역으로 나누고 양 구역 사이에 차단시설을 설치하여 운영하도록 했던 기존의 방법은 전면금연을 실시하기 위한 과도기적 조치로 수행된 것이었으므로(헌재 2013. 6. 27. 2011헌마315등 참조), 이런 방법이 음식점 전체를 금연구역으로 지정하는 방법에 대한 적절한 대체수단이 될 수도 없다.

⑤ 음식점 시설 전체를 금연구역으로 지정한다고 하더라도, 음식점 운영자는 흡연실을 별도로 마련할 수 있으므로 흡연 고객의 이탈을 어느 정도 막을 수 있으며, 흡연자가 담배를 피우지 못하고 음식점 안에 있어야 한다는 것은 고통스러운 일일 수 있지만 음식점 밖에서 담배를 피울 수 있는 장소를 충분히 찾을 수 있으므로, 다른 사람의 건강을 위하여 이 정도의 불편은 감수하여야 한다.

이러한 사정을 종합해 볼 때 이 사건 조항은 침해의 최소성을 충족하고 있다고 인정된다.

3) 법익의 균형성

이 사건 조항은 음식점 영업 자체를 금지하는 것이 아니고 영업 방식을 한정적으로 제한하고 있을 뿐이다. 반면에 간접흡연의 위험으로부터 국민의 건강을 보호하고 증진하는 것은 매우 중요한 법익이다. 생명·신체의 안전에 관한 권리는 인간의 존엄과 가치의 근간을 이루는 기본권일 뿐만 아니라, 헌법은 제36조 제3항에서 국민의 보건에 관한 국가의 보호 의무를 특별히 강조하고 있기도 하다(헌재 2015. 4. 30. 2012헌마38).

음식점 시설 전체를 금연구역으로 지정함으로써 음식점 영업자가 입게 될 불이익보다 간접흡연을 차단하여 이로 인한 폐해를 예방하고 국민의 생명 · 신체를 보호하고자 하는 공익이 더욱 큰 이상, 이 사건 조항은 법익의 균형성도 충족하고 있다.

(3) 소 결

따라서 이 사건 조항은 과잉금지원칙에 위배되어 甲의 직업수행의 자유를 침해한다고 할 수 없다.

5. 결 어

이 사건 법률조항은 법률유보원칙에 위배되지 아니하고, 이 사건 시행령조항은 위임입법의 한계를 벗어난 것이 아니며, 그리고 이 사건 조항은 과잉금지원칙에 위배되지 아니하여 甲의 직업수행의 자유를 침해하지 아니한다.

참고판례 국민건강증진법 제9조 제4항 제24호 등 위헌확인(헌재 2016. 6. 30. 2015헌마813)

3-3-50 | 선거권, 지방자치제도

설 문

甲은 D광역시 N구에 거주하는 주민이다. 2014. 6. 4. 실시된 제6회 전국동시 지방선거 중 D광역시 N구청장 선거에서 후보자등록 마감시간까지 후보자 1인만이 등록함에 따라 투표를 실시하지 않고 선거일에 그 후보자가 당선인으로 결정되었다.

甲은 지방자치단체의 장 선거에서 무투표 당선을 규정한 공직선거법 제191조 제3항이 선거권, 알권리, 평등권 및 행복추구권 등을 침해한다고 주장하며 2014. 9. 18. 헌법소원심판을 청구하였다.

〈설문〉 사건에서 甲은 다음과 같이 주장하고 있는데, 甲의 주장은 타당한가?

"'이 사건 법률조항'은 지방자치단체의 장 선거에서 후보자 1인만이 등록할 경우 투표자체를 실시하지 않도록 하여 선거권을 침해하였고, 이를 통하여 후보자들의 정보에 대해 알 수 있는 알권리를 침해하였으며, 행복추구권 역시 침해하였다. 또한 대통령과는 달리 지방자치단체의 장의 경우 무투표 당선을 허용하였으므로 국민의 평등권을 침해하였다."

심판대상조항

공직선거법(2010. 1. 25. 법률 제9974호로 개정된 것)

제191조(지방자치단체의 장의 당선인의 결정 · 공고 · 통지) ③ 제187조 제4항 및 제188조 제2항부터 제6항까지의 규정은 지방자치단체의 장의 당선인의 결정에 이를 준용한다.

관련조항

공직선거법(2005. 8. 4. 법률 제7681호로 개정된 것)

제188조(지역구국회의원당선인의 결정 · 공고 · 통지) ① 지역구국회의원선거에 있어서는 선거구선거관리위원회가 당해 국회의원지역구에서 유효투표의 다수를 얻은 자를 당선인으로 결정한다. 다만, 최고득표자가 2인 이상인 때에는 연장자를 당선인으로 결정한다.

② 후보자등록 마감시각에 지역구국회의원 후보자가 1인이거나 후보자등록 마감 후 선거일 투표개시시각 전까지 지역구국회의원 후보자가 사퇴·사망하거나 등록이 무효로 되어 지역구국회의원후보자수가 1인이 된 때에는 지역구국회의원 후보자에 대한 투표를 실시하지 아니하고, 선거일에 그 후보자를 당선인으로 결정한다.
③ 선거일의 투표개시시각부터 투표마감시각까지 지역구국회의원 후보자가 사퇴·사망하거나 등록이 무효로 되어 지역구국회의원 후보자수가 1인이 된 때에는 나머지 투표는 실시하지 아니하고 그 후보자를 당선인으로 결정한다.
④ 선거일의 투표마감시각후 당선인 결정전까지 지역구국회의원 후보자가 사퇴·사망하거나 등록이 무효로 된 경우에는 개표결과 유효투표의 다수를 얻은 자를 당선인으로 결정하되, 사퇴·사망하거나 등록이 무효로 된 자가 유효투표의 다수를 얻은 때에는 그 국회의원지역구는 당선인이 없는 것으로 한다.
⑤ 제2항 및 제3항의 규정에 의하여 투표를 실시하지 아니하는 때에는 당해 선거구선거관리위원회는 지체 없이 이를 공고하고 상급선거관리위원회에 보고하여야 하며, 하급선거관리위원회에 통지하여야 한다.
⑥ 제1항 내지 제4항의 규정에 의하여 국회의원지역구의 당선인이 결정된 때에는 당해 선거구선거관리위원회위원장은 이를 공고하고 지체 없이 당선인에게 당선증을 교부하여야 하며, 상급선거관리위원회에 보고하여야 한다.

공직선거법(2010. 1. 25. 법률 제9974호로 개정된 것)
제191조(지방자치단체의 장의 당선인의 결정·공고·통지) ① 지방자치단체의 장 선거에 있어서는 선거구선거관리위원회가 유효투표의 다수를 얻은 자를 당선인으로 결정하고, 이를 당해 지방의회의장에게 통지하여야 한다. 다만, 최고득표자가 2인 이상인 때에는 연장자를 당선인으로 결정한다.

해 설

1. 이 사건 법률조항의 의의와 쟁점

무투표 당선인 결정제도는, 선거를 통한 대표자 선출에서 일반적으로 채택되고 있는 투표에 의한 다수득표자를 당선인으로 하는 결정방식이 아니라, 일정한 요건을 충족한 경우에 있어서 투표 없이 당선인을 결정하는 제도이다.

〈설문〉의 '이 사건 법률조항'은 지방자치단체의 장 선거에서 후보자가 1인일 경우 당선인 결정방식은 지역구국회의원 당선인의 결정을 규정한 제188조 제2항부터 제6항까지의 규정을 준용하도록 하였다.

이에 따라 지방자치단체의 장 선거에서도 지역구국회의원 선거와 지역구지방의회의원 선거에서와 마찬가지로 후보자등록마감시각에 후보자가 1인이거나 후보자등록마감 후 선거일 투표개시시각 전까지 후보자가 사퇴·사망하거나 등록이 무효로 되어 후보자수가 1인이 된 때에는 투표를 실시하지 아니하고, 선거일에 그 후보자를 당선인으로 결정하게 되었다.

이에 대하여 甲은, 이 사건 법률조항이 지방자치단체의 장 선거권, 알 권리, 평등권, 그리고 행복추구권을 침해한다고 주장하고 있다.

따라서 〈설문〉에서는 우선 지방자치단체의 장 선거권이 헌법상 기본권으로서 이 사건 법률조항에 의하여 제한될 수 있는 권리인지, 무투표 당선인 결정제도가 후보자들의 정보에 대한 알 권리를 제한하는 것인지, 그리고 대통령 선거권과 비교하여 평등권을 제한하는 것인지 여부가 쟁점이 되고, 아울러 이들 기본권과 행복추구권 간의 기본권 경합 문제도 쟁점이 된다.

2. 〈설문〉 사건에서 甲의 주장과 제한되는 기본권

(1) 甲이 주장하는 기본권

기술한 바와 같이, 甲은 '이 사건 법률조항'에 의하여 지방자치단체의 장 선거권, 알 권리, 평등권, 그리고 행복추구권이 침해되고 있다고 주장한다.

이러한 甲의 주장과 관련하여 〈설문〉 사건에서 당해 기본권들의 제한 여부와 기본권의 경합 문제를 먼저 살펴본다.

(2) 제한되는 기본권과 기본권 경합의 검토

1) 제한되는 기본권

① 지방자치단체의 장 선거권

(a) 선거권의 의의와 지방자치단체의 장 선거권

헌법은 제24조에서 “모든 국민은 법률이 정하는 바에 따라 선거권을 가진다”고 규정하여 선거권을 헌법상 보장된 권리로 명시하고 있으나 그 구체적 내용의 형성에 관해서는 법률에 위임하고 있다.

국민대표기관의 선출을 위한 대통령, 국회의원 선거와 지방의회의원 및 지방자치단체의 장 선출을 위한 지방선거는 대의제 민주주의의 구현방법이라는 점에서는 동일한 의미의 선거라고 할 수 있으나, 헌법은 이러한 선거제도를 규정하는 방식에 차이를 두고 있다.

즉, 국회의원(제41조 제1항)과 대통령(제67조 제1항) 선출에 관하여는 헌법이 직접적으로 보통·평등·직접·비밀선거의 원칙을 명문화하였고, 지방의회의원에 대해서는 헌법 제118조 제2항에서 “지방의회의 … 의원 ‘선거’ … 에 관한 사항은 법률로 정한다”라고 하여 지방의회의원의 선출은 선거를 통해야 함을 천명하고 그 구체적인 방법이나 내용은 법률에 유보하여, 이러한 선거권이 헌법 제24조가 보장하는 기본권임을 분명히 하고 있다.

반면에 지방자치단체의 장에 대해서는 헌법 제118조 제2항에서“ … 지방자치단체의 장의 ‘선임방법’ … 에 관한 사항은 법률로 정한다”라고만 규정하여 지방의회의원의 ‘선거’와는 문언상 구별하고 있으므로, 지방자치단체의 장 선거권이 헌법상 보장되는 기본권인지 여부가 문제된다.

(b) 지방자치단체의 장 선거권의 법적 성격

ⅰ) 학설과 판례

지방자치단체의 장 선거권에 대하여 학설은 법률상의 권리라는 견해와 헌법상의 권리라는 견해로 나뉘어 있고, 판례도 과거에는 보충의견에서 법률상의 권리라는 견해를 밝혔으나(헌재 1994. 8. 31. 92헌마174), 최근의 판례는 전원일치로 지방자치단체의 장 선거권이 헌법상의 권리임을 선언하고 있다(헌재 2016. 10. 27. 2014헌마797).

ii) 법적 성격에 대한 구체적 검토

헌법에서 지방자치제를 제도적으로 보장하고 있고, 지방자치는 지방자치단체가 독자적인 자치기구를 설치해서 그 자치단체의 고유사무를 국가기관의 간섭 없이 스스로의 책임 아래 처리하는 것을 의미한다는 점에서 지방자치단체의 대표인 단체장은 지방의회의원과 마찬가지로 주민의 자발적 지지에 기초를 둔 선거를 통해 선출되어야 한다는 것은 지방자치제도의 본질에서 당연히 도출되는 원리이다(헌재 1994. 8. 31. 92헌마126; 헌재 1994. 8. 31. 92헌마174).

이에 따라 공직선거 관련법상 지방자치단체의 장 선임방법은 '선거'로 규정되어 왔고, 지방자치단체의 장을 선거로 선출하여온 우리 지방자치제의 역사에 비추어 볼 때 지방자치단체의 장에 대한 주민직선제 이외의 다른 선출방법을 허용할 수 없다는 관행과 이에 대한 국민적 인식이 광범위하게 존재한다고 볼 수 있다.

주민자치제를 본질로 하는 민주적 지방자치제도가 안정적으로 뿌리내린 현 시점에서 지방자치단체의 장 선거권을 지방의회의원 선거권, 더 나아가 국회의원 선거권 및 대통령 선거권과 구별하여 하나는 법률상의 권리로, 나머지는 헌법상의 권리로 이원화하는 것은 허용될 수 없다.

그러므로 지방자치단체의 장 선거권 역시 다른 선거권과 마찬가지로 헌법 제24조에 의해 보호되는 헌법상의 권리로 인정하여야 할 것이다(헌재 2016. 10. 27. 2014헌마797).

지방자치단체의 장 선거권을 헌법상의 기본권으로 본다면, 지방자치단체의 장 선거에서 후보자수가 1인이 된 때에는 무투표 당선인 결정제도를 채택한 이 사건 법률조항은 지방자치단체의 장 선거권을 제한하는 것이다.

② 알 권리

헌법 제21조에 의하여 보장되는 알 권리는 정부나 공공기관이 보유하고 있는 정보에 대하여 정당한 이해관계가 있는 자가 그 공개를 요구할 수 있는 권리이다.

이러한 알 권리는, 어떤 문제가 있을 때 그와 관련된 정보에 대한 공개를 청구할 권리인 정보공개청구권은 알 권리의 당연한 내용이 된다(헌재 2009. 9. 24. 2007헌바107; 헌재 2011. 3. 31. 2010헌바291 등).

〈설문〉에서 이 사건 법률조항은 지방자치단체의 장 당선인의 결정방식에 관한 것일 뿐 후보자의 선거운동이나 공약 등 후보자 정보의 제공을 금지하는 조항은 아니며, 설사 이 사건 법률조항으로 인해 선거가 시행되지 않아 후보자에 대한 정보취득이 어려워진 사정이 발생하였더라도 이는 이 사건 법률조항으로 인한 간접적, 사실적 제한일뿐이므로 알 권리가 제한된다고 볼 수 없다.

③ **평등권**

(a) 평등권의 의의

헌법 제11조에서 보장하는 평등권은 국가로부터 불평등한 취급을 받지 아니함과 동시에 국가에 대하여 평등한 처우를 요구할 수 있는 주관적 공권이다. 여기에서 말하는 평등은 기회의 균등과 자의의 금지를 기본적 내용으로 하는 상대적 평등으로서 일체의 차별적 대우를 부정하는 절대적 평등을 의미하는 것이 아니다.

그러므로 헌법 제11조의 평등은 입법과 법의 적용에 있어서 합리적인 근거가 없는 차별을 배제하는 상대적 평등을 뜻하며, 합리적 근거가 있는 차별은 평등의 원칙에 반하는 것이 아니다(헌재 1999. 7. 22. 98헌바14; 헌재 2001. 6. 28. 99헌마516).

(b) <설문> 사건에서 비교집단의 기본적 동일성 검토

ⅰ) <설문> 사건의 비교집단

헌법상 평등권의 제한 여부를 판단함에 있어서는 먼저, 비교집단이 설정되고 비교집단 간 기본적 동일성이 유지되어야 하며, 그 비교집단 간에 차별취급이 존재하여야 한다.

〈설문〉 사건에서 청구인 甲은 대통령 선거의 경우 후보자가 1인인 때에도 투표절차를 거치도록 하는 반면, 지방자치단체의 장 선거에 있어서는 무투표 당선을 허용하여 투표절차를 생략함으로써 자신과 같은 지방자치단체의 장 선거권자를 대통령 선거권자에 비해 부당하게 차별하여 평등권이 침해되었다고 주장함으로써, 대통령 선거권자와 지방자치단체의 장 선거권자를 비교집단으로 설정하고 있다.

따라서 먼저 이들 두 집단이 기본적으로 동일한 집단인지를 살펴볼 필요가 있다.

ⅱ) 비교집단의 기본적 동일성 여부

선거의 대상이 되는 대통령과 지방자치단체의 장은 둘 다 선거에 의해 취임

한 공직자의 신분이라 하더라도 그 지위와 성격, 기관의 직무 및 기능에서 본질적인 차이가 있다.

대통령은 국가의 원수로서 외국에 대하여 국가를 대표하는 국가대표자이며, 국가의 독립·영토의 보전과 계속성 및 헌법을 수호할 책무를 지니고, 국정의 통합·조정자이자 헌법기관 구성권을 가지고 있다. 행정부의 수반으로 국가 행정집행에 관한 최종결정권과 구성원 임면권을 가지고 있어 국가전반에 직접적인 영향력을 행사할 수 있고, 의회와 더불어 국민 전체를 대표하는 국민대표기관으로서의 지위를 누리고 있다.

이에 반해 지방자치단체의 장은 헌법 제117조에 근거하여 주민의 복리사무를 처리하기 위하여 설치된 지방자치단체의 대표기관으로서, 한정된 일부 지역에서 해당 지역의 주민을 대표하여 주민의 복리에 관한 자치사무를 집행하는 행정 담당기관으로 제한된 범위 안에서 자치권을 행사할 뿐이다. 따라서 헌법상 부여된 지위나 성격 및 업무의 역할을 고려할 때 대통령과 지방자치단체의 장은 본질적으로 다르다고 할 수 있다.

그리고 선거의 의미에 있어서도 대통령 선거는 국가의 대표기관을 선출하는 것으로 선거를 통하여 국민이 국가 정책결정을 포괄적으로 선택함을 의미한다면, 지방자치단체의 장 선거는 전체 국민에 의한 대표자 선출이 아니라 지방자치단체의 관할구역 안에 거주하는 주민에 의한 지역대표를 선출하는 것으로서, 국가적 의사결정과는 무관한 지역적 사무와 주민의 복리증진에 관한 정책결정이 주요 관심사가 된다는 점에서 두 종류의 선거는 구별될 수 있다.

대통령 선거에서 선거권자는 전체 국민 중 선거연령에 도달한 유권자의 총체를 의미하지만, 지방자치단체의 장 선거에서의 선거권자는 해당 지역 내에 거주하는 주민으로서의 국민으로 그 선거권자의 범위 역시 서로 다르다.

이러한 점들을 고려할 때, 대통령 선거에 참여하는 선거권자와 지방자치단체의 장 선거에 참여하는 선거권자는 본질적으로 같은 비교집단이 된다고 보기 어려우므로 차별취급 여부를 논할 수 없다.

따라서 이 사건 법률조항은 평등권을 제한하지 아니한다.

2) 기본권의 경합과 해결

위에서 살펴본 바와 같이, 〈설문〉 사건에서 지방자치단체의 장 선거권은 헌법상 기본권으로서 이 사건 법률조항에 의하여 제한이 되지만, 알 권리는 제한이 되지 않는다.

그리고 평등권은 '대통령 선거권자와 지방자치단체의 장 선거권자' 간에는 비교집단의 동일성이 인정되지 아니하여 차별취급 여부를 논할 수 없지만, '투표를 실시하는 선거구의 선거권자와 후보자가 1인이 되어 무투표 당선이 결정된 선거구의 선거권자' 사이에는 비교집단의 기본적 동일성도 유지되고 차별취급도 존재하므로 평등권의 제한이 있다고 할 수 있다.

그런데 이는 결국 선거권 침해 문제로 귀결되므로, 선거권 침해 여부에 관하여 판단하는 이상 이에 대해서는 별도로 판단하지 않아도 될 것이다.

끝으로, 甲은 이 사건 법률조항이 행복추구권도 침해한다고 주장하나, 행복추구권은 다른 개별적 기본권이 적용되지 않는 경우에 한하여 보충적으로 적용되는 기본권이므로, 〈설문〉 사건에서는 선거권의 침해 여부를 판단하는 이상, 행복추구권 침해 여부에 대해서는 별도로 판단하지 않는다.

3. 지방자치단체의 장 선거권의 의의와 제한

(1) 지방자치단체의 장 선거권의 의의

지방자치단체의 장 선거권의 의의에 대하여는 위의 '2. 〈설문〉 사건에서 甲의 주장과 제한되는 기본권, (2) 제한되는 기본권과 기본권 경합의 검토, ① 지방자치단의 장 선거권'에서 기술한 바와 같다.

(2) 지방자치단체의 장 선거권의 제한과 과잉금지원칙

지방자치단체의 장 선거권도 헌법 제37조 제2항에 근거하여 제한될 수 있는데, 제한하는 경우에도 과잉금지원칙 — 입법목적의 정당성, 수단의 적절성, 침해의 최소성, 법익의 균형성 — 을 준수하여야 한다.

〈설문〉 사건에서 이 사건 법률조항의 과잉금지원칙 위배 여부를 살펴본다.

4. 이 사건 법률조항의 과잉금지원칙 위배 여부

(1) 입법목적의 정당성과 수단의 적절성

이 사건 법률조항의 입법목적은 선거에 소요되는 여러 가지 절차를 간소화하여 행정적 편의를 도모하고 선거비용을 절감하는 등 선거제도의 효율성을 제고하기 위한 것으로 그 정당성을 인정할 수 있으며, 후보자등록기한까지 후보자가 1인일 경우 투표를 생략하고 해당 후보자를 당선자로 결정하는 것은 이러한 입법목적을 달성하기 위한 적절한 수단이라 할 수 있다.

(2) 침해의 최소성

한명의 후보만이 출마하여 당선자가 확정적인 경우에는 선거를 치루는 것이 요식적인 행위에 불과한 것이 되므로 이러한 경우에 예외적으로 투표를 생략하고 해당 후보를 당선자로 결정하도록 하는 것은 선거운동, 투표관리 및 참관, 개표 등에 소요되는 선거비용을 절감하고 행정자원의 낭비를 막기 위한 가장 효율적인 선택이 될 수 있다.

다만, 후보자가 1명일 경우에도 투표를 실시하여 일정비율 이상의 득표를 할 경우에만 당선자로 인정하는 방법도 있겠으나, 당선자의 결정방식은 사회적, 경제적, 기술적 여건 등 여러 가지 요건을 종합적으로 고려하여 입법자가 결정할 사항으로 입법형성의 자유가 인정되는 부분이며, 당선인이 반드시 일정비율 이상의 득표를 해야 민주적 정당성이나 대표성을 획득한다고 볼 수도 없다.

후보자가 1인일 경우에도 투표를 실시하도록 하면 당선자가 없어 재선거를 하게 되는 경우도 발생할 수 있는데 이 경우 재선거 실시에 따르는 새로운 후보자 확보 가능성의 문제, 행정적인 번거로움과 시간·비용의 낭비는 물론이고 지방자치단체의 장 업무의 공백 역시 필연적으로 뒤따르게 된다. 입법자가 위와 같은 사정을 고려하여 후보자가 1인일 경우 투표를 실시하지 않고 해당 후보자를 지방자치단체의 장 당선자로 정하도록 결단한 것은 입법목적 달성에 필요한 범위를 넘은 과도한 제한이라 할 수 없으므로 침해의 최소성에 위배되지 않는다고 할 것이다.

(3) 법익의 균형성

후보자가 1인인 경우에는 투표를 실시하더라도 결국 해당 후보가 당선되리라는 것은 명백하므로 이 사건 법률조항이 이러한 현실을 고려하여 1인 후보자라는 제한적인 상황에서만 무투표 당선을 규정한 것은 기본권 제한의 정도가 비교적 크지 않다고 볼 수 있는 반면, 당선자가 확정적인 상황에서 투표에 소요되는 절차를 간소화하여 행정적 편의를 돕고 선거비용을 절감하여 선거제도의 효율성을 높이며 지방자치단체의 장 업무의 공백 가능성을 방지하려는 공익의 중요성은 충분히 인정될 수 있으므로, 이 사건 법률조항의 선거권 제한은 법익의 균형성도 갖추었다고 할 것이다.

(4) 소 결

이 사건 법률조항은 입법목적의 정당성, 수단의 적절성, 침해의 최소성, 그리고 법익의 균형성을 모두 충족시키고 있으므로 과잉금지원칙에 위배되지 아니한다.

5. 결 어

〈설문〉 사건에서 甲은 이 사건 법률조항 지방자치단체의 장 선거권, 알 권리, 평등권, 행복추구권을 침해한다고 주장하고 있으나, 알 권리는 제한되는 기본권이 아니다.

그리고 지방자치단체의 장 선거권, 평등권, 행복추구권이 제한되기는 하나, 기본권 경합의 해결에 따라 지방자치단체의 장 선거권에 대한 침해 여부만 판단하였다.

〈설문〉 사건에서 이 사건 법률조항은 과잉금지원칙에 위배되지 아니하여 甲의 지방자치단체의 장 선거권을 침해하지 아니하므로, 甲의 주장은 타당하지 아니하다.

참고판례 공직선거법 제191조 제3항 등 위헌확인(헌재 2016. 10. 27. 2014헌마797)
[참고판례의 반대의견 참조]

제4장

통치구조

Constitutional Law

Ⅰ 초급 사례

4-1-51 | 국회의 입법권과 지방자치제도

설 문

국회(피청구인)는 2007. 7. 3. 특별시 자치구 간의 심각한 재정불균형상태를 해소하기 위하여 특별시 관할구역 안에 있는 구의 경우에 '구세'인 재산세를 '특별시 및 구세'로 하고, 특별시장이 특별시분 재산세 전액을 관할구역 안의 자치구에 교부하는 것을 주요 내용으로 하는 지방세법 제6조의2 및 제6조의3을 신설하는 지방세법 개정 법률안을 본회의에서 가결하였고, 위 개정법률안은 2007. 7. 20. 공포되어 2008. 1. 1.부터 시행되었다.

서울특별시 강남구 외 2인(청구인들)은 피청구인이 위 지방세법 제6조의2 및 제6조의3(이하 '이 사건 법률조항들'이라 한다)을 제정한 행위로 인하여 청구인들의 재산세 중 50% 이상이 특별시 재산세로 귀속되고, 청구인들의 세수 감소 및 특별시로의 종속가능성이 높아지므로, 이 사건 법률조항들은 헌법이 보장하는 청구인들의 지방자치권 내지 지방재정권의 본질을 침해한다고 주장하며 2007. 8. 31. 이 사건 권한쟁의심판을 청구하였다.

청구인:	서울특별시 강남구(대표자 구청장 甲) 외 2인
	대리인 K법무법인 담당변호사 A 외 5인
피청구인:	국회(대표자 국회의장 乙)
	대리인 L법무법인 담당변호사 B 외 2인
보조참가인:	서울특별시(대표자 시장 丙)
	대리인 M법무법인 담당변호사 C 외 3인

※ 피청구인이 제출한 자료에 의하면, 청구인들이 서울특별시로부터 각각 배

분받게 되는 수입을 감안하여 2007년도 대비 2008년도의 재산세 수입액의 감소 비율은 중구 9.8%, 서초구 28.8%, 강남구 31.6% 정도이고, 서울특별시가 재산세 수입감소분을 추가로 보전하는 금액(2008년 60%, 2009년 40%, 2010년 20%)을 감안하면 청구인들의 재산세 수입액 감소 비율은 중구 3.9%, 서초구 11.5%, 강남구 12.7%로 다시 줄어든다.

한편, 청구인들의 2007년도 기준재정수요 충족도는 중구 120.8%, 서초구 124.2%, 강남구 197.9% 등 100%를 훨씬 상회하고 있다.

〈설문〉에서 피청구인 국회가 '이 사건 법률조항들'을 제정한 행위가 청구인들의 지방자치권을 침해하는가?

관련조항

지방세법(2007. 7. 20. 법률 제8540호로 신설된 것)

제6조의2(특별시의 관할 구역 안 재산세의 공동과세) ① 특별시 관할 구역 안에 있는 구의 경우에 재산세(선박 및 항공기에 대한 재산세를 제외한다)는 제6조에도 불구하고 "특별시 및 구세인 재산세"로 한다.

② 제1항에 따른 특별시 및 구세인 재산세 중 특별시분 재산세와 구(구)분 재산세는 각각 제3장 제2절에 따라 산출된 재산세액(제188조 제1항에 따른 표준세율을 적용하여 산출 한 세액을 말한다)의 100분의 50을 그 세액으로 한다. 이 경우 특별시분 재산세는 제6조 제1항의 보통세인 특별시세로 보고 구분 재산세는 제6조 제3항의 보통세인 구세로 본다.

제6조의3(특별시분 재산세의 교부) ① 특별시장은 제6조의2에 따른 특별시분 재산세 전액을 관할 구역 안의 자치구에 교부하여야 한다.

② 제1항에 따른 특별시분 재산세의 교부기준 및 교부방법 등 필요한 사항은 자치구의 지방세수 등을 감안하여 특별시의 조례로 정한다. 다만, 교부기준을 정하지 아니한 경우에는 자치구에 균등배분하여야 한다.

③ 제1항 및 제2항에 따라 특별시로부터 교부받은 재산세는 당해 자치구의 재산세의 세입으로 본다.

지방세법(2007. 7. 20. 법률 제8540호로 일부 개정된 것)

제6조(지방자치단체의 세목) ① 특별시세와 광역시세는 다음 각 호와 같다. 다만, 광역시의 군지역에서는 제2항의 규정에 의한 도세를 광역시세로 한다.

1. 보통세

가. 취득세

나. 등록세
다. 레저세
라. 주민세
마. 자동차세
바. 주행세
사. 농업소득세
아. 담배소비세
자. 도축세
2. 목적세
가. 도시계획세
나. 공동시설세
다. 지역개발세
라. 지방교육세
③ 구세는 다 음 각 호와 같다.
1. 보통세
가. 면허세
나. 재산세
2. 목적세

사업소세

제53조(도세징수의 위임) ① 시, 군은 그 시, 군내의 도세를 징수하여 도에 납입할 의무를 진다.(단서 생략)

부칙 제1조 이 법은 공포한 날부터 시행한다. 다만, 제6조의2 · 제6조의3 · 제73조 · 제74조 · 제2장 제10절의 제목 및 제170조의 개정규정은 2008년 1월 1일부터 시행한다.

부칙 제2조(특별시의 관할구역 안 재산세의 공동과세에 관한 적용 특례) 제6조의2 제2항의 개정규정에도 불구하고 2008년의 특별시분 재산세와 구분 재산세는 제3장 제2절에 따라 산출된 재산세액(제188조 제1항에 따른 표준세율을 적용하여 산출한 세액을 말한다. 이하 이 조에서 같다)의 100분의 40과 100분의 60을, 2009년의 특별시분 재산세와 구분 재산세는 제3장 제2절에 따라 산출된 재산세액의 100분의 45와 100분의 55를 각각 그 세액으로 한다.

서울특별시조례(2007. 11. 1. 조례 제4577호로 개정된 것)

제51조(특별시분 재산세의 과세표준 등) 법 제6조의2의 규정에 따른 특별시분 재산세의 과세표준, 세율 및 납기 등에 관한 사항은 당해 재산세 과세대상이 소재하는 자치구 조례가 정하는 바에 따른다.

제52조(특별시분 재산세 교부) 시장은 법 제6조의3의 규정에 따라 특별시분 재산세 전액을 공동재산세 전출금으로 관할 구역 안의 자치구에 균등배분하여 교부한다. 다만, 징수금액이 적어 교부의 실익이 없거나 환급되는 경우에는 징수실적 등을 감안하여 자치구에 정산하여

교부한다.

제52조의2(공동재산세 전출금 교부절차 등) ① 제52조의 공동재산세 전출금은 특별시분 재산세가 징수되는 달의 다음 달까지 자치구에 교부한다.
② 시장은 제1항의 규정에 따라 공동재산세 전출금을 교부하려는 때에는 관할 구역 안의 구청장에게 그 교부의 결정을 통지하여야 한다. 이 경우 시장은 교부액의 산정기초, 자치구별 내역 등을 작성하여 구청장에게 송부하여야 한다.

부칙 이 조례는 공포한 날부터 시행한다. 다만 제3조 · 제51조 · 제52조 및 제52조의2의 개정규정은 2008년 1월 1일부터 시행한다.

해 설

1. 피청구인의 이 사건 법률조항들의 제정행위의 의의와 쟁점

〈설문〉의 이 사건 법률조항들은 구(區)세인 재산세 중 특별시의 관할구역 안에 있는 구의 재산세를 '특별시 및 구세'로 하여 서울특별시와 자치구가 공동과세할 수 있도록 하고, 특별시분 재산세와 구(區)분 재산세는 각각 산출된 재산세액의 100분의 50을 그 세액으로 하되(지방세법 제6조의2), 특별시분 재산세의 비율을 2008년도에는 40%, 2009년도에는 45%로 감경하여 적용하도록 규정하고 있다(지방세법 부칙 제2조).

또한, 특별시분 재산세는 전액을 관할구역 안의 자치구에 교부하여야 하고, 특별시분 재산세의 교부기준 및 교부방법 등 필요한 사항은 자치구의 지방세수 등을 감안하여 특별시의 조례로 정하되, 교부기준을 정하지 아니한 경우에는 자치구에 균등배분하도록 하며, 특별시로부터 교부받은 재산세는 당해 자치구의 재산세의 세입으로 하도록 규정하고 있다(지방세법 제6조의3).

한편, 서울특별시세조례는 지방세법 제6조의2의 규정에 따른 특별시분 재산세의 과세표준, 세율 및 납기 등에 관한 사항은 당해 재산세 과세대상이 소재하는 자치구 조례가 정하는 바에 따르도록 하고(시세조례 51조), 지방세법 제6조의3의 규정에 따라 특별시분 재산세 전액을 공동재산세 전출금으로 관할구역 안의 자치구에 균등배분하여 교부하도록 규정하고 있다(시세조례 제52조).

청구인들은 피청구인이 이 사건 법률조항들을 제정함으로 인하여 재산세 수입이 급격하게 감소하는 불이익을 받게 되었고, 그에 따라 청구인들의 자치재정이 악화되는 결과가 발생하여 자신들의 지방자치권이 침해되었다고 주장한다.

따라서 〈설문〉 사건은, 피청구인의 이 사건 법률조항들의 제정행위가 청구인들이 부여받은 헌법상 지방자치권을 침해하였는지 여부가 쟁점이 된다.

2. 헌법상 지방자치권의 의의

(1) 지방자치권의 근거

헌법 제117조 제1항은 "지방자치단체는 주민의 복리에 관한 사무를 처리하고 재산을 관리하며, 법령의 범위 안에서 자치에 관한 규정을 제정할 수 있다"고 규정하여 지방자치를 제도적으로 보장하고 있다. 이에 따라 지방자치단체에게는 법령의 범위 내에서 자신의 지역에 관련된 여러 사무를 자신의 책임 하에 수행할 수 있는 지방자치권이 보장된다.

(2) 지방자치권의 내용

지방자치단체의 자치권에는 자치입법권, 자치조직권, 자치인사권, 자치재정권 등이 포함된다. 그 중 자치재정권은 지방자치단체가 법령의 범위 내에서 수입과 지출을 자신의 책임하에 운영할 수 있는 권한으로서, 지방자치단체가 법령의 범위 내에서 국가의 지시를 받지 않고 자기책임 하에 재정에 관한 사무를 스스로 관장할 수 있는 권한을 말한다.

자치재정권 중에서 자치수입권은 지방자치단체가 법령의 범위 내에서 자기책임 하에 그에 허용된 수입원으로부터 수입정책을 결정할 수 있는 권한을 말하는데, 이에는 지방세, 분담금 등의 공과금을 부과 징수할 수 있는 권한 등이 포함된다.

그리고 자치지출권은 지방자치단체가 그의 재정 수단을 예산의 범위 내에서 그의 업무 수행을 위해 자기책임하에 지출 사용할 수 있는 권한을 말한다.

3. 지방자치권의 제한과 심사기준

(1) 지방자치권의 제한과 제한의 한계

헌법 제117조 제1항에 의해 지방자치단체에게 보장된 지방자치권은 절대적인 것이 아니고 법령에 의하여 형성되는 것이므로, 입법자는 지방자치에 관한 사항을 형성하면서 지방자치단체의 지방자치권을 제한할 수 있다. 지방세법, 지방재정법, 지방공기업법 등 법률은 지방자치권 중 자치재정권을 형성하고 제한하는 법률들이다.

그러나 법령에 의하여 지방자치단체의 지방자치권을 제한하는 것이 가능하다고 하더라도, 지방자치단체의 존재 자체를 부인하거나 각종 권한을 말살하는 것과 같이 그 제한이 불합리하여 지방자치권의 본질적인 내용을 침해하여서는 아니된다(헌재 2001. 11. 29. 2000헌바78; 헌재 2002. 10. 31. 2002헌라2).

(2) 지방자치권 제한의 심사기준

따라서 국회의 입법에 의하여 지방자치권이 침해되었는지 여부를 심사함에 있어서는 지방자치권의 본질적 내용이 침해되었는지 여부만을 심사하면 족하고, 기본권침해를 심사하는 데 적용되는 과잉금지원칙이나 평등원칙 등을 적용할 것은 아니다.

4. 이 사건 법률조항들의 제정행위의 지방자치권 침해 여부

(1) 기초자치단체에 대한 재산세 귀속의 당위성 여부

헌법 제117조 제1항에 의하여 보장된 지방자치단체의 자치재정권은 법률에 규정된 범위 내에서 보장되는 것이므로, 지방자치단체에 자치재정권이 있다는 사실만으로 특정한 조세 등 수입원을 보장받을 권한이 생기는 것은 아니고 법률의 규정에 의해서 비로소 그러한 권한이 생기는 것이다.

그리고 어떤 종류의 조세를 어떤 기관에 귀속시킬 것인가 하는 문제는 그 조세의 과세근거, 징수의 효율성, 조세의 귀속주체 간의 재정적 상태 등을 고려하여 국가정책적으로 결정할 사항이지, 어떤 종류의 조세를 반드시 국세나 지방세로 하여야 한다는 헌법적 근거나 논리적 당위성은 없다.

따라서 입법자가 헌법 제59조에 근거하여 내린 결단은 지나치게 자의적인 것이 아닌 한 존중되어야 한다.

이 사건 법률조항들은 종래 구(區)세였던 재산세를 구와 특별시의 공동세로 변경한 규정인데, 종래 기초자치단체에게 귀속되던 조세를 기초자치단체와 광역자치단체에게 공동으로 귀속시키도록 변경하는 것도 입법자의 권한에 속하는 것이다.

따라서 이 사건 법률조항들에 의하여 청구인들의 수입이 감소함으로써 청구인들의 자치재정권에 제한이 가해진다고 하더라도, 그로 인하여 자치재정권의 본질적 내용을 침해한다고 볼 수 없는 한, 그러한 법률조항을 제정한 피청구인의 행위는 정당하다고 할 것이므로, 이 사건 법률조항들에 의하여 청구인들의 자치재정권의 본질적 내용이 침해되었는지에 관하여 살펴볼 필요가 있다.

(2) 이 사건 법률조항들에 의한 청구인들의 재산세 수입 감소 규모

이 사건 법률조항들로 인해 구의 재산세 수입이 종전보다 50% 감소하게 되지만, 한편 위 조항들 및 서울특별시세조례에 의하여 특별시분 재산세가 각 자치구에 배분되므로, 이를 감안하면 종전에 비하여 실질적으로 감소되는 청구인들의 재산세 수입 비율은 50% 미만이 될 것이다.

〈설문〉에서 피청구인이 제출한 자료에 의하면, 이 사건 법률조항들의 시행과 함께 청구인들이 서울특별시로부터 각각 배분받게 되는 수입을 감안하면, 청구인들의 재산세 수입액 감소 비율은 중구 3.9%, 서초구 11.5%, 강남구 12.7%이 되고, 또 청구인들의 2007년도 기준재정수요 충족도는 중구 120.8%, 서초구 124.2%, 강남구 197.9% 등 100%를 훨씬 상회하고 있어, 이 사건 법률조항들로 인하여 재산세 수입이 감소하더라도 100%를 상회하는 기준재정수요 충족도를 유지할 수 있는 것으로 보인다.

이와 같은 사정을 종합하여 보면, 이 사건 법률조항들로 인하여 청구인들의 재산세 수입이 다소 감소함으로써 청구인들의 자치재정권이 다소 제한되었다고 하더라도 그로 인하여 청구인들의 자치재정권이 유명무실하게 될 정도로 지나치게 침해되었다고 할 수 없다.

(3) 소 결

따라서 피청구인의 이 사건 법률조항들의 제정행위가 청구인들의 지방자치권의 본질적인 내용을 침해하였다고 할 수 없다.

5. 결 어

피청구인 국회가 이 사건 법률조항들을 제정한 행위는 청구인들의 지방자치권을 침해하지 아니한다.

참고판례 **강남구 등과 국회 간의 권한쟁의**(헌재 2010. 10. 28. 2007헌라4)

4-1-52 | 지방교육자치제도와 정부의 통제권

설 문

서울특별시의회는 2011. 12. 19. 서울특별시 학생인권 조례안(이하 '이 사건 조례안'이라고 한다)을 의결하고 다음날 서울특별시교육감 권한대행에게 이송하였다. 교육부장관(청구인)은 서울특별시교육감 권한대행에게 이 사건 조례안에 대해 재의요구를 하도록 요청하지 않았으나, 서울특별시교육감 권한대행이 2012. 1. 9. '지방교육자치에 관한 법률' 제28조 제1항, 지방자치법 제107조 제1항에 따라 이 사건 조례안에 대하여 서울특별시의회에 재의를 요구하였다. 그런데 서울특별시교육감(피청구인)이 업무에 복귀한 뒤 2012. 1. 20. 16:45 이 사건 조례안에 대한 재의요구를 철회하였고, 청구인은 2012. 1. 20. 17:08 서울특별시교육감에게 이 사건 조례안에 대한 재의요구를 하도록 요청하였다. 그러나 서울특별시교육감은 청구인의 재의요구 요청을 따르지 아니하고, 2012. 1. 26. '서울특별시 학생인권 조례'(서울특별시조례 제5247호)를 공포하였다.

이에 청구인은, 피청구인이 이 사건 조례안에 대한 재의요구를 철회하고 '서울특별시 학생인권 조례'를 공포한 행위와 피청구인이 청구인의 재의요구 요청을 받고도 서울특별시의회에 이 사건 조례안에 대한 재의요구를 하지 아니한 부작위가 청구인의 조례안에 대한 재의요구 요청 권한을 침해하였다고 주장하며, 2012. 3. 9. 피청구인을 상대로 이 사건 권한쟁의심판을 청구하였다.

청구인: 교육부장관
대리인 S법무법인 담당변호사 A 외 4인

피청구인: 서울특별시 대표자 교육감 甲
대리인 T법무법인 담당변호사 B

※ 청구인은 "피청구인이 2012. 1. 9. 서울특별시의회에 이 사건 조례안에 대하여 재의요구를 하였기 때문에 별도로 피청구인에게 재의요구 요청을 하지 않았는데, 이러한 경우에는 '지방교육자치에 관한 법률' 제28조 제1항이 정한 20일의 기간은 피청구인이 재의요구를 철회한 날인 2012. 1. 20.

부터 기산하여야 한다. 또한 '지방교육자치에 관한 법률' 제28조 제1항 제2문은 청구인이 재의요구 요청을 할 수 있는 기간을 제한하지 않고 있으므로, 이 사건 조례안이 서울특별시의회의 재의결로 확정되기 이전에는 청구인이 재의요구를 요청할 수 있다. 따라서 청구인의 재의요구 요청을 받고도 피청구인이 재의요구를 하지 아니한 부작위는 시·도의회 의결에 대한 청구인의 재의요구 요청 권한을 침해한 것이다"라고 주장하고 있다.

1. **교육·학예에 관한 시·도의회의 의결사항에 대하여 피청구인이 재의요구를 하였다가 철회한 것이, 청구인의 재의요구 요청권한을 침해하는가?**
2. **피청구인이 조례안 재의요구를 철회하자, 조례안을 이송받고 20일이 경과한 이후 청구인이 조례안 재의요구 요청을 한 경우, 피청구인이 재의요구를 하지 않은 부작위, 피청구인이 조례를 공포한 행위가 청구인의 재의요구 요청권한을 침해하는가?**

관련조항

구 지방교육자치에 관한 법률(2008. 2. 29. 법률 제8852호로 개정되고, 2013. 3. 23. 법률 제11690호로 개정되기 전의 것)

제28조(시·도의회 등의 의결에 대한 재의와 제소) ① 교육감은 제11조 제2항의 규정에 따른 교육위원회의 의결 또는 교육·학예에 관한 시·도의회의 의결이 법령에 위반되거나 공익을 현저히 저해한다고 판단될 때에는 그 의결사항을 이송받은 날부터 20일 이내에 이유를 붙여 재의를 요구할 수 있다. 교육감이 교육과학기술부장관으로부터 재의요구를 하도록 요청받은 경우에는 교육위원회 또는 시·도의회에 재의를 요구하여야 한다.

② 제1항의 규정에 따른 재의요구가 있을 때에는 재의요구를 받은 교육위원회 또는 시·도의회는 재의에 붙이고 교육위원회 재적위원 또는 시·도의회 재적의원 과반수의 출석과 교육위원회 출석위원 또는 시·도의회 출석의원 3분의 2이상의 찬성으로 전과 같은 의결을 하면 그 의결사항은 확정된다.

③ 제2항의 규정에 따라 재의결된 사항이 법령에 위반된다고 판단될 때에는 교육감은 재의결된 날부터 20일 이내에 대법원에 제소할 수 있다.

④ 교육과학기술부장관은 재의결된 사항이 법령에 위반된다고 판단됨에도 해당교육감이 소를 제기하지 않은 때에는 해당교육감에게 제소를 지시하거나 직접 제소할 수 있다.

⑤ 제4항의 규정에 따른 제소의 지시는 제3항의 기간이 경과한 날부터 7일 이내에 하고, 해당교육감은 제소 지시를 받은 날부터 7일 이내에 제소하여야 한다.

⑥ 교육과학기술부장관은 제5항의 기간이 경과한 날부터 7일 이내에 직접 제소할 수 있다.
⑦ 제3항 및 제4항의 규정에 따라 재의결된 사항을 대법원에 제소한 경우 제소를 한 교육과학기술부장관 또는 교육감은 그 의결의 집행을 정지하게 하는 집행정지결정을 신청할 수 있다.

지방자치법(2008. 2. 29. **법률 제8852호로 개정된 것**)
제107조(**지방의회의 의결에 대한 재의요구와 제소**) ① 지방자치단체의 장은 지방의회의 의결이 월권이거나 법령에 위반되거나 공익을 현저히 해친다고 인정되면 그 의결사항을 이송받은 날부터 20일 이내에 이유를 붙여 재의를 요구할 수 있다.

제172조(**지방의회 의결의 재의와 제소**) ① 지방의회의 의결이 법령에 위반되거나 공익을 현저히 해친다고 판단되면 시·도에 대하여는 주무부장관이, 시·군 및 자치구에 대하여는 시·도지사가 재의를 요구하게 할 수 있고, 재의요구를 받은 지방자치단체의 장은 의결사항을 이송받은 날부터 20일 이내에 지방의회에 이유를 붙여 재의를 요구하여야 한다.

해 설

1. 〈설문〉 사건에서 청구인, 피청구인의 행위의 의의와 쟁점

「지방교육자치에 관한 법률」 제28조 제1항에 의하면, 피청구인은 교육·학예에 관한 시·도의회의 의결이 법령에 위반되거나 공익을 현저히 저해한다고 판단될 때에는 그 의결사항을 이송받은 날부터 20일 이내에 이유를 붙여 재의를 요구할 수 있다. 그리고 청구인에게도 위와 동일한 사안에 대하여 피청구인에게 재의요구를 하도록 요청할 권한이 있으며, 이 경우 교육감은 반드시 재의요구를 하여야만 한다.

한편, 「지방교육자치에 관한 법률」(이하 '법'이라 한다) 제28조는 피청구인에게 교육·학예에 관한 시·도의회의 의결에 대하여 재의를 요구할 권한만을 부여하였을 뿐 이를 철회할 권한을 명문으로 부여하고 있지는 아니하다.

따라서 〈설문〉 사건에서는 먼저, "피청구인이 2012. 1. 20. 서울특별시의회에 이 사건 조례안에 대한 재의를 요구하였다가 재의요구를 철회한 행위"가 시·도의회 의결에 대한 청구인의 재의요구 요청 권한을 침해한 것인지 여부가 쟁점이 된다.

다음으로, 청구인은, 서울특별시의회가 이 사건 조례안을 이송한 날(2011. 12. 20)부터 20일이 지난 2012. 1. 20. 피청구인이 재의요구를 철회하자, 당일 즉시 피청구인에게 이 사건 조례안에 대한 재의요구를 하도록 요청하였다. 그러나 피청구인은 재의요구를 하지 아니하였고, 2012. 1. 26. '서울특별시 학생인권 조례'(서울특별시조례 제5247호)를 공포하였다.

따라서 "이 사건 조례안에 대한 청구인의 재의요구 요청을 받고도 피청구인이 서울특별시의회에 재의요구를 하지 아니한 부작위", "피청구인이 2012. 1. 26. '서울특별시 학생인권 조례'를 공포한 행위"가, 교육·학예에 관한 시·도의회 의결에 대한 청구인의 재의요구 요청 권한을 침해하였거나 침해할 현저한 위험이 있는지 여부가 쟁점이 된다.

2. 피청구인의 재의요구 철회행위와 청구인의 재의요구요청권의 침해 여부

(1) 피청구인의 재의요구권과 청구인의 재의요구요청권

〈설문〉에서 서울특별시교육감 권한대행이 이 사건 조례안에 대하여 2012. 1. 9.에 한 재의요구는 피청구인인 서울특별시교육감의 독자적인 재의요구 권한에 근거한 것이다. 교육감(피청구인)의 재의요구 권한은 교육·학예에 관한 지방자치단체의 장인 교육감과 지방의회 사이의 상호 견제와 균형을 위한 것이며, 교육부장관(청구인)의 재의요구 요청권한은 국가와 지방자치단체 사이의 권한 통제 또는 국가의 지도·감독을 위한 것으로, 교육·학예에 관한 시·도의회의 의결사항에 대한 교육감의 재의요구 권한과 청구인의 재의요구 요청 권한은 중복하여 행사될 수 있는 별개의 독립된 권한이다.

(2) 피청구인 철회행위의 청구인의 권한 침해 여부 검토

피청구인은, 청구인이 이 사건 조례안에 대한 재의요구 요청 권한을 행사하지 않은 상태에서, 이 사건 조례안에 대한 재의요구를 철회하였다. 법 제28조 제1항은 교육감에게 시·도의회 등의 의결에 대한 재의요구 권한이 있다는 점만 규정하고 있고 재의요구를 철회할 권한이 있다는 점에 대하여는 명시적인 규정을 두고 있지 않음은 청구인의 주장과 같다.

그러나 조례안에 대한 교육감의 재의요구 권한은 조례안의 완성에 대한 조건부의 정지적인 권한에 지나지 않으므로, 시·도의회의 재의결 전에는 언제든지 재의요구를 철회할 수 있다고 보아야 한다.

〈설문〉 사건에서 피청구인은 청구인의 요청에 따라 재의요구를 한 것이 아니고, 자신의 독자적인 권한으로 재의요구를 한 것이므로 이를 철회할 권한이 있다고 보아야 한다.

(3) 소 결

따라서 피청구인이 2012. 1. 20. 이 사건 조례안 재의요구를 철회한 행위가 헌법과 법에 따른 청구인의 재의요구 요청 권한을 침해하였거나 침해할 현저한 위험이 있다고 볼 수 없다.

3. 피청구인의 조례안 재의요구 부작위 및 조례 공포행위와 청구인의 재의요구요청권의 침해 여부

(1) 피청구인의 재의요구권 및 청구인의 재의요구요청권의 규정과 의미

1) 법 제28조 제1항은 제1문에서 '교육·학예'에 관한 시·도의회의 의결이 '법령 위반이나 공익을 현저히 저해한다고 판단'되는 경우라는 교육감의 재의요구 '대상'과 '사유'에 관한 요건을 규정하고, 교육감의 재의요구 권한의 행사기간을 '시·도의회의 의결사항을 이송받은 날부터 20일 이내'로 규정하고 있다.

그런데 그 제2문에서는 별도의 요건을 규정하지 아니하고, 청구인의 재의요구 요청 권한의 행사에 관하여만 규정하고 있다.

2) 국가와 지방자치단체 사이의 권한 통제라는 중요한 사항에 관하여, 그 '대상'과 '사유'에 관한 요건도 규정되지 아니한 불명확한 재의요구 요청 권한을 청구인이 행사하도록 입법자가 의도하였다고 볼 수는 없다.

즉, 법 제28조 제1항은 교육감의 재의요구와 청구인의 재의요구 요청의 대상과 사유 및 행사기간 등 요건을 동일하게 규정하고 있는 것으로 해석하는 것이 합리적이다. 법 제28조에 대응하는 지방자치법 제172조 제1항도 지방의회의 의결이 법령에 위반되거나 공익을 현저히 해친다고 판단되는 경우, 지방자치단체의 장에 대한 주무부장관의 재의요구 요청 기간을 의결사항을 이송받은 날부터 20일 이내로 규정하고 있다.

3) 법 제28조 제1항과 헌법이 지방자치를 보장하는 취지 등을 유기적·체계적으로 종합하여 보면, 청구인의 재의요구 요청과 관계없이 교육감이 재의요구를 할 수 있는 기간은 '시·도의회의 의결사항을 이송받은 날부터 20일 이내'로 보아야 한다. 교육감이 재의요구를 할 수 없다면 교육감에 대한 청구인의 재의요구 요청도 무의미하므로, 청구인도 교육감이 재의요구를 할 수 있는 기간 내에만 교육감에게 재의요구 요청을 할 수 있다고 해석하여야 한다.

(2) 피청구인 행위의 청구인의 권한 침해 여부 검토

〈설문〉 사건에서 서울특별시교육감 권한대행이 이 사건 조례안을 2011. 12. 20. 서울특별시의회로부터 이송받았으므로, 청구인은 그로부터 20일 이내인 2012. 1. 9.까지 서울특별시교육감 권한대행에게 재의요구를 요청할 수 있었다. 서울특별시교육감 권한대행이 재의요구를 하였다고 하여, 청구인이 자신의 독립된 권한인 재의요구 요청을 하지 못할 법률상 장애가 있다고 볼 수 없다. 별개의 권한에 근거한 피청구인의 재의요구와 철회가 청구인이 재의요구 요청 권한을 행사할 수 있는 기간의 진행을 중단시킨다고 볼 수 없는 것이다.

청구인이 권한행사기간이 지난 뒤인 2012. 1. 20. 피청구인에게 이 사건 조례안에 대한 재의요구를 요청한 것은 이미 소멸한 권한을 행사한 것으로 부적법하다. 따라서 그 요청에 따라 피청구인이 이 사건 조례안에 대하여 재의요구를 하여야 할 헌법이나 법률상의 작위의무가 있다고 볼 수 없다.

그리고 이 사건 조례안의 확정에 대한 조건부의 정지적인 권한이었던 피청구인의 재의요구가 철회된 이상 처음부터 재의요구가 없었던 것과 같게 되므로, 피청구인은 이 사건 조례안을 공포할 권한이 있다(법 제14조 제3항, 제4항).

(3) 소 결

따라서 "피청구인이 2012. 1. 20. 청구인으로부터 이 사건 조례안에 대한 재의요구 요청을 받고도 서울특별시의회에 재의요구를 하지 아니한 부작위" 및 "피청구인이 2012. 1. 26. 이 사건 조례안을 공포한 행위"가 헌법과 법에 따른 청구인의 재의요구 요청 권한을 침해하였거나 침해할 현저한 위험이 있다고 볼 수 없다.

4. 결 어

"피청구인이 2012. 1. 20. 이 사건 조례안 재의요구를 철회한 행위", "피청구인이 2012. 1. 20. 청구인으로부터 이 사건 조례안에 대한 재의요구 요청을 받고도 서울특별시의회에 재의요구를 하지 아니한 부작위" 및 "피청구인이 2012. 1. 26. 이 사건 조례안을 공포한 행위"가 헌법과 법(지방교육자치에 관한 법률)에 따른 청구인의 재의요구 요청 권한을 침해하였거나 침해할 현저한 위험이 있다고 볼 수 없다.

참고판례 교육과학기술부장관과 서울특별시교육감 간의 권한쟁의(헌재 2013. 9. 26. 2012헌라1)

4-1-53 | 적법절차원칙 · 권력분립원칙과 특별검사제도

설 문

'한나라당 대통령후보 이명박의 주가조작 등 범죄혐의의 진상규명을 위한 특별검사의 임명 등에 관한 법률'(이하 '이 사건 법률'이라 한다)은 제17대 대통령 선거를 이틀 앞둔 2007. 12. 17. 국회 본회의에서 가결되어 같은 달 28. 법률 제8824호로 공포 · 시행되었다.

이 사건 법률은 이명박 대통령후보가 관여되었다는 의혹을 받고 있는 주식회사 엘케이 이뱅크(LK e-BANK), 비비케이(BBK) 투자자문주식회사 등을 통한 주가조작 등 증권거래법 위반 사건, 위 사건과 관련된 횡령 · 배임 등 재산범죄 사건, 주식회사 다스의 지분 · 주식과 관련된 공직자윤리법 위반 사건, 디지털미디어센터(DMC) 부지 사건 등에 대하여 독립적인 지위를 갖는 특별검사로 하여금 수사를 하도록 함으로써 진상을 규명한다는 취지에서 제정되었다.

甲은 주식회사 엘케이 이뱅크(LK e-BANK)의 전 등기이사로서 이른바 'BBK 사건'의 참고인이었고, 乙은 주식회사 다스의 대주주로서 이른바 '주식회사 다스 관련 사건'의 참고인이었으며, 丙은 전 서울특별시 디지털미디어센터(DMC) 사업기획팀장으로서, 이른바 'DMC 사건'의 피고발인이었다.

甲, 乙, 丙(청구인들)은, 이 사건 법률에 따른 특별검사의 수사대상 사건의 참고인 또는 피고발인으로서 이 사건 법률의 적용대상이 될 것으로 예상되는데, 이 사건 법률로 인하여 평등권, 신체의 자유, 공정한 재판을 받을 권리 등을 침해받았다고 주장하면서 2007. 12. 28. 헌법소원심판을 청구하였다.

〈설문〉에서 청구인들은 '이 사건 법률 제3조'가 적법절차원칙 및 권력분립원칙에 위배된다고 하면서 다음과 같이 주장하고 있다.
청구인들의 주장은 타당한가?

"이 사건 법률 제3조는 대법원장으로 하여금 특별검사후보자 2인을 추천토록 하였는데, 대법원장이 추천한 특별검사가 기소한 사건을 대법원장의 인사상 감독을 받는 법관으로 하여금 재판하게 하는 것은 소추기관과 심판기관의 분리라는 근대 형사법의 대원칙에 어긋나고 "누구든지 자기 자신의 심판관이 될 수 없다"는 자연적 정의를 근간으로 하는 헌법상 적법절차원칙에도 반하여 공정한 재판을 받을 권리와 일반적 행동자유권을 침해한다.
나아가 특별검사제도 도입을 입법부에서 일방적으로 결정하고 그 임명과정에서도 대통령이 대법원장의 판단에 기속되게 하는 것은 행정부에 속하는 검찰권을 침해하는 결과가 되어 권력분립의 원칙에도 위배된다."

심판대상조항

한나라당 대통령후보 이명박의 주가조작 등 범죄혐의의 진상규명을 위한 특별검사의 임명 등에 관한 법률(2007. 12. 28. 법률 제8824호로 제정된 것)

제3조(특별검사의 임명) ① 국회의장은 제2조 각 호의 사건을 수사하기 위하여 이 법 시행일부터 2일 이내에 1인의 특별검사를 임명할 것을 대통령에게 서면으로 요청하여야 한다.
② 대통령은 제1항에 따른 요청서를 받은 날부터 2일 이내에 1인의 특별검사를 임명하기 위한 후보자추천을 대법원장에게 서면으로 의뢰하여야 한다.
③ 대법원장은 제2항에 따른 특별검사후보자추천의뢰서를 받은 때에는 의뢰서를 받은 날부터 3일 이내에 10년 이상 「법원조직법」 제42조 제1항 제1호의 직에 있던 변호사 중에서 2인의 특별검사후보자를 대통령에게 서면으로 추천하여야 한다.
④ 대통령은 제3항에 따른 특별검사후보자추천서를 받은 때에는 추천서를 받은 날부터 3일 이내에 추천후보자 중에서 1인을 특별검사로 임명하여야 한다.

해 설

1. 이 사건 법률 제3조의 의의와 쟁점 2. 이 사건 법률 제3조의 적법절차원칙 위배 여부 (1) 적법절차원칙의 의의 (2) 적법절차원칙의 위배 여부 검토 (3) 소결	3. 이 사건 법률 제3조의 권력분립원칙의 위배 여부 (1) 권력분립원칙의 의의 (2) 권력분립원칙의 위배 여부 검토 (3) 소결 4. 결어

1. 이 사건 법률 제3조의 의의와 쟁점

〈설문〉의 '이 사건 법률조항 제3조'는 특별검사의 임명에 관한 규정으로서, 국회의장으로부터 특별검사 임명의 서면요청을 받은 대통령이, 대법원장이 추천한 특별검사후보자 2인 중에서 1인을 특별검사로 임명하도록 하고 있다.

이러한 이 사건 법률조항 제3조에 대하여 청구인들은 소추기관과 심판기관의 분리원칙이 무너짐으로써 적법절차원칙에 반하고, 또 특별검사제도의 도입과 임명과정에서 대통령이 입법부와 대법원장의 판단에 기속되어 행정부에 속하는 검찰권을 침해하는 결과가 되어 권력분립의 원칙에도 위배된다고 주장하고 있다.

이러한 점에서 이 사건 법률 제3조와 관련하여서는 헌법상 적법절차원칙 및 권력분립원칙의 위배 여부가 쟁점이 된다.

2. 이 사건 법률 제3조의 적법절차원칙 위배 여부

(1) 적법절차원칙의 의의

헌법 제12조 제1항은 "법률과 적법한 절차에 의하지 아니하고는 처벌·보안처분 또는 강제노역을 받지 아니한다"라고 하여 적법절차원칙을 규정하고 있는데, 적법절차원칙은 형사소송절차에 국한하지 않고 모든 국가작용에 대하여 문제된 법률의 실체적 내용이 합리성과 정당성을 갖추고 있는지 여부를 판단하는 기준으로 적용된다 할 것이다(헌재 1992. 12. 24. 92헌가8 등).

그러므로 국민의 신체의 자유, 공정한 재판을 받을 권리 등을 제한하는 특별검사의 임용절차를 규정하는 법률에 있어서도 적법절차원칙은 준수되어야 한다.

기술한 바와 같이, 청구인들은 이 사건 법률 제3조 제2항이 적법절차원칙에 위배된다고 주장하고 있으므로, 이에 대하여 살펴볼 필요가 있다.

(2) 적법절차원칙의 위배 여부 검토

헌법 제103조는 "법관은 헌법과 법률에 의하여 그 양심에 따라 독립하여 심판한다"고 규정하고, 제106조 제1항은 "법관은 탄핵 또는 금고 이상의 형의 선고에 의하지 아니하고는 파면되지 아니하며, 징계처분에 의하지 아니하고는 정직·

감봉 기타 불리한 처분을 받지 아니한다"고 규정함으로써 법관의 신분과 재판에서의 독립을 보장하고 있다.

한편, 대법원장은 법관의 임명권자이지만(헌법 제104조 제3항), 대법원장이 각급 법원의 직원에 대하여 지휘·감독할 수 있는 사항은 사법행정에 관한 사무에 한정되므로(법원조직법 제13조 제2항) 구체적 사건의 재판에 대하여는 어떠한 영향도 미칠 수 없다.

뿐만 아니라 이 사건 법률 제3조에 의하면 대법원장은 변호사 중에서 2인의 특별검사후보자를 대통령에게 추천하는 것에 불과하고, 특별검사의 임명은 대통령이 하도록 되어 있다.

그러므로 대법원장이 추천한 특별검사후보자 2인 중 1인을 대통령이 특별검사로 임명하고 그러한 절차를 통해 임명된 특별검사가 수사하여 공소제기한 사건을 대법원장이 임명한 법관이 재판한다고 하더라도, 소추기관과 심판기관이 분리되지 않았다거나 자기 자신의 사건을 스스로 심판하는 구조라고 볼 수는 없다.

(3) 소 결

요컨대, 이 사건 법률 제3조에 의한 특별검사의 임명절차가 소추기관과 심판기관의 분리라는 근대 형사법의 대원칙이나 적법절차의 원칙 등을 위반하였다고 볼 수 없으므로, 청구인들의 주장은 타당하지 아니하다.

3. 이 사건 법률 제3조의 권력분립원칙의 위배 여부

(1) 권력분립원칙의 의의

헌법상 권력분립원칙이란 권력 상호간의 견제와 균형을 통한 국가권력의 통제를 의미하는 것이다. 따라서 특정한 국가기관을 구성함에 있어 입법부, 행정부, 사법부가 그 권한을 나누어 가지거나 기능적인 분담을 하는 것은 권력분립의 원칙에 반하는 것이 아니라 권력분립의 원칙을 실현하는 것으로 볼 수 있다.

이러한 원리에 따라 현행 헌법은 대통령이 국무총리, 대법원장, 헌법재판소장을 임명할 때에 국회의 동의를 얻도록 하고 있고(헌법 제86조 제1항, 제104조 제1항, 제111조 제4항), 헌법재판소와 중앙선거관리위원회의 구성에 대통령, 국회 및 대법원장이 공동으로 관여하도록 하고 있는 것이다(헌법 제111조 제3항, 제114조 제2항).

(2) 권력분립원칙의 위배 여부 검토

〈설문〉 사건에서와 같은 특별검사제도는 검찰의 기소독점주의 및 기소편의주의에 대한 제도적 견제장치로서 권력형 부정사건 및 정치적 성격이 강한 사건에서 대통령이나 정치권력으로부터 독립된 특별검사에 의하여 수사 및 공소제기·공소유지가 되게 함으로써 법의 공정성 및 사법적 정의를 확보하기 위한 것이다.

이러한 특별검사제도의 취지에 비추어 볼 때, 특정 사건에 대하여 특별검사에 의한 수사를 실시할 것인지 여부 및 특별검사에 의한 수사대상을 어느 범위로 할 것인지는, 검찰 기소독점주의의 적절성, 검찰권 행사의 통제 필요성, 특별검사제도의 장단점, 당해 사건에 대한 국민적 관심과 요구 등 제반 사정을 국민을 대표하는 국회가 고려하여 결정할 문제로서, 그 판단에는 본질적으로 국회의 폭넓은 재량이 인정된다고 보아야 할 것이다.

이처럼 본질적으로 권력통제의 기능을 가진 특별검사제도의 취지와 기능에 비추어 볼 때, 특별검사제도의 도입 여부를 입법부가 독자적으로 결정하고 특별검사 임명에 관한 권한을 헌법기관 간에 분산시키는 것이 권력분립의 원칙에 반한다고 볼 수 없다.

한편, 정치적 중립성을 엄격하게 지켜야 할 대법원장의 지위에 비추어 볼 때, 정치적 사건을 담당하게 될 특별검사의 임명에 대법원장을 관여시키는 것이 과연 바람직한 것인지에 대하여 논란이 있을 수 있다.

그러나 그렇다고 하여 국회의 이러한 정치적·정책적 판단이 헌법상 권력분립의 원칙에 어긋난다거나 입법재량의 범위에 속하지 않는다고 할 수는 없다.

(3) 소 결

따라서 이 사건 법률 제3조는 헌법상 권력분립원칙에 위배되지 않으므로 청구인들의 주장은 타당하지 아니하다.

4. 결 어

따라서 이 사건 법률 제3조는 헌법상 적법절차원칙과 권력분립원칙에 위배되지 않으므로 청구인들의 주장은 타당하지 아니하다.

참고판례 한나라당 대통령후보 이명박의 주가조작 등 범죄혐의의 진상규명을 위한 특별검사의 임명 등에 관한 법률 위헌확인(헌재 2008. 1. 10. 2007헌마1468) [참고판례의 반대의견 참조]

Ⅱ 중급 사례

4-2-54 | 정당국가적 경향과 국회의원의 심의 · 표결권

설 문

H당 소속 국회의원인 甲은 국회 보건복지위원회 상임위원으로 활동하였다. 여야 합의로 1999. 2. 8. 법률 제5854호로 제정된 국민건강보험법 제33조 제2항 및 부칙 제10조에 의하면 건강보험의 직장가입자와 지역가입자의 재정을 2002. 1. 1.부터 통합하기로 되어 있었는데, H당은 이와 같은 건강보험재정통합방안에 반대하여 '재정분리'안을 당론으로 결정한 후 이를 2001년 12월 정기국회에서 통과시킨다는 방침을 정하였다.

甲(청구인)은 평소 건강보험재정문제와 관련하여 '재정통합'이 올바른 길이라는 소신을 가지고 있었는데, H당 지도부는 보건복지위원회 소속 H당 위원 중 유일하게 당론에 반대하고 있는 청구인을 동 위원회에서 강제로 사임시켜서라도 당론을 관철하고자 하였다.

그리하여 2001. 12. 24. H당의 교섭단체대표의원인 원내총무 乙은 국회의장에게 청구인을 보건복지위원회에서 사임시키고 청구인 대신 같은 당 소속 丙의원의 보임을 요청하는 서류를 제출하였고, 당일 국회의장(피청구인)이 이 서류에 결재함으로써 그 결과 청구인은 위 위원회에서 강제 사임되고 위 丙의원이 보임되었으며(이하 이 일련의 행위를 '피청구인의 사·보임 행위'라 한다), 그 후 "건강보험재정분리법안"의 심의·표결이 이루어졌다.

이에 청구인은 2002. 1. 24. 위와 같은 피청구인의 사·보임 행위로 말미암아 청구인의 국회의원으로서의 법률안 심의·표결권이 침해되었다고 주장하면서, 그 권한침해의 확인을 구하는 이 사건 권한쟁의심판을 청구하였다.

청구인: 국회의원 甲
대리인 변호사 A
피청구인: 국회의장
대리인 H법무법인 담당변호사 B 외 5인

〈설문〉 사건에서 '피청구인의 사·보임행위'는 헌법과 법률의 규정에 위반하여 청구인의 법률안 심의·표결권을 침해하는가?

관련조항

국회법(2000. 2. 16. 법률 제6266호로 개정된 것)

제48조(위원의 선임 및 개선) ① 상임위원은 교섭단체소속의원수의 비율에 의하여 각 교섭단체대표의원의 요청으로 의장이 선임 및 개선한다. 이 경우 각 교섭단체대표의원은 국회의원총선거 후 최초의 임시회의 집회일부터 2일 이내에 그리고 국회의원총선거 후 처음 선임된 상임위원의 임기가 만료되는 때에는 그 임기만료일 전 3일 이내에 의장에게 위원의 선임을 요청하여야 하며, 이 기한내에 요청이 없는 때에는 의장이 위원을 선임할 수 있다.
② 어느 교섭단체에도 속하지 아니하는 의원의 상임위원선임은 의장이 이를 행한다.
③ 정보위원회의 위원은 의장이 각 교섭단체대표의원으로부터 당해 교섭단체소속의원 중에서 후보를 추천 받아 부의장 및 각 교섭단체대표의원과 협의하여 선임 또는 개선한다. 다만, 각 교섭단체대표의원은 정보위원회의 위원이 된다.
④ 특별위원회의 위원은 제1항 및 제2항의 규정에 따라 의장이 상임위원 중에서 선임한다. 이 경우 그 선임은 특별위원회구성 결의안이 본회의에서 의결된 날부터 5일 이내에 하여야 한다.
⑤ 위원의 선임이 있은 후 교섭단체소속의원수의 이동이 있을 때에는 의장은 위원회의 교섭단체별 할당수를 변경하여 위원을 개선할 수 있다.
⑥ 의장 및 교섭단체대표의원은 의원이 기업체 또는 단체의 임·직원 등 다른 직을 겸하고 있는 경우 그 직과 직접적인 이해관계를 가지는 상임위원회의 위원으로 선임하는 것이 공정을 기할 수 없는 현저한 사유가 있다고 인정하는 때에는 해당 상임위원회의 위원으로 선임하거나 선임을 요청하여서는 아니 된다.

제10조(의장의 직무) 의장은 국회를 대표하고 의사를 정리하며, 질서를 유지하고 사무를 감독한다.

제33조(교섭단체) ① 국회에 20인 이상의 소속의원을 가진 정당은 하나의 교섭단체가 된다. 그러나 다른 교섭단체에 속하지 아니하는 20인 이상의 의원으로 따로 교섭단체를 구성할 수 있다.

제38조(상임위원회의 위원정수) 상임위원회의 위원정수는 국회규칙으로 정한다. 다만, 정보위원회의 위원정수는 12인으로 한다.

제39조(상임위원회의 위원) ① 의원은 2 이상의 상임위원회의 위원(이하 "상임위원"이라 한다)이 된다.

제40조(상임위원의 임기) ① 상임위원의 임기는 2년으로 한다. 다만, 국회의원총선거후 처음 선임된 위원의 임기는 그 선임된 날부터 개시하여 의원의 임기개시후 2년이 되는 날까지로 한다.
② 정보위원회의 위원은 제1항의 규정에 불구하고 의원의 임기동안 재임한다.
③ 보임 또는 개선된 상임위원의 임기는 전임자의 잔임기간으로 한다.

해 설

1. 피청구인의 사 · 보임 행위의 의의와 쟁점

국회는 국민주권주의와 대의제원리를 구현하는 헌법기관으로서 국회의 입법 · 재정 · 통제권의 행사, 국회 내부의 조직이나 질서유지 등을 위하여 폭넓은 자율권을 가지고 있다.

이러한 자율권은 헌법이나 국회법의 내부조직(헌법 제48조, 국회법 제13조, 제15조, 제5장 교섭단체 · 위원회와 위원[제33조~제71조]), 규칙제정(헌법 제64조 제1항,

국회법 제166조), 신분보장(헌법 제44조, 제45조, 제64조 제2항~제4항), 질서유지(국회법 제143조, 제144조, 제150조) 등에 관한 규정에서 표명되고 있다.

〈설문〉 사건에서 문제된 피청구인의 사·보임 행위 — 상임위원회 위원의 사임·보임행위 — 는 기본적으로 국회의 조직자율권의 행사에 해당하는 행위이므로, 그것이 헌법이나 법률에 명백하게 위배되는 행위가 아닌 한, 그러한 국회의 행위는 존중되어야 할 것이다.

국회법 제48조 제1항은 국회의장이 각 교섭단체대표의원의 요청으로 상임위원회 위원을 선임·개선할 수 있다고만 규정하고 있을 뿐, 어떠한 경우에 개선할 수 있는지에 대하여는 아무런 규정이 없다.

그런데 〈설문〉에서 피청구인의 사·보임행위는, 청구인 甲의 개인적인 귀책사유 때문이 아니라 소속 정당의 당론에 반대한다는 이유로 교섭단체대표의원의 요청에 따라 피청구인이 결재함으로써 이루어진 것이다.

따라서 이러한 피청구인의 사·보임행위는 이른바 정당국가적 경향과 밀접한 관련을 가지는 것인데, 이것이 헌법 및 법률에 반하는 행위로서 청구인 甲의 법률안 심의·표결권을 침해한 것인지 여부가 쟁점이 된다.

2. 국회의원의 법률안 심의 · 표결권과 상임위원회 제도

(1) 국회의원의 법률안 심의 · 표결권의 의의

국회의원은 국회의 구성원으로서의 지위뿐만 아니라 국민의 대표로서의 지위를 가지며, 국민의 선거에 의하여 선출되고(헌법 제41조 제1항) 헌법과 법률에 의하여 여러 가지 특권과 권한 내지 책임이 부여되어 있으며(헌법 제42조[임기보장], 제44조[불체포특권], 제45조[면책특권], 제46조 제2항[국가이익을 우선하고 양심에 따른 직무수행], 제52조[법률안제출권] 등과 국회법의 여러 규정들), 이를 토대로 입법활동 및 국정의 비판·감시 활동을 수행함으로써 결정적으로 국가의사형성에 관여하고 있다.

이 중 청구인이 주장하는 법률안 심의·표결권은 국회 본회의와 상임위원회(특별위원회 포함)에서의 그것을 의미한다고 할 것이다. 즉, 국회의원은 2 이상의 상임위원회의 위원이 되므로(국회법 제39조 제1항), 국회의원은 상임위원회와 본회의에서 의제 또는 의사진행에 관하여 발언하고 동의를 함으로써 의제를 성립시킬 수 있는 권한을 가진다.

여기에는 의제에 대한 찬반토론을 할 수 있는 권한(국회법 제99조 내지 108조), 상임위원회와 본회의에서 표결에 참가할 권한(국회법 제54조, 제109조)이 포함된다.

(2) 국회의 상임위원회 제도와 교섭단체

1) 상임위원회 제도와 교섭단체의 의의

① 상임위원회

상임위원회를 포함한 위원회는 의원 가운데서 소수의 위원을 선임하여 구성되는 국회의 내부기관인 동시에 본회의의 심의 전에 회부된 안건을 심사하거나 그 소관에 속하는 의안을 입안하는 국회의 합의제기관이다.

위원회의 역할은 국회의 예비적 심사기관으로서 회부된 안건을 심사하고 그 결과를 본회의에 보고하여 본회의의 판단자료를 제공하는 데 있다. 우리나라 국회의 법률안 심의는 소관 상임위원회에서 심사 · 의결된 내용을 본회의에서는 거의 그대로 통과시키는 이른바 "위원회 중심주의"를 채택하고 있다(헌재 2000. 2. 24. 99헌라1).

오늘날 의회의 기능수행과 관련하여 국민대표로 구성된 의원 전원에 의하여 운영되는 것이 이상적인 것이나, 의원 전원이 장기간의 회기동안 고도의 기술적이고 복잡다양한 내용의 방대한 안건을 다루기에는 능력과 시간상의 제약이 따르므로, 이러한 한계를 극복하기 위한 방안으로 위원회제도가 창설된 것이다.

② 교섭단체

교섭단체는 원칙적으로 국회에 일정수 이상의 의석을 가진 정당에 소속된 의원들로 구성되는 원내의 정당 또는 정파를 말한다.

정당은 국민의 정치적 의사형성을 목적으로 하는 국민의 자발적 조직이다. 따라서, 원내에 의석을 확보한 정당은 정당의 정강정책을 소속의원을 통하여 최대한 국정에 반영하고 소속의원으로 하여금 의정활동을 효율적으로 할 수 있도록 권고 · 통제할 필요가 있다.

국회법은 국회에 20인 이상의 소속의원을 가진 정당은 하나의 교섭단체가 되며, 국회 내 상임위원회의 구성은 교섭단체 소속의원수의 비율에 의하여 각 교섭단체대표의원의 요청으로 의장이 선임 및 개선한다고 규정하고 있어(제33조 제1항, 제48조 제1항), 국회운영에 있어 교섭단체의 역할을 제도적으로 보장하고 있다.

교섭단체는 정당국가에서 의원의 정당기속을 강화하는 하나의 수단으로 기능할 뿐만 아니라 정당소속 의원들의 원내 행동통일을 기함으로써 정당의 정책을 의안심의에서 최대한으로 반영하기 위한 기능도 갖는다.

2) 상임위원회의 구성과 교섭단체대표의원의 권한

국회법 제48조 제1항은 국회 내 상임위원회의 구성에 관하여 "상임위원은 교섭단체 소속의원수의 비율에 의하여 각 교섭단체대표의원의 요청으로 의장이 선임 및 개선한다"고 규정하고 있다.

따라서 국회의장은 교섭단체대표의원과 협의하고 그의 요청에 응하여 상임위원회 위원의 선임 및 개선을 하게 되는데, 이는 위에서 살펴본 교섭단체의 역할에 비추어 볼 때, 국회의 운영에 있어서 본질적인 요소라고 아니할 수 없을 것이다.

3. 피청구인의 사 · 보임 행위와 청구인의 법률안 심의 · 표결권의 침해 여부

(1) 피청구인의 사 · 보임 행위의 법적 성격

피청구인의 사·보임 행위의 의의와 쟁점에서 이미 살펴본 바와 같이, 피청구인의 사·보임 행위는 국회의 조직자율권의 행사에 해당하는 행위이다.

피청구인인 국회의장은 헌법 제48조에 따라 국회에서 선출되는 헌법상의 국가기관이다. 헌법과 법률에 의하여 국회를 대표하고 의사를 정리하며, 질서를 유지하고 사무를 감독할 지위에 있는데(국회법 제10조), 〈설문〉 사건과 같은 상임위원의 선임 또는 개선도 이와 같은 국회의장의 직무 중 의사정리권한(議事整理權限)에 속하는 것이다.

(2) 대의제 민주주의와 정당국가적 경향 하에서의 정당 규제

대의제 민주주의 내지 대의제원리란 주권자인 국민이 국가의사나 국가정책을 직접 결정하지 않고 대표자를 선출하여 그들로 하여금 국민을 대신하여 국가의사나 국가정책 등을 결정하게 하는 통치구조의 구성원리를 말한다.

이러한 대의제 민주주의는 1) 국민과 국민대표자의 분리, 2) 통치기관(대표기관) 구성권과 국가의사결정권의 분리, 3) 선거에 의한 국민대표자의 선출, 4) 전체국민의 대표로서의 국가의사 결정권자, 5) 자유위임의 원리(명령적 위임의 배제), 6) 국민의 전체이익과 추정적 의사의 우선, 7) 국가의사결정에 대한 법적 책임의 면제 등을 구성요소로 한다.

대의제 민주주의 하에서 국민과 국가의 중개자로서 등장한 정당은 현대국가에서 주체적 · 능동적으로 국민의 다원적 정치의사를 유도 · 통합함으로써 국가정책의 결정에 직접 영향을 미칠 수 있는 규모의 정치적 의사를 형성하고 있다. 구체적으로 정당은 각종 선거에서의 입후보자 추천과 선거활동, 의회에서의 입법활동, 정부의 정치적 중요결정에의 영향력 행사, 대중운동의 지도 등의 과정에 실질적 주도권을 행사한다. 대의제 민주주의 하에서 나타나는 이러한 정당의 기능과 역할을 정당제 민주주의 내지 정당국가적 경향으로 부르기도 한다.

한편, 정당은 그 자유로운 지위와 함께 "공공(公共)의 지위"도 함께 가지므로 이 점에서 정당은 일정한 법적 의무를 지게 되는데, 그 목적이나 활동이 헌법적 기본질서를 존중하는 범위 내에서 이루어져야 하고, 그 조직과 내부적 규율 역시 과두적 · 권위주의적 지배경향을 배제하여 민주적 내부질서를 확보하기 위한 법적 규제를 받지 않을 수 없는 것이다.

헌법 제8조는 이러한 정당의 자유를 보장하면서도 아울러 그 한계도 동시에 규정하고 있다. 따라서 정당국가적 경향 하에서 정당이 자유롭고 공개적인 정치적 의사형성을 위한 정당의 자유를 최대한 보장받으면서도, 정당에 대한 법적 규제도 받지 않을 수 없는 것이다.

다만, 그러한 정당 규제는 위와 같은 한정된 목적에 필요한 범위 안에서 행해져야 하며, 특히 정당의 내부질서에 대한 규제는 그것이 지나칠 때에는 정당의 자유에 대한 침해의 위험성이 있으므로 민주적 내부질서에 필요한 최소한도에 그쳐야 한다.

(3) 피청구인의 사 · 보임 행위의 법률안 심의 · 표결권 침해 여부 검토

1) 자유위임의 원리와 정당기속의 조화 여부

현대의 민주주의가 종래의 순수한 대의제 민주주의에서 정당제 민주주의의 경향으로 변화하고 있음은 위에서 살펴본 바와 같다. 다만, 국회의원의 국민대표성보다는 오늘날 복수정당제 하에서 실제적으로 정당에 의하여 국회가 운영되고 있는 점을 강조하려는 견해와, 반대로 대의제 민주주의 원리를 중시하면서 정당국가적 경향의 현실은 국회의원의 전체국민 대표성을 침해하지 않는 범위 내에서 인정하려는 입장이 대립되고 있다.

국회의원의 원내활동을 기본적으로 각자에 맡기는 자유위임은 자유로운 토론과 의사형성을 가능하게 함으로써 당내민주주의를 구현하고 정당의 독재화 또는 과두화를 막아주는 순기능을 갖는다.

그러나 자유위임은 의회 내에서의 정치의사형성에 정당의 협력을 배척하는 것이 아니며, 의원이 정당과 교섭단체의 지시에 기속되는 것을 배제하는 근거가 되는 것도 아니다. 또한 국회의원의 국민대표성을 중시하는 입장에서도 특정 정당에 소속된 국회의원이 정당기속 내지는 교섭단체의 결정(소위 '당론')에 위반하는 정치활동을 한 이유로 제재를 받는 경우, 국회의원 신분을 상실하게 할 수는 없으나 "정당내부의 사실상의 강제" 또는 소속 "정당으로부터의 제명"은 가능하다고 보고 있다.

그렇다면, 당론과 다른 견해를 가진 소속 국회의원을 당해 교섭단체의 필요에 따라 다른 상임위원회로 전임(사·보임)하는 조치는 특별한 사정이 없는 한 헌법상 용인될 수 있는 "정당내부의 사실상 강제"의 범위 내에 해당한다고 할 것이다.

2) 피청구인의 적법절차 준수 여부

오늘날 교섭단체는 정당국가에서 의원의 정당기속을 강화하는 하나의 수단으로 기능할 뿐만 아니라 정당소속 의원들의 원내 행동통일을 기함으로써 정당의 정책을 의안심의에서 최대한으로 반영하기 위한 기능도 갖는다.

이러한 점에 비추어 볼 때, 국회의장이 국회의 의사(議事)를 원활히 운영하기 위하여 상임위원회의 구성원인 위원의 선임 및 개선에 있어 교섭단체대표의원과 협의하고 그의 "요청"에 응하는 것은 국회운영에 있어 본질적인 요소라고 아니할 수 없다.

피청구인은 국회법 제48조 제1항에 규정된 바에 따라 청구인이 소속된 H당 "교섭단체대표의원의 요청"을 서면으로 받고, 〈설문〉 사건의 사·보임행위를 한 것으로서 헌법이나 법률에 위반되는 행위를 한 바가 없다.

(4) 소 결

요컨대, 피청구인의 사·보임행위는, 청구인 甲이 소속된 정당내부의 사실상 강제에 터 잡아 교섭단체대표의원이 상임위원회 사·보임 요청을 하고 이에 따라 이른바 의사정리권한의 일환으로 이를 받아들인 것으로서, 그 절차·과정에 헌법이나 법률의 규정을 명백하게 위반하여 재량권의 한계를 현저히 벗어나 청구인의 권한을 침해한 것으로는 볼 수 없다고 할 것이다.

4. 결 어

〈설문〉 사건에서 피청구인의 사·보임행위는 헌법과 법률의 규정에 위반하여 청구인 甲의 법률안 심의·표결권을 침해하지 아니한다.

참고판례 국회의원과 국회의장간의 권한쟁의(헌재 2003. 10. 30. 2002헌라1) [참고판례의 반대의견 참조]

4-2-55 | 위임입법의 입법형식, 포괄위임금지원칙

설 문

甲은 2014. 7. 7. 서울특별시 M구청장에게 기초연금의 지급을 신청하였으나, M구청장은 2014. 9. 5. 甲(청구인)의 '소득인정액'이 '2014년도 선정기준액'인 139만 2천 원을 초과한다는 이유로 청구인에 대하여 기초연금을 지급하지 아니한다는 결정을 하였다.

청구인은 S행정법원에 위 처분의 취소를 구하는 소송을 제기하고, 위 소송 계속 중 기초연금법 제2조 제4호(이하 '이 사건 소득인정액 조항'이라 한다) 및 제3조 제1항 중 '기초연금을 소득인정액이 보건복지부장관이 정하여 고시하는 금액(이하 "선정기준액"이라 한다) 이하인 사람에게 지급하도록 한 부분'(이하 '이 사건 선정기준액 조항'이라 한다)에 대하여 위헌법률심판 제청신청을 하였으나 2015. 4. 24. 기각되자, 2015. 5. 11. 이 사건 헌법소원심판을 청구하였다.

1. 〈설문〉의 '이 사건 소득인정액 조항'은 포괄위임금지원칙에 위배되는가?

2. 〈설문〉의 '이 사건 선정기준액 조항'과 관련하여,
(1) '선정기준액'을 법규명령이 아닌 보건복지부장관 고시로 정하도록 위임하는 것이 헌법상 허용되는가?
(2) '이 사건 선정기준액 조항'은 포괄위임금지원칙에 위배되는가?

심판대상조항

기초연금법(2014. 5. 20. 법률 제12617호로 제정된 것)

제2조(정의) 이 법에서 사용하는 용어의 뜻은 다음과 같다.

4. "소득인정액"이란 본인 및 배우자의 소득평가액과 재산의 소득환산액을 합산한 금액을 말한다. 이 경우 소득평가액과 재산의 소득환산액을 산정하는 소득 및 재산의 범위는 대통령령으로 정하고, 소득평가액과 재산의 소득환산액의 구체적인 산정방법은 보건복지부령으로 정한다.

제3조(기초연금 수급권자의 범위 등) ① 기초연금은 65세 이상인 사람으로서 소득인정액이

보건복지부장관이 정하여 고시하는 금액(이하 "선정기준액"이라 한다) 이하인 사람에게 지급한다.

관련조항

기초연금법(2014. 5. 20. 법률 제12617호로 제정된 것)
제1조(목적) 이 법은 노인에게 기초연금을 지급하여 안정적인 소득기반을 제공함으로써 노인의 생활안정을 지원하고 복지를 증진함을 목적으로 한다.

제3조(기초연금 수급권자의 범위 등) ② 보건복지부장관은 선정기준액을 정하는 경우 65세 이상인 사람 중 기초연금 수급자가 100분의 70 수준이 되도록 한다.
④ 선정기준액의기준,고시시기 및 적용기간 등은 대통령령으로 정한다.

제4조(국가와 지방자치단체의 책무) ② 국가와 지방자치단체는 제1항에 따라 필요한 비용을 부담할 수 있도록 재원(財源)을 조성하여야 한다. 이 경우 「국민연금법」 제101조 제1항에 따라 설치된 국민연금기금은 기초연금 지급을 위한 재원으로 사용할 수 없다.

구 기초연금법 시행령(2014. 6. 30. 대통령령 제25427호로 제정되고, 2015. 11. 30. 대통령령 제26684호로 개정되기 전의 것)
제2조(소득의 범위) ① 「기초연금법」(이하 "법"이라 한다) 제2조 제4호 후단에 따라 소득평가액을 산정하는 소득의 범위는 다음 각 호와 같다.
1. 근로소득 (이하 생략)
2. 사업소득 (이하 생략)
3. 재산소득 (이하 생략)
4. 공적이전소득: 「국민연금법」, 「공무원연금법」, 「군인연금법」, 「별정우체국법」, 「사립학교교직원 연금법」, 「산업재해보상보험법」, 「국민연금과 직역연금의 연계에 관한 법률」, 「북한이탈주민의 보호 및 정착지원에 관한 법률」, 「독립유공자예우에 관한 법률」, 「국가유공자 등 예우 및 지원에 관한 법률」, 「고엽제후유의증 등 환자지원 및 단체설립에 관한 법률」, 「참전유공자예우 및 단체설립에 관한 법률」과 그 밖에 보건복지부장관이 정하여 고시하는 법령에 따라 정기적으로 지급되는 각종 수당·연금·급여나 그 밖의 금품. 다만, 다음 각 목의 수당은 제외한다.
   나. 「국가유공자 등 예우 및 지원에 관한 법률」 제14조, 제15조 및 제16조의 2에 따른 생활조정수당, 간호수당 및 무공영예수당

② 본인 및 배우자가 1촌 이내의 직계비속이 소유하는 주택(주택가격이 보건복지부장관이 정하여 고시하는 금액 이상인 경우에 한정한다)에 거주하는 경우에는 보건복지부령으로 정하는 방법에 따라 산정된 금액은 소득으로 보아 제1항에 따른 소득의 범위에 포함한다.

제3조(재산의 범위) ① 법 제2조 제4호 후단에 따라 재산의 소득환산액을 산정하는 재산의

범위는 다음 각 호와 같다.

1. 일반재산 (이하 생략)
2. 금융재산 (이하 생략)
3. 제1호 각 목 및 제2호 각 목에 해당하는 재산 중 2011년 7월 1일 이후 다른 사람에게 증여한 재산 또는 처분한 재산(재산을 처분한 금액으로 다른 재산의 구입, 부채의 상환, 의료비의 지급 등 본인 및 배우자를 위하여 소비한 사실이 입증된 경우는 제외한다)

제4조(선정기준액의 기준 등) ① 법 제3조 제1항에 따라 보건복지부장관이 정하여 고시하는 금액(이하 "선정기준액"이라 한다)은 65세 이상인 사람 및 그 배우자(이하 이 조에서 "노인가구"라 한다)의 소득·재산 수준과 생활실태, 물가상승률 등을 고려하여 산정한다.

구 기초연금법 시행규칙(2014. 6. 30. 보건복지부령 제238호로 제정되고, 2015. 12. 4. 보건복지부령 제370호로 개정되기 전의 것)

제2조(소득평가액 산정방식) ① 「기초연금법」(이하 "법"이라 한다) 제2조 제4호 후단에 따른 소득평가액은 「기초연금법 시행령」(이하 "영"이라 한다) 제2조 제1항 각 호 및 같은 조 제2항의 소득을 합산한 금액에서 다음 각 호의 금액을 제외한 후 월 평균한 금액으로 한다.

1. 영 제2조 제1항 제1호에 따른 소득이 있는 경우로서 보건복지부장관이 법 제4조 제3항에 따라 근로의욕이 저하되지 아니하도록 하기 위하여 필요하다고 인정하여 고시하는 금액

제3조(재산가액의 산정) ① 영 제3조 제1항에 따른 재산의 가액은 법 제11조에 따른 조사일(이하 "조사일"이라 한다)을 기준으로 다음 각 호의 구분에 따른 방법에 따라 산정한 가액으로 한다. 다만, 재산의 가액을 산정하기 어려운 경우에는 해당 재산의 종류 및 거래상황 등을 고려하여 보건복지부장관이 정하는 바에 따라 산정한 가액으로 한다. (이하 생략)

제4조(재산의 소득환산액 산정방식) ① 법 제2조 제4호에 따른 재산의 소득환산액은 제1호 및 제2호를 더한 금액에서 제3호의 부채를 뺀 후(그 뺀 후의 금액이 0보다 작은 경우에는 0으로 한다) 제2항에 따른 재산의 소득환산율을 곱한 금액을 12로 나눈 금액과 제4호의 금액을 더한 금액으로 한다.

1. 제3조 제1항 제1호, 제2호 및 제4호부터 제9호(제4조 제1항 제4호 나목에 해당하는 금액은 제외한다)까지의 재산가액을 더한 금액에서 기본생활의 유지에 필요하다고 보건복지부장관이 정하여 고시하는 기본재산액을 뺀 금액(그 뺀 후의 금액이 0보다 작은 경우에는 0으로 한다)
2. 제3조 제1항 제10호의 재산가액에서 일상생활 유지에 기본적으로 필요한 최소한의 경비에 해당한다고 보건복지부장관이 인정하여 고시하는 금액을 뺀 금액(그 뺀 후의 금액이 0보다 작은 경우에는 0으로 한다)

② 제1항에 따른 재산의 소득환산율은 100분의 5로 한다.

문제 1의 해설

1. 이 사건 소득인정액 조항의 의의와 쟁점

〈설문〉 사건에서 논의되고 있는 기초연금은 노인에게 안정적인 소득기반을 제공함으로써 노인의 생활안정을 지원하고 복지를 증진하기 위한 목적으로 지급되는 것으로서(기초연금법 제1조), 이는 헌법 제34조의 인간다운 생활을 할 권리에 근거하여 기초연금법에 구체화된 사회보장적 성격의 급여이다.

그런데 〈설문〉의 '이 사건 소득인정액 조항'에 의하면, 기초연금은 65세 이상으로서 본인 및 배우자의 '소득평가액'과 '재산의 소득환산액'을 합산한 '소득인정액'이 '선정기준액' 이하인 사람에게 지급되는 것으로서(기초연금법 제2조 제4호, 제3조 제1항), 위 조항은 이러한 기초연금 수급자를 정하는 기준이 되는 '소득평가액'과 '재산의 소득환산액'을 산정하는 '소득' 및 '재산'의 범위를 대통령령에, '소득평가액'과 '재산의 소득환산액'의 구체적인 산정방법을 보건복지부령에 각 위임하고 있다.

〈설문〉 사건에서는 이러한 위임이 헌법 제75조, 제95조가 규정하는 위임입법의 한계, 즉 포괄위임금지원칙에 위반되는지 여부가 쟁점이 된다.

2. 포괄위임금지원칙의 의의와 판단기준

(1) 포괄위임금지원칙의 의의

1) 포괄위임금지원칙의 근거

헌법 제75조는 "대통령은 법률에서 구체적으로 범위를 정하여 위임받은 사항과 법률을 집행하기 위하여 필요한 사항에 관하여 대통령령을 발할 수 있다"고 규정하고 있고, 헌법 제95조는 "국무총리 또는 행정각부의 장은 소관사무에 관하여 법률이나 대통령령의 위임 또는 직권으로 총리령 또는 부령을 발할 수 있다"고 규정하고 있다.

헌법 제75조는 위임입법의 근거를 마련하는 한편, 위임입법의 범위와 한계를 제시하고 있는 것으로서, 이는 법률에서 일정한 사항을 하위법령에 위임하는 경우의 일반원칙으로서 대통령령뿐만 아니라 헌법 제95조에 의하여 총리령 또는 부령에 위임하는 경우에도 동일하게 적용된다.

2) 포괄위임금지원칙의 내용

헌법에 의하여 위임입법이 용인되는 한계인 '법률에서 구체적으로 범위를 정하여 위임받은 사항'이라 함은 법률에 이미 대통령령으로 규정될 내용 및 범위의 기본사항이 구체적이고 명확하게 규정되어 있어서 누구라도 당해 법률 그 자체로부터 대통령령에 규정될 내용의 대강을 예측할 수 있어야 한다는 것을 의미한다.

그리고 법률이 일정한 사항에 대하여 직접 규정하지 아니하고 하위법령에 위임하기 위하여는 예측가능성과 함께 위임의 필요성도 인정되어야 한다.

(2) 포괄위임금지원칙의 판단기준과 심사강도

1) 포괄위임금지원칙의 판단기준

포괄위임금지원칙의 위배 여부에 대한 판단은 위임의 필요성과 위임내용에 대한 예측가능성이라는 기준에 의하여 결정된다.

우선, 위임의 필요성은 전문적이고 기술적인 사항들을 규율하는 경우나 변화하는 상항에 즉각적인 대응이나 탄력적인 규율이 필요한 경우에는 위임의 필요성이 커진다고 할 것이다(헌재 2013. 7. 25. 2012헌바54; 헌재 2016. 7. 28. 2014헌바158 · 174

(병합).

다음으로, 위임내용의 예측가능성의 유무는 당해 특정조항 하나만을 가지고 판단할 것은 아니고 관련 법조항 전체를 유기적·체계적으로 종합하여 판단하여야 할 것이므로, 위임조항 자체에서 위임의 구체적 범위를 명백히 규정하고 있지 않다고 하더라도 당해 법률의 전반적 체계와 관련규정에 비추어 위임조항의 내재적인 위임의 범위나 한계를 객관적으로 분명히 확정할 수 있다면 이를 포괄적인 백지위임에 해당하는 것으로는 볼 수 없다(헌재 2006. 12. 28. 2005헌바59; 헌재 1995. 11. 30. 94헌바40).

2) 포괄위임금지원칙의 심사강도

포괄위임금지원칙의 심사강도라고 할 수 있는 위임의 구체성·명확성의 요구 정도는 그 규율대상의 종류와 성격에 따라 달라질 것이다. 일반적인 급부행정이나 조세감면 혜택을 부여하는 조세법규의 경우에는 위임의 구체성·명확성의 요구가 완화되어 그 위임의 요건과 범위가 덜 엄격하게 규정될 수 있으며, 규율대상이 지극히 다양하거나 수시로 변화하는 성질의 것일 때에도 마찬가지다(헌재 2006. 12. 28. 2005헌바59; 헌재 1998. 2. 27. 95헌바59).

<설문>의 '이 사건 소득인정액 조항'은 사회보장적 급여의 성격을 가지는 기초연금에 관련된 내용을 형성하는 규정이므로, 위임의 구체성·명확성의 요구가 상당 부분 완화된다고 할 것이다.

3. 이 사건 소득인정액 조항의 포괄위임금지원칙 위배 여부

(1) 위임의 필요성

기초연금은 노인에게 안정적인 소득기반을 제공함으로써 노인의 생활안정을 지원하고 복지를 증진하기 위한 목적으로 지급되는 것으로서, 65세 이상인 사람 중 기초연금 수급자가 100분의 70 수준이 되도록 하고 있다.

이는 기초연금의 재원이 순수하게 국가 및 지방자치단체의 재정만으로 한정되는 상황에서(기초연금법 제4조 제2항), 기초연금을 통한 생활안정이 더 필요하다고 할 수 있는 대상에게 기초연금을 우선적으로 지급하기 위한 것이다.

따라서 전체 노인가구의 소득·재산 수준과 생활실태 및 국가의 재정상황 등에 탄력적으로 대처하고, 상대적으로 높은 소득을 얻고 사용·수익이 가능한 재산을 소유하고 있는 노인이 기초연금 수급자로 분류되는 것을 방지하기 위하여, 전문성을 가지고 있는 행정부로 하여금, 기초연금 수급요건의 기준이 되는 '소득' 및 '재산'의 범위와 '소득평가액'과 '재산의 소득환산액'의 구체적인 산정방법을 정하도록 할 위임의 필요성이 있다.

특히, 위와 같은 위임사항들 중에서도 '소득평가액'과 '재산의 소득환산액'의 구체적인 산정방법은 고도의 전문성과 기술성이 더 요구되는 영역이라 할 것이므로, 이는 대통령령보다는 사회보장 및 노인 관련 사무 등을 소관하는 보건복지부령으로 정하도록 하여 상황에 맞게 탄력적으로 대처할 필요성이 인정된다.

(2) 위임 내용의 예측가능성

이 사건 소득인정액 조항이 기초연금 수급자를 정하는 기준이 되는 '소득' 및 '재산'의 범위와 '소득평가액'과 '재산의 소득환산액'의 산정방법을 구체적으로 정하지 아니하고 있다고 하더라도, 기초연금 제도의 입법취지에다가 65세 이상인 사람 중 기초연금 수급자가 100분의 70 수준이 되도록 한 기초연금법 제3조 제2항의 내용, 그리고 '소득', '재산', '소득평가액', '재산의 소득환산액'의 문언적 의미 등을 종합적으로 고려하면, 우선 대통령령에 위임한 '소득' 및 '재산'의 범위에는 노인의 안정적인 생활 영위에 기여할 수 있는 근로소득, 사업소득, 재산소득, 공적이전소득 등의 각종 소득과, 부동산, 자동차 등의 일반재산과 금융재산 등의 각종 재신이 포함될 것임을 예측할 수 있다.

그리고 그 구체적인 산정방법이 보건복지부령에 위임된 '소득평가액'이나 '재산의 소득환산액'도, 기초연금 지급여부의 결정 및 실시 등에 사용하기 위하여 산출되는 금액으로서, 각종 소득을 합한 금액을 기준으로 산정되거나('소득평가액'), 각종 재산의 가액에 일정한 소득환산율을 적용하는 방식으로 산정될 것임('재산의 소득환산액')을 짐작할 수 있다.

뿐만 아니라, 국가유공자법상의 보상금이나 주거용 자택, 자가용 자동차, 자경용 농지 등도 기초연금 수급자를 정하는 기준이 되는 '소득' 내지 '재산'에 포함될 수 있다는 점을 어느 정도 예측할 수 있다 할 것이다.

(3) 소 결

따라서 이 사건 소득인정액 조항은 포괄위임금지원칙에 위반되지 않는다고 할 것이다.

4. 결 어

이 사건 소득인정액 조항은 포괄위임금지원칙에 위반되지 아니한다.

문제 2의 해설 [제1안]

1. 이 사건 선정기준액 조항의 의의와 쟁점

〈설문〉 사건에서 논의되고 있는 기초연금은 노인에게 안정적인 소득기반을 제공함으로써 노인의 생활안정을 지원하고 복지를 증진하기 위한 목적으로 지급되는 것으로서(기초연금법 제1조), 이는 헌법 제34조의 인간다운 생활을 할 권리에 근거하여 기초연금법에 구체화된 사회보장적 성격의 급여이다.

그런데 '이 사건 선정기준액 조항'은 "기초연금은 소득인정액이 보건복지부장관이 정하여 고시하는 금액 이하인 사람에게 지급한다"고 규정함으로써 기초연금 수급의 기준이 되는 '선정기준액'을 대통령령이나 부령이 아닌 '보건복지부장관 고시'로 정하도록 하고 있다.

이러한 이 사건 선정기준액 조항은 입법사항인 '선정기준액'을 법규명령이 아닌 행정규칙 — 보건복지부장관 고시 — 에 위임하고 있는데, 위임의 입법형식과 관련하여 법규명령이 아닌 행정규칙으로 하는 것도 허용되는지 여부와 위임의 내용이 포괄위임금지원칙에 위배되는지 여부가 쟁점이 된다.

2. '선정기준액'의 위임과 입법형식의 합헌 여부

(1) 위임입법의 근거와 위임의 입법형식

1) 위임입법의 근거

국민의 권리와 의무에 관한 법규는 국회가 제정하는 형식적 의미의 법률로 정하는 것이 원칙이지만, 사회현상의 복잡다기화와 국회의 전문적·기술적 능력의 한계 등으로 인하여 법규사항을 예외 없이 형식적 의미의 법률로 규정한다는 것은 사실상 불가능할 뿐만 아니라 적합하지도 아니하다.

현행헌법도 헌법 제40조에서 "입법권은 국회에 속한다"라고 규정하면서도, 헌법 제75조는 "대통령은 법률에서 구체적으로 범위를 정하여 위임받은 사항과 법률을 집행하기 위하여 필요한 사항에 관하여 대통령령을 발할 수 있다"고 규정하고, 헌법 제95조는 "국무총리 또는 행정각부의 장은 소관사무에 관하여 법률이나 대통령령의 위임 또는 직권으로 총리령 또는 부령을 발할 수 있다"고 규정하여 행정기관으로의 위임입법을 인정하고 있다.

2) 위임의 입법형식

위에서 살펴본 국회입법의 원칙과 위임입법의 근거 등을 감안하여 헌법 제40조와 헌법 제75조, 제95조의 의미를 살펴보면, 입법기관이 아닌 행정기관은 국회에서 법률 등으로 구체적인 범위를 정하여 위임한 사항에 관하여 법정립의 권한을 갖게 되고, 입법자가 규율의 형식에 관한 입법형성의 자유도 가지고 있다고 할 것이다.

따라서 헌법이 인정하고 있는 위임입법의 형식은 예시적인 것으로 보아야 할 것이고, 법률이 어떤 사항을 행정규칙에 위임하는 경우에 그 행정규칙은 위임된 사항만을 규율할 수 있는 것이므로, 국회입법의 원칙과 상치된다고 보기 어렵다.

다만, 행정규칙은 법규명령과 같은 엄격한 제정 및 개정절차를 요하지 아니하므로, 재산권 등과 같은 기본권을 제한하는 내용에 대해서는 대통령령, 총리령, 부령 등 법규명령에 위임함이 바람직하다.

그러므로 고시와 같은 형식으로 위임을 할 때에는 적어도 전문적·기술적 사항이나 경미한 사항으로서 업무의 성질상 위임이 불가피한 사항에 한정된다 할 것이며, 이때에도 포괄위임금지 원칙이 적용되어 반드시 구체적·개별적으로 한정된 사항에 대하여 행하여져야 한다(헌재 2006. 12. 28. 2005헌바59).

(2) '선정기준액'의 보건복지부장관 고시에의 위임의 합헌여부

기초연금법 제3조 제2항에 따르면 '선정기준액'은 기초연금 수급자가 65세 이상인 사람 중 100분의 70 수준이 되도록 정해야 하는 것이다. 이는 '선정기준액'을 먼저 정하여 이를 기준으로 수급자 범위를 정하는 방식이 아니라, 오히려 수급자 범위를 노인인구대비 비율로 먼저 정하고 역으로 이를 포괄하는 '선정기준액'을 산출하는 방식이다.

따라서 '선정기준액'을 정함에 있어서는 전체 노인가구의 소득·재산 수준과 생활실태를 다양한 자료에 의해 파악한 다음, 이를 통계화하여 분석하고 그밖에 물가상승률, 국가재정상황 등도 종합적으로 고려하여 전문적·기술적으로 판단할 수밖에 없다. 그리고 그러한 판단을 하려면 고도의 전문성이 필요하므로, 이러한 내용을 법규명령이 아닌 보건복지부 고시에 위임하는 것은 허용된다고 할 것이다.

다만, 이 경우에도 포괄위임금지 원칙상 법률의 위임은 반드시 구체적·개별적으로 한정된 사항에 대하여 행하여져야 한다.

(3) 소 결

'선정기준액'을 행정규칙인 보건복지부장관 고시에 위임하는 것도 허용되지만, 이 경우에도 포괄위임금지원칙상 법률의 위임은 구체적·개별적으로 한정되어야 할 것이다.

3. 이 사건 선정기준액 조항의 포괄위임금지원칙 위배 여부

(1) 포괄위임금지원칙의 의의와 판단기준 [생략]

1) 포괄위임금지원칙의 의의 [생략]

2) 포괄위임금지원칙의 판단기준과 심사강도 [생략]

(2) 이 사건 선정기준액 조항의 포괄위임금지원칙 위배 여부 검토

1) 위임의 필요성

기초연금은 노인에게 안정적인 소득기반을 제공함으로써 노인의 생활안정을 지원하고 복지를 증진하기 위한 목적으로 지급되는 것으로서, 65세 이상인 사람 중 기초연금 수급자가 100분의 70 수준이 되도록 하고 있다(기초연금법 제3조 제2항).

따라서 '선정기준액'을 정함에 있어서는 전체 노인가구의 소득·재산 수준과 생활실태를 다양한 자료에 의해 파악한 다음, 이를 통계화하여 분석하고 그밖에 물가상승률, 국가재정상황 등도 종합적으로 고려하여 전문적·기술적으로 판단할 수밖에 없고, 그러한 판단을 하려면 고도의 전문성이 있어야 하므로, 위임의 필요성이 인정된다.

2) 위임 내용의 예측가능성

기초연금법 제3조 제2항은 "보건복지부장관은 선정기준액을 정하는 경우 65세 이상인 사람 중 기초연금 수급자가 100분의 70 수준이 되도록 한다"고 하여 '선정기준액'의 범위와 한계를 명시하고 있을 뿐만 아니라, 기초연금법 제3조 제4항은 "선정기준액의 기준, 고시 시기 및 적용기간 등은 대통령령으로 정한다"고 규정하고 있고, 이에 따라 기초연금법 시행령 제4조 제1항은 "법 제3조 제1항에 따라 보건복지부장관이 정하여 고시하는 금액은 65세 이상인 사람 및 그 배우자의 소득·재산 수준과 생활실태, 물가상승률 등을 고려하여 산정한다"라고 규정하고 있다.

그리고 이러한 규정들에 더하여 위에서 본 기초연금 제도의 취지 등을 종합하면, 이 사건 선정기준액 조항의 위임은 구체적·개별적으로 한정된 사항에 대하여 행하여진 것으로서, 보건복지부장관이 정하여 고시하는 '선정기준액'은 65세 이상인 사람 중 기초연금 수급자가 100분의 70 수준이 되는 범위에서 노인가구의 소득·재산수준과 생활실태, 물가상승률 및 국가의 재정상황 등을 고려하여 정해질 것임도 충분히 예측할 수 있다.

(3) 소 결

따라서 이 사건 선정기준액 조항은 포괄위임금지원칙에 위반된다고 할 수 없다.

4. 결 어

〈설문〉의 '선정기준액'을 행정규칙인 보건복지부장관 고시에 위임하는 것도 허용되지만 이 경우에도 포괄위임금지원칙상 법률의 위임은 구체적·개별적으로 한정되어야 할 것이고, '이 사건 선정기준액 조항'은 포괄위임금지원칙에 위배되지 아니한다.

해 설 **[제2안]** ([제1안]과 동일한 내용은 생략함)

1. 이 사건 선정기준액 조항의 의의와 쟁점

2. '선정기준액'의 위임과 입법형식의 합헌 여부

(1) 위임입법의 근거와 위임의 입법형식

1) 위임입법의 근거

헌법은 제40조에서 "입법권은 국회에 속한다"라고 규정하면서도, 헌법 제75

조는 "대통령은 법률에서 구체적으로 범위를 정하여 위임받은 사항과 법률을 집행하기 위하여 필요한 사항에 관하여 대통령령을 발할 수 있다"고 규정하고, 헌법 제95조는 "국무총리 또는 행정각부의 장은 소관사무에 관하여 법률이나 대통령령의 위임 또는 직권으로 총리령 또는 부령을 발할 수 있다"고 규정하여 행정기관으로의 위임입법을 인정하고 있다.

그럼에도 불구하고 헌법은 제40조에서 국회입법의 원칙을 천명하면서, 다만 헌법 제75조, 제95조, 제108조, 제113조 제2항, 제114조 제6항에서 법률의 위임을 받아 발할 수 있는 법규명령으로 대통령령, 총리령과 부령, 대법원규칙, 헌법재판소규칙, 중앙선거관리위원회규칙 등을 한정적으로 열거하고 있다.

2) 위임의 입법형식

일반적 구속력을 갖는 '법규명령'과 중앙 또는 지방행정기관에 의하여 발령되는 고시나 훈령·통첩 등 '행정규칙'은 그 생성과정 및 효력에 있어 매우 다르다.

행정절차법에 의하면, 국민의 권리·의무 또는 일상생활과 밀접한 관련이 있는 법령 등을 제정·개정 또는 폐지하고자 할 때에는 당해 입법안을 마련한 행정청은 이를 예고하여야 하고(제41조), 누구든지 예고된 입법안에 대하여는 의견을 제출할 수 있으며(제44조), 행정청은 입법안에 관하여 공청회를 개최할 수 있다(제45조).

이에 대하여 고시나 훈령 등 행정규칙을 제정·개정·폐지함에 관하여는 아무런 규정이 없다.

그리고 법규명령은 법제처의 심사를 거치고(대통령령은 국무회의에 상정되어 심의된다) 반드시 공포되어야 효력이 발생되는 데 반하여, 행정규칙은 법제처의 심사를 거칠 필요도 없고 공포 없이도 효력이 발생된다.

헌법에서 법규명령의 형식을 명시적으로 확정하면서 그 명령의 구체적 종류·발령주체·위임범위·요건 등에 관한 규정을 두고 있는 이상, 헌법문언에 정해두지 않은 다른 종류의 법규명령을 법률로써 창설할 수 없고, 더구나 그러한 법규사항을 행정규칙에 위임하여서는 아니 된다 할 것이다.

요컨대, 법률이 행정규칙에 위임할 수 있는 사항은 집행명령(헌법 제75조 후단)에 의하여 규정할 수 있는 사항 또는 법률의 의미를 구체화하는 사항에 한정되어야 하는 것이고, 새로운 입법사항이나 국민의 새로운 권리·의무에 관한 사항이 되어서는 아니 될 것이다.

(2) '선정기준액'의 보건복지부장관 고시에의 위임의 합헌여부

이 사건 선정기준액 조항은 '선정기준액'을 보건복지부장관 고시로 정하도록 직접 위임하고 있다. '선정기준액'은 기초연금 수급의 기준이 되는 금액으로서 그 내용에 따라 구체적인 기초연금 수급권의 발생 여부가 달라질 수 있으므로, 이는 국민의 권리의무에 직접적으로 영향을 미치는 입법사항에 속하고, 따라서 법률에서 이에 관한 사항을 위임할 때는 그 위임이 허용된 대통령령이나 총리령·부령 등 법규명령에 위임하여야 한다.

법규명령이 아닌 행정규칙에 위임하여 전문적·기술적 영역에서의 탄력적 대응이 필요하다는 요청은 헌법상 허용된 위임의 단계를 밟더라도 충분히 해결할 수 있다. 즉, 법률에서 곧바로 행정규칙에 편의적으로 위임함으로써가 아니라 법률이 헌법에 정하여진 법규명령에 대하여 위임을 하고, 다시 법규명령에서 구체적 범위를 정하여 행정규칙에 위임하는 형식을 갖춤으로써 헌법적 결단에 충실하면서도 국가의 적극적 기능을 확보할 수 있는 것이다.

요컨대, 이 사건 선정기준액 조항은 국민의 권리의무에 관한 법규적 사항을 위임함에 있어 헌법상 열거된 법규명령이 아닌 보건복지부장관이 정하여 고시하는 행정규칙에 직접 위임하고 있으므로, 헌법에서 정한 위임입법의 형식을 갖추지 못하여 헌법에 위반된다고 하지 않을 수 없다.

(3) 소 결

'선정기준액'을 행정규칙인 보건복지부장관 고시에 위임하는 것은 헌법에서 정한 위임입법의 형식을 갖추지 못하여 헌법에 위배된다고 할 것이다.

3. 결 어

〈설문〉의 '선정기준액'을 행정규칙인 보건복지부장관 고시에 위임하는 것은 위임입법의 형식을 갖추지 못한 것으로서 헌법에 위배된다.

참고판례 　**기초연금법 제2조 제4호 등 위헌소원**(헌재 2016. 2. 25. 2015헌바191)

4-2-56 | 대통령의 계엄선포권과 영장제도

설 문

甲은 1961. 11. 하순경 구 인신구속 등에 관한 임시 특례법 제2조 제1항에 의하여 법관의 영장 없이 중앙정보부 소속 수사관에 의하여 국가보안법위반 등의 혐의로 구속되었고, 그 무렵부터 약 20일간 구속상태로 수사를 받던 중 사망하였다.
甲(이하 '망인'이라 한다)의 사망과 관련하여, 국가재건최고회의는 1962. 1. 10. '법무부 검찰국장인 망인이 북괴 간첩으로서 죄상이 드러나자 자살하였다'는 취지의 내용을 공식 발표하였고, 국방군사연구소는 1998. 12. 28. 발행한 대비정규전사(對非正規戰史) 제2권에 위와 같은 국가재건최고회의의 발표 내용대로 수록하였다.
진실·화해를 위한 과거사 정리위원회는 진실규명 조사를 거쳐 2007. 1. 9. '대한민국은, 국가재건최고회의가 망인이 간첩인 것으로 단정적으로 발표를 하고, 국방군사연구소 발행 대비정규전사에 국가재건최고회의의 발표 내용을 그대로 수록하여 현재에 이르기까지 망인 및 그 유족의 명예를 심각하게 훼손하고 있음에 대하여 사과하고, 피해 및 명예의 회복을 위한 조치를 취할 필요가 있다'는 내용의 진실규명 결정을 하였다.
망인의 유족들은 2010. 1. 8. 대한민국을 상대로, 망인이 중앙정보부 수사관에 의하여 영장 없이 불법 구금되어 있던 중 사망하였다는 등의 청구원인으로 손해배상청구 소송을 제기하였다.
위 소송의 계속 중 당해 사건 법원은 당해 사건에 적용될 구 인신구속 등에 관한 임시 특례법 제2조 제1항(이하 '이 사건 법률조항'이라 한다)이 헌법에서 정한 영장주의에 위반된다고 의심할 상당한 이유가 있다고 하여 2010. 12. 23. 직권으로 이 사건 위헌법률심판을 제청하였다.

※ 이 사건 법률조항 시행 당시의 계엄은 1961. 5. 16. 09:00경 군사혁명위원회 포고에 의하여 전국에 비상계엄으로 선포되어 1961. 5. 27. 국가재건최

고회의에 의하여 경비계엄으로 완화되었다가 1962. 12. 5. 24:00를 기하여 해제되었다.

그런데 이 사건 법률조항은 1961. 8. 7.부터 계엄이 해제된 이후인 1963. 12. 17.까지 2년 4개월이 넘는 기간 동안 시행되었다.

〈설문〉의 '이 사건 법률조항'과 관련하여,

(1) '이 사건 법률조항'은 영장주의에 위배되는가?

(2) '이 사건 법률조항'은 헌법이 정한 계엄선포 시 영장제도에 관한 '특별한 조치'로서 정당화될 수 있는가?

심판대상조항

구 인신구속 등에 관한 임시 특례법(1961. 8. 7. 법률 제674호로 개정되고, 1963. 9. 30. 법률 제1410호로 폐지되기 전의 것)

제2조(영장없이 구속등을 할 수 있는 범죄) ① 다음 각 호에 해당하는 죄를 범한 자에 대하여는 법관의 영장없이 구속, 압수, 수색할 수 있다.

1. 특수범죄처벌에관한특별법 제4조 내지 제7조의 죄
2. 국가보안법 및 반공법에 규정된 죄
3. 부정축재처리법에 규정된 죄

관련조항

구 헌법(1960. 11. 29. 헌법 제5호로 개정되고, 1962. 12. 26. 헌법 제6호로 개정되기 전의 것)

제9조 모든 국민은 신체의 자유를 가진다. 법률에 의하지 아니하고는 체포, 구금, 수색, 심문, 처벌과 강제노역을 받지 아니한다.

체포, 구금, 수색에는 법관의 영장이 있어야 한다. 단, 범죄의 현행범인의 도피 또는 증거인멸의 염려가 있을 때에는 수사기관은 법률의 정하는 바에 의하여 사후에 영장의 교부를 청구할 수 있다.

누구든지 체포, 구금을 받은 때에는 즉시 변호인의 조력을 받을 권리와 그 당부의 심사를 법원에 청구할 권리가 보장된다.

제64조 대통령은 국무회의의 의결에 의하여 계엄을 선포한다.

계엄의 선포가 부당하다고 인정될 때에는 대통령은 국무회의의 의결에 불구하고 그 선포를 거부할 수 있다.

계엄이 선포되었을 때에는 법률의 정하는 바에 의하여 국민의 권리와 행정기관이나 법원의 권한에 관하여 특별한 조치를 할 수 있다.

구 인신구속 등에 관한 임시 특례법(1961. 7. 3. **법률 제644호로 제정되고,** 1963. 9. 30. **법률 제1410호로 폐지되기 전의 것**)

제1조(목적) 본법은 형사소송법 기타 형사소송에관한제절차법규에 불구하고 국가재건과업수행에 중대한 영향을 미치는 죄를 범한 자에 대한 인신구속등에관한임시특례를 규정함을 목적으로 한다.

제2조(영장없이 구속등을 할 수 있는 범죄) ② 전항의 규정에 의하여 영장없이 사람을 구속한 경우에는 구속기관의 장은 구속한 날로부터 2일 이내에 구속된 피의자가 지정하는 가족과 변호인에게 구속죄명, 구속일시, 구속장소 및 구속기관을 명시하여 이를 통지하여야 한다.

제3조(접견의 제한) 전조의 규정에 의하여 구속된 피의자에 대한 접견은 이를 제한할 수 있다. 단, 변호인은 구속기관의 허가를 얻어 접견할 수 있다.

해 설

1. 이 사건 법률조항의 의의와 쟁점

대통령은 헌법 제77조(구헌법 제64조)에 근거하여 계엄을 선포할 수 있으며, 비상계엄(계엄)이 선포된 때에는 법률이 정하는 바에 의하여 영장제도(국민의 권리, 법원의 권한) 등에 관하여 특별한 조치를 할 수 있다.

〈설문〉의 '이 사건 법률조항'은 '국가보안법 및 반공법에 규정된 죄 등을 범한 자에 대하여 법관의 영장 없이 구속할 수 있다'고 규정하고 있으므로, 구 헌법 제9조, 현행 헌법 제12조 제3항의 영장주의에 위배되는지 여부가 문제된다.

다만, 이 사건 법률조항의 시행 당시 계엄이 선포된 사실이 있으므로, 이 사건 법률조항이 헌법이 정한 계엄선포 시 영장주의에 관한 '특별한 조치'로서 정당화될 수 있다면, 헌법위반의 문제는 해소된다고 할 것이다.

따라서 〈설문〉 사건에서는 이 사건 법률조항이 영장주의에 위배되는지 여부와 계엄선포 시 헌법이 정한 특별한 조치로서 정당화될 수 있는지 여부가 쟁점이 된다.

2. 이 사건 법률조항의 영장주의 위배 여부

(1) 영장주의의 의의

현행 헌법 제12조 제3항(구 헌법 제9조)은 영장주의를 선언하고 있고, 영장주의란 헌법 제12조 제1항의 적법절차원칙에서 도출되는 원리로서 형사절차와 관련하여 체포·구속·압수·수색의 강제처분을 할 때에는 신분이 보장되는 법관이 발부한 영장에 의하지 않으면 안 된다는 원칙이다(헌재 2012. 5. 31. 2010헌마672; 헌재 2012. 12. 27. 2010헌마153).

영장주의의 본질은 신체의 자유를 침해하는 강제처분을 함에 있어서는 인적·물적 독립을 보장받는 제3자인 법관이 구체적 판단을 거쳐 발부한 영장에 의하여야만 한다는 데에 있다. 특히 수사기관에 의한 강제처분의 경우에는 범인을 색출하고 증거를 확보한다는 수사의 목적상 적나라하게 공권력이 행사됨으로써 국민의 기본권을 침해할 가능성이 큰 만큼, 수사기관의 인권 침해에 대한 법관의 사전적·사법적 억제를 통하여 수사기관의 강제처분 남용을 방지하고 인권보장을 도모한다는 면에서 영장주의의 의미가 크다고 할 것이다(헌재 1997. 3. 27. 96헌바28등; 헌재 2012. 6. 27. 2011헌가36).

(2) 이 사건 법률조항의 영장주의 위배 여부 검토

신체의 자유를 보장하려는 영장주의의 본질에 비추어 볼 때, 형식적으로 영장주의에 위배되는 법률은 곧바로 헌법에 위반되고, 나아가 형식적으로는 영장주의를 준수하였더라도 실질적인 측면에서 입법자가 합리적인 선택범위를 일탈하는 등 그 입법형성권을 남용하였다면 그러한 법률은 헌법에 위반된다고 보아야 할 것이다.

이 사건 법률조항은 수사기관이 법관에 의하여 발부된 영장 없이 일부 범죄혐의자에 대하여 구속 등 강제처분을 할 수 있도록 규정하고 있고, 그러한 강제처분에 대하여 일정한 기간 내에 법관에 의한 사후영장을 발부받도록 하는 규정도 마련하지 아니함으로써, 수사기관이 법관에 의한 구체적 판단을 전혀 거치지 않고서도 임의로 불특정한 기간 동안 피의자에 대한 구속 등 강제처분을 할 수 있도록 하고 있다.

이러한 조치는 이 사건 법률조항의 입법목적과 그에 따른 입법자의 정책적 선택이 자의적이었는지 여부를 따질 필요도 없이 형식적으로 영장주의의 본질을 침해한다고 하지 않을 수 없다.

(3) 소 결

따라서 이 사건 법률조항은 현행 헌법 제12조 제3항(구 헌법 제9조)에서 규정한 영장주의에 위배된다.

3. 이 사건 법률조항의 계엄선포 시 '특별한 조치'로서의 정당화 여부

(1) 비상계엄 선포 시 특별한 조치의 헌법상 근거와 의미

현행 헌법 제77조 제3항은 "비상계엄이 선포된 때에는 법률이 정하는 바에 의하여 영장제도, 언론·출판·집회·결사의 자유, 정부나 법원의 권한에 관하여 특별한 조치를 할 수 있다"고 규정하고 있으며, 구 헌법 제64조 제3문도 "계엄이 선포되었을 때에는 법률의 정하는 바에 의하여 국민의 권리와 행정기관이나 법원의 권한에 관하여 특별한 조치를 할 수 있다"고 규정하고 있다.

그런데 이 사건 법률조항과 같이 영장주의를 완전히 배제하는 특별한 조치는 비상계엄에 준하는 국가비상사태에 있어서도 가급적 회피하여야 하고, 설사 그러한 조치가 허용된다고 하더라도 지극히 한시적으로 이루어져야 할 것이며, 영장 없이 이루어진 수사기관의 강제처분에 대하여는 사후적으로 조속한 시간 내에 법관에 의한 심사가 이루어질 수 있는 장치가 마련되어야 한다.

〈설문〉에서 보는 것처럼 이 사건 법률조항의 시행 당시 계엄이 선포된 사실이 있으므로, 이 사건 법률조항이 헌법이 정한 계엄선포 시 영장주의에 관한 '특별한 조치'로서 정당화될 수 있는지 여부에 관하여 살펴본다.

(2) 이 사건 법률조항의 정당화 여부 검토

〈설문〉에서 언급하고 있는 바와 같이, 이 사건 법률조항 시행 당시의 계엄은 1961. 5. 16. 09:00경 군사혁명위원회 포고에 의하여 전국에 비상계엄으로 선포되어 1961. 5. 27. 국가재건최고회의에 의하여 경비계엄으로 완화되었다가 1962. 12. 5. 24:00를 기하여 해제되었다.

당시의 국내외 정세를 현재 상황에서 판단하는 것은 쉽지 않고, 그에 따라 위 계엄선포가 적법한 절차와 권한에 근거한 것인지에 대하여는 다툼의 여지가 있을 수 있다.

하지만 이 사건 법률조항과 같이 영장주의를 완전히 배제하는 특별한 조치는 비상계엄에 준하는 국가비상사태에 있어서도 가급적 회피하여야 할 것이고, 설사 그러한 조치가 허용된다고 하더라도 지극히 한시적으로 이루어져야 할 것이며, 영장 없이 이루어진 수사기관의 강제처분에 대하여는 사후적으로 조속한 시간 내에 법관에 의한 심사가 이루어질 수 있는 장치가 마련되어야 할 것임에는 의문의 여지가 없다.

그런데 이 사건 법률조항은 1961. 8. 7.부터 계엄이 해제된 이후인 1963. 12. 17.까지 무려 2년 4개월이 넘는 기간 동안 시행되었고, 비록 일부 범죄에 국한되는 것이라도 이러한 장기간 동안 영장주의를 완전히 무시하는 입법상 조치가 허용될 수 없음은 명백하다.

따라서 이 사건 법률조항은 현행 헌법 제77조나 구 헌법 제64조의 특별한 조치에 해당한다고 볼 수 없다.

(3) 소 결

따라서 이 사건 법률조항은, 현행 헌법 제77조나 구 헌법 제64조의 특별한 조치에 해당한다고 볼 수 없으므로, 정당화되지 아니한다.

4. 결 어

<설문>의 이 사건 법률조항은 영장주의에 위배되고, 계엄 시 헌법이 정하는 특별한 조치로서 정당화될 수 없다.

참고판례 구 인신구속 등에 관한 임시특례법 제2조 제1항 위헌제청(헌재 2012. 12. 27. 2011헌가5)

4-2-57 | 국회의 입법재량권과 법관의 양형판단권

설 문

甲과 乙은 강도상해죄로 S형사지방법원에 기소되어 1993. 9. 7. 甲은 징역 3년 6월, 乙은 징역 2년에 집행유예 4년의 판결을 각 선고받고, 그 사건이 항소심인 S고등법원에 계속 중 같은 법원에서 그 재판의 전제가 되는 형법 제337조와 같은 법 제62조 제1항 본문 중 "3년 이하의 징역 또는 금고의 형을 선고할 경우"라는 부분(이하 '이 사건 심판대상조항'이라 한다)에 대하여 위헌여부심판의 제청신청을 하였으나, 위 법원은 1993. 11. 26. 위 신청을 모두 기각하였다.

이에 甲과 乙(청구인들)은 같은 달 30. 위 기각결정을 송달받고, 같은 해 12. 10. 위 법률조항들에 대하여 헌법재판소법 제68조 제2항에 의한 헌법소원심판을 청구하였다.

1. 〈설문〉 사건에 적용되는 형법 제337조 강도상해죄의 법정형을 작량감경을 하여도 집행유예를 선고할 수 없도록 규정한 것이 법관의 양형판단재량권을 과도하게 제한한 것인가?

2. 집행유예의 요건으로 "3년 이하의 징역 또는 금고의 형을 선고할 경우"로 한정하고 있는 것이 법관의 양형판단권을 근본적으로 제한하거나 사법권의 본질을 침해하는 것인가?

심판대상조항

형법(1953. 9. 18. 법률 제293호로 제정되고 1995. 12. 29. 법률 제5057호로 개정되기 전의 것)
제337조(강도상해, 치상) 강도가 사람을 상해하거나 치상한 때에는 무기 또는 7년 이상의 징역에 처한다.

제62조(집행유예의 요건) ① 3년 이하의 징역 또는 금고의 형을 선고할 경우에 제51조의 사항을 참작하여 그 정상에 참작할 만한 사유가 있는 때에는 1년 이상 5년 이하의 기간 형의 집행을 유예할 수 있다. 단, 금고 이상의 형의 선고를 받아 집행을 종료한 후 또는 집행이

면제된 후로부터 5년을 경과하지 아니한 자에 대하여는 예외로 한다.

해 설

1. 이 사건 심판대상조항의 의의와 쟁점

〈설문〉 사건의 심판대상조항 중 형법 제337조(강도상해죄 또는 강도치상죄[이하 '강도상해죄'라고만 한다])는 그 법정형이 "무기 또는 7년 이상의 징역"으로 규정되어 있으므로, 별도의 법률상 감경사유가 없는 한, 작량감경(酌量減輕)을 하더라도 3년 6월 이상의 징역형을 선고할 수밖에 없다.

한편, 형법 제62조 제1항에 의하면 "3년 이하의 징역 또는 금고의 형을 선고할 경우"에만 정상을 참작하여 그 형의 집행을 유예할 수 있다.

그러므로 위와 같은 두 규정을 연계하여 보면, 강도상해죄의 구성요건에 해당하는 한 사안이 아무리 경미하고 정상에 참작할 만한 사유가 있더라도 별도의 법률상 감경사유가 없으면 집행유예의 선고가 법률상 불가능하다.

따라서 〈설문〉에서는 형법 제337조의 법정형이 법관의 양형재량판단권을 과도하게 제한하여 침해하는 것인지 여부, 그리고 형법 제62조 제1항의 집행유예의 요건이 법관의 양형판단권을 근본적으로 제한하거나 사법권의 본질을 침해하는 것인지 여부가 쟁점이 된다.

2. 형법 제337조(강도상해죄) 법정형의 법관의 양형판단재량권 침해 여부

(1) 국회의 법정형에 대한 입법재량권과 법관의 양형판단재량권

1) 국회의 법정형에 대한 입법재량권의 의의

형벌법규에 있어서 법정형의 종류와 범위의 결정은 국회의 고유권한에 속하는 것으로서 기본적으로 입법형성의 자유에 속한다. 그러면서도 실질적 법치국가 원리를 기본원리로 하고 있는 우리 헌법 하에서는 범죄에 대한 법정형을 정함에 있어서는 죄질과 그에 따른 행위자의 책임 사이에 적절한 비례관계가 유지될 것이 요구되고 있다(헌재 1992. 4. 8. 90헌바24).

그러므로 그 입법취지에서 보아 중벌(重罰)주의로 대처할 필요성이 인정되는 경우라 하더라도, 범죄의 실태와 죄질의 경중, 이에 대한 행위자의 책임, 처벌규정의 보호법익 및 형벌의 범죄예방효과 등에 비추어 전체 형벌체계상 지나치게 가혹한 것이어서, 형벌 본래의 기능과 목적에 필요한 정도를 현저히 일탈함으로써 입법재량권의 남용한 것 — 헌법규정이나 헌법상의 제 원리에 반하여 자의적으로 행사된 것 — 으로 평가되는 경우에는 그러한 법정형을 규정한 법률조항은 헌법에 반한다고 보아야 할 것이다. 그러나 그러하지 않는 한, 쉽사리 헌법에 위배된다고 단정할 수 없다.

그리고 죄질이 서로 다른 둘 또는 그 이상의 범죄를 동일선상에 놓고 그 중 어느 한 범죄의 법정형을 기준으로 하여 단순한 평면적인 비교로써 다른 범죄의 법정형의 과중여부를 판정하여서도 아니 될 것이다(헌재 1995. 4. 20. 91헌바11; 헌재 1995. 4. 20. 93헌바40; 헌재 1995. 10. 26. 92헌바45; 헌재 2003. 11. 27. 2002헌바24).

2) 법관의 양형판단재량권의 의의

법관의 양형판단재량권은, 법관이 구체적 사건에서 헌법과 법률에 의하여 양심에 따라 합리적이고 적정한 형을 선고할 수 있도록 하는 권한으로서 법관의 양형선택과 판단을 보장하는 권한을 말한다(헌재 1992. 4. 28. 90헌바24; 헌재 2003. 11. 27. 2002헌바24).

입법자가 정한 법정형의 종류와 범위는 그 자체로서 대략적인 양형의 기준을 제시하는 것이지만, 구체적인 형벌의 부과에 대한 자세한 판단은 법관들에게 맡겨져 있다. 이러한 의미에서 입법자와 법관은 적절한 형벌의 확정이라는 공동의 목적을 수행하기 위하여 일을 분담하는 것이다.

우리 형법 제51조는 양형조건으로서 범인의 연령, 성행, 지능 및 환경, 피해자에 대한 관계, 범행의 동기, 수단과 결과, 범행 후의 정황 등을 규정하고 있으나, 이는 예시적인 규정으로 해석되며, 통상의 양형인자는 범죄구성요건의 요건과 특성에 따라 매우 다양한 것이다(헌재 2004. 4. 29. 2003헌바118).

(2) 형법 제337조 법정형의 양형판단재량권 침해 여부 검토

강도상해죄는 그 법정형의 하한이 7년 이상의 유기징역으로 한정되어 있어, 법률상 다른 감경사유가 없는 한 작량감경을 하여도 집행유예의 선고를 할 수 없도록 되어 있다고 할 수 있는데, 이러한 법정형이 입법재량의 범위를 일탈한 것인지 여부를 살펴본다.

어떤 범죄에 대한 법정형의 종류와 범위를 정하는 것은 기본적으로 입법자의 형성의 자유에 속하는 사항인데, 입법자는 위에서 본 제반사정을 종합하여, 강도상해의 범행을 저지른 자에 대하여는 법률상 다른 형의 감경사유가 있다는 등 특단의 사정이 없는 한 작량감경만으로는 집행유예의 판결을 선고할 수 없도록 법정형을 설정하였다.

즉, 그러한 범죄자에 대하여는 반드시 장기간 사회에서 격리시키도록 하는 것이 형사정책적 측면에서 바람직하다는 판단에 따라 강도상해죄의 법정형의 하한을 징역 7년으로 제한하였다고 할 것이다.

따라서 이러한 국회의 입법정책적 결단은 기본적으로 존중되어야 한다.

그리고 법관이 형사재판의 양형에 있어 법률에 기속되는 것은, 법률에 따라 심판한다고 하는 헌법규정(제103조)에 따른 것으로서 헌법이 요구하는 법치국가 원리의 당연한 귀결이며, 법관의 양형판단재량권 특히, 집행유예 여부에 관한 재량권은 어떠한 경우에도 제한될 수 없다고 볼 성질의 것은 아니다.

(3) 소 결

따라서 형법 제337조(강도상해죄)의 법정형이 입법재량을 일탈하여 법관의 양형판단재량권을 과도하게 제한하여 침해하였다고 할 수 없다.

3. 형법 제62조 제1항(집행유예 요건)의 법관의 양형판단권 및 사법권의 본질 침해 여부

(1) 집행유예제도와 국회의 입법재량권

집행유예제도는, 법원이 유죄의 판단에 기하여 형의 선고를 함에 있어서도 그 범정에 참작할 만한 사유가 있어 현실적으로 형을 집행할 필요가 없다고 인정되는 경우에 일정기간 동안 형의 집행을 유예하고, 특정한 사고(집행유예선고의 실효 또는 취소)없이 그 유예기간을 경과한 때에는 형의 선고의 효력을 상실하게 함으로써 형의 선고가 없었던 것과 동일한 효과가 발생하게 하는 제도(형법 제62조 내지 제65조 참조)이다.

이러한 집행유예제도는 원칙적으로 단기자유형을 선고해야 할 경우 범정이 가벼워서 현실적으로 반드시 형의 집행을 하여야 할 필요성이 없을 때에 선고하는 것이므로, 집행유예선고의 요건에 관한 제한은 반드시 필요한 것이고 그에 관한 입법은 입법재량의 한계를 명백히 벗어난 것이 아닌 한 국회의 입법형성의 자유에 속하는 문제라고 할 것이다.

(2) 형법 제62조 제1항(집행유예 요건)의 양형판단권 및 사법권의 본질 침해 여부 검토

위에서 살펴본 바와 같이, 집행유예제도는 원칙적으로 단기자유형을 선고해야 할 경우 범정이 가벼워서 현실적으로 반드시 형의 집행을 하여야 할 필요성이 없을 때에 선고하는 것이다.

그러므로 장기의 자유형을 선고하는 경우에도 집행유예의 판결을 선고할 수 있도록 한다면, 오히려 집행유예제도의 취지에 반하여 중범죄를 저지른 자들에게 특혜를 주는 결과를 초래하게 될 것이다.

이러한 점에서 집행유예선고의 요건에 관한 제한은 반드시 필요한 것이고, 다만 어떠한 형을 선고하는 경우에 집행유예의 선고를 할 수 있느냐의 기준은 나라마다의 범죄자에 대한 교정처우의 실태, 범죄발생의 추이 및 범죄억제를 위한 형사정책적 판단, 각종 형벌법규에 규정된 법정형의 내용 등 제반사정을 종합적으로 고려하여 결정할 입법권자의 형성의 자유에 속하는 문제이다.

따라서 그 입법형성이 입법재량의 한계를 명백히 벗어난 것이 아닌 한 헌법위반이라고는 할 수 없는데, 형법 제62조 제1항의 집행유예의 요건(3년 이하의 징역 또는 금고의 형을 선고할 경우)은 위에서 살펴본 제반사정에 비추어 입법재량의 한계를 벗어난 것이라고 할 수 없다.

(3) 소 결

형법 제62조 제1항 본문 중 "3년 이하의 징역 또는 금고의 형을 선고할 경우"라는 집행유예의 요건을 한정한 부분은 법관의 양형판단권을 근본적으로 제한하거나 사법권의 본질을 침해하는 것이라고 할 수 없다.

4. 결 어

형법 제337조의 법정형은 법관의 양형재량판단권을 과도하게 제한하여 침해하는 것이라고 할 수 없고, 형법 제62조 제1항의 집행유예의 요건을 한정한 부분도 법관의 양형판단권을 근본적으로 제한하거나 사법권의 본질을 침해하는 것이라고 할 수 없다.

참고판례 刑法 제337조 등 違憲訴願(헌재 1997. 8. 21. 93헌바60) [**참고판례의 반대의견 참조**]

Ⅲ 상급 사례

4-3-58 | 대통령의 행정입법권과 지방자치제도

설 문

대통령(피청구인)은 2001. 1. 29. 대통령령 제17113호로 "시간외근무수당의 지급기준 · 지급방법 등에 관하여 필요한 사항은 행정자치부장관이 정하는 범위 안에서 지방자치단체의 장이 정한다"라는 내용의 지방공무원수당등에관한규정 제15조 제4항(이하 '이 사건 대통령령조항'이라 한다)을 신설 · 제정하였다.
이로 말미암아 강남구(청구인)는 그 소속 지방공무원들의 시간외근무수당의 지급기준 · 지급방법 등을 정함에 있어서 '행정자치부장관이 정하는 범위'내에서 이를 하여야 하는 제약을 받게 되었다.
청구인은 헌법 제117조, 제118조 및 지방자치법에 근거하여 설립된 지방자치단체로서 자치입법권, 인적고권 및 재정고권의 헌법상의 지방자치권한을 가지며, 지방자치법 제9조 제2항 제1호 마목 및 사목(이하 '이 사건 법률조항'이라 한다)에 의하여 청구인 소속 지방공무원의 수당에 관한 지급기준, 절차, 방법 등을 구체화하는 규칙의 제정 및 시행에 관한 권한과 이에 관련된 예산의 편성 및 집행에 관한 권한을 가진다.
청구인은, 피청구인이 이 사건 대통령령조항을 제정하여 청구인의 이 권한들을 침해하였다고 주장하면서, 그 침해의 확인을 구하는 권한쟁의심판을 제기하였다.

청구인: 강남구(대표자 구청장 甲)
대리인 변호사 A

피청구인: 대통령
대리인 C법무법인 담당변호사 B 외 3인

※ 청구인은 "(1) 청구인은 헌법 제117조, 제118조 및 지방자치법에 근거하여 설립된 지방자치단체로서 인적고권, 재정고권 등의 지방자치권한을 가지고, 이 사건 법률조항에 의하여 소속 공무원의 인사, 후생복지 및 예산의 편성·집행에 관한 자치사무를 처리할 수 있는 권한, 즉 규칙제정권과 예산의 편성·집행권을 가진다.

(2) 청구인의 규칙제정권과 예산의 편성·집행권한은 자치사무에 해당되므로 국가의 감독은 적법성의 구비 여부에 한정되는 것이고(지방자치법 제157조 제1항 제2문은 "자치사무에 관한 명령이나 처분에 있어서는 법령에 위반되는 것에 한하여 시정명령할 수 있다"고 규정하고 있다), 법률 및 대통령령이나 부령에 의하여 규제받을 뿐이다.

(3) 헌법 제117조에서 말하는 '법령'은 '법률과 법규명령'에 한정되고 행정규칙은 비록 그것이 대통령령의 위임에 의하여 이루어진 것이라도 법규명령이 아니므로 이에 포함되지 아니한다. 그럼에도 불구하고 이 사건 대통령령조항은 행정규칙에 의한 자치사무의 규율을 인정하였으므로 이는 헌법 제117조에 위배된다.

(4) 이 사건 대통령령조항은 국가의 행정기관인 행정자치부장관으로 하여금, (1)에서 언급한 자치권한을 가진 청구인에 대하여, 지시할 수 있는 권한을 부여한 것이므로 이는 헌법 제117조 및 제118조가 정하는 지방자치제도의 본질을 침해하고 지방자치단체의 자치권한을 침해한 것으로서 위헌이다"라고 주장하고 있다.

1. 〈설문〉에서 피청구인 대통령이 '이 사건 대통령령조항'을 제정한 행위가 청구인의 헌법상 권한을 침해하는지 여부와 관련하여,

(1) 헌법 제117조 제1항이 보장하는 지방자치권의 내용과 한계 및 동 조항에서 규정하는 '법령'의 의미에 대하여 서술하고, '이 사건 대통령령조항'이 헌법 제117조 제1항에 위배되는지 여부에 대하여 논하시오.

(2) '이 사건 대통령령조항'은 헌법상 보장된 청구인의 자치권한을 본질적으로 침해하는가?

2. 〈설문〉에서 피청구인 대통령이 '이 사건 대통령령조항'을 제정한 행위가

청구인의 법률상 권한을 침해하는지 여부와 관련하여,
(1) '이 사건 법률조항'(지방자치법 제9조 제2항 제1호 마목 및 사목)에서 규정하는 자치권한의 내용과 한계에 대하여 서술하시오.
(2) '이 사건 대통령령조항'은 청구인의 '이 사건 법률조항'상 보장된 자치권한을 침해하는가?

심판대상조항

지방공무원수당등에관한규정(2001. 1. 29. 대통령령 제17113호로 신설된 것)
제15조(시간외근무수당) ④ 시간외근무수당의 지급기준·지급방법 등에 관하여 필요한 사항은 행정자치부장관이 정하는 범위안에서 지방자치단체의 장이 정한다.

관련조항

지방공무원수당등에관한규정(2001. 1. 29. 대통령령 제17113호로 신설된 것)
제15조(시간외근무수당) ① 근무명령에 의하여 규정된 근무시간외에 근무한 자에 대하여는 예산의 범위안에서 시간외근무수당을 지급한다. 다만, 비전임계약직공무원에 대하여는 이를 지급하지 아니한다.
② 시간외근무수당은 매 시간에 대하여 당해 공무원에게 적용되는 기준호봉의 봉급액의 7할(계약직공무원의 경우에는 당해 공무원의 연봉월액의 60퍼센트 해당금액의 5할을 말하며, 이하 "봉급기준액"이라 한다)의 192분의 1의 15할을 지급한다.

지방공무원법(2000. 12. 29. 법률 제6322호로 일부개정된 것)
제44조(보수결정의 원칙) ① 생략
② 경력직공무원 상호간의 보수 및 경력직공무원과 특수경력직공무원 상호간의 보수는 균형을 도모하여야 한다.
③ 이 법 기타 법령에 의한 보수에 관한 규정에 의하지 아니하고는 어떠한 금전 또는 유가물도 공무원의 보수로 지급될 수 없다.

제45조(보수에 관한 규정) ① 공무원의 보수에 관한 다음 사항은 대통령령으로 정한다.
1. 봉급·호봉 및 승급에 관한 사항
2. 수당에 관한 사항
3. 보수의 지급방법, 보수의 계산 기타 보수지급에 관한 사항
② 생략

지방자치법(2000. 1. 12. 법률 제6115호로 일부개정된 것)

제9조(지방자치단체의 사무범위) ① 지방자치단체는 그 관할구역의 자치사무와 법령에 의하여 지방자치단체에 속하는 사무를 처리한다.

② 제1항의 규정에 의한 지방자치단체의 사무를 예시하면 다음 각호와 같다. 다만, 법률에 이와 다른 규정이 있는 경우에는 그러하지 아니하다.

1. 지방자치단체의 구역, 조직 및 행정관리 등에 관한 사무
   마. 소속공무원의 인사·후생복지 및 교육
   사. 예산의 편성·집행 및 회계감사와 재산관리

지방재정법(2000. 1. 12. 법률 제6113호로 개정된 것)

제30조(예산의 편성) ① 지방자치단체는 법령 및 조례가 정하는 범위 안에서 합리적인 기준에 의하여 그 경비를 산정하여 예산에 계상하여야 한다.

⑤ 지방자치단체의 매 회계년도의 예산편성기본지침은 행정자치부장관이 관계중앙행정기관의 장의 의견을 들어 작성한 다음 전년도 7월 31일까지 지방자치단체에 시달하여야 한다. 다만, 예산편성기본지침이 시달된 후 지방자치단체의 재정에 영향을 미치는 중요한 국가시책이 수립되거나 변경되는 경우에는 이미 시달된 지침을 변경하여 시달할 수 있다.

지방재정법시행령(2000. 10. 20. 대통령령 제16983호로 일부개정된 것)

제30조(예산의 편성) ① 지방자치단체의 예산은 법령에 다른 규정이 없는 한 법 제30조 제5항의 규정에 의한 예산편성기본지침에 따라 편성하여야 한다.

②~④ 생략

⑤ 투자심사의 기준 기타 투자심사에 관하여 필요한 사항은 행정자치부령으로 정한다.

해 설

1. 〈설문〉 사건에서 피청구인의 이 사건 대통령령조항 제정행위의 의의와 쟁점
2. 피청구인의 이 사건 대통령령조항 제정행위와 청구인의 헌법상 권한 침해 여부
   (1) 헌법 제117조 제1항과 지방자치권
      1) 헌법 제117조 제1항의 지방자치권의 내용과 한계
      2) 헌법 제117조 제1항의 '법령'의 의미
   (2) 이 사건 대통령령조항의 헌법 제117조 제1항의 위배 여부
   (3) 이 사건 대통령령조항의 청구인의 헌법상 자치권한 침해 여부
   (4) 소결
3. 피청구인의 이 사건 대통령령조항 제정행위와 청구인의 법률상 권한 침해 여부
   (1) 이 사건 법률조항과 자치권한의 내용 및 한계
   (2) 심판대상조항의 청구인의 법률상 자치권한 침해 여부
   (3) 소결
4. 결어

1. 〈설문〉 사건에서 피청구인의 이 사건 대통령령조항 제정행위의 의의와 쟁점

〈설문〉 사건에서 피청구인 대통령은 지방공무원법 제45조 제1항의 위임에 따라 지방공무원의 보수에 관한 사항을 정하는 이 사건 대통령령조항 — 시간 외 근무수당의 지급기준·지급방법 등에 관하여 필요한 사항은 행정자치부장관이 정하는 범위 안에서 지방자치단체의 장이 정하도록 규정하고 있는 지방공무원수당등에관한규정 제15조 제4항 — 을 제정하였다.

그런데 청구인은 헌법 제117조, 제118조 및 지방자치법에 근거하여 설립된 지방자치단체로서 자치입법권, 인적고권 및 재정고권의 헌법상의 지방자치권한을 가지며, 아울러 '이 사건 법률조항'에 의하여 청구인 소속 지방공무원의 수당에 관한 지급기준, 절차, 방법 등을 구체화하는 규칙의 제정 및 시행에 관한 권한과 이에 관련된 예산의 편성 및 집행에 관한 권한을 가진다.

이러한 청구인의 헌법상 및 법률상 보장되는 지방자치 권한에 비추어 볼 때, 피청구인의 이 사건 대통령령조항 제정행위는 시간외근무수당의 지급기준, 지급방법 등에 관하여 행정자치부장관의 지침에 따르도록 청구인을 구속하고, 이로 인하여 시간외근무수당의 지급에 대하여 자율적으로 정할 수 있는 청구인의 권한 범위도 줄어들게 하였다.

따라서 〈설문〉 사건의 쟁점은 크게 피청구인의 이 사건 대통령령조항 제정행위가 1) 청구인의 헌법상의 지방자치권한을 침해하는지 여부, 2) 법률(지방자치법)상의 권한을 침해하는지 여부로 나누어 볼 수 있다.

구체적으로는, 1)과 관련하여 지방자치권의 헌법상 근거조항인 제117조 제1항의 의미, 이 사건 대통령령조항의 헌법 제117조 제1항의 위배 여부, 그리고 이 사건 대통령령조항의 청구인의 헌법상 자치권한 침해 여부가 쟁점이 되고, 2)와 관련하여 이 사건 법률조항상의 자치권한의 내용과 한계, 이 사건 대통령령조항의 청구인의 법률상 자치권한 침해 여부가 쟁점이 된다.

그리고 지방공무원법 제45조 제1항은 지방공무원의 보수에 관한 사항을 대통령령에서 정하도록 규정하고 있음에도 불구하고, 이 사건 대통령령조항이 대통령령에서 정할 사항을 행정자치부장관이 정하도록 재위임하고 있으므로, 이러한 재위임의 허용 여부도 쟁점이 되지만 여기에서는 검토를 생략한다.

2. 피청구인의 이 사건 대통령령조항 제정행위와 청구인의 헌법상 권한 침해 여부

(1) 헌법 제117조 제1항과 지방자치권

1) 헌법 제117조 제1항의 지방자치권의 내용과 한계

헌법 제117조 제1항은 "지방자치단체는 주민의 복리에 관한 사무를 처리하고 재산을 관리하며, 법령의 범위안에서 자치에 관한 규정을 제정할 수 있다"고 규정하여 지방자치제도의 보장과 지방자치단체의 자치권을 규정하고 있다. 헌법이 규정하는 이러한 자치권 가운데에는 자치에 관한 규정을 스스로 제정할 수 있는 자치입법권은 물론이고 그밖에 그 소속 공무원에 대한 인사와 처우를 스스로 결정하고 이에 관련된 예산을 스스로 편성하여 집행하는 권한이 성질상 당연히 포함된다.

다만, 이러한 헌법상의 자치권의 범위는 법령에 의하여 형성되고 제한되는데, 헌법도 제117조 제1항에서 법령의 범위안에서 자치에 관한 규정을 제정할 수 있다고 하고 있으며, 제118조 제2항에서 지방자치단체의 조직과 운영에 관한 사항은 법률로 정한다고 규정하고 있다.

2) 헌법 제117조 제1항의 '법령'의 의미

헌법 제117조 제1항에서 규정하고 있는 '법령'에 법률 이외에 헌법 제75조 및 제95조 등에 의거한 '대통령령', '총리령' 및 '부령'과 같은 법규명령이 포함되는 것은 당연하다.

그런데 이러한 '법령'에 행정규칙도 포함되는지 여부와 관련하여 판례는 "법령의 직접적인 위임에 따라 수임행정기관이 그 법령을 시행하는데 필요한 구체적 사항을 정한 것이면, 그 제정형식은 비록 법규명령이 아닌 고시, 훈령, 예규 등과 같은 행정규칙이더라도, 그것이 상위법령의 위임한계를 벗어나지 아니하는 한, 상위법령과 결합하여 대외적인 구속력을 갖는 법규명령으로서 기능하게 된다고 보아야 한다"고 하고 있다(헌재 1992. 6. 26. 91헌마25).

이에 의하면, 헌법 제117조 제1항에서 규정하는 '법령'에는 법규명령으로서 기능하는 행정규칙이 포함된다고 할 것이다.

(2) 이 사건 대통령령조항의 헌법 제117조 제1항의 위배 여부

이 사건 대통령령조항에서 말하는 '행정자치부장관이 정하는 범위'라는 것은 '법규명령으로 기능하는 행정규칙에 의하여 정하여지는 범위'를 가리키는 것이고, 법규명령이 아닌 단순한 행정규칙에 의하여 정하여지는 것은 이에 포함되지 않는다고 해석되므로, 이 사건 대통령령조항이 헌법 제117조 제1항에 위반되는 것은 아니다.

다만, 법규명령으로 기능하는 행정규칙이라고 하더라도 그 형식은 여전히 '행정규칙'이므로, '법규명령'으로서의 형식마저 갖추도록 하여 형식 · 내용 양면 모두 엄격한 행정입법상의 체계를 갖추는 것이 바람직할 것이다.

(3) 이 사건 대통령령조항의 청구인의 헌법상 자치권한 침해 여부

이 사건 대통령령조항은 시간외근무수당의 대강을 스스로 정하면서 단지 그 지급기준 · 지급방법 등의 범위만을 행정자치부장관이 정하도록 하고 있을 뿐이므로, 청구인은 그 한계 내에서 자신의 자치입법권을 행사하여 시간외근무수당에 관한 구체적 사항을 자신의 규칙으로 직접 제정하고 이를 위하여 스스로 예산을 편성, 집행하고 또 이를 토대로 하여 관련된 인사문제를 결정할 수 있는 것이다.

또한 행정자치부장관이 정하게 되는 '범위'라는 것이, 지방자치단체장의 구체적인 결정권 행사의 여지를 전혀 남기지 않는 획일적인 기준을 의미하는 것으로 볼 근거는 없다.

따라서 이 사건 대통령령조항은 그 형식이나 내용면에서 지방자치단체장의 규칙제정권, 인사권, 재정권 등을 부정하는 것이 아니므로, 청구인의 헌법상 자치권한을 본질적으로 침해한다고 볼 수 없다.

(4) 소 결

이 사건 대통령령조항이 그 위임의 입법형식을 행정규칙에 의한다고 하더라도, 이는 법규명령으로 기능하는 행정규칙이므로, 헌법 제117조 제1항에 위배된다고 할 수 없고, 또한 이 사건 대통령령조항의 내용에 있어서도 청구인의 자치권한을 충분히 행사할 수 여지를 남기고 있으므로, 청구인의 헌법상 자치권한을 본질적으로 침해하는 것이라고 할 수 없다.

3. 피청구인의 이 사건 대통령령조항 제정행위와 청구인의 법률상 권한 침해 여부

(1) 이 사건 법률조항과 자치권한의 내용 및 한계

이 사건 법률조항(지방자치법 제9조 제2항 제1호 마목)은 청구인에게 소속공무원의 인사·후생복지 및 교육에 관한 자치사무를 처리할 수 있는 권한을 부여하고 있고 여기의 '인사·후생복지'에는 보수와 수당의 지급이 포함된다고 볼 수 있다.

따라서 청구인은 이 사건 법률조항에 근거하여 청구인 소속 지방공무원의 수당에 관한 지급기준, 금액, 절차, 방법 등을 구체화하는 규칙의 제정 및 시행에 관한 권한을 가진다. 또한 지방자치법 제9조 제2항 제1호 사목은 청구인에게 자치사무에 관한 예산의 편성·집행 권한을 부여하고 있으므로, 청구인은 위 법조항에 근거하여 그 소속 공무원의 수당에 관한 예산의 편성 및 집행권한을 가진다.

이러한 청구인의 권한들은 "지방자치단체는 법령의 범위 안에서 자치에 관한 규정을 제정할 수 있다"고 한 헌법 제117조 제1항에 따라 그 내용과 범위가 법령에 의하여 확정된다.

(2) 심판대상조항의 청구인의 법률상 자치권한 침해 여부

헌법 제117조 제1항은 법령의 규정이 지방자치단체의 자치입법권에 우선하고 있음을 명시하고 있는데, 여기서 말하는 '법령' 가운데에는 법규명령으로서 기능하는 행정규칙도 포함됨은 이미 살펴본 바와 같다.

따라서 이 사건 대통령령조항이 법규명령으로 기능하는 행정규칙에 의하여 청구인의 법률상의 권한을 제한하도록 한 것이라면, 그 제한이 지방자치의 본질을 침해하는 것이 아닌 한, 이는 청구인의 권한을 침해하는 것이 아니다.

그리고 이 사건 대통령령조항에서 말하는 '행정자치부장관이 정하는 범위'라는 것은 '법규명령으로 기능하는 행정규칙에 의하여 정하여지는 범위'를 가리키는 것이고, 법규명령이 아닌 단순한 행정규칙에 의하여 정하여지는 것은 이에 포함되지 않는다고 해석되므로, 이 사건 대통령령조항은 법규명령에 의한 자치권의 제한 이상을 의미하는 것이 아니므로, 청구인의 법률상 권한을 침해하는 것이 아니다.

(3) 소 결

이 사건 법률조항에 의하여 부여된 청구인의 법률상 권한도 법령에 의하여 제한될 수 있는데, 이 사건 대통령령조항은 법규명령의 기능을 하는 행정규칙에 의한 제한이므로, 결국 청구인의 법률상 자치권한을 침해하는 것은 아니다.

4. 결 어

〈설문〉 사건에서 피청구인의 이 사건 대통령령조항 제정행위는 청구인의 헌법상 및 법률상의 자치권한을 침해하지 아니한다.

참고판례 강남구청과 대통령간의 권한쟁의(헌재 2002. 10. 31. 2001헌라1)

4-3-59 | 대법원규칙에의 입법위임과 법관의 독립

설 문

甲은 2002. 2. 18. A지방법원 판사로 임명된 후 B지방법원, C지방법원, D지방법원 판사를 거쳐 E지방법원 판사로 재직하던 중 2011. 12. 16. 대법원장에게 연임희망원을 제출하였다.

법관인사위원회는 2012. 1. 27. 甲(청구인)이 연임적격 여부가 문제되는 판사로서 심의대상에 해당한다고 결정하였고, 같은 날 청구인에게 위와 같은 사유를 통지하였다. 청구인은 2012. 2. 7. 법관인사위원회 회의에 출석하여 의견을 진술하고 소명자료를 제출하였으며, 법관인사위원회는 같은 날 청구인을 연임부적격으로 의결하였다.

연임적격 여부에 관하여 대법관회의를 거친 후, 대법원장은 청구인의 10년 동안 근무성적평정 결과와 법관인사위원회의 연임적격에 관한 심의 결과 등을 종합할 때 청구인이 구 법원조직법 제45조의2 제2항 제2호의 '근무성적이 현저히 불량하여 판사로서 정상적인 직무를 수행할 수 없는 경우'에 해당한다는 이유로 2012. 2. 10. 청구인을 연임하지 않기로 하는 결정을 하였고(이하 '이 사건 처분'이라 한다), 이에 따라 청구인은 2012. 2. 18. 임기만료로 퇴직하였다.

청구인은 이 사건 처분에 불복하여 소청심사를 청구하였으나 기각되자, 2012. 8. 28. S행정법원에 이 사건 처분의 취소를 구하는 소송을 제기하였다. 위 소송 계속 중 청구인은 판사의 근무성적평정에 관한 사항을 대법원규칙에 위임한 구 법원조직법 제44조의2 제2항(이하 '이 사건 근무평정조항'이라 한다)과 판사의 연임결격사유를 정한 구 법원조직법 제45조의2 제2항 제2호(이하 '이 사건 연임결격조항'이라 한다)에 대하여 위헌법률심판제청신청을 하였으나, 2015. 8. 13. 취소소송 및 위헌법률심판제청신청이 모두 기각되자, 2015. 9. 25. 이 사건 헌법소원심판을 청구하였다.

1. 〈설문〉의 '이 사건 근무평정조항'은 포괄위임금지원칙에 위배되는가?

2. 〈설문〉의 '이 사건 연임결격조항'은 명확성원칙에 위배되는가?

3. 〈설문〉의 '이 사건 연임결격조항'은 법관의 독립을 침해하는가?

심판대상조항

구 법원조직법(1994. 7. 27. 법률 제4765호로 개정되고, 2011. 7. 18. 법률 제10861호로 개정되기 전의 것)
제44조의2(근무성적 등의 평정) ② 제1항의 근무성적평정에 관한 사항은 대법원규칙으로 정한다.

구 법원조직법(2005. 3. 24. 법률 제7402호로 개정되고, 2014. 12. 30. 법률 제12886호로 개정되기 전의 것)
제45조의2(판사의 연임) ② 대법원장은 다음 각 호의 어느 하나에 해당한다고 인정되는 판사에 대하여는 연임발령을 하지 아니한다.
2. 근무성적이 현저히 불량하여 판사로서 정상적인 직무를 수행할 수 없는 경우

관련조항

구 법원조직법(2007. 5. 1. 법률 제8411호로 개정되고, 2011. 7. 18. 법률 제10861호로 개정되기 전의 것)
제1조(목적) 이 법은 헌법에 의하여 사법권을 행하는 법원의 조직을 정함을 목적으로 한다.

구 법원조직법(1994. 7. 27. 법률 제4765호로 개정되고, 2011. 7. 18. 법률 제10861호로 개정되기 전의 것)
제44조의2(근무성적의 평정) ① 대법원장은 판사에 대한 근무성적을 평정하여 그 결과를 인사관리에 반영시킬 수 있다.

구 법원조직법(2005. 3. 24. 법률 제7402호로 개정되고, 2014. 12. 30. 법률 제12886호로 개정되기 전의 것)
제45조의2(판사의 연임) ① 임기가 만료된 판사는 대법관회의의 동의를 얻어 대법원장의 연임발령으로 연임한다.

판사 근무성적평정규칙(2007. 5. 1. 대법원규칙 제2082호로 개정된 것)
제4조(평정사항) ② 재판의 독립성을 해칠 우려가 있는 사항에 대하여 평정하여서는 아니 된다.

해 설

1. 이 사건 근무평정조항과 이 사건 연임결격조항의 의의와 쟁점

〈설문〉의 '이 사건 근무평정조항'은 판사의 근무성적평정에 관한 사항을 대법원규칙에 위임하는 수권조항으로서, 그 법률조항 자체에서 근무성적평정의 내용이나 법관의 신분변동에 영향을 주는 사항을 직접 규정하지 않고 있으므로, 사법권의 독립이나 법관의 신분보장을 직접 제한하는 조항이라고 볼 수 없다.

그러나 위 수권조항에 의하여 대법원규칙에서 구체적으로 정하여질 근무성적평정의 절차나 내용은 이 사건 연임결격조항과 연계하여 볼 때, 판사의 연임을 제한하는 전제가 되는 요소로 작용할 수 있으므로, 이 사건 근무평정조항이 위임입법 상 포괄위임금지원칙에 위배되는지 여부가 쟁점이 된다.

그리고 〈설문〉의 '이 사건 연임결격조항'은, 위의 이 사건 근무평정조항을 근거로 하여 행해지는 판사의 불량한 근무성적 — 근무성적이 현저히 불량하여 판사로서 정상적인 직무를 수행할 수 없는 경우 — 을 판사의 연임을 결정하는 중요한 요소로 규정함으로써, 법관의 신분을 제한하는 조항이라고 할 것이다.

그러므로 이 사건 연임결격조항에 있어서는 '근무성적이 현저히 불량' 부분이 불명확하여 명확성원칙에 위배하는지 여부, 그리고 근무성적평정 결과를 판사의 연임결격사유로 규정한 것이 사법권의 독립 — 법관의 신분상 독립 — 을 침해하는지 여부가 쟁점이 된다.

2. 이 사건 근무평정조항의 포괄위임금지원칙 위배 여부

(1) 포괄위임금지원칙과 대법원규칙에 대한 입법위임

헌법 제75조는 "대통령은 법률에서 구체적인 범위를 정하여 위임받은 사항과 법률을 집행하기 위하여 필요한 사항에 관하여 대통령령을 발할 수 있다"고 규정하여 위임입법의 근거와 함께 그 범위와 한계를 제시하고 있다.

헌법 제75조에 근거한 포괄위임금지원칙은, 법률에 이미 대통령령 등 하위법규에 규정될 내용 및 범위의 기본사항이 구체적으로 규정되어 있어서 누구라도 당해 법률로부터 하위법규에 규정될 내용의 대강을 예측할 수 있어야 함을 의미한다.

포괄위임금지원칙의 구체적 내용으로 위임 내용에 대한 예측가능성과 함께 위임의 필요성도 인정되어야 한다. 후자와 관련하여, 전문적이고 기술적인 사항들을 규율하는 경우나 변화하는 상항에 즉각적인 대응 또는 탄력적인 규율이 필요한 경우에는 위임의 필요성이 커진다고 할 것이다(헌재 2013. 7. 25. 2012헌바54; 헌재 2016. 7. 28. 2014헌바158·174(병합)).

이러한 포괄위임금지원칙은, 위임입법이 대법원규칙인 경우에도 수권법률에서 이 원칙을 준수하여야 하는 것은 마찬가지이다(헌재 2016. 6. 30. 2014헌바456등; 헌재 2016. 7. 28. 2014헌바242등).

(2) 이 사건 근무평정조항의 포괄위임금지원칙 위배 여부 검토

1) 위임의 필요성

이 사건 근무평정조항은 근무성적평정에 관한 사항을 대법원규칙에서 정하도록 위임하고 있는데, 그것은 권력분립의 정신에 따라 사법권에 대한 입법권의 간섭을 최소화하여 사법의 자주성과 독립성을 보장한다는 측면과 함께, 판사의 근무성적평정과 관련한 내용적·절차적 사항이라는 전문적·기술적 사항에 관하여는 사법부에서 규정하는 것이 타당하다는 측면에서 인정되는 것이다.

따라서 판사의 근무성적평정에 관한 사항을 하위법규인 대법원규칙에 위임할 필요성을 인정할 수 있다.

2) 위임 내용의 예측가능성

이 사건 근무평정조항은 근무성적평정에 관한 위임의 근거조항으로서 근무성적평정의 대상이나 방법 등에 관한 사항을 규정하지 아니하고 있으므로 그에 대한 예측가능성 여부가 문제된다.

그런데 구 법원조직법 제1조, 제44조의2 제1항, 제45조의2 제2항, 그리고 판사에 대한 연임제의 목적 — 판사의 신분보장과 사법권의 독립성 보장 — 과 판사의 근무성적에 대한 평정의 취지 — 판사의 능력 및 적성에 대한 장기적·누적적 평가를 기초로 연임 여부에 대한 객관적 기준의 제공 — 등을 고려할 때, 이 사건 근무평정조항에서 말하는 '근무성적평정에 관한 사항'이란 판사의 연임 등 인사관리에 반영할 수 있는 것으로서 사법기능 및 업무의 효율성을 위하여 판사의 직무수행에 요구되는 것, 즉 직무능력과 자질 등과 같은 평가사항, 평정권자 및 평가방법 등에 관한 사항임을 충분히 예측할 수 있다고 할 것이다.

(3) 소 결

따라서 이 사건 근무평정조항은 포괄위임금지원칙에 위배된다고 볼 수 없다.

3. 이 사건 연임결격조항의 명확성원칙 위배 여부

(1) 명확성원칙의 의의와 판단기준

1) 명확성원칙의 의의

명확성원칙이란 법령을 명확한 용어로 규정함으로써 적용 대상자, 즉 수범자가 규제내용을 미리 알 수 있도록 공정한 고지를 하여 장래의 행동지침을 제공하고, 동시에 법 집행자에게 객관적 판단지침을 주어 차별적이거나 자의적인 법해석 및 집행을 예방하기 위한 원칙을 의미하는 것으로서, 민주주의와 법치주의의 원리에 기초하여 모든 기본권제한 입법에 요구되는 원칙이다(헌재 2010. 10. 28.

2008헌마638).

2) 명확성의 판단기준

법규범이 명확한지 여부는 해당 법규범이 수범자에게 법규의 의미내용을 알 수 있도록 공정한 고지를 하여 예측가능성을 주고 있는지 여부와 그 법규범이 법을 해석·집행하는 기관에게 충분한 의미내용을 규율하여 자의적인 법해석이나 법집행이 배제되는지 여부, 즉 예측가능성 및 자의적 법집행 배제가 확보되는지 여부에 따라 판단할 수 있다.

법규범의 의미 내용은 그 문언뿐만 아니라 입법목적이나 입법취지, 입법연혁, 법규범의 체계적 구조 등을 종합적으로 고려하는 해석방법에 의하여 구체화 되므로, 결국 법규범이 명확성원칙에 위반되는지 여부는 위와 같은 해석방법에 의하여 그 의미내용을 합리적으로 파악할 수 있는 해석기준을 얻을 수 있는지 여부에 달려 있다(헌재 2009. 5. 28. 2006헌바109등 참조).

(2) 이 사건 연임결격조항의 명확성원칙 위배 여부 검토

이 사건 연임결격조항은 판사가 수행하는 직무의 중대성과 국가의 사법보장 책임을 감안하여 판사의 직무를 제대로 수행할 수 없는 자를 연임할 수 없도록 규정한 것으로서, 연임제의 자의적 운용 방지와 판사의 적정한 직무 수행을 확보하여 사법부 조직의 책임성과 효율성을 제고하려는 데 그 입법목적이 있다.

이러한 입법목적과 관련조항의 해석 및 용어의 사전적 의미 등을 종합하면, 이 사건 연임결격조항에서 말하는 '근무성적이 현저히 불량한 경우'란 판사의 직무수행에 관한 평가 결과가 뚜렷이 드러날 정도로 나쁜 경우로 충분히 해석할 수 있다.

따라서 그 내용이 불명확하여 수범자인 판사에게 예측가능성을 제공하지 못하거나 법 집행자에게 자의적인 법해석이나 법집행을 허용하고 있다고 할 수 없으므로, 명확성원칙에 위배되지 아니한다.

(3) 소 결

이 사건 연임결격조항의 입법목적과 관련조항의 해석 및 용어의 사전적 의미 등을 종합할 때, 이 사건 연임결격조항은 명확성원칙에 위배되지 아니한다.

4. 이 사건 연임결격조항의 법관의 독립 침해 여부

(1) 사법권의 독립과 법관의 신분보장의 의의

사법권의 독립은 형식적 의미에서는 권력분립의 차원에서 사법부를 입법부와 행정부로부터 조직·운영상 분리·독립하게 한다는 것을 의미하지만, 실질적 의미에서는 법관의 재판상 독립 — 법관이 재판을 함에 있어서 오직 헌법과 법률에 의하여 그 양심에 따라 할 뿐, 어떠한 외부적인 압력이나 간섭도 받지 않는다는 것 — 과 함께 법관의 신분상 독립 — 법관의 신분보장 — 도 이루어지는 것을 의미한다.

이에 헌법은 법관의 독립을 보장하기 위하여 법관의 신분보장에 관한 사항을 규정하고 있는데(헌법 제101조 제1항 및 제3항, 제103조, 제105조, 제106조 등), 사법권의 독립을 실질적으로 보장하는 것은, 헌법 제27조에 의하여 보장되고 있는 국민의 재판청구권이 올바로 행사될 수 있도록 하기 위한 측면에서도 그 의의가 있다.

(2) 이 사건 연임결격조항의 법관의 독립 침해 여부 검토

이 사건 연임결격조항은 법관의 독립 중 법관의 신분상 독립과 더욱 밀접한 관련을 가진 것으로서, 직무를 제대로 수행하지 못하는 판사를 그 직에서 배제하여 사법부 조직의 효율성을 유지하려는 점에서 정당성이 인정된다.

판사의 근무성적은 공정한 기준에 따를 경우 판사의 사법운영능력을 판단함에 있어 다른 요소에 비하여 보다 객관적인 기준으로 작용할 수 있고, 이를 통해 국민의 재판청구권의 실질적 보장에도 기여할 수 있다.

더욱이 연임심사에 반영되는 판사의 근무성적에 대한 평가는 10년이라는 장기간 동안 반복적으로 실시되어 누적된 것이므로, 특정 가치관을 가진 판사를 연임에서 배제하는 수단으로 남용될 가능성이 크다고 볼 수 없다. 근무성적평정을 실제로 운용함에 있어서는 재판의 독립성을 해칠 우려가 있는 사항을 평정사항에서 제외하는 등 평정사항을 한정하고 있으며, 연임 심사과정에서 해당 판사에게 의견진술권 및 자료제출권이 보장되고, 연임하지 않기로 한 결정에 불복하여 행정소송을 제기할 수 있다.

이러한 점들을 고려할 때, 판사의 신분보장과 관련한 예측가능성이나 절차상의 보장이 현저히 미흡하다고 볼 수도 없으므로, 이 사건 연임결격조항은 법관의 독립(법관의 신분상 독립)을 침해한다고 볼 수 없다.

(3) 소 결

따라서 이 사건 연임결격조항은 법관의 독립(법관의 신분상 독립)을 침해하지 아니한다.

5. 결 어

〈설문〉의 이 사건 근무평정조항은 포괄위임금지원칙 위배되지 아니하고, 이 사건 연임결격조항은 명확성원칙에 위배되지 아니하며 동시에 법관의 독립(법관의 신분상 독립)도 침해하지 아니한다.

참고판례 구 법원조직법 제45조의2 제2항 제2호 등 위헌소원(헌재 2016. 9. 29. 2015헌바331) [참고판례의 별개의견 참조]

4-3-60 | 대통령의 국민투표부의권 · 헌법개정안제안권과 통제제도

설 문

甲 대통령은 북한의 '비핵화' 문제를 둘러싼 동북아시아 국제질서에 있어서 한국의 역할을 증대하고 남북통일을 위한 남북화해 분위기를 고조시키기 위하여 북한 측에 남·북정상회담을 제의하고 이를 성사시켰다.

남·북정상회담 이후, 북·중정상회담, 북·미정상회담이 연이어 개최되면서 한반도를 둘러싼 국제정세는 미묘하게 움직이며, 남·북정상 간의 대화만으로 한반도 문제를 해결할 수 있는 상황은 아니게 되었다.

이러한 국제상황 속에 국내적으로는 현행헌법에 대한 개정 문제가 주요 정치 현안이 되어 있었고, 국회 주도로 헌법개정을 위한 준비절차가 추진되고 있었다. 그러나 국회의 헌법개정을 위한 추진절차가 지지부진하자, 甲 대통령은 현행헌법 제5조 제1항에 "대한민국 영토 내에서의 비핵화 선언"을 추가하는 등 현행헌법 전반에 걸친 헌법개정안을 마련하고 헌법 제128조 제1항에 의거하여 헌법개정안을 국회에 발의하였다.

그러나 헌법개정안을 둘러싼 여·야 정당 간의 갈등과 대립으로 대통령이 제안한 헌법개정안은 국회에서 부결되었고, 여당을 통하여 헌법개정안을 발의한다고 하더라도 당시 국회의 구성으로 보아 재적의원 3분의 2 이상의 찬성을 얻어 의결되기는 어려운 상황이었다.

이에 甲 대통령은 한반도의 비핵화와 남·북경제협력 등의 제반 문제를 주도하기 위하여 대한민국의 비핵화 의지를 대내외에 천명하고 또 평화적 통일의 전 단계로서 남·북한이 연방국가로서 통합할 것을 촉구하는 취지에서, 헌법 제72조의 국민투표부의권의 행사에 즈음하여 "대한민국은 핵무기를 보유하지 아니하며, 남·북한이 연방국가로 통합할 것을 정식으로 제안하고, 만약 국민투표에서 부결된다면 사임하겠다"는 공식성명을 발표하였다.

그리고 이러한 공식성명의 내용을 국무회의 심의를 거친 국민투표안으로 하여 국민투표법 제49조에 따라 국민투표일과 국민투표안을 동시에 공고하였다.

1. 대통령의 권한으로서의 헌법 제72조의 국민투표부의권과 헌법 제128조 제1항의 헌법개정안제안권을 비교 · 설명하시오.

2. 甲 대통령은 〈설문〉과 같은 국가중요정책을 국민투표에 부의하면서 자신에 대한 신임도 결부시켰는데, 이러한 대통령의 행위는 탄핵소추의 대상이 되는가?

3. 〈설문〉에서와 같이 甲 대통령이 헌법개정절차에 의하지 않고 헌법 제72조를 통하여 헌법개정을 시도하는 경우, 이를 통제할 수 있는 방법에 대하여 서술하시오.

관련조항

대한민국헌법(헌법 제10호, 1987. 10. 29., 전부개정)
제5조 ① 대한민국은 국제평화의 유지에 노력하고 침략적 전쟁을 부인한다.

제72조 대통령은 필요하다고 인정할 때에는 외교 · 국방 · 통일 기타 국가안위에 관한 중요정책을 국민투표에 붙일 수 있다

제128조 ① 헌법개정은 국회재적의원 과반수 또는 대통령의 발의로 제안된다.
② 대통령의 임기연장 또는 중임변경을 위한 헌법개정은 그 헌법개정 제안 당시의 대통령에 대하여는 효력이 없다.

제129조 제안된 헌법개정안은 대통령이 20일 이상의 기간 이를 공고하여야 한다.

제130조 ① 국회는 헌법개정안이 공고된 날로부터 60일 이내에 의결하여야 하며, 국회의 의결은 재적의원 3분의 2 이상의 찬성을 얻어야 한다.
② 헌법개정안은 국회가 의결한 후 30일 이내에 국민투표에 붙여 국회의원선거권자 과반수의 투표와 투표자 과반수의 찬성을 얻어야 한다.
③ 헌법개정안이 제2항의 찬성을 얻은 때에는 헌법개정은 확정되며, 대통령은 즉시 이를 공포하여야 한다.

제65조 ① 대통령 · 국무총리 · 국무위원 · 행정각부의 장 · 헌법재판소 재판관 · 법관 · 중앙선거관리위원회 위원 · 감사원장 · 감사위원 기타 법률이 정한 공무원이 그 직무집행에 있어서 헌법이나 법률을 위배한 때에는 국회는 탄핵의 소추를 의결할 수 있다.
② 제1항의 탄핵소추는 국회재적의원 3분의 1 이상의 발의가 있어야 하며, 그 의결은 국회재적의원 과반수의 찬성이 있어야 한다. 다만, 대통령에 대한 탄핵소추는 국회재적의원 과반

수의 발의와 국회재적의원 3분의 2 이상의 찬성이 있어야 한다.
③ 탄핵소추의 의결을 받은 자는 탄핵심판이 있을 때까지 그 권한행사가 정지된다.
④ 탄핵결정은 공직으로부터 파면함에 그친다. 그러나, 이에 의하여 민사상이나 형사상의 책임이 면제되지는 아니한다.

국민투표법(법률 제14184호, 2016. 5. 29., 타법개정)
제1조(목적) 이 법은 헌법 제72조의 규정에 의한 외교·국방·통일 기타 국가안위에 관한 중요정책과 헌법 제130조의 규정에 의한 헌법개정안에 대한 국민투표에 관하여 필요한 사항을 규정함을 목적으로 한다.

제49조(국민투표일의 공고) 대통령은 늦어도 국민투표일전 18일까지 국민투표일과 국민투표안을 동시에 공고하여야 한다.

제92조(국민투표무효의 소송) 국민투표의 효력에 관하여 이의가 있는 투표인은 투표인 10만인 이상의 찬성을 얻어 중앙선거관리위원회위원장을 피고로 하여 투표일로부터 20일 이내에 대법원에 제소할 수 있다.

제93조(국민투표무효의 판결) 대법원은 제92조의 규정에 의한 소송에 있어서 국민투표에 관하여 이 법 또는 이 법에 의하여 발하는 명령에 위반하는 사실이 있는 경우라도 국민투표의 결과에 영향이 미쳤다고 인정하는 때에 한하여 국민투표의 전부 또는 일부의 무효를 판결한다.

문제 1의 해설

1. 국민투표부의권과 헌법개정안제안권의 의의
   (1) 직접민주제인 국민투표제도의 직·간접적 전제로서의 의의
   (2) 국민투표부의권(헌법 제72조)의 의의
   (3) 헌법개정안제안권(헌법 제128조 제1항)의 의의
2. 국민투표부의권과 헌법개정안제안권의 비교
   (1) 양 권한의 행사 절차와 국민투표 여부
   (2) 양 권한에 의한 국민투표의 대상
   (3) 양 권한의 행사와 국회와의 관계
   (4) 양 권한에 의한 국민투표 결과의 효력

1. 국민투표부의권과 헌법개정안제안권의 의의

(1) 직접민주제인 국민투표제도의 직·간접적 전제로서의 의의

현행헌법은 국민이 선출한 대표자를 통하여 국가의사나 국가정책을 결정하게

하는 대의제를 기본으로 하는 통치구조를 채택하고 있다. 그러면서도 한편으로는, 대의제 원칙에 대한 예외로서 직접민주제를 병용하여 현대국가에서 대의제의 문제점을 시정 · 보완하려고 하고 있다.

직접민주제의 구체적 유형으로는 국민투표제 · 국민발안제 · 국민소환제가 있는데, 우리나라에서는 국민투표제를 도입하고 있다. 헌법 제72조에 의거한 국민투표제와 헌법 제128조 및 제130조에 의거한 국민투표제가 그것이다.

이러한 현행법상의 두 가지 국민투표제와 관련하여, 대통령은 헌법 제72조의 국민투표부의권과 헌법 제128조 제1항의 헌법개정안제안권을 가진다.

(2) 국민투표부의권(헌법 제72조)의 의의

국민투표부의권은, 대통령이 국가안위에 관한 중요정책을 국회를 통하지 않고 직접 국민의 의사를 물어 결정할 수 있는 권한을 말한다. 이 권한은 대통령이 국가원수의 지위에서 가지는 것이며, 대통령은 국민투표안에 대하여 국무회의의 심의를 거쳐 국민투표에 부의할 수 있다.

국민투표부의권의 경우 대통령이 국민투표안을 부의하면 바로 국민투표를 실시하게 되며, 국민투표 결과 국민의 지지를 받게 되면, 대통령으로서는 국민적 정당성을 확보할 수 있는 계기를 갖게 되는 것이다.

(3) 헌법개정안제안권(헌법 제128조 제1항)의 의의

헌법개정안제안권은 헌법개정절차에 있어서 헌법개정안을 발의할 수 있는 권한이다. 이 권한도 대통령이 국가원수의 지위에서 가지는 것이며, 대통령은 헌법개정안에 대하여 국무회의의 심의를 거쳐 헌법개정안을 제안할 수 있다.

국민투표부의권의 경우와는 달리, 대통령이 헌법개정안을 발의하더라도 국회재적의원 3분의 2 이상의 찬성을 얻지 못하면, 헌법개정안 자체가 부결되어 국민투표를 실시할 수 없게 된다.

그러나 국회의 의결을 거친 헌법개정안을 국민투표에 붙여 헌법 제130조 제2항의 찬성을 얻은 때에는 헌법개정은 확정된다.

2. 국민투표부의권과 헌법개정안제안권의 비교

(1) 양 권한의 행사 절차와 국민투표 여부

대통령은 국민투표부의권과 헌법개정안제안권을 재량적으로 행사할 수 있으나, 어느 경우든 국무회의의 심의를 거치고 국무총리와 관계 국무위원의 부서가 있어야 한다(헌법 제89조 제3호, 제82조).

대통령이 국민투표부의권을 행사한 경우는 국민투표법이 정하는 절차에 따라 바로 국민투표가 실시되나, 헌법개정안제안권을 행사한 경우에는 헌법이 정하는 공고기간이후의 의결기간 내에 재적의원 3분의 2 이상의 찬성을 얻은 국회의 의결을 거쳐야 국민투표에 붙일 수 있다(헌법 제130조 제1항, 제2항).

국가의 중요정책에 대한 국민투표 자체는 임의적 국민투표이고 헌법개정절차에서의 국민투표는 필수적 국민투표이나, 대통령이 국민투표부의권을 행사한 경우는 바로 국민투표가 실시되고 헌법개정안제안권을 행사한 경우에는 국회의 의결 여하에 따라 국민투표의 실시여부가 결정된다는 점에서 차이가 있다.

(2) 양 권한에 의한 국민투표의 대상

대통령이 양 권한의 행사에 의하여 국민투표가 행해지는 경우에도 그 대상에 차이가 있다.

1) 국민투표부의권에 의한 국민투표의 대상

먼저, 국민투표부의권을 행사한 경우에 국민투표의 대상은 "외교 · 국방 · 통일 기타 국가안위에 관한 중요정책"이 대상이 된다. 여기에서 "기타 국가안위에 관한 중요정책"도 대상이 되므로 국가안위에 관계되는 것이면 반드시 외교 · 국방 · 통일 정책에 국한되지 않는다.

이와 관련하여 국민투표의 대상을 '정책'이라고 할 때, 정책이 아닌 대표자에 대한 '신임'만을 국민투표의 대상으로 할 수 있는지 또는 '정책과 결부한 신임'을 국민투표에 붙일 수 있는지 문제된다. 헌법재판소는 '인물에 대한 결정'은 국민의 대표자에 관한 결정으로 보고 '사안에 대한 결정'은 특정한 국가정책이나 법안에 대한 결정으로 보면서, '신임'은 선거의 형태로 이루어져야 하고 국민투표의 대상이 될 수 없다고 본다. 그리고 '정책과 결부한 신임'을 국민투표 형태로 묻는 것도 국민투표부의권을 위헌적으로 행사하는 경우에 해당한다고 본다(헌재 2004. 5. 14. 2004헌나1).

그 외에 법률의 제·개정 및 헌법개정도 국민투표부의권에 의한 국민투표의 대상이 될 수 있는지 하는 문제가 있으나, 정부에 법률안 제출권이 있고(헌법 제52조) 또 헌법개정절차가 따로 규정(헌법 제128조~ 제130조)되어 있으므로, 법률의 제·개정 및 헌법개정은 그 대상이 되지 아니한다고 할 것이다.

2) 헌법개정안제안권에 의한 국민투표의 대상

이에 대하여 헌법개정안제안권이 행사되는 경우에, 대통령은 모든 헌법조항을 대상으로 헌법개정제안을 할 수 있는지 문제된다. 헌법개정과 관련하여 개정한계설과 개정무한계설이 있는데, 개정무한계설에 따르면 대통령은 헌법의 어떤 조항에 대하여도 개정제안을 할 수 있겠지만, 통설인 개정한계설에 따르면 개정금지대상인 헌법조항에 대하여는 헌법개정안제안권을 행사할 수 없을 것이다.

따라서 통설에 따르면, 국회의 의결 여부에 관계없이 헌법개정금지대상인 헌법조항은 국민투표의 대상이 될 수 없고, 국민투표부의권의 경우와 마찬가지로, 헌법개정금지대상인 헌법조항을 개정안으로 제안하는 것만으로도 대통령의 권한을 위헌적으로 행사하는 경우에 해당하여 탄핵대상이 될 수 있을 것이다.

(3) 양 권한의 행사와 국회와의 관계

1) 국민투표부의권을 행사한 경우

기술한 바와 같이, 대통령이 국민투표부의권을 행사한 경우는 국회의 개입 없이 바로 국민투표가 실시되나, 헌법개정안제안권을 행사한 경우에는 국회의 의결을 거쳐 찬성을 얻어야 국민투표에 붙일 수 있다(헌법 제130조 제1항, 제2항).

즉, 국민투표부의권의 경우는 국가의 중요정책에 대하여 대통령이 '필요하다고 인정할 때' 국민투표에 붙일 수 있으므로, 어떤 내용이 국가안위에 관한 중요정책인지 그리고 국민투표에 부의할 것인지 여부는 대통령의 재량에 속하는 사항이다.

국민투표부의권은, 국가정책결정에 있어서 대통령과 국회가 대립하는 경우 또는 대립이 없는 경우라도, 국회를 배제한 채 대통령이 직접 국민에 대하여 국가안위에 관한 중요정책의 지지를 호소하는 수단이 된다는 점에서 대통령의 국회에 대한 상대적 우월성을 보여주는 것이다.

그러나 국민투표부의권이 대의제 원칙 하에서 예외로 인정되는 직접민주제적 권한이라는 점을 감안하여, 대통령의 민주적 정당성 확보를 위한 수단으로 전락하지 않도록 신중하게 운용해야 할 것이다.

2) 헌법개정안제안권을 행사한 경우

이에 대하여 헌법개정안제안권을 행사한 경우는, 국회의원의 경우 재적 과반수라는 정족수 요건이 있는데 대하여, 대통령의 경우는 단독으로 제안권을 행사할 수 있다는 점에서, 상대적으로 대통령이 우위에 있다고 할 수 있다.

그러나 대통령이 그 권한을 행사하여 발의하였더라도, 국회의 의결에서 부결되면, 그것으로 헌법개정절차는 종료되고 국민투표는 실시되지 아니한다.

국회가 대통령이 제안한 헌법개정안을 부결하는 것은 대통령의 헌법개정에 대한 의사를 무력화시키는 것으로서, 국회의 대통령에 대한 통제기능을 수행한다. 일반적으로 정당국가적 경향을 보이는 여대야소의 경우에 국회의 대통령에 대한 통제기능은 형해화될 우려가 크다고 하고 있는데, 재적의원 3분의 2 이상의 찬성을 요하는 헌법개정안에 대한 의결에 있어서는 여소야대의 경우는 물론이고 여대야소의 경우라도 여당이 3분의 2라는 개헌선을 확보하지 못한 때에는 국회의 대통령에 대한 통제기능이 살아있게 된다.

(4) 양 권한에 의한 국민투표 결과의 효력

헌법개정안제안권에 의하여 발의된 헌법개정안에 대하여 실시된 국민투표가 국회의원선거권자 과반수의 투표와 투표자 과반수의 찬성을 얻은 때에는 그 헌법개정안에 대한 헌법개정은 확정된다(헌법 제130조 제3항).

이에 대하여 국민투표부의권의 행사에 의한 국민투표가 실시되어 결과가 확정된 경우에는 그 결과의 효력이 문제된다. 이 경우 그 효력에 대하여 헌법이나 국민투표법에서는 아무런 규정을 두고 있지 않기 때문이다.

이 문제는 헌법 제72조에 의한 국민투표의 성격을 어떻게 파악하느냐에 따라 그 효력이 달라질 수 있다. 우선, '자문적 국민투표설'로 보는 입장에서는 국민투표의 결과가 대통령(또는 국회)을 법적으로 구속하지 않는 것으로 본다. 즉, 대통령은 국민투표의 결과를 고려하여 자유롭게 정책을 결정할 수 있다는 것이다.

다음으로, 기속적 국민투표설은 국민투표의 결과가 찬성 또는 반대로 나온 경우에는 대통령을 비롯한 국가기관은 그 결과에 기속되어야 한다는 것이다.

대통령이 중요한 국가정책에 대하여 국민투표에 부의할 것인지의 여부는 재량사항이라고 하더라도, 일단 국민투표에 부의한 경우에는 주권자인 국민의 의사표명으로 볼 수 있는 그 결과에 기속된다고 보는 것이 옳다.

물론, 국민투표 결과의 효력에 관하여 헌법개정의 경우와 같이 명확하게 규정할 할 필요가 있다. 아울러 기술한 바와 같이, 헌법개정대상은 국민투표부의의 대상이 될 수 없는데, 만약 국민투표부의의 대상으로 하여 국민투표 결과가 찬성이라고 하더라도 그것으로 헌법개정의 효과가 발생하는 것은 아니라고 할 것이다.

문제 2의 해설

1. 〈설문〉의 대통령 행위의 의의와 쟁점
2. 국민투표부의권의 행사와 관련한 대통령의 구체적 행위
   1) 헌법개정의 대상을 "정책"으로 하는 국민투표안의 제안 행위
   2) "정책"과 "신임"을 결부시킨 국민투표부의 행위
   3) 국민투표안과 국민투표일을 동시에 공고한 행위
3. 〈설문〉의 대통령의 행위의 탄핵소추대상 여부
   (1) 헌법 제65조 제1항의 탄핵소추사유
   (2) 대통령 행위의 '직무집행' 해당성
   (3) 대통령 행위의 '위헌 · 위법' 해당성
4. 결어

1. 〈설문〉의 대통령 행위의 의의와 쟁점

기술한 바와 같이 헌법 제72조에 의한 국민투표는 국가안위에 관한 중요"정책"을 대상으로 한다. 그런데 〈설문〉에서 甲 대통령은 "정책"과 함께 자신의 신임을 결부시키고, 그 "정책"의 내용도 헌법개정의 대상 — "남 · 북한이 연방국가로 통합할 것"을 제안함으로써 대한민국의 국가형태를 단일국가에서 연방국가로 변경하는 것으로서 헌법개정의 대상임 — 이 되는 것으로서 헌법개정절차를 통하지 않은 헌법개정을 시도하려 하고 있다.

따라서 국민투표부의권의 행사와 관련한 이러한 대통령의 행위가 직무집행에 있어서 헌법이나 법률에 위배되는 행위가 되어 헌법 제65조 제1항의 탄핵소추 대상이 되는지가 쟁점이 된다.

먼저, 국민투표부의권의 행사와 관련한 대통령의 구체적 행위를 살펴보고, 그러한 행위가 탄핵소추의 대상이 되는지 여부를 검토한다.

2. 국민투표부의권의 행사와 관련한 대통령의 구체적 행위

〈설문〉에서 甲 대통령은 국민투표권의 행사에 즈음하여 "대한민국은 핵무기를 보유하지 아니하며, 남·북한이 연방국가로 통합할 것을 정식으로 제안하고, 만약 국민투표에서 부결된다면 사임하겠다"는 공식성명을 발표하고, 이러한 내용의 정책을 국무회의 심의를 거친 국민투표안으로 하여 국민투표법 제49조에 따라 국민투표일과 국민투표안을 동시에 공고하였다.

이러한 대통령의 행위를 구체적으로 검토하면 다음과 같다.

1) 먼저, "대한민국은 핵무기를 보유하지 아니하며, 남·북한이 연방국가로 통합할 것"을 정식으로 제안하고, 국무회의의 심의를 거쳐 국민투표안으로 공고하였다. 이러한 제안 중 "대한민국은 핵무기를 보유하지 아니한다"는 정책은 국가안위에 관한 외교·국방상의 중요정책으로서 국민투표부의의 대상이 된다고 할 것이다.

그리고 "남·북한이 연방국가로 통합할 것"이라는 제안은 평화적 통일의 전 단계라는 점에서 통일정책의 일환으로서 국민투표부의의 대상이 된다고 할 수 있을 것이다. 그러나 이 정책은 동시에 현행 헌법상 단일국가체제인 대한민국을 연방국가체제로 변경하는 것으로서 헌법개정의 대상이기도 하다.

따라서 헌법개정의 대상을 국민투표의 대상으로 삼았다는 점에서 위헌 여부의 문제가 있다. 그런데 그럼에도 불구하고 국민투표안으로서 국민투표에 붙여 국민의 지지를 얻게 되면, 사실상 헌법개정과 같은 효과가 나타날 수도 있게 된다. 그렇지만, 기술한 한 바와 같이, 헌법개정절차를 거치지 아니한 이러한 국민투표의 결과를 헌법개정으로 볼 수는 없을 것이다.

2) 다음으로, '핵무장 포기'와 '연방국가로의 통합'이라는 "정책"을 제안하면

서 "만약 국민투표에서 부결된다면 사임하겠다"라고 하여 대통령 자신의 "신임"도 결부시켰다. 즉, 신임여부도 정책과 함께 국민투표의 대상으로 하는 국민투표안을 공고한 것이다.

3) 끝으로, 甲 대통령은 위의 국민투표부의와 관련하여 단순히 정치적 계획의 표명에 머무르지 않고, 국민투표안과 함께 국민투표일도 동시에 공고하였다. 따라서 대통령이 제의한 국민투표안에 대한 국민투표가 단순한 계획에 그치는 것이 아니라 구체적으로 실시할 것이 확정되었다.

3. 〈설문〉의 대통령의 행위의 탄핵소추대상 여부

(1) 헌법 제65조 제1항의 탄핵소추사유

헌법 제65조 제1항은 대통령에 대한 탄핵소추사유를 "대통령이 … 그 직무집행에 있어서 헌법과 법률을 위배한 때"라고 하고 있다. 여기에서 '직무'란 법제상 소관 직무에 속하는 고유 업무와 사회통념상 이와 관련된 업무를 말하고, 법령에 근거한 행위뿐만 아니라 대통령의 지위에서 국정수행과 관련하여 행하는 모든 행위를 포괄하는 개념이다. 또 '헌법'에는 명문의 헌법규정뿐만 아니라 헌법재판소의 결정에 따라 형성되어 확립된 불문헌법도 포함되고, '법률'에는 형식적 의미의 법률과 이와 동등한 효력을 가지는 국제조약 및 일반적으로 승인된 국제법규 등이 포함된다(헌재 2004. 5. 14. 2004헌나1; 헌재 2017. 3. 10. 2016헌나1). '집행'에 있어서 직무집행과 관계없는 사생활에 관한 사항은 포함되지 아니하며, 원칙적으로 현직의 직무집행, 즉 소추대상자의 직위를 보유하고 있는 상태에서의 직무집행을 말한다.

그리고 '위배한 행위'는 고의 · 과실에 의한 행위뿐만 아니라 무지에 의한 경우도 포함되나, 단순한 정치적 무능력이나 부도덕한 행위, 정책결정상의 과오 등은 탄핵소추의 사유에 해당하지 않는다.

헌법재판소법 제53조 제1항은 '탄핵심판 청구가 이유 있는 경우' 피청구인을 파면하는 결정을 선고하도록 규정하고 있다. 대통령을 탄핵하기 위해서는 대통령의 법 위배 행위가 헌법질서에 미치는 부정적 영향과 해악이 중대하여 대통령을 파면함으로써 얻는 헌법 수호의 이익이 대통령 파면에 따르는 국가적 손실을 압도할 정도로 커야 한다. 즉, '탄핵심판청구가 이유 있는 경우'란 대통령의 파면을 정당화할 수 있을 정도로 중대한 헌법이나 법률 위배가 있는 때를 말한다(헌재 2004. 5. 14. 2004헌나1; 헌재 2017. 3. 10. 2016헌나1).

그러므로 탄핵심판청구에 해당하는 탄핵소추의 경우는 탄핵심판의 본안판단 사유와는 달리 그 사유가 반드시 '중대한 헌법이나 법률 위배가 있는 때'를 요하지 아니하고, 헌법이나 법률의 위배가 있을 때 국회가 재량으로 소추할 수 있는 것이다.

(2) 대통령 행위의 '직무집행' 해당성

대통령은 헌법 제72조에 의하여 국민투표부의권을 가지고 행사할 수 있다. 〈설문〉 사건에서 대통령은 '핵무장 포기'와 '연방국가로의 통합'이라는 국방 및 통일 관련 정책을 국민투표안으로 제안하면서 동시에 국민투표일도 공고하였는데, 이러한 대통령의 행위는 국민투표부의권 행사를 위한 직무의 집행에 해당한다.

(3) 대통령 행위의 '위헌·위법' 해당성

1) 헌법개정의 대상을 "정책"으로 하는 국민투표안의 제안 행위

먼저, 현행 헌법상의 단일국가체제를 연방국가체체로 변경하는 정책을 내용으로 하는 국민투표안을 제안한 행위이다. 국민투표안이 헌법개정사항을 담고 있으므로 문제가 된다.

현행헌법은 헌법개정절차를 따로 두고 있으므로 헌법개정은 그 절차에 따라야 한하는데, 헌법개정절차는 국민투표부의절차와는 달리 국회의 의결을 필수적 절차로 하고 있고, 국회가 부결하면 국민투표에 붙일 수 없다는 점에서, 대통령에 대한 국회의 강력한 통제수단이 된다. 그러한 점에서 헌법개정절차에서는 국회가 대통령에 대하여 상대적 우월성을 지니고 있는 것이다.

따라서 대통령이 이러한 헌법개정절차를 거치지 않고 국민투표부의권을 통하여 헌법을 개정하려고 하는 것은 명백한 헌법위반이 된다.

2) "정책"과 "신임"을 결부시킨 국민투표부의 행위

다음으로, 국민투표부의에 있어서 "정책"과 함께 대통령 자신의 "신임"을 결부시킨 행위이다. 정책과 결부하지 않고 단순히 신임여부만 묻는 국민투표의 실시에 대하여는 학설 · 판례 모두가 부정한다. 그러나 정책과 결부하여 신임을 묻는 국민투표의 실시에 대하여는 학설은 긍정 · 부정설으로 나뉘어 있지만, 판례는 역시 부정하는 입장이다.

생각건대, 헌법 제72조의 국민투표부의권은 "정책"에 대한 부의를 의미하므로 단순히 신임여부만을 묻는 국민투표는 인정할 수 없다고 할 것이다. 그리고 정책과 결부하여 신임을 묻는 국민투표의 실시도, 정책에 대한 국민의 판단에 있어서 "신임 여부"라는 요소를 가미시켜 정책 자체에 대한 판단을 합리적으로 하지 못하게 하거나 신임적 요소가 오히려 더 큰 비중을 차지하여 본말이 전도될 우려도 있다.

따라서 정책과 결부하여 신임을 묻는 국민투표부의권의 행사도 위헌이라고 본다.

3) 국민투표안과 국민투표일을 동시에 공고한 행위

끝으로, 국민투표안과 함께 국민투표일도 동시에 공고한 행위이다. 대통령의 국민투표부의행위와 관련하여 헌법재판소는 정치적 계획의 표명에 불과한 행위는 공권력의 행사에 해당하지 않는다고 하여 헌법소원심판청구를 각하하였으나(헌재 2003. 11. 27. 2003헌마694등), 나중에 헌법상 허용되지 않는 위헌적인 재신임 국민투표를 단지 제안한 것만으로도 헌법 제72조에 반하는 것으로 결정하였다(헌재 2004. 5. 14. 2004헌나1).

〈설문〉에서 대통령은 국민투표안과 국민투표일을 공고하여 국민투표의 실시가 확정되었다.

4. 결 어

따라서 '핵무장 포기'와 '연방국가로의 통합'이라는 정책을 제안하면서 甲대통령 자신의 '신임'과 결부시켰다는 점, 그리고 그 중 '연방국가로의 통합' 정책은 헌법개정의 대상이기도 하다는 점, 그리고 위헌적인 국민투표안을 공고하여 그 실시를 확정하였다는 점에서 甲대통령의 행위는 헌법 제65조 제1항에서 규정하는 탄핵소추의 대상이 된다고 본다.

문제 3의 해설

1. 대통령의 행위에 대한 통제방법의 개관 2. 국가기관에 의한 통제 (1) 국회 · 헌법재판소에 의한 통제(탄핵과 권한쟁의) (2) 헌법재판소에 의한 통제(헌법소원) (3) 대법원에 의한 통제(국민투표에 대한 이의제기)	3. 정당에 의한 통제(야당의 비판과 정치적 반대여론의 형성) 4. 국민에 의한 통제(시민불복종과 저항권의 행사)

1. 대통령의 행위에 대한 통제방법의 개관

헌법개정절차에 의하지 아니하고 국민투표부의권을 통하여 헌법을 개정하려는 대통령의 시도에 대하여는, 크게 (1) 국가기관에 의한 통제(국가기관의 내부적 통제[국무회의 심의와 국무총리와 관계 국무위원의 부서: 이 내부적 통제는 사실상 실효성을 기대하기 어려우므로 따로 서술하지 아니함]; 국가기관 상호간 또는 국민의 제소에 의한 국가기관의 통제[탄핵제도에 의한 통제, 권한쟁의에 의한 통제, 헌법소원에 의한 통제, 국민투표에 대한 이의제기를 받은 대법원에 의한 통제]), (2) 정당에 의한 통제, 그리고 (3) 순수한 국민에 의한 통제(시민불복종 또는 저항권의 행사)로 나누어 볼 수 있다.

2. 국가기관에 의한 통제

(1) 국회 · 헌법재판소에 의한 통제(탄핵과 권한쟁의)

국민투표부의권에 의한 대통령의 헌법개정행위는 헌법개정절차에 위배될 뿐만 아니라 국회의 헌법개정안심의 · 의결권도 침해하게 된다. 따라서 국회는 탄핵소추의결을 통하여 그리고 헌법재판소는 탄핵심판을 통하여 대통령을 통제할 수 있다(헌법 제65조).

아울러 국회는 대통령의 헌법개정안심의 · 의결권의 침해에 대하여 권한쟁의를 통하여 국회의 권한을 확인하고, 동시에 대통령에 대한 통제도 할 수 있을 것이다(헌법 제111조 제1항 4호, 헌법재판소법 제61조~제67조).

(2) 헌법재판소에 의한 통제(헌법소원)

헌법소원은 공권력의 행사 또는 불행사로 인하여 헌법상 보장된 기본권이 침해된 때 제기할 수 있다(헌법 제111조 제1항 5호, 헌법재판소법 제68조 제1항). 〈설문〉의 대통령의 행위로 인하여 국민들은 엄격한 헌법개정절차를 거친 헌법개정안에 대한 국민투표권을 침해받게 되므로, 이에 대하여 헌법소원을 제기할 수 있고 또 대통령의 행위를 통제할 수 있다.

기술한 바와 같이, 대통령은 국민투표안과 국민투표일을 공고하여 국민투표실시가 확정되었으므로, 헌법소원의 대상인 공권력의 행사가 있어 적법요건은 충족시킨다고 볼 것이다.

(3) 대법원에 의한 통제(국민투표에 대한 이의제기)

국민투표법 제92조는 국민투표의 효력에 관하여 이의가 있는 투표인은 투표인 10만인 이상의 찬성을 얻어 중앙선거관리위원회위원장을 피고로 하여 투표일로부터 20일 이내에 대법원에 제소할 수 있다고 규정하고 있다. 그런데 이 조항은 "이 법 또는 이 법에 의하여 발하는 명령에 위반한 사실"(동법 제93조)에 대한 대법원의 판단을 구하는 것으로서 법률과 명령의 위반에 대한 이의제기로 볼 수 있을 것이다.

그러므로 국민투표부의권을 둘러싼 헌법적 판단과 통제는 실질적으로 국회나 헌법재판소에 의하여 이루어지게 될 것이다.

3. 정당에 의한 통제(야당의 비판과 정치적 반대여론의 형성)

정당국가적 경향하에서 특히, 여대야소의 정국에서는 헌법상 보장된 국회의 견제장치가 제대로 작동하지 못하는 경우가 많은데, 야당이 대통령과 집권당에 대한 비판과 정치적 여론형성을 통하여 대통령의 탈법적인 개헌시도에 통제역할을 수행할 수 있다.

4. 국민에 의한 통제(시민불복종과 저항권의 행사)

이상의 합법적 수단 외에도 국민은 소극적인 시민불복종의 행사를 통하여 국민투표에 참가하지 않거나 국민투표거부 운동을 벌일 수 있을 것이다. 그러나 국민투표가 강행되고 대통령이 제안한 국민투표안이 국민의 지지를 얻어 통과되었을 경우에는 헌법개정의 법적 효과가 나타나는지 하는 문제가 뒤따른다. 헌법개정에 있어서 헌법개정의 한계를 넘은 헌법개정의 확정시 그 효력의 문제와 유사하다.

국민투표가 실시되고 국민이 찬성한 경우에 그 결과에 대하여 무효로 선언하기는 매우 어려울 것이다. 이에 대하여 최종적으로 국민의 저항권의 행사를 남겨두고 있다고 할 수 있으나, "국민의 다수"가 지지한 투표결과와 그에 의하여 확정된 내용에 대하여 다시 국민이 저항권을 행사한다는 것 역시 논리적으로 모순인 측면이 있다. 그러나 국민투표 결과가 그러하더라도 국민투표의 실시과정이 국민들의 합리적이고 자유로운 투표권 행사를 저해하는 상황에서 행해질 때에는, 역시 국가권력 내지 공권력의 위헌적인 행위에 대하여 저항할 수 있는 최후의 비상수단적 권리로서 저항권은 그 의의가 있다고 할 것이다.

참고판례 **대통령 신임투표를 국민투표에 붙이는 행위 위헌확인**(헌재 2003. 11. 27. 2003헌마694 · 700(병합) · 742(병합)); **대통령(노무현) 탄핵**(헌재 2004. 5. 14. 2004헌나1); **대통령(박근혜) 탄핵**(헌재 2017. 3. 10. 2016헌나1)

판례색인

사항색인

저자 약력

법학박사
부산대학교 법과대학장
입법고시, 사법시험 위원 역임
한국비교공법학회 회장 역임
대한변협 법학전문대학원 평가위원회 위원 역임
헌법재판연구원 자문위원회 위원장 역임
현 부산대학교 법학전문대학원 교수

헌법 사례형 연습 02 — 본안 판단연습

초판발행 2019년 2월 28일
중판발행 2025년 2월 28일

지은이 김배원
펴낸이 안종만 · 안상준

편 집 이승현
기획/마케팅 박세기
표지디자인 조아라
제 작 고철민 · 김원표

펴낸곳 (주) 박영사
서울특별시 금천구 가산디지털2로 53, 210호(가산동, 한라시그마밸리)
등록 1959. 3. 11. 제300-1959-1호(倫)
전 화 02)733-6771
f a x 02)736-4818
e-mail pys@pybook.co.kr
homepage www.pybook.co.kr
ISBN 979-11-303-3284-0 93360

정 가 32,000원